O nascimento
do purgatório

Dados Internacionais de Catalogação na Publicação (CIP)
(Câmara Brasileira do Livro, SP, Brasil)

Le Goff, Jacques, 1924-2014
  O nascimento do purgatório / Jacques Le Goff ; tradução de Maria Ferreira. – Petrópolis, RJ : Vozes, 2017.

  Título original : La naissance du Purgatoire
  Bibliografia

  4ª reimpressão, 2025.

  ISBN 978-85-326-5483-0

  1. Purgatório 2. Purgatório – História das doutrinas I. Título.

17-03746   CDD-236.5

Índices para catálogo sistemático:
1. Purgatório : Doutrina cristã   236.5

JACQUES LE GOFF

O nascimento do purgatório

Tradução de Maria Ferreira

EDITORA VOZES
Petrópolis

© 1981, Éditions Gallimard.

Tradução do original em francês intitulado *La naissance du Purgatoire*

Direitos de publicação em língua portuguesa – Brasil:
2017, Editora Vozes Ltda.
Rua Frei Luís, 100
25689-900 Petrópolis, RJ
www.vozes.com.br
Brasil

Todos os direitos reservados. Nenhuma parte desta obra poderá ser reproduzida ou transmitida por qualquer forma e/ou quaisquer meios (eletrônico ou mecânico, incluindo fotocópia e gravação) ou arquivada em qualquer sistema ou banco de dados sem permissão escrita da editora.

CONSELHO EDITORIAL

Diretor
Volney J. Berkenbrock

Editores
Aline dos Santos Carneiro
Edrian Josué Pasini
Marilac Loraine Oleniki
Welder Lancieri Marchini

Conselheiros
Elói Dionísio Piva
Francisco Morás
Teobaldo Heidemann
Thiago Alexandre Hayakawa

Secretário executivo
Leonardo A.R.T. dos Santos

PRODUÇÃO EDITORIAL

Anna Catharina Miranda
Eric Parrot
Jailson Scota
Marcelo Telles
Mirela de Oliveira
Natália França
Priscilla A.F. Alves
Rafael de Oliveira
Samuel Rezende
Verônica M. Guedes

Editoração: Fernando Sergio Olivetti da Rocha
Diagramação: Mania de Criar
Revisão gráfica: Nilton Braz da Rocha / Nivaldo S. Menezes
Capa: Idée Arte e Comunicação
Ilustração de capa: Lucas Cranach the Elder (1472-1553). O último julgamento, cerca de 1525/1530. Localização atual: Nelson-Atkins Museum of Art, Kansas, Missouri, EUA.

ISBN 978-85-326-5483-0 (Brasil)
ISBN 978-2-07-032644-0 (França)

Este livro foi composto e impresso pela Editora Vozes Ltda.

O purgatório, que coisa tão importante!

Santa Catarina de Gênova.

O purgatório supera em poesia o céu e o inferno,

pois representa um futuro

que falta aos dois primeiros.

Chateaubriand.

Sumário

O terceiro lugar, 9

Primeira parte – O além antes do purgatório, 31

1 Os imaginários antigos, 33

2 Os pais do purgatório, 85

3 A alta Idade Média – Estagnação doutrinal e avanço visionário, 147

Segunda parte – O século XII: o nascimento do purgatório, 195

O século do grande desenvolvimento, 197

4 O fogo purgatório, 201

5 *Locus purgatorius*: um lugar para a purgação, 232

6 O purgatório entre a Sicília e a Irlanda, 268

7 A lógica do purgatório, 316

Terceira parte – O triunfo do purgatório, 357

8 O ordenamento escolástico, 359

9 O triunfo social: a pastoral e o purgatório, 438

10 O triunfo poético: a *Divina comédia*, 509

A razão do purgatório, 539

Apêndices, 547

Agradecimentos, 565

Índice, 567

O terceiro lugar

Nas violentas discussões entre protestantes e católicos no século XVI, os protestantes censuravam vigorosamente seus adversários pela crença no purgatório, naquilo que Lutero chamava "o terceiro lugar"[1]. Esse além "inventado" não estava nas Escrituras.

Proponho-me seguir a formação secular desse terceiro lugar desde a tradição judaico-cristã antiga, mostrar seu nascimento no momento da expansão do Ocidente medieval na segunda metade do século XII, e o rápido sucesso ao longo do século seguinte. Por fim, tentarei explicar por que está intimamente ligado a esse grande momento da história da Cristandade e como atuou de maneira decisiva para a aceitação ou, entre os hereges, para a recusa no seio da nova sociedade resultante da prodigiosa expansão dos dois séculos e meio que se seguiram ao ano mil.

Os desafios do purgatório

É raro poder acompanhar o desenvolvimento histórico de uma crença mesmo que – e é o caso do purgatório – ela reúna elementos vindos dessa noite dos tempos em que a maioria das crenças parece buscar sua fonte. Não se trata, no entanto, de um aspecto secundário, de um acréscimo menor ao edifício primitivo da religião cristã, assim como evoluiu na Idade Média e depois sob sua forma católica. O além é um dos gran-

---

1. Sobre Lutero e o purgatório cf. ALTHAUS, P. "Luthers Gedanken über die letzten Dinge". In: *Luther jahrbuch*, XXIII, 1941, p. 22-28.

des horizontes das religiões e das sociedades. A vida do crente muda quando ele pensa que nem tudo se decide com a morte.

Esta emergência, esta construção secular da crença no purgatório supõe e provoca uma modificação substancial das configurações espaçotemporais do imaginário cristão. Mas essas estruturas mentais do espaço e do tempo são o arcabouço da maneira de pensar e de viver de uma sociedade. Quando essa sociedade está toda impregnada de religião, como a Cristandade da longa Idade Média que se estendeu da Antiguidade tardia à Revolução Industrial, mudar a geografia do além, portanto do universo, modificar o tempo do pós-vida, portanto a batalha entre o tempo terrestre, histórico e o tempo escatológico, o tempo da existência e o tempo da espera, significa operar uma lenta, mas essencial revolução mental. Significa, literalmente, mudar de vida.

É evidente que o nascimento de tal crença está ligado a modificações profundas da sociedade em que se reproduz. Que relações este novo imaginário do além mantém com as mudanças sociais, quais são suas funções ideológicas? O rígido controle que a Igreja estabelece sobre ele, que chega até mesmo a uma divisão do poder sobre o além entre ela e Deus, prova a importância do que estava em jogo. Por que não deixar os mortos perambular ou dormir?

Antes do purgatório

Foi como um "terceiro lugar" que o purgatório acabou se impondo.

Das religiões e das civilizações anteriores, o cristianismo herdara uma geografia do além; entre as concepções de um mundo dos mortos uniforme – como o *shéol* judaico – e as ideias de um duplo universo após a morte, um tenebroso e o outro bem-aventurado, como o Hades e os Campos Elíseos dos romanos, ele escolhera o modelo dualista. Reforçando-o até mesmo de modo singular. Em vez de relegar para debaixo da terra os dois espaços dos mortos, o mau e o bom, durante o período que se estenderia da criação ao juízo final, ele colocara no céu, desde a entrada na morte, a morada dos justos – em todo caso, dos melhores entre eles, os mártires, e depois os santos. Localizara até mesmo na superfície da terra o paraíso terrestre, dando assim até a consumação dos séculos um espaço a essa terra da Idade de Ouro à qual os antigos não tinham concedido senão um tempo, horizonte nostálgico de sua memória. Podemos vê-lo nos mapas medievais, no Extremo Oriente, para além da grande muralha e dos povos inquietantes de Gogue e Magogue, com seu rio de quatro braços que Javé criara "para regar o jardim" (Gn 2,10). E sobretudo a oposição inferno/paraíso foi levada ao seu ponto máximo, fundada no antagonismo terra/céu. Ainda que subterrâneo, o inferno era a terra, e o mundo infernal opunha-se ao mundo celeste como o mundo ctoniano opusera-se, entre os gregos, ao mundo uraniano. Apesar dos belos arroubos em direção ao céu, os antigos – babilônios e egípcios, judeus e gregos, romanos e bárbaros pagãos – haviam temido as profundezas da terra muito mais do que almejado os infinitos celestes, além do mais muitas vezes habitados por deuses coléricos. O cristianismo, pelo menos durante os primeiros séculos e a barbarização medieval, não conseguiu infernalizar completamente sua visão do além. Conduziu a sociedade em direção ao céu. O próprio Jesus dera o exemplo: depois de ter descido aos infernos, Ele subira ao céu. No sistema de orientação do espaço simbólico, ali onde a Antiguidade greco-romana concedera um lugar preponderante à oposição direita/esquerda, o cristianismo, mesmo conservando um valor importante a esse par antinômico presente, aliás, no Antigo e no Novo testamentos[2], desde muito cedo privilegiara o sistema alto-baixo. Na Idade Média este sistema orientará, por meio da espacialização do pensamento, a dialética essencial dos valores cristãos.

---

2. M. Gourgues (*A la droite de Dieu* – Résurrection de Jésus et Actualisation du Psaume CX, 1, dans le Nouveau Testament. Paris, 1978) defende que os textos neotestamentários não concedem senão um interesse menor ao lugar de Cristo à direita do Pai.

Subir, elevar-se, ir mais alto, eis o incentivo da vida espiritual e moral enquanto a norma social é permanecer no seu lugar, ali onde Deus o colocou na terra, sem ambicionar escapar à sua condição e tendo o cuidado de não se rebaixar, de não cair[3]. Quando o cristianismo, menos fascinado pelos horizontes escatológicos, começou a refletir, entre os séculos II e o IV, sobre a situação das almas entre a morte individual e o juízo final e quando os cristãos pensaram – foi, com as nuanças que veremos, a opinião dos grandes Pais da Igreja do século IV, Ambrósio, Jerônimo, Agostinho – que as almas de certos pecadores talvez pudessem ser salvas durante esse período passando provavelmente por uma provação, a crença que assim aparecia e daria nascimento no século XII ao purgatório não resultou na localização exata dessa situação e dessa provação. Na Idade Média este sistema irá orientar, por meio da espacialização do pensamento, a dialética essencial dos valores cristãos.

Até o fim do século XII a palavra *purgatorium* não existe como substantivo. O purgatório não existe[4].

É notável que o aparecimento da palavra *purgatorium*, que expressa a tomada de consciência do purgatório como lugar, a certidão de nascimento do purgatório propriamente falando,

---

3. Cf. GINZBURG, C. "High and Low: The Theme of forbidden Knowledge in the XVIIth c.". In: *Past and Present*, n. 73, 1976, p. 28-41.

4. Os textos que até então evocam as situações que conduzirão à criação do purgatório empregam apenas o adjetivo *purgatorius, purgatoria*, que purga, e unicamente nas expressões tornadas consagradas: *ignis purgatorius*, o fogo purgatório, *poena purgatoria*, a pena (o castigo) purgatório ou, no plural, *poenae purgatoriae*, as penas purgatórias e, mais raramente, *flamma, forna, locus, flumen* (chama, forno, lugar, rio). Às vezes, no século XII, empregam, ao subentender o substantivo, *in purgatoriis (poenis)*, nas penas purgatórias. Esse uso provavelmente favoreceu o emprego da expressão *in purgatorio* subentendendo *igne*, no fogo purgatório. É verossímil que o nascimento do *purgatorium*, substantivo neutro, o purgatório, muitas vezes empregado sob a forma *in purgatorium*, no purgatório, beneficiou da similitude com *in (igne) purgatorio*. No fim do século XII e no início do século XIII, quando encontramos *in purgatório*, muitas vezes é difícil saber se é preciso compreender *no purgatório* ou *no fogo* (subtendido) *purgatorio*. Mas isso não tem muita importância, pois agora o substantivo, i. é, o lugar, existe e tanto uma expressão como a outra remetem a ele.

tenha sido negligenciado pelos historiadores, e primeiramente pelos historiadores da teologia e da espiritualidade[5]. Sem dúvida, os historiadores ainda não concedem uma importância suficiente às *palavras*. Que tenham sido *realistas* ou *nominalistas*, os clérigos da Idade Média sabiam bem que entre as palavras e as coisas existe uma união tão estreita quanto entre o corpo e a alma. Para os historiadores das ideias e das mentalidades, dos fenômenos de longa duração, vindos lentamente das profundezas, as palavras – certas palavras – têm a vantagem de aparecer, de nascer, e de assim trazer elementos de cronologia sem os quais não há história verdadeira. Evidentemente não se data uma crença como um acontecimento, mas é preciso rejeitar a ideia de que a história da longa duração seja uma história sem datas. Um fenômeno lento como a crença no purgatório estagna, palpita durante séculos, permanece nos ângulos mortos da corrente da história e depois, repentinamente ou quase, é carregada na massa do fluxo não para nela se perder, mas, ao contrário, para emergir e testemunhar. Quem fala *do* purgatório – mesmo com erudição – do Império Romano à Cristandade do século XIII, de Santo Agostinho a Santo Tomás de Aquino e suprime assim o aparecimento do substantivo entre 1150 e 1200, deixa escapar aspectos capitais dessa história, e quem sabe o essencial. Deixa escapar, ao mesmo tempo, a possibilidade de elucidar uma época decisiva e uma mutação profunda de sociedade, a ocasião de

---

5. Os raros autores de estudos sobre o purgatório que perceberam o problema geralmente o levantam em nota, de forma breve e incorreta. Joseph Ntedika, autor de dois excelentes estudos fundamentais, diz sobre Hildebert du Mans: "Ele provavelmente foi o primeiro a empregar a palavra *purgatorium*" (*L'Evolution de la doctrine du purgatoire chez Saint Augustin*, p. 11, n. 17). Há muito tempo o sermão outrora atribuído a Hildebert du Mans lhe foi retirado (cf. Apêndice II). A. Piolanti ("Il dogma del Purgatorio". In: *Euntes Docete*, 6, 1953, p. 287-311), notável, contenta-se em dizer (p. 300): "Nesse século [XII] aparecem os primeiros esboços do tratado *De purgatorio* [doravante o adjetivo transformou-se em substantivo]". Quanto a Erich Fleischhak (*Fegfeuer* – Die christlichen Vorstellungen vom Geschick der Verstorbenen geshichtlich dargestellt, 1969), ele escreve (p. 64): "A palavra *purgatorium* será empregada desde a época carolíngia para a purificação tanto quanto para o lugar de purificação" sem dar referências (não sem motivo!).

localizar, em relação à crença no purgatório, um fenômeno de grande importância na história das ideias e das mentalidades: o processo de *espacialização* do pensamento.

O espaço também merece reflexão

Vários estudos acabam de mostrar no campo científico a importância da noção de *espaço*. Ela rejuvenesce a tradição da história geográfica, renova a geografia e o urbanismo. É sobretudo no plano simbólico que ela manifesta sua eficácia. Após os zoólogos, os antropólogos evidenciaram o caráter fundamental do fenômeno de *território*[6]. Em *La Dimension cachée*[7], Edward T. Hall mostrou que o território é um prolongamento do organismo animal e humano, que essa perspectiva do espaço depende muito da *cultura* (sob este ponto, talvez, ele seja demasiado *culturalista*) e que o território é uma interiorização do espaço, organizado pelo pensamento. Existe nele uma dimensão fundamental dos indivíduos e das sociedades. A organização dos diferentes espaços: geográfico, econômico, político, ideológico etc., onde se movem as sociedades é um aspecto muito importante de sua história. Organizar o espaço de seu além foi uma operação de grande impacto para a sociedade cristã. Quando se espera a ressurreição dos mortos,

---

6. Cf., p. ex., em uma perspectiva geográfica: JAKLE, J. et al. *Human Spatial Behavior* – A social Geography. North Scituate, Mass, 1976. • KOLARS, J. & NYSTUEN, J. *Human geography*: Spatial Design in World Society. Nova York, 1974. Em uma perspectiva da zoologia: HOWARD, H.E. *Territory in Bird Life.* Londres, 1920. Em uma perspectiva da linguística: WHORF, B.L. *Language, Thought and Reality.* Nova York, 1956. De um ponto de vista interdisciplinary. CARPENTER, C.R. *Territoriality: a Review of Concepts and Problems.* In: ROE, A. & SIMPSON, G.G. *Behavior and Evolution.* New Haven, 1958. • HEDIGER, H. *The Evolution of Territorial Behavior.* In: WASHBURN, S.L. (ed.). *Social Life of Early.* Nova York, 1961. • BUTTIMER, A. *Social Space in Interdisciplinary Perspective.* In: JONES, E. (ed.). *Reading in Social Geography.* Oxford, 1975. Sem esquecer JAMMER, A. *Concepts of Space.* Nova York, 1960, com um prefácio de Albert Einstein.

7. HALL, E.T. *The Hidden Dimension.* Nova York, 1966 [trad. francesa: *La dimension cache.* Paris, 1971].

a geografia do outro mundo não é um assunto secundário. E pode-se esperar que haja relações entre a maneira como tal sociedade organiza seu espaço neste mundo e seu espaço no além, pois os dois espaços estão ligados por meio das relações que unem a sociedade dos mortos e a dos vivos. A Cristandade entrega-se, entre 1150 e 1300, a um importante remanejamento cartográfico na terra e no além. Para uma sociedade cristã como a do Ocidente medieval, as coisas vivem e se movem ao mesmo tempo – ou quase – na terra como no céu, neste mundo como no além.

Lógica e gênese do purgatório

Quando o purgatório se instala na crença da Cristandade ocidental, entre aproximadamente 1150 e 1250, de que se trata? É um além intermediário onde certos mortos passam por uma provação que pode ser abreviada pelos sufrágios – a ajuda espiritual – dos vivos. Para que se chegasse até aqui, foi necessário um longo passado de ideias e de imagens, de crenças e de atos, de debates teológicos e, provavelmente, de movimentos nas profundezas da sociedade, que dificilmente percebemos.

A primeira parte deste livro será consagrada à formação secular dos elementos que no século XII se estruturarão para se tornarem o purgatório. Podemos considerá-la como uma reflexão sobre a originalidade do pensamento religioso da Cristandade latina a partir das heranças, das rupturas, dos conflitos externos e internos no interior dos quais ele se formou.

A crença no purgatório implica antes a crença na imortalidade e na ressurreição, pois algo de novo pode acontecer para um ser humano entre sua morte e sua ressurreição. Ela é um suplemento de condições oferecidas a certos humanos para alcançar a vida eterna. Uma imortalidade que se ganha ao longo de uma única vida. As religiões – como o hinduísmo ou o catarismo – que creem nas reencarnações perpétuas, na metempsicose, excluem portanto o purgatório.

A existência de um purgatório baseia-se também na concepção de um julgamento dos mortos, ideia bastante difundida nos diferentes sistemas religiosos, mas "as modalidades deste julgamento variaram enormemente de uma civilização a outra"[8]. O tipo de julgamento que compreende a existência de um purgatório é muito original. Baseia-se, com efeito, na crença em um duplo julgamento, o primeiro no momento da morte, o segundo no fim dos tempos. Institui nesse intervalo do destino escatológico de cada humano um procedimento judiciário complexo de *mitigação* das penas, de encurtamento dessas penas em função de diversos fatores. Supõe, portanto, a projeção de um pensamento de justiça e de um sistema penal muito sofisticados.

Está ligada ainda à ideia de responsabilidade individual, de livre-arbítrio do homem, culpado por natureza, em razão do pecado original, mas julgado segundo os pecados cometidos sob sua responsabilidade. Há uma estreita ligação entre o purgatório, além intermediário, e um tipo de pecado intermediário entre a pureza dos santos e dos justos e a imperdoável culpabilidade dos pecadores criminosos. A ideia por tanto tempo vaga de pecados "leves", "cotidianos", "habituais", bem percebida por Agostinho e depois por Gregório o Grande, só com o passar do tempo resultará na categoria de pecado "venial" – isto é, perdoável –, pouco tempo anterior ao crescimento do purgatório e que foi uma das condições de seu nascimento. Ainda que, como veremos, as coisas tenham sido um pouco mais complicadas, essencialmente o purgatório apareceu como o lugar de purgação dos pecados veniais.

Crer no inferno – lugar de castigos – supõe esclarecidas as relações entre a alma e o corpo. De fato, desde bem cedo a doutrina da Igreja foi que, no momento da morte, a alma imortal deixava o corpo e só se reencontrariam no fim dos tempos, durante a ressurreição dos corpos. Mas a questão da corporeidade ou da incorporeidade da alma não me parece ter representado

---

8. *Le Jugement des morts* – Egypte, Assour, Babylone, Israël, Iran, Islan, Inde, Chine, Japon. Paris: Du Seuil, 1961, p. 9 [Col. Sources Orientales, IV].

um problema em relação ao purgatório, ou aos seus inícios. As almas separadas foram dotadas de uma materialidade *sui generis* e as penas do purgatório puderam assim atormentá-las como que corporalmente[9].

Pensar o intermediário

Lugar intermediário, assim é o purgatório sob muitos pontos de vista. No tempo, no intervalo entre a morte individual e o juízo final. O purgatório não se fixará neste espaçotemporal particular sem hesitações bastante longas. Apesar do papel decisivo que desempenhou a este respeito, Santo Agostinho não amarrará definitivamente o futuro purgatório a esta janela de tempo. O purgatório oscilará entre o tempo terreno e o tempo escatológico, entre um começo de purgatório neste mundo, que então seria necessário definir em relação à penitência, e um adiamento da purificação definitiva, que se situaria apenas no momento do juízo final. Avançaria então sobre o tempo escatológico e o *dia* do juízo se tornaria não um momento, mas um espaço de tempo.

O purgatório é também um intervalo propriamente espacial que desliza e se alarga entre o paraíso e o inferno, mas a atração dos dois polos agiu por muito tempo também sobre ele. Para existir, o purgatório deverá substituir os pré-paraísos do *refrigerium*, lugar de descanso imaginado nos primeiros tempos do cristianismo, e do *seio de Abraão*, caracterizado pela história de Lázaro e do rico mau no Novo Testamento (Lc 16,19-26). Deverá, sobretudo, separar-se do inferno do qual permanecerá por

---

9. Tomás de Aquino é particularmente sensível à dificuldade de fazer com que almas espirituais sintam o sofrimento de um fogo corpóreo. Apoia-se, sobretudo, na autoridade escriturária (Mt 25,41) e na analogia entre almas separadas e demônios para afirmar: "As almas separadas podem, portanto, sofrer de um corpóreo" (*Suma teológica, supl.*, questão 70, art. 3). A questão da corporeidade da alma talvez tenha inquietado Jean Scot Érigène no século IX e seu discípulo Honorius Augustodunensis no século XII. Cf. CAROZZI, C. "Structure et function de la vision de Tnugdal". In: *Faire Croire* [atas do colóquio da Escola Francesa de Roma, 1979]. • VAUCHEZ, A. Roma, 1980. Neste ponto não seguirei Claude Carozzi, a quem agradeço a comunicação antecipada de seu texto.

muito tempo um departamento pouco distinto, a geena superior. Nesta disputa entre paraíso e inferno adivinha-se que a aposta do purgatório não foi fácil para os cristãos. Antes que Dante confira à geografia dos três reinos do além sua mais alta expressão, a preparação do novo mundo do além foi longa e difícil. O purgatório definitivamente não será um verdadeiro, um perfeito intermediário. Reservado à purificação completa dos futuros eleitos, ele se inclinará para o paraíso. Intermediário deslocado, não se situará no centro, mas em um intervalo deslocado para o alto. Entrando assim nesses sistemas de equilíbrio descentrado tão característicos da mentalidade feudal: desigualdade na igualdade que se encontra nos modelos contemporâneos da vassalagem e do casamento em que, em um universo de iguais, o vassalo está mesmo assim subordinado ao senhor, a mulher ao marido. Falsa equidistância do purgatório entre um inferno ao qual se escapou e um céu ao qual já se está preso. Falso intermediário, enfim, pois o purgatório, transitório, efêmero, não tem a eternidade do inferno ou do paraíso. E difere, no entanto, do tempo e do espaço deste mundo, obedecendo a outras regras que fazem dele um dos elementos desse imaginário que na Idade Média se chamava "maravilhoso".

O essencial talvez esteja na ordem da lógica. Para que o purgatório nasça é preciso que a noção de intermediário adquira consistência, torne-se uma boa ideia para os homens da Idade Média. Ele pertence a um sistema, o dos lugares do além, e só tem existência e significação em relação a esses outros lugares. Peço ao leitor que não o esqueça, mas como, dos três lugares principais, o purgatório foi o que levou mais tempo para se definir e como seu papel foi o que trouxe mais problemas, pareceu-me possível e desejável tratar dele sem esmiuçar as coisas do inferno e do paraíso.

Estrutura lógica, matemática, o conceito de intermediário está ligado a mutações profundas das realidades sociais e mentais da Idade Média. Não mais deixar sozinhos cara a cara os poderosos e os pobres, os clérigos e os leigos, mas buscar uma categoria mediana, classes médias ou terceira ordem, é a mesma abordagem e refere-se a uma sociedade transformada. Passar de esquemas binários a esquemas ternários significa dar um passo na organização do pensamento da sociedade cuja importância foi ressaltada por Claude Lévi-Strauss[10].

O imaginário penal: o fogo

Ao contrário do *shéol* judaico – inquietante, triste, mas desprovido de castigos –, o purgatório é um lugar onde os mortos sofrem uma (ou umas) provação(ões). Estas provações, como veremos, podem ser múltiplas e se assemelham àquelas que os danados sofrem no inferno. Mas duas delas são mais frequentes, o ardente e o gelado, e uma delas, a provação pelo fogo, desempenhou um papel de primeira grandeza na história do purgatório. O fogo como símbolo sagrado é bem conhecido dos antropólogos, folcloristas, historiadores das religiões. No purgatório medieval e nos esboços que o precederam, ele se encontra sob quase todas as formas observadas pelos especialistas da antropologia religiosa: círculos de fogo, lagos e mares de fogo, anéis de chamas, muros e fossos de fogo, carrancas de monstros lança-chamas, carvões ígneos, almas sob a forma de centelhas, rios, vales e montanhas de fogo.

Mas o que é então o fogo sagrado? "Nos ritos de iniciação", indica G. Van der Leeuw, "é o fogo que apaga o período da existência já deixada para trás e que torna possível uma nova"[11]. Rito de passagem, portanto, bem localizado neste lugar transitório. O purgatório faz parte desses *ritos de margem*, como os chamava Van Gennep, cuja importância às vezes escapou aos antropólogos demasiado absorvidos pelas fases de separação e de agregação que abrem e fecham os ritos de passagem.

---

10. LÉVI-STRAUSS, C. "Les organisations dualistes existent-elles? In: *Anthropologie structural*, 1. Paris, 1958, esp. p. 168.

11. VAN DER LEEUW, G. *La Religion dans son essence et ses manifestations.* Paris, 1955, p. 53.

Mas a significação desse fogo é ainda mais rica. Como bem mostrou Carl-Martin Edsman, por meio de contos, lendas e espetáculos populares das épocas medievais e modernas, a presença de fogos regeneradores análogos aos que na Antiguidade se encontram entre os romanos, os gregos e, mais distante, entre os iranianos e os índios, onde esta concepção de um fogo divino – *Ignis divinus*, parece ter nascido[12]. Dessa forma, o purgatório se instalaria nessa ressurgência do conjunto de recursos indo-europeu do qual a Cristandade dos séculos XI-XII parece ter sido o teatro. O aparecimento (ou o reaparecimento) do esquema trifuncional exposto recentemente por Georges Duby e outros pesquisadores é, em linhas gerais, contemporâneo do nosso fenômeno. Fogo do forno, fogo da forja, fogo da fogueira. É preciso colocar ao lado deles o fogo do purgatório, do qual, de todo modo, a cultura popular também se apoderou.

Este fogo é um fogo que rejuvenesce e torna imortal. A lenda da fênix é sua mais célebre encarnação que o cristianismo medieval retomou a partir de Tertuliano. A fênix torna-se o símbolo da humanidade chamada a ressuscitar. Aliás, um texto, erroneamente atribuído a Santo Ambrósio, aplica a essa lenda a frase de São Paulo: "O fogo porá à prova o que é a obra de cada um"

---

12. EDSMAN, C.-M. *Ignis Divinus* – Le feu comme moyen de rajeunissement et d'immortalité: contes, légendes, mythes et rites. Lund, 1949. Citamos o estudo ultrapassado, mas pioneiro e clássico, de J.G. Frazer (*Myths of the origin of Fire*. Londres, 1930) e o belo ensaio de Gaston Bachelard (*Psychanalise du feu*). Sobre o fogo sagrado iraniano, cf. ERDMANN, K. *Das iranische Feuerheiligtum*. Leipzig, 1941. Os artigos "Feuer" (CLOSS, A. *Lexicon für Theologie und Kirche*, 4, 1960, p. 106-107) e sobretudo os artigos "Feu de l'Enfer", "Feu du Jugement, "Feu du Purgatoire" (MICHEL, A. *Dictionnaire de Théologie Catholique*, V/2. Paris, 1939) e "Feus" (GAILLARD, J. In: *Dictionnaire de Spiritualité*, V. Paris, 1964) contribuem pouco sob as formas arcaicas da religião do fogo. Nos evangelhos apócrifos o batismo pelo fogo se encontra sob diversas formas. No *Deux livres du jeu*, proveniente de um original grego (do Egito) da primeira metade do século III, Jesus, após a ressurreição, dá a seus apóstolos um triplo batismo, pela água, pelo fogo e pelo Espírito Santo (HENNECKE, E. & SCHNEEMELCHER, W. *Neutestamentliche Apokryphen*. Vol. I. 3. ed. Tübingen, 1959, p. 185). No *Évangile de Philippe*, que foi utilizado pelos gnósticos e pelos maniqueus e que é provavelmente originário do Egito do século II, encontramos o batismo pela água e pelo fogo (ibid., p. 198).

(1Cor 3,13), que é a principal base escriturária sobre a qual todo o cristianismo medieval se apoiará para construir o purgatório.

À luz desta herança destacam-se, ao que me parece, três características importantes do fogo purgatório que ocupou um lugar central na construção do purgatório na Idade Média. A primeira é que o fogo que rejuvenesce e torna imortal é um fogo "através do qual se passa". São Paulo explicara bem este rito que, na mesma célebre passagem de 1Cor3,15, diz: "Ele será salvo, mas *como através do fogo*" (*quasi per ignem*). O purgatório é realmente um lugar (ou um estado) transitório e as viagens imaginárias ao purgatório serão, repito, percursos simbólicos. Esta passagem pelo fogo será ainda mais valorizada pelos homens da Idade Média porque o modelo do purgatório se desenvolverá como um modelo judicial. A provação pelo fogo é um *ordálio.* Ela o é para as próprias almas do purgatório, e também para os vivos autorizados a percorrer o purgatório não como simples turistas, mas por sua própria conta e risco. Vê-se o quanto este rito pôde seduzir os homens que às tradições vindas de uma distante antiguidade, passando pela Grécia e por Roma, herdeiras do fogo indo-europeu, combinaram a herança das crenças e das práticas bárbaras.

Também se compreende por que, nas tentativas de localização terrestre do purgatório ou, pelo menos, de suas entradas, um elemento geográfico natural chamou particularmente a atenção: os vulcões. Tinham a vantagem de reunir, como montanha provida de uma cratera, isto é, de um poço que cospe fogo, três dos elementos essenciais da estrutura física e simbólica do purgatório. Veremos como os homens em busca de uma cartografia do purgatório perambularam em torno da Sicília, entre o Stromboli e o Etna. Mas não houve na Sicília um meio apto a agarrar esta chance como o fizeram os irlandeses, seus vizinhos ingleses e os cistercienses com o purgatório de São Patrício e a peregrinação bem-organizada e controlada que ali logo se desenvolveu. A Sicília de Frederico II, entre um soberano suspeito de heresia, monges gregos e muçulmanos, não pareceu muito "católica" para abrigar o purgatório, ou um de seus principais acessos, e o Etna não conseguiu se livrar de sua imagem propriamente infernal.

A segunda característica é que o fogo purgatório medieval, mesmo se ocupou um lugar proeminente e, de alguma forma, exclusivo, quase sempre fez parte, no entanto, de um par: o fogo e a água. Nos textos medievais que se situam na pré-história da Idade Média este par aparece na maioria das vezes sob a forma da justaposição de um lugar ígneo e de um lugar úmido, de um lugar quente e de um lugar frio, de um elemento escaldante e de um elemento gelado. E a provação fundamental à qual são submetidos os mortos do purgatório não é a simples passagem pelo fogo, é a passagem alternativa pelo fogo e pela água, uma espécie de "ducha escocesa" probatória.

Carl-Martin Edsman lembrou corretamente os textos da Antiguidade romana clássica onde se reconhecem os ascetas do Cáucaso que vivem nus, ora nas chamas, ora no frio. Cícero fala dos "sábios que vivem e suportam sem dor as neves do Cáucaso e o rigor do inverno e depois se lançam no fogo e ali se deixam queimar sem lamentações"[13]. Valère Maxime evoca também "aqueles que passam toda sua vida nus, ora fortalecendo seus corpos no gelo rigoroso do Cáucaso, ora expondo-os às chamas sem lamentações"[14].

O par fogo/água (fria) encontra-se em um rito evocado nos primeiros tempos do cristianismo e que deve ter desempenhado um papel na pré-história do purgatório: o batismo pelo fogo. Para os cristãos este rito aparece nos evangelhos de Mateus e de Lucas quando falam de João Batista. Mateus confere ao precursor estas palavras: "Eu vos batizo na água para que vos arrependais; mas aquele que vem depois de mim é mais forte do que eu, e não sou digno de tirar-lhe as sandálias; Ele vos batizará no Espírito Santo e no fogo" (Mt 3,11). Lc 3,16 atribui a mesma fala a João Batista.

---

13. *Tusculanes*, v, 77.

14. *Factorum et dictorum memorabilium libri novem*, III, 3, ext. 6. Como observou Edsman (In: MOZART. *La flûte enchantée*), "Tamino e Pamina passam através de duas grutas, sendo que a primeira contém uma queda d'água e a segunda está repleta de fogo".

Esta concepção do batismo pelo fogo, vinda das velhas mitologias indo-europeias do fogo, concretizou-se na literatura apocalíptica judaico-cristã. Os primeiros teólogos cristãos, sobretudo os gregos, foram muito sensíveis a ela. Orígenes, ao comentar Lc 3,16, declara: "Deve-se antes batizar com água e pelo Espírito para que, quando o batizado chegar ao rio de fogo, mostre que conservou os recipientes de água e de espírito e que merece então receber também o batismo de fogo em Jesus Cristo" (*In Lucam*, homilia XXIV). Edsman reconhece na pérola evocada por Mateus (8,45-46: "O Reino dos Céus é semelhante a um negociante que procura pérolas finas; ao encontrar uma de grande valor, saiu vendendo tudo o que possuía e a comprou") o símbolo do Cristo que reuniu a água e o fogo. No cristianismo "ortodoxo" o batismo pelo fogo permaneceu metafórico. O mesmo não ocorreu em certas seitas (batistas, messalianos, alguns ascetas egípcios) e nem com os cátaros, a quem Ecbert, um contraditor "ortodoxo", recriminará ironicamente, no século XII, não batizarem realmente "no fogo", mas "ao lado" do fogo.

Nas mitologias e nas religiões antigas, o fogo tem uma natureza múltipla e variada. É o que encontramos na alegoria judaico-cristã do fogo, e em definitivo nas diferentes funções e significações do fogo purgatório. Nestes diversos aspectos do fogo, "ao mesmo tempo deificador e vivificador, que castiga e aniquila", Edsman vê "os diferentes aspectos do próprio ser da divindade" e então reduz à unidade na pessoa divina a multiplicidade das faces do fogo. Este modelo pode servir para explicar a variedade das interpretações cristãs do fogo purgatório da Antiguidade ao século XIII. Pode-se ter a impressão de que não se fala do mesmo fogo e esta diversidade se explica pela polissemia do antigo fogo divino. Ora aparece sobretudo como purificador, ora principalmente como punitivo, ora também como probatório, às vezes parece atual e às vezes futuro, com frequência real, mas algumas vezes espiritual, diz respeito a certos humanos ou a todos. Mas sempre se trata do mesmo fogo, e o fogo do purgatório, em sua complexidade, é herdeiro das faces múltiplas do fogo divino, do fogo sagrado das origens indo-europeias.

Agostinho parece ter percebido a continuidade que, apesar das mudanças fundamentais de sentido, religa certas concepções antigas do *fogo* às concepções cristãs: "Os estoicos, escreve ele na *Cidade de Deus* (VIII, 5), estimavam que o fogo, isto é, um corpo, um dos quatro elementos de que é composto este mundo sensível, é vivo, sábio e criador do próprio mundo e de tudo o que ele contém, que em resumo esse fogo é Deus". Claro, no cristianismo, o fogo não é senão uma criatura, como dirá magnificamente Francisco de Assis. Mas, segundo a correta fórmula de Edsman, "toda a complexidade do fogo do além em suas formas gerais ou especiais – o rio de fogo, por exemplo – explica-se como diversas funções de um mesmo fogo divino". Isto vale também para o fogo do purgatório. Mas deste passado repleto de sentido do fogo purgatório, os homens da Idade Média não tinham consciência, nem a massa nem mesmo os clérigos, com exceção dos textos escriturários, caução para eles necessária e suficiente da tradição sagrada. Pareceu-me necessário, no entanto, destacar esta longa herança. Ela ilumina certos aspectos desconcertantes da história medieval do purgatório, permite uma melhor compreensão das hesitações, dos debates, das escolhas que se manifestaram nessa história, pois uma herança propõe tanto quanto impõe. Explica principalmente, parece-me, uma das razões do sucesso do purgatório: ter retomado certas realidades simbólicas muito antigas. Aquilo que se ancora em uma tradição tem mais chances de ter êxito. O purgatório é uma ideia nova do cristianismo, mas que tomou emprestado das religiões anteriores uma parte de seus principais acessórios. No sistema cristão, o fogo divino muda de sentido e o historiador deve primeiramente ser sensível a essas transformações, mas a permanência de um certo material de longa duração sob a vivacidade maior ou menor das mudanças também deve reter sua atenção. As revoluções são raramente criações, são mudanças de sentido. O cristianismo foi uma revolução ou uma engrenagem essencial de uma revolução. Recolheu o fogo divino que rejuvenesce e torna imortal, mas fez dele não uma crença ligada a um rito, e sim um atributo de Deus, cujo uso é determinado por uma dupla responsabilidade humana: a dos mortos, a quem cabe, por seu comportamento terreno, a Ele ser submetidos ou não; a dos vivos, cujo maior ou menor zelo pode modificar a duração de sua atividade. O fogo do purgatório, mesmo testando um símbolo portador de sentido, o da salvação pela purificação, tornou-se um instrumento a serviço de um sistema complexo de justiça, ligado a uma sociedade bem diferente daquelas que acreditavam no fogo regenerador.

Solidariedades: os vivos e os mortos

O purgatório é, enfim, um além intermediário onde a provação que se sofre pode ser reduzida pelos *sufrágios*, as intervenções dos vivos. Foi, parece, pela crença dos primeiros cristãos na eficácia de suas preces pelos seus mortos – como testemunham as inscrições funerárias, as fórmulas litúrgicas, e depois, no início no século III, a *Paixão de Perpétua*, a predileta das representações espacializadas do futuro purgatório – que começou um movimento de piedade que levaria à criação do purgatório. É significativo que Agostinho, nas *Confissões*, esboce pela primeira vez uma reflexão que o conduzirá ao caminho do purgatório, ao expressar seus sentimentos após a morte de sua mãe Mônica.

Esta confiança dos cristãos na eficácia dos sufrágios só tardiamente se uniu à crença na existência de uma purificação depois da morte. Joseph Ntedika bem mostrou que em Agostinho, por exemplo, as duas crenças se elaboraram separadas, sem praticamente se encontrarem. Os sufrágios pelos mortos supõem a constituição de longas solidariedades de um lado e de outro da morte, relações estreitas entre vivos e defuntos, a existência entre uns e outros de instituições de ligações que financiam os sufrágios – como os testamentos – ou fazem dele uma prática obrigatória – como as confrarias. Estes vínculos também levaram tempo para se estabelecer.

E que aumento de poder para os vivos este domínio sobre a morte! Mas também, neste mundo, que reforço da coesão das comunidades – famílias de sangue, famílias artificiais, religiosas ou confraternais – esta extensão de solidariedades eficazes depois da morte! E para a Igreja que instrumento de poder! Ela afirma seu direito (parcial) sobre as almas do purgatório como membros da Igreja militante, priorizando o *foro* eclesiástico em detrimento do *foro* divino, detentor da justiça no além, no entanto. Poder espiritual, mas também muito simplesmente, como se verá, lucro financeiro de que se beneficiarão mais do que outros os irmãos das ordens mendicantes, propagandistas ardentes da nova crença. O "infernal" sistema das indulgências encontrará nelas finalmente um poderoso alimento.

O dossiê do purgatório

Convido o leitor a abrir comigo o dossiê do purgatório. Só esta atitude parece-me apropriada a convencê-lo pelo contato com textos de grandes teólogos ou de obscuros compiladores, às vezes anônimos, de alto valor literário ou simples instrumentos de comunicação, mas muitos deles traduzidos pela primeira vez e com frequência possuindo em graus diversos o charme do imaginário, o calor do proselitismo, os arrepios da descoberta de um mundo interior e exterior. É este, sobretudo, o melhor meio de ver se construir, lentamente, nem sempre seguramente, mas em toda a complexidade da história, a crença em um lugar, e neste mesmo lugar.

Estes textos são muitas vezes repetitivos, mas assim se constitui um *corpus*, assim se constrói a história. O jogo de ecos que muitas vezes encontraremos neste livro é a imagem da realidade. Eliminar essas repetições da história teria conduzido a deformá-la, a falseá-la.

Veremos o que ocorre com a geografia do além e seus desafios nas principais fases da primeira parte da Idade Média, onde se elaboram os fundamentos de nosso mundo moderno ocidental. Hoje conhecemos melhor e apreciamos de forma mais justa a originalidade dessa longa transformação do século III ao século VII, que antes chamávamos Baixo Império e alta Idade Média e que nomeamos mais adequadamente Antiguidade tardia: as heranças antigas ali se decantam, o cristianismo ali modela novos hábitos, a humanidade luta por sua sobrevivência física e espiritual. Entre o paraíso e o inferno, na persuasão em que se está da iminência do fim do mundo, o purgatório seria quase um luxo que permanece nas profundezas. A gênese da feudalidade deixa em suspenso, em um quase imobilismo da teologia e da prática religiosa, os esboços do purgatório entre os séculos VIII e XI, mas o imaginário monástico explora em um claro-escuro permeado de raios os recantos do além. O grande século criador, o século XII, é também o do nascimento do purgatório, que só se compreende no interior do sistema feudal já então estabelecido. Depois da época da explosão vem a da ordem. A domesticação do além que o purgatório permite adiciona os mortos ao enquadramento geral da sociedade. O suplemento de oportunidades que o purgatório oferece à nova sociedade integra-se no sistema global.

Teologia e cultura popular

Devo ainda ao leitor dois esclarecimentos.

O primeiro diz respeito ao lugar dado à teologia neste estudo. Não sou nem um teólogo nem um historiador da teologia. Está claro que, tratando-se de uma crença que se tornou um dogma, o papel da elaboração teológica nesta história é importante. Espero lhe fazer justiça. Mas penso que o purgatório como crença também se impôs por outras vias, e estas me interessam particularmente porque informam muito mais sobre as relações entre crenças e sociedade, sobre as estruturas mentais, sobre o lugar do imaginário na história. Não ignoro que para a teologia católica moderna o purgatório não é um *lugar*, mas um *estado*. Os pais do Concílio de Trento, preocupados, com este ponto como com os restantes, em evitar a contaminação da religião pelas "superstições", não incluíram no dogma o conteúdo da ideia do purgatório. Por isso nem a localização nem a natureza das penas que ali se sofrem não foram definidas pelo dogma, mas confiadas à liberdade das opiniões.

Espero mostrar neste livro, no entanto, que a concepção do purgatório como *lugar* e as imagens a ele associadas desempenharam um papel fundamental no êxito desta crença[15]. Isto não é apenas válido para a massa dos fiéis, mas também para teólogos e autoridades eclesiásticas nos séculos XII e XIII. Quando, entre os laicos, surgiu um homem de talento que também era muito erudito, esse expressou melhor do que os outros – em todos os níveis – o que, depois de 1150, o purgatório foi para os homens da segunda Idade Média. O melhor teólogo da história do purgatório é Dante.

O segundo esclarecimento é sobre o lugar da cultura popular no nascimento do purgatório. Esse lugar é certamente importante, será evocado aqui várias vezes. Por trás de certos elementos essenciais do purgatório em formação, a tradição popular – não no sentido vulgar de cultura de massa, mas no sentido eficaz de cultura folclórica específica – está presente e atuante. Para tomar três exemplos: o fogo purgatório, como mostrou Carl-Martin Edsman, participa de ritos e de crenças que os contos, lendas e espetáculos populares permitem compreender; as viagens no além aparecem como um gênero em que os elementos eruditos e os elementos folclóricos estão estreitamente misturados[16]; os

---

15. Sobre uma visão teológica "refinada", mas limitada, cf., p. ex., esta opinião: "As necessidades da linguagem popular de Nosso Senhor ao falar do dedo de Lázaro e da língua do rico mau podiam autorizar espíritos habituados a unir alma e corpo como grupos inseparáveis, a dotar as almas separadas de um corpo *sui generis*, como a imaginação necessariamente lhes presta. Muitos dos obstáculos à verdadeira filosofia do dogma" (BAINVEL, J. Artigo "Âme". In: *Dictionnaire de Théologie Catholique*. Vol. 1. Paris, 1909, p. 1.001). Argumentar assim significa se fechar à compreensão da história.

16. Heinrich Gunter escreveu: "A visão do além se tornou um motivo popular que foi praticado em todas as épocas e que é tão velha quanto o espetáculo místico" (*Die christliche Legende des Abendlandes*. Heidelberg, 1910, p. 111).

exempla sobre o purgatório vieram muitas vezes de contos populares ou se assemelhavam a eles. Há vários anos, com alguns colegas e amigos continuo pesquisando, no âmbito de meus seminários na École des Hautes Études en Sciences Sociales, sobre as relações entre cultura erudita e cultura popular na Idade Média. Não procurei, no entanto, avançar muito nesse caminho. Sobre um tema como este há incertezas demais para que se possa facilmente determinar, aprofundar, interpretar a contribuição inegável da cultura popular, mas é preciso saber que essa cultura desempenhou um papel no nascimento do purgatório. O século em que isso ocorreu é também aquele em que é mais forte a pressão do folclore sobre a cultura erudita, em que a Igreja está mais aberta às tradições que, na alta Idade Média, ela destruíra, ocultara ou ignorara[17]. Este impulso também contribuiu para o nascimento do purgatório.

---

17. Cf. LE GOFF, J. "Culture cléricale et traditions folkloriques dans la civilisations mérovingienne". In: *Pour un autre Moyen Âge*. Paris, 1977, p. 223-235. • "Culture ecclésiastique et culture folklorique au Moyen Âge: saint Marcel de Paris et le dragon". In: ibid., p. 236-279. • SCHIMITT, J.C. "Religions populaire et culture folklorique". In: *Annales ESC*, 1976, p. 941-953.

Primeira parte

O além antes do purgatório

1
Os imaginários antigos

O purgatório medieval reutiliza motivos que já circulavam em tempos muito antigos: trevas, fogo, torturas, ponte da provação e da passagem, montanha, rio etc., e acabou finalmente recusando elementos que quase acolheu: pastagens, errância; ou rejeitou desde o início: reencarnações, metempsicose. Evocarei, portanto, primeiro esses fragmentos vindos de outros lugares e de longe, por vezes de muito longe no espaço e no tempo.

Convocar estas religiões antigas para o dossiê do purgatório significa também recolocá-lo em um conjunto de soluções trazidas a um mesmo problema: a estrutura do outro mundo, o imaginário do além como demonstração de sua função. Em certos casos esta referência a outras religiões confrontará heranças reais, históricas: da Índia antiga ao Ocidente cristão o fogo, por exemplo, realmente circulou, mas o fogo do purgatório reuniu múltiplos fogos acendidos aqui e ali ao longo dos tempos. O modelo egípcio parece ter pesado muito na infernalização dos outros mundos posteriores. Às vezes também a comparação com outros aléns religiosos só terá um valor lógico, não passará de uma exposição dos sistemas do além e de suas diversas soluções ao problema comum. Quando ocorre o encontro entre estas soluções e a solução cristã, do purgatório, não será por identidade de resposta sem certeza de influência? A angústia essencial do tempo do inferno entre os gnósticos e a atenção inquieta, mas finalmente tingida de esperança dos cristãos no tempo do purgatório não vêm de uma sensibilidade ao tempo inclusa nos dois pensamentos, mas de maneira independente?

Por fim, iluminar essas heranças e essas escolhas significa manifestar que as relações entre o purgatório cristão e os imaginários anteriores do além são as de uma história, não de uma genealogia. O purgatório não foi engendrado automaticamente por uma série de crenças e de imagens – mesmo diacrônica –, é o resultado de uma história em que se misturam a necessidade e os acasos.

Os três caminhos hindus

Na Índia antiga, no fim dos tempos védicos, quando aparecem os primeiros Upanixades (século VI a.C.), os mortos têm três caminhos diante deles, de acordo com seu mérito, mas sem que haja julgamento. A entrada em um destes caminhos se faz através do fogo, uma vez que os mortos são queimados em uma pira. Os justos passam "da chama ao dia, do dia à quinzena clara (do mês lunar), da quinzena clara aos seis meses do ano em que o sol se eleva, desses meses ao mundo dos deuses, do mundo dos deuses ao sol, do sol ao mundo da iluminação. Desse mundo da iluminação, aqueles (que então o conhecem) são conduzidos aos mundos do brâmane por um ser espiritual vindo (buscá-los). Nesses mundos do brâmane, habitam regiões longínquas insondáveis. Para eles não há retorno".

Aqueles que são suficientemente merecedores "entram na fumaça, da fumaça na noite, da noite na quinzena sombria (do mês lunar), da quinzena sombria nos seis meses em que o sol desce, desses meses no mundo dos Manes, do mundo dos Manes na lua". Ali são comidos pelos deuses, retornam à terra, inaugurando um ciclo de reencarnações e de renascimentos de perfeições, cada uma delas sendo uma etapa para o paraíso.

Os irremediavelmente maus sofrem renascimentos de castigo, sob a forma de "vermes, insetos, animais", até caírem no inferno[1].

---

1. Estes trechos são retirados do *Chandogya Upanishad* e são citados e interpretados por Jean Varenne ("Le jugement des morts dans l'Inde". In: *Le Jugement des morts*. Paris, 1961, p. 225-226 [Sources Orientales, IV].

O *Isha Upanixade* evoca esta estada infernal: "Esses mundos chamados sem sol, pois recobertos de trevas absolutas: entram neles depois de sua morte aqueles que mataram sua alma". Mas outros textos permitem supor que o destino desses mortos não é determinado desde o início. É segundo tenham ultrapassado ou não o limiar guardado por dois cães. Se o ultrapassam, serão acolhidos em um lugar mais agradável, semelhante aos Campos Elíseos dos romanos, ao Walhala germânico, "o pasto que não mais lhes será retirado", onde compartilharão do festim de Yama, o primeiro homem, o Adão da tradição indo-iraniana, tornado o rei dos infernos. Se forem rejeitados, ou irão para as trevas do inferno ou retornarão miseravelmente para perambular sobre a terra, vagando como uma alma penada, sob a forma de fantasmas[2].

Essas diversas tradições apresentam elementos que encontraremos no purgatório: a ideia de um caminho médio de salvação, a passagem através do fogo, a dialética entre as trevas e a luz, os aperfeiçoamentos de estado entre a morte e a salvação definitiva, a função do além como receptáculo de almas que, ao contrário, seriam destinadas à errância dos fantasmas. Mas a ausência de julgamento e o lugar central da metempsicose estão muito distantes do sistema cristão do além.

No Irã: o fogo e a ponte

No Irã, o que mais impressiona nas doutrinas e nas imagens do além é a onipresença do fogo. Mas certos traços da escatologia zoroástrica apresentam características que, mesmo sem ter tido influência direta sobre as concepções cristãs que levaram ao pur-

---

2. Ibid., p. 215-216. Cf. tb. SCHERMAN, L. "Eine Art visionärer Höllenschilderung aus dem indischen Mittelalter – Nebst einigen Bemerkungen über die älteren Vorstellungen der Inder von einer strafenden Vergeltung nach dem Tode". In: *Festschrift* Konrad Hofmann *Romanische Forshungen*, 5, 1890, p. 539-582.

gatório, as evocam[3]. É principalmente a hesitação entre uma interpretação "paradisíaca" e uma interpretação "infernal" da morada dos mortos antes do julgamento. No *Veda*, esse lugar, o reino de Yama, é ora um paraíso de luz, ora um sinistro mundo subterrâneo, um abismo para onde se desce por um caminho íngreme. É também a presença de uma ponte – como se encontra na Índia – que religa a terra ao céu e sobre a qual o morto inicia uma prova de força e de destreza que também tem um certo valor moral[4].

Por fim, existe para as almas, cujas boas ações têm o mesmo peso que as más, um lugar intermediário, mas os especialistas advertem que não se deve considerar que se trata aqui de uma espécie de purgatório, pois é muito mais o inferno mazdeano que pode ser comparado ao purgatório cristão, sendo como ele temporário[5].

No Egito: o imaginário infernal

A longa história do Egito antigo também não permite resumir em algumas ideias simples as crenças sobre o julgamento dos mortos e o além, que evoluíram ao longo dos séculos e não parecem ter sido idênticas segundo os meios sociais. A ideia de um julgamento dos mortos sempre existiu no Egito. Como escreveu Jean Yoyotte: "Invenções dos antigos egípcios, a ideia, o temor, a esperança do julgamento iriam conhecer depois deles um longo destino"[6].

O inferno egípcio era particularmente impressionante e refinado. Era uma região imensa com muralhas e portas, pântanos lamacentos e lagos de fogo em torno de câmaras misteriosas. Mas-

---

3. Cf. PAVRY, J.D.C. *The Zoroastrian doctrine of a future life.* Nova York, 1926. • DUCHENNE-GUILLEMIN, J. *La religion de l'Iran ancient.* Paris, 1962.

4. Cf. o artigo "Bridge" de G.A. Frank Knight. In: *Ere*, t. 2.

5. DUCHESNE-GUILLEMIN, J. *La religion de l'Iran ancien*, p. 335.

6. YOYOTTE, J. "Le Jugement des morts dans l'Egypte ancienne". In: *Le Jugement des morts*, p. 69.

péro frisou que o morto egípcio devia escalar uma montanha com encostas escarpadas. A geografia imaginária do além egípcio foi tão longe que mapas do outro mundo foram encontrados sobre certos sarcófagos. Nele os castigos eram fartos e severos. Estas penas atingiam tanto os corpos quanto as almas. Eram tanto físicas quanto morais, marcadas pelo distanciamento dos deuses. Uma sensação essencial era aquela de enclausuramento e de prisão. As penas ali eram sanguinárias e os castigos pelo fogo incontáveis e terríveis. Mas mesmo em suas versões mais infernais, o purgatório cristão não se aproximará de certas torturas do inferno egípcio, como a perda dos órgãos dos sentidos ou os atentados à unidade da pessoa. Em suas visões do inferno, os egípcios levaram bem longe sua imaginação topográfica. Os "receptáculos" – casas, câmaras, nichos, lugares diversos – formavam um complexo sistema de alojamentos[7], mas não houve purgatório entre os antigos egípcios. Erik Hornung deixa bem evidente que, apesar da riqueza da terminologia egípcia para designar os humanos no além, ela se limita a duas categorias rigorosamente opostas: os "bem-aventurados" e os "danados". Não há nem "estados ou fases intermediárias nem processos de purificação no além".

É preciso esperar uma narrativa demótica (em língua vulgar), a viagem para o além de Si-Osíris, escrita entre o século I a.C. e o II d.C., para encontrar uma tripartição dos mortos: aqueles que estão sobrecarregados de más ações, aqueles que estão sobrecarregados de boas ações e aqueles em que boas e más ações se equilibram; não há no entanto nenhum processo de purificação. A pequena diferenciação dos destinos individuais que se anuncia, como veremos, nos apocalipses coptas – tais como os de Pedro e Paulo –, desde o século II da era cristã, não tem precedente egípcio[8].

---

7. HORNUNG, E. *Altägyptische Höllenvorstellungen* – Abhandlungen der sächsischen Akademie der Wissenschaften zu Leipzig, Philologish-historische Klasse, Bd 59, Heft 3, 1968. Berlim.

8. Ibid., p. 9-10.

Era necessário, no entanto, evocar este pano de fundo egípcio, pois o Egito de antes e depois da era cristã foi, principalmente em Alexandria e nos mosteiros cristãos, o lugar de elaboração de inúmeros textos judaicos, gregos, coptas, que desempenharam um grande papel na elaboração do conjunto de imagens do além, sobretudo do inferno. E.A.W. Budge destacou as características desta herança infernal: "Em todos os livros sobre o outro mundo encontramos poços de fogo, abismos de trevas, facas mortíferas, correntes de água fervente, exalações fétidas, serpentes ardentes, monstros terríveis e criaturas com cabeças de animais, seres cruéis e assassinos de diferentes aspectos... semelhantes aos que nos são familiares na antiga literatura medieval, e é quase certo que as nações modernas devem ao Egito muitas de suas concepções do inferno"[9]. Certamente o purgatório infernalizado, que muitas vezes encontraremos na Cristandade medieval, alimentou-se em parte desta herança egípcia.

Descida aos infernos na Grécia e em Roma

Foi somente com o tema das descidas aos infernos que a Antiguidade grega e romana trouxe algo ao imaginário cristão do além. Este tema – que encontraremos com Cristo – é frequente na Antiguidade grega: Orfeu, Pólux, Teseu, Hércules desceram à morada das sombras. Uma das mais célebres destas catábases é a de Ulisses no livro XI da *Odisseia*. Mas sabe-se que várias interpolações vieram se adicionar ao texto primitivo que não continha nem julgamento dos mortos, nem sanções morais, nem tormentos punitivos. O inferno homérico parece pobre em relação aos infernos orientais. É possível reter alguns elementos geográficos gerais que se encontram na gênese do purgatório: uma ilha (a de Circe), uma montanha a pique sobre o mar, atravessada por grutas, um episódio de descida ao Averne com atmosfera realmente infernal, a evocação dos mortos que não se

---

9. BUDGE, E.A.W. *The Egyptian Heaven and Hell*. T. III, Londres, 1906, introd. p. XII, apud EDSMAN, C.-M. *Le baptême de feu*, p. 73.

encontrará no cristianismo oficial, pois somente Deus fará eventualmente aparecer certos mortos do purgatório a certos vivos[10]. Já a evocação do Tártaro feita por Hesíodo é rápida (*Teogonia*, p. 695-700, 726-733).

A contribuição da Grécia antiga à ideia do além na longa duração parece residir sobretudo em duas construções intelectuais cuja possível influência no pensamento cristão é difícil de avaliar.

Uma filosofia da reencarnação: Platão

É um desafio tentar resumir, na perspectiva de um além intermediário, o pensamento de Platão sobre o destino das almas depois da morte. Victor Goldschmidt será meu guia[11]. A doutrina platônica é dominada pela ideia de que existe na falta uma parte de vontade, portanto de responsabilidade, e uma parte de ignorância que só pode ser apagada por um processo complexo. Assim sendo, o destino das almas depende ao mesmo tempo da sua própria escolha e de um julgamento dos deuses.

O destino dos mortos normalmente toma a forma de reencarnações escolhidas mais ou menos livremente pelo defunto, mas pode ser modificado ou interrompido pela intervenção dos deuses. Os maus podem ou experimentar metamorfoses degradantes, passando para o corpo de homens de condição social vil ou para o de animais repugnantes, ou ser submetido pelos deuses aos castigos do inferno. Esses castigos são evocados no décimo livro da *República* (615 e), onde se veem homens de fogo acorrentar as mãos, os pés e a cabeça dos tiranos, jogá-los no chão,

---

10. Cf., p. ex., BÉRARD, V. *Les navigations d'Ulysse* – IV: Circé et les morts (Paris, 1929, p. 281-372), que se dedica demais a buscar lugares geográficos reais. Este realismo geográfico mascara às vezes o essencial, que é a combinação de uma estrutura do imaginário e de uma tradição cultural. Não se quis repartir as evocações do quente e do frio nas visões do purgatório entre autores mediterrâneos e autores nórdicos? Na origem existe um par quente/frio como vimos, e a origem é provavelmente indo-europeia. Não é uma razão para ver nele o reflexo do clima do Tibete ou do Cáucaso.

11. GOLDSCHMIDT, V. *La religion de Platon*. Paris, 1949, em particular o capítulo "Châtiments et recompenses", p. 75-84.

esfolá-los e arrastá-los de lado ao longo do caminho, o que evoca uma passagem do Apocalipse de Pedro (5,30). Quanto aos que chegaram ao ideal platônico, isto é, à filosofia e que a praticaram "na pureza e na justiça", alcançam a contemplação perfeita, na maioria das vezes, nas "ilhas dos bem-aventurados", pois sempre se impõe essa necessidade de localização, de espacialização do destino no além.

Diversas considerações incentivaram Platão a buscar caminhos de estatutos intermediários depois da morte. Tal como a ideia de que a pena deveria ser proporcional ao crime como vigorosamente expressa na *República* (X, 615 a-b). Mas também a concepção de um destino particular dos virtuosos medianos: eles continuam a atravessar o ciclo das reencarnações, mas nos intervalos experimentam recompensas, não esclarecidas, "em uma morada pura e situada nas alturas da terra" (*Fedom*, 114 c, 1-1).

Assim como o Antigo Testamento, o pensamento platônico relativo ao além permanece fundamentalmente dualista. Na metempsicose, as almas passam ou para almas piores, ou para almas melhores. A sentença dos deuses não negligenciará nenhum homem, e Platão previne seu semelhante: "Jamais ela te negligenciará, mesmo que sejas pequeno o suficiente para te enfiar nas profundezas da terra ou grande o suficiente para voar até o céu" (*Leis*, X, 905 a), o que evoca o Sl 139,9:

> Quando subo aos céus, tu estás lá,
> Que no *shéol* eu me deite, também lá estás.

"Tu pagarás aos deuses, acrescenta Platão, a pena que deve, ou ficando aqui mesmo, ou indo para o hades ou transportado para algum lugar ainda mais inacessível" (*Leis*, X, 905 a). No célebre mito de Er não existe para aqueles que se encontram em uma pradaria maravilhosa senão duas direções possíveis. Uns vêm do céu e os outros remontam do seio da terra após uma viagem de mil anos.

No entanto, movido pela ideia da proporcionalidade das penas certamente ligada à sua filosofia, mas também a um sistema judiciário ateniense (encontra-se em todas as religiões onde existe um *julgamento* dos mortos, uma certa relação entre a justiça terrena e a justiça divina no além), Platão imagina para as almas dos homens um destino movente que pode comportar várias situações: "Aqueles cujos hábitos não experimentam senão raras e leves mudanças só se deslocam horizontalmente no espaço; se caem com mais frequência e mais profundamente na injustiça, são levados para as profundezas e para os lugares ditos inferiores que, sob o nome de hades e outros nomes semelhantes, atormentam seus terrores e seus pesadelos... Quando a alma sofre as mais profundas mudanças em vício ou virtude... se foi à virtude divina que assim se misturou até se impregnar consideravelmente de divino, sofre então um deslocamento notável, pois é transportada por uma estrada santa para um lugar novo e melhor. Se foi o contrário, é então para lugares opostos que o domicílio de sua vida é transportado..." (*Leis*, 904 c-905 a).

É principalmente a crença na metempsicose que permite escalonamentos das penas, castigos intermediários. Esta tendência será reencontrada no orfismo "que desde a origem parece ter admitido que as existências terrenas sucessivas são separadas por expiações no hades"[12]. A influência do orfismo sobre o cristianismo foi frequentemente enfatizada. Como não se encontra no judaísmo antigo a crença em um estado intermediário entre a felicidade celeste e os tormentos infernais, e como o prenúncio do purgatório apareceu no cristianismo grego, avançou-se que a ideia cristã de um "purgatório", onde acabam de se purificar as almas que não são suficientemente culpadas para merecerem penas eternas, viria do helenismo pagão e particularmente das doutrinas órficas[13]. Se essa influência existiu, penetrou primeiro, ao que me parece, nos meios judaicos. É nos escritos apocalípticos judaicos e, sobretudo, por volta da era cristã, no ensino dos rabinos, que se encontrará um verdadeiro esboço do futuro pur-

---

12. BOULANGER, A. *Orphée* – Rapports de l'orphisme et du christianisme. Paris, 1925.

13. Ibid., p. 128.

gatório cristão. Mas, na Palestina, no Egito, esses meios judaicos, e depois cristãos, banham de fato em um entorno grego onde as religiões de mistérios tiveram um grande desenvolvimento.

Considera-se Píndaro como um testemunho dessa tendência que, em um fragmento citado por Platão (*Menon*, 81 b), estima em oito anos a duração da purificação nos infernos e que, em uma ode que aborda uma religião de mistérios siciliana do início do século VI a.C., certamente próxima do orfismo, diz:

> Ela [a opulência adornada de méritos] é o astro cintilante, o esplendor autêntico de uma vida humana. Ah! sobretudo se aquele que a possui sabe conhecer o futuro! se sabe que, quando a morte aqui os atingiu, os espíritos dos culpados logo sofrem sua pena; sob a terra, um juiz pronuncia sentenças inexoráveis contra os crimes cometidos neste reino de Zeus[14].

Um precursor: Eneias nos infernos

É preciso agora dedicar uma atenção especial à descida de Eneias aos infernos, na *Eneida* de Virgílio.

Há neste episódio uma evocação topográfica do além, cujo esforço é por uma maior precisão em relação à maioria das antigas evocações dos infernos – com exceção de algumas egípcias. E, recentemente, Brooks Otis desenhou até mesmo seu mapa esquemático. Há a descida por um *vestíbulo* que será encontrado com frequência, junto com o poço, no inferno/purgatório. Depois o campo dos mortos sem sepultura, o Rio Styx, os campos das lágrimas e as últimas pradarias antes da bifurcação que, pela estrada da esquerda, conduz ao Tártaro (inferno) e pela da direita, depois de ter ultrapassado as muralhas de Dis (Plutão, rei dos infernos), conduz aos Campos Elíseos, morada mais ou menos paradisíaca, por trás da qual há um bosque sagrado cercado e, por fim, o Rio do Esquecimento, o Lete[15].

---

14. PÍNDARO, t. I. Paris: Les Belles Lettres, 1922, p. 45 [Col. G. Budé].

15. OTIS, B. *Virgil* – A Study in civilized Poetry. Oxford, 1964.

Em um célebre comentário, Eduard Norden[16] destacou não apenas as reminiscências que serão encontradas na *Divina comédia*, ainda mais normais porque Dante, guiado por Virgílio, também o tomou como modelo poético, mas também os elementos que se encontrarão nas visões medievais que sinalizam o caminho do purgatório em formação.

Por exemplo, quando Eneias está no vestíbulo:

> Dali vem o murmúrio dos gemidos e o som das cruéis chicotadas: e ao ranger de correntes de ferro arrastadas Eneias então parou e permaneceu aterrorizado pelo estrondo (versos 557-559)[17],

o que se reencontrará principalmente na *Visio Wettini* (século IX), na *Visio Tnugdadi* (meados do século XII em que o purgatório ainda não é perceptível), mas também no *Purgatório de São Patrício* (final do século XII) onde o purgatório nasceu, e claro, em Dante, onde o eco de Virgílio se reencontra no *Inferno* (III, 22-30), enquanto no *Purgatório* ainda há suspiros.

> Oh! como estes caminhos de chegada estão diferentes daqueles do inferno, pois aqui é entre cantos que se entra, e lá é entre cruéis lamentações[18].

Quando desceu aos infernos, Eneias também mostrou de lá de baixo os campos brilhantes de luz lá em cima[19]. Gesto típico do olhar e do sinal lançados das profundezas para a luz do alto. Encontrado também nos apocalipses (Apocalipse de João, 21,10, Apocalipse [apócrifo] de Pedro, 4,4ss.), nas visões medievais do

---

16. NORDEN, E. P. *Vergilius Maro* – Aeneis Buch VI. 4. ed. Darmstadt, 1957, p. 207-349. Sobre as reações cristãs, cf. COURCELLE, P. "Les Pères de l'Eglise devant les enfers virgiliens". In: *Archives d'histoire doctrinales et littéraire du Moyen Âge*, 22, 1955.

17. *Hinc exaudiri gemitus, et saeva sonare / verbera, tam stridor ferri tractae catenae / constitit AEneas, strepituque exterritus baesit* (versos 557-559).

18. *Abi, quanto son diverse quelle foci / dall'infernali! chè quivi per canti / s'entra, e là giù per lamenti feroce* (*Purgatório*, XII, 112-114).

19. [...] *camposque nitentis / desuper ostentat* (*Eneida*, VI, 677-678).

pré-purgatório (*Visio Fursei, Visio Wettini, Visio Tnugdadi*) e, sobretudo, no episódio evangélico de Lázaro e do rico mau onde este, "no hades", submetido a torturas, ergue os olhos e vê ao longe Abraão, e Lázaro em seu seio" (Lc 16, 23), texto que desempenhará um papel importante na pré-história cristã do purgatório.

Eduard Norden também observa judiciosamente que, se as notações de tempos são às vezes caprichosas neste episódio virgiliano como em Dante, existe nos dois poetas a ideia de um tempo estabelecido para as viagens para o além, da ordem de um dia (vinte e quatro horas) ou sobretudo de uma noite. Na *Eneida* a subida deve terminar antes da meia-noite, hora em que as verdadeiras sombras saem (versos 893ss.), na *Divina comédia* a viagem deve durar vinte e quatro horas (*Inferno*, XXXIV, 68ss.). Nos apocalipses e nas visões medievais a viagem para o além quase sempre deve terminar antes da aurora, antes do primeiro canto do galo. Este será o caso no *Purgatório de São Patrício*, onde esta exigência de tempo faz parte do sistema do ordálio.

Para o futuro cristão e medieval esta é a passagem essencial do canto VI da *Eneida*: "Desde então as almas conhecem os temores, os desejos, as dores, as alegrias, e não distinguem mais claramente a luz do céu, prisioneiras em suas trevas e em sua prisão sombria. E mesmo, no dia supremo, quando a vida as deixou, as infelizes ainda não estão completamente livres de todo o mal e de todas as máculas do corpo; seus vícios, consolidados pelos anos, tiveram de se enraizar a uma surpreendente profundidade. É preciso então submetê-las aos castigos, e que expiem nos suplícios esses males inveterados. Umas, suspensas no ar, são expostas ao leve sopro dos ventos; outras, no fundo de um vasto abismo, lavam sua mácula; outras se purificam no fogo" (versos 733-743)[20].

Todo um conjunto de temas que desempenharão na formação do purgatório está ali: a mistura de dor e de alegria, a apreensão velada da luz celeste, o contexto carcerário, a exposição às penas, a expiação mesclada à purificação, purificação pelo fogo.

---

20. Trad. A. Bellessort, p. 191-192 [Col. Budé].

Eis, em contrapartida, uma sequência historicamente afirmada: da Babilônia ao judaico-cristianismo.

Gilgamesh nos infernos

Para os babilônios a paisagem do além é mais movimentada, mais obsedante. Ela aparece nas surpreendentes narrativas de viagens aos infernos. A descida aos infernos de Ur-Nammu, príncipe de Ur, é o mais antigo texto deste gênero no contexto do Oriente Médio europeu (século VIII a.C.). Apenas um relato egípcio lhe é anterior. O herói é julgado pelo rei dos infernos, Nergal, é feita uma alusão a um fogo, há um rio perto de uma montanha, e o outro mundo está coberto de "trevas"[21].

É sobretudo a célebre epopeia de Gilgamesh que oferece uma dupla evocação dos infernos. A menos precisa é a que diz respeito ao próprio Gilgamesh. Como o herói não obteve a imortalidade, os deuses lhe concedem um lugar especial nos infernos, mas este favor não parece resultar de seus méritos, tem relação com sua posição e não depende de uma decisão arbitrária dos deuses[22]. Por outro lado, Enkidu, o amigo de Gilgamesh, visita os infernos antes de morrer e deles apresenta uma descrição mais exata. É o reino do pó e das trevas, a "grande terra", "a terra sem retorno", "a terra de onde não se volta", uma terra para onde se desce e de onde certos mortos "sobem", quando evocados. Uma terra para onde se vai quando se é colhido nas *redes* dos deuses, uma prisão. Talvez o mais inquietante seja que os vivos e os mortos "normais" são atormentados pelos mortos "enraivecidos". Estes, os *ekimmu*, cuja sombra não recebeu nem sepultura nem cuidados por parte dos vivos (reencontramos este apelo à

---

21. Cf. EBELING, E. *Tod und Leben nach den Vorstellungen der Babilonier.* Berlim/Leipzig, 1931. Sobre o valor "sagrado", ambíguo, das trevas entre os gregos, cf. SVILAR, M.R. *Denn das Dunkel ist heilig* – Ein Streifzug durch die Psyche der archaischen Griechen. Berna/Frankfurt, 1976.

22. Cf. AYNARD, J.-M. "Le jugement des morts chez les Assyro-Babyloniens". In: *Le jugement des morts*, p. 83-102 [Sources Orientales, IV].

solicitude dos vivos cujo papel será tão importante no sistema do purgatório), retornam como fantasmas para assombrar os habitantes da terra ou torturam os outros mortos no inferno.

Um além neutro e tenebroso: o *shéol* judaico

Destacamos o parentesco entre algumas destas crenças e crenças judaicas testemunhadas pelo Antigo Testamento, o que nada tem de surpreendente se pensarmos nas relações que uniram os babilônios e os hebreus, em particular durante o exílio[23].

O *arallû*, o inferno assírio, aproxima-se do *shéol* hebreu, do *Hades* grego, ainda que estes dois últimos pareçam mais insípidos. O parentesco é principalmente visível entre os dois primeiros. Por exemplo, para a *descida* e a *subida* do *shéol*. Jacó, presumindo que José estava morto, declara: "é de luto que quero descer ao *shéol* para junto de meu filho" (Gn 37,35). Ana, a mãe de Samuel, em seu cântico, proclama: "é Javé que faz morrer e viver, que faz descer ao *shéol* e dele subir" (1Sm 2,6). Por fim, quando Saul pede à feiticeira de En-Dor que evoque Samuel de entre os mortos, ela lhe diz: "Vejo um espectro que sobe da terra", e ainda "é um velho que sobe" (1Sm 18,13-14). A imagem da *armadilha* encontra-se nos Sl 18,6 ("as redes do *shéol* me envolviam, as armadilhas da morte me aguardavam") e 116,3 ("os laços da morte me estreitavam, as redes do *shéol*")[24]. O mesmo com a imagem do *poço*: "Javé, Tu tirastes minha alma do *shéol*, reanimando-me de entre aqueles que descem ao fosso [poço]" (Sl 30,3), "Tu me colocaste no fundo do fosso [poço], nas trevas, nos abismos" (Sl 88,7). No Sl 40,3 a imagem do abismo está associada à da lama: "Ele me tirou do abismo revolto, do lodo do lamaçal". Segundo Nicholas J. Tromp, a palavra *bôr* teve sucessivamente o sentido

---

23. Cf. DHORME, P. "Le séjour des morts chez les Babyloniens et les Hébreux". In: *Revue Biblique*, 1907, p. 59-78.

24. As redes do *shéol* se encontram em 2Sm 22,6; Jó 18; o tema também se encontra nos egípcios. Cf. ELIADE, M. *Images et Symbols* – Essais sur le symbolisme magico-religieux. Paris, 1952, p. 124-152.

de *cisterna*, depois de *prisão*, e por fim e ao mesmo tempo de *tumba* e de *poço do mundo subterrâneo*, evolução semântica sugestiva. *O poço do abismo* evocado pelo Sl 55,24 foi comparado ao poço, entrada para o outro mundo no conto de Grimm: *Frau Hölle* (*Senhora Hölle, Hölle* querendo dizer inferno em alemão). O pó, em geral associado aos vermes, também aparece no Antigo Testamento. "Será que descerão ao meu lado até o *shéol*, desaparecerão também no pó?" (Jó 17,16), e ainda: "Juntos, no pó, deitam-se, e os vermes os recobrem" (Jó 21,26).

A menção do outro mundo infernal, o *shéol*, palavra especificamente hebraica, é frequente no Antigo Testamento[25]. Algumas de suas características são propriamente infernais e não se encontrarão no purgatório cristão, como, por exemplo, a assimilação a um monstro devorador, que vem talvez dos egípcios[26], e a imagem do outro mundo como cidade, já presente nos documentos ugaríticos e que anuncia a *città dolente* de Dante (*Inferno*, III, I). Outras são muito características do pensamento hebraico, como a estreita ligação entre a ideia do *shéol* e a alegoria do caos, encarnado de um lado no oceano e de outro no deserto. Contudo, talvez fosse necessário examinar mais atentamente os vínculos eventuais, na Cristandade medieval, entre o purgatório e alguns santos ou eremitas da errância marítima e da solidão na floresta/deserto.

Ao purgatório – como ao inferno – o *shéol* legará a noção de trevas (de onde as almas do purgatório emergirão para a luz), trevas que invadem todo o mundo subterrâneo dos mortos. Este tema é particularmente obsessivo nos livros de Jó:

---

25. Além da leitura do Antigo Testamento, consultei PEDERSEN, J. *Israel, its life and culture*, I-II. Londres/Copenhague, 1926, p. 460ss. • MARTIN-ACHARD, R. *De la mort à la Réssurrection d'après l'Ancient Testament*. Neuchâtel/Paris, 1956. • TROMP, N.J. *Primitive Conceptions of Death and the Other World in the Old Testament*. Roma, 1969 [Biblia et Orientalia, 21]. Este último estudo ilumina o Antigo Testamento pelos textos ugaríticos encontrados em Ras Shamra.

26. Cf. ZNADEE. *Death as an Enemy according to Ancien Egyptian Conceptions*. Leyde, 1960.

Antes que eu me vá para sempre
ao país das trevas e da sombra espessa,
onde reinam a escuridão e a desordem,
onde a própria claridade assemelha-se à noite sombria
(Jó 10,21-22)[27].

Da paisagem do *shéol* é preciso guardar dois elementos importantes que serão encontrados no purgatório e no inferno cristão: a *montanha* e o *rio*. Certas interpretações do Sl 42,7 falam da "montanha do tormento", o Livro de Jó evoca em duas ocasiões o rio que se atravessa na entrada do *shéol*:

Preserva assim sua alma do fosso,
sua vida da passagem pelo Canal (Jó 33,18).

Se não, passam pelo Canal
E morrem como insensatos (Jó 36,12).

É com convicção que Tromp sustenta, contra outros exegetas do Antigo Testamento, que os termos que descrevem o *shéol* se aplicam realmente a um lugar e não são metafóricos, mas pensa que há uma evolução na direção de um emprego "literário", "ético" do *shéol*, e que o hades do Novo Testamento que o sucedeu continuou nesse sentido.

Em todo caso, o *shéol* veterotestamentário aparece essencialmente em um sistema dualista que opõe vigorosamente céu e inferno. Por exemplo, o salmista do Sl 139,8 diz a Javé:

Se subir aos céus, Tu estás lá.
que no *shéol* eu me deite, também lá estás.

E Is 44,24 faz Javé dizer:

Sou eu, Javé, que fiz todas as coisas,
que sozinho estendi os céus,
firmei a terra, sem ninguém comigo.

Na verdade a *terra* é ao mesmo tempo o mundo dos vivos e o mundo dos mortos confundidos, e bem mais a morada subterrânea do que a estada na superfície.

---

27. E ainda Jó 12,22; 17,13; 18,18; 19,8; 28,3; 38,16-17.

Muito raramente se evoca um sistema tripartite (como aquele que, para o além, p. ex. em Dante, agrupará o inferno subterrâneo, o purgatório terrestre, o paraíso celeste). No entanto, Jr 10,11-12, relembrando aos hebreus do exílio o poder de Javé, diz:

> Os deuses que não fizeram o céu e a terra
> desaparecerão da terra e de sob o céu.
> Ele fez a terra com seu poder,
> constituiu o mundo pela sua sabedoria
> e pela sua inteligência estendeu os céus.

O profeta distingue portanto o céu, o mundo sob o céu e a terra (sob o mundo), como dirá São Paulo (Fl 2,10):

> para que tudo, ao nome de Jesus,
> se ajoelhe, no mais alto dos céus,
> sobre a terra e nos infernos.

Se o *shéol* é assustador, não aparece, no entanto, como um lugar de tortura. Todavia, observam-se nele três tipos de castigos especiais: o leito de vermes, que não serão vistos no inferno e no purgatório cristãos a menos que se queira ver neles os ancestrais das serpentes infernais, o que não me parece ser o caso, a sede e o fogo. Voltarei a falar sobre o fogo que já evoquei. A sede, de que fala Jeremias, por exemplo:

> aqueles que se desviam de ti serão inscritos na terra, pois abandonaram a fonte das águas vivas, Javé... (17,13),

encontra-se pelo menos em dois textos cristãos importantes para a pré-história do purgatório. Primeiro a história do pobre Lázaro e do rico mau, que, do fundo do hades, pede a Lázaro que mergulhe na água a ponta do dedo para lhe refrescar a língua (Lc 16,24). E particularmente a visão de Perpétua, na *Paixão de Perpétua* (início do século III), a primeira que se pode chamar de visão de um lugar purgatório, onde a sede será um elemento da visão.

Observou-se que mesmo se o *shéol* é frequentemente evocado no Antigo Testamento, não são dados quaisquer detalhes realmente precisos sobre ele. É porque, como se disse, Javé é o deus dos vivos, relembrando Ecl 9,4:

> Mas há esperança para aquele que permanece entre os vivos,
> e mais vale um cão vivo do que um leão morto.

O que Jesus também dirá de maneira evidente: "Quanto à ressurreição dos mortos, não lestes o oráculo no qual Deus vos diz: 'Sou o Deus de Abraão, o Deus de Isaac e o Deus de Jacó?'" "Não é dos mortos, mas dos vivos que Ele é o Deus!" (Mt 22,31-32). Javé, cuja onipotência sobre o *shéol* é muitas vezes afirmada no Antigo Testamento, nunca manifesta a intenção de retirar dali um morto antes do tempo, de lhe perdoar após sua descida ao *shéol*, de lhe encurtar a estada.

Com exceção de um conjunto de imagens infernal que também valerá para o purgatório, não há, portanto, muita coisa no Antigo Testamento (se deixarmos de lado uma passagem muito especial do Segundo Livro dos Macabeus de que falarei mais adiante) que anuncia o purgatório cristão.

Somente sob dois pontos de vista o Antigo Testamento deixa supor que possam existir distinções de lugar no *shéol* e que dali se possa ser retirado por Deus.

Primeiro, o Antigo Testamento distingue no *shéol* suas extremas profundezas reservadas aos mortos particularmente abjetos: os povos não circuncisos, as vítimas de assassinatos, os mortos por execução e os mortos sem sepultura, mas trata-se muito mais de mortos *impuros* do que de mortos *culpados*.

Alguns textos dos Salmos, sobretudo, evocam uma possibilidade de libertação.

> Volta, Javé, liberta minha alma,
> Salva-me, pelo teu amor.
> Pois, na morte, ninguém se lembra de ti:
> No *shéol*, quem te louvará? (Sl 6,5-6).

> Rebanho que se prende no *shéol*,
> A Morte os leva para pastar,
> os homens justos dominarão sobre eles.

> De manhã a imagem deles se apaga,
> o *shéol*, eis sua residência!

Mas Deus resgatará minha alma
das garras do *shéol* e me tomará (Sl 49,15-16).

Pois não podes abandonar minha alma no *shéol*,
não podes deixar teu amigo ver o fosso.
Tu me ensinarás o caminho de vida,
diante de tua face, plenitude de alegria,
e à tua direita, delícias eternas (Sl 16,10-11).

As visões apocalípticas judaico-cristãs

Entre o século II a.C. e o século III d.C. (e por muito mais tempo ainda, pois versões gregas e sobretudo latinas de textos hebraicos, siríacos, coptas, etíopes, árabes só surgiram mais tarde), um conjunto de textos elaborados no Oriente Médio, principalmente na Palestina e no Egito, enriqueceu de maneira decisiva as concepções e as representações do além. A maior parte destes textos não foi admitida pelas diversas igrejas oficiais entre os documentos ditos autênticos da doutrina e da fé. Fazem parte desse *corpus* de textos chamados apócrifos pela Igreja cristã latina (os protestantes chamarão *pseudoepígrafes* os textos não canônicos veterotestamentários). Aliás, este caráter apócrifo só tardiamente foi imposto a alguns deles pelo concílio dominado por Santo Agostinho em 397 e mesmo pelo Concílio de Trento no século XVI em relação ao catolicismo. Muitos deles, portanto, talvez tenham tido na Idade Média uma influência, ou porque ainda não eram considerados como apócrifos e sua utilização não provocava a reprovação da Igreja, ou porque, descartados dos textos "canônicos", continuaram circulando de forma mais ou menos clandestina por diversos canais. Um caso extraordinário foi o do Apocalipse atribuído ao Apóstolo João que, após discussões complexas, foi aceito na Bíblia cristã latina canônica, embora não se distinga substancialmente dos outros textos do mesmo gênero.

Desta literatura apócrifa judaico-cristã, o que me interessa são os textos que, pelas versões latinas ou pela sua influência sobre o cristianismo latino, agiram sobre as representações do além na Cristandade latina medieval. Mais do que os evangelhos apócrifos, são os relatos de visões ou de viagens imaginárias ao além que têm ou não o título de *apocalipse* – isto é, de revelação – que desempenharam um papel na gênese do purgatório. Não buscarei aqui em que contexto histórico geral, e social em particular, foram elaborados e circularam. A análise sociológica e histórica propriamente dita será dedicada somente às épocas em que a concepção exata de purgatório nascerá e se generalizará, isto é, nos séculos XII e XIII. Quanto aos anteriores, contento-me em compreender as heranças de ideias e imagens. Um elemento que desempenhou um papel importante nesta literatura apocalíptica foi a crença em uma descida de Jesus aos infernos, cujo brilho como que se espalhou sobre o conjunto do *corpus* apocalíptico. Falarei sobre isto junto com o dossiê neotestamentário e cristão. É notável que a maioria desses apocalipses narre mais uma viagem ao céu do que uma descida aos infernos, traço característico do clima de espera e de esperança dos séculos em torno do aparecimento do cristianismo.

Dos apocalipses judaicos guardarei o Livro de Enoc e o Quarto Livro de Esdras; dos cristãos o Apocalipse de Pedro, o Apocalipse de Esdras e, sobretudo, o Apocalipse de Paulo.

Do Livro de Enoc resta apenas um fragmento muito curto em sua versão latina resumida conservada por um único manuscrito do século VIII. A versão mais completa que se possui é uma versão etíope feita a partir do grego[28]. O original foi escrito em uma língua semítica, provavelmente a hebraica, foi composto dos séculos II ao I a.C. e sofreu uma influência egípcia. É um texto compósito, cuja parte mais antiga remonta sem dúvida à época do aparecimento da literatura apocalíptica, um pouco antes de 170 a.C. É portanto um dos mais antigos testemunhos dessa literatura.

---

28. Sigo esta versão na tradução e no comentário de François Martin (*Le Livre d'Hénoch traduit sur le texte éthiopien*). Paris, 1906.

O que se refere ao além se encontra principalmente na primeira parte, o livro da Assunção de Enoc. Este, guiado pelos anjos, é levado "a um lugar (uma casa) cujos habitantes são como um fogo ardente", e depois à morada da tempestade, do raio e das águas da vida. "E cheguei a um rio de fogo, cujo fogo corre como água e se lança no grande mar [...] e me deparei com uma grande escuridão [...], vi as montanhas de trevas do inverno... e a embocadura do abismo" (cap. 17). E chega então ao poço do inferno: "Depois vi um abismo profundo, perto das colunas de fogo do céu, e entre elas vi colunas de fogo que desciam e cuja altura e profundidade eram incomensuráveis" (cap. 17). Enoc pede então ao Anjo Rafael que o acompanhe até onde habitam as almas dos mortos antes do julgamento. É no capítulo 22 que aparece a ideia dos *lugares* do além e das categorias de mortos em espera. Ao contrário dos babilônios e dos hebreus, que colocavam o *arallû* e o *shéol* no mundo subterrâneo, mas como os egípcios na maior parte do tempo, o autor do livro parece situar esse além da espera em um canto distante da superfície da terra. "Dali fui a um outro lugar, e ele me mostrou a ocidente uma montanha grande e alta e rochedos duros. Havia neles quatro cavidades muito profundas, muito largas e muito lisas, três delas eram sombrias e uma luminosa, no meio se via uma fonte de água..." Rafael explica a Enoc: "Estas cavidades são (feitas) para que nelas se reúnam os filhos das almas dos mortos [...] para que ali permaneçam até o dia de seu julgamento e até o tempo que lhes foi fixado; e esse longo tempo (durará) até o grande julgamento (que lhes será feito)." Enoc olha: "Vi os espíritos dos filhos dos homens que estavam mortos, a voz deles chegava até o céu e se lamentava".

As quatro cavidades continham quatro categorias de mortos classificados segundo a inocência ou a culpabilidade de suas almas, e segundo os sofrimentos que experimentaram ou não sobre a terra. A primeira acolhe os mártires justos, é a cavidade clara, perto da fonte de água luminosa. A segunda recebe os outros justos que permanecem na sombra, mas que no julgamento final receberão as recompensas eternas. A terceira acolhe os pecadores que não sofreram qualquer punição nem provação sobre a terra e que no julgamento serão condenados ao castigo eterno. Há por fim uma quarta categoria: a dos pecadores que foram perseguidos neste mundo e, em particular, os que foram mortos por outros pecadores. Esses serão menos punidos.

Continuando sua viagem, Enoc encontra mais uma vez o inferno, mas sob um outro aspecto: "Então eu disse: 'Por que esta terra é bendita e cheia de árvores, enquanto aquela garganta no meio (montanhas) é maldita?'" Uriel, que desta vez é o guia de Enoc, responde-lhe: "Este vale maldito é (destinado) aos malditos pela eternidade" (cap. 27).

Encontram-se, portanto, no Livro de Enoc as imagens de um inferno, abismo ou vale estreito, de uma montanha terrestre como morada no entremeio de lugares de espera do julgamento, a ideia de um estado intermediário entre a morte e o julgamento, de uma gradação das penas, mas estas só dependem parcialmente do mérito dos homens.

Como a obra foi composta de pedaços provenientes de diversas épocas, percebem-se contradições que tocam particularmente o além. No capítulo 22 da primeira parte, as almas dos mártires justos exigem vingança, enquanto na quinta parte todas as almas dos justos dormem, veladas pelos anjos, um longo sono, à espera do julgamento final. Na segunda parte (O Livro das Parábolas), Enoc tem uma visão bem diferente do lugar de espera: vê os leitos de repouso dos justos na extremidade dos céus, e mesmo, ao que parece, no céu, no meio dos anjos e ao lado do Messias (cap. 35). Esta imagem da espera em repouso será encontrada em certas prefigurações do purgatório medieval, por exemplo, em relação a Artur no Etna. Por fim, no capítulo 39, veem-se as almas dos mortos intervir junto aos deuses em favor dos vivos: "Eles pedem, intercedem e oram pelos filhos dos homens". Esta ideia da reversibilidade dos méritos no além levará muito tempo para se impor na Idade Média. É apenas no fim desse período que as almas do purgatório verão este privilégio ser reconhecido.

O Quarto Livro de Esdras também é feito de vários pedaços costurados uns aos outros provavelmente por um judeu zelote por volta de 120 d.C., isto é, por volta do fim do período apocalíptico judaico. Existem versões em siríaco, árabe e armênio. A versão grega original está perdida. Vários manuscritos, dos quais os mais antigos remontam ao século IX, conservaram uma versão latina; é esta que evoco aqui[29].

Esdras pede ao Senhor: "Se encontrei graça diante de ti, Senhor, mostra também a teu servo se depois da morte ou agora, quando cada um de nós entrega a alma, seremos conservados no repouso até que cheguem os tempos em que ressuscitarás a criatura, ou se em seguida (depois da morte) seremos castigados"[30]. Eis a resposta: "Aqueles que desprezaram o caminho do Altíssimo, aqueles que menosprezaram sua lei e aqueles que odiaram os que temem a Deus não entrarão nos habitáculos, mas perambularão e serão em seguida castigados, lamentosos e tristes de acordo com sete 'caminhos' diferentes"[31]. O quinto desses "caminhos" consistirá "na visão dos outros (mortos) que serão conservados pelos anjos nos habitáculos onde reinará um grande silêncio"[32]. Reencontramos aqui a ideia já vista na quinta parte do Livro de Enoc.

Em contrapartida, há sete "ordens" (*ordines*) prometidas aos habitáculos da salvação [da saúde e da segurança][33]. Depois de terem sido separadas de seus corpos, estas almas "terão durante sete dias a liberdade de ver a realidade que lhes foi predita

---

29. *The Fourth Book of Ezra* – The latin version. Cambridge, 1895 [Ed. R.L. Bensly; intr. de M.R. James].

30. *Si inveni gratiam coram te, domine, demonstra et hoc servo tuo, si post mortem vel nunc quando reddimus unusquisque animam suam, si conservati conservabimur in requie, donc veniant tempora illa in quibus incipes creaturam renovare aut amodo cruciamur* (7,75).

31. [...] *in habitationes non ingredientur, sed vagantes errent amodo in cruciamentis dolentes, semper et tristes per septem vias* (7,79-80).

32. *Quinta via, videntes aliorum habitacula ab angelis conservari cum silentio magno* (7,82).

33. *Septem sanitatis et securitatis* (7,121).

e em seguida serão reunidas em seus habitáculos"[34]. Portanto, não há aqui senão dois grupos no tempo de espera, os que são castigados e os que não são importunados.

O que é interessante aqui é a evocação dos receptáculos do além chamados *habitationes* ou *habitacula*. Concepção espacial que é ainda mais reforçada e ampliada pela passagem seguinte. A "ordem" dos que respeitaram os caminhos do Altíssimo repousará segundo sete "ordens" (*ordines*) diferentes. A quinta consistirá em "exultar ao ver que já escaparam do (corpo) corruptível e que possuirão a herança vindoura, ao ver ainda o mundo *estreito* e cheio de pena de onde foram libertados, e ao começar a receber o universo *cheio de espaço*, bem-aventurados e imortais"[35].

Expressa-se assim esse sentimento de libertação espacial, essa preocupação com o espaço nas coisas do além que me parece fundamental no nascimento do purgatório. Este será um habitáculo ou um conjunto de habitáculos, um lugar de reclusão, mas também do inferno ao purgatório, do purgatório ao paraíso, o território expande-se, o espaço se dilata. Dante saberá expressá-lo magnificamente.

O Quarto Livro de Esdras cativou os autores cristãos antigos. Certamente a primeira citação incontestável encontra-se em Clemente de Alexandria (*Stromata*, III, 16), um dos "pais" do purgatório, mas a passagem que acabo de citar foi objeto, no século IV, de um comentário de Santo Ambrósio.

Em seu tratado *De Bono mortid (Do bem da morte)*, Ambrósio quer provar a imortalidade da alma e combater o luxo funerário dos romanos. "Nossa alma, diz ele, não é aprisionada com o corpo no túmulo [...]. É por puro desperdício que os homens constroem túmulos suntuosos como se fossem receptácu-

---

34. *Septem diebus erit libertas earum ut videant septem diebus qui predicit sunt sermones, et postea conugabuntur in habitaculis suis* (7,199-201).

35. *Quintas ordo, exultantes quomodo corruptibile effugerint nunc et futurum quomodo hereditatem possidebunt, abhuc autem angustum et (labore) plenum, a quo Liberati sunt, et spatiosum incipient recipere, fruniscentes et immoetales* (7,96).

los (*receptacula*) da alma e não apenas do corpo". E acrescenta: "As almas, elas têm moradas lá no alto"[36]. Cita então longamente o Quarto Livro de Esdras e seus *habitacula* que são, diz ele, a mesma coisa que as *habitações* (*habitationes*) de que falou o Senhor ao dizer "na casa de meu pai há várias moradas" (*mansiones*) (Jo 14,2). Desculpa-se por citar Esdras, que considera como filósofo pagão, mas pensa que talvez isso impressione os pagãos. Depois de ter se alongado sobre os *habitáculos das almas*, sempre citando Esdras, retoma também a classificação das sete "ordens" de almas dos justos. Ao misturar, na verdade, os "caminhos" e as "ordens", faz alusão às moradas onde reina uma grande tranquilidade (*in habitaculis suis cum magna tranquillitate*). Observa que Esdras assinalou que as almas dos justos começam a entrar no espaço, no contentamento e na imortalidade[37]. E Ambrósio conclui este longo comentário da passagem do Quarto Livro de Esdras felicitando-se por este ter terminado evocando as almas dos justos que, ao fim de sete dias, irão para seus habitáculos, pois mais vale falar longamente do contentamento dos justos do que do infortúnio dos ímpios.

Os apocalipses cristãos situam-se ao mesmo tempo em continuidade e em ruptura com os apocalipses judaicos. Em continuidade, porque banham no mesmo contexto e que durante os dois primeiros séculos da era cristã muitas vezes é mais justo falar de judaico-cristianismo do que de duas religiões separadas. Mas em ruptura também porque a ausência ou a presença de Jesus, as atitudes opostas em relação ao Messias, a crescente diferenciação dos meios e das doutrinas acentuam progressivamente as diferenças[38]. Escolho aqui o Apocalipse de Pedro, sem dúvida o

---

36. *Animarum autem superiora esse habitacula* (*De bono mortis*, X, 44, Migne, *Patrologia latina*, t. 14, col. 560).

37. *Eo quodo spatium, inquit (Esdras) incipiunt recipere fruentes et immortales* (Ibid., col. 562).

38. Sobre o apocalipse judaico-cristão cf. DANIÉLOU, J. *Théologie du judéo-christianisme*, 1. Paris/Tournai, 1958, p. 131-164.

mais antigo e que conheceu, nos primeiros séculos, o maior êxito; o Apocalipse de Esdras, porque dele possuímos interessantes versões medievais; o Apocalipse de Paulo, por fim, porque teve uma maior influência na Idade Média e é a referência essencial do *Purgatório de São Patrício*, texto decisivo no fim do século XII para o nascimento do purgatório e para Dante.

O Apocalipse de Pedro foi, sem dúvida, composto no fim do primeiro século ou no começo do segundo, na comunidade cristã de Alexandre, por um judeu convertido, influenciado ao mesmo tempo pelos apocalipses judaicos e pela escatologia popular grega[39]. Faz parte, no século II, do catálogo das obras canônicas adotadas pela Igreja de Roma, mas foi excluído do cânone fixado pelo Concílio de Cartago em 397. Insiste sobretudo nos castigos infernais que descreve com muito vigor, utilizando-se de imagens vindas em grande parte do judaísmo e do helenismo do masdeísmo iraniano. A literatura medieval do além preservará sua classificação das penas infernais segundo as categorias de pecados e de pecadores. Como os usurários estarão entre os primeiros a beneficiar, no século XIII, do purgatório, contentar-me-ei com seu exemplo no Apocalipse de Pedro: são tragados por um lago de pus e de sangue em ebulição.

Os temas são os da evocação tradicional dos infernos, a escuridão (cap. 21): "Vi um outro lugar, completamente sombrio e era o lugar do castigo"; a onipresença do fogo (cap. 22): "E alguns estavam pendurados pela língua, eram caluniadores, e por baixo deles havia um fogo, que queimava e torturava"; cap. 27: "E outros homens e mulheres estavam em pé, com chamas até o meio do corpo"; cap. 29: "E diante deles havia homens e mulheres que se mordiam a língua e tinham fogo flamejante na boca. Eram as falsas testemunhas [...]".

---

39. Possuímos um texto etíope e um texto grego. Foram objeto de uma excelente tradução em alemão: HENNECKE, E. & SCHNEEMELCHER, W. *Neutestamentliche Apokryphen in deutscher Ubersetzung*. 3º vol., II. Tübingen, 1964, p. 468-483.

O Apocalipse de Pedro está firmemente apoiado em uma visão dualista e se compraz com o lado infernal. Esta visão encontra-se nos antigos textos cristãos, que ela influenciou como o *De laude martyrii* (*O louvor do mártir*) que foi atribuído a São Cipriano e é provavelmente de Novaciano. "O lugar cruel a que se chama geena reverbera em um grande gemido de lamentos, no meio das baforadas de chamas. Em uma horrível noite de espessa fumaça caminhos ardentes espalham incêndios sempre renovados, uma compacta bola de fogo forma uma muralha e se distende em diversas formas de tormentos [...]. Aqueles que recusaram a voz do Senhor e desprezaram suas ordens são punidos com penas proporcionais; e segundo o mérito ele atribui a salvação ou julga o crime... Aqueles que sempre buscaram e conheceram Deus recebem o lugar do Cristo, onde habita a graça, onde a terra luxuriante está coberta de erva nos verdes pastos floridos [...]"[40].

Deste dualismo e destas cores sombrias emerge, no entanto, um apelo à justiça. Os anjos do *Apocalipse de Pedro* proclamam:

> Justa é a justiça de Deus
> Boa é sua justiça.

Por outro lado, o Apocalipse de Esdras, texto muito lido e mencionado na Idade Média, não traz nenhum prenúncio do purgatório, mas oferece alguns de seus elementos. Ali estão o fogo, a ponte. E a ele se chega por degraus. Nele estão, sobretudo, os grandes deste mundo, como serão retratados no purgatório nos textos de polêmica política de que Dante não se esquecerá.

O Apocalipse de Esdras apresenta-se em três versões: O Apocalipse de Esdras propriamente dito, o Apocalipse de Sedrach e a Visão do Bem-aventurado Esdras. Este último é o mais antigo, é a versão latina de um original hebraico e foi conservado em dois manuscritos, um dos séculos X-XI, o outro do século XII[41].

---

40. HARNACK, A. "Die Petrusapokalypse in der alten abendländischen Kirche". In: *Texte und Untersuchungen zur Geschichte der altchristlichen Literatur*, XIII, 1895, p. 71-73.

41. Cf. *Apocalypsis Esdrae; Apocalypsis Sedrach; Visio Beato Esdrae*. Leyde, 1977 [ed. de O. Wahl].

Esdras, guiado por sete anjos infernais, desce ao inferno por setenta degraus. Vê então portas de fogo diante das quais estão sentados dois leões que cospem pela boca, narinas e olhos uma chama muito forte. Vê passar homens vigorosos que atravessam as chamas sem serem tocados por elas. Os anjos explicam a Esdras que são os justos, cuja reputação chegou ao céu. Outros vêm para passar pelas portas, mas os cães os devoram e o fogo os consome. Esdras pede ao Senhor que perdoe os pecadores, mas não é ouvido. Os anjos lhe anunciam que esses infelizes renegaram Deus e pecaram com suas mulheres no domingo antes da missa. Descem ainda alguns degraus e ele vê homens em pé sendo atormentados. Há um imenso caldeirão cheio de fogo sobre cujas ondas os justos passam tranquilamente enquanto, empurrados pelos diabos, os pecadores caem dentro dele. Vê em seguida um rio de fogo com uma grande ponte, de onde despencam os pecadores. Encontra Herodes sentado sobre um trono de fogo, cercado de conselheiros em pé no meio do fogo. Percebe ao oriente um largo caminho de fogo para o qual são enviados muitos reis e príncipes deste mundo. Passa então ao paraíso, onde tudo é "Luz, alegria e salvação". Faz ainda uma prece pelos condenados, mas o Senhor lhe diz: "Esdras, amassei os homens à minha imagem e recomendei-lhes de não pecar e pecaram, por isso estão nos tormentos".

Uma fonte: o Apocalipse de Paulo

De todos estes apocalipses, aquele que teve a maior influência na literatura medieval do além em geral, e do purgatório em particular, foi o Apocalipse de Paulo. É um dos textos mais tardios deste conjunto apocalíptico, pois foi sem dúvida composto no Egito, e em grego, em meados do século III da era cristã. O Apocalipse de Paulo, de que restam versões em armênio, copta, grego, eslavo antigo e siríaco, conheceu oito redações diferentes em latim. Talvez a mais antiga date do fim do século IV, ou no mais tardar do século VI. É a mais longa. Algumas redações curtas foram feitas no século IX. Entre estas, a que alcançará o maior êxito é a chamada redação IV, da qual se conhecem 37 manuscritos. Entre as novidades que introduz na obra encontram-se a imagem da ponte que vem de Gregório o Grande e a roda de fogo que vem do Apocalipse de Pedro e dos oráculos sibilinos. É esta versão que em geral, na baixa Idade Média, será traduzida para diversas línguas vulgares. A versão V é a mais interessante para a história do purgatório, pois é a primeira a acolher a distinção entre um inferno superior e um inferno inferior, introduzida por Santo Agostinho, retomada por Gregório o Grande, e que, entre os séculos VI e XII, tornou-se a base da localização acima do inferno daquilo que será, no fim do século XII, o purgatório[42].

É notável que o Apocalipse de Paulo tenha conhecido tal êxito na Idade Média enquanto fora severamente condenado por Santo Agostinho. A razão, além de sua repugnância pelas ideias apocalípticas, com certeza é porque a obra contradiz a Segunda Epístola de São Paulo aos Coríntios, na qual, no entanto, se apoia. Paulo diz, com efeito: "Conheço um homem no Cristo que, lá se vão catorze anos – estava em seu corpo? não sei; estava fora do corpo? não sei; Deus o sabe – foi arrebatado ao terceiro céu. E esse homem – estava no corpo ou fora do corpo? não sei. Deus o sabe –, sei que foi arrebatado ao paraíso e que ouviu as palavras inefáveis, *que não é permitido a um homem repetir*" (2Cor 12,2-4). De onde o comentário de Agostinho: "Alguns presunçosos, em sua grande estupidez, inventaram o Apocalipse de Paulo, que a justo título a Igreja não acolhe e que está cheio de fábulas

---

42. A redação longa foi publicada em JAMES, M.R. "Apocrypha anecdota". *Texts and Studies,* II, 3, 1893, p. 11-42. A mais conhecida das redações curtas, a redação IV, foi publicada em BRANDES, H. *Visio S. Pauli:* Ein Beitrag zur Visionlitteratur, mit einem deutschen und zwei lateinischen Texten. Halle, 1885, p. 75-80. Uma versão em francês antigo foi publicada em MEYER, P. "La descente de Saint Paul en Enfer". In: *Romania,* XXIV, 1895, p. 365-375. As outras versões curtas foram publicadas em SILVERSTEIN, T. *Visio sancti Pauli* – The history of the Apocalypse in Latin Together with nine Texts. Londres, 1935, com uma notável introdução, fundamental.

estranhas. Dizem que é o relato de seu rapto ao terceiro céu e a revelação das palavras inefáveis que ali ouviu e que não se permite a um homem repetir. Pode-se tolerar a audácia deles: Quando disse ter ouvido o que não é permitido a nenhum homem repetir, teria ele dito o que não é permitido a nenhum homem repetir? Quem são então aqueles que ousam falar sobre isso com tanta imprudência e indecência?"[43]

Evoco aqui a redação V. Após uma curta introdução que trata dos dois infernos e à qual retornarei, São Paulo chega ao inferno superior, o futuro purgatório, do qual diz apenas que "viu ali as almas daqueles que aguardavam a misericórdia de Deus".

A parte mais longa do breve relato é consagrada à descrição das penas infernais e dominada por duas inquietações: dar detalhes mais precisos, identificar e classificar os danados. São Paulo vê árvores de fogo às quais estão suspensos pecadores e depois um forno ardente de labaredas de sete cores, onde outros são torturados. Vê os sete castigos que ali sofrem cotidianamente as almas dos danados, sem contar as inúmeras penas especializadas suplementares: a fome, a sede, o frio, o calor, os vermes, o mau cheiro, a fumaça. Vê (mantenho a palavra latina *vidit*, que retorna constantemente e expressa o próprio gênero do *apocalipse*, onde se revela o que se *viu* e que é normalmente invisível) a roda de fogo onde, alternadamente, mil almas queimam. Vê um rio horrível com a ponte por onde passam todas as almas e onde as dos danados estão mergulhadas até os joelhos, ou até o umbigo, ou até os lábios ou até as sobrancelhas. Vê um lugar tenebroso onde os usurários (homens e mulheres) comem suas línguas. Vê um lugar onde, todas de preto, as moças que pecaram contra a castidade e deixaram morrer seus filhos são entregues aos dragões e às serpentes. Vê mulheres e homens nus, os perseguidores da viúva e do órfão, em um lugar gelado onde metade queima e a outra gela. Finalmente (resumo), as almas dos danados, ao ver passar a alma de um justo ser levada pelo Arcanjo Miguel ao

---

43. AGOSTINHO. *Tractatus in Joannem*, XCVIII, 8.

paraíso, suplicam-lhe que por elas intercedam junto ao Senhor. O arcanjo as convida, em companhia de Paulo e dos anjos que o acompanham, a suplicar a Deus, chorando, para que lhes conceda um refrigério (*refrigerium*). O imenso concerto de choros que se desencadeia faz descer do céu o Filho de Deus, que relembra sua paixão e os pecados delas. Mas se deixa dobrar pelas súplicas de São Miguel e de São Paulo e lhes concede o repouso (*requies*) do sábado à noite até segunda-feira de manhã (*ab hora nona sabbati usque in prima secunde ferie*). O autor do Apocalipse elogia o domingo. Paulo pergunta ao anjo quantas são as penas infernais e este lhe responde: cento e quarenta mil, e acrescenta que, se desde a criação do mundo cem homens dotados cada um de quatro línguas de ferro tivessem falado sem parar, ainda não teriam chegado ao fim da enumeração das penas do inferno. O autor da *Visão* convida os ouvintes de sua revelação a entoar o *Veni Creator*.

Assim é a estrutura, em uma versão do século XII, da visão do além que conheceu o maior sucesso na Idade Média antes da existência do purgatório. Nela se vê uma descrição das penas do inferno que se reencontrará em grande parte no purgatório, quando este tiver sido definido como um inferno temporário. Nela se percebe, sobretudo pela discussão entre dois infernos, pela ideia de um repouso sabático no inferno[44], a necessidade de atenuação das penas no além, de uma justiça mais discreta e mais clemente.

Não me alongarei sobre o maniqueísmo e sobre a gnose que, apesar das relações complexas que tiveram com o cristianismo, parecem-me religiões e filosofias muito diferentes. Somente os contatos entre religiões e povos que existiram no Oriente Médio dos primeiros séculos da era cristã obrigam, parece-me, a evocar doutrinas que puderam ter alguma influência sobre o cristianismo, grego em primeiro lugar, e, eventualmente, latino.

---

44. A ideia do descanso sabático foi emprestada dos judeus entre os quais ela pertencia às crenças populares. Cf. LÉVI, I. "Le repos sabbatique des âmes damnées". In: *Revue des Études Juives*, 1892, p. 1-13. Cf. tb. a introdução de SILVERSTEIN, T. *Visio Sancti Pauli*, p. 79-81: "The Sunday Respite".

Se, na gnose, reencontramos as concepções do inferno como *prisão*, *noite*, *cloaca*, *deserto*, a tendência à identificação do mundo e do inferno limita as semelhanças com o cristianismo onde, mesmo nos mais belos tempos do desprezo do mundo (*contemptus mundi*) do Ocidente medieval, esta identificação não existiu. Também não me parece que a divisão do inferno entre cinco regiões sobrepostas professadas pelos mandeístas e pelos maniqueus tenha relações com a geografia cristã do além. Resta a obsessão das trevas que pôde se estender tanto em um sentido infernal quanto em um sentido místico positivo. Mas é um aspecto tão geral do sagrado que as comparações entre maniqueus gnósticos e cristãos em torno desta concepção não me parece significativa. Quanto à angústia do tempo, vivenciado como um mal essencial, que faz do tempo do inferno uma encarnação aterradora da duração pura, creio que também ela afasta gnósticos e maniqueus do cristianismo[45].

Esta viagem ao mesmo tempo longa e sumária aos aléns antigos não era uma busca das origens. Os fenômenos históricos não saem do passado como uma criança do ventre de sua mãe. Em suas heranças, as sociedades e as épocas escolhem. Quis simplesmente esclarecer a escolha que o cristianismo latino fez em dois períodos, primeiro entre os séculos III e VII, mas sem ir até o fim da lógica do sistema, e então, de maneira decisiva, entre meados do século XII e meados do século XIII, de um além intermediário entre o inferno e o paraíso durante o período compreendido entre a morte individual e o julgamento geral.

O rápido olhar sobre o passado traz uma dupla iluminação. Permite observar certos elementos, certas imagens que os cristãos escolherão para colocar em seu purgatório; este adquirirá certos

---

45. Li principalmente os trabalhos de PUECH, H.-C. "La Ténèbre mystique chez le pseudo-Denys l'Aréopagite et dans la tradition patristique" (1938), retomado em *En quête de la Gnose*, I. Paris, 1978, p. 119-141 e "Le Prince des Ténèbres en son royaume". In: *Études Carmélitaines*, 1948, p. 136-174 (volume consagrado a satanás). Sobre a angústia do tempo do inferno cf. *En quête de la gnose*, I, p. 247ss.

traços, certas cores que se compreendem melhor, ainda que tomadas em um sistema novo e tendo mudado de sentido, quando se sabe de onde, provavelmente, elas vêm. Por outro lado, esses esboços antigos de crenças e de imagens, que poderiam ter se desenvolvido em tipos de purgatórios, fornecem informações sobre as condições históricas e lógicas que podem conduzir à noção de purgatório e que também podem abortar nestas evoluções. A noção de justiça e de responsabilidade subjacente a todas estas tentativas não chega a se desenvolver – em relação com as estruturas sociais e mentais – em uma escala de penas que somente a metempsicose parece ter então satisfeito. Os deuses reservavam a outros problemas – os sacrifícios, por exemplo – a sutileza que não lhes faltava. Inclinar-se sobre o destino dos mais ou menos bons, dos mais ou menos maus teria sido um luxo em uma idade em que o essencial era realizar triagens grosseiras, em que muitas vezes a nuança pertencia ao domínio do supérfluo. Ainda mais que os conceitos de tempo de que dispunham essas sociedades, mesmo que, como mostrou Pierre Vidal-Naquet, se tenha exagerado a ideia de um tempo circular e de um eterno retorno, permitiam mal-ancorar esse tempo indeciso entre a morte e o destino eterno do homem. Da mesma forma, entre o céu e a terra, entendida como o mundo subterrâneo dos infernos, entre o que os gregos chamaram o uraniano e o ctoniano, como deslizar um terceiro além? Não nesta terra em todo caso, para sempre desertada pelo imaginário da felicidade eterna desde o fim da Idade de Ouro.

Os judeus descobrem um além intermediário

Nesta virada rica em mudanças da era cristã, uma evolução no pensamento religioso judaico parece-me ter sido decisiva para a continuação da ideia de purgatório. Nós a encontramos nos textos rabínicos dos dois primeiros séculos da era cristã.

Manifesta-se primeiro por uma maior precisão da geografia do além, essencialmente – para a maioria dos textos – não há grandes mudanças. As almas, depois da morte, sempre vão ou para um lugar intermediário, o *shéol*, ou diretamente para um lugar de castigos eternos, a geena, ou de recompensas, igualmente eternas, o Éden. Os céus são essencialmente a morada de Deus, mas alguns rabinos colocam neles também a morada das almas dos justos. Neste caso, elas estão no sétimo céu, o mais alto dos sete firmamentos. Mas nos perguntamos sobre as dimensões do além e sobre sua localização em relação à terra. O *shéol* continua sendo subterrâneo e escuro, é o conjunto dos fossos, das tumbas, o mundo dos mortos e da morte.

A geena fica sob o abismo ou sob a terra que lhe serve de cobertura. Pode-se chegar até ela pelo fundo do mar, cavando o deserto, ou por trás de sombrias montanhas. Comunica-se com a terra por um pequeno buraco por onde passa o fogo (da geena) que a reaquece. Alguns situam esse buraco perto de Jerusalém, no Vale de Hinnour, onde ela abre suas portas, três ou sete, entre duas palmeiras.

É imensa, sessenta vezes mais extensa do que o Éden, e mesmo incomensurável para alguns, pois foi feita para receber de duzentos a trezentos tipos de ímpios; aumenta todos os dias para poder acolher novos hóspedes.

O Jardim do Éden é o da criação; não há diferença entre o paraíso terrestre de Adão e o paraíso celeste dos justos. Fica em frente ou ao lado da geena, bem próximo para uns, mais distante para outros, de todo modo separado dela por uma fenda intransponível. Alguns lhe dão uma extensão equivalente a sessenta vezes a do mundo, mas outros dizem que é incomensurável. Tem portas, geralmente três. Certos rabinos foram para lá, Alexandre tentou em vão ultrapassar uma de suas portas. Entre os justos que nele se encontram está Abraão, que ali acolhe seus filhos[46].

Em algumas escolas rabínicas surge principalmente uma outra concepção, tripartite, do destino no além. Dois tratados do período entre a destruição do segundo templo (70) e a revolta de

---

46. Cf. BONSIRVEN, J. *Eschatologie rabbinique d'après les Targuns, Talmuds, Midraschs* – Les éléments communs avec le Nouveau Testament. Roma, 1910.

Bar Kochba (132-135) testemunham principalmente este novo ensinamento.

O primeiro é um tratado sobre o início do ano (Ros Ha--Sana). Nele se pode ler:

> Ensina-se segundo a Escola de Sammay: haverá no julgamento três grupos: o dos totalmente justos, o dos totalmente ímpios e o dos intermediários. Os totalmente justos são logo inscritos e selados para a vida do século; os totalmente ímpios são logo inscritos e selados para a geena, segundo o que está dito (Dn 12,2). Quanto aos intermediários, descem à geena, reclusos, e depois sobem, segundo o que está dito (Zc 8,9; 1Sm 2,6). Mas os hilelitas dizem: aquele que é abundante em misericórdia inclina-se para a misericórdia, e é sobre esses que Davi fala (Sl 116,1), sobre Deus que escuta e pronuncia a respeito deles toda esta passagem [...]. Pecadores israelitas e gentis que pecaram em seu corpo, punidos na geena durante doze meses, depois aniquilados [...].

O segundo é um tratado sobre os tribunais (Sanhedrin), em que diz quase a mesma coisa:

> Os samaítas dizem: existem três grupos, um para a vida do século, o outro para a vergonha e o desprezo eterno; são os totalmente ímpios, dos quais os menos graves descem à geena para nela serem punidos e dela subirem curados, segundo Zc 8,9, é sobre eles que se diz (1Sm 2,6): Deus condena à morte e vivifica. Os hilelitas dizem (Ex 34,6) que Deus é abundante em misericórdia; inclina para a misericórdia e Davi fala sobre eles em todo o Sl 66,1.
>
> Os pecadores de Israel, culpados em seu corpo, e os pecadores das nações do século, culpados em seu corpo, descem para a geena para ali serem punidos doze meses, e depois sua alma é aniquilada e seus corpos queimados e a geena os vomita, tornam-se cinza e o vento os dispersa sob os pés dos justos (Ml 4,3.21).

Por fim, Rabi Aqiba, um dos maiores doutores da Michna, que morreu sob a tortura após a derrota da revolta de Bar Kochba (135), ensinava a mesma doutrina.

"Dizia também que cinco coisas duram doze meses: o julgamento da geração do dilúvio, o julgamento de Jó, o julgamento dos egípcios, o julgamento de Gogue e Magogue no futuro vindouro, o julgamento dos ímpios na geena de acordo com o que está dito (Is 66,23): de mês em mês"[47].

Existe, portanto, uma categoria intermediária composta de homens nem totalmente bons nem totalmente maus, que sofrerão um castigo temporário após a morte e em seguida irão para o Éden. Mas esta expiação será feita após o julgamento final e ocorrerá não em um lugar especial, mas na geena. Esta concepção, contudo, levará a distinguir na geena uma parte superior, onde ocorrerão estes castigos temporários.

Há, portanto, uma tendência a acentuar a espacialização do além e a criar uma categoria intermediária de danados no momento oportuno. Pode-se pensar que, assim como no século XII, o aparecimento de uma nova espécie de intelectuais, os mestres das escolas urbanas criadores da escolástica, foi um dos elementos decisivos do nascimento do purgatório propriamente falando, da mesma forma nos dois primeiros séculos da era cristã, em relação com a estrutura social e a evolução dos quadros mentais das comunidades judaicas, o desenvolvimento do ensino dos rabinos, da exegese rabínica, conduziu os judeus à beira da concepção do purgatório[48].

---

47. BONSIRVEN, J. *Textes Rabbiniques des deux premiers siècles chrétiens pour servir à l'intelligence du Nouveau Testament*. Roma, 1955, p. 272 e 524. René Gutman assinala-me que "o tratado talmúdico, 'Princípios de Rabbi Nathan', afirma que as almas dos ímpios perambulam através do mundo, murmurando sem descanso. Um anjo se mantém em uma extremidade do mundo enquanto um outro se mantém na outra extremidade, e juntos jogam essas almas para frente e para trás. Os rabinos imaginavam um verdadeiro purgatório aéreo onde as almas pecadoras eram lançadas e roladas em turbilhões ferozes que tinham como objetivo purificá-las e permitir-lhes o acesso ao céu".

48. Sobre o contexto desses textos rabínicos, cf. o livro clássico de P. Volz: *Die eschatologie der jüdischen Gemeinde im neutestamentlicher Zeitalter*. Tübingen, 1934.

O germe do purgatório cristão está nas Escrituras?

A doutrina cristã do purgatório só foi estabelecida – sob sua forma católica, uma vez que os protestantes a recusaram – no século XVI pelo Concílio de Trento. Depois desse concílio, os doutrinários católicos do purgatório, Bellarmin e Suarez, priorizaram vários textos escriturários. Conservarei aqui apenas aqueles que, na Idade Média, e mais precisamente até o início do século XIV, desempenharam efetivamente um papel no nascimento do purgatório.

Um único texto do Antigo Testamento, retirado do Segundo Livro dos Macabeus – que os protestantes não consideram como canônico – foi mantido pela teologia cristã antiga e medieval, de Santo Agostinho a Santo Tomás de Aquino, como demonstrando a existência de uma crença no purgatório. Nesse texto, após uma batalha em que os combatentes judeus que nela foram mortos teriam cometido uma misteriosa falta, Judas Macabeu ordena que se reze por eles.

> Todos, portanto, tendo abençoado a conduta do Senhor, juiz equânime que torna manifestas as coisas ocultas, puseram-se a orar para pedir que o pecado cometido fosse inteiramente apagado, e depois o valoroso Judas exortou a multidão a se manter pura de todo pecado, tendo diante dos olhos o que acontecera aos que haviam caído por causa da falta. Em seguida, tendo feito uma coleta de cerca de duas mil dracmas, enviou-as a Jerusalém para que se oferecesse um sacrifício pelo pecado, agindo muito bem e nobremente pensando na ressurreição. Pois se não esperasse que os soldados caídos ressuscitassem, seria supérfluo e insensato orar pelos mortos, e, se considerava que uma bela recompensa aguarda os que adormecem na piedade, esse era um pensamento santo e piedoso. Eis por que mandou fazer esse sacrifício expiatório pelos mortos, para que fossem livres de seu pecado (2Mc 12,41-46).

Tanto os especialistas do judaísmo antigo quanto os exegetas da Bíblia não concordam com a interpretação deste texto difícil e que faz alusão às crenças e às práticas que não são mencionadas em outra parte. Não me engajarei nessas discussões. O essencial, para meu propósito, é que, segundo os Pais da Igreja, os cristãos da Idade Média viram nesse texto a afirmação de dois elementos fundamentais do futuro purgatório: a possibilidade de um resgate dos pecados depois da morte, a eficácia das preces dos vivos pelos mortos resgatáveis. E adiciono: texto necessário para os cristãos da Idade Média porque, para eles, toda realidade e, particularmente, toda verdade de fé devia ter um duplo fundamento nas Escrituras, conforme à doutrina do simbolismo tipológico que descobre na Bíblia uma estrutura em eco: a toda verdade do Novo Testamento corresponde uma passagem anunciadora do Antigo Testamento.

Mas o que há então no Novo Testamento? Três textos desempenharam um papel especial.

O primeiro está no Evangelho de Mateus (12,31-32):

> Por isso vos digo, todo pecado e blasfêmia serão perdoados aos homens, mas a blasfêmia contra o Espírito não será perdoada. E se alguém diz uma palavra contra o Filho do Homem, isso lhe será perdoado; mas se fala contra o Espírito Santo, isso não lhe será perdoado nem neste mundo nem no outro.

É um texto importante. Indiretamente – mas a exegese pela exposição dos pressupostos foi comum no cristianismo e me parece logicamente bem-fundada –, supõe e portanto afirma a possibilidade de resgate dos pecados no outro mundo.

Um segundo texto é a história[49] do pobre Lázaro e do rico mau narrada pelo Evangelho de Lucas:

> Havia um homem rico que se vestia de púrpura e de linho fino e todos os dias fazia copiosas refeições. E um pobre, chamado Lázaro, deitava-se perto de seu

---

49. Emprego essa palavra deliberadamente, e não a de parábola, seguindo assim Pedro o Devorador, que explica, no século XII, que não se trata de uma parábola, mas de um *exemplum*.

portão, todo coberto de chagas. Bem que desejava se satisfazer com o que caía da mesa do rico. E até os próprios cães vinham lhe lamber as chagas. Mas aconteceu que o pobre morreu e foi levado pelos anjos para o seio de Abraão. O rico também morreu, e foi sepultado.

No hades, em meio aos tormentos, ele levanta os olhos e vê ao longe Abraão e Lázaro em seu seio. E então grita: "Pai Abraão, tende piedade de mim e mande Lázaro mergulhar na água a ponta do dedo para me refrescar a língua, pois estou atormentado nessa chama". Mas Abraão disse: "Meu filho, lembra-te de que recebeste teus bens em vida, e Lázaro da mesma forma seus males; agora aqui ele é consolado e tu és atormentado. E isso não é tudo: há entre nós e vós um grande abismo, para que aqueles que desejem passar daqui para aí não o possam, e que também não se atravesse daí para cá" (Lc 16,19-26).

Texto que, do ponto de vista do além, traz três esclarecimentos: o inferno (hades) e o lugar de espera dos justos (seio de Abraão) são próximos, pois um pode ver o outro, mas são separados por um abismo intransponível; reina no inferno essa sede característica que Mircea Eliade chamou "a sede do morto" e que se encontrará na base da ideia de *refrigerium*[50]; por fim, o lugar de espera dos justos é designado como seio de Abraão. O seio de Abraão foi a primeira encarnação cristã do purgatório.

O último texto foi o que mais despertou comentários. É uma passagem da Primeira Epístola aos Coríntios, de São Paulo.

Quanto ao fundamento, ninguém pode colocar outro diferente daquele que ali se encontra, ou seja, Jesus Cristo. Que sobre este fundamento construa-se com ouro, com prata, com pedras preciosas, com madeira, com feno, com palha, a obra de cada um se manifestará: o dia a revelará, pois deve se revelar no fogo, e é este fogo que provará a qualidade da obra de cada um. Se a obra construída sobre o fundamento resis-

---

50. ELIADE, M. *Traité d'histoire des religions*. Paris, 1953, p. 175-177.

te, seu autor receberá uma recompensa; se sua obra é consumida, sofrerá sua perda; quanto a ele, será salvo, mas como através do fogo (1Cor 3,11-15).

Texto evidentemente muito difícil, mas que foi essencial para a gênese do purgatório na Idade Média – que quase se pode seguir exclusivamente pela exegese deste texto de Paulo[51]. De maneira geral, bem cedo se destacou, no entanto, a ideia essencial de que o destino no além é diferente segundo a qualidade de cada homem e que existe uma certa proporcionalidade entre os méritos e os pecados, de um lado, as recompensas e os castigos, de outro, e que uma provação decisiva para o destino último de cada um ocorrerá no além. Mas o momento dessa provação parece situado durante o juízo final. O pensamento de Paulo permanece aqui muito próximo do judaísmo. O outro elemento do texto paulino que terá uma influência considerável é a evocação do *fogo*. A expressão *como* (*quasi*) através do fogo legitimará certas interpretações metafóricas do fogo paulino, mas no conjunto esta passagem autenticará a crença em um fogo real.

É aqui que o papel do fogo se manifesta. O purgatório antes de ser considerado como um lugar foi primeiro concebido como um *fogo*, difícil de localizar, mas que concentrou nele a doutrina de onde devia sair o purgatório, e ajudou muito para esse nascimento. Portanto, é preciso falar um pouco mais sobre ele. Desde a época patrística, opiniões divergentes se interrogam sobre a natureza desse fogo: É punitivo, purificador ou probatório? A teologia católica moderna distingue um fogo do inferno, punitivo, um fogo purgatório, expiatório e purificador, um fogo do julgamento, probatório. Esta é uma racionalização tardia. Na Idade Média, todos esses fogos se

---

51. Dois excelentes estudos analisaram os comentários patrísticos e medievais deste texto: LANDGRAF, A. "I Cor. 3,10-17, bei den lateinischen Vätern und in der Frühscholastik" (In: *Biblica*, 5, 1924, p. 140-172.) e GNILKA. *Ist 1 Kor. 3, 10-15 ein Schriftzeugnis für das Fegfeuer?* – Eine exegetisch-historische Untersuchung (Düsseldorf, 1955). EDSMAN, C.-M. *Ignis Divinus*. Op. cit., p. 19, n. 2.

confundem mais ou menos: primeiro, o fogo do purgatório é irmão daquele do inferno, um irmão que não está destinado a ser eterno, mas nem por isso é menos ardente durante seu período de atividade; em seguida, como o fogo do julgamento intervém no julgamento individual logo após a morte, fogo do purgatório e fogo do julgamento serão na maioria das vezes praticamente confundidos. Os teólogos insistem mais neste ou naquele aspecto do purgatório, os pregadores medievais fizeram o mesmo e os simples fiéis tiveram, à sua maneira, de ter a mesma atitude. O fogo do purgatório foi ao mesmo tempo um castigo, uma purificação e um ordálio, o que está de acordo com o caráter ambivalente do fogo indo-europeu bem apontado por C.-M. Edsman.

Do Novo Testamento tirou-se também um episódio que desempenhou um papel importante se não na história do purgatório, pelo menos indiretamente na concepção geral do além cristão: é a descida de Cristo aos infernos, que está fundada nos três textos neotestamentários. Primeiro no Evangelho de Mateus (12,40): "Do mesmo modo que Jonas permaneceu no ventre do mostro marinho durante três dias e três noites, assim também o Filho do Homem ficará no seio da terra durante três dias e três noites". Os Atos dos Apóstolos (2,31) relacionam o acontecimento com o passado: "Ele [Davi] previu e anunciou a ressurreição de Cristo que, com efeito, não foi abandonado no hades e cuja carne não conheceu a corrupção". Por fim, Paulo, na Epístola aos Romanos (10,7), ao opor a justiça nascida da fé à justiça nascida da antiga lei, dá então voz à justiça oriunda da fé: "Não digas em teu coração: Quem subirá ao céu? ouve: para dali fazer Cristo descer, ou então: Quem descerá ao abismo? ouve: para trazer Cristo de volta dos mortos".

A descida de Cristo aos infernos

Este episódio – que evidentemente vai além do seu sentido propriamente cristão: prova da divindade de Cristo e promessa da futura ressurreição – coloca-se em uma velha tradição oriental bem estudada por Joseph Kroll[52]. É o tema do combate de Deus – sol com as trevas, no qual o reino onde o sol deve combater as forças hostis é assimilado ao mundo dos mortos. Este tema conhecerá um grande sucesso na liturgia medieval: nas fórmulas de exorcismo, nos hinos, nas missas, nos tropos, e finalmente nos jogos dramáticos do fim da Idade Média. Mas é mediante as precisões dadas por um evangelho apócrifo, o Evangelho de Nicodemos, que o episódio se vulgarizou na Idade Média. Cristo, durante sua descida aos infernos retirou dali uma parte dos que estavam presos, os justos não batizados porque anteriores à sua vinda sobre a terra, isto é, essencialmente os patriarcas e os profetas. Mas aqueles que ali deixou permanecerão presos até o fim dos tempos, pois selou para sempre o inferno com sete selos. Este episódio tem, na perspectiva do purgatório, uma tripla importância: mostra que existe, mesmo excepcionalmente, a possibilidade de amenizar a situação de certos homens após a morte, mas descarta o inferno dessa possibilidade, pois ele foi fechado até o fim dos tempos; por fim, Ele cria um novo lugar do além, os limbos, cujo nascimento será quase contemporâneo ao do purgatório, no interior do grande remanejamento geográfico do além no século XII.

Orações pelos mortos

O mais importante é que os cristãos adquiriram, e parece que bem cedo, o hábito de rezar pelos seus mortos. Em relação à Antiguidade esta atitude era uma novidade. Segundo uma ótima fórmula de Salomon Reinach, "os pagãos rezavam os mortos, enquanto os cristãos rezavam pelos mortos"[53]. Claro, como os fenô-

---

52. KROLL, J. *Gott und Hölle* – Der Mythos vom Descensuskampfe. Leipzig/ Berlim, 1932. • BIEDER, W. *Die Vorstellung von der Höllenfahrt Jesu Christi*. Zurique, 1949.

53. REINACH, S. "De l'origine des prières pour les morts". In: *Revue des Études Juives*, 41, 1900, p. 164.

menos de crença e de mentalidade não surgem repentinamente, a intervenção dos vivos em favor de seus mortos que sofrem no além se encontra em certos meios pagãos, sobretudo no nível popular. Este foi o caso do orfismo:

> "Orfeu diz: *Os homens [...] cumprem as ações sagradas para obter a libertação dos ancestrais ímpios; Tu que tens o poder sobre eles [...]. Tu os libertas das grandes penas e da imensa tortura*[54].

Estas práticas se desenvolveram por volta da era cristã e ainda se trata de um fenômeno de época particularmente sensível no Egito, lugar de encontro por excelência das nações e das religiões. Diodoro da Sicília, que para ali viajou por volta do ano 50 a.C., surpreende-se com os costumes funerários dos egípcios: "No momento em que a caixa que contém o morto é colocada sobre a barca, os sobreviventes invocam os deuses infernais e lhes imploram que o admitam na morada reservada aos homens piedosos. E a isso a multidão adiciona suas aclamações acompanhadas de votos para que o defunto desfrute no hades da vida eterna, na companhia dos bons"[55].

Deve-se sem dúvida recolocar nesse contexto a passagem do Segundo Livro dos Macabeus composto por um judeu de Alexandria durante o meio século que precedeu a viagem de Diodoro[56]. Ela testemunha a ausência de um costume de rezar pelos mortos na época de Judas Macabeu (por volta de 170 a.C.), cuja inovação surpreende, e a realidade desta prática entre certos judeus um século mais tarde. É preciso certamente vincular às crenças deste gênero o estranho costume de que fala São Paulo em 1Cor 15,29-30, onde afirma a realidade da ressurreição: "De outro modo, que ganhariam aqueles que se batizam pelos

---

54. *Orphicorum Fragmenta*. Berlim, 1922, p. 245 [ed. de O. Kern], apud NTEDIKA, J. *L'Évocation de l'au-delà dans la prière pour les morts* – Étude de patrisque et de liturgie latines (IVe-VIIe siècles). Lovaina/Paris, 1971, p. 11.

55. Diodoro de Sicília, I, 91, apud REINACH, S. Op. cit., p. 169.

56. Cf. supra, p. 69.

mortos? Se os mortos realmente não ressuscitam, por que então se fazem batizar por eles?" Este batismo pelos mortos não era o batismo cristão, mas o batismo que recebiam os prosélitos gregos que se convertessem ao judaísmo.

O vasto dossiê epigráfico e litúrgico sobre as preces pelos mortos de que dispomos para os primeiros séculos do cristianismo foi muitas vezes explorado para provar a antiguidade da crença cristã no purgatório[57]. Estas interpretações me parecem abusivas. As graças que a Deus se suplica conceder aos mortos evocam essencialmente a felicidade paradisíaca, em todo caso um estado definido pela *paz* (*pax*) e pela luz (*lux*). Será preciso esperar pelo fim do século V (ou o começo do VI) para encontrar uma inscrição que fala da *redenção da alma* de um defunto. Trata-se de uma inscrição galo-romana de Briord cujo epitáfio traz a fórmula *pro redemptionem animae suae*[58]. Por outro lado, estas inscrições e estas preces não se referem a um lugar de redenção ou de espera – outro que o tradicional – a partir do Evangelho, "seio de Abraão". Mas é essencial, para a formação do terreno onde mais tarde se desenvolverá a crença no purgatório, que os vivos tenham se preocupado com o destino de seus mortos, que no além-túmulo tenham mantido com eles vínculos que não sejam os da invocação da proteção dos defuntos, mas da utilidade das preces feitas para eles.

Um lugar de consolo: o *refrigerium*

Alguns destes textos evocam enfim um lugar que, embora muito próximo do seio de Abraão, nem sempre se confunde com ele: o *refrigerium*.

Várias inscrições funerárias trazem as palavras *refrigerium* ou *refrigerare* (descanso, descansar), sozinhas ou associadas à

---

57. P. ex., LECLERCQ, H. Artigo "Défunts". In: *Dictionnaire d'Histoire et d'Archéologie Ecclésiastique*, t. IV, col. 427-456. • Artigo "Purgatoire". Ibid., t. XIV/2, col. 1.978-1.981, 1948. • BRACHA, F. *De existentia Purgatorii in antiquitate christiana*. Cracóvia, 1946.

58. *Dictionnaire d'Histoire et d'Archéologie Ecclésiastiques*, t. XVI/2, col. 1.980, 1981.

pax (paz): *in pace et refrigerium, esto in refrigerio* (que esteja no *refrigerium*), *in refrigerio anima tua* (que tua alma esteja no *refrigerium*), *deus refrigeret spiritum tuum* (que Deus descanse teu espírito)[59].

Um excelente estudo filológico de Christine Mohrmann definiu bem a evolução semântica de *refrigerium* do latim clássico ao latim cristão: "Ao lado destes sentidos bastante vagos e flutuantes, *refrigerare* e *refrigerium* adquiriram, no idioma dos cristãos, um sentido técnico bem-definido, ou seja, o de felicidade celeste. Este *refrigerium* já se encontra em Tertuliano, onde designa tanto a felicidade provisória das almas que esperam, segundo uma concepção pessoal de Tertuliano, o retorno de Cristo ao seio de Abraão, quanto a felicidade definitiva no paraíso, de que desfrutam depois da morte os mártires e que é prometida aos eleitos após o último veredito divino [...]. Para os autores cristãos posteriores, *refrigerium* expressa de um modo geral as alegrias do além-túmulo, prometidas por Deus aos seus eleitos"[60].

O *refrigerium* só ocupa na pré-história do purgatório um lugar particular por causa da concepção pessoal de Tertuliano à qual Christine Mohrmann faz alusão. Com efeito, o *refrigerium* designa, como vimos, um estado de felicidade quase paradisíaco e não representa um lugar. Mas Tertuliano imaginou uma variedade particular de *refrigerium*, o *refrigerium interim,* descanso intermediário destinado aos mortos que, entre a morte individual e o julgamento definitivo, são julgados por Deus dignos de espera privilegiada.

O africano Tertuliano († depois de 220) escrevera um pequeno tratado, que se perdeu, onde sustentava "que toda alma estava enclausurada nos infernos até o dia [do julgamento] do

---

59. Ibid., t. IV, col. 447.

60. MOHRMANN, C. "Locus refrigerii". In: BOTTE, B. & MOHRMANN, C. *L'Ordinaire de la messe* – Texte critique, traduction et études. Paris/Lovaina, 1953, p. 127. Cf. tb. MOHRMANN, C. "Locus refrigerii, lucis et pacis". In: *Questions liturgiques et paroissiales,* 39, 1958, p. 196-214.

Senhor" (*De anima*, LV, 5). Era a retomada da concepção vete-rotestamentária do *shéol*. Esses infernos são subterrâneos e foi lá que Cristo desceu durante três dias (*De anima*, LIV, 4).

Em sua obra *Contra Marcião* e em seu tratado *Sobre a monogamia*, Tertuliano deixou claro seu pensamento sobre o além e expressou sua concepção do *refrigerium*. Marcion pretendia que não apenas os mártires, mas também os simples justos eram admitidos no céu, no paraíso, logo após a morte. Tertuliano, apoiando-se na história do pobre Lázaro e do rico mau, estima que a residência dos justos que esperam a ressurreição não é o céu, mas um *refrigerium interim*, um descanso intermediário, o seio de Abraão: "Esse lugar, quero dizer, o seio de Abraão, ainda que não seja celeste, mas superior aos infernos, oferece às almas dos justos um descanso intermediário, até que a consumação das coisas determine a ressurreição geral e a realização da recompensa..." (*Adversus Marcionem*, IV, 34)[61]. Até lá, o seio de Abraão será "o receptáculo temporário das almas fiéis"[62].

Na verdade, o pensamento de Tertuliano permanece muito dualista. Para ele há dois destinos opostos, um de castigo expresso pelos termos de tormento (*tormentum*), suplício (*supplicium*), tortura (*cruciatus*), o outro de recompensa, designada pela palavra descanso (*refrigerium*). Dois textos até mesmo esclarecem que cada um destes destinos é eterno[63].

Em contrapartida, Tertuliano insiste vigorosamente sobre as oferendas para os defuntos, feitas no aniversário da morte deles, e ressalta que uma prática piedosa pode se apoiar na tradição

---

61. *"Eam itaque regionem, sinum dico Abrahae, etsi non caelestem, sublimiorem tamen inferis, interim refrigerium praebere animabus iustorum, donec consummatio rerum resurrectionem omnium plenitudine mercedis expungat [...]"*

62. *"[...]. Temporale aliquos animarum fidelium receptaculum [...]".*

63. *"Herodis tormenta et Iohannis refrigeria; mercedem [...] sive tormenti sive refrigerii* (Adv. Marc., IV, 34), *per setentiam aeternam tam supplicii quam refrigerii* (De anima, XXXIII, 11); *supplicia iam illic et refrigeria* (De anima, LVIII, 1); *metu aeterni supplicii et spe aeterni refrigerii* (Apologeticum, XLIX, 2); *aut cruciati destinari aut refrigerio, utroque sempiterno.* Cf. FINE, H. *Die Terminologie der Jenseistsvorstellungen bis Tertullian.* Bon, 1958.

e na fé sem ter base escriturária, o que será praticamente, excetuando-se Mt 12,32 e 1Cor 3,10-15, o caso do purgatório: "As oblações pelos defuntos, nós as fazemos no dia do aniversário da morte [...]. Destas práticas e de outras semelhantes, se tu buscas uma lei formal nas Escrituras, não a encontrarás. É a tradição que as garante, o costume que as confirma, a fé que as observa" (*De corona militis*, III, 2-3)[64].

A inovação, caso exista uma, de Tertuliano, em relação à pré-história do purgatório, é que os justos, antes de conhecerem o *refrigerium* eterno, passam por um descanso intermediário. Mas esse lugar de descanso não é verdadeiramente novo, é o seio de Abraão. Entre o *refrigerium interim* de Tertuliano e o purgatório há uma diferença não apenas de natureza – aqui uma espera repousante, ali uma provação purificante porque punitiva e expiatória –, mas de duração: o *refrigerium* acolhe até a ressurreição, o purgatório apenas até o fim da expiação.

Muito se escreveu sobre o *refrigerium interim*. A discussão mais elucidadora é a que opôs Alfred Stuiber, historiador da arte paleocristã, a diversos críticos dos quais o principal é L. de Bruyne[65], que resumiu assim suas objeções: "Segundo esta teoria [...] o que teria sido determinante na escolha e elaboração dos temas da arte sepulcral primitiva seriam as incertezas que alimentariam as primeiras gerações cristãs sobre o destino imediato das almas de seus defuntos próximos, obrigados a esperar a ressurreição final na solução provisória e incerta do hades subterrâneo. Não há ninguém que não veja o que existe de inverossímil em semelhante afirmação assim que a iluminamos com o otimismo e a alegria que constituem uma das tendências mais fundamentais da arte das catacumbas"[66].

---

64. Trad. de J. Goubert e L. Cristiani: *Les plus textes sur l'au-delà*, Paris, 1950, p. 183ss.

65. STUIBER, A. *Refrigerium interim* – Die Vorstellungen vom Zwichnzustand und die frühchristiche Grabekunst. Bonn, 1957. • DE BRUYNE. *"Refrigerium interim"*. In: *Rivista di Archeologia Cristiana*, 34, 1958, p. 87-118; 35, 1959, p. 183-186.

66. DE BRUYNE, 1959, p. 183.

É evidente que a fórmula "não há ninguém que não veja o que existe de inverossímil" merece destaque. Ela expressa a ingenuidade do especialista, que estende ao conjunto de seus leitores a posição supostamente comum a um pequeno grupo de especialistas, e que principalmente substitui por uma afirmação gratuita de evidência a demonstração desejável.

Mas se tentarmos esclarecê-la, parece-me que L. de Bruyne tem razão em dois pontos importantes: a análise da maioria das obras de arte funerária em que se apoia Alfred Stuiber não permite afirmar uma crença incerta em um *refrigerium interim* porque, como pensa com toda sua competência L. de Bruyne, a arte das catacumbas expressa mais certezas do que inquietudes e também, sem dúvida, porque – será reencontrada na Idade Média com o purgatório – a representação figurada de uma noção sutil como o *refrigerium interim* foi muito difícil de materializar. Mas em contrapartida esse "otimismo", reforçado sem dúvida ou mesmo imposto pelas autoridades eclesiásticas já na época muito imperativas, não deve mascarar as incertezas que muito provavelmente alimentavam a maioria dos cristãos sobre o destino no além, antes do julgamento e da ressurreição. Incerteza que tinha pelo menos um duplo fundamento: um, doutrinal, pois a Escritura e a teologia cristãs estavam então longe de possuir concepções claras neste campo; o outro, existencialista, pois diante do otimismo militante havia, entre os cristãos como entre os pagãos da Antiguidade tardia, esta "ansiedade" profunda que Dodds tão bem analisou[67].

A primeira imaginação de um purgatório: a visão de Perpétua

Resta que a noção e a imagem do descanso inspiraram – no meio onde evoluía Tertuliano – o mais antigo texto em que se desenha o imaginário do purgatório.

---

67. DODDS, E.R. *Pagan and Christian in Age of Anxiety*. Cambridge, 1965.

Trata-se de um texto extraordinário por sua natureza e seu conteúdo: é a *Paixão de Perpétua e Felicidade*[68]. Quando da perseguição dos cristãos africanos por Sétimo Severo em 203, um grupo de cinco cristãos, duas mulheres, Perpétua e Felicidade, três homens, Saturus, Saturninus e Revocatus, foram condenados à morte nas proximidades de Cartago. Durante sua permanência na prisão, nos dias que antecederam o martírio, Perpétua, auxiliada por Saturus, escreveu ou conseguiu transmitir oralmente suas lembranças a outros cristãos. Um deles redigiu o texto e adicionou um epílogo narrando a morte dos mártires. Os críticos mais severos não duvidam da autenticidade do texto, quanto ao essencial de sua forma e de seu conteúdo. As circunstâncias da produção deste opúsculo, a simplicidade e a sinceridade de seu tom fazem dele um dos mais emocionantes testemunhos da literatura cristã e da literatura simplesmente. Ao longo de sua detenção, Perpétua teve um sonho e viu seu jovem irmão morto, Dinócrates.

> Alguns dias mais tarde, como todos rezássemos, uma voz chegou até mim subitamente, e o nome de Dinócrates me escapou. Fiquei estupefata, porque jamais pensara nele antes daquele instante; com dor, lembrei-me de sua morte. Soube logo que era digna de lhe pedir qualquer coisa, que devia fazê-lo. Comecei uma longa oração, dirigindo meus lamentos ao Senhor. Desde a noite seguinte, eis o que me apareceu: vejo Dinócrates saindo de um lugar de trevas onde se encontrava com muitos outros, todo ardente e

---

68. *Passio sanctarum Perpetuae et Felicitatis.* Nimègue, 1936 [ed. C. van Beek]. O artigo de F.J. Dolger, "Antike Parallelen zum leidenden Dinocrates in der *Passio Perpetuae*" (In: *Antike und Chritentum*, 2, 1930[1], 1974[2], p. 1-40), mesmo destacando um clima geral em torno deste texto, não contribui muito para sua significação que permanece profundamente original. E.R. Dodds (*Pagan and Christian in an Age of Anxiety*, p. 47-53) oferece um comentário interessante da *Passio Perpetuae*, mas em uma perspectiva bem diferente daquela da prefiguração do purgatório.

sedento, em andrajos e sujo, e trazendo no rosto a chaga que tinha em sua morte. Dinócrates era meu próprio irmão; morreu de doença aos 7 anos, o rosto devorado por um cancro maligno, e todos se revoltaram contra sua morte. Rezara por ele: e entre mim e ele, a distância era tão grande que não podíamos nos encontrar. No lugar onde Dinócrates se encontrava havia um tanque cheio de água, com uma borda alta demais para uma criança. E Dinócrates colocava-se na ponta dos pés como se quisesse bebê-la. Eu sofria ao ver que havia água no tanque, mas que ele não podia bebê-la por causa da borda tão alta. Despertei, e soube que meu irmão estava na provação; mas não duvidava de poder aliviá-lo em sua provação. Rezava por ele todos os dias, até que fomos para a prisão do palácio imperial; com efeito, deveríamos combater nos jogos oferecidos no palácio para o aniversário de Cesar Geta. Rezei por ele dia e noite, lamentando e chorando para que fosse atendida[69].

Alguns dias mais tarde Perpétua tem uma nova visão:

No dia em que fomos acorrentados, eis o que me apareceu: vi o lugar que já havia visto, e Dinócrates, com o corpo limpo, bem-vestido e descansado (*refrigerantem*), e ali onde se encontrava a chaga, vi uma cicatriz; e a borda do tanque agora estava baixa e na altura do umbigo da criança; e a água corria sem parar. E por cima da borda uma taça de ouro estava cheia de água. Dinócrates aproximou-se dela e começou a beber, e a taça não se esvaziava. Depois, desalterado, começou a brincar alegremente com a água, como fazem as crianças. Acordei, compreendi então que tinha sido libertado de sua pena[70].

A palavra importante é *refrigerantem*. Ela remete evidentemente à noção de *refrigerium*.

---

69. Ed. Van Beek, p. 20.

70. Ibid., p. 22.

Este texto excepcional não é nem absolutamente novo nem absolutamente isolado no início do século III. Uma obra apócrifa grega provavelmente datada do fim do século II, os Atos de Paulo e de Tecla[71], fala de orações para uma jovem morta. A rainha pagã Trifena pede que sua filha adotiva, a virgem cristã Tecla, ore por Falconila, sua filha carnal que morrera. Tecla pede a Deus a salvação eterna para Falconila.

Tertuliano, em quem às vezes se quis ver – o que é certamente falso – o redator da *Paixão de Perpétua e Felicidade*, e que vivia em Cartago na época de seu martírio, conhecia os Atos de Paulo e de Tecla, que são citados em sua obra *Do batismo* (XVII, 5), e relatou em outra obra que uma viúva cristã deve orar por seu esposo morto e pedir-lhe o *refrigerium interim*, o descanso intermediário[72].

Não se deve nem exagerar nem minimizar a importância da *Paixão de Perpétua e Felicidade* na pré-história do purgatório.

Não se trata aqui, propriamente falando, de purgatório e nenhuma das imagens dos mortos destas duas visões serão encontradas no purgatório medieval. O jardim onde se encontra Dinócrates é quase paradisíaco, não é nem um vale, nem uma planície, nem uma montanha. A sede e a impotência de que sofre são designadas como um mal mais psicológico do que moral. Trata-se de tormento psicofisiológico, *labor* e não de pena/punição, *poena*, como em todos os textos relativos às *prefigurações* do purgatório e do *próprio* purgatório. Não há aqui nem julgamento nem castigo.

A partir de Santo Agostinho, esse texto será, no entanto, utilizado e comentado na perspectiva da reflexão que conduzirá ao purgatório. Trata-se antes de um lugar que não é nem o *shéol*, nem o hades, nem o seio de Abraão. Neste lugar um ser, que apesar de sua pouca idade deve ter sido um pecador, pois a cha-

---

71. VOUAUX, L. *Les Apocryphes du Nouveau Testament* – Les Actes de Paul et ses lettres apocryphes. Paris, 1913.

72. *Eninvero et pro anima eius orat, et refrigerium interim adpostulat ei* (*De monogamia*, X, 4).

ga, o cancro (*vulnus, facie cancerata*) que tem no rosto durante a primeira visão e que desapareceu na segunda, não pode ser, segundo o sistema cristão, senão o sinal visível do pecado, sofrer de sede, sofrimento característico dos punidos no além[73]. Ele é salvo graças à oração de alguém que é digno de obter seu perdão. Primeiro pelos laços carnais: Perpétua é sua irmã segundo a carne, mas também e, sobretudo, pelos seus méritos: como logo será mártir, ela conquistou o direito de intercessão pelos seus familiares junto a Deus[74].

Não desempenharei o papel dos fabricantes de patronos em um tempo em que a Igreja Católica revisa tão severamente seu calendário hagiográfico. Mas é impressionante que o purgatório balbucie neste texto admirável, sob os auspícios de uma santa tão comovente.

---

73. Sobre "a sede do morto", cf. ELIADE, M. *Traité d'Histoire des religions*. Paris, 1953, p. 175-177. Não acredito em uma correlação "climática" entre sede e fogo, por um lado, e as concepções "asiáticas" do inferno e "temperatura baixa" (frio, gelo e pântanos gelados) e as concepções "nórdicas", por outro. E.R. Dodds (*Pagan and Christian in an Age of Anxiety*, p. 47-53) indica a justo título que o tanque da *Paixão de Perpétua* evoca o batismo. O problema de saber se Dinócrates era ou não batizado interessou os autores cristãos antigos, sobretudo Santo Agostinho.

74. H.I. Marrou, citando P.-A. Février (*"Le culte des martyrs en Afrique et ses plus anciens monuments"*. In: *Corsi di cultura sull'arte ravennate e bizantina*. Ravena, 1970, p. 199), chamou a atenção, pouco antes de sua morte, para uma inscrição africana interessante para a noção de *refrigerium*: "Um detalhe curioso – e novo – é trazido pelos túmulos de Tipasa: é a presença destas cisternas e poços e a importância dada à água. Esta não surge apenas como um dos elementos da refeição, mas borrifada sobre o túmulo, podemos nos perguntar se não é necessária ao *refrigerium* de que falam os textos. Sabe-se, com efeito, que a partir da sua acepção original este termo *refrigerium* é uma das imagens mais preponderantes que serviram aos antigos, pagãos primeiro e depois cristãos (At 3,20) para evocar a felicidade do além-túmulo. A palavra, por extensão, designou essa refeição fúnebre que um simbolismo mais ou menos direto relacionava com a felicidade esperada. Em presença de um monumento como o nosso, é possível imaginar que uma camada de água espalhada por cima de um cenário de animais marinhos permitia executar de alguma maneira concreta essa noção de "refrigério", *refrigerium*, ligada ao banquete fúnebre" ("Uma inscrição cristã de Tipasa e o *refrigerium*". In: *Antiquités Africaines*, t. 14, 1979, p. 269).

2
Os pais do purgatório

Em Alexandria: dois "fundadores" gregos do purgatório

A verdadeira história do purgatório começa por um paradoxo, um duplo paradoxo.

São gregos os teólogos que a justo título foram chamados os "fundadores" da doutrina do purgatório. Mas se suas concepções tiveram repercussões no cristianismo grego, este não chegou à noção de purgatório propriamente dita, e o purgatório foi até mesmo, na Idade Média, um dos principais pomos de discórdia entre cristãos gregos e latinos. Além do mais, a teoria de onde sai o esboço de purgatório elaborada por esses teólogos gregos é francamente herética aos olhos do cristianismo não apenas latino, mas também grego. Sendo assim, a doutrina do purgatório se inicia sobre uma ironia da história.

Não me ocuparei neste livro com as concepções gregas do além, exceto para vê-las se oporem às visões dos latinos sobre o purgatório em 1274 no Concílio de Lyon II, e depois, fora dos limites cronológicos deste estudo, no Concílio de Florença em 1438-1439. A divergência entre as duas igrejas, entre os dois mundos, desencadeada desde a Antiguidade tardia, faz da história do purgatório um assunto ocidental e latino. Mas importa, no início da gênese do purgatório, caracterizar os dois "inventores" gregos do purgatório, Clemente de Alexandria († antes de 215) e Orígenes († 253/254). Os dois maiores representantes da teologia cristã em Alexandria, em um momento em que o grande polo é "o polo da cultura cristão" (H.-I. Marrou), e, em particular, o cadinho de uma certa fusão entre helenismo e cristianismo.

Os fundamentos de sua doutrina vêm, de um lado, da herança de certas correntes filosóficas e religiosas gregas pagãs e, de outro, de uma reflexão original sobre a Bíblia e a escatologia judaico-cristã[1]. À Grécia antiga os dois teólogos deviam a ideia de que os castigos infligidos pelos deuses não são punições, mas meios de educação e de salvação, um processo de purificação. Para Platão, o castigo é um benefício dos deuses[2]. Clemente e Orígenes tiram dali a ideia de que "punir" e "educar" são sinônimos[3] e que todo castigo de Deus serve à salvação do homem[4].

A ideia platônica foi vulgarizada pelo orfismo e veiculada pelo pitagorismo, e a ideia das penas infernais como purificação encontra-se no quarto livro da *Eneida*, de Virgílio (versos 741-742, 745-747):

> [...] Outros no fundo de um vasto abismo
> Lavam suas máculas; outros se purificam no fogo.
> [...]

---

1. Sobre Clemente de Alexandria e Orígenes na perspectiva da gênese do purgatório, o estudo essencial continua sendo ANRICH, G. "Clemens und Origines als Begründer der Lehre vom Fegfeuer". In: *Theologische Abhandlungen –* Festgabe für H.H. Holtzmann. Tübingen/Leipzig, 1902, p. 95-120. Boa exposição, de um ponto de vista católico, em MICHEL, A. "Origène et le dogme du Purgatoire". In: *Questions ecclésiastiques.* Lille, 1913, resumido pelo autor no seu artigo "Purgatoire" do *Dictionnaire de Théologie Catholique*, col. 1.192-1.196. Observações breves, mas judiciosas, do ponto de vista da pré-história do purgatório, em PIOLANTI, A. "Il Dogma dei Purgatorio". In: *Euntes Docete,* 6, 1953. Do ponto de vista do batismo pelo fogo em EDSMAN, C.-M. *Le baptême de feu*, p. 3-4. Do ponto de vista da exegese da Primeira Epístola de Paulo aos Coríntios em GNILKA, J. *Ist 1 Kor. 3,10-15, ein Schriftzeugnis für das Fegfeuer?*, principalmente p. 115.

2. Os principais textos citados por G. Anrich (p. 99, n. 7 e p. 100, n. 1) são *Górgias* (34, 478 e 81, 525), *Fédon* (62, 113d), *Protágoras* (13, 324b) e *Lois* (V, 728c).

3. CLEMENTE DE ALEXANDRIA. *Stromata*, V, 14 e VII, 12.

4. ORÍGENES. *De principiis*, II, 10, 6. • *De oratione, 29.*

Após longos dias, o curso dos tempos enfim superado apagou as antigas desonras e restituiu à sua pureza
o princípio etéreo da alma [...][5].

Da Bíblia, Clemente e Orígenes mantêm, do Antigo Testamento, o fogo como instrumento divino, e do Novo a concepção
evangélica do batismo pelo fogo e a ideia paulina de uma provação de purificação depois da morte.

A primeira concepção vem de interpretações de textos veterotestamentários frequentemente muito solicitados. A visão
platônica que Clemente e Orígenes têm do cristianismo os leva
a posições tranquilizadoras. Para Clemente, por exemplo, Deus
não pode ser vingativo: "Deus não exerce vingança, pois isto é
retribuir o mal com o mal, mas não castiga senão para o bem"
(*Stromata*, VII, 26). Esta concepção conduz os dois teólogos a
interpretar em um sentido lenitivo as passagens do Antigo Testamento em que Deus se serve explicitamente do fogo como
instrumento de sua cólera. Quando, por exemplo, faz o fogo
devorar os filhos de Arão: "Os filhos de Arão, Nadab e Abihu
pegaram cada um seu incensório. Nele colocaram fogo sobre o
qual depositaram incensos, e apresentaram diante de Javé um
fogo irregular que Ele não lhes havia prescrito. De Javé jorrou
então uma chama que os devorou, e desapareceram na presença
de Javé" (Lv 10,1-2). Ou ainda esta passagem do Dt 32,22: "Sim,
um fogo jorrou de minha cólera, ele queimará até as profundezas do *shéol*; devorará a terra e o que ela produz..." Mas, principalmente em seu *Comentário sobre o Levítico*, Orígenes vê nesses
textos a imagem da solicitude de Deus que castiga o homem para
o seu bem. Orígenes interpreta do mesmo modo as passagens do
Antigo Testamento – em que Deus se apresenta como um fogo –
não como expressões de um Deus de cólera, mas como de um
Deus que se faz a si mesmo purificador ao devorar e consumir.
O mesmo na homilia XVI de seu *Comentário sobre Jeremias*, em

---

5. *aliis sub gurgite vasto / infectum eluitur scelus, aut exuritur igni / [...] / donec
longa dies perfecto temporis orbe / concretam exemit labem, purumque relinquit
/ aetherium sensum [...].*

que comenta Jr 15,14: "pois meu furor acendeu um fogo que vai brilhar sobre vós", ou em seu tratado *Contra Celso*, IV, 13.

A segunda concepção vem de uma reflexão sobre o texto de Lc 3,16 relativo à pregação de João Batista: "João tomou a palavra e disse a todos: 'Por mim, eu vos batizo com a água, mas vem o mais forte do que eu...; Ele vos batizará no Espírito Santo e no fogo'". O que Orígenes (na homilia XXIV de seu *Comentário sobre Lucas*) comenta assim: "Tal como João, perto do Jordão, entre os que vinham ser batizados, acolhia uns, os que confessavam seus vícios e seus pecados, e expulsava outros, dizendo-lhes: 'Raça de víboras etc.', assim também o senhor Jesus Cristo ficará no rio de fogo (*in igneo flumine*) perto de uma lança de fogo (*flamma rompea*) para que batize nesse rio todos aqueles que depois da morte devem ir ao paraíso, mas lhes falta purgação (*purgatione indiget*) e os faça passar para os lugares desejados, mas aqueles que não terão o sinal dos primeiros batismos, Ele não os batizará no banho de fogo. Pois antes é preciso ter sido batizado na água e no Espírito para que, quando se chegar ao rio de fogo, se possa mostrar que se conservaram os sinais dos banhos de água e de Espírito e que se merece então receber o batismo de fogo em Jesus Cristo".

Por fim, Orígenes comenta assim, em sua terceira homilia sobre o Sl 36 que evoca o destino do ímpio, vítima da cólera de Deus, e do justo, beneficiário de sua proteção, a passagem da Epístola de Paulo aos Coríntios, em que este evoca a purificação final pelo fogo: "Penso que devemos todos, necessariamente, nos apresentar diante desse fogo. Que sejamos Paulo ou Pedro, nos apresentaremos diante desse fogo [...] como diante do Mar Vermelho, se somos os egípcios, seremos engolidos nesse rio ou nesse lago de fogo, pois teremos encontrados em nós pecados [...] ou então entraremos também no rio de fogo, mas assim como, para os hebreus, a água formou um muro à direita e à esquerda, da mesma forma o fogo formará um muro para nós [...] e seguiremos a coluna de fogo e a coluna de fumaça".

Clemente de Alexandria é o primeiro a distinguir duas categorias de pecadores e duas categorias de castigos nesta vida e na vida futura. Nesta vida, para os pecadores corrigíveis, o castigo é "educativo" (διδασκαλικός); para os incorrigíveis, é "punitivo" (κολαστικός)[6]. Na outra, haverá dois fogos, para os incorrigíveis um fogo "devorador e consumidor", para os outros um fogo que "santifica", que não "consome como o fogo da forja", mas um fogo "prudente", "inteligente" (φρόνιμον), "que penetra a alma que passa através"[7].

As concepções de Orígenes são mais precisas e vão mais longe. Para ele, como vimos, todos os homens devem passar pelo fogo, mesmo os justos, pois não há homem absolutamente puro. Pelo simples fato de sua união com o corpo, toda alma está conspurcada. Na VIII homilia de seu *Comentário sobre o Levítico*, Orígenes se apoia em um versículo do Livro de Jó (14,4): "Mas quem, portanto, extrairá o puro do impuro?" Mas para os justos esta passagem pelo fogo é um batismo, que faz fundir e transforma o chumbo que pesava na alma em ouro puro[8].

Para Orígenes como para Clemente, há duas espécies de pecadores ou, mais exatamente, há os justos que carregam apenas as máculas inerentes à natureza humana (ρύπος que será traduzido em latim por *sordes*) e os pecadores propriamente ditos, sobrecarregados pelos pecados em princípio mortais (πρòζ θάνατον ἁμαρτία, ou *peccata* em latim).

A concepção particular de Orígenes – e que faz dele um herege – é que não há pecador tão mau, tão inveterado, tão incorrigível em princípio, que finalmente não se purifique completamente e não vá ao paraíso. E o próprio inferno é temporário. Como bem disse G. Anrich: "Orígenes concebe o próprio inferno como um purgatório". Leva, com efeito, ao limite a Teoria da Purificação (κάθαρσις), que lhe vem de Platão, dos órficos e dos pitagóricos. Como não pode admitir a ideia pagã grega de me-

---

6. CLEMENTE DE ALEXANDRIA. *Stromata*, IV, 24.

7. Ibid., VII, 6.

8. ORÍGENES. *In Exodum*, homilia 6. In: *Patrologie Grecque*, XIII, 334-335. • *In Leviticum*, homilia 9, *PG*, 12,519.

tempsicose, de reencarnações sucessivas, demasiado incompatível com o cristianismo, ele crê em uma variante, que considera poder ser cristã, dessa teoria, a noção de um progresso contínuo, de um aperfeiçoamento ininterrupto da alma depois da morte, que lhe permite, por mais pecadora que possa ter sido no início, retornar à contemplação eterna de Deus: é a apocatástase (ἀποκατάστασις).

Às duas categorias de defuntos, aos pecadores simplesmente maculados e aos pecadores propriamente ditos, aplicam-se dois tipos diferentes de fogos purificadores. Para os primeiros, é o *espírito de julgamento*, que apenas *atravessa* e que só dura um instante. Os segundos, em contrapartida, permanecem um tempo mais ou menos longo no *espírito de combustão*. Este castigo é muito sofrido, mas não é incompatível com o otimismo de Orígenes, pois mais um castigo é severo, mais a salvação é garantida. Há em Orígenes um sentimento do valor redentor do sofrimento que a Idade Média só encontrará *no fim*, no século XV.

Para Clemente de Alexandria o fogo "inteligente" que atravessa a alma dos pecadores resgatáveis não é, como bem observou A. Michel, um fogo material, mas também não é um fogo "metafórico", é um fogo "espiritual" (*Stromata*, VII, 6 e V, 14). Desejou-se opor em Orígenes o fogo do julgamento atravessado pelas almas simplesmente maculadas, que seria um fogo *real*, ao fogo de combustão que os pecadores sofreriam e que, este, seria um fogo "metafórico", uma vez que os pecadores que devem ser finalmente salvos não podem ser consumidos por ele. Os textos citados (*De principiis*, II, 10: *Contra Celso*, IV, 13, VI, 71 etc.) não parecem justificar esta interpretação. Nos dois textos trata-se de um *fogo purificador* que, sem ser material, não é metafórico; é real, mas espiritual, sutil. Quando ocorrem essas purificações pelo fogo? Orígenes é muito claro sobre isso: após a ressurreição, no momento do juízo final[9]. Este fogo, definitivamente, é apenas

---

9. P. ex.: *In Jeremiam*, homilia 2. • *In Leviticum*, homilia 8. • *In Exodum*, homilia 6. • *In Lucam*, 14 etc.

o fogo do fim do mundo, vindo das velhas crenças indo-europeias, iranianas e egípcias e que os estoicos retomaram com a noção de ἐκπύρωσις.

No apocalipse judaico, o texto mais significativo sobre o fogo do fim do mundo era a visão do ancião no sonho de Daniel (7,9-12):

> Seu trono era feito de chamas
> com rodas de fogo ardente.
> Um rio de fogo escorria,
> saído diante dele
> [...].

A besta foi morta, seu corpo destruído e entregue à chama do fogo.

Mas Orígenes tem concepções muito pessoais do tempo escatológico do fim do mundo. De um lado, pensa que os justos, atravessando instantaneamente o fogo, ganharão o paraíso a partir do oitavo dia; em contrapartida, no dia do julgamento, o fogo dos pecadores os queimará para além do último dia, e eventualmente *durante séculos e séculos* – o que não significa a eternidade, pois todos irão, cedo ou tarde, ao paraíso, mas uma longa sequência de períodos (*In Lucam*, homilia, 24). Em outras obras, Orígenes deixa claro, segundo uma curiosa aritmética, que, assim como a vida do mundo atual dura uma semana antes do oitavo dia, do mesmo modo a purificação dos pecadores no fogo de combustão durará uma ou duas semanas, isto é, muito tempo, e será apenas no início da terceira semana que serão purificados (VIII homilia do *Comentário sobre o Levítico*). Este cálculo permanece simbólico, enquanto, como se verá, no século XIII os cálculos relativos ao purgatório tratarão das durações reais. Mas já se esboça um cômputo do purgatório.

Sobre o destino dos mortos, das almas, entre a morte individual e o juízo final, Orígenes permanece muito vago. Garante que os justos vão ao paraíso logo depois da morte, mas esse paraíso é diferente do verdadeiro paraíso de delícias, onde a alma só chegará depois do juízo final e da provação – curta ou longa –

do fogo[10]. É comparável ao seio de Abraão, ainda que, se não me engano, Orígenes jamais se refira a ele. Em contrapartida, não fala do destino dos pecadores no intervalo, da morte individual ao julgamento final. Pois, como muitos de seus contemporâneos, mas sem dúvida mais do que a maioria deles, Orígenes crê na iminência do fim do mundo: "A consumação do mundo pelo fogo é iminente [...] a terra e todos os elementos vão ser consumidos no ardor do fogo no fim deste século" (VI homilia do *Comentário sobre o Gênesis, PG*, 12, 191). E ainda: "Cristo veio nos últimos tempos, quando o fim do mundo já estava próximo" (*De principiis*, II, 5,6). O tempo intermediário entre a morte individual e o julgamento final, entre o hoje e o fim do mundo é tão breve que nem vale a pena pensar nele. A provação do fogo "é como uma provação que nos espera ao sair da vida" (cf. *In Lucam*, homilia 24).

Dissipa-se assim o futuro purgatório entrevisto por Orígenes, bloqueado entre sua escatologia e sua concepção de um inferno temporário. A ideia, no entanto, precisa, de uma purificação no além após a morte, é expressa pela primeira vez. Surgiu a distinção entre pecados leves e pecados mortais. Há até mesmo um esboço de três categorias: os justos que apenas atravessam o fogo de julgamento e vão diretamente ao paraíso, os pecadores leves que fazem apenas uma estada no fogo de combustão, os pecadores "mortais" que nele permanecem por mais tempo. Na verdade, Orígenes desenvolve a metáfora de 1Cor 3,10-15. Dos materiais citados por São Paulo, ele faz duas categorias: o ouro, a prata, as pedras preciosas, para os justos; a madeira, o feno, a palha, para os pecadores "leves". Adicionou uma terceira categoria: o ferro, o chumbo, o bronze, para os pecadores "pesados".

Esboça-se também uma aritmética da purgação no além. Revelava-se um estreito vínculo entre a penitência e o destino no além: para Clemente de Alexandria, a categoria dos pecadores

---

10. *De principiis*, II, 11, n. 6. • *In Ezechielem*, homilia 13, n. 2. • *In Números*, homilia 26.

corrigíveis era constituída pelos pecadores que se arrependeram, se reconciliaram com Deus no momento de morrer, mas tiveram o tempo de fazer penitência. Para Orígenes a *apocatástase* é, no fundo, um processo positivo e progressivo de penitência[11].

Mas faltam vários elementos essenciais à concepção de um verdadeiro purgatório. O tempo do purgatório é maldefinido, pois se confunde com o tempo do juízo final, confusão tão pouco satisfatória que Orígenes deve ao mesmo tempo concentrar e dilatar o fim do mundo, e aproximá-lo ao extremo. Nenhum purgatório se distingue do inferno, e o caráter temporário, provisório que fará sua originalidade não se sobressai. Apenas os mortos, com sua bagagem de faltas mais ou menos leve ou pesada, e Deus em sua benevolência de juiz salutar têm uma responsabilidade nessa purificação após a morte. Os vivos não intervêm nela. Por fim, não há *lugar* purgatório. E ao fazer do fogo purificador um fogo não apenas "espiritual", mas "invisível", Orígenes bloqueou o imaginário do purgatório.

O cristianismo latino: desenvolvimentos e indecisões do além

Será preciso esperar pelo extremo fim do século IV e o início do século V para que, com Santo Agostinho, e desta vez, portanto, entre os cristãos latinos, a pré-história do purgatório se enriqueça de maneira decisiva.

Atribuiu-se a São Cipriano, em meados do século III, uma importante contribuição à doutrina do futuro purgatório. Na sua *Carta a Antoniano*, ele estabelece uma distinção entre duas espécies de cristãos: "Uma coisa é esperar o perdão, outra é chegar à glória; outra coisa ser mandado para a prisão (*in carcere*) para dali sair somente depois de paga a última esmola, outra coisa é receber imediatamente a recompensa da fé e da virtude; outra coisa é ser libertado e purificado de seus pecados por um longo sofrimento

---

11. Cf. RAHNER, K. "La doctrine d'Origène sur la pénitence". In: *Recherches de Science religieuse*, 37, 1950.

no fogo e outra coisa é ter apagado todas suas faltas pelo martírio; outra coisa, enfim, é ficar subordinado no dia do julgamento à sentença do Senhor e outra coisa é ser imediatamente coroado por Ele"[12]. Escreveu-se: "Este sofrimento purificador, este fogo além--túmulo, não poderia ser senão o purgatório. Sem chegar à nitidez de expressão que encontraremos nas idades seguintes, Cipriano já representa um progresso em relação a Tertuliano"[13]. Esta interpretação é representativa de uma concepção evolucionista do purgatório, que vê na doutrina do cristianismo uma marcha lenta, mas certa, para a explicação de uma crença que desde a origem teria existido em germe no dogma cristão. Nada me parece menos conforme à realidade histórica. Diante dos acessos de milenarismo, de crença em um apocalipse fulminante que salvaria ou destruiria mais ou menos arbitrariamente, a Igreja, em função das condições históricas, da estrutura da sociedade e de uma tradição que pouco a pouco ela transformava em ortodoxia, estabeleceu um certo número de elementos que, no século XII, resultaram em um sistema do além de que o purgatório foi uma peça mestra, mas que podia muito bem abortar, que conheceu acelerações, no início do século V, entre o fim do VI e o início do VIII, ao século XII, enfim, mas com longas estagnações que poderiam ter sido definitivas. Aprecio a pertinente opinião de P. Jay, que refutou a pseudodoutrina do purgatório em São Cipriano. O que está em questão na carta a Antoniano é uma comparação entre os cristãos que cederam nas perseguições (os *lapsi* e os apóstatas) e os mártires. Não se trata de "purgatório" no além, mas de penitência neste mundo. A prisão evocada não é aquela de um purgatório, que ainda nem existe, mas a disciplina penitencial eclesiástica[14].

---

12. *"Aliud pro peccatis longo dolore cruciatum emundari et purgari diu igne, aliud peccala omnia passione purgasse, aliud denique pendere in die judicii ad sententiam Domini, aliud statim a Domino coronari."*

13. MICHEL, A. Artigo "Purgatoire". In: *Dictionnaire de Théologie Catholique*, col. 1.214.

14. JAY, P. "Saint Cyprien et la doctrine du Purgatoire". In: *Recherches de théologie ancienne et médiévale*, 27, 1960, p. 133-136.

Entre os Pais e os autores eclesiásticos do século IV que, apesar de sua diversidade, constituem um conjunto bastante coerente, no momento em que o cristianismo deixa de ser perseguido e depois se torna religião oficial no mundo romano, a reflexão sobre o destino dos homens depois da morte se desenvolveu sobretudo a partir do sonho de Daniel (7,9), do texto paulino de 1Cor 3,10-15, mais raramente da concepção de Orígenes do fogo purificador ou do *refrigerium* de Tertuliano. As opiniões de Orígenes influenciam principalmente a parte cristã dos *Oracles sybillins*, que lhes garantirão uma certa posteridade.

Lactâncio († depois de 317) pensa que todos os mortos, inclusive os justos, sofrerão a provação do fogo, mas coloca essa provação no momento do juízo final: "Quando Deus examinará os justos, e o fará também por meio do fogo. Aqueles cujos pecados prevalecerem por seu peso ou seu número serão envolvidos pelo fogo e purificados; aqueles que, ao contrário, uma justiça perfeita ou a maturidade da virtude estiver estabelecida não sentirão essa chama, neles existe de fato alguma coisa que recua e rejeita esse fogo" (*Institutionnes*, VII, 21, PL, VI, 800).

Hilário de Poitiers († 367), Ambrósio († 397), Jerônimo († 419/420), o desconhecido chamado Ambrosiaster, que viveu na segunda metade do século IV, têm sobre o destino dos homens depois da morte ideias na mesma linha de Orígenes.

Para Hilário de Poitiers, enquanto aguardam o juízo final, os justos vão descansar no seio de Abraão, enquanto os pecadores são atormentados pelo fogo. No julgamento final os justos vão diretamente para o paraíso, os infiéis e os ímpios para o inferno, todos os outros, o conjunto dos pecadores, serão julgados e os pecadores impenitentes sofrerão pesadas penas no inferno. Hilário fala em seu comentário do Sl 54 da "purificação que nos queima pelo fogo do julgamento"[15], mas esse fogo purifica todos os pecados ou apenas alguns deles? Hilário não dá nenhuma precisão a este respeito.

---

15. *"emundatio puritatis [...] qua iudicii igni nos decoquat"* (*PL*, IX, 519 A).

Santo Ambrósio é ainda mais ambíguo, mesmo sendo mais preciso sobre certos pontos. Primeiro, ele pensa, como vimos, que as almas aguardam o julgamento em habitáculos diferentes segundo a concepção do Quarto Livro de Esdras. Em seguida, estima que na ressurreição os justos irão diretamente para o paraíso e os ímpios diretamente para o inferno. Somente os pecadores serão examinados, julgados. E o serão através da passagem pelo fogo definido como o batismo de fogo anunciado por João Batista segundo Mt 2,11: "Um fogo está diante dos ressuscitados, que absolutamente todos devem atravessar. É o batismo de fogo anunciado por João Batista, no Espírito Santo, e o fogo é a espada ardente do querubim que guarda o paraíso e através do qual se deve passar: todos serão examinados pelo fogo; pois todos aqueles que desejam retornar ao paraíso devem ser provados pelo fogo"[16]. Ambrósio esclarece que mesmo Jesus, os apóstolos e os santos só entraram no paraíso depois de terem passado pelo fogo. Como conciliar esta afirmação com aquela segundo a qual os justos vão ao paraíso sem serem julgados? Ambrósio hesitou e não tinha ideias muito claras. Parece também que para ele havia três espécies de fogo. Para os justos que são prata pura, esse fogo será um refrigério, como um orvalho que refresca (encontramos aqui a ideia da pérola, síntese do frio e do quente, e símbolo de Cristo); para os ímpios, os apóstatas, os sacrílegos que não passam de chumbo, esse fogo será um castigo e uma tortura; para os pecadores, em que a prata e o chumbo se misturam, será um fogo purificador, cujo efeito doloroso durará um tempo proporcional ao peso de suas faltas, à quantidade de chumbo que for preciso derreter. Quanto à natureza desse fogo, ele é "espiritual" ou "real"? Ambrósio, ainda que influenciado por Orígenes, hesitou aqui também e mudou. Ele, definitivamente, ainda mais paulino que origeniano, pensa que todos os pecadores serão salvos através do fogo porque, apesar de suas faltas, tiveram fé: "E se o

---

16. In: *In Psalmum CXVIII, sermo 20, PL,* 15, 1487-1488. Cf. tb., sobre a prova do fogo: *In Psalmum CXVIII, sermo 3, PL,* 15, 1227-1228. • *In Psalmum XXVI,* 26, *PL,* 14, 980-981.

Senhor salva seus servos, seremos salvos pela fé, mas o seremos como através do fogo"[17]. Mas Ambrósio afirmou claramente a possível eficácia das preces dos vivos para o alívio dos defuntos depois da morte, o valor dos sufrágios para a mitigação das penas. Em particular a respeito do Imperador Teodósio com quem, como se sabe, teve relações confusas: "Concede, Senhor, o repouso ao teu servidor Teodósio, esse repouso que Tu preparaste aos teus santos... Eu o amava, e por isso quero acompanhá-lo na morada da vida; não o deixarei enquanto, por minhas preces e meus lamentos, não for recebido lá no alto, sobre a montanha santa do Senhor, onde aqueles que ele perdeu o chamam"[18].

Por ocasião da morte de seu irmão Sátiro, espera que as lágrimas e as preces dos infelizes que socorreu durante sua vida lhe valerão o perdão de Deus e a salvação eterna[19].

Estas duas evocações ambrosianas do destino dos mortos no além são igualmente interessantes por uma outra razão que veremos em ação na história do purgatório. A visão dos grandes leigos – imperadores e reis – no além foi uma arma política da Igreja, como se verá para com Teodorico, Carlos Martel, Carlos Magno. E Dante não se esquecerá deles. Quer meio melhor para a Igreja tornar dóceis às suas instruções – espirituais ou temporais – os soberanos do que evocar as punições que os aguardam no além em caso de desobediência, e o peso dos sufrágios eclesiásticos para sua libertação e salvação? Quando se sabe o que foram as relações entre Ambrósio e Teodósio, a evocação deste pano de fundo se impõe. No caso de seu irmão Sátiro, vemos se esboçar um outro aspecto das relações entre os vivos e os mortos. Ambrósio reza por seu irmão: é a rede familiar de salvação no além. Ela se tornará ainda mais poderosa na Idade Média e

---

17. *"et si salvos faciet Dominus servos suos, salvi erimus per fidem, sic tamen salvi quasi per ignum" (Explanatio Psalmi XXXVI, n. 26. • Corpus Scriptorum Ecclesiasticorum Latinorum*, 64, p. 92).

18. *De obitu Theodosi*, 25. • *Csel.* 73, 383-384.

19. *De excessu Satyri*, I, 29. • *Csel.* 73, 225.

na perspectiva do purgatório. Mas Ambrósio fala sobretudo dos sufrágios daqueles que Sátiro socorreu. Vemos aqui um fenômeno social histórico: a clientela romana transposta para o plano cristão. Outras solidariedades, aristocráticas, monásticas, laico--monásticas, confraternas, garantirão a continuação, no tempo do purgatório, desta assistência recíproca (mais ou menos obrigatória) *post mortem* do patrão por seus clientes.

Por fim, Ambrósio, como veremos mais adiante, adere à ideia de uma primeira e de uma segunda ressurreição.

São Jerônimo, no entanto inimigo de Orígenes, é, em relação à salvação, o mais origeniano. Com exceção de satanás, dos negadores de Deus e dos ímpios, todos os seres mortais, todos os pecadores serão salvos: "Assim como acreditamos que os tormentos do diabo, de todos os negadores e de todos os ímpios que disseram em seu coração que Deus não existe serão eternos; assim também, em contrapartida, pensamos que a sentença do juiz para os pecadores cristãos, cujas obras serão examinadas e purgadas no fogo, será moderada e mesclada de clemência"[20]. E ainda: "Aquele que de todo seu espírito colocou sua fé em Cristo, mesmo que morra como homem pecador, por sua fé tem a vida eterna"[21].

O Ambrosiaster, se não traz muita novidade em relação a Ambrósio, tem a particularidade e a importância de ser o autor da primeira verdadeira exegese do texto paulino de 1Cor 3,10-15. Por esta razão, teve uma grande influência nos comentaristas medievais deste texto essencial para a gênese do purgatório, em particular nos primeiros escolásticos do século XII. Como Hilário e Ambrósio, ele distingue três categorias: os santos e os justos que irão diretamente ao paraíso na ressurreição; os ímpios,

---

20. "*Et sicut diaboli et omnium negatorum atque impiorum qui dixerunt in corde suo: Non est Deus, credimus aeterna tormenta; sic peccatorum el tamen christianorum, quorum opera in igne probanda sunt atque purganda, moderatam arbitramur et mixtam clementiae sententiam iudicis*" (*In Isaïam*, LXVI, 24. • *PL*, 24, 704 B).

21. "*Qui enim tota mente in Christo confidit, etiam si ut homo lapsus mortuus fuerit in peccato, fide sua vivit in perpetuum.*

apóstatas, infiéis, ateus, que irão diretamente para os tormentos do fogo do inferno; e os simples cristãos, que, mesmo pecadores, depois de terem sido purificados por um certo tempo pelo fogo e de terem saldado sua dívida, irão para o paraíso porque tiveram fé. Ao comentar São Paulo, escreve: "Ele [Paulo] disse: 'mas como através do fogo', porque esta salvação não existe sem tormento; pois não disse: 'Será salvo pelo fogo', e quando diz: 'mas como através do fogo', quer mostrar que esta salvação ainda vai acontecer, mas que deve sofrer os tormentos do fogo; para que, purgado pelo fogo, seja salvo e não, como os infiéis (*perfide*), atormentado pelo fogo eterno para sempre; se ele tem algum valor por uma parte de sua obra, é porque acreditou em Cristo"[22].

Em uma carta, Paulino de Nola († 431) também fala do fogo sábio, inteligente (*sapiens*) pelo qual passaremos para sermos examinados, e que se inspira em Orígenes. Em uma fórmula sintética em que se encontram o quente e o frio, o fogo e a água, e a noção de *refrigerium*, ele escreve: "Passamos através do fogo e ·da água e ele nos conduziu ao refrigério"[23]. Em um poema evoca ainda "o fogo examinador" (*ignis arbiter*) que verificará toda a obra de cada um, "a chama que não queimará, mas provará", a recompensa eterna, a combustão da parte ruim e a salvação do homem que, com o corpo consumido, escapará ao fogo para voar para a vida eterna...[24]

O verdadeiro pai do purgatório: Agostinho

Coube a Agostinho, que deixou uma marca profunda no cristianismo e que foi provavelmente a maior "autorida-

---

22. "*Ideo autem dixit: sic tamen quasi per ignem, ut salus haec non sine poena sit; quia non dixit: salvus erit per ignem; sed cum dicit: sic tamen quasi per ignem, ostendit salvum illum quidem futurum, sed poenas ignis passurum; ut per ignem purgatus fiat salvus, et non sicut perfidi aeterno igne in perpetuum torqueati ut ex aliqua parte operae pretium sit, credidisse in Christum*" (PL, 17, 211).

23. "*Transivimus per ignem et aquam et induxisti nos in refrigerium.*"

24. *Epístola*, 28 (*Csel*, 29, 242-244). • *Carmen*, 7, 32-43 (*Csel*, 30, 19-20).

de" da Idade Média, trazer os elementos capitais ao dossiê do futuro purgatório.

Em seu excelente estudo sobre a *Évolution de la doctrine du Purgatoire chez Saint Augustin* (1966), Joseph Ntedika recenseou o conjunto dos inúmeros textos agostinianos que compõem o dossiê do problema. Revelou, quase sempre corretamente, o lugar de Agostinho na pré-história do purgatório e mostrou o fato essencial: sua posição não somente evoluiu, o que é normal, mas mudou consideravelmente a partir de um momento que Ntedika situa em 413 e cuja causa atribui à luta contra os laxistas do além, os "misericordiosos" (*misericordes*), na qual a partir dessa data Agostinho se engaja apaixonadamente. Contentar-me-ei em citar, situar e comentar os principais textos agostinianos relativos ao pré-purgatório. E o farei em uma dupla perspectiva: o conjunto do pensamento e da ação agostinianos e a gênese do purgatório na longa duração.

Quero, logo de início, destacar um paradoxo. Insistiu-se a justo título na importância considerável de Santo Agostinho para a formação da doutrina do purgatório. O que é não apenas verdadeiro do ponto de vista dos historiadores e dos teólogos modernos que reconstituem a história do purgatório, mas também dos clérigos da Idade Média que foram aperfeiçoando o purgatório. E, no entanto, parece-me evidente que esta questão não entusiasmou Agostinho, e que se tantas vezes referiu-se a ela é porque, em contrapartida, ela interessava muitos de seus contemporâneos e porque, mesmo marginalmente, tratava – ia dizer envenenava aos seus olhos – de problemas que considerava fundamentais: a fé e as obras, o lugar do homem no plano divino, as relações entre os vivos e os mortos, a preocupação da ordem em uma série escalonada de sentido, da ordem social terrena à ordem sobrenatural, a distinção entre o essencial e o acessório, o esforço necessário do homem na direção do progresso espiritual e da salvação eterna.

Para mim, as indecisões de Agostinho parecem vir em parte deste relativo desinteresse pelo destino dos homens entre a morte e o juízo final. Também se explicam por razões mais profundas.

Sendo as mais importantes as que vigoram nessa época. A sociedade romana devia enfrentar os enormes problemas da grande crise do mundo romano, do desafio dos bárbaros, do estabelecimento de uma nova ideologia dominante, cuja importante afirmação no que diz respeito ao além era a ressurreição e a escolha entre a danação e a salvação eternas. Totalmente impregnada de milenarismo e pensando de uma forma mais ou menos confusa que o juízo final ocorreria no dia seguinte, essa sociedade estava pouco inclinada a se deter longa e profundamente no refinamento de pensamento que a reflexão sobre o intervalo entre a morte e a eternidade supõe. Decerto, para esses homens e essas mulheres da Antiguidade tardia, cuja esperança no além era fundada, ao que me parece – pois sempre foi assim, e como Paul Veyne bem demonstrou para o evergetismo antigo –, menos na ideia confusa de salvação do que naquela de uma compensação em uma outra vida das injustiças neste mundo, estas reivindicações de equidade podiam se considerar satisfeitas pela sofisticação de justiça trazida por uma redenção depois da morte. Mas isso era um luxo. E foi porque no século XII a sociedade já se transformara tanto que este luxo se tornou uma necessidade e o purgatório pôde nascer.

Mas me parece que Agostinho tinha também outras razões pessoais que o estimularam a expressar sua incerteza sobre certos aspectos deste problema então marginal. Elas aparecerão nos textos que vou citar.

Primeiramente a constatação das imprecisões, até mesmo das contradições dos textos escriturários a este respeito. Agostinho é um admirável exegeta, mas não esconde as obscuridades, as dificuldades do livro. Ainda não se deu a devida atenção ao fato de que, quando Abelardo, no século XII, no *Sic et non*, emprega um método julgado revolucionário, ele simplesmente retorna a Santo Agostinho. E como padre, bispo, intelectual cristão, Agostinho está persuadido de que o *fundamento* (esta palavra que tanto lhe agrada e que encontrará em 1Cor 3,10-15) da religião, do ensino que deve oferecer, é a Escritura. Ali onde esta não é clara, mesmo tentando lhe trazer o máximo de clareza (também uma de suas tendências profundas), deve-se reconhecer que nada se pode afirmar de forma precisa. Tanto mais que – é sua segunda motivação – em uma questão que toca a salvação, é preciso respeitar o segredo, o mistério que envolve certos aspectos, ou melhor, deixar a Deus o cuidado de tomar decisões no interior de um contexto onde indicou as grandes linhas pela Bíblia e pelo ensinamento de Jesus, mas onde se reservou – mesmo fora do milagre – um espaço de livre-decisão.

Aqui a importância de Agostinho vem primeiro de seu vocabulário que por muito tempo irá se impor na Idade Média. Três palavras são essenciais: os adjetivos *purgatorius, temporarius* ou *temporalis e transitorius. Purgatorius*, que prefiro traduzir por *purgatório* (adjetivo) em vez de purificador, demasiado preciso para o pensamento de Agostinho, encontra-se justaposto a *poena purgatoriae*: as penas purgatórias (*Cidade de Deus*, XXI, XIII e XVI), *tormenta purgatoria*, tormentos purgatórios (*Cidade de Deus*, XXI, XVI) e, sobretudo, *ignis purgatorius*: fogo purgatório (*Enchiridion*, 69)[25]. *Temporarius* se encontra, por exemplo, na expressão *poenae temporiae*, penas temporárias, opostas a *poenae sempiternae*, penas eternas (*Cidade de Deus*, XXI, XIII). *Poenae temporales* se encontra na edição de Erasmo da *Cidade de Deus* (XXI, XXIV)[26].

A morte de Mônica: rezem por ela

Agostinho afirmou principalmente a eficácia dos sufrágios pelos mortos. E o fez pela primeira vez em um momento de

---

25. Também encontramos *ignis purgationis*, o fogo da purgação (*De Genesi contra Manicheos*, II, XX, 30) e *ignis emendatorius*, fogo corretivo (*Enarrationes in Psalmos* XXXVII, 3). Na passagem da *Cidade de Deus* (XXI, XIII), onde se encontram por três vezes em doze linhas a expressão *poenae purgatoriae*, Agostinho também emprega como sinônimo a expressão *poenae expiatoriae*, penas expiatórias, o que conduz, entre outras razões, a não traduzir *purgatoriae* por *purificadoras*.

26. Cf. *Bibliothèque augustinienne*, t. 37, p. 817-818.

emoção, na prece que escreveu em 397-398 nas *Confissões* (IX, XIII, 34-37) depois da morte de sua mãe Mônica.

Quanto a mim, o coração enfim curado dessa ferida em que se poderia condenar uma fraqueza da carne, derramo diante de ti, ó nosso Deus, para aquela que foi tua serva, lágrimas de outra qualidade; elas correm de um espírito fortemente transtornado pelo espetáculo dos perigos de toda alma que morre em Adão.

Sem dúvida, uma vez vivificada no Cristo, mesmo antes de ser libertada dos vínculos da carne, ela viveu de maneira a fazer louvar teu nome em sua fé e sua conduta; e, todavia, não ouso dizer que a partir do momento em que Tu a regeneraste pelo batismo, nenhuma palavra contrária a teu preceito saiu de sua boca. Mas foi dito pela Verdade, pelo teu filho: "*Se alguém chama seu irmão de "louco", ele será passível da geena do fogo*".

Infeliz a vida do homem, por mais louvável que seja, se para passá-la pelo crivo Tu deixas de lado tua misericórdia! Mas, porque não procuras as faltas com rigor, é com confiança que esperamos um lugar junto de ti. Quem quer que te enumere seus verdadeiros méritos, o que enumerará a não ser teus próprios dons? Oh! se eles se reconhecessem homens, os homens! E se *aquele que se glorifica, se glorificasse no Senhor!*

Para mim, pois, *ó meu louvor* e minha vida, *ó Deus de meu coração*, deixando por um momento de lado suas boas ações, pelas quais te rendo graças na alegria, agora é pelos pecados de minha mãe que te suplico.

Ouve-me por aquele que suspenso na cruz foi o remédio de nossas feridas e que, estando *à tua direita, te interpela por nós!*

Sei que ela praticou a misericórdia, e perdoou de todo seu coração as dívidas de seus credores. Perdoa-lhe Tu também suas dívidas, se ela mesma as contraiu durante tantos anos depois da abluição da salvação! Perdoa, Senhor, perdoa-lhe, eu te suplico! *Não coloques a justiça* com ela! *Que a misericórdia vença a justiça*, pois tuas palavras são verdadeiras e prometeste a *misericórdia aos misericordiosos*! Se o foram é a ti que o deveram, Tu que *terás piedade de quem quiseres ter piedade, e que concederás misericórdia a quem quiseres ser misericordioso.*

Mas, creio, que Tu já fizeste o que te peço. Todavia, *estes votos sinceros de minha boca, aceita-os, Senhor!* E, de fato, ao se aproximar o dia de sua libertação, ela nem pensou em pedir para envolver suntuosamente seu corpo ou mandá-lo embalsamar com aromas, nem desejou um monumento especial, nem se preocupou com um túmulo em sua terra. Não, não foi isso o que nos recomendou, mas somente que nos lembrássemos dela em teu altar; esse foi seu desejo. Pois, sem faltar um único dia, servira esse altar, sabendo que nele se distribuiu a vítima santa que aboliu *o decreto dado contra nós* e venceu o inimigo, aquele que avalia nossas faltas procurando com o que nos inculpar, mas nada encontra naquele em quem somos vencedores. Quem lhe restituirá seu sangue inocente? O preço que por nós pagou, quem o reembolsará para nos arrancar dele?

A esse mistério do preço de nosso resgate, tua serva ligou sua alma pelo liame da fé. Que ninguém a arranque da tua proteção! Que não se interponham nem pela violência nem pela astúcia o leão e o dragão! Pois ela não responderá que nada deve, com medo de que o acusador capcioso não a confunda e não a conquiste, mas responderá que suas dívidas lhe foram perdoadas por aquele a quem ninguém restituirá aquilo que, em nosso lugar, restituiu sem nos dever.

Que esteja então na paz com seu marido: antes dele ninguém, depois dele ninguém a teve como esposa; serviu-o oferecendo-te *o fruto de sua paciência,* para também conquistá-lo também para ti!

E inspira então, meu Senhor, meu Deus, inspira teus servos meus irmãos, teus filhos meus senhores, a serviço de quem coloco meu coração, minha voz e meus escritos, todos aqueles dentre eles que lerão estas linhas, para que se lembrem em teu altar de Mônica, tua serva, e de Patrício, seu esposo, aqueles pela carne de quem Tu me introduziste nesta vida, sem que eu saiba como. Que em um sentimento de piedade lembrem-se deles, meus pais nesta luz passageira, meus irmãos em ti, nosso Pai, e na Igreja Católica, nossa Mãe, meus concidadãos na Jerusalém eterna para a qual suspira teu povo em peregrinação, desde a partida até o regresso! Por isso, o voto supremo que ela me dirigiu será mais abundantemente preenchido pelas preces de muitos, graças a estas confissões, do que apenas por minhas preces.

Este texto admirável não é uma exposição doutrinal, mas dele se podem retirar alguns dados importantes para a eficácia dos sufrágios pelos mortos.

A decisão de colocar ou não Mônica no paraíso, na Jerusalém eterna, pertence somente a Deus. Apesar disso, Agostinho está convencido de que suas preces podem alcançar Deus e influir em sua decisão. Mas o julgamento dele não será arbitrário e sua própria prece não é nem absurda nem absolutamente temerária. É porque Mônica, apesar de seus pecados – pois todo ser humano é pecador –, mereceu ao longo de sua vida a salvação, que a misericórdia de Deus poderá se exercer e a prece de seu filho ser eficaz. Sem que isso seja dito, o que se pressente é que a misericórdia de Deus e os sufrágios dos vivos podem acelerar a entrada dos mortos no paraíso, não lhes abrir as portas se foram grandes pecadores neste mundo. O que também não é dito, mas é verossímil, é que, como não existe purgatório (em nenhum texto de Agostinho haverá uma única frase que estabeleça um vínculo entre os sufrágios e o fogo purgatório), esta pressão feita para a salvação dos mortos pecadores, mas merecedores, acontecerá logo depois da morte ou, em todo caso, sem que tenha decorrido um tempo suficientemente longo para que seja necessário definir um prazo e ainda menos um lugar onde essa espera possa ocorrer.

O mérito de Mônica defendido por Agostinho é significativo: ele supõe o batismo, compreende a fé e as obras. Suas boas ações foram, segundo o preceito, o perdão das dívidas de seus devedores (e certamente se deve entender, para esta rica aristocrata, o fato no sentido material e no sentido moral), a monogamia e a renúncia desta viúva a um novo casamento, e sobretudo a piedade eucarística. São garantias sobre o além que serão reencontradas não apenas na perspectiva do paraíso, mas nos horizontes do purgatório: as ações de misericórdia, a devoção eucarística, o respeito do estatuto matrimonial dos leigos, eis o que contará muito para escapar ao inferno e colocará em boa posição se não para o paraíso pelo menos para o purgatório, graças à misericórdia de Deus, e aos sufrágios dos vivos. Estes vivos são sobretudo o mais próximo carnalmente da morta, seu filho. Mas também, por meio de seu filho, as duas comunidades que podem ser estimuladas a rezar eficazmente pela mãe são as do bispo e do escritor: suas ovelhas e seus leitores.

Alguns anos mais tarde, em seu comentário do Sl 37, Agostinho pede para si próprio que Deus o corrija nesta vida para que não tenha de sofrer depois da morte o fogo corretor (*ignis emendatorius*). Trata-se aqui, aliás, não só de sua ideia, já aparente na prece por Mônica, de que a salvação no além se merece primeiro neste mundo, mas também da noção que acalentará até o fim de seus dias, ao que parece, segundo a qual as tribulações desta vida são uma forma de "purgatório".

Por fim, em 426-427 na *Cidade de Deus* (XXI, XXIV), Agostinho retorna à eficácia das preces pelos mortos. Mas para deixar claros seus limites. Os sufrágios são inúteis para os demônios, os infiéis e os ímpios, portanto para os danados. Só podem ser válidos para uma certa categoria de pecadores, não muito bem-definida, mas mesmo assim caracterizada de uma maneira particular: aqueles cuja vida não foi nem muito boa nem muito ruim. Agostinho apoia-se no versículo de Mt 12,31-32: "Por isso vos digo, todo pecado e blasfêmia serão perdoados aos homens, mas a blasfêmia contra o Espírito não será perdoada. E quem tiver dito uma palavra contra o Filho do Homem, isso lhe será perdoado, mas quem tiver falado contra o Espírito Santo, isso não lhe será perdoado nem neste mundo nem no outro". A qualidade daqueles que podem rezar com eficácia pelos mortos salváveis é igualmente esclarecida: é a instituição eclesiástica, a própria Igreja, ou "alguns homens piedosos" (*quidam pii*).

Por isso a razão pela qual não se rezará então pelos homens destinados ao castigo do fogo eterno é a mesma razão pela qual nem agora nem então não se reza pelos anjos maus, e é ainda pela mesma razão que desde agora não se reza mais pelos infiéis e pelos ímpios defuntos, ainda que se reze pelos homens. Pois, em favor de certos defuntos, a prece da própria Igreja ou de alguns homens piedosos é atendida, mas o é para aqueles que estão regenerados no Cristo, cuja vida conduzida no corpo não foi tão má para que sejam julgados indignos de tal misericórdia, nem tão boa para que sejam considerados de tal forma que semelhante misericórdia não lhes seja necessária[27]; assim também depois da ressurreição dos mortos existirão aqueles, depois das penas que as almas dos mortos sofrerão, a quem essa misericórdia será atribuída e lhes evitará serem lançados no fogo eterno. Com efeito, em relação a alguns, não se poderia sinceramente dizer que não lhes é perdoado nem neste século nem no século futuro, se não houvesse aqueles a quem o perdão, mesmo se não é concedido neste século, ele o será contudo no século futuro. Mas quando o juiz dos vivos e dos mortos tiver dito: *Vinde, os abençoados de meu Pai, possuí o reino que lhes foi preparado desde a fundação do mundo,* e aos outros, ao contrário: *Afastai-vos de mim, malditos, no fogo eterno que foi preparado para o diabo e seus anjos,* e que *estes irão para o suplício eterno, mas os justos para a vida eterna*[28], é o resultado de uma excessiva presunção dizer que o suplício eterno não ocorrerá para qualquer um daqueles a quem Deus declara que irão ao suplício eterno e, graças à persuasão de tal conjectura, fazer com que ou se desespere desta vida mesma, ou que se duvide da vida eterna.

---

27. *"nec usque adeo vista in corpore male gesta est, ut tali misericordia iudicentur digni non esse, nec usque adeo bene, ut talem misericordiam reperiantur necessariam non habere".*

28. Mt 25,41-46.

Até 413, Agostinho contenta-se em contribuir com algumas notas pessoais ao ensinamento dos Pais dos séculos III e IV sobre o fogo do julgamento e sobre os receptáculos depois da morte, em particular sobre o seio de Abraão para os justos, essencialmente apoiado na exegese da história do rico mau e do pobre Lázaro (Lc 16,19-31) e de 1Cor 3,10-15. No *Comentário do Gênesis contra os maniqueus* de 398, distingue o fogo da purgação do da danação: "e depois desta vida haverá ou o fogo da purgação ou a pena eterna"[29]. Nas *Questões sobre os evangelhos*, em 399, opõe aos mortos insalváveis como o rico mau aqueles que souberam fazer amigos por meio de suas obras de misericórdia e, portanto, se prepararam os sufrágios. Mas confessa não saber se a recepção nos tabernáculos eternos evocada por Lc 16,9 ocorrerá logo depois desta vida, isto é, depois da morte, ou no fim dos séculos, no momento da ressurreição e do juízo final[30].

Em seus comentários dos Salmos, provavelmente escritos entre 400 e 414, insiste sobretudo nas dificuldades levantadas pela existência de um fogo purgatório depois da morte: é uma "questão obscura" (*obscura quaestio*), declara. Em seu *Comentário do Sl 37*, no entanto, avança uma afirmação sobre o purgatório que conhecerá um grande êxito na Idade Média: "Ainda que alguns sejam salvos pelo fogo, esse fogo será mais terrível do que tudo o que um homem pode sofrer nesta vida"[31].

Depois de 413: duras penas purgatórias entre a morte e o julgamento para aqueles que não são totalmente bons

A partir de 413 as opiniões de Agostinho sobre o destino dos mortos e em particular sobre a possibilidade de redenção de-

---

29. "*et post hanc vitam habebit vel ignem purgationis vel poenam aeternam.*"

30. "*Quanquam illa receptio, utrum statim post istam vitam fiat, an in fine saeculi in resurrectione mortuorum atque ultima retributione judicii, non minima quaestio est sed quandolibet fiat, certe de talibus qualis ille dives insinuatur, nulla scriptura fieri pollicetur.*"

31. "*Ita plane quamuis salui per ignem, gravior tamen erit ille ignis, quam quidquid potest homo pati in hac vita*" (*Enarratio in Ps. XXXVII, 3.* • *CCL*, 38, p. 384).

pois da morte se delineiam e evoluem para posições restritivas. A maioria dos especialistas do pensamento agostiniano, e principalmente Joseph Ntedika, viu acertadamente neste endurecimento uma reação às ideias laxistas "misericordiosas" que Agostinho considera como muito perigosas, e nele também se viu a influência das concepções milenaristas que teriam influenciado Agostinho a partir dos cristãos espanhóis. Creio que também é preciso ver nisso a repercussão do grande acontecimento de 410: a tomada de Roma por Alarico e pelos ostrogodos que pareceu marcar o fim não apenas do Império Romano, da invulnerabilidade de Roma, mas também anunciar o fim do mundo para certos cristãos, enquanto a parte da aristocracia culta romana que ainda permanecia pagã acusava os cristãos de terem minado a força de Roma e de serem responsáveis por uma catástrofe sentida como o fim, se não do mundo, ao menos da ordem e da civilização. Foi para responder a essa situação, a essas elucubrações e a essas acusações que Agostinho escreveu a *Cidade de Deus*.

Que diziam esses "misericordiosos" de quem pouco se sabe a não ser do que Agostinho os criticava?[32] Agostinho os considera como descendentes de Orígenes, que pensava que no fim do processo de *apocatástase* todos seriam salvos, inclusive satanás e os anjos maus. Ressalta, todavia, que os misericordiosos só se ocupam dos homens. Mas, ainda que haja nuanças entre eles, todos eles mais ou menos creem que os pecadores inveterados serão salvos ou em totalidade ou em parte. Segundo Agostinho, eles professam seis opiniões diferentes, mas próximas. De acordo com a primeira, todos os homens serão salvos, mas depois de uma estada mais ou menos longa no inferno. De acordo com a segunda, a preces dos santos obterão para todos no juízo final a salvação sem nenhuma passagem pelo inferno. A terceira consiste em conceder a salvação a todos os cristãos, mesmo os cismáticos ou os hereges, que tiverem recebido a Eucaristia. A

---

32. Cf. a nota 45 de BARDY, G. "Les miséricordieux". In: *Bibliothèque augustinienne*, vol. 37, p. 806-809.

quarta restringe esse favor apenas aos católicos, com exceção dos cismáticos e dos hereges. Uma quinta opinião salva aqueles que mantêm a fé até o fim, mesmo se viveram no pecado. A sexta e última variedade dos misericordiosos é aquela que crê na salvação daqueles que praticaram a esmola, não importando, no entanto, o que tenham feito. Sem entrar no pormenor, contentemo-nos em observar que se a inspiração deles vinha mais ou menos de Orígenes, estas seitas ou estes cristãos isolados apoiavam-se essencialmente em um texto escriturário retirado de seu contexto e interpretado ao pé da letra.

Em reação, Agostinho vai afirmar que existem sim dois fogos, um fogo eterno destinado aos danados, para os quais todo sufrágio é inútil; fogo sobre o qual insiste vigorosamente, e um fogo purgatório sobre o qual é mais hesitante. Portanto, o que interessa a Agostinho, caso se possa dizer, não é o futuro purgatório, é o inferno.

Foi para estabelecer o inferno que acabou definindo certas categorias de pecadores e de homens. Joseph Ntedika distinguiu três tipos de homens, três tipos de pecados e três tipos de destinos. Parece-me que o pensamento de Agostinho é mais complexo (o sistema ternário será obra dos clérigos dos séculos XII e XIII). Existem quatro tipos de homens: os ímpios (infiéis ou autores de pecados criminais) que vão diretamente para o inferno, e sem apelo nem escapatória possíveis; na outra extremidade, os mártires, os santos e os justos que, mesmo se cometeram pecados "leves", irão para o paraíso imediatamente ou muito rápido. Entre os dois extremos existem aqueles que não são nem totalmente bons nem totalmente maus. Estes últimos também estão, de fato, destinados ao inferno; pode-se esperar para eles, no máximo, e talvez obter pelos sufrágios, como se verá mais adiante, um inferno "mais tolerável". Resta a categoria dos que não foram totalmente bons. Estes podem (talvez) se salvar através do fogo purgatório. Definitivamente esta não é uma categoria muito numerosa. Mas se este fogo e esta categoria existem, Agostinho tem ideias mais precisas sobre certas condições de sua existência.

Além do fato deste fogo ser muito doloroso, ele não é eterno, ao contrário do fogo da geena, e não agirá no momento do juízo final, mas entre a morte e a ressurreição. Por outro lado, pode-se obter uma mitigação das penas graças aos sufrágios dos vivos habilitados a intervir junto de Deus e com a condição de ter, apesar desses pecados, merecido finalmente a salvação. Estes méritos são adquiridos por uma vida geralmente boa e um constante esforço para aperfeiçoá-la, pela realização de obras de misericórdia, e pela prática da *penitência*. É a primeira vez que o estabelecimento desta relação entre a penitência e o "purgatório", que será tão importante nos séculos XII-XIII, aparece nitidamente em Agostinho. No fim das contas, se Agostinho reduziu explicitamente o tempo da purgação do juízo final ao período intermediário entre a morte e a ressurreição, sua tendência é trazer para este mundo essa purgação. Na base desta tendência existe a ideia de que a "tribulação" terrena é a principal forma de "purgatório", de onde suas hesitações sobre a natureza do fogo purgatório. Se ele se exerce depois da morte, não há objeções a que seja "real"; mas se existe nesta terra, deve ser essencialmente "moral".

Em relação aos pecados, Agostinho fez uma distinção entre os muito graves, aos quais, aliás, chama de "crimes" (*crimina, facinora, flagitia, scelera*) mais do que pecados, e que conduzem ao inferno aqueles que os cometem, e os sem grande importância aos quais chamou de "leves", "insignificantes", "pequeníssimos" e, sobretudo, "cotidianos" (*levia, minuta, minutussima, minora, minima, modica, parva, brevia, quotidiana*), cujo exemplo é o excesso de apego à sua família, o amor conjugal exagerado (*Cidade de Deus*, XXI, XXVI). Joseph Ntedika observou que Agostinho não nomeou, nem total nem detalhadamente, os pecados "intermediários", aqueles principalmente que devem desaparecer no fogo purgatório, e avançou a hipótese de que temia que seu pensamento fosse explorado pelos laxistas "misericordiosos". Isto é possível. Mas não se deve esquecer que Agostinho é mais sensível à globalidade da vida espiritual, à personalidade de conjunto dos homens do que a um inventário de objetos da vida moral que reificaria a vida da alma. Estes "crimes" são muito mais hábitos de criminosos do que malfeitos precisos. Somente os pecados "cotidianos" podem ser nomeados, pois fazem parte do dia a dia da existência. Nomeá-los não tem grandes consequências para a qualidade da vida espiritual, são manchas, resíduos, ninharias fáceis de serem eliminadas com a condição de que não se acumulem e não invadam o espírito.

A oposição de Agostinho aos "misericordiosos" e a evolução de seu pensamento sobre o destino dos mortos aparecem em seu tratado *Sobre a fé e as obras* (*De fide et operibus*), de 413, mas se expressam sobretudo em seu *Manual, o Enchiridion*, em 421, e no livro XXI da *Cidade de Deus*, em 426-427.

Nesse ínterim trouxera alguns esclarecimentos a pedido de amigos. Na *Carta a Dardanus*, em 417, esboçava uma geografia do além na qual não havia lugar para o purgatório. Distinguia, com efeito, ao retornar à história do pobre Lázaro e do rico mau, uma região de tormentos e uma região de descanso, mas não as situava nos infernos, como alguns, pois as Escrituras dizem que Jesus desceu aos infernos, mas não visitou o seio de Abraão. Este não é outro que o paraíso, nome geral que não designa o paraíso terrestre onde Deus colocara Adão antes do pecado[33].

Em 419, um certo Vincentius Victor de Cesareia da Mauritânia interroga Agostinho sobre a necessidade de ser batizado para ser salvo. No tratado *Sobre a natureza e a origem da alma* com o qual Agostinho lhe responde e onde usa o exemplo da Dinócrates na *Paixão de Perpétua e Felicidade*, o bispo de Hipona exclui que as crianças não batizadas possam entrar no paraíso e nem mesmo ir, como pensavam os pelagianos, para um lugar

---

33. "*Porro si utraque regio et dolentium et requiscentrium, id est et ubi dives ille torquebatur et ubi pauper ille laetabatur, in inferno esse credenda est, quis audeat dicere dominum Iesum ad poenales inferni partes venisse tantum modo nec fuisse apud eos qui in Abrahae sinum requiescunt? ubi si fuit, ipse est intellegendus paradisus, quem latronis animae illo die dignatus est polliceri. Quae si ita sunt, generale paradisi nomen est, ubi feliciter vivitur. Neque enim quia paradisus est appelatus, ubi Adam fuit ante peccatum, propterea scriptura prohilita est etiam ecclesiam vocare paradisum cum fructu pomorum.*"

intermediário de descanso e de felicidade (Agostinho nega aqui, portanto, o que no século XIII será o limbo das crianças). Para ir ao paraíso é preciso ser batizado: Dinócrates o fora, mas deve então ter pecado, talvez apostasiado sob a influência de seu pai, mas finalmente fora salvo pela intercessão de sua irmã.

Eis os grandes textos do *Enchiridion*[34] e do livro XXI da *Cidade de Deus*.

> Se é verdade que um homem carregado de crimes será salvo através do fogo em nome apenas de sua fé e se é assim que se deve compreender a palavra de São Paulo: "Ele será salvo, contudo, como através do fogo" (1Cor 3,15), conclui-se que a fé poderá salvar sem as obras e que falso será o que disse Tiago, seu companheiro de apostolado. Falso igualmente o que dizia o próprio São Paulo: "Não vos enganeis; nem os fornicadores, nem os idólatras, nem os adúlteros, nem os efeminados, nem os invertidos, nem os ladrões, nem os avaros, nem os bêbados, nem os caluniadores, nem os agiotas possuirão o Reino de Deus" (1Cor 6,9-11). Se, com efeito, aqueles mesmos que perseveram nesses crimes serão, no entanto, salvos em nome de sua fé em Cristo, como não o seriam no Reino de Deus!
>
> Mas, como testemunhos apostólicos tão claros e tão evidentes não podem ser falsos, a passagem obscura em que se trata dos que edificam sobre o fundamento que é Cristo, não com ouro, prata ou pedras preciosas, mas com madeira, erva ou palha – pois é desses que está dito que serão salvos através do fogo porque não perecerão em razão do fundamento – deve ser entendida de maneira a não se encontrar em contradição com estes textos claros.
>
> Madeira, erva e palha podem efetivamente ser compreendidos como um apego tal aos bens mais legítimos deste mundo que não se possa perdê-los sem dor. Quando essa dor chega a queimar [alguém], se

---

34. Palavra grega que significa "manual", termo que terá, a partir do século XVI, o destino que conhecemos.

Cristo exerce em seu coração o papel de fundamento, ou seja, que nada não lhe é preferido e que, sob o golpe da dor que o queima, esse homem prefere ser privado desses bens caros ao seu coração do que de Cristo, ele é salvo através do fogo. Mas se, no momento da tentação, acontecesse de preferir a posse desses bens temporais e profanos à de Cristo, é porque não o tinha como fundamento, uma vez que dava a primeira posição àqueles: pois, em um edifício, nada precede o fundamento.

Com efeito, o fogo de que falava nesta passagem o Apóstolo deve ser compreendido de tal maneira que os dois devem atravessá-lo, tanto "aquele que sobre este fundamento edifica com ouro, prata ou pedras preciosas quanto aquele que edifica com madeira, erva ou palha". Mas Paulo ainda acrescenta: "O que é a obra de cada um, o fogo a examinará. Se a obra de alguém resiste, receberá sua recompensa. Mas se, ao contrário, é consumida, ela perecerá; quanto a ele, será salvo, contudo como através do fogo" (1Cor 3,13-15). Portanto, não é apenas um deles, mas um e outro cuja obra será examinada pelo fogo.

Estes trechos dos capítulos 67 e 68 do *Enchiridion* testemunham os vários aspectos do pensamento agostiniano. Primeiro, seu método exegético. Ao texto de São Paulo (1Cor 3,13-15), cujo caráter obscuro ele reconhece, Agostinho opõe textos claros do mesmo São Paulo. Deve-se interpretar o texto difícil à luz dos textos certos. Por outro lado, distingue cuidadosamente os homens que cometeram crimes (*homo sceleratus, crimina*) dos que cometeram apenas faltas muito leves, cujo protótipo, para Agostinho, é sempre um apego exagerado aos bens terrenos; no entanto, legítimos. Uns e outros, no dia do julgamento, sofrerão a provação do fogo, mas uns perecerão, serão consumidos, enquanto os outros serão salvos.

Que algo de semelhante também se produza depois desta vida, não surpreende. É assim de fato? É permitido buscá-lo, seja para descobri-lo ou não. Alguns fiéis [neste caso] poderiam por um fogo purgatório ser salvos mais cedo ou mais tarde, segundo tenham amado mais ou menos os bens perecíveis. Jamais o serão, no entanto, aqueles de que se diz que "não possuirão o Reino de Deus" (1Cor 6,11) se, por uma penitência conveniente, não obtêm a remissão de seus pecados (*crimina*). Conveniente, disse eu [i. é, de modo], que não sejam estéreis em esmolas, pois a Sagrada Escritura concede a estas um valor tal que o Senhor anuncia (Mt 25,34-35) que deve se contentar unicamente com esta colheita para colocar [os homens] à sua direita ou unicamente com sua ausência para colocá-los à sua esquerda, quando dirá a uns: "Vinde, os abençoados de meu Pai, recebei o reino", e aos outros: "Ide ao fogo eterno".

Todavia, não pensemos que estes crimes infames dos quais está escrito que aqueles que se tornam culpados "não possuirão o Reino de Deus", podemos cometê-los todos os dias e todos os dias resgatá-los pelas esmolas. O que se deve é mudar para melhor sua vida e, pelas esmolas, apaziguar Deus pelas faltas passadas, e não comprá-lo, por assim dizer, de modo a poder sempre cometê-las impunemente. "A ninguém, com efeito, Deus não dá licença para pecar" (Ecl 15,21), ainda que, em sua misericórdia, apague os pecados já cometidos, se não se negligenciar a satisfação que convém.

Na passagem anterior, Agostinho destacara que, para se salvar pelo fogo, seria preciso ter reunido em sua vida terrena a fé e as obras. Aqui (*Enchiridion*, 69-70) é ainda mais claro. Não basta apenas ter dispensado esmolas, é preciso ter "mudado sua vida para melhor" (*in melius quippe est vita mutanda*) e, em particular, ter feito uma penitência conveniente e satisfatória, isto é, ter cumprido uma penitência canônica. Neste caso a remissão poderá ser terminada depois desta vida (*post ignem quemdam purgatorium*) graças a "um certo fogo purgatório" (*per ignem quemdam purgatorium*) sobre o qual Agostinho não parece muito convicto, mas que é diferente do fogo eterno, do fogo do inferno. Retomará a distinção entre os dois fogos, aquele que atormenta eternamente e aquele que purga e salva, no capítulo XXVI do livro XXI da *Cidade de Deus*. A penitência, de todo modo, pode ser tão eficaz que, com exceção dos crimes infames, pode até mesmo resgatar esses pecados que, sem serem infames (*infanda*), são mesmo assim nomeados como "crimes" (*crimina*). O fogo purgatório destina-se ou aos fiéis não submetidos à penitência canônica ou àqueles que a ela foram submetidos, mas não a terminaram. Em contrapartida, aqueles que, mesmo sujeitos à penitência, não lhe estariam submetidos, não podem ser purificados pelo fogo.

Nos capítulos 109 e 110 do *Enchiridion*, Agostinho evoca os receptáculos que acolherão as almas entre a morte individual e a ressurreição final. Existem lugares de descanso (o seio de Abraão, ainda que não seja nomeado) e lugares de tormentos (a geena, também não nomeada) – como no Quarto Livro de Esdras explicitamente citado por Santo Ambrósio. As almas dos defuntos podem ser auxiliadas pelos sufrágios dos vivos: sacrifício eucarístico, esmolas. É aqui que Agostinho expõe melhor sua concepção dos quatro tipos de homens. Os bons não precisam de sufrágios. Estes não podem ser úteis aos maus. Restam os que não são totalmente bons e os que não são totalmente maus. Ambos precisam dos sufrágios, os quase totalmente bons se beneficiarão deles, já os quase totalmente maus, parece que o melhor que podem esperar é uma "danação mais suportável" (*tolerabilio damnatio*). Agostinho não deu muitas explicações sobre isso. É possível supor que pensava ou no descanso sabático no inferno ou nos tormentos menos cruéis dele. A ideia de mitigação das penas parece aqui ir além do "purgatório".

> No intervalo que transcorre entre a morte do homem e a ressurreição suprema, as almas são retidas em depósitos secretos, onde conhecem ou o descanso ou a pena de que são dignas, conforme o destino que se traçaram enquanto viviam na carne.
> Não é possível negar, contudo, que as almas dos defuntos não sejam aliviadas pelas preces de seus familiares vivos, quando por elas é oferecido o sacrifício

do Mediador ou que esmolas sejam distribuídas na Igreja. Mas estas obras servem unicamente àqueles que, durante a vida, mereceram que pudessem lhes servir mais tarde.

Assim sendo, existem homens cuja vida não é nem suficientemente boa para não precisarem desses sufrágios póstumos nem suficientemente má para que não possam lhes servir. Ao contrário, existem aqueles que viveram suficientemente bem para dispensá-los e outros suficientemente mal para não poder aproveitá-los depois da morte. Por conseguinte, é sempre neste mundo que se adquirem os méritos que podem garantir a cada um, depois desta vida, alívio ou infortúnio. O que negligenciou neste mundo que ninguém espere, quando estiver morto, obtê-lo de Deus.

Por isso, as práticas observadas pela Igreja para recomendar a Deus as almas dos defuntos não são contrárias à doutrina do Apóstolo, que dizia: "Todos nós compareceremos diante do tribunal de Cristo" (Rm 15,10), para ali receber "cada um segundo o que fez durante sua vida, seja em bem, seja em mal" (2Cor 5,10). Pois foi durante sua vida terrena que cada um mereceu o benefício eventual das preces em questão. Nem todos se beneficiam dele, e por que seu benefício não é o mesmo para todos senão por causa da vida diferente que levaram neste mundo?

Portanto, enquanto os sacrifícios do altar ou da esmola são oferecidos em intenção de todos os defuntos batizados, para aqueles que foram totalmente bons, são ações de graças; para aqueles que não foram totalmente maus, são meios de propiciação; para aqueles cuja malícia foi total, por não aliviarem os mortos, servem pelo menos para consolar os vivos. O que garantem àqueles que deles se beneficiam é ou a anistia completa ou pelo menos uma forma mais suportável de danação.

O livro XXI da *Cidade de Deus* (426-427) é de fato consagrado ao inferno e às suas penas. O objetivo principal de Agostinho é insistir na sua eternidade. Além do capítulo XXIV, que já citei em relação à categoria de defuntos para quem os sufrágios podem ser úteis, destacarei o capítulo XIII e a maior parte do capítulo XXVI.

No capítulo XIII, Agostinho tem como alvo aqueles que estimam que todas as penas neste mundo ou no além são purgatórias, portanto temporárias. Retoma a distinção entre penas eternas e penas purgatórias ou temporárias, mas desta vez *aceita* mais declaradamente a existência das penas purgatórias e dá mais detalhes sobre elas.

> XIII. Os platônicos, evidentemente, desejariam que nenhum pecado permanecesse impune; no entanto, estimavam que todas as penas são aplicadas para a correção, que sejam infligidas pelas leis humanas ou divinas, nesta vida ou depois da morte, segundo se é poupado aqui ou se é atingido sem se ter corrigido neste mundo. Razão deste pensamento de Virgílio: depois de ter falado dos corpos terrenos e dos membros destinados à morte, ele diz das almas: "Por isso temem e desejam, sofrem e se alegram e não sentem mais as brisas, pois estão enclausuradas nas trevas e na sombria prisão". E continua acrescentando estas palavras: "E mais, quando no dia supremo a vida as abandona (i. é: quando no último dia esta vida as abandona), não obstante todo mal não abandona essas infelizes, nem todas as máculas corporais não as deixam completamente; é necessário que os numerosos males que, com o tempo, se enraizaram, desenvolvam-se de maneiras surpreendentes. São, portanto, atormentadas com penas e expiam nos suplícios seus crimes passados; umas balançam inertes, suspensas aos ventos; para as outras, a mácula do crime é lavada no fundo do vasto abismo ou então queimada no fogo". Aqueles que assim pensam só admitem depois da morte as penas purgatórias: e como a água, o ar, o fogo são elementos superiores à terra, é preciso ser lavado por um deles, por meio das *penas expiatórias*, daquilo que o contato da terra fez contrair; de fato, o ar é designado por essas palavras "suspensas aos ventos", a água por essas: "no vasto abismo"; mas o fogo é expresso por seu próprio nome, quando ele diz:

"ou queimado no fogo". Quanto a nós, confessamos que, *mesmo nesta vida mortal, existem penas purgatórias*; não são afligidos por tais penas aqueles cuja vida não melhora ou se torna até mesmo pior, mas são purgatórias para aqueles que, castigados por elas, se corrigem. Todas as outras penas são ou temporárias ou eternas, de acordo como cada um deve ser tratado pela Divina Providência, são infligidas pelos pecados passados ou atuais nos quais ainda vive aquele que por elas é afetado, ou então para exercer e evidenciar as virtudes, e isto pelo intermédio ou dos homens, ou dos anjos bons ou maus. Pois se alguém sofre algum mal pela maldade ou pelo erro de outro, este homem que, na verdade, faz algo de mal a um outro por ignorância ou por injustiça, peca; mas Deus, que permite a coisa por um justo julgamento, mesmo se é secreto, Ele não peca. Mas uns sofrem as penas temporárias apenas nesta vida, outros depois da morte, outros não apenas durante, mas também depois desta vida; antes, no entanto, desse julgamento muito severo e o último de todos. Mas não caem nas penas eternas, que chegarão depois desse julgamento, aqueles que suportaram as penas depois da morte. Pois, para alguns, o que não foi perdoado neste século, será perdoado no século futuro, o que lhes evitará que sejam punidos com o suplício eterno desse século futuro: como dissemos mais acima.

Não são os cristãos que aqui são visados, mas os autores pagãos, aqueles que Agostinho chama os "platônicos" e entre os quais classifica Virgílio, reconhecendo assim nos versos do primeiro canto da *Eneida* que citei um prenúncio do além cristão. Insiste na existência de penas *purgatórias* a que também denomina de *expiatórias*. Admite que possam ser sofridas ou nesta terra, ou depois da morte. São *temporárias*, pois cessarão no dia do juízo final e nesse momento os que as sofreram irão ao paraíso. Esta última afirmação é muito importante: constituirá um elemento essencial do sistema do purgatório medieval. Por fim, Agostinho repete que poderão beneficiar destas penas purgatórias apenas aqueles que se corrigiram durante sua vida terrena.

No capítulo XXVI deste livro XXI da *Cidade de Deus*, Agostinho retoma de forma mais aprofundada e mais sutil a exegese de 1Cor 3,13-15.

> Vede nas palavras do Apóstolo o homem que constrói sobre o fundamento com ouro, prata, pedras preciosas: *Aquele que não tem esposa, diz ele, pensa nas coisas de Deus, de que forma agradar Deus.* Vede o outro que constrói com madeira, feno, palha: *Mas aquele que está ligado pelo casamento, pensa nas coisas que são do mundo, de que forma agradar sua esposa. A obra de cada um se tornará manifesta, o dia a revelará* (é o dia da tribulação), *pois deve se revelar no fogo*, diz ele. (Esta tribulação, ele chama de fogo, como se lê em outra passagem: *O forno prova os vasos do ceramista, como a tribulação prova os homens justos.*) *A obra de cada um, o fogo provará qual é seu valor. Se a obra de um resiste* (ela resiste com efeito naquele que pensa nas coisas de Deus e como agradar Deus), *por aquilo que tiver construído por cima, receberá uma recompensa* (i. é, receberá aquilo em que pensou); *mas aquele cuja obra é consumida sofrerá um prejuízo* (pois não mais terá o que amou), *quanto a ele, será salvo* (pois nenhuma tribulação não o fez desviar da estabilidade do fundamento); *mas como através do fogo* (com efeito, aquilo que possuiu somente por amor sedutor, ele o perderá com dor pungente). Eis então encontrado, ao que me parece, esse fogo que não condenará nenhum dos dois, mas enriquece um, causa prejuízo ao outro e passa os dois pela provação.

Distingue perfeitamente duas espécies de salvos através do fogo, provação comum àqueles cuja obra resistirá e àqueles cuja obra será consumida. Os primeiros receberão uma recompensa, ou seja, irão diretamente ao paraíso; os outros começarão por sofrer um prejuízo, ou seja, uma expiação, mas no fim também serão salvos.

Agostinho retoma enfim, no final do capítulo XXVI, a exegese do mesmo texto de São Paulo e traz dois esclarecimentos. Primeiro, a confirmação nítida de que o fogo purgatório se exercerá entre a morte corpórea e a ressurreição dos corpos, "nesse intervalo de tempo" (*hoc temporis intervallo*). Depois, uma definição das atitudes humanas que conduzem ou à danação ou ao benefício do fogo purgatório. O critério é a natureza do *fundamento* sobre o qual cada homem construiu sua vida. O único fundamento salutar é Cristo. Caso se prefiram as volúpias carnais ao Cristo como fundamento, arrisca-se a danação. Se, ao contrário, houve uma entrega exagerada a essas volúpias, mas sem substituí-las por Cristo como fundamento, a salvação ocorrerá "por essa espécie de fogo".

> E, portanto, depois da morte deste corpo, até que se chegue a este dia que seguirá a ressurreição dos corpos e que será o dia supremo da condenação e da remuneração, se se diz que, neste intervalo de tempo, as almas dos defuntos sofrem esta espécie de fogo, não o sentem aqueles que durante a vida nos seus corpos não tiveram costumes e amores tais que sua madeira, feno, palha sejam consumidos; mas os outros o sentem, pois trouxeram consigo construções de material semelhante; encontram o fogo de uma tribulação passageira que queimará profundamente essas construções que vêm do século, seja somente aqui, seja aqui e lá, seja mesmo lá e não aqui, e elas não são, aliás, passíveis de danação: muito bem, não rejeito esta opinião, mas será que é realmente verdadeira? De fato, a essa tribulação pode pertencer a morte da própria carne, que foi concebida pela perpetração do primeiro pecado; de forma que o tempo que segue à morte é sentido por cada um segundo sua própria construção. Também as perseguições que coroam os mártires, e aquelas que todos os cristãos sofrem, examinam os dois tipos de construções, como o fogo; consomem umas com seus construtores, se não encontram nelas Cristo como fundamento; outras, sem seus construtores, se o encontram, pois são salvos, mas não sem prejuízo; mas não consomem outras porque as encontram de forma a subsistirem para sempre. Haverá também no fim do século, na época do anticristo, uma tribulação tal como jamais houve

antes. Como serão então numerosas as construções ou de ouro ou de feno erguidas sobre o mais sólido fundamento que é Jesus Cristo; umas e outras, esse fogo as provará; a umas oferecerá alegria, a outras prejuízo; não consumirá, no entanto, nem uns nem outros daqueles em quem encontrar essas construções, em razão do fundamento estável. Mas quem quer que coloque antes do Cristo, não me refiro à esposa de cuja carne se serve pela união recíproca para a volúpia carnal, mas aos outros vínculos de afeição em uso entre os homens e estrangeiros a essas volúpias, amando-os de uma maneira carnal: esse não tem Cristo como fundamento; consequentemente, não será salvo pelo fogo; não será nem mesmo salvo porque não poderá estar com o Salvador, que diz muito claramente ao falar sobre isso: *Aquele que ama seu pai ou sua mãe mais do que a mim, não é digno de mim; e aquele que ama seu filho ou sua filha mais do que a mim, não é digno de mim.* Mas aquele que ama seus próximos de uma maneira carnal sem, no entanto, colocá-los acima do Senhor Cristo, de forma que prefira ser privado deles e não de Cristo se a provação o conduzisse a este extremo, será salvo pelo fogo, pois é necessário que, pela perda dessas relações, a dor o queime na proporção do apego de seu amor. Além do mais, aquele que tiver amado pai, mãe, filho, filha segundo Cristo, de tal modo que cuide deles para fazê-los alcançar seu reino e unir-se a Ele, ou que ama neles o fato de serem membros de Cristo: queira Deus que esse amor seja tal que possa ser classificado entre essas construções de madeira, de feno, de palha para ser queimado!, mas será reconhecido como uma construção de ouro, de prata, de pedra preciosa. Como pode amar mais do que Cristo aqueles a quem ama, com efeito, em intenção de Cristo?

Agostinho e os fantasmas

Não me parece possível abandonar as concepções tão importantes de Agostinho para a gênese do purgatório sem ter citado dois problemas conexos. O primeiro se encontra no opúsculo *Sobre os cuidados devidos aos mortos*, dedicado a Paulino de Nola entre 421 e 423. Nele Agostinho retoma um de seus temas favoritos já mencionado na prece para sua mãe Mônica no livro IX das *Confissões*. Ergue-se vigorosamente contra o luxo funerário ao qual se entregam certos cristãos, copiando os costumes dos ricos pagãos. Um mínimo de cuidados basta aos mortos e se Agostinho admite um certo decoro nos funerais e nos cemitérios é por simples respeito humano. E com isso as famílias ficam parcialmente consoladas. É possível lhes oferecer essa satisfação. Mas, na segunda parte do *De cura pro mortuis gerenda*, Agostinho aborda o problema dos fantasmas. Afirma primeiro a realidade deles, oferecendo exemplos pessoais.

> Relatam certas aparições que me parecem adicionar um problema não negligenciável a este debate. Dizem que certos mortos se manifestaram, ou durante o sono, ou de outra maneira, às pessoas vivas. Essas pessoas ignoravam o local onde o cadáver deles jazia sem sepultura. Eles o indicaram e pediram que providenciassem o túmulo que lhes faltava. Responder que estas visões são falsas significa contradizer com impudência os testemunhos escritos de autores cristãos e a convicção das pessoas que afirmam tê-las tido. A resposta verdadeira é a seguinte: Não se deve pensar que os mortos agem como seres conscientes e reais quando parecem dizer, mostrar ou pedir em sonhos aquilo que nos relatam. Pois os vivos também aparecem aos vivos em sonhos, e isso sem que o saibam. Tomam conhecimento pelas pessoas que os viram, durante o sono, do que disseram e fizeram durante a visão. Portanto, qualquer um pode me ver em sonhos anunciando-lhe um acontecimento passado ou predizendo-lhe um acontecimento futuro. E, no entanto, ignoro totalmente o ocorrido e não me preocupo nem com o sonho dele nem se está acordado quando durmo, se dorme quando estou acordado, se ambos estamos acordados ou dormimos no mesmo momento, quando ele tem o sonho onde me vê. O

que há então de extraordinário no fato de os mortos, sem nada saberem nem sentirem, serem vistos em sonhos pelos vivos e dizerem coisas cuja veracidade será verificada ao acordar?

Seria levado a crer, em relação a estas aparições, em uma intervenção dos anjos que, com permissão ou ordem de Deus, revelam ao sonhador que tais mortos devem ser sepultados, e isto à revelia dos próprios mortos.

Acontece também de tempos em tempos que visões falsas lancem em erros graves homens que merecem, aliás, cair neles. Alguém, por exemplo, vê em sonho o que Eneias viu nos infernos, e nos conta como uma ficção poética e falaciosa (*Eneida,* VI), ou seja, a imagem de um homem privado de sepultura. Esse homem lhe diz certas coisas que o poeta põe na boca de Palinuro. E eis que ao acordar encontra o corpo do defunto no exato local onde no sonho, com advertência e súplica para sepultá-lo, soubera que ele jazia. Como a realidade é conforme ao sonho, ele será tentado a acreditar que é preciso inumar os mortos para permitir que as almas alcancem aquelas moradas de onde, no sonho, as leis do inferno as afastam enquanto os corpos não tiverem recebido sepultura. Mas se ele tem esta crença não é levado bem longe para fora do caminho da verdade?

Tal é, no entanto, a fraqueza humana que, quando vê um morto durante o sono, acredita ver sua alma, mas quando sonha com um vivo está perfeitamente convencido de que não viu nem seu corpo nem sua alma, mas sua imagem. Como se os mortos não pudessem aparecer da mesma maneira que os vivos, não sob a forma de uma alma, mas sob uma figura que reproduz seus traços.

Eis um fato que garanto. Estando em Milão, ouvi contar que um credor, para conseguir ser reembolsado de uma dívida, apresentou-se com a promissória assinada pelo devedor, que acabara de morrer, ao filho deste último. Mas a dívida já havia sido paga. O filho, no entanto, não o sabia e ficou muito triste, espantando-se de que seu pai, que fizera um testamento, nada lhe tivesse dito ao morrer.

Mas eis que na sua imensa ansiedade vê seu pai lhe aparecer em sonho e lhe mostrar o lugar onde se encontra o recibo que havia anulado a dívida. Ele o encontra, mostra-o ao credor e não apenas rejeita sua reclamação mentirosa, mas se apodera do papel que não fora devolvido a seu pai no momento do reembolso. Eis, portanto, um caso em que a alma do defunto pode passar por ter sentido pena do filho e ter aparecido durante o sono para lhe mostrar o que ele ignorava, e arrancá-lo da sua grande preocupação.

Mais ou menos na época em que nos relataram este caso e quando ainda estava estabelecido em Milão, aconteceu com Eulogius, professor de Eloquência em Cartago, meu discípulo nessa arte, como me lembrou, o seguinte episódio cujo relato ele próprio me fez quando retornei para a África. Como seu curso tratasse das obras de retórica de Cícero, ele preparava a lição para o dia seguinte; deparou-se com uma passagem obscura que não conseguia compreender. Preocupado, teve muita dificuldade para adormecer. Mas eis que eu lhe apareci durante o sono e lhe expliquei as frases que sua inteligência não compreendera. Não era eu, evidentemente, mas minha imagem, sem eu saber. Encontrava-me então bem longe, do outro lado do mar, ocupado com outro trabalho ou sonhando outra coisa, e nem pensava em suas preocupações. Como se produziram estes dois fatos? Ignoro-o. Mas seja como for que tenham acontecido, por que não acreditaríamos que os mortos nos aparecem em sonhos na forma de uma imagem, exatamente como os vivos? Quem os vê, onde e quando? Nem uns nem outros não o sabem nem com isso se preocupam.

Depois de ter falado das visões que se podem ter durante o delírio ou em letargia, Agostinho conclui aconselhando a não sondar estes mistérios:

Se por acaso alguém me tivesse respondido com estas palavras da Escritura: "Não procures o que está alto demais para ti, não sondes o que é forte demais para ti, contenta-te com meditar constantemente os mandamentos do Senhor" (Ecl 3,22), acolheria este conselho com gratidão. Não é, com efeito, pouca coisa, quando se trata de pontos obscuros e incertos que escapam à nossa compreensão, ter pelo menos a nítida certeza de que não devemos estudá-los; e quando queremos nos instruir no desejo de saber qualquer coisa de útil, que não é prejudicial ignorá-la.

A conclusão geral do opúsculo reafirma a utilidade dos sufrágios pelos mortos, com a restrição de que apenas aqueles que mereceram a salvação podem beneficiar deles. Mas na incerteza do destino que Deus lhes reserva, é melhor fazer mais do que não o bastante. É a reafirmação da trilogia auxiliar dos mortos que reencontraremos com o purgatório: as missas, as preces, as esmolas:

> O conjunto do problema estando assim resolvido, estejamos bem convencidos de que os mortos para os quais vão nossos cuidados beneficiam somente das súplicas solenes para eles feitas no sacrifício oferecido no altar e no de nossas preces e de nossas esmolas. Façamos, todavia, esta reserva de que essas súplicas não são úteis a todos, mas apenas àqueles que mereceram, durante a vida, beneficiar-se delas. Mas como não podemos distinguir aqueles que adquiriram este mérito, devemos suplicar por todos os regenerados para não omitirmos nenhum daqueles que podem e devem perceber o seu benefício. Mais vale, com efeito, que as nossas boas obras sejam feitas em vão por aqueles a quem elas não são nem úteis nem prejudiciais do que faltarem àqueles que podem delas tirar proveito. Cada um, contudo, põe mais zelo a fazê-las pelos seus familiares, na esperança de que estes lhes devolvam na mesma medida.

Se citei longamente estes textos extraordinários foi porque o purgatório terá uma grande importância para os fantasmas: será sua prisão, mas terão a permissão de escapar dele para breves aparições aos vivos, cujo zelo em socorrê-los não tiver sido suficiente. O importante é que aqui mais uma vez Agostinho possa aparecer como uma autoridade. Com efeito, este intelectual cristão sempre disposto a denunciar as superstições populares compartilha aqui uma mentalidade comum. Por outro lado, vemo-lo desamparado diante da interpretação dos sonhos e das visões. O cristianismo destruiu a oniromancia erudita antiga e reprime ou recusa as práticas populares de adivinhação. O caminho dos sonhos está bloqueado, os pesadelos vão nascer. Os homens da Idade Média precisarão de muito tempo para recuperar um universo onírico[35].

O fogo purgatório e a escatologia de Agostinho

Por outro lado, não se deve separar, mesmo se Agostinho não as vinculou explicitamente, suas concepções do fogo purgatório e sua doutrina escatológica geral, em especial sua atitude em relação ao milenarismo[36].

O milenarismo é a crença de certos cristãos, herdada do judaísmo, na vinda à terra, em uma primeira fase do fim dos tempos, de um período de felicidade e de paz de mil anos, ou seja, um tempo demasiado longo, o *milênio*. Os cristãos milenaristas, numerosos principalmente entre os gregos, de onde o nome de quiliasmo – da palavra grega χιλία que significa mil – que primeiro batizou a doutrina, fundava-se sobretudo em uma passagem do Apocalipse de João, que alguns cristãos opostos ao milenarismo tinham em vão tentado afastar do conjunto canônico das Escrituras:

> Depois vi tronos sobre os quais se sentaram e entregaram-lhes o julgamento: e também as almas daqueles que foram decapitados pelo testemunho de Jesus e da Palavra de Deus, e todos aqueles que recusaram adorar a besta e sua imagem, se deixar marcar na fronte ou na

---

35. Esbocei as linhas de uma pesquisa sobre os sonhos e sua interpretação no Ocidente medieval em "Les rêves dans la culture et la psychologie collective de l'Occident medieval" (In: *Scolies*, I, 1971, p. 123-130), retomado no *Pour un autre Moyen Âge*, p. 299-306.

36. Sobre o milenarismo, cf. a nota de G. Bardy em SANTO AGOSTINHO. *Cité de Dieu*, XIX-XXII. In: *Bibliothèque augustinienne*, t. 37. Paris, 1960, p. 768-771. • LE GOFF, J. Artigo "Millénarisme". In: *Encyclopaedia Universalis*, vol. II, 1971.

mão; voltaram à vida e reinaram com Cristo por mil anos. Os outros mortos não puderam retornar à vida antes de passarem os mil anos. É a primeira ressurreição. Bem-aventurado e santo aquele que participa da primeira ressurreição! A segunda morte não tem poder sobre esses, mas serão sacerdotes de Deus e de Cristo, com quem reinarão por mil anos (Ap 20,4-6).

A onda do milenarismo entre os cristãos parece ter conhecido seu apogeu no século II e ter recuado depois. Mas esta crença não desaparecerá e conhecerá na Idade Média arroubos mais ou menos vigorosos, mais ou menos longos, dos quais sem dúvida o principal foi a repercussão, no século XIII, das ideias milenaristas do Abade Joaquim de Fiore, que morreu na Calábria em 1202.

Agostinho consagrou o livro XX da *Cidade de Deus* à escatologia, aos últimos tempos. Nele faz uma crítica vigorosa do milenarismo, depois de ter confessado que foi milenarista em sua juventude. O *milênio*, diz ele, começou com a vinda de Cristo e se prolonga continuamente pelo batismo que representa para os homens a primeira ressurreição, a das almas. Acreditar em um *milênio* futuro significa, no fundo, cometer o mesmo erro que os judeus que ainda esperam o Messias quando Ele já veio. Por outro lado, Agostinho apresenta do *milênio* uma interpretação alegórica. Mil, que é um número perfeito, dez ao cubo, significa a plenitude dos tempos. Em contrapartida, minimiza um episódio anunciado pelo Apocalipse, o da vinda do anticristo, personagem demoníaco que deve dominar a terra pouco antes do começo do início do *milênio*, quando satanás, acorrentado durante mil anos, tiver se libertado. Agostinho afirma que o reino do anticristo será muito breve, e que mesmo durante esse reino nem Cristo nem a Igreja – que não desaparecerá – abandonarão os homens. Esta negação de uma primeira ressurreição dos justos, que deve acontecer antes do juízo final, articula-se com a afirmação de um fogo purgatório através do qual certos defuntos passarão entre a morte e a ressurreição sem que durante este intervalo possa haver outro acontecimento escatológico. Já Santo

Ambrósio, acompanhando Orígenes, que condenara severamente o quiliasmo, mas que, segundo sua teoria da *apocatástase*, previa etapas de purificação para as almas, havia afirmado a existência de várias ressurreições vindouras e enunciara a hipótese de que o fogo purgatório se exerceria sobretudo entre a primeira e a segunda ressurreição (*Comentário do Salmo*, 1, n. 54)[37].

Percebe-se assim, desde Agostinho, uma espécie de incompatibilidade entre o milenarismo e o purgatório. A construção do purgatório poderá até mesmo aparecer como uma resposta da Igreja aos avanços do milenarismo. Mas podemos nos perguntar se uma marca, mesmo residual, de pensamento milenarista em Santo Agostinho não contribuiu para a imprecisão de suas ideias sobre o fogo purgatório. Como vimos no texto do capítulo XXVI do livro XXI da *Cidade de Deus*, Agostinho, ao evocar o tempo do anticristo, prevê uma recrudescência da atividade do fogo purgatório. Sua concepção do *milênio* já existente e da tribulação terrena como início da provação purgatória contribuiu para impedir a concepção de um lugar particular para a provação do fogo purgatório. Para mim, Joseph Ntedika parece ter caracterizado muito bem a contribuição de Agostinho à doutrina do futuro purgatório: "São sobretudo, ele escreveu, estes dois princípios do pensamento agostiniano que a posteridade vai reter e desenvolver, ou seja, a tendência a limitar a eficácia do fogo purificador aos pecados leves, bem como a transferência desse fogo entre a morte e a ressurreição" (p. 68).

Estas são de fato as duas principais contribuições de Agostinho. De um lado, uma definição muito rigorosa do fogo purgatório sob um ponto de vista triplo. Ele será aplicado a um pequeno número de pecadores, será muito doloroso e uma espécie de

---

37. O texto de Ambrósio encontra-se na *Patrologie Latine*, t. 14, col. 950-951. *Et ideo quoniam et Savaltor duo genera resurrectionis posuit, et Joannes in Apocalypsi dixit:* Beatus qui habet partem in prima resurrectione (Ap 20,6) *isti enim sine judicio veniunt ad gratiam, qui autem non veniunt ad primam resurrectionem, sed ad secundam reservantur, isti urentur, donec impleant tempora inter primam et secundam resurrectionem, aut si non impleverint, diutius in supplicio permanebunt. Ideo ergo rogemus ut in prima resurrectione partem habere mereamur.*

inferno temporário (Agostinho é um dos grandes responsáveis pela "infernalização do purgatório"), infligirá sofrimentos superiores a qualquer dor terrena. De outro, a definição do *tempo* do purgatório: entre a morte individual e o julgamento geral. Mas Agostinho não esclareceu dois elementos essenciais do sistema do purgatório. Primeiro, a definição não apenas dos pecadores (nem totalmente bons nem totalmente maus), mas também dos *pecados* que conduzem ao purgatório. Não há em Agostinho doutrina dos pecados "veniais". Em seguida, a caracterização do purgatório como *lugar*. Vê-se aqui uma das razões essenciais desta recusa de Agostinho em ir mais adiante. Ele define o *tempo* contra os milenaristas e os misericordiosos. Não define o *lugar* e o *conteúdo concreto* porque, para isso, precisaria de certa forma adotar crenças "populares" – trazidas precisamente pela tradição apocalíptica e apócrifa que ele recusa. O "popular", que identifica ao "vulgar", ao "materialista", causa horror a este intelectual aristocrata. Quando os Pais conciliares de Lyon II (1274), de Florença (1438), de Trento (1553) institucionalizarem o purgatório, a tendência também será manter fora dos dogmas, das verdades de fé – e em um visível clima de suspeição, pelo menos em relação aos de Trento –, todo o imaginário do purgatório.

Agostinho, apesar de suas incertezas e de suas reticências, admitira o *fogo purgatório*: o que é também uma de suas importantes contribuições para a pré-história do purgatório, pois esse *fogo purgatório* permanece, sob a autoridade de Santo Agostinho, a realidade do pré-purgatório até o fim do século XII, e permanecerá um elemento essencial do novo lugar. Foi porque a desconfiança em relação às crenças e às imagens populares recuou em certa medida entre 1150 e 1250 que o purgatório pôde nascer como lugar. A posição de Agostinho, negativa como positivamente, é muito esclarecedora para toda esta história[38].

---

38. As traduções das *Confissões*, do *Enchiridion*, da *Cidade de Deus* e do *De cura gerenda pro mortuis* são tiradas dos respectivos volumes da *Bibliothèque augustinienne*. Limitei-me simplesmente a corrigir alguns termos que não me pareceram traduzidos de forma exata: p. ex., *purgatório* em vez de *purificador*

Sobre a doutrina, a teologia cristã começa a ser firme: existe a possibilidade de resgate para alguns pecadores depois da morte. Quanto ao tempo, a luta contra o milenarismo facilita a individualização de uma duração, cujos dois limites são a morte individual e o julgamento geral. Quanto à aplicação, o conjunto da hierarquia eclesiástica é prudente: não se deve abrir demais o caminho de um além que pode esvaziar o inferno. Mas, sobretudo, ela experimenta uma inquietação em relação à materialização desta situação. Procurar localizar exatamente esta purgação, representar-se muito concretamente em que consistem as provações significa se engajar em uma direção perigosa. Certamente, uma vez que Paulo falou do fogo ou da passagem por algo que a ele se assemelha (*quasi per ignem*), é possível utilizar esta imagem, pois o fogo pode ser mais ou menos imaterial e, eventualmente, pode ser reduzido a uma metáfora. Mas ceder exageradamente àquela que Malebranche chamará "a louca da casa" – a imaginação – seria arriscar-se a ser presa do diabo e de suas ilusões, a vítima das imaginações pagãs, judaicas, heréticas e, definitivamente, "populares". É esta mistura de certeza e de desconfiança que Agostinho propõe e lega à Idade Média.

Atribuía-se a Cesário de Arles († 542) um importante marco na pré-história do purgatório. Pierre Jay pôs fim a esta má interpretação de dois sermões do bispo de Arles e dispôs com grande precisão as peças no dossiê do purgatório[39].

Um falso pai do purgatório: Cesário de Arles

Cesário de Arles fala do fogo purgatório (*ignis purgatorius*) em dois sermões, os sermões 167 e 179[40]. Deste último, o mais

---

na expressão *ignis purgatorius;* e *temporárias* em vez de *temporais* na expressão *poenae temporariae.*

39. JAY, P. "Le Purgatoire dans la prédication de saint Césaire d'Arles". In: *Recherches de théologie ancienne et médiévale* 24 (1957), p. 5-14.

40. CESÁRIO DE ARLES. *Sermones*. In: MORIN, G. & LAMBOT, C. *Corpus Christianorum*. T. 104. Turnhout, 1953, p. 682-687, 723-729.

importante, apresento a tradução parcial feita por A. Michel no *Dictionnaire de Théologie Catholique*. É um comentário de São Paulo em 1Cor 3,10-15:

> Aqueles que compreendem mal este texto deixam-se enganar por uma falsa segurança. Acreditam que, construindo crimes capitais sobre o fundamento de Cristo, esses pecados poderão ser purificados *passando através do fogo (per ignem transitorium)* e que assim poderão então alcançar a vida eterna. Corrigi, meus irmãos, esta maneira de compreender: vangloriar-se de semelhante resultado é enganar-se categoricamente. Nesse fogo de passagem (*transitorio igne*), de que o Apóstolo disse: *ele mesmo será salvo, mas como através do fogo*, não são os pecados capitais, mas os pecados insignificantes que serão purificados [...]. Ainda que esses pecados, segundo nossa crença, não matem a alma, eles a desfiguram [...] e só permitem que se una ao esposo celeste ao preço de uma extrema confusão [...]. É pelas preces constantes e pelos jejuns frequentes que conseguimos resgatá-los [...] e o que não foi resgatado por nós deverá ser purificado nesse fogo de que o Apóstolo diz: (a obra de cada um) *será revelada pelo fogo; assim o fogo examinará a obra de cada um* (1Cor 3,13). Por isso, enquanto vivermos neste mundo, mortifiquemo-nos [...] e então esses pecados serão purificados nesta vida, de modo que, na outra, esse *fogo do purgatório* ou não encontre nada ou só encontre em nós pouca coisa para devorar. Mas se não dermos graças a Deus nas nossas aflições e se não resgatarmos nossas faltas com boas obras, teremos de permanecer no fogo do purgatório pelo tempo que nossos pequenos pecados o exigirem para serem consumidos como madeira, feno e palha.
>
> Que ninguém diga: Que me importa ficar no *purgatório* se em seguida alcanço a vida eterna! Ah! não faleis assim, caríssimos irmãos, pois esse *fogo do purgatório* será mais doloroso do que todas as dores que pudermos conceber, experimentar e sentir neste mundo...

Mas o texto original em latim de Cesário diz algo diferente. Ali onde se traduziu fogo *do* purgatório está *ignis purgatorius*, fogo purgatório, e ali onde se diz: "no purgatório" não há nada[41]. De fato, Cesário reproduz o que os Pais da Igreja e, sobretudo, Agostinho escreveram antes dele. Em relação a este último é até mesmo um retrocesso porque, para ele, o fogo purgatório é simplesmente o fogo do julgamento. Não se trata do intervalo entre a morte e a ressurreição. Como diz judiciosamente Pierre Jay: "Não sacrifiquemos além da conta, portanto, a ideia de um progresso contínuo em teologia. Cesário sempre teve, no entanto, seu lugar na pré-história do purgatório, pois os textos mal-interpretados têm tanta importância em história quanto os outros. Mas estes de Cesário retiveram ainda mais a atenção dos clérigos da Idade Média porque foram atribuídos a Santo Agostinho: "autoridades agostinianas", as expressões do bispo de Arles atravessarão os séculos e um dia poderão ser exploradas de maneira sistemática pelos teólogos com preocupações inteiramente diferentes. Neles se buscarão respostas às questões de lugar, de duração do purgatório" (P. Jay).

Em relação aos textos agostinianos autênticos, Cesário trazia, na verdade, confirmações sobre dois pontos e um esclarecimento sobre um deles. Em seu comentário do Sl 37, Agostinho dissera que "o fogo purgatório será mais terrível do que tudo o que um homem pode sofrer nesta vida". Cesário, como vimos, repete esta opinião e contribuirá para fornecer aos homens da Idade Média uma imagem aterradora do fogo do purgatório. Agostinho distinguira pecados muito graves, a que chamava *crimina* e que normalmente conduziam ao inferno, dos pecados leves, insignificantes, com os quais não era preciso se preocu-

---

41. *"non pertinet ad me quamdiu moras habeam, si tamen ad vitam aeternam perrexero"*: "pouco me importa o tempo que esperarei se devo então alcançar a vida eterna". O texto não diz onde se esperará por ela, mas é evidente, segundo a frase precedente, que se trata do fogo purgatório (*in illo purgatorio igne*). Pierre Jay observa judiciosamente que Tomás de Aquino, que também retoma o comentário do Sl 37 de Santo Agostinho, escreve *ille ignis purgatorii*, este fogo *do* purgatório. Mas no século XIII!

par exageradamente. Cesário retoma esta distinção e a esclarece. Chama os primeiros *crimina capitalia*: estamos aqui na fonte dos pecados capitais cuja doutrina será consolidada por Gregório o Grande. Em compensação, continua a chamar os pecados menores de *parva* (pequenos), *quotidiana* (cotidianos), *minuta* (insignificantes), mas designa que são eles o que se expia no fogo purgatório, esclarecimento que Agostinho não dera.

Com Cesário, enfim, a atmosfera na qual se fala do destino dos defuntos e do além muda. O juízo final era um dos temas favoritos da pregação de Cesário, alongava-se porém mais facilmente sobre o inferno do que sobre a ressurreição ou o paraíso. Confessa até mesmo em um sermão que seus ouvintes o recriminavam de falar continuamente sobre temas assustadores (*tam dura*). Preocupa-se, ainda mais do que Agostinho, em convencer os fiéis da realidade do fogo eterno e da duração do fogo temporário. Está obcecado, como escreveram, pela "imagem de suas ovelhas comparecendo diante do Juiz Eterno". Sua preocupação é essencialmente pastoral. Quer munir os fiéis com ideias simples, com receitas de uma bagagem sumária. Por isso faz listas de pecados "capitais" e "insignificantes", algo que Agostinho não fizera. Esta atitude foi bastante explicada pela barbarização da sociedade e da religião. Mas este fenômeno inegável que marca a entrada na Idade Média propriamente dita é mais complexo do que se pensa.

Primeiro, não se deveria atribuir apenas aos "bárbaros" a "responsabilidade" deste rebaixamento do nível cultural e espiritual. O acesso das massas camponesas, dos "bárbaros" do interior, à religião cristã é um fenômeno ao menos tão importante quanto o da instalação dos invasores e imigrantes vindos do exterior do mundo romano. Uma face desta "barbarização" é uma democratização. Aqui as coisas se complicam ainda mais. Os chefes da Igreja pregam uma religião igualitária, querem se colocar ao alcance de suas ovelhas, fazem um esforço em direção ao "povo". Mas são, em grande parte, aristocratas urbanos, imbuídos dos preconceitos de sua classe, estreitamente ligados aos seus interesses terrenos. O desprezo pelo bronco e o ódio pelo paganismo, sua incompreensão diante dos comportamentos culturais exóticos rapidamente batizados de superstições os conduzem a pregar uma religião do medo. Ela se volta mais facilmente para o inferno do que para os processos de mitigação das penas. O fogo purgatório discretamente acendido pelos Pais, em particular por Agostinho, se manterá brando por muito tempo, sem conseguir se inflamar nesse mundo de insegurança, de lutas elementares iluminadas pelo fogo mais poderoso do julgamento, mais ou menos confundido com o brilho sinistro do fogo da geena.

Histórias de purgatório neste mundo: Gregório o Grande, último pai do purgatório

Ainda assim, é nessas perspectivas escatológicas, movido por um zelo pastoral ardente em um contexto terreno dramático, que um pontífice vai reanimar a chama purgatória. Depois de Clemente de Alexandria e Orígenes, depois de Agostinho, o último "fundador" do purgatório é Gregório o Grande.

Gregório pertencia a uma grande família aristocrática romana. Antes e depois de sua "conversão", de tomar o hábito monástico no mosteiro – urbano – que criou em Roma em uma das vilas sobre o Caelius pertencentes à família, desempenhou altas funções. Foi prefeito da cidade, encarregado dos problemas de abastecimento em uma Itália às voltas com os bizantinos, com os godos, com os lombardos, com a peste, e depois *apocrisiário*, isto é, embaixador do papa junto ao imperador em Constantinopla. Em 590, assumiu o trono de São Pedro em circunstâncias dramáticas: o Tibre passava por uma de suas terríveis cheias, que inundou a cidade em meio a eventos angustiantes; sobretudo uma terrível epidemia de peste (um dos avanços mais fortes da grande pandemia, a primeira peste negra, chamada de Justiniano, que depois de meio século devastava o Oriente Médio, o mundo bizantino, a África do Norte, a Europa mediterrânea) dizimou a população. Como Cesário, mais do que ele, por causa de sua função, sua personalidade e do momento histórico, Gregório vai ser um pastor escatológico. Persuadido da proximidade do fim do mundo, lançou-se apaixonadamente em uma grande empreitada de salvação do povo cristão do qual deverá prestar contas diante de Deus. Aos cristãos do interior, multiplica as instruções salutares, comentando as Escrituras, sobretudo os profetas, apoiando os monges com meditações sobre o Livro de Jó, ensinando o clero secular com um manual de pastoral, chamando os leigos a uma vida voltada para a salvação pelo serviço litúrgico (é um grande organizador de procissões e de cerimônias) e pelo ensino moral. Aos povos de fora, oferece missionários: os ingleses retornaram ao paganismo, e ele envia a Canterbury uma missão que dá início à reconquista cristã da Grã-Bretanha. Aos italianos, oferece uma hagiografia, e entre os padres italianos distingue um monge recentemente falecido, Bento do Monte Cassino, que transforma em um dos grandes santos da Cristandade. Entre esses cristãos a serem salvos, por que não haveria mortos recuperáveis? A paixão escatológica de Gregório vai se exercer para além da morte[42].

A contribuição de Gregório o Grande à doutrina do purgatório é tripla. Nas *Moralia in Job*, fornece alguns esclarecimentos sobre a geografia do além. Nos *Dialogi*, mesmo trazendo algumas indicações doutrinais, narra sobretudo historietas que apresentam mortos que estão em purgação antes do juízo final. Por fim, a história do rei godo Teodorico levado ao inferno, ainda que não fale de um lugar "purgatório", poderá ser mais tarde considerada como uma peça antiga do dossiê sobre a localização terrestre do purgatório.

Nas *Moralia in Job* (XII, 13) Gregório comenta o versículo do *Livro de Jó* (14,13): *Quis mihi tribuat ut in inferno protegas me?* (Que a Bíblia de Jerusalém traduz por *Oh! Se tu me abri-*

---

42. Sobre Gregório o Grande, cf. DAGENS, C. *Saint Grégoire le Grand* – Culture et expérience chrétiennes. Paris, 1977, 3ª parte, "Eschatologie", p. 345-429. Sobre a escatologia de Gregório, cf. HILL, N. *Die Eschatologie Gregors des Grossen*. Fribourg-en-Brisgau, 1942. • MANSELLI, R. "L'eschatologia di S. Gregorio Magno". In: *Ricerche di storia religiosa*, I, 1954, p. 72-83.

gasses no shéol, pois é bem deste inferno que se trata.) Gregório tenta resolver o seguinte problema: antes da vinda de Cristo era normal que todo homem caísse no inferno, pois a vinda de Cristo se fazia necessária para reabrir o caminho ao paraíso, mas os justos não deviam cair nessa parte do inferno onde se é torturado. Na verdade, existem duas zonas no inferno: uma superior para o descanso do justo, outra inferior para os tormentos do injusto.

> "Quem me obterá a graça de que me protejas no inferno?" Que antes da vinda do Mediador entre Deus e o homem, todo o homem, por mais pura e certa que fosse sua vida, tenha descido às masmorras do inferno, eis o que já não oferece dúvida, pois o homem que caiu por si próprio não poderia retornar ao descanso do paraíso se não tivesse vindo aquele que, pelo mistério da sua encarnação, também devia nos abrir o caminho do paraíso. Eis por que, depois da falta do primeiro homem, segundo as palavras da Escritura, uma espada fulgurante foi colocada à porta do paraíso; mas também está dito que essa espada era giratória, porque viria o dia em que também ela poderia ser afastada de nós. Não queremos, no entanto, dizer com isto que as almas dos justos desceram aos infernos para ficarem retidas nos campos de suplício. Existe no inferno um campo superior e existe também um campo inferior, tal deve ser a nossa fé; o campo do alto está prometido ao descanso do justo, e o de baixo aos tormentos do injusto. De lá vêm também estas palavras do salmista quando a graça de Deus vem ao seu encontro: "Tu arrancaste minha alma do inferno inferior". Por isso, sabendo que antes da vinda do Mediador desceria ao inferno, o bem-aventurado Jó almeja encontrar ali a proteção do seu criador para permanecer alheio ao campo dos suplícios, em um lugar onde, no caminho do descanso, a visão dos suplícios lhe fosse poupada[43].

---

43. GREGÓRIO O GRANDE. *Moralia in Job*. In: BOCOGNANO, A. Paris: Sources Chrétiennes, 1974, 3ª parte, p. 167.

Um pouco mais adiante (*Moralia in Job*, XIII, 53), Gregório reencontra e aprofunda o problema sobre um outro versículo do Livro de Jó (17,16): *In profundissimun infernum descendent omnia mea*:

"Tudo o que me pertence descerá às profundezas do inferno." Está claro que nos infernos os justos ficavam retidos, não nos campos dos suplícios, mas no asilo superior do descanso: assim nos surge um grande problema sobre o sentido desta afirmação de Jó: "Tudo o que me pertence descerá às profundezas do inferno". Pois, se antes da vinda do Mediador entre Deus e os homens ele devia descer ao inferno, é evidente, no entanto, que não devia descer às profundezas do inferno. Isso não seria justamente porque dá à zona superior o nome de profundeza do inferno? Dado que, como sabemos, do ponto de vista das abóbadas do céu, a região da nossa atmosfera pode ser corretamente chamada um inferno. Por isso, quando os anjos apóstatas foram precipitados da morada celestial para esta atmosfera sombria, o Apóstolo Pedro diz: "Ele não poupou os anjos que pecaram; removeu-os das cadeias do inferno para entregá-los ao Tártaro e reservá-los aos suplícios do julgamento". Se, portanto, vista dos cimos do céu, essa atmosfera sombria é um inferno, vista do alto dessa atmosfera também a terra, que é para ela uma zona inferior, pode ser chamada um inferno profundo; mas, então, vista do alto dessa terra também a região do inferno, que está por cima das outras moradas do inferno, pode receber sem impropriedade o nome de profundezas do inferno, pois o que o ar é para o céu, a terra é para o ar, esse lugar superior do inferno também o é para a terra[44].

Homem do concreto, Gregório se interessa pela geografia do além. O inferno superior de que fala será o limbo dos Pais, mas, no século XIII, quando o purgatório existir e que se procurará suas referências, os textos do Antigo Testamento que falam

---

44. Ibid, p. 315-317.

de profundeza do inferno serão interpretados à luz da exegese de Gregório o Grande.

No livro IV dos *Diálogos*, Gregório o Grande ensina algumas verdades fundamentais do cristianismo, em particular a eternidade da alma, o destino no além, a Eucaristia, com o auxílio das anedotas – por vezes de visões – a que chama *exempla* e que anunciam os *exempla* do século XIII que vulgarizarão a crença no purgatório. O destino de alguns defuntos depois da morte é evocado com a ajuda de três histórias repartidas em dois capítulos. Essas histórias são respostas a duas questões doutrinais: uma sobre o fogo purgatório e a outra sobre a eficácia dos sufrágios pelos mortos.

O Diácono Pedro, interlocutor secundário de Gregório, pergunta-lhe primeiro: "Quero saber se é preciso acreditar que depois da morte existe um fogo purgatório"[45]. Gregório responde começando por uma exposição dogmática apoiada nos textos escriturários[46], cuja passagem mais importante é a Primeira Epístola de Paulo aos Coríntios sobre o destino dos diferentes materiais das obras humanas. As primeiras referências parecem provar que os homens se encontrarão no juízo final no estado em que estavam no momento da morte. Mas o texto de Paulo parece significar "que se deve acreditar que para certas faltas leves haverá um fogo purgatório antes do julgamento". E Gregório dá alguns exemplos desta categoria dos "pecados pequenos e mínimos": o falatório constante, o riso imoderado, o apego aos bens privados, são faltas que, cometidas consciente ou inconscientemente pelos autores, pesam, ainda que leves, sobre eles depois da morte, se não se livraram delas nesta

---

45. *"Discere vellim, si post mortem purgatorius ignis esse credendus est"*. Neste estudo utilizei a edição de U. Moricca (GREGÓRIO O GRANDE. *Dialogi*. Roma, 1924) e traduzi os textos citados. Depois foi publicado o t. III da excelente edição e tradução de A. de Vogüé (AUTIN, P. Paris: Du Cerf: Sources Chrétiennes, 1980). A passagem aqui comentada (IV, 41) encontra-se nas p. 146-151. L'histoire de Paschase (IV, 42) encontra-se nas p. 150 a 155.

46. Jo 12,55; Is 49,8; 2Cor 6,2; Ecl 9,10; Sl 117,1; Mt 12,32.

vida[47]. Mas o que Paulo quis dizer é que se alguém construiu com ferro, com bronze ou com chumbo, isto é, cometeu "os pecados maiores e por isso mais duros", esses pecados não poderão ser dissolvidos pelo fogo, mas em contrapartida o serão aqueles de madeira ou de palha, isto é, "os pecados mínimos e muito leves". Mas esta destruição dos pecados pequenos pelo fogo poderá ser obtida depois da morte somente se foi merecida, durante esta vida, pelas boas ações.

Gregório permanece, portanto, em uma concepção muito agostiniana, mas define e evidencia os pecados "leves, pequenos, mínimos", e situa a ação do fogo nitidamente depois da morte, não incluindo a tribulação terrena como Agostinho costumava fazer.

A novidade vem sobretudo da ilustração pela anedota. "Quando era ainda bem jovem e leigo, ouvi contar (uma história) por pessoas mais velhas e entendidas". Pascase, diácono da sede apostólica, que escreveu uma bela obra sobre o Espírito Santo, foi um homem de vida santa, dispensador de esmolas e crítico de si mesmo. Mas no cisma que opôs durante dez anos, e mais a partir de 498, Símaco e Laurent, dois papas, Pascase foi um partidário obstinado do "falso" Papa Laurent. Quando da morte de Pascase, um exorcista tocou sua dalmática colocada sobre o caixão e foi imediatamente salvo. Muito tempo depois de sua morte, Germano, bispo de Cápua provavelmente de 516 a 541, foi se cuidar nas águas de uma estação termal nos Abruzos, Augulum, perto da atual Città San Angelo. Qual não foi sua surpresa ao encontrar Pascase trabalhando como ajudante dos banhos. Perguntou-lhe o que estava fazendo ali. Ele respondeu: "A única razão pela qual fui enviado a este local de castigo (*in hoc poenali loco*) é por ter

---

47. "*sed tamen de quibusdam levis culpis esse ante judicium purgatorius ignis credendus est*", "*hoc de parvis minimisque peccatis fieri posse credendum est, sicut est assiduus otiosus sermo, immoderatus risus, vel peccatum curae rei familiaris*". No fim do capítulo, Gregório fala do fogo da futura purgação "*de igne futurae purgationis*", da possibilidade de ser salvo pelo fogo "*per ignem posse salvari*" e de novo dos "*peccata minima atque levissima quae ignis facile consumat*" (*Dialogi*, IV, 41).

tomado o partido de Laurent contra Símaco, mas te peço que rogues ao Senhor por mim e saberás que foi atendido se, ao retornar aqui, não me encontrares". Germano fez ardorosas preces e alguns dias depois retornou e não encontrou Pascase naqueles lugares. Mas se ele, acrescenta Gregório, conseguiu ser purgado de seu pecado depois da morte foi porque pecara principalmente por ignorância e também porque suas generosas esmolas feitas em vida lhe valeram o perdão.

A segunda questão teórica que Pedro faz a Gregório diz respeito aos sufrágios pelos mortos:

Pedro: – Qual é o meio de ajudar as almas dos mortos?

Gregório: – Se as faltas não são indeléveis depois da morte, a oferenda sagrada da hóstia salutar é geralmente de um grande socorro para as almas, mesmo depois da morte, e às vezes vemos as almas dos defuntos a exigirem.

Eis o que o Bispo Felix me afirmou saber por um padre morto há dois anos, depois de uma vida santa. Ele morava na Diocese de Centum Cellae e ministrava na Igreja de São João, em Taurina. Esse padre tinha o costume de se lavar, toda vez que seu corpo exigia, naquele lugar onde abundantes vapores emanam de fontes quentes, e dedicava-se a todos esses serviços com um grande zelo. Como fizesse isso com frequência, ao retornar aos banhos, o padre disse para si mesmo um dia: "'Não devo parecer ingrato para com esse homem que me ajuda a lavar com tanta dedicação; devo trazer-lhe um presente'. E trouxe dois pães como oferendas. Assim que chegou, encontrou o homem que lhe prestava todos os serviços como de hábito. O padre lavou-se e vestiu-se, quando ia partir, à guisa de bênção, ofereceu o que trouxera ao homem que o servia, pedindo-lhe que aceitasse o que lhe oferecia por afeição. Mas este respondeu tristemente: 'Padre, por que tu me dás isso? Este pão é santo, e não posso comê-lo. Assim como me vês, já fui o senhor deste lugar, mas em razão de meus erros fui enviado para cá depois de minha morte. Se queres me ajudar, oferece este pão ao Deus todo-poderoso, para interceder pelos meus pecados. Tu saberás que foi atendido quando não me encontrares mais aqui'. A estas palavras desapareceu, revelando assim que era na realidade um espírito sob uma aparência humana. Durante uma semana o padre derramou lágrimas por esse homem, todos os dias ofereceu a hóstia salutar e depois retornou aos banhos e não o encontrou mais. Esta é realmente a prova da utilidade para as almas do sacrifício da oferenda sagrada"[48], pois os próprios espíritos dos mortos o pedem aos vivos e indicam com que sinais se saberá que foram absolvidos.

A esta história Gregório logo acrescentou uma outra. Esta se passou em seu próprio mosteiro três anos antes. Ali vivia um monge chamado Justus, especialista em medicina. Justus ficou doente, sem esperança de cura, e foi assistido por seu irmão carnal Copiosus, também médico. Justus confiou ao seu irmão que escondera três peças de ouro e este não pôde fazer nada senão informar os monges.

Eles encontraram as peças de ouro escondidas entre os medicamentos. Contaram a Gregório, que reagiu prontamente, pois a regra do mosteiro estipulava que os monges tivessem tudo em comum. Gregório, abalado, perguntou-se o que poderia fazer de proveitoso ao mesmo tempo para a "purgação" do moribundo e pela edificação dos monges. Proibiu-lhes de responder ao apelo do moribundo, se este os chamasse para junto dele, e recomendou que Copiosus dissesse ao irmão que os monges, ao saberem de seu ato, tinham-no abominado, para que se arrependesse no momento de morrer. E quando morresse, seu corpo não seria enterrado no cemitério dos monges, mas jogado em um buraco de esterco, e os monges deveriam jogar sobre ele as três peças de ouro, gritando: "Que teu dinheiro fique contigo para tua perdição". Tudo se passou e foi feito como previsto. Os monges, aterrorizados, evitaram qualquer ação repreensível. Trinta dias depois da morte de Justus, Gregório pôs-se a pensar tristemente nos suplícios que o monge defunto devia sofrer e ordenou que, durante os próximos

---

48. GREGÓRIO O GRANDE. *Dialogi*, IV, 57, 1-7. • Vogüé-Antin, t. III, p. 184-189.

trinta dias, uma missa fosse celebrada cotidianamente em sua intenção. Ao fim dos trinta dias, o morto apareceu a seu irmão, à noite, e disse-lhe que até aquele dia havia sofrido, mas acabara de ser admitido na comunhão (dos eleitos). Ficou claro que o morto escapara ao tormento graças à hóstia salutar[49].

Gregório o Grande, em seu zelo de pastor, compreendeu duas exigências da psicologia coletiva dos fiéis: a necessidade de testemunhos autênticos, dados por testemunhas dignas de fé, a necessidade de ter indicações sobre a localização das penas purgatórias.

Em relação ao primeiro ponto, as histórias de Gregório são ainda mais importantes porque serão o modelo de anedotas com a ajuda das quais a Igreja, no século XIII, difundirá a crença no purgatório finalmente existente e definido. Implicam a possibilidade de controle da veracidade da história: a designação de um informante digno de fé, as precisões de tempo e de lugar comportam também um esquema suscetível de provocar em dois outros planos a convicção: o atrativo de um relato com as seduções da narração, uma intriga, detalhes picantes, um "suspense", um desfecho surpreendente; as evidências de um sobrenatural palpável: visão e verificação da realização da ação eficaz dos vivos. Tudo isso se reencontrará na crença no verdadeiro purgatório, inclusive a natureza dos vínculos entre vivos e mortos que funciona para a retirada dos defuntos das provações purgatórias. Os vivos solicitados e eficazes devem ser familiares, por parentesco carnal ou espiritual, dos defuntos a serem purgados. Por fim, a trilogia dos sufrágios é afirmada nestas anedotas: preces, esmolas e, acima de tudo, sacrifício eucarístico.

A segunda originalidade de Gregório é ter, em duas destas três histórias, situado neste mundo o lugar de expiação. Lugar realmente surpreendente. Trata-se de termas. Por um golpe de gênio, Gregório designa um lugar particularmente digno de sua

---

49. GREGÓRIO O GRANDE. *Dialogi*, IV, 57, 8, 17. • Vogüé-Antin, t. III, p. 188-195. O fogo não é mencionado nesta história.

escolha: esse aristocrata romano escolheu uma das construções mais essenciais à civilização romana sobrevivente, o lugar por excelência da higiene e da sociabilidade antigas. Esse pontífice cristão escolheu em seguida um lugar onde a alternância entre os cuidados quentes e os cuidados frios corresponde à estrutura dos lugares purgatórios desde as mais antigas religiões de que o cristianismo herdou; por fim, nesta mistura de sobrenatural e de cotidiano em que os ajudantes de banho são fantasmas e os vapores termais eflúvios do além, um grande temperamento imaginário se revela.

Paradoxalmente, a contribuição mais importante de Gregório o Grande à gênese do purgatório será no século XIII a mais sacrificada pela nova crença. Gregório introduziu a ideia de que o purgatório poderia ser sofrido nesta terra, naqueles lugares onde se cometeram faltas e que se tornavam lugares de castigo: era-se punido ali onde se havia pecado, como o diretor das termas que retornou aos lugares não de seus crimes, mas de seus pecadilhos, transformados em "lugar penal" (*in hoc loco poenali*). A autoridade de Gregório fará com que a ideia de um purgatório na terra seja ainda evocada depois do nascimento do "verdadeiro" purgatório, mas como uma hipótese pouco verossímil, como uma espécie de curiosidade do passado. Tomás de Aquino ou Jacopo da Varazze, no *Lenda dourada*, ainda a mencionarão. Mas no século XIII as apostas no purgatório já estão feitas, não têm como teatro os lugares cotidianos da terra, mas um espaço especial, uma região do além. Quanto aos mortos em purgatório, não terão mais a permissão de vir por alguns instantes provocar os vivos. Ter uma atividade aqui neste mundo lhes será severamente recusada. O purgatório terá se tornado um lugar de enclausuramento dos fantasmas.

Último fundador do purgatório, Gregório não concede, no entanto, a esta crença senão um interesse secundário. Para ele, o essencial continua sendo que no dia do julgamento haverá apenas duas categorias: os eleitos e os reprovados. Cada categoria abordará de duas maneiras possíveis seu destino eterno, direta ou indiretamente, depois do julgamento no momento da ressurreição. "Uns são julgados e perecem, os outros não são julgados, mas perecem (também e imediatamente). Uns são julgados e reinam, os outros não são julgados, mas reinam (também e imediatamente)".

Em outro capítulo, o XXXVII do livro IV dos *Diálogos*, Gregório o Grande faz uma descrição não mais do purgatório terreno, mas do além. Um certo Étienne morre inesperadamente em Constantinopla e, à espera de ser embalsamado, seu corpo permanece uma noite sem sepultura e sua alma é levada aos infernos, onde visita inúmeros lugares, mas, quando é apresentada a satanás, este diz que se enganaram de morto. É um outro Étienne, o ferreiro, que ele espera, e o primeiro Étienne retorna à vida enquanto o ferreiro morre. Étienne morreu na epidemia de peste de 590. Um soldado ferido que permaneceu morto por um instante e depois se reanimou visita, por sua vez, durante esse breve instante, os infernos, e deles oferece uma detalhada descrição que foi relatada a Gregório. Ele viu "uma ponte por baixo da qual corria um rio negro e sombrio exalando uma fumaça com um odor intolerável"; depois de se atravessar a ponte encontravam-se campos encantadores, flores, homens vestidos de branco vagando no meio de um odor suave, casas cheias de luz, algumas construídas de ouro. Havia alguns habitáculos às margens dos rios, uns tocados pela nuvem fétida, outros protegidos do mau cheiro. A ponte era uma provação: se um injusto desejasse atravessar, caía no rio tenebroso e fétido, mas os justos a atravessavam sem dificuldades e chegavam aos lugares amenos. Étienne também havia falado dessa ponte e contara que, quando desejou atravessá-la, seu pé escorregou e metade de seu corpo ficou para fora dela. Homens negros horríveis surgiram do rio e o puxaram para baixo pelas coxas, enquanto lá do alto homens brancos muito belos o puxaram pelos braços. Durante este combate, ele despertou. Compreendeu o sentido de sua visão, pois de um lado quase sempre sucumbia à tentação da carne, mas de outro dava generosas esmolas; a lubricidade o atraía para baixo, a benevolência para cima. Desde então corrigiu perfeitamente sua vida.

Última peça (ou quase, como veremos...) do dossiê, Gregório, no capítulo XXXI do livro IV dos *Diálogos*, relata uma história envolvendo o inferno e que mais tarde desempenhará um papel na história do purgatório. Relata o que lhe contou um certo Juliano, benévolo "defensor" da Igreja romana falecido sete anos antes. Na época do Rei Teodorico († 526), um parente de Juliano que tinha ido recolher os impostos na Sicília naufragou ao retornar às margens da Ilha Lipari e foi pedir o auxílio das preces de um conhecido eremita que ali vivia. Este disse ao náufrago: "Sabeis que o Rei Teodorico está morto?" e, diante da incredulidade de seu interlocutor, esclareceu: "Ontem na nona hora, de camisa, com os pés descalços e as mãos atadas, entre o Papa João e o patrício Símaco, foi conduzido até a ilha vizinha de Vulcano e lançado na garganta de sua cratera". Ao voltar para a Itália o parente de Juliano anuncia a morte de Teodorico e, como ele injustamente condenara à morte o Papa João e o patrício Símaco, pareceu-lhe normal que fosse enviado ao fogo (eterno) por aqueles que havia perseguido.

O castigo lendário de Teodorico é uma das peças a serem colocadas no dossiê da utilização política do além.

Ameaçar com penas do além um dirigente leigo foi um poderoso instrumento nas mãos da Igreja. Mostrar no fogo da punição um morto ilustre confere a esta ameaça um valor de prova e um relevo incomparável. O imaginário do além foi uma arma política. Mas Gregório o Grande ainda só dispõe do inferno. Recorrer a esta arma suprema só pode ser feita em casos extremos. O purgatório permitirá modular esta ameaça.

Outro sinal precursor nesta visão: a entrega do rei perseguidor de cristãos ao fogo do inferno acontece em um vulcão e na Sicília. A Idade Média se lembrará desta boca de fogo onde se tentará ver uma das bocas do purgatório.

3
A alta Idade Média

Estagnação doutrinal e avanço visionário

Entre Gregório o Grande e o século XII – ou seja, durante cinco séculos –, o esboço do purgatório não progride muito. Mas o fogo continua ali e se, no plano teórico, não há novidade teológica, no âmbito das visões e das viagens imaginárias ao além, no campo litúrgico, esboça-se um espaço para o fogo purgatório e as relações entre os vivos e os mortos tornam-se mais estreitas.

Por que então se interessar por essa época em que nada de muito importante acontece nas concepções do além?

Não é uma questão de se prender à tradição da exposição cronológica. Pelo contrário, desejaria mostrar aqui que o tempo da história não é nem uniformemente acelerado nem estabelecido. Estes cinco séculos são, em nosso campo, um longo período de aparente estagnação da reflexão sobre o além.

Para o leitor, o resultado pode ser dois mal-entendidos.

O primeiro poderia surgir da aparente desordem dos textos citados. Convocarei também alguns dos grandes nomes do pensamento cristão da época – Alcuíno, Jean Scott, Raban Maur, Rathier de Verona, Lanfranc – que não disseram muita coisa sobre nosso assunto, mas cujo laconismo é significativo; e textos de segunda ou de terceira ordem que, quanto a eles, manifestarão melhor o que continua a viver, e mesmo, às vezes, se anima e se movimenta um pouco. Uns e outros testemunham à sua maneira o estado do pensamento sobre o além.

O leitor poderá também ter a impressão de que me prendo a um defeito que denuncio: reter deste conjunto heterogêneo de textos somente aquilo que parece prenunciar o purgatório, como se sua gênese estivesse irrevogavelmente trabalhando sob esta aparência de imobilismo. Não é porque não acreditei que devesse me estender sobre estes textos, salvo exceção sem grande relevo, e porque era necessário destacar o que, ou para lhe virar as costas, ou para anunciá-lo, evocava o futuro purgatório, que os aléns deste período seriam apenas os anunciadores antecipados do purgatório. Quando um texto surpreendente como a visão de Wetti revela um outro mundo pleno de som e fúria, mas onde o futuro purgatório pouco se manifesta, mesmo assim não deixei de mencioná-lo com alguns detalhes, pois o objetivo principal é ver como funcionava o imaginário do além na alta Idade Média.

É verdade, no entanto, que para meu propósito este longo episódio não tem apenas virtudes negativas.

Nele podemos acompanhar a constituição de um material imaginário, vê-lo se enriquecer ou se decantar. Mesmo em um texto de algumas linhas, como a visão de Sunniulf em Gregório de Tours, vemos se incrustar na memória a imagem da imersão dos mortos atormentados até diversas alturas do corpo ou a da ponte estreita. Em contrapartida, surge uma imagem que não terá êxito: a de um além, onde as almas dos mortos volteiam e se agitam como abelhas em uma colmeia.

Também nele se observa o desencadear da constituição de um sistema entre as unidades imaginárias. Fursy, de acordo com Beda, traz de sua viagem ao além as marcas físicas que serão mais tarde a prova da existência de um purgatório do qual se pode retornar – crença que foi a razão da reunião, no fim do século XIX, dos objetos que ainda hoje podem ser vistos no *Museo del Purgatorio*, em Roma. Na visão de Drythelm, ainda de acordo com Beda, os elementos da geografia do além se organizam em um itinerário, uma sequência logicamente orientada de lugares, uma passagem construída.

Por fim, algumas predefinições teológicas ou morais surgem aqui e ali, por exemplo, em relação à tipologia dos pecados. Desenvolve-se, sobretudo, de maneira quase ininterrupta uma série, alimentada de reminiscências apocalípticas, mas marcada com o selo monástico, destinada a um novo auditório mais ávido de pitoresco do que de iluminações, de visões e de viagens ao além. É no interior destas paisagens que se imprimem na memória dos clérigos e dos fiéis que o purgatório deverá encontrar seu lugar.

Em um sentido amplo, o período carolíngio é também o momento de um grande renascimento litúrgico. Será que nesse período a liturgia dos mortos sofre transformações ligadas às novas concepções do além e do destino dos defuntos?

O além agostiniano de três espanhóis

Nas obras exegéticas e dogmáticas onde se encontram, quer a propósito dos últimos tempos e do fogo purgatório, quer a propósito dos sufrágios pelos mortos, as alusões ao futuro purgatório, mencionarei primeiro três bispos espanhóis dos séculos VI e VII: Tajon de Saragoça, o célebre Isidoro de Sevilha, um dos pais da cultura medieval, e Juliano de Toledo.

No capítulo XXI do Livro V de seus *Sententiae* (*PL*, 80, 975), Tajon de Saragoça, comentando o texto paulino da Primeira Epístola aos Coríntios, retoma em algumas linhas, sem nomeá-los, os ensinamentos de Agostinho e de Gregório o Grande: "Ainda que se possa compreender o que escreveu o grande pregador ao referir-se ao fogo das tribulações nesta vida, pode-se, no entanto, aplicá-lo ao fogo da futura purgação, ao refletir sobre o fato de ter dito que se podia ser salvo pelo fogo, não se sobre este fundamento se construiu com ferro, com bronze ou com chumbo, ou seja, pecados maiores (*peccata majora*), mas sim com madeira, com feno ou com palha, ou seja, pecados mínimos (*minima*) e muito leves (*levissima*) que o fogo consome facilmente. Mas é preciso saber que, mesmo para os pecados mínimos, só se obterá a purgação se foi merecida nesta vida pelas boas ações".

Isidoro de Sevilha abordou o problema principalmente no tratado *Dos ofícios eclesiásticos* (*De ecclesiasticis officcis*) a propósito dos sufrágios. Citando o versículo de Mateus sobre a remissão dos pecados no século futuro (Mt 12,32) e o texto de Santo Agostinho sobre os quatro tipos de homens (*Cidade de Deus*, XXI, 24), ele afirma que, para alguns, seus pecados lhes serão perdoados e "purgados por um fogo purgatório"[1].

Juliano de Toledo é o mais interessante destes três prelados para o nosso propósito. Primeiro, é um verdadeiro teólogo; depois, seu *Prognosticon* é um verdadeiro tratado detalhado de escatologia. Todo o segundo livro é consagrado ao estado das almas dos defuntos antes da ressurreição dos corpos. Todavia, seu pensamento não é muito inovador. Apoia-se essencialmente em Agostinho.

Ele distingue dois paraísos e dois infernos. Os dois paraísos são o terrestre e o celeste, e este último, como pensaram Ambrósio, Agostinho e Gregório, é a mesma coisa que o seio de Abraão. Existem também dois infernos, como ensinou Santo Agostinho, mas este se diversificou em sua doutrina (Juliano revela seu senso crítico e histórico). Primeiro, pensou que havia um inferno sobre a terra e um inferno sob a terra, e depois, ao comentar a história do pobre Lázaro e do rico mau, percebeu que os dois infernos eram subterrâneos, um por cima do outro. "Portanto, conclui Juliano, talvez existam dois infernos; em um as almas dos santos descansaram, no outro as almas dos ímpios são torturadas". Em seguida, sempre com a ajuda de Santo Agostinho, explica, inclusive por razões filológicas, por que se estima que os infernos são subterrâneos.

Expõe então diversas opiniões sobre a questão de saber se depois da morte as almas dos santos (justos perfeitos) vão diretamente para o céu ou se permanecem em certos "receptáculos". Desde a descida de Cristo aos infernos, estes foram fechados e os

---

1. *"et quodam purgatorio igne purganda"* (*PL*, 83, 757).

justos estão e vão imediatamente para o céu. Da mesma forma as almas iníquas vão logo para o inferno e do inferno não se sai nunca. Uma digressão esclarece que, depois da morte do corpo, a alma não é privada de sentido e, mais uma vez com a ajuda de Santo Agostinho (*De Genesi ad litteram*, XII, 33), Juliano afirma que a alma tem uma "similitude de corpo" (*similitudo corporis*) que lhe permite sentir o descanso ou os tormentos. Por isso, a alma pode ser torturada pelo fogo corpóreo. É o que se passa no inferno, mas nem todos os danados sofrem da mesma maneira: o tormento deles é proporcional à gravidade de sua falta, assim como nesta terra os vivos sofrem mais ou menos o ardor do sol. Por fim, é preciso crer, como ensinaram Paulo, Agostinho e Gregório, que há um fogo purgatório depois da morte. Juliano, retomando os termos de Gregório o Grande, explica que esse fogo purga os pecados pequenos e mínimos como o falatório constante, o riso imoderado, o excessivo apego aos bens particulares. Esse fogo é mais terrível do que qualquer dor terrena e só é possível se beneficiar dele caso seja merecedor pelas boas ações. É diferente do fogo eterno da geena, ocorre antes do juízo final e não depois – e para Agostinho ele começa até mesmo com a tribulação terrena. Da mesma forma que os danados são torturados proporcionalmente à gravidade de seus pecados, assim também os purgados permanecem no fogo somente o tempo correspondente à importância de sua imperfeição. A escala de equivalência se expressa aqui não em intensidade, mas em duração de pena "segundo tenham amado mais ou menos os bens perecíveis, serão salvos mais cedo ou mais tarde".

Esta é, com base nos textos escriturários – sobretudo neotestamentários – e patrísticos, a exposição mais clara e mais completa da alta Idade Média sobre o futuro purgatório[2].

---

2. JULIANO DE TOLEDO. *Prognosticon*, livro II, *PL*, 96, 475-498. O *ignis purgatorius* ocupa as col. 483-486. A importância de Juliano de Toledo para o aperfeiçoamento da doutrina do purgatório no século XII, particularmente em Pedro Lombardo, foi estudada em WICKI, N. *Das "Prognosticon futuri saeculi" Julians von Toledo als Quellenwerk der Sentenzen des Petrus Lombardus*.

Outros aléns "bárbaros"

Testemunhos vindos das diversas regiões cristãs "bárbaras" e oriundas tanto da hierarquia episcopal quanto do mundo monástico manifestam o interesse das novas cristandades pelo além sem contribuir com uma originalidade notável.

Na Irlanda

Por muito tempo se pensou que o autor do *Livro sobre a ordem das criaturas* (*Liber de ordine creaturarum*) fosse Isidoro de Sevilha. Manuel Diaz y Diaz mostrou recentemente que se trata de um anônimo irlandês do século VII. É um tratado que se apoia no Gênesis e que se refere a Deus, às criaturas espirituais e às criaturas corpóreas. Os quatro últimos capítulos são consagrados à *natureza dos homens* (cap. XII), à diversidade dos *pecadores e o lugar das penas* (cap. XIII), ao *fogo purgatório* (cap. XIV), à *vida futura* (cap. XV).

É possível, portanto, ter a impressão de que o autor do tratado tem uma visão tripartite do além: inferno, "purgatório", paraíso. Mas esta visão só existe em certos manuscritos, e na continuidade do texto a divisão não é tão marcada[3]. Sobretudo, a concepção arcaica do autor do tratado exclui praticamente a ideia de um além triplo. Expõe suas ideias já no início do capítulo sobre a diferença de condição dos pecadores. Há duas grandes categorias de pecadores: aqueles cujos pecados (*crimina*) podem ser purgados pelo fogo do julgamento e aqueles que sofrerão a

---

3. DIAZ Y DIAZ, M.C. (ed.). *Liber de ordine creaturarum* – Un anonimo irlandés del siglo VII. S. Tiago de Compostela, 1972. Uma única reclamação: a excelente edição de Manuel Diaz y Diaz tende a apresentar a obra de uma maneira um pouco anacrônica. No estudo da estrutura, p. 29, é forçar o texto ao dizer: *infierno* (cap. XIII), *purgatorio* (cap. XIV) e *gloria* (cap. XV-XVI). Do mesmo modo, o capítulo XIV, cujo título nos manuscritos o apresentam como *igne purgatorio*, "do fogo purgatório", está traduzido em espanhol por *del purgatorio*, do purgatório, título duplamente incorreto, primeiro porque será preciso esperar cinco séculos para que o purgatório exista, e depois porque este tratado é um nítido retrocesso quanto à evolução geral da doutrina que resultará no purgatório.

pena do fogo eterno. Entre estes últimos, alguns serão condenados imediatamente sem julgamento, outros o serão depois do julgamento. O fogo é, portanto, o do julgamento, não ocorre antes dele. Esta visão é confirmada no capítulo XIV.

Aqueles que terão o "refrigério eterno" (*refrigerium aeternum*) depois da purgação são os que terão realizado o que mais tarde será chamado de obras de misericórdia. Serão batizados pelo fogo, enquanto os outros serão consumidos pelo fogo inextinguível. A exegese da Primeira Epístola de Paulo aos Coríntios conduz o autor do *Liber* a deixar claro o gênero de pecados que ele não nomeia senão negativamente, "aqueles que não são muito nocivos, ainda que não tenham construído muito"; "o uso inútil do casamento legítimo, o excesso de alimento, o prazer descomedido com as futilidades, a cólera levada aos excessos de linguagem, o interesse exagerado pelos assuntos pessoais, a presença negligente nas orações, os despertares tardios, os acessos imoderados de riso, o demasiado abandono ao sono, a retenção da verdade, o falatório, persistir no erro, tomar o falso como verdadeiro nas coisas que não envolvem a fé, esquecer o dever a ser feito, ter suas roupas em desordem"[4], pecados que inegavelmente podem ser purgados pelo fogo. Última observação: este fogo purgatório é mais duradouro e terrível do que qualquer outro tormento imaginável neste mundo.

A partir do início do século VII, o irlandês São Columbano († 615), missionário do monaquismo no continente, dera uma visão resumida da existência humana desde o nascimento até a eternidade que acabava dando um lugar ao fogo, mas um fogo que, sem ser nomeado, era um fogo, se não purgatório, pelo menos probatório, pois se situava *antes* do julgamento, mas, ao que parece, entre a ressurreição e o julgamento.

"Eis o desenrolamento desta miserável vida humana: da terra, sobre a terra, à terra, *da terra ao fogo, do fogo ao julgamento*, do julgamento seja na geena, seja na vida (eterna); com efeito,

---

4. Como observa judiciosamente Diaz y Diaz, estes "pecados" têm um sentido sobretudo nos meios monásticos.

tu foste criado da terra, esmagas a terra, irás para a terra, erguer-te-ás da terra, serás provado no fogo, esperarás o julgamento, e em seguida possuirás ou o suplício eterno ou o reino eterno". E ainda fala de nós, os homens, que, "criados da terra, nela fazendo uma breve passagem, a ela retornando quase que imediatamente, depois uma segunda vez, sob a ordem de Deus, devolvidos e projetados por ela, seremos, no fim dos tempos, provados através do fogo, que de certo modo dissolverá a terra e a lama; e se houver ouro ou prata ou outro material terreno útil, depois que a falsa moeda tiver fundido, ele o mostrará"[5].

Na Gália

Em uma homilia, o famoso Santo Eloi, bispo de Noyon († 659), depois de ter evocado a distinção entre pecados mortais (*crimina capitalia*) e pecados insignificantes (*minuta peccata*) e avaliado que há poucas chances de que as esmolas, mesmo generosas, mesmo cotidianas, bastem para resgatar os pecados mortais, lembra os dois julgamentos e o fogo purgatório:

"Lemos, com efeito, na Sagrada Escritura que há dois julgamentos: um pela água (Gn 7), que prenunciou o batismo pelo qual fomos lavados de todos os pecados (1Pd 3); e o outro, vindouro, pelo fogo, quando Deus virá para o julgamento, do qual o salmista diz: 'Ele vem, nosso Deus não se calará. Diante dele, um fogo devora, ao seu redor violenta tempestade" (Sl 3); é como uma tempestade que ele examina aqueles que o fogo consome. Lavemo-nos de todas as máculas da carne e do espírito, e não sejamos queimados pelo fogo eterno nem por este fogo transitório;

---

5. SÃO COLUMBANO. *Instructiones, Instructio* IX – De extremo judicio, PL, 246-247. *Videte ordinem miseriae humanae vitae de terra, super terram, in terram, a terra in ignem, de igne in judicium, de judicio aut in gehennam, aut in vitam: de terra enim creatus es, terram calcas, in terram ibis, a terra surges, in igne probaberis, judicium expectabis, aeternum autem post haec supplicium aut regnum possidebis, qui de terra creati, paululum super eam stantes, in eamdem paulo post intraturi, eadem nos iterum, jussu Dei, reddente ac projiciente, novissime per ignem probabimur, ut quadam arte terram et lutum ignis dissolvat, et si quid auri aut argenti habuerit, aut caeterorum terrae utilium paracarassimo (paracaximo) liquefacto demonstret.*

deste fogo do julgamento de Deus, o Apóstolo diz: 'É este fogo que provará a qualidade da obra de cada um' (1Cor 3,13). Não há dúvida de que falou do fogo purgatório. Esse fogo os ímpios, os santos e os justos o sentirão de uma maneira diferente. Do tormento desse fogo os ímpios serão precipitados nas chamas do fogo perpétuo; os santos que ressuscitarão em seus corpos sem carregar a mancha de nenhum pecado, pois terão construído sobre o fundamento que é Cristo, com ouro, com prata e com pedras preciosas, isto é, o sentido brilhante da fé, a palavra resplandecente da salvação e as obras preciosas triunfarão desse fogo com a mesma facilidade que tiveram nesta vida de pureza na fé e no amor para observar os mandamentos de Cristo. Restarão, portanto, os justos culpados de pecados insignificantes que construíram sobre o fundamento que é Cristo, com feno, com madeira, com palha, o que designa a diversidade dos pecados insignificantes de que ainda não surgirão purgados e não serão, portanto, considerados dignos da glória da cidade celeste. Depois de terem passado por esse fogo, quando o dia do juízo final tiver sido completamente realizado, cada um, segundo seus méritos, será ou danado ou coroado. É portanto nesse dia, meus caros irmãos, que devemos pensar intensamente [...]"[6].

Texto extraordinário por sua divisão da humanidade em três categorias, e não em quatro, dentro da tradição agostiniana. Mas este texto nos atrai principalmente porque expressa uma concepção "arcaica" do fogo purgatório que coloca na época do juízo final, que se estende por um longo dia. Mais ainda, Eloi parece deixar ao fogo o cuidado de fazer a triagem entre santos, ímpios e justos e, portanto, não garante a esta última categoria o paraíso depois da provação. O "suspense" durará até o fim.

Na Germânia

É interessante ver as instruções dadas, por volta de 732, pelo Papa Gregório III a São Bonifácio, que o interrogava sobre

---

6. *PL*, 87, col. 618-619.

a conduta a ser mantida em relação aos germanos ainda pagãos ou recentemente convertidos: "Tu também me perguntas se se pode fazer oferendas pelos mortos. Eis a posição da Santa Igreja: cada um pode fazer oferendas pelos seus mortos se são verdadeiros cristãos e o padre pode celebrar sua memória. E ainda que estejamos todos submetidos ao pecado, convém que o padre celebre a memória e não interceda senão pelos mortos católicos, pois pelos ímpios, mesmo se foram cristãos, não será permitido agir assim"[7].

Mesmo que não se trate aqui explicitamente dos sufrágios e que não tenha feito alusão ao fogo purgatório, é significativo ver vigorosamente afirmada, no coração de um país e de um período de missão, a distinção entre a utilidade (e o dever, portanto) das oferendas pelos mortos "verdadeiros cristãos" e a inutilidade (e a interdição, portanto) das oferendas pelos mortos "ímpios", mesmo cristãos.

Na Grã-Bretanha

Na mesma época, na Grã-Bretanha, um célebre monge, Beda, sobre quem veremos o lugar capital que ocupa na elaboração da geografia do além por meio das visões e das viagens imaginárias, destaca em suas *Homilias* (entre 730 e 735) a importância dos sofrimentos pelos mortos e nomeia explicitamente o fogo purgatório. Ele diz que, entre a morte e a ressurreição, os apóstolos, os mártires, os confessores etc., vão para o *seio do Pai*, que é preciso compreender como o "segredo do Pai" (*secretum Patris*), este *sinus Patris* que ele assimila à casa do Pai (*domus Patris*) do Evangelho de João (14,2), sem remeter ao seio de Abraão. E prossegue:

"Assim como muitos justos que estão na Igreja depois da dissolução da carne são logo recebidos no bem-aventurado descanso do paraíso onde aguardam em uma grande alegria, nos grandes coros de almas exultantes, o momento em que recupe-

---

7. *PL*, 89, col. 577.

rarão seus corpos e aparecerão diante da face de Deus. Mas alguns que, por causa de suas boas obras, estão predestinados à sorte dos eleitos, por causa de certas vilezas de que saíram com o corpo maculado, são tomados depois da morte pelas chamas do fogo purgatório para serem severamente castigados. Ou bem, até o dia do julgamento, são purificados da mácula de seus vícios pela longa provação (*longa examinatione*) desse fogo, ou bem, graças às preces, às esmolas, aos jejuns, aos lamentos, às oferendas eucarísticas de seus amigos fiéis, serão libertados das penas e também alcançam o descanso dos bem-aventurados"[8].

Beda define bem, portanto, os condenados ao fogo purgatório, afirma vigorosamente a potência dos sufrágios dos vivos e da rede de amizades fiéis, mas sobretudo mostra claramente o mecanismo do tempo "purgatório": no interior de uma duração máxima da morte à ressurreição, a possibilidade de reduções devidas aos sufrágios. Em contrapartida, não evoca a localização do fogo e das penas purgatórias.

Indiferença e tradicionalismo carolíngios e pós-carolíngios

A Igreja carolíngia interessa-se pouco pelo fogo purgatório e não traz nenhuma inovação.

Alcuíno († 804), o grande mestre anglo-saxão inspirador da política cultural de Carlos Magno, em seu tratado *Sobre a fé na Santa Trindade (De fide Sanctae Trinitatis)* que comenta a 1Cor 3,13, assimila o fogo do julgamento (*ignis diei judicii*) ao fogo purgatório (*ignis purgatorius*). Esse fogo, segundo ele, é sentido de forma diferente pelos ímpios, pelos santos e pelos justos. Os ímpios serão eternamente queimados pelo fogo; os santos, aqueles que construíram com ouro, com prata e com pedras preciosas, passarão sem prejuízo através do fogo como os três jovens hebreus na fornalha (Dn 3). Há, por fim, "certos justos culpados de certos pecados insignificantes que sobre o fundamento, que é Cristo, construíram com feno, com madeira, com palha; eles

---

8. *PL*, 94, col. 30.

serão purgados pelo ardor desse fogo, e purificados desses pecados tornar-se-ão dignos da glória da eterna felicidade". Todos tendo passado por esse fogo transitório (*ignis transitorius*), uns irão para a danação, outros para o coroamento, e os primeiros serão mais ou menos atormentados segundo o grau de ruindade, enquanto os segundos serão mais ou menos recompensados segundo seu grau de santidade. Sobre este último ponto Alcuíno mostra-se vago e confuso[9].

Outra grande figura da Igreja e da cultura carolíngia, Raban Maur, abade de Fulda e arcebispo de Mayence († 856), e mestre intelectual da Germânia, entrega-se, em seu comentário das epístolas de Paulo, a uma grande reflexão teológica sobre o fogo. Também para ele, o fogo de que fala na Primeira Epístola aos Coríntios é o fogo do julgamento. Não menciona as faltas à regra (*illicita*, as coisas ilícitas) que podem ser cometidas sem que se deixe de tomar Cristo como fundamento, por exemplo a complacência em relação às delícias deste mundo, dos amores terrenos, que, no caso das relações conjugais, não são condenáveis. Tudo isso o fogo da tribulação (*tribulationis ignis*) faz desaparecer ao queimá-lo. Mas para aqueles que construíram com madeira, com feno e com palha, "não é inconcebível que isso ocorra depois desta vida e é possível se perguntar se não é este o caso; de uma maneira aberta ou oculta alguns fiéis podem ser salvos através de um fogo purgatório um pouco mais tarde ou um pouco mais cedo, segundo tiverem amado mais ou menos os bens perecíveis"[10].

Aparece aqui então, como em Beda, um elemento importante do sistema do futuro purgatório: a situação da purgação entre a morte e o julgamento e a possibilidade de uma duração mais ou menos longa dessa purgação que não durará obrigatoriamente todo o tempo do intervalo.

Pascase Radbert, abade de Corbie († 860), partindo da passagem do Evangelho de Mateus sobre o batismo pelo fogo, expõe

---

9. *De fide Sanctae Trinitatis*, III. *PL*, 101, 52.

10. *Enarrationes in epistolas Pauli. PL*, 112, 35-39.

uma teologia do fogo ainda mais desenvolvida; examina seus diferentes aspectos e funções e culmina em uma evocação do *fogo do amor (ignis charitatis)*, do *fogo do amor divino (ignis divini amoris)*. Considera várias significações possíveis para esse fogo:

"Talvez se deva, como querem alguns, compreender (a frase): *Ele vos batizará no Espírito Santo e no fogo* como significando a identidade entre o Espírito Santo e o fogo, o que reconhecemos, pois Deus é um fogo consumidor. Mas como há uma conjunção de coordenação, não parece que se fala de uma única e mesma coisa. Razão da opinião de alguns de que se trata do fogo purgatório que atualmente nos purifica pelo Espírito Santo, e depois, se restar alguma mancha pecaminosa, nos torna puros pela combustão através do fogo da conflagração (i. é, do julgamento). Mas se é assim, deve-se crer que se trata dos pecados mais leves e mínimos, pois é impensável que todos escapem aos castigos. De onde a frase do apóstolo: 'O que é a obra de cada um, o fogo o provará'"[11].

Atribuiu-se a Haymon de Halberstadt († 853) o discurso mais articulado sobre o fogo purgatório na época carolíngia. Ele abordou o assunto por duas vezes, no tratado *Sobre a diversidade dos livros (De varietate librorum)* e em um comentário das epístolas de São Paulo que alguns atribuem a Rémi d'Auxerre. As opiniões de Haymon são de fato uma mistura eclética daquilo que se escreveu antes dele, são muito marcadas pelas ideias de Agostinho e de Gregório o Grande (que não são citados) – e muitas vezes retomam palavra por palavra a síntese de Juliano de Toledo, dois séculos antes. Deve-se acreditar, segundo Haymon, em um fogo purgatório antes do julgamento que se exerce sobre os pecados leves, pequenos ou mínimos. Existem dois fogos, um purgatório (e temporário), o outro eterno (e punitivo). A duração da purgação pelo fogo pode ser mais ou menos longa na proporção da importância do apego aos vínculos transitórios. Alguns sofrem as penas purgatórias depois da morte, outros nesta vida.

---

11. *Expositio* in *Mattheum*, II, 3. *PL*, 120, 162-166.

Não é verdadeiro que é possível se salvar através do fogo purgatório se, nesta vida, teve-se apenas a fé sem realizar boas obras. A Igreja pode suplicar de forma eficaz por aqueles que sofrem as penas purgatórias. Existem duas categorias de justos: aqueles que desfrutam imediatamente depois da morte do descanso paradisíaco e aqueles que devem ser castigados pelas chamas do fogo purgatório e nelas permanecem até o dia do julgamento ou que podem ser retirados delas mais cedo pelas preces, as esmolas, os jejuns, os prantos e as oferendas de missa dos fiéis seus amigos[12]. Esta nota de solidariedade entre mortos e vivos, herdada sem dúvida de Beda, é a única originalidade – quanto à forma, mas não no fundo que é tradicional – de Haymon de Halberstadt.

Em seu comentário das epístolas de São Paulo, Atton de Verceil († 961) oferece uma interpretação muito tradicional, muito agostiniana (aliás, cita Agostinho em várias ocasiões) da Primeira Epístola aos Coríntios. Mas apresenta uma particularidade e uma novidade. A particularidade é estimar que o que será provado e julgado (pelo fogo purgatório e, mais geralmente, durante o julgamento) é essencialmente a ortodoxia doutrinal, a *doctrina*, mais do que os costumes e os sentimentos. Por outro lado, o epíteto *venialia*, veniais, aparece ao lado dos pecados leves e se opõe aos pecados capitais, mas faz parte de uma enumeração e o sistema de oposição pecados veniais/pecados mortais (ou capitais) só será estabelecido no século XII[13].

Mesmo o original Rathier de Verona, imbuído de cultura clássica e formado nas escolas lotaríngias, não tem muito a dizer sobre o fogo purgatório. O pouco que diz é uma mensagem de ri-

---

12. *De varietate librorum*, III, 1-8. *PL*, 118, 933-936. O comentário 1Cor 3 encontra-se em *PL*, 117, 525-527.

13. *Expositio in epistolas Pauli*. *PL*, 134, 319-321. A passagem relativa aos pecados opostos é a seguinte: *"attamen sciendum quia si per ligna, fenum et stipulam, ut beatus Augustinus dicit, mundanae cogitationes, et rerum saecularium cupiditates, apte etiam per uedem designantur levia, et venalia, et quaedam minuta peccata, sine quibus homo in hac vita esse non potest. Unde notandum quia, cum dixisset aurum, argentem, lapides pretiosos, non intulit ferrum, aes et plumbum, per quae* capitalia et criminalia peccata *designantur* (col. 321).

gor: não se pode mais adquirir méritos depois da morte. Quanto à existência de penas purgatórias depois da morte, ninguém deve se iludir, pois não valem para os pecados criminais, mas apenas para os pecados mais leves, aqueles designados pela madeira, pelo feno e pela palha[14].

Mesmo o grande Lanfranc, que dá um brilho incomparável no fim do século XI à escola da Abadia de Bec-Hellouin na Normandia, de que é o abade antes de se tornar arcebispo de Canterbury, não se mostra inspirado pela passagem relativa à provação pelo fogo em seu comentário sobre a Primeira Epístola aos Coríntios. Para ele, o fogo purgatório é realmente o fogo do julgamento e deixa entender que, nessas condições, o fogo do julgamento durará até que aqueles que devem ser salvos tenham sido purgados[15].

Apesar de suas funções oficiais na escola do palácio sob o reinado de Carlos o Calvo, o irlandês Jean Scot Érigène foi um espírito isolado quase ignorado pelos teólogos medievais, mesmo antes de sua condenação, mais de dois séculos depois de sua morte, pelo Concílio de Paris (1210). Atualmente é muito considerado pelos historiadores da teologia e da filosofia. Mas também não dá uma atenção especial ao fogo purgatório. A história do pobre Lázaro e do rico mau inspira-lhe a reflexão de que essa história leva a crer que as almas, não apenas quando vivem em um corpo, mas também quando foram privadas da carne, podem pedir ajuda aos santos, ou para serem completamente libertadas das penas, ou para serem menos atormentadas[16]. Em outra parte,

---

14. RATHIER DE VERONA. *Sermo II, De Quadragesima. PL,* 136, 701-702. *Mortui enim nihil omnino faciemus, sed quod fecimus recipiemus. Quod et si aliquis pro nobis aliquid fecerit boni, et si non proderit nobis, proderit illi. De illis vero purgatoriis post obi um poenis, nemo sibi blandiatur, monemus, quia non sunt statutae criminibus, sed peccatis levioribus, quae utique per ligna, ferum et stipula indesignatur.* Sobre este surpreendente personagem e autor, mais de Liège do que de Verona, cf. *Raterio di Verona* – Convegni del Centro di Studi sulla spiritualità medievale, X. Todi, 1973.

15. *PL,* 150, 165-166.

16. *Periphyseon,* V. *PL,* 122, 977.

sobre o fogo eterno do inferno, diz que é corpóreo ainda que, por causa da sutileza de sua natureza, o chamem de incorpóreo[17].

Além e heresia

Destaco dois textos do início do século XI, não porque tragam em si mesmos uma novidade, mas porque foram produzidos em contextos ricos de significação para o futuro.

O primeiro texto é uma longa passagem do chamado *Decreto* de Burchard de Worms († 1025). É uma coleção de textos considerados como referência sobre questões de dogma e de disciplina – um marco no caminho do *corpus* de Direito canônico. Burchard contenta-se em reproduzir as passagens dos *Diálogos* de Gregório o Grande, e uma passagem das *Moralia* consagradas ao problema da purgação e a passagem de Santo Agostinho (*Enchiridion*, 110) relativa aos sufrágios pelos mortos. Nessa passagem, o texto agostiniano é precedido pela frase "existem quatro tipos de oferendas" (*quatuor genera sunt oblationis*), que será retomada um século mais tarde no *Decreto* de Graciano e cujo caráter quadripartite constituirá um problema aos escolásticos. Uma autoridade escriturária citada conhecerá, em parte graças a este lugar, um grande destino. É o texto de Jo 14,2: "Na casa de meu Pai há inúmeras moradas"[18].

Em 1025, o Bispo Gérard de Cambrai, em um sínodo ocorrido em Arras, reconciliou com a Igreja os hereges que, entre outros "erros", negavam a eficácia dos sufrágios pelos mortos. O bispo lhes impôs o reconhecimento das seguintes "verdades" a esse respeito:

"É verdade, para que ninguém acredite que a penitência só é útil aos vivos e não aos mortos, que muitos defuntos foram arrancados aos sofrimentos pela piedade de seus vivos, segundo o testemunho da Escritura, por meio da oferenda do sacrifício do

---

17. *De praedestinatione*, cap. XIX. *De igni aeterno...*, PL, 122, 436.

18. BURCHARD DE WORMS. *Decretorum libri XX*, 68-74. *PL.* 140, 1.042-1.045.

Mediador (a missa), ou das esmolas, ou da quitação por um vivo da penitência assumida em favor de um amigo defunto, no caso em que o doente, vencido pela morte, não pôde quitá-la, e em que um amigo vivo o implore. Vós não sois, ao contrário do que afirmais, verdadeiros seguidores do Evangelho. Pois a Verdade nele diz: *Se alguém disse uma blasfêmia contra o Espírito Santo, ela não lhe será perdoada nem neste século nem no século futuro* (Mt 12). Nesta frase, como disse São Gregório em seu *Diálogo*, deve se compreender que certas faltas podem ser apagadas neste mundo, e outras no mundo futuro... E é preciso acreditar nisto a propósito de pecados pequenos e mínimos como o falatório contínuo, o riso imoderado, a exagerada preocupação com o patrimônio etc., coisas inevitáveis em vida, mas que pesam depois da morte se não foram apagadas durante esta vida; esses pecados, como ele diz, podem ser purgados depois da morte pelo fogo purgatório, se isso foi merecido durante esta vida por meio de boas ações. Portanto, é justo que os santos doutores digam que existe um fogo purgatório pelo qual certos pecados são purgados, desde que os vivos o obtenham com esmolas, missas ou, como já disse, com uma penitência de substituição. É evidente que, pelo preço destas obras, os mortos podem ser absolvidos dos pecados, pois não se compreenderia o Apóstolo Paulo, sobre o qual mentistes ao dizer que sois seus seguidores, que diz que os pecados mínimos e muito leves são facilmente consumidos pelo fogo purgatório, uma vez que acarretariam suplícios não purgatórios, mas eternos se por essas oferendas da hóstia não tivessem merecido ser apagados pelo fogo purgatório"[19].

Nenhuma novidade neste condensado doutrinário. Este texto terá, no entanto, junto com o *Decreto* de Burchard, um destino singular: constituem o dossiê a partir do qual será elaborada no século XII a noção de purgatório, em oposição aos que o negam. Nesses séculos heréticos que são os XII e XIII, São Ber-

---

19. *Acta synodi Atrebatensis Gerardi I Cameracensis Episcopi*, cap. IX. *PL*, 142, 1.298-1.299.

nardo, e depois outros clérigos ortodoxos, aperfeiçoarão o purgatório que será assim, em certa medida, o fruto da resistência à contestação herética que começa por volta do ano mil.

A série visionária: viagens para o além

Ao lado deste imobilismo doutrinário uma outra série, sem ser revolucionária, prepara de forma mais segura o futuro purgatório: são as visões do além, as viagens imaginárias ao outro mundo.

Heranças

O gênero é tradicional. Explodiu, como vimos, no âmbito da literatura apocalíptica judaico-cristã que o marca fortemente. Ainda que se trate de um filão menor que dificilmente encontrou um futuro na literatura erudita, tem seus testemunhos antigos, gregos em especial. Plutarco, em suas *Moralia*, narra a visão de Tespésio. Este, depois de ter levado uma vida desregrada, segundo todas as aparências, morre, e ao fim de três dias retorna à vida, começa então a levar uma vida perfeitamente virtuosa. Ao ser constantemente questionado, revela que seu espírito deixou o corpo e viajou no espaço entre as almas chacoalhadas pelos ares; algumas lhe eram conhecidas e emitiam terríveis lamentos, já outras, mais acima, pareciam tranquilas e felizes. Algumas destas almas são puramente brilhantes, outras são manchadas, outras completamente escuras. Aquelas que carregam poucas faltas sofrem só um leve castigo, mas as ímpias são entregues à Justiça que, se as considera incuráveis, as abandona às erínias que as jogam em um abismo sem fundo. Tespésio é depois conduzido a uma vasta planície repleta de flores e de odores agradáveis onde as almas voam alegremente como pássaros. Visita então o lugar onde estão os danados e assiste às suas torturas. Há ali, especialmente, três lagos: um de ouro fervente, o outro de chumbo gelado e um terceiro de ferro agitado por ondas. Demônios mergulham e retiram as almas de um lago para o outro. Por fim, em um outro lugar, ferreiros remodelam sem qualquer deferência as almas chamadas a uma segunda existência, dando-lhes as formas mais diversas[20].

As descrições do purgatório conservarão desta visão as diferenças de cor das almas, a passagem de um lago ao outro. Plutarco descreve também a visão de Timarco. Este desceu a uma grande gruta dedicada a Trofônio e ali realizou as cerimônias necessárias para obter um oráculo. Permaneceu por duas noites e um dia em uma espessa escuridão, ignorando se estava acordado ou sonhava. Recebeu um golpe na cabeça e sua alma voou. Toda alegre no ar, entreviu ilhas escaldantes de um fogo agradável, elas mudavam de cor e banhavam em um mar multicolorido onde flutuavam as almas. Dois rios lançavam-se no mar, abaixo havia um abismo redondo e sombrio de onde saíam gemidos. Algumas almas eram aspiradas pelo buraco e outras eram jogadas de volta. E, mais uma vez, a descrição anuncia a da obra onde se criará a verdadeira visão do purgatório, o *Purgatório de São Patrício*, no fim do século XII.

Esta literatura visionária é muito influenciada pelos tratados do apocalíptico judaico-cristão de que falei, em particular o Apocalipse de Pedro e o Apocalipse de Paulo, mas também traz a marca de duas tradições que citarei rapidamente: as viagens ao além das velhas culturas pagãs, celta e germânica[21].

Se deixo em grande parte de lado estes dois componentes da cultura medieval que certamente desempenharam um papel no imaginário do purgatório, é porque a importância das pes-

---

20. Resumo a visão de Tespésio, segundo E.J. Becker (*A contribution to the comparative study of the Medieval Visions of Heaven and Hell, with special Reference to the Middle English Versions.* Baltimore, 1899, p. 27-29) e a visão de Timarco, segundo H.R. Patch (*The other World according to descriptions in medieval literature.* Cambridge, Mass., 1950, p. 82-83).

21. DINZELBACHER, P. "Die Visionen des Mittelalters". In: *Zeitschrift für Religions- und Geistesgeschichte,* 30, 1978, p. 116-118 (resumo de um Habilitation Schrift, inédito, *Vision und Visionsliteratur im Mittelalter.* Stutgart, 1978). Do mesmo autor, "Klassen und Hierarchien im Jenseits". In: *Miscellanea Medievalia,* vol. 12/1. • *Soziale Ordnungen im Selbsverständnis des Mittelalters.* Berlim/Nova York, 1979, p. 20-40. Claude Carozzi prepara uma tese sobre as "Viagens ao além na alta Idade Média".

quisas a serem feitas para que deles se fale com pertinência não me parece em conformidade com o fruto que se pode esperar. A apreciação da contribuição destas culturas – apesar dos estudos de grande qualidade – supõe resolvidos problemas muito difíceis. Problemas principalmente de datação. Como é normal, os textos escritos datam da época em que as línguas dessas culturas desaguaram na escrita, no mínimo no século XII. O que as primeiras obras escritas nessas línguas expressam é em grande parte certamente anterior, mas quão anterior?

Para mim, ainda mais importante é o fato de que esta literatura antiga é um produto complexo, difícil de ser caracterizado. A distinção entre erudito e popular não tem muito sentido aqui. As fontes orais próximas me parecem essencialmente "eruditas". A oralidade não se confunde com o popular. As obras escritas a partir do século XII são elaborações de artistas orais eruditos. Na época em que se recitam, se cantam e depois se escrevem essas obras "vulgares", essas culturas "bárbaras" já estão há mais ou menos tempo em contato com a cultura eclesiástica, erudita, cristã, de expressão latina. A contaminação vem se adicionar à dificuldade de discernir a verdadeira herança "bárbara". Longe de mim rejeitar essa herança; pelo contrário, creio que ela pesou muito na cultura medieval, mas não me parece que já estejamos o suficientemente maduros para isolá-la, caracterizá-la, pesá-la. Em contrapartida, penso que nas regiões onde o latim já havia se imposto desde muito tempo como língua erudita, a cultura erudita latina acolheu mais ou menos de bom grado, mais ou menos conscientemente, elementos mais ou menos importantes de cultura tradicional "popular", ou seja, para essa época, em grande parte camponesa e de certa forma bem-definida pelo termo folclórico – o que a Igreja qualificou de "pagão" – pré-cristão e rural ao mesmo tempo. Para reconhecer esta herança dispomos de um método certamente delicado de manusear: fazer remontar pelo método regressivo, sendo prudente ao confrontá-los com os documentos medievais datados ou datáveis, o *corpus* estabelecido pelos folcloristas dos séculos XIX e XX. Apesar de suas incertezas, sinto-me mais seguro quando utilizo os dados coletados pelos Irmãos Grimm, por Pitré, por Frazer e por Van Gennep para iluminar o imaginário medieval do que ao especular sobre os *imrama* (relatos de viagem às ilhas do além) célticos ou as *sagas* escandinavas.

Dessas culturas "bárbaras" presentes e difíceis de delimitar só mencionarei, para as épocas anteriores ao século XII, alguns traços significativos para a gênese do purgatório.

Entre os celtas predomina o tema da viagem às ilhas afortunadas, sendo que o testemunho mais antigo parece ser o da viagem de Bran, cuja versão primitiva remontaria ao século VIII[22]. O outro mundo está situado em uma ilha, quase sempre acessível por um poço, mas desprovida de montanha sagrada. Outra imagem muito encontrada é a da ponte.

Entre os escandinavos e os germânicos, a mitologia do além parece mais coerente quando se começa a compreendê-la. Existem essencialmente dois lugares depois da morte: um mundo subterrâneo onde reina a deusa Hel, muito próximo do *shéol* judaico, escuro, angustiante, mas sem torturas, cercado por um rio que se atravessa por uma ponte e, por outro lado, um lugar celeste de repouso e de descanso, o Valhalla, reservado aos mortos merecedores e, particularmente, aos heróis mortos no campo de batalha. É possível que, antes de estar situado no céu, o Valhalla tenha sido subterrâneo e comparável aos Campos Elíseos romanos. Já o além céltico só excepcionalmente apresenta uma montanha (elemento geográfico que será essencial para o purgatório), a mitologia germânica conhece o Monte Hecla na Islândia, montanha vulcânica atravessada por um poço que contém um reino de tortura[23].

---

22. Cf. Kuno Meyer, edição e tradução em inglês: *The voyage of Bran son of Febal to the land of the living...* 2 vols. Londres, 1895-1897. A obra traz também um estudo de Alfred Nutt (*The happy other-world in the mythico-romantic literature of the Irish – The celtic doctrine of re-birth*), que mostra as raízes célticas de um eventual purgatório "paradisíaco".

23. Cf. MAURER. "Die Hölle auf Island". In: *Zeitschrift des Vereins für Volkskunde*, IV 1894, p. 256ss. Cf. tb. ELLIS, H.R. *The Road to Hell* – A study of the concep-

Talvez ainda mais do que para o céltico, o além imaginário germânico, quando começamos a compreendê-lo, aparece já fortemente penetrado pela influência cristã erudita e latina. É o caso das viagens ao além relatadas, no século XII, por Saxo Grammaticus em sua *História dos dinamarqueses*. Os *Diálogos* de Gregório o Grande foram logo traduzidos para o escandinavo medieval e talvez tenham legado o tema da ponte à mitologia escandinava, ainda que, também vindo quem sabe do Oriente, provavelmente já se encontrasse ali.

O mais importante certamente é que, sob a influência cristã, o além mais prazeroso das mitologias céltica e germânica primitivas torna-se sombrio, subterrâneo, se infernaliza. No momento em que o purgatório nascer veremos a concepção céltica (e talvez germânica) otimista de um lugar de espera e de purificação já próximo do paraíso se apagar diante da imagem de um purgatório temporariamente cruel como o inferno, vindo do apocalíptico oriental e da tradição cristã oficial. Essa imagem não desaparecerá completamente, mas será recuperada nas visões do paraíso. Estes aléns "folclóricos" ambivalentes serão divididos entre um polo positivo e um polo negativo, e o purgatório hesitará em torno da linha de separação.

Da literatura cristã latina das visões do além do início do século VIII ao fim do século X emergem três textos. O primeiro é de um dos grandes espíritos da alta Idade Média, o monge anglo-saxão Beda. É a *Visão de Drythelm*. Ela distingue pela primeira vez um lugar de purgação no outro mundo que o herói percorre. A *Visão de Wetti*, monge do sul da Germânia, é uma descrição infernal e delirante de um além em parte utilizado para fins políticos, em detrimento de Carlos Magno. Este desvio político dos relatos de viagem além-túmulo se expressa plenamente em um relato anônimo do extremo fim do século

---

tion of the Dead in Old Norse Literature. Cambridge, 1943. Sobre o "Valhöle" (Valhalla), cf. DUMÉZIL, G. *Les Dieux des Germains*. Nova ed., 1959, p. 45. Do ponto de vista da cultura popular germânica moderna, cf. SIUTS, H. *Jenseitsmotive deutschen Volksmärchen*. Leipzig, 1911.

IX, a *Visão de Carlos o Gordo*, panfleto a serviço de um pretendente carolíngio.

Estes três importantes textos serão precedidos de duas breves visões, uma do fim do século VI e a outra do início do século VIII, relatadas por dois grandes personagens da Igreja, os arcebispos Gregório de Tours e Bonifácio (o anglo-saxão Winfrith) de Mayence. Elas evocam o além mais ou menos banal dos meios monásticos da época.

Esses textos serão enquadrados por dois poemas influenciados pela tradição literária romana clássica nas duas extremidades cronológicas do período, o início do século VI para o primeiro, o início do século XI para o segundo. Mostrarão um imaginário muito tradicional ao qual o purgatório pouco deverá.

As duas visões que primeiro se oferecem a nós têm mais valor pela personalidade de seus autores, poderosos personagens eclesiásticos, do que por seu conteúdo, pois este é rigorosamente tributário do Apocalipse de Paulo para a maioria das imagens e das ideias.

Em sua *História dos francos* (IV, 33), no final do século VI, Gregório de Tours relata a visão de Sunniulf, abade de Randau: "Viu-se transportado a um rio de fogo, para cuja margem pessoas corriam como abelhas em torno de uma colmeia; uns estavam submersos até a cintura, outros até as axilas, alguns até o queixo, e chorando se lamentavam quando eram atrozmente queimados. Havia por cima do rio uma ponte muito estreita, com apenas a largura de um pé. Na outra margem via-se uma grande casa toda branca. Os monges que desprezavam a disciplina de sua comunidade caíam da ponte, enquanto os que a respeitavam passavam e eram recebidos na casa".

No início do século VIII, São Bonifácio, o apóstolo dos germânicos, escreve (Epístola 10) a Eadburge, abadessa de Thanet, que um monge de Wenlock teve uma visão. Anjos o levaram pelos ares e viu o mundo todo cercado de fogo. Viu um bando de demônios e um coro de anjos representando seus vícios e suas virtudes. Avistou poços de fogo vomitando chamas e almas sob a forma de pássaros pretos que choravam e gemiam e davam gritos com uma voz humana. Viu um rio de fogo fervente, por cima do qual havia uma prancha à guisa de ponte. As almas passavam sobre essa ponte, outras deslizavam e caíam no Tártaro. Algumas estavam completamente submersas pelas ondas, outras até os joelhos, outras até a metade do corpo, outras até os cotovelos. Todas saíam do fogo brilhantes e limpas. Do outro lado da margem havia grandes e altas muralhas resplandecentes. Era a Jerusalém celeste. Os espíritos maus eram mergulhados nos poços do fogo.

Coloco aqui um poema da Antiguidade latina tardia que, ao contrário dos textos de Plutarco, por exemplo, não tem parentesco com as visões propriamente apocalípticas e com as viagens mais ou menos "folclóricas" do período posterior, mas que, por sua diferença, tem seu lugar no dossiê.

O *Carmen ad Flavium Felicem* foi escrito por volta do ano 500 por um cristão da África e fala da ressurreição dos mortos e do julgamento de Deus[24]. Seu objetivo é descrever o paraíso e o inferno (geena), a onipotência de Deus e a queda de Adão que provoca a morte. Deus conserva em diversas regiões (*diversis partibus*) as almas depois da morte para o juízo final. Em seguida vêm as provas da ressurreição dos mortos, a evocação dessa ressurreição e do julgamento de Deus. Uma longa descrição evoca o paraíso com suas flores, suas pedras preciosas, suas árvores, o ouro, o mel, o leite, os quatro rios que saem de uma tranquila fonte, em uma primavera eterna, uma temperatura temperada, e uma luz também eterna, onde os eleitos não têm nem preocupações, nem pecados, nem doenças, mas a paz eterna. O poema termina por uma breve evocação da destruição do mundo pelo fogo, do rio de fogo, dos gemidos dos danados e da necessidade de se arrepender antes da morte, pois é demasiado tarde fazê-lo no inferno, onde os danados evocam Deus em vão.

---

24. WASZINK, J.H. (ed.). *Carmen ad Flavium Felicem de resurrectione mortuorum et de iudicio Domini*. Bonn, 1937.

Ainda que neste texto não haja nada em relação ao futuro purgatório, salvo a vaga alusão às diversas moradas dos mortos, podemos contudo conservar dois elementos. Primeiro, enfatiza-se muito mais o paraíso do que o inferno. O poema ainda banha no otimismo dos séculos IV e V. Por outro lado, mesmo excluindo sua eficácia, evocam-se as preces dos danados, sendo que no fim da Idade Média a distinção entre as almas do purgatório e as do inferno será em razão de umas estarem em prece, enquanto as outras já renunciaram às súplicas inúteis.

O "fundador" das visões medievais do além: Beda

O grande anglo-saxão Beda, pouco antes de morrer em 735 no mosteiro de Yarrow, onde passou cinquenta anos entrecortados de viagens, muitas delas para Roma, relata na *História eclesiástica da Inglaterra* várias visões[25]. Estes relatos têm um objetivo edificante, querem provar a realidade do além e inspirar aos vivos um temor suficiente para que desejem escapar aos tormentos depois da morte e reformem sua vida. Mas não têm um caráter tão didático quanto os *exempla* de Gregório o Grande. Seu grande interesse para a nossa história é que em uma destas visões aparece pela primeira vez, para as almas que sofrem uma purgação depois da morte, um lugar especial do além que é mais do que um dos receptáculos evocados até então em relação com o Evangelho de João.

Passemos rapidamente pela primeira visão, a de São Fursy, monge irlandês que acabou vivendo no continente e foi enterrado por volta de 650 em Péronne, onde Erchinold, prefeito do palácio de Clóvis II, mandou construir um santuário sobre seu túmulo. Beda retoma uma vida de Fursy escrita em Péronne pouco depois de sua morte. Quando residia em East Anglia, no

---

25. Sobre Beda historiador, cf. os artigos de P.H. Blair ("The Historical writings of Bède") e de C.N.L. Brooke ("Historical Writing in England between 850 e 1.150") na coletânea *La storiografia altomedievale*. Spoleto (1969), 1970, p. 197-221, 224-247. Cf. tb. WALLACE-MADRILL, J.M. *Early Germanic Kingship in England and on the continent*. Oxford, 1971, cap. IV, "Bède", p. 72-97.

Mosteiro de Cnoberesborough que havia fundado, ele adoeceu e teve uma visão, pois sua alma saiu de seu corpo "durante a noite até o canto do galo". Do céu, viu acima dele quatro fogos, os da mentira, da cupidez, da dissensão e da impiedade, que logo se reuniram em um só. Demônios voando através desse fogo disputavam com anjos bons as almas dos defuntos. Três anjos protegiam Fursy do fogo e dos demônios: um abriu-lhe o caminho e os dois outros protegiam os flancos. Um demônio, no entanto, conseguiu pegá-lo e fazer com que fosse lambido pelo fogo antes que os anjos interviessem. Fursy foi queimado no ombro e no queixo. Estas queimaduras continuaram visíveis quando retornou à terra e as mostrava. Um anjo lhe explicou: "O que tu acendeste queimou em ti" e discorreu sobre a penitência e a salvação. A alma de Fursy retornou à terra e o monge guardou de sua viagem imaginária um tal terror que, quando sonhava com ela, mesmo mal-agasalhado para os dias glaciais do inverno, começava a suar de medo como se estivesse no verão.

A ideia purgatória é vaga nesta história. A natureza do fogo não é esclarecida e o caráter da queimadura de Fursy permanece bem ambíguo: ordálio, punição pelos pecados, purificação? Mas esta ambiguidade faz parte da definição do fogo purgatório que não é, no entanto, nomeado aqui[26].

A visão de Drythelm: Um lugar reservado à purgação

A visão de Drythelm, no capítulo XII do livro V da *História eclesiástica*, é muito mais importante para nossos propósitos. É um leigo piedoso, um pai de família, que é o seu herói. Este habitante da região de Cunninghame (ou Chester-le-Street), bem perto da fronteira escocesa, adoeceu gravemente e uma noite morreu. De manhã, retornou à vida afugentando aqueles que velavam seu cadáver, com exceção de sua mulher, aterrorizada, mas

---

26. *Historia ecclesiastica gentis Anglorum*, III, 19. A primeira *Vita Fursei*, praticamente copiada por Beda, foi publicada em KRUSCH, B. *Monumenta Germaniae Historica* – Scriptores rerum merowingicarum, t. IV, 1902, p. 423-451.

feliz. Drythelm dividiu seus bens em três partes, um terço para sua mulher, um terço para seus filhos, um terço para os pobres e retirou-se para um eremitério do mosteiro isolado de Mailros em um dos meandros do Rio Tweed. Ali viveu na penitência e, quando tinha a oportunidade, contava sua aventura.

Um personagem brilhante vestido de branco o conduzira para o leste em um vale muito largo, muito profundo e infinitamente longo, cercado à esquerda de chamas assustadoras, à direita de terríveis rajadas de granizo e de neve. Estas duas vertentes estavam cheias de almas humanas que o vento balançava de um lado para o outro, sem trégua. Drythelm pensou que se tratasse do inferno. "Não, disse-lhe seu companheiro que lhe adivinhara o pensamento, não é aqui o inferno que tu crês". Passou então por lugares cada vez mais escuros, onde não via mais que a mancha clara de seu guia. E subitamente surgiram bolas de fogo escuro que saltavam de um grande poço e nele voltavam a cair. Drythelm se viu sozinho. Como centelhas, almas humanas subiam e desciam nessas chamas. Este espetáculo era acompanhado de choros desumanos, de zombarias e de um odor fétido. Observou mais particularmente as torturas que demônios infligiam a cinco almas, sendo uma delas a de um clérigo reconhecível por sua tonsura, uma outra de um leigo, uma terceira de uma mulher (estamos em um mundo de oposições binárias: clérigos/leigos, homem/mulher, estes três personagens representam o conjunto da sociedade humana, os dois outros permanecem em uma penumbra misteriosa). Cercado então por demônios que ameaçam pegá-lo com pinças de fogo, Drythelm se crê perdido, de repente surge uma luz que aumenta, como a de uma estrela brilhante, os diabos se dispersam e fogem. Seu companheiro retornou e, mudando de direção, o reconduz aos lugares luminosos. Chegam a uma muralha tão longa e tão alta que seus olhos não conseguem alcançar, mas a atravessam de uma maneira incompreensível e Drythelm se vê em uma pradaria vasta e verde, cheia de flores, brilhante e perfumada. Homens vestidos de branco participavam de incontáveis grupos que faziam alegres reuniões. Pensou ter chegado ao Reino dos Céus, mas seu companheiro, lendo seu pensamento, disse-lhe: "Não, este não é o Reino dos Céus como tu o supões". Drythelm atravessou a pradaria, uma luz ainda maior se intensificou pouco a pouco, cantos muito suaves se elevaram, um perfume o envolveu, que comparado àquele que sentira na pradaria não passava de um leve odor, e a luz tornara-se tão brilhante que a da pradaria pareceu-lhe mais um brilho fraco. Esperava entrar nesse lugar maravilhoso, quando seu guia o forçou a dar meia-volta. Quando chegaram às belas moradas das almas vestidas de branco, seu companheiro disse-lhe: "Tu sabes o que significa tudo o que vimos? – Não. – O horrível vale cheio de chamas ardentes e de frios glaciais é o lugar onde são examinadas e castigadas as almas daqueles que tardaram em confessar e corrigir os pecados criminais (*scelera*) que cometeram, que só se arrependeram na hora da morte e saíram de seu corpo nesse estado; mas como, pelo menos no momento de morrer, se confessaram e fizeram penitência, todos alcançarão o Reino dos Céus no dia do juízo (final). Muitos são ajudados pelas preces dos vivos, pelas esmolas, pelos jejuns e, sobretudo, pela celebração de missas para serem libertados antes mesmo do dia do juízo"[27]. O guia continuou: "Depois, o poço fétido que vomita chamas é a boca da Geena, de onde aquele que caiu não será, pela eternidade, jamais libertado. O lugar florido, onde viste aquela encantadora e brilhante juventude divertindo-se, é onde são acolhidas as almas daqueles que saem de seus corpos no meio de boas ações, mas não têm ainda uma grande perfeição para merecerem ser logo introduzidos no Reino dos Céus; mas todos no dia do juízo entrarão na visão de Cristo e nas alegrias do reino celeste. Pois aqueles que foram perfeitos em todas as suas pala-

---

27. "*Vallis illa quam aspexisti flammis ferventibus et frigoribus horrenda rigidis, ipse est locus in quo examinandae et castigandae sunt animae illorum, qui differentes confiteri et emendare scelera quae fecerunt, in ipso tandem articulo ad poenitentiam confugiunt, et sic de corpore exeunt: qui tamen quia confessionem et poenitentiam vel in morte habuerunt, omnes in die iudicii ad regnum caelorum perveniunt. Multos autem preces viventium et ellemosynae et jejunia et maxime celebratio missarum, ut etiam ante diem judicil liberentur, adjuvant*".

vras, suas ações e seus pensamentos, assim que saem do corpo, chegam ao reino celeste; o lugar onde tu ouviste aquela doce canção no meio daquele perfume suave e daquela luz resplandecente fica próximo dele. E tu que deves agora retornar ao teu corpo e reviver entre os homens, se te esforçares em bem refletir sobre o que fazes e observar em teus costumes e em tuas palavras a retidão e a simplicidade, receberás também depois da morte uma morada entre esses grupos alegres de espíritos felizes que viste. Pois, durante o espaço de tempo onde te deixei sozinho, fui me informar sobre o que deveria acontecer contigo". Depois dessas palavras, Drythelm se entristece por ter de retornar ao seu corpo e contempla avidamente o encanto e a beleza do lugar onde se encontra e da companhia que ali vê. Mas enquanto se perguntava, sem ousar fazê-lo, como colocar uma questão ao seu guia, encontrou-se vivo entre os homens[28].

Este texto seria extremamente importante para o caminho do purgatório se não contivesse lacunas essenciais em relação ao futuro sistema e se não tivesse sido escrito na aurora de uma época que se desviará dos problemas da purgação no além.

O que está presente nele é um lugar reservado especialmente à purgação; é a definição rigorosa da natureza deste lugar: ali não apenas as almas são torturadas passando do quente ao frio e vice-versa, a tal ponto que Drythelm acredita se tratar do inferno, mas é um lugar de exame e de *castigo*, não exatamente de purificação; é a definição das faltas que conduzem para ali os pecados graves, *scelera*; é a caracterização da situação que conduz para ali a confissão e o arrependimento *in extremis*; é a afirmação de que a presença nesse lugar garante a salvação eterna; é a indicação do valor dos sufrágios com sua lista hierarquizada: preces, esmolas, jejuns e, sobretudo, sacrifícios eucarísticos, com

---

28. A visão de Drythelm será retomada nos séculos XI e XII por autores muito importantes: Alfric, em suas homilias (THORPE, B. (ed.). VI. II, 1846, p. 348ss.), Otloh de Saint-Emmeran, em seu *Liber Visionum* (*PL*, 146, 380ss.) e o cisterciense Hélinand de Froimont na virada do século XII para o século XIII (*PL*, 212, 1.059-1.060).

sua eventual consequência: reduzir o tempo de purgação, o que confirma que esse tempo é colocado entre a morte e a ressurreição, durante um período mais ou menos longo, o máximo sendo o castigo até o dia do juízo final.

O que lhe falta, principalmente, é a palavra purgação e mais extensamente toda palavra da família *purgar*. Sem dúvida Beda, ao sacrificar aqui a um gênero *literário*, omite cuidadosamente qualquer termo canônico e mesmo qualquer referência a uma autoridade, mesmo que a Bíblia e Agostinho estejam bem presentes por trás deste texto. Mas um lugar não nomeado ainda não existe realmente.

Sobretudo, talvez, conforme às opiniões agostinianas sobre os *non valde mali* e os *non valde boni*, os que não são totalmente maus e os que não são totalmente bons, não existe apenas um lugar intermediário; existem dois, o da dura correção, o da espera radiosa, um quase colado ao inferno, o outro ao paraíso. Pois o sistema da visão de Drythelm permanece um sistema binário, um muro aparentemente intransponível separa um inferno eterno e um inferno temporário de um paraíso de eternidade e de um paraíso de espera. Para que haja um purgatório será necessária a instalação de um sistema ternário, e mesmo que o purgatório permaneça geograficamente inclinado para o inferno, será preciso um sistema de comunicação melhor entre purgatório e paraíso. Será preciso derrubar o muro.

Quase um século mais tarde na Germânia meridional, Wetti, um monge de Reichenau, morre em 4 de novembro de 824 depois de ter contado, na véspera de sua morte, a visão que tivera. Este relato foi então escrito por Heito, um abade do mosteiro. Pouco depois o poeta Walahfrid Strabo, abade de Saint-Gall, dar-lhe-á uma narração em verso[29].

---

29. *Visio Guetini* (in: *PL.*, 105, 771-780) e também em *Monumenta Germaniae Historica Poetae latini*, t. II. A versão poética de Walahfrid Strabo foi editada, traduzida e comentada em um excelente estudo de David A. Traill: *Walahfrid Strabo's Visio Wettini*: text, translation and commentary. Frankfurt a. Main, 1974.

Um sonho barroco e delirante do além: a visão de Wetti

Doente, Wetti, descansava em sua cela, tinha os olhos fechados, mas não dormia. Apareceu-lhe satanás, sob a aparência de um clérigo, o rosto preto tão feio que nem mesmo se distinguiam os olhos, ameaçando-o com instrumentos de tortura, e um bando de demônios precipitou-se para aprisioná-lo em uma espécie de câmara de tortura. Mas a misericórdia divina enviou-lhe um grupo de homens magnífica e decentemente vestidos com hábitos monásticos e falando latim, que expulsou os demônios. Um anjo de inacreditável beleza, vestido de púrpura, veio então à sua cabeceira e lhe falou afetuosamente. É assim que acaba a primeira parte da visão. O prior do mosteiro e outro irmão vieram cuidar do doente. Wetti narrou-lhes o que acabara de se passar e pediu-lhes para interceder pelos seus pecados enquanto ele mesmo, segundo uma conhecida atitude de penitência monástica, prostrou-se com os braços em cruz. Os dois irmãos cantaram os sete salmos da penitência, o doente deitou-se novamente e pediu os *Diálogos*, de Gregório o Grande. Depois de ter lido nove ou dez páginas, solicitou a seus visitantes que fossem descansar e apressou-se a fazer o mesmo. Reapareceu então o anjo que havia visto vestido de púrpura, mas desta vez todo vestido de branco e resplandecente, que o felicitou pelo que havia acabado de fazer. Recomendou-lhe que lesse e relesse particularmente o Sl 118[30].

O anjo o conduziu então por uma agradável estrada até montanhas imensamente altas e de uma inacreditável beleza que pareciam feitas de mármore e cercadas por um grande rio no qual uma imensa multidão de danados estava retida para ser punida. Reconheceu muitos deles. Nos outros lugares assistiu às numerosas e diversas torturas infligidas a vários padres e às mu-

---

30. O Sl 118, na numeração da Bíblia grega e da Vulgata (que era a Bíblia utilizada na Idade Média), é, segundo a numeração hebraica habitualmente utilizada hoje, o Sl 119, sobre o qual os editores da Bíblia de Jerusalém dizem: "litania da realidade, ardente e incansável [...] todos os movimentos do coração nela se expressam; Deus, que fala, que dá sua lei meditada, amada e guardada, é a fonte da vida, da segurança, da felicidade verdadeira e total".

lheres que tinham seduzido e que estavam mergulhadas no fogo até o sexo. O anjo lhe disse que no terceiro dia seriam chicoteadas sobre o sexo. Em uma espécie de castelo de madeira e de pedra todo desconjuntado e de onde saía uma fumaça, viu monges que, segundo o que o anjo lhe dissera, tinham sido reunidos ali para sua purgação (*ad purgationem suam*). Também viu uma montanha no topo da qual estava um abade que tinha morrido há uma dezena de anos, e ali fora colocado não para sua danação eterna, mas para sua purgação. Um bispo que deveria ter rezado por esse abade também sofria penas infernais do outro lado da montanha. Viu também um príncipe que havia reinado sobre a Itália e o povo romano, e de quem um animal rasgava as partes sexuais enquanto o resto de seu corpo não sofria dano algum. Estupefato de ver esse personagem que havia sido o defensor da fé católica e da Igreja (trata-se de Carlos Magno, que Walahfrid Strabon nomeia em seu poema) assim punido, soube pelo anjo que, apesar de admiráveis e louváveis ações, esse personagem entregara-se a amores ilícitos. Mas estaria finalmente entre os eleitos. Viu ainda, ora na glória ora nos tormentos, juízes, leigos, monges. Foi então aos lugares de uma grande beleza onde se erguiam arcos de ouro e de prata. O Rei dos Reis, o Senhor dos Senhores, avançou em seguida com uma multidão de santos e os olhos humanos não podiam suportar seu esplendor. O anjo convidou os santos a intervir por Wetti, e foi o que fizeram. Uma voz vinda do trono respondeu-lhe: "Era seu dever ter tido uma conduta exemplar, e não a teve". Viu depois a glória dos bem-aventurados mártires que também pediam a Deus o perdão de seus pecados. A voz vinda do trono declarou que ele antes deveria pedir perdão a todos aqueles que tinha impelido ao mal por seu mau exemplo. Foram então ao lugar onde se encontrava uma multidão de santas virgens que também intercederam por ele, e a majestade do Senhor declarou que, se ensinasse uma boa doutrina, oferecesse bons exemplos e corrigisse aqueles a que induzira ao mal, o pedido deles seria atendido. O anjo lhe explicou então que entre todos os vícios horríveis que os homens cometiam havia um que ofendia particularmente a Deus: o pecado contra a natureza, a sodomia. O anjo fez então um longo discurso sobre os vícios a serem evitados, exortou-o a convidar especialmente os germânicos e os gauleses a respeitar a humildade e a pobreza voluntária, fez uma digressão sobre os pecados das congregações femininas, retornou ao vício da sodomia e se estendeu longamente sobre esse assunto, explicou que as epidemias atingiam os homens por causa de seus pecados e recomendou-lhe especialmente que realizasse sem fraquejar o serviço de Deus, a *opus Dei*. Assinalou-lhe ainda que um certo Conde Géraud, que havia governado a Baviera para Carlos Magno e mostrado seu zelo pela defesa da Igreja, havia sido admitido na vida eterna. Depois de muitas outras palavras, o anjo deixou Wetti, e este acordou perto da aurora e ditou sua visão. Uma descrição muito realista de seus últimos momentos finaliza o relato.

Seria necessário analisar em si mesma esta extraordinária visão. Guardarei só três elementos que interessam o futuro purgatório: a insistência dada à purgação no além, o lugar desempenhado por uma montanha como lugar dessas penas temporárias (haverá, no fim de nossa história, a montanha do purgatório de Dante), a presença nesses lugares de castigos a Carlos Magno, punido por ter cedido às tentações da carne. É uma das mais antigas aparições desta lenda que teve sucesso na Idade Média: o imperador teria mantido relações culposas com sua irmã e seria assim o pai de Roland. Mais tardiamente ver-se-á por sua vez Carlos Martel, o avô de Carlos Magno, torturado no além por ter despojado a Igreja de seus bens. Mas Carlos Martel será um danado como Teodorico, enquanto Carlos Magno é "finalmente salvo"[31].

Se Carlos Magno e seu pecado aparecem na visão de Wetti, é toda a dinastia carolíngia que é reencontrada em uma outra visão surpreendente, datando do final do século IX, e que é sem

---

31. GAIFFIER, B. "La légende de Charlemagne – Le péché de l'empereur et son pardon". In: *Études critiques d'hagiographie et d'iconologie*. Bruxelas, 1967, p. 260-275.

dúvida o melhor testemunho de uma empresa que teve êxito na Idade Média: a politização da literatura apocalíptica[32].

Politização do além: a visão de Carlos o Gordo

Apresento o texto integral desta visão certamente escrita pouco depois da morte do Imperador Carlos o Gordo (888). Destina-se a servir a causa de Luís, filho de Boson e de Hermengarda, filha única do Imperador Luís II o Jovem, filho de Lotário e sobrinho de Carlos o Gordo. Luís III, dito o Cego, foi com efeito proclamado rei em 890 e sagrado imperador pelo Papa Bento IV em 900. Foi destronado por seu concorrente Bérenger que, segundo o costume bizantino, mandou furar-lhe os olhos. O texto foi composto no círculo familiar do arcebispo de Reims e nele se afirma o poder de intercessão de São Remígio, patrono da sede episcopal.

Relato de uma visão do Imperador Carlos feita segundo sua própria declaração:

> Em nome de Deus, soberano Rei dos Reis, eu, Carlos, pela graça de Deus, rei dos germânicos, patrício dos romanos e imperador dos francos, enquanto durante a santa noite de um domingo, depois de ter celebrado o ofício divino noturno, fui me deitar para repousar e quisesse dormir por algum tempo, uma voz que se dirigiu a mim disse em um tom terrível: "Carlos, teu espírito vai te abandonar daqui a pouco e uma visão revelar-te-á o justo julgamento de Deus e alguns presságios que o envolvem; mas teu espírito regressará em seguida, depois da meia-noite".

---

32. Cf. LEVISON, W. "Die Politik in den Jenseitsvisionen des frühen Mittelalters". In: *Aus rheinischer und fränkischer Frühzeit*. Dusseldorf, 1948. Este texto foi incluído por Hariulf, cerca de 1100, em sua *Chronique de saint Riquier* (ed. de F. Lot. Paris, 1901, p. 144-148), por Guilherme de Malmesbury no século XII em seu *De Gestis regnum Anglorum* (ed. de W. Stubbs, I, p. 112-116) e por Vincent de Beauvais em seu *Speculum*, no século XIII. Encontra-se isolado em muitos manuscritos. Os monges de Saint-Denis o atribuíram ao seu benfeitor Carlos o Calvo. É uma das numerosas falsificações executadas nessa abadia. Aquela que se refere ao pseudo-Dionísio, convertido por São Paulo e suposto fundador do mosteiro, foi denunciada no princípio do século XII por Abelardo, o que contribuiu para seus contratempos.

Fui então arrebatado em espírito e aquele que me transportava era de uma grande brancura e segurava na mão um novelo de lã que emitia um raio luminoso de extrema claridade como costumam fazer os cometas quando aparecem, depois começou a desenrolá-lo e disse-me: "Pega um fio do novelo brilhante, prende-o e amarra-o solidamente ao teu polegar da mão direita porque ele te conduzirá ao labirinto dos tormentos infernais". Dizendo isso se colocou rapidamente à minha frente, foi desenrolando o novelo brilhante e me conduziu aos vales escaldantes e profundos que estavam cheios de poços onde ardiam visco, enxofre, chumbo, cera e fuligem. Encontrei ali os prelados de meu pai e de meus tios. Como lhes perguntasse aterrorizado por que aqueles dolorosos tormentos lhes eram infligidos, responderam-me: "Fomos os bispos de teu pai e de teus tios; mas em vez de lhes darmos, assim como ao seu povo, conselhos de paz e de concórdia, semeamos a discórdia e fomos os instigadores de males. Por isso que agora queimamos e sofremos estes suplícios infernais, bem como os outros praticantes de homicídios e de pilhagens. É para aqui que virão também teus bispos e a multidão dos teus satélites que hoje se satisfazem agindo de modo semelhante".

Tremendo enquanto escutava essas palavras, eis que demônios todos negros que voavam esforçavam-se para agarrar com ganchos de ferro o fio do novelo que segurava na mão e para me puxar para eles, mas a reverberação dos raios não lhes permitiu alcançar o fio. Depois correram atrás de mim e quiseram me pegar com o gancho e me jogar nos poços de enxofre; mas meu guia que segurava o novelo jogou sobre meus ombros um fio e o duplicou, depois me puxou com força para trás dele, e assim escalamos as altas montanhas de fogo de onde corriam pântanos e rios ardentes onde ferviam todas as espécies de metais. Ali encontrei muitas almas de homens e de conselheiros de meu pai e de meus irmãos que ali tinham sido mergulhadas, umas até os cabelos, outras até o queixo, outras até o umbigo, e me chamavam urrando: "Durante nossa vida gostávamos, contigo e com teu pai, teus irmãos e teus tios, de nos entregarmos às lutas e de cometer homicídios e pilhagens por cupidez terrena; é por isso que sofremos tormentos nestes rios ferventes no meio de todas as espécies de metais". Como timidamente prestasse atenção a essas palavras, ouvi atrás de mim almas que gritavam: "Os grandes sofrem em um rio fervente fornalhas de visco e de enxofre, cheias de enormes dragões, de escorpiões e de serpentes de diversas espécies"; também vi alguns conselheiros de meu pai, de meus tios e de meus irmãos, assim como meus, que me disseram: "Ai de nós! Carlos, vês os horríveis tormentos que suportamos pela nossa maldade e nosso orgulho, bem como pelos maus conselhos que demos por cupidez ao rei e também a ti". Enquanto me faziam essas queixas gemendo, dragões correram ao meu encontro com a boca aberta e cheia de fogo, de enxofre e de visco, e queriam me engolir. Mas com mais afinco ainda, meu guia triplicou sobre o fio do novelo, cujos raios luminosos venceram as bocas em fogo e puxou-me para frente com mais força ainda.

Descemos então para um vale que de um lado era escuro, mas flamejava como o fogo de um forno; do outro lado era de uma quietude e de um encanto inexprimíveis. Voltei-me para o lado que estava nas trevas e que vomitava chamas e ali vi vários reis da minha família que estavam em grandes suplícios, e então fui acometido de uma profunda angústia, pois logo imaginei que eu próprio estava mergulhado naqueles suplícios pelos gigantes todos negros que incendiavam o vale com toda espécie de fogo. E todo trêmulo, iluminado pelo fio do novelo, vi sobre o lado do vale um clarão que surgia durante um momento, e havia duas fontes que corriam. Uma era fervente, mas a outra era clara e morna e havia dois tanques. Como me encaminhasse para ele, guiado em meu caminho pelo fio do novelo, meu olhar fixou-se no tanque onde a água fervia e ali vi Luís, meu pai[33], em pé imerso até às coxas.

---

33. O Imperador Luís II o Germânico.

Estava à mercê de dores extremas que sua angústia agravava e disse-me: "Monsenhor Carlos, não temas, sei que tua alma retornará ao corpo. Se Deus te permitiu vir aqui foi para veres por que pecados sofro tais tormentos, bem como todos aqueles que viste. Um dia, com efeito, estou neste tanque de água fervente, mas no dia seguinte sou levado para aquele outro onde a água é muito fresca; devo isso às preces de São Pedro e de São Remígio, sob cuja proteção a nossa raça real reinou até agora. Mas se vierdes depressa em meu socorro, tu e meus fiéis, bispos, abades e membros do clero, por meio de missas, oferendas, salmodias, vigílias e esmolas, serei rapidamente libertado deste tanque de água fervente, pois o meu irmão Lotário e seu filho Luís já foram subtraídos a esta pena graças às preces de São Pedro e São Remígio e já foram conduzidos para alegria do paraíso de Deus". Depois me disse: "Olha para o lado esquerdo". Olhei e ali vi dois tanques muito fundos. "Aqueles, acrescentou, foram preparados para ti se não te emendares e não fizeres penitência pelos teus crimes abomináveis."

Comecei então a tremer horrivelmente. Apercebendo-se do terror em que estava o meu espírito, meu companheiro disse-me: "Segue-me para a direita onde está o vale magnífico do paraíso". Avançamos, e contemplei meu tio Lotário sentado ao lado de reis gloriosos em uma grande claridade e sobre uma pedra que era um topázio de um tamanho extraordinário. Estava coroado com um diadema precioso e perto dele estava o filho Luís ornado com uma coroa semelhante. Ao me ver aproximar dele, interpelou-me amavelmente e disse-me com voz forte: "Carlos, meu sucessor, tu que agora reinas em segurança sobre o império dos romanos, vem até mim; sei que chegaste atravessando um lugar de expiação onde teu pai, que é meu irmão, foi colocado em uma estufa que lhe estava destinada, mas a misericórdia de Deus logo o libertará dessas penas, assim como nós fomos libertados pelos méritos de São Pedro e pelas preces de São Remígio a quem Deus confiou um apostolado supremo sobre os reis e toda a raça dos francos. Se este santo não tivesse socorrido e ajudado os sobreviventes da nossa posteridade, nossa família já teria deixado de reinar e de exercer o poder imperial. Sabe então que esse poder imperial te será em breve arrancado das mãos e que em seguida só viverás durante muito pouco tempo". Voltando-se então para mim, Luís me disse: "O império dos romanos que possuíste até agora a título hereditário deve pertencer a Luís, o filho de minha filha". Ao ouvir estas palavras pareceu-me que o menino Luís estava diante de nós.

Seu avô, olhando-o fixamente, disse-me: "Esta criança é semelhante àquela que o Senhor colocou no meio de seus discípulos quando disse: "O Reino dos Céus pertence a estas crianças; digo-vos que seus anjos veem sempre a face de meu Pai que está nos céus". Quanto a ti, devolve-lhe o poder por esse fio do novelo que está em tua mão". Desatando um fio do polegar de minha mão direita, entreguei-lhe pelo dito fio toda a monarquia imperial. Logo o novelo brilhante se recolheu inteiramente dentro de sua mão como se fosse um sol radiante. Foi assim que, depois de ter tido esta visão milagrosa, meu espírito retornou ao meu corpo, mas estava muito cansado e cheio de terror. Por fim, saibam todos, quer queiram quer não, que todo o império dos romanos retornará para sua mão conforme a vontade de Deus. Mas não tenho meio de agir por ele, impedido que estou pela aproximação do momento em que o Senhor me chamará. Deus que domina os vivos e os mortos concluirá e confirmará esta obra, pois seu reino eterno e seu império universal durarão eternamente pelos séculos dos séculos"[34].

---

34. A tradução é a de R. Latouche em *Textes d'histoire médiévale du Ve au XIe siècle*. Paris, 1951, p. 144ss. Sobre Luís o Cego, cf. POUPARDIN, R. *Le Royaume de Provence sous les Carolingiens*. Paris, 1901, Apêndice VI, *La visio Karoli Crassi*, p. 324-332. Na "Vision de Rotcharius" que, como a "Vision de Wetti", data do começo do século IX (ed. de W. Wattenbach em *Auzeigen für Kundeder deutschen Vorzeit*, XXII, 1875, col. 72-74) e onde os pecadores são purgados de seus pecados sendo mergulhados no fogo até ao peito enquanto lhes derramam água fervente sobre a cabeça, Carlos Magno está entre os eleitos porque as preces dos fiéis o arrancaram do castigo.

Esse texto, que será uma das leituras de Dante, mostra o quanto, sem nenhuma reflexão teórica, está implícita a necessidade de distinguir do inferno, onde estão em princípio os grandes personagens desta visão, um lugar de onde se poderá sair. Os elementos menores também são marcos preciosos. O tema folclórico do novelo brilhante que serve de fio de Ariadne será reencontrado em Gervásio de Tilbury em uma história de feiticeira em Reims no fim do século XII. Os temas do quente e do frio, da mitigação das penas destacam-se com muita força. Vemos se desenhar um dos usos da evocação dos pecados do além: a chantagem sobre os vivos.

Encerro este exame das visões que, entre os séculos VII e XI, fornecem alguns elementos ao imaginário do purgatório com um poema de Egbert de Liège, a *Fecunda Ratis*, composto entre 1010 e 1024, que reconduz à concepção antiga dos dois fogos, o fogo purgatório e o fogo eterno, e à forma literária antiga. Em relação ao fogo purgatório (versos 231-240) trata-se dos rios de fogo, da falta leve, e as autoridades são Jo 2, Dn 7,10 e Ez 24,11. Os versos sobre o fogo eterno (241-248) evocam o lago, o poço e o abismo infernais[35].

A liturgia: perto e longe do purgatório

A terceira via a ser explorada no caminho do purgatório é a da liturgia. Talvez seja ao mesmo tempo a mais decepcionante e a mais rica de preparação para a nova crença. De um lado, não há nada ou quase nada que faça alusão à remissão dos pecados depois da morte, mas, de outro, a evolução no fervor dos vivos para rezar pelos mortos cria estruturas de recepção para o purgatório.

Viu-se na epígrafe funerária a preocupação dos cristãos pelos mortos. Reencontra-se essa preocupação na liturgia, mas o que se pede para os defuntos é, se não o paraíso imediatamente, pelo menos a espera tranquila e a promessa da vida futura. As noções que melhor correspondem a estes desejos são as do *refri-*

---

35. LIÈGE, E. (ed.). *Fecunda Ratis*. Halle, 1889.

gerium (refrigério) e o seio de Abraão. A fórmula mais comum será a do "lugar de refrigério, de luz e de paz".

Distinguem-se para a alta Idade Média três versões de orações para a morte: a oração do "velho gelasiano" (segundo o sacramentário de Gelásio) ou oração romana; a oração de Alcuíno, que será a partir do século IX a mais usada e ainda se encontra no pontifical romano; a oração galicana, que se encontra em um sacramentário de Saint-Denis do século IX e cujos testemunhos são encontrados até o século XVI.

Eis a oração de Alcuíno: "Deus, para quem tudo vive e para quem nossos corpos não perecem ao morrer, mas são mudados para melhor, pedimos-te suplicantes que ordenes que a alma de teu servidor seja recolhida pelas mãos de seus santos anjos para ser conduzida ao seio de teu amigo o Patriarca Abraão para ser ressuscitada no último dia do grande julgamento, e tudo o que ele pôde contrair de vicioso pela astúcia do diabo, em tua piedade, tua misericórdia e tua indulgência, apaga-o. Por todos os séculos e séculos"[36].

De modo geral, dois traços restringem o alcance dos textos litúrgicos para o estudo da formação do purgatório.

O primeiro é a ausência deliberada de qualquer alusão a um castigo ou a uma expiação além-túmulo. Quando se fala de alma purgada (*anima purgata*), como no sacramentário de Adriano, trata-se da remissão dos pecados. A oferenda eucarística deixa esperar "a redenção definitiva e a salvação eterna da alma". Segundo certos sacramentários, "a oferenda eucarística quebra as correntes do império da morte e conduz a alma para a morada da

---

36. Cf. SICARD, D. "La liturgie de la mort dans l'Église latine des origines à la réforme carolingienne". In: *Liturgiewissenschaftliche Quellen und Forschungen. Veröffentlichungen des Abt-Herwegen* – Instituts der Abtei Maria Laach, vol. 63, 1978. Münster. O texto em latim das três orações encontra-se nas p. 89-91. A oração galicana fala dos três patriarcas e não apenas de Abraão. Ao "teu amigo Abraão" são acrescentados "teu eleito Isaac" e "teu amado Jacó". Do mesmo modo, no sacramentário gelasiano são citados *os seios* (*in sinibus*) dos três patriarcas.

vida e da luz"[37]. A liturgia é deliberadamente eufêmica e otimista. É significativo que um prefácio do *Missal de Bobbio*, por exemplo, retome os próprios termos da prece de Agostinho por sua mãe. Joseph Ntedika observou judiciosamente que Gregório o Grande foi o "primeiro a explicar a prece pelos mortos pela doutrina do purgatório", e foi seguido por Isidoro de Sevilha, Beda e outros, mas que este ponto de vista não teve "nenhuma influência sobre os formulários litúrgicos". Esta relativa autonomia dos diferentes campos da história é um tema de reflexão para o historiador que deve se resignar com o fato de que nem tudo caminhe na história no mesmo ritmo.

O segundo traço é o conservadorismo natural, por função, da liturgia. Por exemplo, a introdução do *Memento dos mortos* no cânone da missa data, sem dúvida, pelo menos de Gregório o Grande, mas o conjunto no qual está inserido não mudou mais até o Vaticano II: "Desde o início do século V a parte de nosso cânone romano que vai do *Te igitur* às palavras da Instituição já era substancialmente o que é hoje"[38]. Se esse *Memento dos mortos* é omitido no sacramentário gregoriano (*Hadrianum*) enviado por Adriano I a Carlos Magno, isso se deve simplesmente ao fato de que era, em Roma, sempre omitido nas missas do domingo e nos ofícios solenes. Esta invocação, considerada como um simples gesto em relação aos defuntos conhecidos, só era dita nas missas cotidianas.

Duas observações são aqui necessárias. Elas nos convidam a recolocar a gênese do purgatório no clima religioso geral da alta Idade Média. A primeira é que, como indicou Damien Sicard, é possível perceber uma certa evolução na época carolíngia. Nos rituais "Deus é agora facilmente representado como o juiz.

---

37. Cf. o excelente estudo de J. Ntedika: *L'Évocation de l'au-delà dans la prière pour les morts* – Étude de patristique et de liturgie latines (IVe-VIIIe siécle). Lovaina/Paris, 1971, esp. p. 118-120.

38. São os termos de CAPELLE, B. "L'intercession dans la messe romaine". In: *Revue Bénédictine*, 1955, p. 181-191 [Retomados em *Travaux Liturgiques*, t. 2, 1962, p. 248-257].

Apela-se à sua justiça quase tanto quanto à sua misericórdia". O juízo final é evocado, o moribundo "deve ser purificado, lavado de seus pecados e de suas faltas". O sentimento dos pecados do defunto, que não aparecia na liturgia antiga, manifesta-se agora por expressões de temor e por "um início de reflexão sobre o além". Mas esse além tem apenas duas direções possíveis: o inferno ou o paraíso. O que a liturgia carolíngia introduz não é uma esperança de purgatório: é, com a esperança mais frágil do paraíso, o medo crescente do inferno. Já no século VIII o *Missal de Bobbio* propõe uma oração para um defunto "para que escape do lugar do castigo, do fogo da geena, das chamas do Tártaro e alcance a região dos vivos". Outro ritual diz: "Liberta-o, Senhor, dos príncipes das trevas e dos lugares de castigo, de todos os perigos dos infernos e das armadilhas dos tormentos..."

Segunda observação: durante toda a alta Idade Média, a liturgia insiste na ideia de uma primeira ressurreição e coloca, portanto, as preces pelos mortos em um quadro milenarista. Esta ideia, apoiada em Ap 20,6: "Bem-aventurado e santo aquele que participa da primeira ressurreição", foi propagada principalmente por Orígenes e Santo Ambrósio. A maioria dos rituais apresenta a fórmula: "Que ele participe da primeira ressurreição" (*Habeat partem in prima resurrectione*).

Damien Sicard, apoiando-se em um estudo de Dom Botte, definiu bem os problemas levantados por esta crença em uma primeira ressurreição: "Esta antiga fórmula litúrgica tem um sabor milenarista e desperta a suspeita de que, nas épocas em que nossos rituais galicanos e gelasianos eram utilizados, não se estava longe de imaginar para depois da morte um lugar intermediário para a primeira ressurreição, onde era desejável e sedutor reinar por mil anos com Cristo [...]. Mas gostaríamos que nossos textos litúrgicos nos esclarecessem mais sobre o que entendem por esse lugar intermediário. Assim como a eucologia romana primitiva, eles o designam, segundo o Evangelho de Lucas, pelas expressões equivalentes de seio de Abraão, de paraíso ou de reino". Dirigem-se "para a crença em um lugar intermediário de descanso, em um paraíso ameno, onde, na delicadeza da luz, a alma resgatada de todos os pecados aguarda o dia de sua ressurreição. Mas nada nesta concepção deixa entrever esta purificação, esta pena devida aos pecados já perdoados que ligamos à ideia atual de purgatório"[39].

Parece-me que este lugar intermediário de descanso é realmente o seio de Abraão ou ainda a pradaria habitada pelas almas vestidas de branco da *Visão de Drythelm*, de Beda. É também o sabá das almas à espera do oitavo dia, ou seja, da ressurreição, evocado principalmente por muitos documentos monásticos[40]. Mas assim como a noção de purgatório exigirá o desaparecimento da categoria agostiniana dos não *valde boni*, aqueles que não são totalmente bons, para ficar somente com a dos *non valde mali* ou dos *mediocriter boni et mali*, aqueles que não são totalmente maus, ou medianamente bons e maus, da mesma forma o lugar purgatório exigirá o desaparecimento deste lugar de espera quase paradisíaco, e o eclipse definitivo do seio de Abraão.

A celebração dos mortos: Cluny

O interesse da liturgia cristã pelos mortos foi além do *Memento dos mortos* do cânone da missa e da oração pelos defuntos. Os sacramentários romanos comprovam o uso de missas para os defuntos que, por não serem celebradas no dia dos funerais, o serão um outro dia, como celebração. Mas principalmente os registros mortuários sob suas diversas formas são o melhor testemunho desta memória dos mortos. Na época carolíngia, em certos mosteiros, inscreviam-se nos registros os vivos e os mor-

---

39. SICARD, D. *La liturgie de la mort...*, p. 412. Sobre a primeira ressurreição, cf. BOTTE, D.B. "Prima ressurectio – Un vestige de millénarisme dans le liturgies occidentales". In: *Recherches de Théologie Ancienne et Médiévale*, 15, 1948, p. 5-17. A noção vai perdurar, apoiada no Apocalipse. É encontrada, p. ex., em um opúsculo sobre a confissão de Guy de Southwick do fim do século XII, publicado em WILMART, A. *Recherches de Théologie Ancienne et Médiévale*, 7, 1935, p. 343.

40. LECLERCQ, J. "Documents sur la mort des moines". In: *Revue Mabillon*, XLV, 1955, p. 167.

tos que deviam ser recomendados ao cânone da missa. Tomavam o lugar dos antigos dípticos, tabuletas de cera onde figuravam os nomes dos doadores de oferendas. São os *Livros de vida* (*libri vitae*)[41]. Depois os mortos se separam dos vivos. As comunidades monásticas – desde o século VII na Irlanda – anotam o nome de seus mortos em *rolos* que depois fazem circular para informar os mosteiros da comunidade[42]. Aparecem em seguida os *necrológios*, listas de defuntos na margem de um calendário que em geral eram lidas no ofício de prima, quer no coro, quer no capítulo, e os *obituários*, que normalmente não são destinados à leitura, mas que relembram as missas de aniversários estabelecidas por certos defuntos e as obras de misericórdia (geralmente distribuição de esmolas) que a eles estão ligadas. K. Schmid e J. Wollash destacaram a evolução que se produziu da época carolíngia (séculos IX-X) até os tempos da reforma gregoriana (fim do século XI). Passou-se principalmente das menções globais às menções individuais. Os *libri memoriales* carolíngios contêm de 15 a 40 mil nomes. Os necrológios clunisianos mencionam apenas de 50 a 60 nomes por dia de calendário. Doravante "a lembrança litúrgica está permanentemente garantida aos mortos nominalmente inscritos". O tempo da morte individual[43] se impõe a partir de

---

41. Cf. HUYGHEBAERT, N. "Les documents nécrologiques". In *Typologie des Sources du Moyen Âge occidental*. Fasc., 4. Turnhout, 1972, • LEMAÎTRE, J.-L. "Les obituaires français – Perspectives nouvelles". In: *Revue d'Histoire de l'Eglise de France*, LXIV, 1978, p. 69-81. Só restam 7 *libri vitae*. Um deles, o de Remiremont, foi objeto de uma edição exemplar de E. Hladwitschka, K. Schmid e G. Tellenbach: *Liber Memorialis von Remiremont*. Dublin/Zurique, 1970. Cf. TELLENBACH, G. "Der liber memorialis von Remiremont – Zur kritischen Erforschung und zum Quellenwert liturgischer Gedenkbücher". In: *Deutscher Archiv für Erforschung des Mittelalters*, 35, 1969, p. 64-110.

42. Encontraremos uma bibliografia sobre os rolos dos mortos nos artigos de J. Dufour: "Le rouleau mortuaire de Bosson, abbé de Suse (c. 1130)" (in: *Journal des Savants*, p. 237-254) e "Les rouleaux et encycliques mortuaires de Catalogne (1008-1112)" (in: *Cahiers de Civilisation Médiévale*, XX, 1977, p. 13-48).

43. SCHMID, K. & WOLLASCH, J. "Die Gemeinschaft der Lebenden und Verstorbenen in Zeugnissen des Mittelalters". In: *Frühmittelalterliche Studien*, I, 1967, p. 365-405.

então nos registros mortuários. K. Schmid e J. Wollasch também insistiram sobre o papel da Ordem Clunisiana nesta evolução. Como dissera W. Jorden, "existe uma originalidade clunisiana no cuidados dos mortos"[44].

Cluny, com efeito, mesmo obedecendo ao caráter elitista destas uniões entre mortos e vivos que dizem respeito aos grupos dirigentes, estende a atenção da liturgia, de maneira solene e uma vez por ano, ao conjunto dos defuntos. Na verdade, em meados do século XI, provavelmente entre 1024 e 1033, Cluny institui a celebração dos mortos no dia 2 de novembro, próxima à Festa de Todos os Santos que acontece na véspera. O prestígio da ordem junto à Cristandade é tal que o "Dia dos Mortos" logo será celebrado em toda parte. Este vínculo suplementar e solene entre os vivos e os mortos prepara o terreno onde vai nascer o purgatório. Mas Cluny preparou o purgatório de uma maneira ainda mais precisa. Pouco depois da morte do Abade Odilon (1049), o Monge Jotsuald, que está escrevendo a vida do santo abade, relata o seguinte fato:

> O senhor bispo Richard relatou-me esta visão de que eu já tinha ouvido falar, mas de que não guardara nenhuma lembrança. Um dia, disse-me ele, um monge de Rouergue retornava de Jerusalém. Bem no meio do mar que se estende da Sicília à Tessalônica, defrontou-se com um vento muito violento que empurrou seu navio até uma ilhota rochosa onde morava um eremita, servo de Deus. Quando nosso homem viu o mar se acalmar, pôs-se a conversar com ele. O homem de Deus perguntou-lhe qual era sua nacionalidade e ele respondeu que era da Aquitânia. Então, o homem de Deus quis saber se ele conhecia um mosteiro chamado Cluny, e Odilon, o abade desse lugar. Ele respondeu: "Conheci-o até muito bem, mas gostaria de saber por que tu me perguntas isto".

---

44. JORDEN, W. *Das cluniazensische Totengedächtniswesen.* Munique, 1930. • LEMAÎTRE, J.-L."L'inscription dans les nécrologes clunisiens". In: *La mort au Moyen Âge* [colóquio da Société des Historiens Médiévistes de l'Enseignement Supérieur Public, 1975]. Estrasburgo, 1977, p. 153-167.

E o outro: "Vou dizê-lo, e peço que não te esqueças do que vais ouvir. Não distante de nós encontram-se lugares que, pela vontade manifesta de Deus, cospem com a maior violência um fogo ardente. As almas dos pecadores, durante um tempo determinado, ali se purgam em suplícios variados. Uma multidão de demônios está encarregada de renovar constantemente seus tormentos: reanimando os sofrimentos dia após dia, tornando as dores cada vez mais intoleráveis. Várias vezes ouvi os lamentos desses homens que se queixavam com veemência: a misericórdia de Deus permite, de fato, que as almas desses danados sejam libertadas de seus tormentos pelas preces dos monges e pelas esmolas feitas aos pobres, nos lugares santos. Em seus lamentos, dirigem-se sobretudo à comunidade de Cluny e ao seu abade. Por isso, eu te conjuro por Deus, se tu tens a felicidade de retornar entre os teus, a revelar a esta comunidade tudo o que ouviste de minha boca, e a exortar os monges a multiplicarem as preces, as vigílias e as esmolas pelo descanso das almas mergulhadas nos tormentos para que haja assim mais alegria no céu, e que o diabo seja vencido e contrariado".

De retorno ao seu país, nosso homem transmitiu fielmente sua mensagem ao santo padre abade e aos irmãos. Estes, ao ouvi-lo, com o coração transbordando de alegria, deram graças a Deus, adicionaram as preces às preces, as esmolas às esmolas, e trabalharam obstinadamente pelo descanso dos defuntos. O santo padre abade propôs a todos os mosteiros que no dia seguinte à Festa de Todos os Santos, o primeiro dia das calendas de novembro, se celebrasse em toda parte a memória de todos os fiéis para garantir o descanso de sua alma, que missas, com salmos e esmolas, sejam celebradas em particular e em público, que as esmolas sejam generosamente distribuídas a todos os pobres: assim o inimigo diabólico receberia golpes mais duros e, sofrendo nessa geena, o cristão acalentaria a esperança da misericórdia divina.

Alguns anos mais tarde, Pedro Damião, célebre monge e cardeal italiano, também escreveu uma vida de Odilon, quase inteiramente copiada daquela de Jotsuald a partir da qual este episódio tornou-se célebre[45]. No século XIII, Jacopo da Varazze (Jacques de Voragine) também a reproduziu na *Lenda dourada*: "São Pedro Damião relata que Santo Odilon, abade de Cluny, tendo descoberto que perto do vulcão na Sicília muitas vezes se ouviam os gritos e os urros dos demônios lamentando-se de que as almas dos defuntos fossem arrancadas de suas mãos pelas esmolas e pelas preces, ordenou a celebração em seus mosteiros do dia dos mortos, depois do dia de Todos os Santos. E o que na sequência foi aprovado por toda a Igreja". Jacoppo da Varazze escreveu em meados do século XIII: interpreta, portanto, a história em função do purgatório que, doravante, existe. Mas quando Jotsuald e Pedro Damião redigem a *Vida de Odilon*, o purgatório ainda está para nascer. Cluny estabelece um marco essencial; eis um lugar bem-definido: uma montanha que cospe fogo, e uma prática litúrgica essencial criada: os mortos, e especialmente aqueles que precisam de sufrágios, têm agora seu dia no calendário da Igreja.

---

45. O texto de Jotsuald encontra-se na *Patrologie Latine*, t. 142, col. 888-891, e o de Pedro Damião no t. 144, col. 925-944.

Segunda parte

O século XII: o nascimento do purgatório

O século do grande desenvolvimento

O século XII é o século da explosão da Cristandade latina. O sistema das relações sociais, após uma lenta maturação, mudou. A escravidão desapareceu definitivamente, o grande domínio da Antiguidade tardia e da alta Idade Média transformou-se profundamente. O sistema senhorial estabeleceu-se, organizando uma dupla hierarquia, uma dupla dominação. Uma primeira clivagem, fundamental, separa os dominantes, os senhores, da massa dos camponeses submetidos ao seu direito de comando sobre o território da senhoria. Em função desse direito, os senhores recolhem dos camponeses uma parte importante do produto de seu trabalho sob a forma de "impostos *im natura*" e, cada vez mais, em dinheiro (em prestações de mão de obra também, mas as corveias começam a diminuir): é a renda feudal. Dominam a massa dos camponeses (os *aldeões*, os que permanecem na senhoria, os *vilões*, os homens do antigo domínio que também são, moralmente, pessoas desprezíveis) com todo um conjunto de direitos dos quais os mais significativos, junto com as exações econômicas, decorrem de seu poder de justiça. Uma segunda clivagem social estabeleceu-se no interior da classe dominante. Uma aristocracia, a dos possuidores dos principais castelos, subjuga a pequena e a média nobreza dos *cavaleiros* pelos vínculos da *vassalagem*. Em troca de um conjunto de serviços, sobretudo militares, mas também de assistência e de conselho, o senhor concede sua proteção ao vassalo e muitas vezes lhe confia um meio de subsistência, em geral uma terra, o feudo.

O conjunto deste sistema constitui a feudalidade. Embora juridicamente só esteja bem-definida para a camada superior, feudo-vassálica, ela não existe e não funciona senão por meio das relações que ligam senhores e camponeses, geralmente definidas de uma maneira bastante vaga pelo *costume*.

Esta *feudalidade* é uma das encarnações históricas de um tipo de sistema mais vasto, o *feudalismo*, que existiu (ou ainda existe) em diversas regiões do mundo e em diferentes épocas. No entanto, este sistema, muito duro para a massa dominada, permitiu ao conjunto da sociedade um excepcional desenvolvimento. Este é principalmente visível no número dos homens: entre o início do século XI e meados do século XIII, a população da Cristandade latina dobrou quase que globalmente. Aparece também nos campos: extensão das superfícies, melhores rendimentos ligados à multiplicação das maneiras de arar a terra, aos progressos tecnológicos. Com o desenvolvimento urbano fundado na exploração do excedente agrícola, é espetacular a mão de obra artesanal, a renovação do comércio com a criação de um meio urbano ligado às estruturas feudais, mas que nelas introduz um elemento novo, particularmente negador: classes médias livres (artesãos, comerciantes), de onde sai a burguesia com um sistema de novos valores ligados ao trabalho, ao cálculo, à paz, a uma certa igualdade, uma hierarquia horizontal mais do que vertical, onde os mais poderosos distanciam-se dos outros sem dominá-los.

Novos esquemas descritivos e normativos da sociedade aparecem, vindos da velha ideologia tripartite indo-europeia vivificada pela evolução histórica. O clero está engajado nas estruturas feudais como parte ativa da dominação senhorial (as senhorias eclesiásticas estão entre as mais poderosas) e é agora fiador ideológico do sistema social, mas a ele escapa pela dimensão religiosa. Seu sentimento de superioridade é exaltado pela reforma gregoriana segundo a qual os clérigos formam uma sociedade de celibatários que escapam à mácula sexual, e estão em contato direto com um sagrado que administram de acordo com a nova teoria dos sete sacramentos. A lembrança da igualdade dos fiéis e da superioridade dos valores éticos e religiosos sobre as formas sociais e laicas também permite ao clero se afirmar com a primeira ordem, *aquela que ora*. Os nobres, cuja função específica é guerreira em um momento em que o armamento e a arte militar também mudam (armamento pesado para o homem e o cavalo, campanhas organizadas em torno de uma rede de castelos fortificados), formam a segunda ordem, *aquela que combate*. Por fim, novidade significativa, uma terceira ordem aparece, *aquela que trabalha*, quer se trate de uma elite rural, cujo papel foi importante nos desmatamentos e na conquista do solo, ou da massa laboriosa, rural e depois também urbana. Reconhece-se aqui o esquema da sociedade tripartite definida do início do século XI e que se amplifica no XII: *oratores, bellatores, laboratores*[1].

Desenvolvimento social, portanto, sancionado por um novo sistema de representações. Mas o desenvolvimento do século XII é um movimento de expansão geográfica e ideológica; é o grande século das cruzadas. E é também, na própria Cristandade, espiritual e intelectual, com a renovação monástica, da qual os cartuxos, os premonstratenses e sobretudo os cistercienses foram a expressão, com as escolas urbanas, de onde nascem simultaneamente uma nova concepção do saber e dos novos métodos intelectuais: a *escolástica*.

O purgatório é um elemento desta expansão no imaginário social, na geografia do além, na certeza religiosa. Uma peça do sistema. Esta é uma conquista do século XII.

Agora vou limitar e aprofundar pouco a pouco minha pesquisa. Examinarei de mais perto a lógica do purgatório à medida que ela se constitui. Ela tomará uma forma sistemática segundo

---

1. Cf. o importante livro de G. Duby: *Les Trois Ordres ou l'imaginaire du féodalisme*. Paris, 1979. A ideologia tripartite indo-europeia foi revelada pela obra magistral de Georges Dumézil. Apresentação do estado das questões e dos problemas em LE GOFF, J. "Les trois functions indo-européennes, l'historien et l'Europe féodale". In: *Annales ESC*, p. 1.187-1.215.

duas direções. Uma, teológica, seguirá os desenvolvimentos do sistema da redenção e estará estreitamente ligada ao desenvolvimento das concepções do pecado e da penitência e de uma doutrina articulada dos fins últimos. A outra, imaginária, delimitará a natureza e as funções do fogo e depois constituirá o lugar da purgação no além.

Minha pesquisa de geografia e de sociologia culturais, que até aqui procurou abranger o conjunto das expressões do além em toda a Cristandade, se concentrará, sem negligenciar nenhum testemunho importante, nos lugares e nos meios onde se decidirá, onde nascerá o purgatório. Observarei e definirei os centros da elaboração final teológica e doutrinal e as regiões onde a geografia imaginária do além se enraizará nas realidades geográficas deste mundo. Por fim, como o fenômeno me parece expressar uma grande transformação da sociedade, analisarei a maneira pela qual o purgatório toma lugar neste parto de uma sociedade nova. Esta será a quádrupla abordagem da parte central deste livro.

4
O fogo purgatório

No início do século XII: aquisições e indecisões

No início do século XII, a atitude da Igreja em relação aos mortos, assim como podemos conhecê-la através dos documentos que emanam de clérigos, é a seguinte: depois do juízo final haverá dois grupos de homens por toda a eternidade: os eleitos e os danados. O destino deles será essencialmente determinado por sua conduta durante a vida: a fé e as boas obras decidirão a salvação, a impiedade, e os pecados criminais conduzirão ao inferno. Entre a morte e a ressurreição, a doutrina não está bem delimitada. Segundo alguns, depois da morte os defuntos aguardam nos túmulos ou em uma região sombria e neutra assimilada ao túmulo como o *shéol* do Antigo Testamento, o julgamento decidirá seu destino definitivo. Para outros, mais numerosos, as almas serão recebidas nos diversos receptáculos. Entre estes há um que se distingue, é o seio de Abraão que recolhe as almas dos justos que, aguardando o paraíso propriamente dito, vão para um lugar de refrigério e de paz. Para a maior parte, e esta opinião parece ter tido a preferência das autoridades eclesiásticas, existe, imediatamente depois da morte, uma decisão definitiva para duas categorias de defuntos; aqueles que são totalmente bons, os mártires, os santos, os justos perfeitos, que vão imediatamente ao paraíso e desfrutam da visão de Deus, recompensa suprema, a visão beatífica; aqueles que são totalmente maus vão logo para o inferno. Entre os dois, pode haver uma ou duas categorias intermediárias. Segundo Santo Agostinho, aqueles que não são totalmente bons sofrerão uma provação antes de ir ao paraíso e aqueles que não são totalmente maus irão para o inferno e talvez se beneficiem ali de uma danação mais tolerável. Segundo a maioria daqueles que acreditam na existência de uma categoria intermediária, esses mortos que esperam o paraíso serão submetidos a uma purgação. Aqui há divergência entre as opiniões. Para uns essa purgação ocorrerá no momento do juízo final. Mas entre os defensores desta opinião, as posições são diferentes. Uns consideram que todos os mortos – inclusive os justos, os santos, os mártires, os apóstolos, e até mesmo Jesus – sofrerão essa provação. Para os justos será uma formalidade sem consequência; para os ímpios, a condenação; para os quase perfeitos, uma purgação. Outros pensam que somente aqueles que não foram imediatamente para o paraíso ou para o inferno sofrerão este exame.

Em que consistirá essa purgação? A imensa maioria estima que será uma espécie de fogo – apoiando-se essencialmente em 1Cor 3,10-15. Mas alguns pensam que os instrumentos dessa purgação são diversificados e falam de "penas purgatórias" (*poenae purgatoriae*). Quem merecerá sofrer este exame que, por mais doloroso que seja, é uma garantia de salvação? Desde Agostinho e Gregório o Grande, sabe-se que só os mortos que devem expiar apenas pecados leves ou que antes de morrer se arrependeram sem ter tido o tempo de fazer penitência na terra e que, de todo modo, tiveram uma vida bastante digna e suficientemente marcada pelas boas obras merecerão esta "repescagem". Quando essa purgação acontecerá? A partir de Agostinho geralmente se pensava que ela ocorreria entre a morte e a ressurreição. Mas o tempo da purgação poderia ultrapassar este tempo intermediário para mais ou para menos. Para o próprio Agostinho as provações sofridas neste mundo, a tribulação terrena, podiam ser o início da purgação. Para outros, essa purgação permanecia vinculada ao momento do juízo final e, neste caso, estimava-se normalmente que o "dia" do julgamento duraria um certo tempo para permitir que ela fosse mais do que uma formalidade.

Onde essa purgação ocorreria? Aqui os propósitos eram ainda mais imprecisos do que na diversidade de opiniões. A maioria não esclarecia nada a este respeito. Alguns pensavam que havia um receptáculo das almas para isso; Gregório o Grande, em suas anedotas, sugerira que a purgação ocorria nos lugares do pecado. Os autores de viagens imaginárias ao além não sabiam muito onde situar o lugar onde se sofria esse fogo purgatório. Sua localização alternava-se, caso se possa dizer, entre a concepção de uma parte superior do inferno, mas no entanto subterrânea, materializada por um vale, e a ideia – lançada por Beda – de uma montanha.

Reina, em suma, uma grande indecisão sobre o caso desta categoria intermediária, e se a noção do fogo – bem distinguido do fogo eterno da geena – é amplamente admitida, a localização desse fogo foi silenciada ou evocada de maneira muito vaga. Dos Pais da Igreja aos últimos representantes da Igreja carolíngia, o problema do além é essencialmente o da escolha entre a salvação que conduzirá ao paraíso e a danação que conduzirá no inferno. Definitivamente, a crença que mais se fortaleceu entre os séculos IV e IX e que criou o terreno mais favorável ao nascimento do purgatório foi a prática das preces e, mais amplamente, dos sufrágios pelos mortos. O conjunto dos fiéis encontra nela com o que satisfazer ao mesmo tempo sua solidariedade com seus parentes e seus próximos para além da morte e a esperança de também ser, depois da morte, beneficiário desta assistência. Agostinho, fino psicólogo e pastor atento, disse-o bem no *De cura pro mortuis gerenda*. Esta crença e estas práticas que exigem a intervenção da Igreja no sacrifício eucarístico principalmente – e da qual se beneficia, entre outras, pela esmola – garantem-lhe um melhor domínio sobre os vivos pelo desvio de seu suposto poder em favor dos mortos.

O século XII, como em muitos outros domínios, vai acelerar as coisas; o purgatório como lugar só nascerá no fim. Enquanto espera é o fogo purgatório que é atiçado.

Aqui talvez seja necessária uma observação preliminar.

A utilização de um dossiê de textos do século XII é assunto delicado. O desenvolvimento geral dessa época também ocorre na produção escrita. Os textos se multiplicam. Os eruditos, desde o século XVI, e sobretudo nos séculos XIX e XX, esforçaram-se em editá-los o mais possível. Muitos deles ainda permanecem inéditos. A esta profusão adicionam-se traços característicos do período. Para garantir o êxito de uma obra, muitos clérigos dessa época não hesitaram em lhe atribuir um autor ilustre ou conhecido. A literatura do século XII encontra-se sobrecarregada de apócrifos. Os problemas de atribuição e de autenticidade não foram elucidados em muitos casos. Por outro lado, a escolástica nascente multiplicou textos que é bem difícil atribuir a um autor, supondo que esta palavra tenha aqui um sentido: *quaestiones, determinationes, reportationes* oriundas geralmente das anotações tomadas por um aluno no curso de um mestre. Muitas vezes, o escriba misturou as palavras autênticas do mestre com suas próprias formulações ou as de outros autores contemporâneos. Por isso, raramente possuímos o original. Os manuscritos de que dispomos foram escritos em uma época posterior, entre os séculos XIII e XV. Os escribas em um certo número de casos substituíram, inconscientemente ou pensando agir corretamente, pois o que inspira os homens da Idade Média é a busca da verdade eterna, não da verdade histórica, tal palavra do texto original por uma outra ou por uma expressão de seu tempo[2]. Este estudo não conseguiu eliminar algumas incertezas que vêm do inacabamento da ciência da Idade Média hoje, mas sobretudo e definitivamente, da literatura religiosa do século XII, cuja múltipla projeção permanece de difícil compreensão nas grades da ciência atual (justamente) apaixonada pela identificação de autores e pelas datações precisas. A convergência de minhas pesquisas e de minhas análises me parece, no entanto, conclusiva: não existe purgatório antes de 1170.

---

2. Cf. Apêndice II sobre *purgatorium*.

Mas os textos se multiplicam, o interesse pelo que acontece entre a morte e o juízo final se manifesta cada vez mais, a desordem das exposições é também testemunha de busca, a preocupação de localização é cada vez mais visível.

Um testemunho das hesitações: Honorius Augustodunensis

Um bom testemunho é então o misterioso Honorius Augustodunensis, provavelmente um irlandês que passou a maior parte de sua vida religiosa em Ratisbonne. Certamente Honorius, que segundo M. Cappuyns foi sem dúvida o único discípulo medieval de Jean Scot Érigène, tem ideias originais sobre o além. Para ele, os lugares do além não existem materialmente. São "lugares espirituais". O termo "espiritual" é ambíguo, pode recobrir uma certa corporeidade ou designar uma realidade puramente simbólica, metafórica. Honorius hesitou entre as duas tendências. Na *Scala coeli major*, onde parece se inclinar para o sentido completamente imaterial, tempera contudo esta opinião com uma teoria de sete infernos (o mundo terreno sendo o segundo), mais ou menos materiais ou imateriais[3]. O que me

---

3. Cf. o artigo de Claude Carozzi: "Structure et fonction de la vision de Tnugdal", no volume coletivo *Faire croire*, publicado pela École Française de Rome. Tenho a impressão de que Claude Carozzi exagerou a importância de uma eventual querela entre "materialistas" e "imaterialistas" no século XII e antecipou a existência do purgatório, mas seu texto é muito estimulante. Se, como acredita Claude Carozzi, houve no século XII uma tendência, em Honorius Augustodunensis, p. ex., em ver nas coisas do além apenas *spiritualia*, fenômenos espirituais, essa tendência teve pouca influência na gênese do purgatório ainda vaga, mas que poderia ter bloqueado. Quando Honorius Augustodunensis é levado, no *Elucidarium*, a evocar os lugares onde se encontram as almas no outro mundo, deve lhes conceder uma certa materialidade, como se verá. O debate sobre o caráter real ou metafórico do fogo que constituía o castigo mais frequentemente indicado para a purgação dos pecados não foi muito além dos primeiros séculos cristãos. A ideia de que as almas não tinham corpo e que por isso não podiam se encontrar em nenhum lugar material – professada por Jean Scot Érigène no século IX – não teve qualquer eco, não mais do que a maioria das doutrinas deste pensador isolado. Cf. CAPPUYNS, M. *Jean Scot Érigène* – Sa vie, son oeuvre, sa pensée. Lovaina/Paris, 1933. Alexandre de Halès, na primeira metade do século XIII, expressará a opinião geral dos teólogos que consagra a convicção comum:

interessa em Honorius são dois elementos de sua obra. O primeiro é precisamente sua viva crítica de uma visão espacial da vida espiritual. Na *Scala Coeli major*, interpreta como puramente metafórica a localização dos infernos subterrâneos – relacionando a inferioridade, a gravidade e a tristeza. Conclui que "todo lugar tem um comprimento, uma largura e uma altura, mas a alma, desprovida de todos esses atributos, não pode ser trancada em nenhum lugar"[4]. Ideia reencontrada em seu *Liber de cognitione verae vitae*: "Mas me parece o cúmulo do absurdo trancar em lugares corpóreos as almas e os espíritos, uma vez que são incorpóreos, sobretudo porque todo lugar pode ser medido em altura, comprimento e largura, enquanto o espírito, como se sabe, é desprovido de todos esses atributos"[5]. Pode-se supor que se um pensamento como este de Honorius tivesse triunfado, o purgatório, essencialmente ligado à sua localização, não teria nascido, ou teria permanecido uma crença secundária e atrofiada.

Mas, paradoxalmente, em outra obra, um tratado das principais verdades cristãs sumariamente expostas, uma espécie de catecismo, o *Elucidarium*, Honorius fala do fogo purgatório e esta passagem mantém um lugar notável no dossiê da gestação do purgatório. No terceiro livro do *Elucidarium*, que é um diálogo, Honorius responde às questões sobre a vida futura. A um questionamento sobre o paraíso, ele esclarece que não é um lugar corpóreo, mas a morada espiritual dos bem-aventurados, situada no céu intelectual, onde podem contemplar Deus face a face. É para lá, perguntam-lhe, que são conduzidas as almas dos justos? É para lá que são conduzidas, ao sair do corpo, as almas

---

"O pecado não é perdoado sem uma dupla pena: a remissão não tem valor, se não houver nenhuma pena da parte do corpo" (*Non ergo dimittitur peccatum sine duplici poena; non ergo valet relaxati cum nulla sit poena ex parte corporis. Glossa in IV Libros Sententiarum*, IV, dist. XX). Sem dúvida, o essencial é se dar conta de que "espiritual" não quer dizer "desencarnado".

4. *PL*, 172, 1.237-1.238. Claude Carozzi tem sem dúvida razões para desconfiar desta edição.

5. *PL*, 40, 1.029.

dos perfeitos, responde ele. Esses perfeitos, quem são?, perguntam-lhe. Aqueles que não se contentaram de fazer em sua vida o que está prescrito, mas fizeram mais: os mártires, os monges, as virgens, por exemplo. Os justos estão em outras moradas. E os justos, quem são? Aqueles que simplesmente realizaram sem reclamar o que está prescrito. Assim que morrem, a alma deles é conduzida pelos anjos ao paraíso terrestre, ou melhor, a uma alegria espiritual, pois os espíritos não habitam em lugares corpóreos. Existe ainda uma outra categoria de justos que são chamados de imperfeitos, que estão no entanto escritos no livro de Deus, como por exemplo os esposos que, por causa de seus méritos, são acolhidos nos habitáculos muito agradáveis. Muitos deles antes do dia do julgamento, graças às preces dos santos e às esmolas dos vivos, são admitidos em uma grande glória; todos depois do julgamento serão reunidos aos anjos. Entre os eleitos há também defuntos que estão longe da perfeição e que postergaram a penitência pelos seus pecados; estes, como o filho que errou é entregue ao escravo para ser chicoteado, é entregue, com a permissão dos anjos, aos demônios para serem purgados. Mas eles não podem atormentá-los mais do que merecem ou do que os anjos permitam.

A questão seguinte é sobre os meios de libertação desses imperfeitos. O mestre, ou seja, Honorius, responde que são sobretudo as missas, as esmolas, as preces e outras obras piedosas se, durante a vida, realizaram-nas pelos outros. Uns são libertados dessas penas no sétimo dia, outros no nono, outros ainda no fim de um ano, e outros muito tempo depois. Honorius explica então – segundo uma aritmética simbólica misteriosa – a razão da duração desses períodos.

Por fim, perguntam-lhe algo que está mais próximo de nossa pesquisa:

O discípulo: O que é o fogo purgatório?

O mestre: Alguns sofrem a purgação nesta vida: ora são as dores físicas que os males lhes trazem, ora são as provações físicas que se impõem pelos jejuns, pelas vigílias ou outros; ora é a perda de entes queridos ou de bens aos quais se apegam, ora são as dores ou a doença, ora são as privações de alimento ou de vestimenta, ora enfim é a crueldade de sua morte. Mas depois da morte, a purgação toma a forma ou do excessivo calor do fogo ou do grande rigor do frio, ou seja, toda espécie de provação, mas a mais fraca é superior à maior que se possa imaginar nesta vida. Quando estão ali, de tempos em tempos aparecem-lhes anjos ou santos em honra de quem fizeram alguma coisa em sua vida, trazem-lhes ar ou um perfume suave ou outra forma de alívio, até que, libertados, entrem nesta corte que não acolhe qualquer mácula.

O discípulo: Sob que forma vivem?
O mestre: Sob a forma dos corpos que carregaram neste mundo. E dizem que os demônios lhes dão corpos feitos de ar para que sintam seus tormentos.

Depois das explicações pouco claras sobre as relações entre os corpos e as almas, Honorius fala do inferno, ou melhor, dos infernos, pois existem dois, segundo ele. O inferno superior é a parte inferior do mundo terreno que está cheio de tormentos: um calor insuportável, um grande frio, a fome, a sede, diversas dores, quer corporais, como as desferidas por golpes, quer espirituais, como as que decorrem do medo ou da vergonha. O inferno inferior é um lugar espiritual, onde há um fogo inextinguível e onde se sofre nove tipos de tormentos especiais: um fogo que queima e não ilumina e um frio intolerável, vermes imortais, em particular serpentes e dragões, um mau cheiro insuportável, ruídos inquietantes como martelos batendo o ferro, trevas espessas, a mistura confusa de todos os pecadores, a horrível visão dos demônios e dos dragões entrevistos pelo cintilar do fogo, o clamor lamentável dos choros e dos insultos e, por fim, as correntes de ferro que comprimem todos os membros dos danados[6].

Este texto não vai muito além das ideias agostinianas, inclusive o início da purgação nesta terra, apenas insiste um pou-

---

6. Cf. LEFÈVRE, Y. *L'Elucidarium et les lucidaires*. Paris, 1954.

co mais no caráter metafórico de um além sobre o qual Agostinho também se perguntara, às vezes, se ele não pertencia mais ao simbólico do que ao material. Honorius, porém, alimentado sem dúvida pelas leituras e pelos relatos visionários, deixa passar uma imaginação que contradiz suas ideias. Mais ainda do que o realismo das evocações infernais, o papel confiado aos anjos e aos demônios, mais "medieval" do que agostiniano na linha de Gregório o Grande, é o que me parece constituir a eficácia deste texto na pré-história do purgatório.

O fogo: em meio monástico

Até meados do século XII, geralmente em relação ao comentário da Primeira Epístola aos Coríntios, a reflexão sobre a purgação dos pecados se limita a uma evocação tradicional do fogo purgatório. Eis primeiramente Bruno o Cartuxo († 1101), que alguns consideram como um dos pais da escolástica, ao lado do grande Anselmo de Canterbury († 1109). É o primeiro a ter tido uma escola propriamente dita e a ter proposto um comentário escolar que conhecerá numerosas modificações, e precisamente um *Comentário sobre as epístolas de São Paulo*. Alguns atribuem esta obra a um autor do círculo de Bruno, geralmente a Raul de Laon († 1136), irmão de Anselmo e o mais conhecido dos representantes da Escola de Laon, a mais brilhante escola teológica do início do século XII. No comentário da Primeira Epístola de Paulo aos Coríntios lê-se, na linha do pensamento agostiniano, que aqueles que amaram o mundo, mas sem preferi-lo a Deus, serão salvos, mas depois de terem sido punidos pelo fogo. Aqueles cuja obra foi de madeira serão punidos por mais tempo, pois a madeira é lenta para queimar; aqueles cuja obra foi de feno, que o fogo queima rápido, escaparão mais rápido à purgação ígnea; aqueles, enfim, cuja obra foi de palha, que o fogo consome mais rápido ainda, passarão mais rapidamente através do fogo[7].

---

7. *PL*, 153, 139.

Guerric d'Igny nasceu em Tournais por volta de 1080, motivado por São Bernardo entrou em Clairvaux em 1125 e em 1138 tornou-se o segundo abade da abadia cisterciense de Igny, fundada em 1128 por São Bernardo entre Reims e Soissons, e ali morreu "cheio de dias", isto é, bem idoso, em 1158. Foram conservados 54 de seus sermões[8] destinados aos monges. No quarto e quinto sermões, onde trata da purificação da Virgem Maria, fala também do fogo purgatório. Guerric, que parece ter sofrido a influência de Orígenes, pensa que a purificação deve começar neste mundo e tende a identificar o fogo purgatório do além com o fogo do julgamento. No quarto sermão para a purificação, por exemplo, ele declara:

"É mais certo, meus irmãos, e é mais suave ser purgado pela fonte do que pelo fogo! Sem dúvida, aqueles que ainda não tiverem sido purgados pela fonte deverão sê-lo pelo fogo, se todavia merecem ser purgados, no dia em que o juiz em pessoa julgar, tal como um fogo decidido a fundir, a fundir e a depurar a prata que purgará os filhos de Levi (Ml 3,2-3) [...]. O que afirmo sem hesitar é que se o fogo que o Senhor Jesus enviou sobre a terra vier a queimar em nós com o ardor que deseja quem o envia, o fogo purgatório que purgará durante o julgamento os filhos de Levi não encontrará em nós nem madeira, nem feno, nem palha para consumir. Claro, cada um deles é fogo purgatório, mas de modo bem diferente. Um purifica por sua unção, outro por sua queimadura. Aqui é um orvalho refrescante; ali um sopro vin-

---

8. Os Sermões de Guerric d'Igny foram publicados (t. I) por J. Morson e H. Costello, com uma tradução de P. Deseille nas Sources Chrétiennes, vol. 166, 1970. Apresento essa tradução substituindo simplesmente, segundo meu hábito, purificar, purificação, purificador, por *purgar, purgação, purgatório*, ali onde no texto aparece *purgare, purgatio, purgatorius*. Guerric, com efeito, emprega também *purificare*. Devemos, no entanto, reconhecer que para ele os dois termos parecem quase sinônimos. Aliás, a Escritura o convidava a isso. O tema do IV Sermão é o versículo de Lc 2,22: *Postiquam impleti sunt dies purgationis eius* (*Mariae*). Os dois sermões, cujos trechos eu cito, encontram-se no t. I das Sources Chrétiennes (vol. 166), p. 356-385. Sobre Guerric d'Igny e o "purgatório", cf. WILDE, D. *De beato Guerrico abbate Igniacensi ejusque doctrina deformatione Christi in nobis*. Westmalle, 1935, p. 117-118.

gador (*spiritus judicii*), um sopro escaldante..." E mais: "E se esta caridade não é suficientemente perfeita para que cubra tantos e tais pecados, este fundidor que purga os filhos de Levi emprega ali seu fogo; todo o resto de ferrugem é consumido pelo fogo da tribulação presente ou futura, para que possam finalmente cantar: 'Passamos pela água e pelo fogo, e Tu nos conduziste ao refrigério' (Sl 65,12). Assim acontece neste mundo: primeiro batizado pela água do dilúvio, purgado em seguida no fogo do julgamento, ele passará a um estado novo, incorruptível".

O tema, com acentos agostinianos, retorna no quinto sermão para a purificação: "Pobre de nós se esses dias (neste mundo) se cumprirem sem que a purgação se cumpra, e que depois tenhamos de ser purgados por esse fogo mais cruel (*poenalius*), mais vivo e mais violento do que tudo o que se possa imaginar nesta vida! E quem, portanto, ao sair desta vida, é suficientemente perfeito e suficientemente santo para nada dever a esse fogo?... Claro, são poucos os eleitos, mas entre esses poucos existem muito poucos, penso eu, suficientemente perfeitos para terem cumprido a purgação de que fala o sábio: 'Purga-te de tua negligência com poucas oferendas'" (Ecl 7,34).

Na linha de Agostinho, Guerric não atribui uma grande população ao futuro purgatório.

As *Deflorationes Santorum Patrum*, a *Antologia dos Pais*, de Werner II, abade de Saint-Blaise († 1174), muito influenciadas por Hugo de São Vitor[9], fazem alusão ao fogo purgatório em um sermão sobre a queda de Adão: "Dizem que também depois da morte há um fogo purgatório (*ignis quidam purgatorius*), onde são purgados e lavados aqueles que começaram a sê-lo aqui neste mundo e não terminaram... É duro sentir essas torturas, mesmo se em intensidade menor. Por isso vale mais começar e terminar neste mundo o que se deve fazer. Mas se não se conseguiu terminá-la, caso se tenha começado, não se deve desesperar, pois 'tu serás salvo, mas como através do fogo' (1Cor 3,10-15). O

---

9. Cf. mais adiante, p. 215ss.

que tu carregas em ti de criminoso queimará até a consumpção. Mas tu serás salvo, pois o amor de Deus permaneceu como fundamento em ti'"[10].

Entre os teólogos urbanos

Deveria falar novamente da escola deste teólogo original que foi Gilbert Porreta, dito Gilbert de la Porrée, bispo de Poitiers, falecido em 1154 que, como seu contemporâneo Abelardo, teve problemas com a Igreja. Seu comentário sobre São Paulo é inédito, mas um fragmento de comentário sobre a Primeira Epístola aos Coríntios que o texto de Gilbert interpreta sem lhe ser sempre fiel, e é pouco posterior a 1150, também retoma a ideia de uma purgação neste mundo a ser terminada depois da morte "no fogo". Ele esclarece que esse fogo purgatório deve preceder o juízo final[11].

Fala-se também do fogo purgatório na célebre abadia dos cônegos regulares de São Vitor, às portas de Paris, ao pé da Montanha de Sainte-Geneviève. Com exceção do grande Hugo de São Vitor, cuja obra é uma das mais importantes para a prefiguração do purgatório às vésperas de seu nascimento, aqui está por exemplo o testemunho de Achard, abade de São Vitor de 1155 a 1161, bispo de Avranches de 1161 até sua morte em 1170 ou 1171, em seu segundo sermão para a festa da dedicação da Igreja. Quando trata do simbolismo do martelo e da tesoura usados para edificar a Igreja, ele diz que se pode interpretar o primeiro como "o terror do fogo eterno" e a segunda como "o terror do fogo purgatório"[12].

---

10. *PL*, 157, 1.035-1.036. Cf. GLORIEUX, P. "Les *Deflorationes* de Wemer de Saint-Blaise". In: *Mélanges Joseph de Ghellinck*, 11, 1951, p. 699-721. Gembloux.

11. LANDGRAF, A.M. (ed.). *Commentarius Porretanus in primam epistolam ad Corinthios*. Cidade do Vaticano, 1945 [Studi e Testi, 177].

12. SAINT-VICTOR, A. *Sermons*. Paris, 1970, p. 156 [Ed. de J. Châtillon].

Na literatura vernacular

Vê-se que as dúvidas sobre o destino dos defuntos depois da morte e os problemas do fogo purgatório ultrapassam os limites do meio eclesiástico. Não apenas é discutido nas escolas abertas no entorno urbano, não apenas se fala na pregação monástica, mas se difunde o conhecimento nos sermões de que possuímos apenas, salvo exceções, a versão escrita em latim, mas que eram, quando os clérigos se dirigiam aos leigos, pronunciados em língua vulgar[13]. É precisamente nesses dois textos em francês antigo que irei buscar dois testemunhos da "popularidade" do fogo purgatório no século XII.

O primeiro não é outro que uma tradução dos *Diálogos* de Gregório o Grande, em francês: *Li Dialoge Gregoire lo Pape,* escrita no dialeto da região de Liège. Nos capítulos XL e XLI, principalmente, do livro IV, de que falei mais acima, encontram-se as expressões *li fous purgatoires* ou *lo fou purgatoire* (o fogo purgatório), (*lo*) *fou de la tribulation,* (*lo*) *fou de la purgation.* A questão colocada por Pedro no fim do capítulo XL é: "*Ge voldroie ke l'om moi enseniaste se li fous purgatoires après la mort doit estre crue estre* (gostaria que me ensinassem se o fogo purgatório depois da morte deve ser acreditado existir, i. é, se se deve acreditar que o fogo purgatório depois da morte existe).

O título do capítulo XLI, onde Gregório responde, é: *se li fous purgatoires est après la mort* (se o fogo purgatório existe depois da morte)[14].

---

13. Cf. LONGÈRE, J. *Oeuvres oratoires de maîtres parisiens au XIIᵉ siècle.* Paris, 1975. Interessantes indicações sobre o mundo do além, t. I, p. 190-191 e t. II, p. 144-145, embora "o nascimento do purgatório" não tenha sido mencionado. Sobre os inícios da literatura das homilias em língua francesa, cf. ZINK, M. *La prédication en langue romane avant 1300.* Paris, 1976.

14. *Li dialoge Gregoire lo Pape.* "Les dialogues du pape Grégoire", traduzidos para o francês do século XII e acompanhados do texto em latim. Halle/Paris, 1876 [ed. de W. Foerster]. As passagens citadas se encontram nas p. 254-255. Notar-se-ão as expressões *o fogo purgatório, o fogo da purgação.* Relembro que foi assim que traduzi sistematicamente os textos anteriores ao aparecimento do substantivo *purgatorium* e descartando a palavra *purificação,* que não tem

Em uma "versão em versos", onde aparece a palavra *purgatório* (purgação, purgatório), evoca-se a opinião de Gregório, segundo o qual não havia "lugar determinado" para a purgação, mas cada alma era purgada, depois da morte, nos lugares onde havia pecado enquanto viva:

> Par ces countes de seint Gregoire
> Deit houme entendre qi purgatorie
> N'est pas en une lieu determinez
> Ou les almes seint touz peinez.

(Por esses contos de São Gregório, deve-se compreender que a purgação não está em um lugar determinado onde todas as almas sofreriam suas penas juntas[15].)

O outro texto é a tradução em francês do início do século XIII – mas que reproduz o original do século XII – da *História das cruzadas na Terra santa* (*Historia rerum in partibus transmarinis gestarum*) escrita por Guillaume de Tyr, falecido entre 1180 e 1184. O capítulo XVI do livro I descreve como os pobres partiram para a cruzada (*Comment li menuz peuples se croisa pour aler outrmer*): "*Tant avoit de pecheours el monde qui avoient eslongnie la grace de Nostre Seigneur, qui bien covenoit que Dex leur monstrat un adreçoer par où il alassent en paradis, et leur donast un travail qui fust aussiut comme feus purgatoires devant la mort*". Ou seja: "Havia tantos pecadores no mundo que tinham afastado (deles) a graça de Nosso Senhor, que convinha que Deus lhes mostrasse um caminho reto para ir ao paraíso, e deu-lhes uma provação que fosse como fogo purgatório antes da morte". Este texto evoca a ideia da cruzada como penitência, diferente do espírito inicial da cruzada como expedição escatológica. Por outro lado, faz alusão à noção de purgação dos pecados nesta terra, antes da morte e não depois. Trata-se de "curto-cicuitar" um even-

---

exatamente o mesmo sentido. Reencontro assim o vocabulário da Idade Média, mas não foi por vaidade arcaizante que empreguei essas expressões, mas por preocupação de exatidão.

15. Apud LANGLOIS, C.V. *La vie en France au Moyen Âge*. T. IV. Paris, 1928, p. 114.

tual "purgatório" depois da morte, ao merecer ir diretamente ao paraíso. Por outro lado, está-se no caminho da evolução que conduzirá a um sentido puramente metafórico de "purgatório na terra", como se verá no século XIII[16].

Quatro grandes teólogos e o fogo: esboço de um tratado dos últimos tempos

Gostaria de me deter nos quatro grandes clérigos de meados do século XII cuja obra é, ao mesmo tempo, o resultado de uma longa tradição e um ponto de partida para novos desenvolvimentos – e isso também é verdade para o purgatório.

Um cônego parisiense: Hugo de São Vitor

O primeiro é um cônego parisiense, Hugo de São Vitor, falecido em 1141; o segundo é um monge italiano, erudito canonista em Bolonha, onde compila uma coletânea de textos de Direito Eclesiástico, por volta de 1140, que levará seu nome, o *Decreto de Graciano*, e inaugurará o *corpus* de Direito Canônico Medieval. O terceiro é um cisterciense, já célebre em seu tempo, Bernardo de Clairvaux, São Bernardo, falecido em 1153. O quarto é um italiano que se tornou bispo de Paris, Pedro Lombardo, falecido em 1159-1160, cujas *Sentenças* no século XIII serão o grande manual universitário.

É a época em que, segundo Jean Longère, "se organiza um primeiro esboço do *Du novissimis*" (i. é, de um sistema dos últimos tempos) com Hugo de São Vitor e Pedro Lombardo. Há reagrupamentos das observações ou explanações sobre o fim do mundo, a ressurreição dos corpos, o juízo final, o destino eterno dos homens. Tem-se naturalmente uma tendência a vinculá-los ao que se passa no além entre a morte individual e os últimos dias.

Hugo de São Vitor talvez tenha ministrado o primeiro Curso de Teologia Sistemática que não se vincula dire-

16. *Recueil des Historiens des Croisades*, I/1, 1884, p. 44.

tamente a uma *lectio* da Escritura, ou seja, ao comentário escriturário[17].

Duas passagens de sua obra consagram-se mais especialmente ao fogo purgatório. A primeira é uma questão "sobre o fogo purgatório dos justos", que tem como ponto de partida a Primeira Epístola de Paulo aos Coríntios. O fogo purgatório, diz Hugues, destina-se aos que serão salvos, aos eleitos. Mesmo os santos, aqueles que constroem com ouro, com prata e com pedras preciosas passarão através do fogo, mas sem prejuízo, pelo contrário. Sairão dele confortados, como a argila que passou pelo forno ganha uma solidez muito grande. Pode-se dizer que para eles "a passagem pelo fogo é uma parte da ressurreição". Alguns, segundo Hugues, pretendem que esse fogo é um lugar de punição (*quemdam poenalem locum*), para onde vão as almas daqueles que construíram com madeira, com feno ou com palha para que terminem a penitência que começaram neste mundo. Uma vez cumprida a penitência, vão para um certo descanso aguardar o dia do julgamento em que passam sem prejuízo através do fogo, ainda mais que esse fogo não é chamado de purgatório em relação aos homens, mas em relação ao céu e à terra que serão purgados e renovados por um dilúvio de fogo como o foram pela água do primeiro dilúvio. Mas Hugues é hostil a esta opinião e pensa que o fogo do juízo final durará o tempo necessário à purgação dos eleitos. Outros pensam que o fogo purgatório é a tribulação terrena. Quanto ao fogo do julgamento, os ímpios não o atravessarão, mas serão arrastados com ele para o abismo (infernal)[18].

---

17. Sobre Hugo de São Vitor, cf. BARON, R. *Science et sagesse chez Hugues de Sant-Victor.* Paris, 1957. Cf. tb. a bibliografia da edição francesa, revista e completada por A.-M. Landry e P. Boglioni de LANDGRAF, A.-M. *Introduction à l'histoire de la littérature théologique de la scolastique naissante.* Montreal/ Paris, 1973, p. 93-97. Do ponto de vista da doutrina da salvação, cf. KÖSTER, H. *Die Heilslehre des Hugo von St. Victor, Grundlage und Grundzüge.* Emsdetten, 1940, p. 43-44.

18. LOTTIN, O. "Questions inédites de Hugues de Saint-Victor". In: *Recherches de théologie ancienne et médiévale,* 1960, p. 59-60.

Em sua importante obra, a *Súmula sobre os sacramentos da fé cristã* (*Summa de sacramentis chritianae fidei*), primeiro grande tratado dessa teologia dos sacramentos que se elabora no século XII (é um contexto que, para o nascimento do purgatório, não deve ser ignorado, como se verá em relação à penitência), Hugues aborda os problemas do além. A estrutura do *De sacramentis* é histórica, no sentido de uma história da salvação. A primeira parte vai "do início do mundo até a Encarnação do Verbo". A segunda se estende da Encarnação do Verbo até o fim e a consumação de tudo. É no capítulo XVI desta segunda parte que Hugues fala das penas purgatórias ao abordar "os moribundos ou o fim do homem". Este capítulo situa-se entre, de um lado, um capítulo sobre "a confissão, a penitência e a remissão dos pecados" e um curtíssimo capítulo sobre a extrema-unção e, de outro, os dois últimos capítulos do tratado, um sobre o fim do mundo e outro sobre "o século vindouro". É portanto no interior de uma história individual e coletiva da salvação, em ligação estreita com a confissão e a penitência, que aparece o desenvolvimento sobre as penas purgatórias. Hugues trata, no capítulo IV da parte XVI do segundo livro, dos "lugares das penas" (*loca poenarum*), depois de ter esclarecido que as almas, assim que deixaram o corpo, podem muito bem sofrer penas corporais. "Do mesmo modo, diz ele, que Deus preparou penas corporais para os pecadores que devem ser atormentados, assim também distinguiu lugares corporais para essas penas corporais. O inferno é o lugar dos tormentos, o céu é o lugar das alegrias. É a justo título que o lugar dos tormentos é embaixo e o lugar das alegrias é no alto, pois a falta pesa para baixo, mas a justiça leva para o alto". Hugues acrescenta que esse lugar inferior, o inferno, situa-se embaixo da terra; não há, no entanto, qualquer certeza a esse respeito. Dizem que no inferno reina um fogo inextinguível. Em contrapartida, aqueles que saem purgados desta vida vão imediatamente para o céu.

Hugo aborda então a pena purgatória. "Enfim, há um outro castigo depois da morte que se chama pena purgatória. Aqueles que deixam esta vida com certas faltas, ainda que sejam justos e destinados à vida eterna, são ali torturados por um tempo, para serem purgados. O lugar onde se sofre essa pena não é de modo algum determinado, ainda que inúmeros exemplos de aparições de almas a ela submetidas levem a pensar que é sofrida neste mundo e provavelmente nos lugares onde a falta foi cometida, como o provaram vários testemunhos. Se essas penas são aplicadas em outros lugares, é difícil saber."

Hugo de São Vitor ainda se pergunta se, de um lado, maus inferiores em maldade aos ímpios e aos grandes criminosos não aguardam em lugares de punição antes de serem enviados aos maiores tormentos da geena e se, de outro, os bons que estão no entanto carregados de certas faltas não aguardam em algumas moradas antes de serem promovidos às alegrias do céu. Hugues avalia que os bons perfeitos (*boni perfecti*) certamente vão logo para o céu e que os muito maus (*valde mali*) descem logo ao inferno. Para os bons imperfeitos (*boni imperfecti*), é certo que no intervalo (entre a morte e o julgamento) sofrem certas penas antes de conhecerem as alegrias vindouras. Quanto aos maus imperfeitos ou menos maus (*imperfecti sivre minus mali*), não há qualquer certeza sobre onde podem estar enquanto aguardam descer, no dia da ressurreição, aos tormentos eternos.

Há enfim penas purgatórias neste mundo para os afligidos que não se tornam piores nas provações, mas melhores, e tiram proveito para se corrigirem. Quanto aos sufrágios pelos mortos, ele estima, citando Gregório o Grande, que se as faltas cometidas por um defunto não são indissolúveis e se mereceu por sua boa vida ser ajudado depois de sua morte, o sacrifício eucarístico pode ser de um grande auxílio[19].

Hugo de São Vitor, no fundo, avança muito pouco a questão em relação a Agostinho e a Gregório o Grande, e, assim como eles, insiste na realidade dos fantasmas. Mas testemunha a forte tendência de sua época em buscar um *lugar* ou *lugares* (*locus* ou

---

19. *PL*, 176, 586-596. A passagem citada literalmente na tradução encontra-se na col. 586 CD.

loca) para a pena purgatória. Mesmo expressando sua ignorância ou seu ceticismo sobre a existência desses lugares e escolhendo, como Gregório, a solução que não será mantida, aquela de uma purgação nos lugares terrenos do pecado, pergunta-se e reconhece que outros optaram pela existência de lugares purgatórios determinados no além, entre a morte e o julgamento.

Um cisterciense: São Bernardo

Para mim, o problema da purgação dos pecados no além, segundo São Bernardo, se revela de maneira diferente daquela que se suspeitava, pois estou convencido – e penso que este estudo provará o fundamento de minha convicção –, de que o texto principal que lhe era atribuído sobre este assunto não é dele e é sensivelmente posterior (pelo menos uns vinte anos) à sua morte ocorrida em 1153[20].

São Bernardo expõe muito claramente sua posição em dois sermões: existem lugares de purgação (*loca purgatoria*) dos homens no além.

Em um sermão para a Festa de Santo André sobre a tripla espécie de bens, ele declara: "É a justo título que se diz que estas almas que sofrem nos lugares purgatórios (*in locis purgatoriis*) correm para aqui e para lá através dos lugares tenebrosos e impuros, pois nesta vida não temeram habitar esses lugares em pensamento". E mais: "Confessamos não apenas nos compadecer e orar pelos mortos, mas também felicitá-los na esperança; pois se devemos nos afligir pelos seus sofrimentos nos lugares purgatórios (*in locis purgatoriis*), também devemos nos alegrar com a aproximação do momento em que Deus enxugará toda lágrima dos olhos deles; não haverá mais morte; não haverá mais o choro, o grito e a dor, pois o antigo mundo se foi" (Ap 21,4)[21].

---

20. Cf. Apêndice II: *Purgatorium*. Por outro lado, deixo provisoriamente de lado um texto importante, mas que nada acrescenta à posição de São Bernardo. Em compensação, como ele expõe a opinião de hereges hostis à purgação depois da morte, falarei desse texto a propósito da relação entre heresia e purgatório.

21. SÃO BERNARDO. Sermão XVI. *De diversis*. In: LECLERCQ, J. & ROCHAIS, H. *Opera*, t. VI/1, p. 144 e 147.

Em um outro sermão, pronunciado na oração fúnebre de Humberto, monge de Clairvaux, em 1148, menos de cinco anos antes de sua morte e onde não pronuncia a palavra purgatório que ainda não existia e que ele ignorou, São Bernardo adverte: "Sabei, com efeito, que, depois desta vida, o que se negligenciou de pagar neste mundo deve ser devolvido em cêntuplo até o último tostão (Mt 5,26) nos lugares de purgação (*in purgabilibus locis*)[22].

Em um terceiro sermão, para o Advento, São Bernardo apresenta sobre "o triplo inferno" esclarecimentos bastante complicados. Minha compreensão do texto é esta: "O primeiro inferno é obrigatório (*obrigatorius*), pois ali se exige até o último tostão, por isso sua pena não tem fim. O segundo é *purgatório*. O terceiro é remissivo, pois, como é voluntário (*volontarius*), quase sempre a pena e a falta (*et poena et culpa*) são perdoadas. No segundo (o purgatório), ainda que às vezes a pena seja perdoada, a falta nunca o é, mas é purgada. Bem-aventurado o inferno da pobreza onde Cristo nasceu, onde foi criado e onde viveu, enquanto esteve encarnado. A esse inferno não desceu só uma vez para dali retirar os seus, mas "dedicou-se a nos arrancar deste mundo atual e mau (Gl 1,4), para nos separar da massa dos danados e nele nos reunir esperando dele nos retirar. Nesse inferno há moças muito novas, isto é, esboços de almas, adolescentes carregadoras de tímpanos precedidas de anjos tocando címbalos e seguidas por outros tocando os címbalos da jubilação. Nos dois infernos são os homens que são atormentados, mas neste são os demônios. Eles vão por lugares áridos e sem água, buscando o descanso, e não o encontram. Giram em torno dos espíritos dos fiéis, mas em toda parte são expulsos por santos pensamentos e preces. Por isso gritam a justo título: "Jesus, por que Tu vieste nos atormentar antes do tempo?" (Mt 8,29)[23].

---

22. O sermão *in obitu Domni Humberti, monachi Clarae-Vallensis* encontra-se na edição Leclercq e Rochais, t. V, p. 447.

23. LECLERCQ, J. & ROCHAIS, H. *Opera*, t. VI/1, p. 11-12.

Parece-me que São Bernardo distingue um inferno (inferior), a geena propriamente falando, um inferno (intermediário) onde acontece a purgação e um (inferno) superior na terra e que corresponde aos futuros limbos ou ao tradicional seio de Abraão, onde as almas inocentes já estão na paz, enquanto os demônios que esperam uma pausa até o juízo final nele já são atormentados.

Existe portanto em São Bernardo a busca de uma *espacialização* do além e a afirmação da existência ou de um *inferno purgatório* ou de *lugares purgatórios* (*loca purgatoria* ou *purgabilia*), mas este espaço não é nomeado e a geografia do além permanece muito vaga.

Um monge canonista: Graciano de Bolonha

O caso do *Decreto* de Graciano (cerca de 1140) é particular. Esta compilação de textos não apresentaria originalidade se sua reunião, a escolha dos textos e sua organização como tratado articulado não constituíssem de fato uma importante novidade. De todo modo, a importância que o Direito Canônico vai adquirir no fim do século XII e no XIII impõe que se olhe esta peça mestra que inaugura o *corpus* de Direito Canônico da Idade Média e que se faça pelo menos uma sondagem na direção deste centro intelectual e ativo do século XII: Bolonha tornou-se a capital dos estudos jurídicos e onde se desenvolveu a primeira das corporações universitárias da Idade Média.

Na perspectiva que nos interessa, são importantes dois capítulos do *Decreto* de Graciano. São os capítulos XXII e XXIII da questão II da causa XIII da segunda parte[24]. O primeiro é constituído pela leitura da (ou) de uma carta do Papa Gregório II a Bonifácio, o apóstolo da Germânia (por volta de 732), que já citei. Ela retoma a lista dos sufrágios estabelecida desde Agostinho e Gregório o Grande: "As almas dos defuntos são libertadas de quatro maneiras: pelos sacrifícios dos padres (as missas), pelas

---

24. FRIEDBERG, A. (ed.). *Decretum Magistri Gratiani*. T. I. Leipzig, 1879, col. 728.

preces dos santos, pelas esmolas dos entes queridos, pelo jejum dos familiares".

Inserido no *Decreto*, este texto tem muito peso, legitima a ação dos vivos em favor dos mortos, evoca o primado do sacrifício eucarístico, ressalta a necessidade de passar pela mediação da Igreja (os padres), alimenta o culto dos santos, conserva a circulação dos bens (ou sua drenagem em proveito da Igreja) pela esmola, evidencia o papel dos próximos – familiares e amigos, carnais e espirituais.

No capítulo XXIII, o título "Antes do dia do julgamento os mortos são auxiliados pelos sacrifícios (= as missas) e as esmolas" reproduz os capítulos CIX e CX (exceto por uma curta passagem sem significação aqui) do *Enchiridion* de Santo Agostinho. Lembro aqui o texto essencial:

> No intervalo que decorre entre a morte do homem e a ressurreição suprema, as almas são mantidas em depósitos secretos, onde conhecem ou o descanso ou a pena de que são dignas, segundo o destino que se fizeram enquanto viviam na carne.
>
> Não há, no entanto, razão para negar que as almas dos defuntos não sejam aliviadas pelas preces de seus familiares vivos, quando a elas oferecem o sacrifício do Mediador ou que esmolas sejam distribuídas na Igreja. Mas essas obras servem unicamente àqueles que, ainda vivos, mereceram que possam lhes servir mais tarde.
>
> Com efeito, existem homens cuja vida não é nem tão boa para não precisar desses sufrágios póstumos, nem tão má para que não possam lhes servir. Ao contrário, existem aqueles que viveram suficientemente bem para deles se abster e outros suficientemente mal para não poder aproveitá-los depois da morte. Por isso, é sempre neste mundo que são adquiridos os méritos que podem garantir a cada um, depois desta vida, alívio ou infortúnio.
>
> Portanto, por ocasião dos sacrifícios do altar ou da esmola oferecidos em intenção de todos os defuntos batizados, para aqueles que foram totalmente bons são ações de graças; para aqueles que não foram total-

mente maus, meios de propiciação; para aqueles cuja malícia foi total, por não aliviar os mortos, servem para consolar bem ou mal os vivos. O que garantem àqueles que se aproveitam é ou a anistia completa ou pelo menos uma forma mais suportável de danação.

Neste texto, como se lembram, dois elementos importantes retardam o nascimento do purgatório. O primeiro é que, mesmo se Agostinho fala de *lugares* para as almas entre a morte e a ressurreição, esses lugares são espécies de buracos, de esconderijos, de receptáculos (*receptacula*), não um espaço verdadeiro, e além do mais são ocultos (*abdita*), o que é interpretado em um sentido material e espiritual. No sentido material escapam à investigação, são difíceis, se não impossíveis de encontrar, e no sentido espiritual representam um mistério, que talvez seja – é a opinião de alguns – ilícito e até mesmo sacrílego querer descobrir. Estas noções constituem, portanto, um obstáculo na estrada de uma geografia do purgatório.

O segundo ponto é a lembrança das quatro categorias de defuntos segundo Agostinho: os totalmente bons (*valde boni*), os totalmente maus (*valde mali*), os nem totalmente maus (*non valde mali*) e, subtendido, os nem totalmente bons (*non valde boni*). Mas o purgatório será então destinado ou a esta última categoria implicada pelo sistema de Agostinho, mas não explicitamente nomeada nesse texto, ou – e sobretudo – exigirá a fusão em uma única categoria das duas categorias dos não totalmente maus e dos não totalmente bons.

Assim esse texto, que será um dos fundamentos do purgatório também será, por um tempo, seu retardador. Este "bloqueio autoritário" é sem dúvida uma das razões do irrelevante papel desempenhado pelo Direito Canônico no nascimento do purgatório.

Um mestre secular parisiense: o Bispo Pedro Lombardo

Sobre o problema do purgatório, como sobre muitos outros, o pensamento de Pedro Lombardo, mestre parisiense de origem italiana que se tornou bispo de Paris em 1159 e faleceu pouco depois (1160), é aquele que, em meados do século, apresenta mais nitidamente uma vertente voltada para o passado e uma vertente voltada para o futuro. Em seus *Quatro livros de sentenças*, compostos de 1155 a 1157, Lombardo por um lado resume com vigor, clareza e espírito sintético as opiniões dos que o precederam, dos Pais aos teólogos e canonistas da primeira metade do século XII, Hugo de São Vitor, Abelardo, Gilbert de la Porrée, Graciano etc. Mas, por outro, a obra deste pensador sem grande originalidade vai se tornar um "clássico para os séculos seguintes". J. de Ghellinck disse também que as *Sentenças* de Pedro Lombardo eram o "centro de perspectiva" do movimento teológico do século XII.

O essencial de suas opiniões sobre a purgação das faltas no além se encontra em dois lugares diferentes de sua obra, nas distinções XXI e XLV do *Livro IV das sentenças*.

A distinção XXI se insere em uma exposição sobre os sacramentos. Depois do Batismo, da Confirmação, da Eucaristia, vem um longo desenvolvimento sobre a Penitência, que termina com um capítulo sobre a penitência final e, é o nosso capítulo XXI, com a distinção sobre "os pecados que são perdoados depois desta vida". E bem no fim da obra, a distinção XLV sobre "os diferentes receptáculos das almas" adquire importância no desenrolar dos últimos tempos: entre a ressurreição e o julgamento final. É quase paradoxal que esses textos, cujo comentário formará o essencial da doutrina dos grandes escolásticos do século XIII, não constituam um conjunto coerente. O futuro purgatório está dividido entre a penitência e a morte individual, de um lado, os *novissima*, do outro. O purgatório virá precisamente ocupar, temporal e espacialmente, o intervalo. Lombardo de certo modo destacou em negativo, em profundidade, o lugar do próximo purgatório.

Na distinção XXI, Pedro Lombardo se pergunta se certos pecados são perdoados depois da morte. Apoiando-se em Mt 12,32 e 1Cor 3,10-15, e depois de ter evocado a opinião hesitante de Agostinho sobre a interpretação do texto paulino (*Cidade de Deus*, XXI, XXVI), oferece sua opinião, que é categórica. A passagem de São Paulo "insinua abertamente que aqueles que constroem com madeira, feno e palha carregam com eles construções combustíveis, isto é, pecados veniais, que deverão ser consumidos no fogo purgatório". Existe uma hierarquia entre a madeira, o feno e a palha; segundo a importância dos pecados veniais que representam, as almas dos mortos serão mais ou menos purgadas e libertadas. Sem trazer algo novo, Lombardo clarifica as coisas: existência de uma purgação de alguns pecados entre a morte e o julgamento, assimilação dos pecados purgáveis aos pecados veniais, duração mais ou menos longa das penas purgatórias (fogo).

A distinção XLV é ainda mais importante. Trata dos receptáculos das almas e dos sufrágios pelos defuntos. Em relação aos receptáculos, contenta-se em citar textos de Agostinho, principalmente o do *Enchiridion* sobre os receptáculos ocultos. Para os sufrágios, retoma também as opiniões de Agostinho. As missas e as esmolas da Igreja são úteis aos defuntos, mas estes devem merecer por sua vida e suas obras a eficácia desses sufrágios. Retoma as três categorias agostinianas dos totalmente bons (*valde boni*), dos não totalmente maus (*non valde mali*) e dos totalmente maus (*valde mali*), para quem os sufrágios da Igreja correspondem respectivamente às *ações de graças*, às *propiciações* e às simples *consolações* pelos familiares vivos. Mas Lombardo acrescenta e reaproxima duas categorias que decorrem da classificação agostiniana: os medianamente bons (*mediocriter boni*), para quem os sufrágios resultam na plena absolvição da pena. e os medianamente maus (*mediocriter mali*), para quem resultam em uma mitigação da pena. E, para os dois casos, Pedro Lombardo escolhe exemplos de "medianamente bons" (capítulos IV e V da distinção XLV). Para os totalmente maus, enfim, como sugerira Agostinho, Lombardo pensa que Deus pode, apesar disso, distinguir entre eles graus de maldade e, mesmo mantendo-os no inferno eternamente, mitigar um pouco suas penas[25]. Lombardo operou um movimento significativo: os não totalmente maus foram separados dos totalmente maus, sem serem integrados aos não totalmente bons que deles se aproximam. Esboça-se, se ouso dizer, um reagrupamento para o centro, cujo alcance logo veremos.

Testemunhos menores

Em outras obras, algumas para além do período entre 1170 e 1200, em que a palavra *purgatório* (*purgatorium*) – e, portanto, o lugar – nasceu, manifestam, sem empregá-lo, o esforço do pensamento religioso na segunda metade do século XII para atribuir à purgação depois da morte um lugar e individualizar espacialmente o processo de purgação no além. Eis alguns exemplos.

No Livro IV de suas *Sentenças*, Robert Pullus (ou Pulleyn), cardeal em 1134, chanceler da Igreja romana em 1145, falecido por volta de 1146, interroga-se também sobre a geografia do além. Depois de ter afirmado que o inferno é um lugar (*infernus... locus est*), pergunta-se onde ocorrem as penas purgatórias. Os antigos iam se purgar por um tempo nos infernos e depois iam para o seio de Abraão, "isto é, para uma região superior onde reinava o descanso". Em nossa época, ou seja, depois da vinda de Cristo, os defuntos nos quais resta algo a queimar são examinados depois da morte pelas penas purgatórias (*purgatoriis poenis*) e vão depois para junto de Cristo, para o paraíso. Essas penas consistem essencialmente em um fogo, o fogo purgatório (*ignis purgatorius*) cuja violência é intermediária entre as tribulações terrenas e os tormentos infernais (*inter nostras et inferorum poenas medias*). Mas aqui a perplexidade de Robert Pullus é grande:

"Mas onde ocorre esta correção? Será no céu? Será no inferno? Mas o céu não parece convir à tribulação, nem a tortura à correção, sobretudo em nossa época. Pois se o céu não convém senão aos bons, o inferno não convém somente aos maus? E se o céu exclui todo mal, como o inferno pode acolher algum bem?

---

25. Ibid., p. 1.006ss.

Assim como Deus destinou o céu somente aos perfeitos, também a geena parece reservada somente aos ímpios, para que esta seja a prisão dos culpados e aquele o reino das almas. Onde estão portanto aqueles que devem fazer penitência depois da morte? Nos lugares purgatórios. Onde são esses lugares? Ainda não sei[26]. Por quanto tempo ali permanecem? Até a satisfação (expiação de suas faltas)".

Robert Pullus estima em seguida que, em nosso tempo, as almas purgadas deixam os lugares purgatórios, que são externos ao inferno, para irem ao céu, assim como os antigos purgados deixavam seus lugares purgatórios, que eram no inferno, para irem descansar no seio de Abraão[27]. E finaliza com a significação da descida de Cristo aos infernos[28].

Exposição extraordinária que procura estabelecer uma coerência neste sistema geográfico e que introduz uma dimensão histórica e analógica na escatologia. Exposição obsecada pela preocupação de localizar, introduzindo o tema: *Ubi sunt*: Mas onde estão...? E que resulta em uma constatação de ignorância respeitosa do segredo que envolve esses lugares misteriosos. Mas que dá destaque à expressão *in purgatoriis*, subentendendo *locis*: nos (lugares subtendendo) purgatórios. Bastará passar do plural ao singular e do adjetivo ao substantivo para que o purgatório nasça.

O italiano Hugues Ethérien (Hugues de Pisa), em seu livro *Sobre a alma saída do corpo (Liber de anima corpore exuta)*, pouco depois de 1150, não vai tão longe assim. Cita Gregório o Grande, e a história do Bispo Felix que encontra um fantasma nas termas, mas não tira conclusões sobre a localização da purgação. Em uma passagem que muito se assemelha às de Hugo

---

26. "*Ergo ubi sunt poenitentes post mortem? In purgatoriis. Ubi sunt ea? nondum scio.*"

27. "*Unde peracta purgatione poenitentes, tam nostri, ex purgatoriis (quae extra infernum) ad coelos, quam veteres ex purgatoriis (quae in inferno) ad sinum Abrahae refrigerandi, jugiter conscendere videntur*"

28. Esse texto se encontra na *PL.*, 186, col. 823-830; os textos citados, nas col. 826-827.

de São Vitor, evoca o juízo final e o rio de fogo – semelhante ao jorro do dilúvio – que submergirá a terra e o céu, mas também os homens, entre os quais os maus serão consumidos e os bons atravessarão o fogo da purgação sem danos. Testemunho de um pensamento arcaico onde também se vê, sobre os sufrágios, Hugues afirmar o auxílio que a oferenda da hóstia consagrada traz "aos que dormem"[29].

Robert de Melun, falecido em 1167, sucessor de Abelardo na escola de Sainte-Geneviève em Paris, em suas *Questões sobre as epístolas de São Paulo*, compostas entre 1145 e 1155, relembra simplesmente, depois de Agostinho, que as *penas purgatórias* serão mais terríveis do que qualquer outra pena neste mundo e ressalta que essas penas purgatórias ocorrerão no futuro, isto é, depois desta vida[30].

Pierre de Celle, em contrapartida, aproxima-se mais do purgatório. Abade de Saint-Pierre de Celle, perto de Troyes, e depois de Saint-Rémi de Reims e finalmente, depois de Jean de Salisbury, bispo de Chartres, onde morreu em 1182, compôs em 1179 um tratado sobre a vida monástica, *A escola do claustro* (*De disciplina claustrali*), onde se pergunta sobre os lugares de habitação da alma depois da morte. "Ó alma separada do corpo, onde moras? Estás no céu? No paraíso? No fogo purgatório? Estás no inferno? Se no céu estás, estás radiante com os anjos. Se no paraíso, estás em segurança, longe das misérias deste mundo. Se no fogo purgatório, és atormentada por penas, esperas no entanto a libertação. Se no inferno, perdendo toda esperança, esperas não a misericórdia, mas a verdade e a severidade"[31]. Vê-se nesse texto a evolução que vai rapidamente conduzir à invenção do purga-

---

29. *PL*, 202, col. 201-202 e 224-226.

30. MARTIN, R.M. *Oeuvres de Robert de Melun* – T. II: Questiones (theologia) de Epistolis Pauli. Lovaina, 1938, p. 174 e 308.

31. CELLE, P. *L'École du cloître*, 1977, p. 268-269 [ed. de G. Martel; Sources Chrétiennes, 240]. Substituí, na tradução, fogo do purgatório por fogo purgatório, de acordo com o texto em latim, *in igne purgatorio*.

tório. O fogo purgatório é considerado como um lugar, igual ao céu, ao paraíso, ao inferno.

Mas a expressão *in purgatoriis*: nos purgatórios (subtendendo *lugares*) retorna com frequência no fim daquele século ou talvez até mesmo no início do século seguinte para testemunhar esta busca da localização que não consegue encontrar a forma, a palavra justa.

Em um curioso diálogo, datando em torno de 1180 a 1195, o *Conflito helvético sobre o limbo dos Pais* (*Conflictus helveticus de limbo patrum*), uma troca de cartas entre Burchard de Saint-Johann, primeiro abade do Mosteiro Beneditino de St Johann im Thurtale, e Hugo, abade do mosteiro também beneditino de Todos os Santos, em Schaffouse, os dois adversários discutem o destino das almas antes da descida de Cristo aos infernos. Burchard defende que muitas almas foram para o céu antes mesmo da descida de Cristo aos infernos, como testemunha a alusão do Novo Testamento ao seio de Abraão (Lc 16,22), identificado com a *paz* (Sb 3,3). O *descanso* (Agostinho) e o *descanso secreto do Pai* (Gregório o Grande). Hugo, apoiado pela maioria dos que se misturam à discussão, afirma que nenhuma alma não pôde ir para o seio de Abraão ou o paraíso antes da descida de Cristo aos infernos por causa do pecado original.

Ao longo do diálogo, Burchard dá uma boa definição do purgatório, ainda designado pelo lugar *in purgatoriis:* "Existem três tipos de Igreja: uma milita na terra, a outra espera a recompensa no(s) purgatório(s), a outra triunfa com os anjos nos céus"[32]. Evocação notável, face ao inferno esquecido, de uma tripla igreja em que a igreja dos purgados, definida como a igreja da espera, está situada entre a terra e o céu. Texto que traz um duplo testemunho: o dos progressos do purgatório e de sua concepção espacial, mas também a existência, no momento decisivo, de uma concepção diferente daquela que triunfou, mas que

---

32. *Conflictus helveticus de limbo patrum.* In: STEGMÜLLER, F. (ed.). *Mélanges Joseph de Ghellinck,* II. Gembloux, 1951, p. 723-724. A frase citada está na p. 737.

talvez pudesse triunfar: um purgatório possível menos infernal. Concepção próxima daquela que Raoul Ardent, autor ainda malconhecido do século XII e cuja cronologia é incerta, que em suas *Homilias*, sem dúvida no fim do século, refere-se assim às almas que estão no(s) purgatório(s): "Mesmo se são corrigidas durante um tempo limitado no(s) purgatório(s), já descansam, no entanto, em uma esperança convicta do descanso"[33].

Elaborações parisienses

Finalizemos com dois eminentes mestres e chanceleres parisienses. Nos *Cinco livros de Sentença*, escrito antes de 1170, Pierre de Poitiers († 1205) discute uma questão: "Se alguém argumenta assim: estes dois pecadores, sendo um culpado ao mesmo tempo de um pecado mortal e de um pecado venial, o outro apenas de um pecado venial igual ao pecado venial do outro, serão punidos por penas desiguais, pois aquele o será eternamente e este apenas no(s) purgatório(s) (*in purgatoriis*), e qualquer pena purgatória (*pena purgatoria*) será inferior a qualquer pena eterna e este não merece ser mais punido por esse pecado venial do que aquele pelo outro: portanto se agirá injustamente com este. É falso. Os dois que são culpados de um pecado venial igual merecem ser punidos igualmente por esses pecados, mas um será punido nesta vida e o outro no fogo purgatório (*in igne purgatorio*), e qualquer pena neste mundo é inferior a qualquer pena do fogo purgatório (*ignis purgatorii*); agir-se-á portanto injustamente com ele"[34].

Análise extraordinária que, às vésperas do nascimento do purgatório, reúne todo o vocabulário sobre o domínio purgatório, destaca o vínculo entre purgatório e pecado venial, emprega

---

33. *Homiliae de tempore*, I, 43. • *PL,* 155, 1.484. Talvez se possa em vez de lugares (*loca*) subentender penas (*poenae*). Prefiro, como a expressão *loca purgatoria* também é encontrada na mesma época, interpretar assim *in purgatoriis*, que, de todo modo, expressa uma vontade de localização.

34. *PL.,* 211, 1.064.

a expressão espacializante *in purgatoriis* e manifesta esta preocupação, já quase maníaca, de contabilidade da penitência e da purgação, que caracterizará a prática do purgatório no século XIII.

Em um sermão sem data para celebrar o Dia dos Mortos, Prévostin de Cremona, também chanceler de Paris, falecido em 1210, emprega igualmente a expressão *in purgatoriis*: "Como alguns são purificados no(s) purgatório(s), devemos então nos ocupar deles que são mais indignos hoje, rezando por eles, fazendo oferendas e esmolas"[35]. Eis o vínculo estabelecido entre a celebração de 2 de novembro instituída no século anterior por Cluny e o purgatório nascente, a cadeia litúrgica estabelecida em torno do purgatório, entre os vivos e os mortos.

---

35. *"Quia vero sunt quidam qui in purgatoriis poliantur, ideo de eis tanquam de indignioribus hodierna die agimus, pro eis orantes, oblationes et elemosinas facientes"* (cf. LONGÈRE, J. *Oeuvres oratoires de maîtres parisiens ao XIIe siècle.* T. II. Paris, 1975, p. 144, n. 16).

5

Locus purgatorius: um lugar para a purgação

Em meados do século XII, o fogo tendia não apenas a evocar um lugar, mas também a encarnar espacialmente a fase de purgação pela qual passavam certos defuntos. No entanto, era insuficiente para individualizar um espaço definido do além. Devo agora conduzir o leitor, sem cansá-lo demais com os detalhes, em uma pesquisa técnica tornada necessária pela concentração da investigação em certos lugares e meios de elaboração da doutrina cristã no século XII.

Como chegou o momento em que o purgatório vai aparecer como lugar determinado e, gramaticalmente, o substantivo *purgatorium* (o purgatório), devo mencionar um problema de autenticidade de textos[1] e um problema de datação.

Entre 1170 e 1180: autores e datas

Por certo, os eruditos foram no passado, e às vezes até hoje, enganados com textos atribuídos falsamente a autores eclesiásticos falecidos antes de 1170, o que leva a crer em um nascimento prematuro do purgatório. Falarei um pouco adiante de um texto atribuído a São Pedro Damião, falecido em 1072, e de outro a São Bernardo, falecido em 1153. Começarei por um trecho de

---

1. Para mais detalhes cf. o Apêndice II: *Purgatorium*.

um sermão cuja autoria era considerada até o fim do século XIX como sendo de Hildebert de Lavardin, bispo do Mans, que faleceu em 1133 e foi um dos principais representantes do "renascimento poético" das regiões do Loire no século XII.

Trata-se de um sermão para a dedicatória da Igreja, que tem como tema um versículo do Sl 122(121),3: "Jerusalém, construída como uma cidade onde todo conjunto é solidário". Em uma comparação em que se sente o extraordinário desenvolvimento da construção arquitetural nos séculos XI e XII, o autor do sermão diz:

"Na edificação de uma cidade, três elementos convergem: primeiro, extrai-se com violência as pedras da pedreira com martelos e barras de ferro, com muito trabalho e suor dos homens; em segundo, com o buril, o machado duplo e a régua elas são polidas, igualadas, talhadas em esquadro; em terceiro, são colocadas em seu lugar pela mão do artista. Da mesma maneira, na edificação da Jerusalém celeste é preciso distinguir três fases: a separação, a limpeza e a "posição". A separação é violenta, a limpeza purgatória, a posição eterna. Na primeira fase, o homem está na angústia e na aflição; na segunda, na paciência e na espera; na terceira, na glória e na exultação. Na primeira fase, o homem é descascado como o grão; na segunda, é examinado como a prata; na terceira, é enviado ao tesouro [...]"[2].

A sequência do sermão explicita esta imagem, no entanto bastante clara, com a ajuda de um certo número de textos escriturários, entre os quais 1Cor 3,10-15. A primeira fase é a morte, a separação da alma do corpo; a segunda, a passagem pelo purgatório; a terceira, a entrada no paraíso. Para a segunda fase, ele esclarece que são aqueles que passam com madeira, com feno e

---

2. *PL*, 171, col. 739ss. A parte mais interessante desta passagem é lida assim no original latino: "*Ad hunc modum in aedificatione coelestis Jerusalem tria considerantur, separatio, politio, positio. Separatio est violenta; politio purgatoria, positio aeterna. Primum est in angustia et afflictione; secundum, in patientia et exspectatione; tertium in gloria et exsultatione. Per primum (cribratur) homo sicut triticum; in secundo examinatur homo sicut argentum; in tertio reponitur in thesaurum*" (col. 740).

com palha que são lavados *no* purgatório (*in purgatorio*). Desta vez a palavra purgatório como substantivo está no texto. *O purgatório existe*, é o primeiro dos lugares para onde os eleitos vão (transitoriamente) antes do paraíso ao qual estão prometidos. O autor do sermão evoca aqui apenas o trajeto dos eleitos, os danados são deixados de lado, pois vão diretamente para o inferno. Em seguida, desenvolve uma ideia de uma grande importância. Segundo ele, o tríduo litúrgico Vigília de Todos os Santos, Todos os Santos, Celebração dos mortos corresponde às três fases do trajeto dos defuntos. À custa, para dizer a verdade, de uma pequena acrobacia cronológica. Com efeito, a vigília, dia de jejum, corresponde à primeira fase, separação, mas é preciso inverter a ordem dos dois dias seguintes para que o simbolismo seja pertinente. É o terceiro, a celebração dos mortos, que corresponde ao purgatório: "O terceiro dia, trata-se da celebração dos mortos, para que aqueles que são lavados no purgatório obtenham ou uma absolvição completa ou uma mitigação de sua pena"[3]. A expressão retorna: *no* purgatório (*in purgatorio*). Por fim, é o segundo dia que é "o dia solene, símbolo da superplenitude de alegria".

A partir de 1888 este sermão, atribuído a Hildebert de Lavardin, havia sido devolvido ao seu verdadeiro autor, Pedro o Devorador, e pesquisas recentes confirmaram esta atribuição[4].

---

3. "*Tertio, memoria mortuorum agitur, ut hi qui* in purgatorio *poliuntur, plenam consequantur absolutionem, vel poenae mitigationem*" (*PL*, 171, col. 741).

4. HAUREAU. "Notice sur les sermons attribués à Hildebert de Lavardin". In: *Notices et Extraits des manuscrits de la Bibliothèque Nationale et autres bibliothèques*, XXXII, 2, 1888, p. 143. • MARTIN, R.M. "Notes sur l'oeuvre littéraire de Pierre le Mangeur". In: *Recherches de Théologie Ancienne et Médiévale*, III, 1932, p. 54-66. • LANDGRAF, A. "Recherches sur les écrits de Pierre le Mangeur". In: *Recherches de théologie ancienne et médiévale*, III, 1932, p. 292-306 e 341-372. • WILMART, A. "Les sermons d'Hildebert". In: *Revue Bénédictine*, 47, 1935, p. 12-51. • LEBRETON, M.M. "Recherches sur les manuscrits contenant des sermons de Pierre le Mangeur". In: *Bulletin d'Information de l'Institut de Recherche et d'Histoire des Textes*, 2, 1953, p. 25-44. • J.B. Schneyer no t. IV, p. 641 (1972) do *Repertorium der lateinischen sermones des Mittelalters für die Zeit von 1150-1350* acolhe esta atribuição a Pedro o Devorador, do sermão 85

Pedro Comestor, ou Manducator, isto é, o Devorador, porque era um grande devorador de livros nos dizeres de seus contemporâneos, é um discípulo de Pedro Lombardo. Tornou-se chanceler da Igreja de Paris, ensinou na Escola de Notre-Dame depois da elevação de Lombardo ao episcopado em 1159 e, muito provavelmente, faleceu em 1178 ou 1179. É um dos primeiros, e talvez o primeiro, a ter feito uma glosa, um comentário, das *Sentenças*, de Lombardo. Deixou uma obra considerável. É difícil datar seus sermões. Em contrapartida, do período de 1165 a 1170 foi possível datar um tratado *Sobre os sacramentos* (*De sacramentis*) em que também se trata do purgatório.

Em relação à penitência, Pedro o Devorador nele sinaliza primeiro que a purgação dos eleitos é mais ou menos rápida no fogo purgatório (*in igne purgatorio*) em função da diferença dos pecados e da penitência, e invoca Agostinho (*Enchiridion*, 69). Em seguida, responde à questão de saber se a penitência que não pôde ser cumprida nesta vida pode ser terminada no outro mundo. Sendo Deus misericordioso e justo, em virtude de sua misericórdia perdoa os pecadores que não devem ser punidos com uma pena pesada demais, isto é, a pena eterna. Mas quanto à justiça, ele não deixa o pecado impune. Este deve ser punido ou pelo homem, ou por Deus. Mas a contrição do coração pode ser tão grande que, mesmo não tendo terminado sua penitência neste mundo, um morto pode ser poupado pelo

---

(*Jesuralem quae aedificatur*) da velha edição de Beaugendre (1708) – atribuição a Hildebert –, retomada por Migne *(PL*, 171, col. 739ss.). F. Dolbeau examinou gentilmente para nós os dois manuscritos mais antigos conhecidos até hoje. Ele confirma a atribuição a Pedro o Devorador, e a lição *in purgatorio* (Ms. Angers 312 (303), f. 122 e Angers 247 (238) f. 76, ambos do fim do século XII). Mas localizou um manuscrito mais antigo (Valenciennes. Bibliothèque municipale 227 (218) f. 49), no qual falta a parte da frase *in purgatorio poliuntur*. É surpreendente que Joseph Ntedika, geralmente muito bem-informado, tenha escrito sobre Hildebert: "ele é provavelmente o primeiro a empregar a palavra *purgatorium*" (*L 'Évolution de Ia doctrine du purgatoire chez saint Augustin*. Paris, 1966, 11, n. 17). Sobre Pedro o Devorador pode-se também consultar BRADY, I. "Peter Manducator and the Oral Teachings of Peter Lombard". In: *Antonianum*, XLI, 1966, p. 454-490.

fogo purgatório *celebração* (*immunis erit ab igne purgatorio*). Mas aquele que morre impenitente é punido eternamente. Outra questão: se pela negligência ou pela ignorância do padre um homem recebe uma penitência insuficiente em relação à gravidade de seus erros, basta que a cumpra ou depois da morte Deus pode lhe infligir um complemento de pena no fogo purgatório? (*In igne purgatorio.*) Mais uma vez, segundo o Devorador, isso depende da contrição. Se esta é suficientemente grande, pode dispensar um suplemento de pena, mas isso depende da apreciação de Deus. A questão seguinte toca mais diretamente o purgatório: "O que é o fogo purgatório e quem deve passar através?" (*Quid est ignis purgatorius, et qui sint transituri per eum?*) Pedro o Devorador responde que alguns dizem que é um fogo "material" e não um fogo "elementar" nem um fogo para quem a madeira seja um alimento, mas um fogo existente no sublunar e que, depois do dia do julgamento, desaparecerá com as coisas transitórias. Para outros, o fogo não passa da própria pena. Se é chamada de fogo é porque é dura e escaldante à maneira de um fogo. E como há uma pena destruidora e eterna, e não se trata dessa, esse fogo foi chamado de *purgatório*, isto é, não destruidor, mas purgador por uma pena temporária, sem que se seja punido eternamente. De todo modo, acrescenta Pedro o Devorador, qualquer que seja esse fogo, é preciso acreditar que os fiéis, ainda que nem todos, passem através dele. São aqueles que não terminaram sua penitência nesta vida. Mas alguns sofrem mais do que outros e alguns são libertados desse fogo mais rapidamente do que outros em função da quantidade de pecado e de penitência e segundo a intensidade da contrição. Só os perfeitamente bons escapam, acredita-se, ao fogo da purgação, pois ainda que todos tenham pecados veniais, o fervor do amor (*fervor caritatis*), no entanto, pode consumir neles os pecados veniais[5].

---

5. PEDRO O DEVORADOR. "De Sacramentis – De penitentia", cap. 25-31 [ed. de R.M. Martin]. In: *Spicilegium sacrum Lovaniense*. Lovaina, 1937, XVII, apêndice, p. 81-82.

Duas explicações são possíveis em relação a esses textos. Ou o texto do primeiro sermão foi retocado depois da morte do Devorador pelos escribas que redigiram os manuscritos, ou então ele não se referiu *ao* purgatório, e teria empregado a expressão tradicional *no fogo purgatório: in igne purgatorio*. Bastaria acrescentar (e ter retirado) a palavrinha *igne* (cf. nota 4 e Apêndice II). Neste caso, o autor seria apenas uma testemunha a mais da iminência de uma aparição do purgatório e lhe restaria a importância de ter colocado em relação direta o purgatório iminente com a liturgia do início de novembro. Parece-me mais provável, porém, que Pedro o Devorador tenha de fato empregado o substantivo *purgatorium* e tenha sido, portanto, se não o inventor, pelo menos um dos primeiros utilizadores do neologismo ligado a um desenvolvimento da geografia do além que considero revolucionário. Dois elementos – além da antiguidade dos manuscritos – podem confirmar esta hipótese. Pedro o Devorador ocupou no fim de sua vida um lugar central na *intelligentsia* parisiense. Para mim, no entanto, não resta dúvida de que foi este o meio onde nasceu o purgatório – e mais precisamente na Escola de Notre-Dame de Paris. Por outro lado, foi possível qualificar o Comestor como "um dos espíritos mais originais" de seu tempo (Hauréau). Este intelectual, ainda pouco estudado e malconhecido, conseguiu desempenhar um papel inovador em um campo onde seu mestre Pedro Lombardo colocara os problemas nos termos que permitiam novos desenvolvimentos. Nesta hipótese, ele teria empregado, antes de 1170, a expressão então corrente de fogo purgatório, e suas ideias evoluindo entre 1170 e sua morte, por volta de 1178-1179, teria utilizado o neologismo *purgatorium*, cujo nascimento se encontraria assim situado durante a década 1170-1180. O que concordaria com outros testemunhos que, mesmo não sendo absolutamente conclusivos, vão no mesmo sentido. Antes de examiná-los, gostaria de completar o dossiê das ideias do Comestor sobre o tempo intermediário entre a morte e a ressurreição citando um texto que, desta vez, fala *do seio de Abraão*.

Esse texto vem da obra mais célebre de Pedro o Devorador, aquela a que deve, enquanto vivo e durante o resto da Idade Média, sua notoriedade: a *História escolástica*. No capítulo CIII da *Historia Scholastica*, ele narra e comenta a história do pobre Lázaro e do rico mau (Lc 16). "Lázaro, diz ele, foi colocado no seio de Abraão. Estava, com efeito, na zona superior do lugar infernal (*in superiori margine inferni locus*), onde há um pouco de luz, e nenhum sofrimento material. Era ali que estavam as almas dos predestinados até a descida de Cristo aos infernos. Este lugar, por causa da tranquilidade reinante, foi chamado de seio de Abraão, assim como dizemos o seio materno. Deram-lhe o nome de Abraão, pois ele foi a primeira via da fé... (*prima credendi via*)"[6].

Definição "histórica" do seio de Abraão, situado entre o tempo dos patriarcas e a descida de Cristo aos infernos. Assim como Cristo havia fechado esses infernos, os homens da Idade Média se apressam a fechar o seio de Abraão que sobrevivera ao Novo Testamento. Doravante, portanto, o espaço e o tempo intermediários vão ser ocupados apenas pelo purgatório, e caso se sinta a necessidade de algo que se assemelhe ao seio de Abraão para os justos anteriores a Cristo e para as crianças mortas não batizadas, recorrer-se-á a partir de então a dois lugares anexos do além: o limbo dos pais e o limbo das crianças.

O segundo teólogo (ou, na ordem cronológica, eventualmente o primeiro) que falou do purgatório propriamente dito foi Odon d'Ourscamp (também chamado Eudes de Soissons)[7]. Foi um dos mestres mais importantes dessa épo-

---

6. *PL*, 198, 1.589-1.590.

7. O que não contribui para tornar as coisas mais claras é o fato de, na segunda metade do século XII, haver em Paris vários Odon ou mestres Odon, sendo que um deles foi chanceler de 1164 a 1168. Cf. LEBRETON, M.M. "Recherches sur les manuscrits des sermons de différents personnages du XIIe siècle

ca. No rastro de Lombardo, de quem era discípulo ou, como outros acreditam, adversário, teve uma escola muito ativa e que assim permaneceu depois dele. Deu um impulso decisivo à *questão* (*questio*), gênero escolástico característico que com ele encontra sua forma definitiva: a de "uma verdadeira disputa em que os gêneros eram repartidos entre dois personagens distintos" (Landgraf). Odon d'Ourscamp, no fim de sua vida, depois de ter sido mestre de Teologia na Escola Notre-Dame de Paris, retirou-se para a Abadia Cisterciense de Ourscamp (no Aisne), onde morreu em 1171. Seus alunos publicaram suas *Questões* sob a forma de obras separadas.

Em uma destas coletâneas que recebeu o nome de Odon d'Ourscamp foi que encontramos *o* purgatório em uma questão sobre a *Alma no purgatório* (*De anima in purgatorio*).

"A alma separada do corpo entra imediatamente *no purgatório* (*intrat purgatorium statim*); ali é purgada, beneficia-se dele, portanto. Opinião contrária: ela suporta essa pena, contra sua vontade, não se beneficia dele, portanto."

Segue-se um certo número de argumentos relativos aos méritos eventualmente adquiridos ao sofrerem essa pena. Depois vem a solução:

"É verdade que certas almas, quando se separam do corpo, logo entram em um fogo purgatório (*statim intrant purgatorium quemdam ignem*), mas nem todas são purgadas nele, apenas algumas. Todas aquelas que entram nele são punidas. Por isso seria melhor chamar esse fogo de punitivo (*punitorius*) e não de purgatório (*purgatorius*), mas recebeu o termo mais nobre. Entre as almas que entram nele, umas são purgadas e punidas, outras apenas punidas.

São purgadas e punidas aquelas que trouxeram consigo a madeira, o fogo e a palha, as outras são aquelas que, voluntária ou involuntariamente, acabaram não se arrependendo de seus

---

nommés Odon". In: *Bulletin de l'Institut de Recherche et d'Histoire des Textes*, 3, 1955, p. 33-54.

pecados veniais, ou que, surpreendidas pela morte, não os confessaram. São apenas punidos aqueles que, depois de terem se confessado e se arrependido de todos seus pecados, morreram antes de terem cumprido a penitência que o padre lhes dera; eles não são purgados, pois nenhum pecado lhes é perdoado, a menos que se tome ser purgado em seu sentido amplo, e que purgado seja sinônimo de ser libertado da pena devida. No sentido próprio, ser purgado se diz de alguém a quem um pecado é perdoado; portanto, aqueles que são medianamente bons entram logo no purgatório (*hi ergo qui sunt mediocriter boni, statin intrant purgatorium*).

O interlocutor provoca uma reviravolta na discussão ao colocar a seguinte questão: "Se para um moribundo que se arrepende de todos os seus pecados, o padre diz: absolvo-te de toda pena que tu deves, mesmo daquela que deverias sofrer no purgatório (*in purgatorio*), mesmo assim ele será punido nesse purgatório?"

Resposta do mestre: "Eis o gênero de questão à qual Deus vos responderia melhor (do que eu). Tudo o que posso dizer é que o padre deve agir com discernimento". Acrescenta, no entanto, uma frase muito reveladora: "Como esse fogo é uma pena material, ele está em um lugar. Mas onde se encontra esse lugar, deixo a questão em suspenso"[8].

O que surpreende neste texto é o aspecto heteroclítico do vocabulário, e mesmo das ideias. Ora trata-se de purgatório e ora de fogo purgatório. Afirma-se o caráter localizado, espacial, do purgatório, seja nomeando-o, seja reduzindo-o ao lugar onde deve se encontrar o fogo. E tudo acaba com uma confissão de ignorância sobre a localização desse lugar.

Estas constatações acabam confirmando as opiniões de A. M. Landgraf: as *Questões* dessa época e particularmente as

---

8. *"Cum materialis poena sit ille ignis, in loco est. Ubi ergo sit, quaerendum relinquo"*. Estas *Quaestiones magistri Odonis* foram publicadas em PITRA, J.B. *Analecta novissima spicilegii Solesmensis altera continuatio*. T. II. Tusculum, 1888, p. 137-138.

atribuídas a Odon d'Ourscamp reagrupam *Questões* de vários autores "com atribuições geralmente fantasistas" e dificilmente verificáveis[9].

É razoável considerar a seguinte explicação: as *Questões* atribuídas a Odon d'Ourscamp foram compostas a partir de anotações tomadas no curso deste mestre, mas a forma (e o vocabulário) foram revistos e algumas ideias que não são de Odon foram introduzidas na redação que, sem dúvida, foi feita entre 1171, data da morte de Odon, e cerca de 1190, talvez mesmo na década de 1171-1180. Ali onde Odon continua falando de fogo purgatório, seus alunos já falam de purgatório. A espacialidade do lugar é tida como um fato estabelecido, mas de localização incerta. A expressão *mediocriter boni* (medianamente bons) vinda sem dúvida de Pedro Lombardo revela uma outra face do sistema.

Um falsário do purgatório

Agora temos de examinar os dois textos que certamente colocam os maiores problemas, sobretudo o segundo. O primeiro foi atribuído a São Pedro Damião, o célebre eremita e cardeal italiano da primeira metade do século XI, mas esta insustentável atribuição foi reconhecida como falsa pelos historiadores recentes de Pedro Damião[10]. O segundo é um sermão atribuído a São Bernardo, que morreu em 1153, e os recentes

---

9. LANDGRAF, A.M "Quelques collections de *Questiones* de la seconde moitié du XIIᵉ siècle". In: *Recherches de Théologie Ancienne et Médiévale*, 6, 1934, p. 368-393; 7, 1935, p. 113-128. É na p. 117 do vol. 7 que Landgraf expressa algumas reservas sobre as questões editadas por Pitra e cita os trabalhos de M. Chossat ("La somme des sentences". In: *Spicilegium Sacrum Lovaniense*, 5. Lovaina, 1923, p. 49-50) e de J. Warichez (*Les disputationes de Simon de Tournai*, 12, Lovaina, 1932).

10. BLUM, O.J. *St. Peter Damien*: His Teaching on the Spiritual Life. Washington, 1947. • RYAN, J. "Saint Peter Damiani and the sermons of Nicolas of Clairvaux". In: *Medieval Studies*, 9, 1947, p. 151-161. Cf. esp. DRESSLER, F. *Petrus Damiani* – Leben und Werk. Roma, 1954 [Studia Anselmiana, XXXIV]. • *Anihang*, 3, p. 234-235.

editores eruditos das obras completas de São Bernardo, Dom Jean Leclercq e Henri Rochais, mantiveram essa atribuição mesmo indicando que os problemas levantados pela coleção dos *Sermones de diversis* na qual ele se encontra não permitiam afirmar sua autenticidade com tanta certeza quanto para as outras coleções de sermões de São Bernardo. Estou persuadido de que este sermão não é de São Bernardo[11]. Supondo que seu fundo seja autêntico, com certeza sofreu modificações de forma muito importantes. Não apenas me parece impossível falar de purgatório como um lugar designado por um substantivo antes de 1153, mas a expressão perfeita do sistema do além tripartite espacializado que se encontra nesse texto: "Há três lugares que as almas dos mortos, em função de seus méritos respectivos, recebem como destinação: o inferno, o purgatório, o céu", parece-me ainda mais improvável na primeira metade do século XII em que reina, como vimos, uma grande incerteza sobre a estrutura do além.

Antes de formular hipóteses, observemos os textos. O tema destes dois sermões é a existência de cinco regiões no universo natural e sobrenatural.

A primeira é a da *dissimilitudo*, da dessemelhança com Deus que fizera o homem à sua imagem e semelhança, mas da qual o homem se distanciou pelo pecado original. Esta região é o mundo terreno.

A segunda região é o paraíso do claustro. "Na verdade, o claustro é um paraíso" é uma das inúmeras frases que se encontram textualmente nos dois sermões. Esta exaltação da vida monástica faz do claustro um lugar de vida nesta terra.

---

11. Já a *Patrologia Latina* atribui este sermão a Nicolas de Clairvaux (*PL*, 184, 1.055-1.060), enquanto é encontrado sob o nome de Pedro Damião nesta patrologia, no t. 144, p. 835-840. Este sermão foi para a Festa de São Nicolau, que foi um dos "patronos do purgatório". O sermão atribuído a São Bernardo encontra-se em LECLERCQ, J. & ROCHAIS, H.M. *Opera*, VI/1, p. 255-261. Sobre os sermões *De diversis* atribuídos a São Bernardo e particularmente sobre o sermão 42, cf. ROCHAIS, H.-M. "Enquête sur les sermons divers et les sentences de saint Bernard". In: *Analecta SOC*, 1962, p. 16-17. • *Revue Bénédictine*, 72, 1962.

A terceira região é a da expiação. Ela mesma compreende três lugares diferentes em função dos méritos dos defuntos. A designação destes lugares não é a mesma nos dois sermões, ainda que se trate dos mesmos lugares. No sermão do pseudo-Pedro Damião trata-se do céu, dos lugares infernais e dos lugares purgatórios (*caelum, loca gehennalia, loca purgatoria*). No sermão do pseudo-Bernardo, como vimos, trata-se do inferno, do purgatório, do céu (*infernus, purgatorium, caelum*), além do mais enumerados em uma ordem diferente.

A quarta é a região da geena. Podemos nos perguntar em que esta região difere da parte infernal da terceira região. Isso não está bem explicado em nenhum dos dois sermões. Parece, todavia, que a explicação em um sermão seja o inverso do outro. No sermão do pseudo-Pedro Damião, os lugares infernais da terceira região parecem destinados aos pecadores que morreram em estado de pecado mortal, e a quarta região infernal é muito mais a residência dos ímpios. No sermão do pseudo-Bernardo, ao contrário, o inferno da terceira região está reservado aos ímpios, estando claramente mencionado, ao passo que a quarta região, infernal, está destinada ao diabo e aos seus anjos (maus) e aos homens que lhes são semelhantes, isto é, os criminosos e os viciosos (*scelerati et vitiosi*).

A quinta região, por fim, é aquela do paraíso supraceleste, onde os bem-aventurados veem a Santíssima Trindade face a face, como diz o pseudo-Bernardo, é a cidade do Grande Rei, como diz o pseudo-Pedro Damião.

Aparentando uma grande analogia, cada um dos dois textos apresenta algumas variantes. Para não sobrecarregar o leitor, tomarei o exemplo apenas de uma região, a terceira, aquela onde se encontra nosso purgatório.

Pseudo-Pedro Damião

Tendo então deixado o mundo e a fórmula de vida escolhida (o claustro), passa à terceira região, que é a região da expiação. Nesta região o Pai benevolente examina seus filhos manchados de ferrugem, como se examina a prata; conduz através do fogo e da água para levar ao refrigério (*refrigerium*, Sl 65). Devemos distinguir três lugares para onde as almas são distribuídas em função da diferença de seus méritos. Para o céu voam imediatamente aqueles que usaram a morada do corpo como uma prisão, que conservaram sem mácula e pura a substância humana. Ao contrário, aqueles que, até a morte, cometeram atos dignos da morte são enviados sem misericórdia aos lugares infernais. Aqueles que não são nem um nem outro, mas estão entre os dois, que cometeram pecados mortais, mas que, com a proximidade da morte, fizeram penitência sem terminá-la, indignos de se encontrar imediatamente na alegria, mas ainda assim não dignos de arder eternamente, recebem por sua vez os lugares purgatórios, onde são flagelados, mas não até à inconsciência (*?insipientia*) para de lá saírem e serem transferidos para o reino. Para aqueles que estão no céu não há necessidade de rezar, pois é para eles que rezamos e não por eles. Para aqueles que estão no inferno as preces são inúteis, pois a porta da misericórdia lhes está fechada e a esperança de salvação lhes é interdita. Para aqueles, em contrapartida, que são corrigidos nos lugares purgatórios, deve-se rezar por eles, ajudá-los pelo sacrifício (da missa) (*sacrifício singulari*), para que o Pai benevolente transforme rapidamente sua penitência em satisfação, sua satisfação em glorificação. Corre entre eles com um íntimo sentimento de piedade e faz da compaixão a tua bagagem.

Pseudo-Bernardo

A terceira região é a da expiação. Há três lugares onde as almas dos mortos são distribuídas em função de seus diferentes méritos: o inferno, o purgatório, o céu. Aqueles que estão no inferno não podem ser resgatados, pois no inferno não existe nenhuma redenção. Aqueles que estão no purgatório esperam a redenção, mas devem ser primeiro torturados, quer pelo calor do fogo quer pelo rigor do frio ou por qualquer outra pena severa. Aqueles que estão no céu deleitam-se com a alegria da visão de Deus, irmãos de Cristo na natureza, co-herdeiros na glória, semelhantes na felicidade eterna. Como os primeiros não merecem ser resgatados e os terceiros não precisam de redenção, resta-nos passar por entre os mediadores por compaixão, depois de termos estado unidos a eles por humanidade. Irei para essa região e verei essa grande visão (Ex 3,3) pela qual o Pai piedoso para glorificar seus filhos abandona-os nas mãos do tentador, não para serem mortos, mas purgados; não por cólera, mas por misericórdia; não para sua destruição, mas para sua instrução, para que doravante não sejam vasos de cólera destinados a perecer (Rm 9,22-23), mas vasos de misericórdia preparados para o reino. Levantar-me-ei, portanto, para ajudá-los: interpelarei com meus gemidos, implorarei com meus suspiros, intercederei com minhas preces, satisfarei pelo sacrifício (da missa) (*sacrifício singulari*) para que se, por acaso, o Senhor examinar e julgar (Ex 5,21), converta o trabalho em descanso, a miséria em glória, os golpes em coroa. Por estes deveres e outros semelhantes a penitência deles pode ser abreviada, o trabalho terminado, sua pena destruída. Percorre, portanto, alma fiel, a região da expiação e vê o que ali se passa e neste comércio faz da compaixão a tua bagagem.

Apesar das diferenças entre estes dois textos, a analogia de estrutura e de pensamento é o que mais surpreende, reforçada por algumas expressões idênticas. Uma das principais diferenças é a utilização de *loca purgatoria* (lugares purgatórios) pelo pseudo-Pedro Damião e de *purgatorium* pelo pseudo-Bernardo.

Poderíamos pensar então que estes dois textos têm autores diferentes que ou se inspiraram em uma mesma fonte ou que o autor do segundo, provavelmente o do pseudo-Bernardo, conheceu o do primeiro e foi fortemente influenciado por ele. Não é a hipótese que levarei em conta. Os especialistas em Pedro Damião emitiram a ideia de que o autor do falso sermão de Pedro Damião poderia ser Nicolas de Clairvaux, conhecido como "hábil falsário" (*"gerissen Fälscher"*, como diz F. Dressler). Mas sabe-se que Nicolas forjou falsos textos de São Bernardo, de quem foi secretário. Os dezenove sermões falsamente atribuídos a Pedro Damião encontram-se originalmente em um manuscrito da Biblioteca Vaticana, onde estão próximos dos sermões de São Bernardo (ou a ele atribuídos). É claro que o sermão 42 não se encontra ali, mas a coexistência destes dois conjuntos de sermões é perturbadora. Suspeito que Nicolas de Clairvaux seja o autor dos dois sermões e, em seu gênio de falsário, fez de um uma cópia de Pedro Damião, do outro uma cópia de São Bernardo[12].

Se os dois sermões não são obra dos ilustres santos a quem foram atribuídos, são em contrapartida excelentes testemunhos – verídicos desta vez – do nascimento do purgatório e da formação do sistema de um além triplo: céu, purgatório, inferno. Ou o pseudo-Pedro Damião é anterior e a expressão *loca purgatoria* assim se explica, enquanto o do pseudo-São Bernardo foi composto quando o purgatório (*purgatorium*) já existia;

---

12. Sobre Nicolas de Clairvaux, além do artigo de J. Ryan citado na nota 10, p. 241, cf. STEIGER, A. "Nikolaus Mönch in Clairvaux, Sekretär des heiligen Bernhard". In: *Studien und Mitteilungen zur Geschichte des Benediktinerordens und seiner Zweige*, N.F. 7, 1917, p. 41-50. • LECLERCQ, J. "Les collections de sermons de Nicolas de Clairvaux". In: *Revue Bénédictine*, 66, 1956, esp. p. 275, n. 39.

ou então, se os dois textos são a obra de um mesmo falsário certamente inspirado em obras autênticas e talvez mesmo em um esquema bernardino deste sermão, ele atribuiu, consciente ou inconscientemente, a cada pseudoautor o vocabulário que parecia lhe convir, ainda que *loca purgatoria* não se encontre na primeira metade do século XI, nem *purgatorium* na primeira metade do século XII. Que este falsário seja Nicolas de Clairvaux é, cronologicamente, muito possível. Os dois manuscritos mais antigos onde se encontram o sermão do pseudo-Bernardo e a palavra *purgatorium* foram muito provavelmente copiados no fim do terceiro quarto do século XII[13]. Mas Nicolas de Clairvaux morreu depois de 1176. Seríamos assim reconduzidos à década de 1170-1180.

O autor do sermão atribuído a São Bernardo, quer tenha sido um corretor ou um completo falsário, compôs um texto que ia no sentido do grande cisterciense. De fato, este tinha uma percepção muito espacial do além. No quarto sermão para a dedicatória da Igreja: *Sobre a casa tripla*, entrega-se, em relação ao paraíso, a esta efusão: "Ó Casa maravilhosa, preferível às amadas tendas, aos adros desejáveis!... Sob as tendas, geme-se na penitência; nos adros, experimenta-se a alegria; em ti, nos saciamos da glória..."[14]

---

13. M.-C. Garand examinou dois manuscritos entre os três mais antigos. Paris: Bibliothèque Nationale (ms. latino 2.571) e Cambrai (169). "O fato, ela me escreve, de que a santidade de São Bernardo não figure no título e seja objeto de uma correção no *ex-libris* coloca sem dúvida o manuscrito *antes* da sua canonização, em 1174. Mas talvez não muito antes, pois a escrita já está bastante quebrada e poderia se situar realmente no terceiro quarto do século XII. Quanto ao manuscrito de Cambrai, sua escrita e suas características particulares também sugerem a segunda metade do século."

14. SÃO BERNARDO. *Opera*, V, 383-388 e esp. 386 [ed. J. Leclercq e H. Rochais]. O sermão LXXVIII *De diversis* sobre o mesmo tema parece-me mais um plágio forçado e simplificado de São Bernardo do que um texto totalmente autêntico. Mas é apenas uma impressão. Sobre ele, não me dediquei a nenhuma pesquisa. Cf. VRÉGILLE, B. "L'attente des saints d'après saint Bernard". In: *Nouvelle Revue Théologique*, 1948, p. 225-244.

Os primeiros beneficiários do purgatório: São Bernardo

Por uma ironia da história, São Bernardo, suposto pai do purgatório, mas a quem não se deve atribuir "essa invenção", aparece como o primeiro beneficiário individual conhecido da crença nesse novo lugar. Uma carta de Nicolas de Saint-Alban a Pierre de Celle – anterior, portanto, à morte deste em 1181 e provavelmente em 1180-1181 – afirma que São Bernardo fez uma breve passagem pelo purgatório antes de entrar no paraíso. Por que o santo passou por esta purgação? Era hostil à noção da Imaculada Conceição da Virgem, ainda que muito devoto de Maria. Os partidários desta crença pretenderam, para atingir as imaginações e desconsiderar seus adversários, que o abade de Clairvaux fora sancionado por este leve erro. O tema da passagem pelo purgatório dos homens célebres se espalhará no século XIII. Parece que São Bernardo inaugurou a série. Felipe Augusto, que reinou de 1180 a 1223, será o primeiro rei da França a passar pelo purgatório.

Encontramos São Bernardo, decididamente ligado ao nascimento do purgatório, em um interessante manuscrito cisterciense do fim do século XII que faz parte de uma das primeiras coletâneas de *exempla*, essas historietas introduzidas pelos pregadores em seus sermões e que desempenharam, como veremos, um papel muito importante na difusão do purgatório no século XIII[15]. O capítulo XXXIV é consagrado à ilustração das penas das almas depois da morte (*De penis animarum post mortem*) e começa por um trecho da visão de São Fursy escrita por Beda. Em seguida, apresenta várias visões depois de ter declarado que "penas muito severas são infligidas no purgatório (*in purgatorio*) para os excessos que estimamos muito leves". É um outro testemunho da existência do purgatório, palavra e crença. Entre essas visões, uma é apresentada como retirada da vida de São Bernardo. Eis a anedota:

---

15. Trata-se do manuscrito em latim 15.912 da Bibliothèque Nationale de Paris. Georgette Lagarde transcreveu gentilmente as passagens que resumo aqui. A expressão *in purgatorio* encontra-se no fólio 64 b, e o *exemplum* tirado da vida de São Bernardo nos fólios 65 c-66 a.

"Um irmão animado de boas intenções, mas com um comportamento demasiado severo em relação aos outros irmãos e menos misericordioso do que deveria, morreu no Mosteiro de Clairvaux. Poucos dias depois de sua morte ele apareceu ao homem de Deus (São Bernardo) com o ar lúgubre e uma postura lamentável, deixando claro que nada se passava como havia desejado. Bernardo perguntou o que lhe acontecia e ele se lamentou de ter sido entregue às quatro torturas. Depois de pronunciar estas palavras, foi empurrado para trás e precipitadamente retirado da visão do homem de Deus. São Bernardo, com grandes gemidos, gritou-lhe pelas costas: 'Peço-te em nome do Senhor que me comunique logo tua situação'. Pôs-se a rezar e pediu que os irmãos, cuja grande santidade conhecia, oferecessem a esse irmão o sacrifício eucarístico e que também o ajudassem. E não esmoreceu até que alguns dias depois, como pedira, foi informado por outra revelação que o irmão havia merecido ter o consolo da libertação."

Esta anedota – junto com aquelas que o envolvem no mesmo manuscrito – é o testemunho mais antigo que conheço das histórias de aparições de almas no purgatório expressamente nomeado e que popularizarão a crença no novo lugar do além no século XIII. Devo observar, no entanto, que se trata de um fantasma muito particular, muito vigiado, submetido a um duplo controle, o de seus carrascos no além que limitam ao mínimo sua aparição, o de seus ajudantes neste mundo que lhe exigem uma exata prestação de contas.

Apresento agora um conjunto de testemunhos sobre a palavra *purgatório*; eles são irrefutáveis e provam sua existência nos últimos anos do século XII e nos primeiros do século XIII. Procedem sobretudo de teólogos.

Os primeiros teólogos do purgatório: Pedro o Chantre, e Simão de Tournai

Parece-me que Pedro o Chantre foi quem integrou o purgatório ao sistema e ao ensino teológico, e sua importância na construção da escolástica é cada vez mais reconhecida. Este mestre da Escola de Notre-Dame de Paris, falecido em 1197, foi sem dúvida aquele que, ao lançar o olhar sobre o mundo em torno dele que se transformava em seus comportamentos econômicos, em suas estruturas sociais e políticas, em suas mentalidades, melhor teorizou e percebeu nas relações da casuística as novidades de um mundo urbano e monárquico[16].

É ainda a propósito da penitência que o purgatório se encontra em sua *Súmula sobre os sacramentos e os conselhos da alma* (*Summa de sacramentis et animae consiliis*). Ao falar do pecado venial, Pedro o Chantre não deixará de afirmar que por causa dele uma pena determinada é infligida no purgatório (*in purgatorio*). Ataca depois aqueles que estimam que os danados também passam pelo purgatório (*per purgatorium*) antes de irem para o inferno e que nele são purgados e perdoados. É absurdo, contesta o Chantre, pois nesse caso a condição dos eleitos não seria melhor do que a dos danados, o que é absurdo. Pedro o Chantre chega então ao ponto essencial: "É preciso distinguir os lugares dos bons e os lugares dos maus depois desta vida. Para os bons, ou é imediatamente o paraíso (*patria*) se não trazem com eles nada para queimar, ou primeiro o purgatório (*purgatorium*) e depois o paraíso, no caso, por exemplo, daqueles que carregam com eles pecados veniais. Para os maus não se distingue receptáculo e dizem que vão imediatamente para o inferno". O Chantre afirma então que o purgatório só acolhe os predestinados (eleitos) e relata novamente diversas opiniões. Há, por exemplo, aqueles que dizem que os maus passam realmente pelo purgatório, mas não é para eles um verdadeiro purgatório, é simplesmente um veículo que os leva para o fogo eterno. Outros dizem que o pecado venial é punido com a pena eterna por causa da impenitência final no momento da morte. Mas, diz o Chantre, a impenitência é a causa sem a qual a danação não aconteceria,

---

16. Cf. BALDWIN, J. *Masters, Princes and Merchants* – The Social Views of Peter the Chanter and his Circle. 2 vols. Princeton, 1970.

mas não é a causa pela qual acontece. Nestes poucos parágrafos o substantivo *purgatorium* é citado com frequência, exatamente nove vezes. A palavra e a ideia tornaram-se, pelo menos em Paris, visivelmente comuns no fim do século e o sistema inferno-purgatório-paraíso parece estar bem-estabelecido[17].

Em outra passagem do *De sacramentis*, em que se trata da remissão dos pecados veniais, Pedro o Chantre relembra que "nossos mestres dizem que o pecado venial é perdoado pela pena do purgatório (*per penam purgatorii*), não pela penitência. Mas esta não é sua opinião. O substantivo purgatório é empregado duas vezes em algumas linhas[18]. Em uma terceira parte, coletânea de caso de consciência, ele responde à questão: Será que a esmola pode resgatar os pecados veniais? "Existem dois purgatórios, um no futuro depois da morte, que pode ser reduzido principalmente pela celebração de missas e secundariamente por outras boas ações. O outro purgatório é a penitência imposta, que também pode ser mitigada pelas mesmas coisas". Vemos aqui que o Chantre, mesmo considerando o purgatório como adquirido, ainda não tem uma visão puramente espacial, nesta última passagem não é um lugar, mas um estado[19]. Em outra de suas obras, talvez a mais conhecida, o *Verbum abbreviatum*, que alguns datam de 1192, Pedro o Chantre se pergunta qual quantidade e intensidade de penitência pode igualar o fogo purgatório. Emprega também os termos *fogo purgatório* e *purgatório*, comportamento habitual para essa época e que será reencontrada no século XIII[20].

---

17. PEDRO O CHANTRE. *Summa de Sacramentis et Animae Consiliis* [ed. de J.A. Dugauquier]. In: *Analecta Mediaevalia Namurcensia*, 7, 1957, p. 103-104.

18. Ibid., p. 125-126.

19. PEDRO O CHANTRE. *Summa de Sacramentis...*, 3ª parte, III, 2 a: Liber casuum conscientiae [ed. de J.A. Dugauquier]. In: *Analecta Mediaevalia Namurcensia*, 16, 1963, p. 264.

20. *PL*, 205, col. 350-351. A data de 1192 foi proposta em VAN DEN EYNDE, D. "Précisions chronologiques sur quelques ouvrages théologiques du XIIe siècle". In: *Antonianum*, XXVI, 1951, p. 237-239.

Outro célebre professor parisiense, falecido em 1201, Simão de Tournai, aluno de Odon d'Ourscamp, deixou algumas *Disputas* (*Disputationes*), gênero lançado por Abelardo e que, apesar da hostilidade dos conservadores – São Bernardo, Hugo de São Vitor que nem fala sobre elas, Jean de Salisbury, Étienne de Tournai –, entrou para o ensino da Teologia na segunda metade do século XII e foi introduzido por Pedro o Chantre na Exegese Bíblica. Simão de Tournai fala do purgatório em três disputas[21]. Na disputa XL responde à questão: Os méritos ainda podem ser adquiridos depois da morte? Alguns dizem que são adquiridos pelos sofrimentos suportados no purgatório. A expressão empregada é *no(s) purgatório(s)* (*in purgatoriis*), que vimos mais acima. Mas em sua resposta Simão, que é hostil a esta concepção, logo após afirmar que não existe depois desta vida um lugar onde seja possível adquirir méritos, emprega quatro vezes a palavra *purgatório*, duas para evocar o sofrimento do purgatório (*passio purgatorii*), uma para falar da pena do purgatório (*pena purgatorii*) e uma fazendo alusão à travessia do purgatório (*transeundo purgatorium*). Na disputa LV há duas questões relativas ao purgatório. Uma é saber se o fogo purgatório pode ser uma pena eterna, a outra se graças aos sufrágios da Igreja é possível ser completamente isento de purgatório. À primeira questão, Simão responde um pouco enviesado ao destacar que o problema não é saber se se cometeu uma falta venial ou mortal, mas se se morreu impenitente ou não. À segunda, responde pela afirmativa indicando que um morto pode, em vida, ter merecido ser completamente libertado do purgatório pelos sufrágios da Igreja, pode até mesmo ter merecido não entrar no purgatório (*ne intraret purgatorium*). Como vemos nessa disputa, Simão de Tournai emprega com muito discernimento *purgatorium*, substantivo designando um lugar, e fogo purgatório (*ignis purgatorius*), descrevendo a pena que ali se sofre.

---

21. WARICHEZ, J. *Les* Disputationes *de Simon de Tournai*. Lovaina, 1932 [Texto inédito]. As disputas XL, LV e LXXIII encontram-se nas p. 118-120, 157-158, 208-211.

Por fim, na disputa LXXIII, Simão responde à questão de saber se as almas são punidas por um fogo material no purgatório ou no inferno. Nomeia o purgatório quer pelo substantivo *purgatorium* quer pela forma mais antiga *in purgatoriis* (no(s) purgatórios(s), subentendendo lugares). Sua resposta é que no inferno existirá um fogo corpóreo, mas que no purgatório deve-se tratar de um fogo espiritual, metafórico, de uma pena muito severa, pois o fogo designa a mais pesada das penas corporais.

Observo ainda que outro célebre professor parisiense, Pedro de Poitiers († 1205), que utilizou em um texto de suas *Sentenças* todo o arsenal das antigas expressões que precederam a palavra *purgatório*, também empregou o substantivo na mesma obra, se o copista não omitiu a palavra *fogo* (*ignem*): "Eles passarão pelo purgatório" (*transibunt per purgatorium*)[22].

Último testemunho do aparecimento do substantivo *purgatorium* no extremo fim do século XII: sua presença em um texto não mais teológico e sim hagiográfico. Trata-se de uma passagem de uma vida de São Vítor, mártir de Mouzon, que define o purgatório (*purgatorium*) como um lugar de combustão, como a prisão da purgação[23]. Antes de apresentar alguns textos e alguns problemas que me parecem importantes para esclarecer a significação do nascimento do purgatório no fim do século XII e no início do século XIII, talvez seja útil agora fazer um balanço sobre este nascimento.

A primavera parisiense e o verão cisterciense

Consultei o maior número de documentos possível provenientes de diversas regiões da Cristandade, analisados especialmente nas obras vindas dos principais centros de produção

---

22. *PL*, 211, col. 1.054. Cf. MOORE, P.S. *The Works of Peter of Poitiers, Master in Theology and Chanceller of Paris (1193-1205)*. Publicações em *Medieval Studies*. Notre-Dame (Ind.), I, 1936.

23. DOLBEAU, F. (ed.). "Vie de saint Victor, martyr de Mouzon". In: *Revue Historique Ardennaise*, t. IX, p. 61.

intelectual e cultural na virada do século XII para o XIII. Creio ser possível avançar sobre bases sólidas que dois meios prepararam a crença e lançaram a palavra purgatório. O primeiro, o mais ativo, é o meio intelectual parisiense, e particularmente a escola catedral, a escola do capítulo de Notre-Dame, sobre a qual jamais se dirá o suficiente sobre o papel fundamental que desempenhou antes que a animação intelectual passasse para a margem esquerda e para os ensinamentos da nova universidade, particularmente em torno dos mestres mendicantes, dominicanos e franciscanos.

Um movimento teológico importante já situado na margem esquerda precedeu e alimentou, sobretudo na primeira metade do século XII, este entusiasmo. As abadias de Saint-Victor e de Sainte-Geneviève foram suas principais animadoras. Para a primeira, será preciso lembrar os nomes e o brilho das escolas de Hugo de São Vitor e de outros vitorinos; para a segunda, o de Abelardo e de seus discípulos?

Mas é a partir do ensinamento e das obras de Pedro Lombardo, em torno dos mestres e dos chanceleres da Escola de Notre--Dame, com uma menção especial a Odon d'Ourscamp, Pedro o Devorador, Pedro o Chantre, que a expansão intelectual explode. No coração da Paris de Luís VII e do jovem Felipe Augusto, em contato com os cambistas sobre as pontes, com os empreendedores de navegação no Sena, com artesãos e operários – mercadoria humana já triturada no mercado da mão de obra na Praça de Grève – as grandes verdades do cristianismo são repensadas e remodeladas na criatividade e no fervor. Mundo fervilhante de ideias, de discussão exaltada, de choque pacífico das opiniões. Os mestres, os estudantes anotam, escrevem febrilmente nessas compilações de questões, disputas, transposições em que, apesar da autoridade de alguns mestres eminentes, não sabemos muito bem quem é o autor desta ou daquela ideia e onde se enfrentam as posições mais diversas, levadas às vezes até o absurdo: "uns dizem..." "outros pensam..." "outros ainda estimam..." É o belo tempo do impulso escolástico. Mas não durará muito. Desde 1210, afirma-se a retomada das rédeas conduzida pela Igreja e pela monarquia. As fogueiras se acendem, onde se queimam os livros e os homens. Simples advertência. A escolástica vai conhecer grandes dias, suas maiores glórias no século XIII. Mas estas catedrais intelectuais, as grandes súmulas do século de São Luís, são monumentos bem-ordenados, de onde são afastadas a divagação e a exaltação. No entanto, isto não será suficiente para os censores do século, uma vez que, em 1270 e em 1277, o bispo de Paris, Étienne Tempier, se posicionará categoricamente contra tudo o que parece original e novo, contra Siger de Brabant, a quem se recrimina o que ele não disse; contra Tomás de Aquino, menos audacioso do que se acredita. O purgatório nasceu com essa primavera da escolástica, nesse momento de criatividade excepcional que vê a confluência efêmera do intelectualismo urbano e do ideal monástico.

O segundo meio de nascimento do purgatório é, evidentemente, Cîteaux. Pouco importa que São Bernardo não tenha inventado o purgatório. A atenção especial que os cistercienses dão às relações entre os vivos e os mortos, o novo impulso depois de Cluny, que contestam, mas muitas vezes continuam, conferem à liturgia do início de novembro associando os santos e os mortos, os conduzem às fronteiras do purgatório. Os vínculos que têm com os meios intelectuais urbanos sem dúvida fizeram o resto. Muitos mestres universitários, principalmente parisienses, Odon d'Ourscamp, Pedro o Devorador, Pedro o Chantre, Alain de Lille terminam seus dias nos mosteiros cistercienses. É no cruzamento dos dois meios, entre 1170 e 1200, talvez na década 1170-1180, certamente nos dez últimos anos do século, que o purgatório aparece.

O purgatório e a luta contra a heresia

É preciso dar lugar a uma terceira frente: a luta anti-herética. Um certo número de autores eclesiásticos contribuíram enormemente, na virada do século XII para o XIII, para o nascimento do purgatório. Estes autores têm em comum a luta contra os hereges e a utilização do novo purgatório como instrumento de combate. O purgatório, como muitas crenças, não nasceu apenas de tendências positivas, da reflexão dos intelectuais e da pressão da massa, mas também de pulsões negativas, da luta contra aqueles que não acreditavam nele. Esta luta ressalta que o purgatório representa então um desafio importante. É contra os hereges nos séculos XII e XIII, contra os gregos do século XIII ao XV, contra os protestantes nos séculos XVI e XVII que a Igreja romana consolida a doutrina do purgatório. A continuidade dos ataques contra o purgatório por parte dos adversários da Igreja romana oficial é impressionante. Todos pensam que o destino dos homens no além só pode depender de seus méritos e da vontade de Deus. Tudo se decide na morte, portanto. Os defuntos vão diretamente (ou depois do juízo final) ao paraíso ou ao inferno, mas não existe nenhum resgate entre a morte e a ressurreição: logo, não há purgatório e é inútil rezar pelos mortos. Para estes hereges que não gostam da Igreja também é a ocasião de lhes negar qualquer papel depois da morte, de lhes recusar esta extensão de seu poder sobre os homens.

Já vimos o dossiê dos hereges de Arras combatidos por Gérard de Cambrai no início do século XI. Reencontramos o problema no início do século XII, entre os hereges ora individualizados, ora anônimos no interior de um grupo. É o caso de Pierre de Bruys contra quem o célebre abade de Cluny, Pedro o Venerável, escreve um tratado. Mas é muito mais o de Henri, seu discípulo mais radical, monge e depois andarilho, que em Lausanne e no Mans (por volta de 1116), e em outros lugares desconhecidos, prega ideias que se alinham às dos originários de Arras, que o levam a ser preso em 1134 e julgado diante do Concílio de Pisa. Um tratado anônimo escrito na primeira metade do século XII se esforça em refutar Henri e seus partidários. Atribui a seus adversários a ideia de que "nada pode vir em auxílio dos mortos, pois assim que morrem são ou danados ou salvos", o que lhe parece "abertamente herético". Apoiando-se no conjunto do dossiê tradicional da Igreja (2Mc 12,41-45; Mt 12,31; 1Cor 3,10-15; o *De cura pro mortuis gerenda*, de Santo Agostinho), ele afirma a existência de dois fogos: o fogo purgatório e o fogo eterno. "Há, defende ele, pecados que serão apagados no futuro (no além) pelas esmolas dos amigos e as preces dos fiéis ou pelo fogo purgatório"[24].

Reencontramos aqui São Bernardo. Em um sermão sobre o *Cântico dos Cânticos*, composto em 1135 e reescrito por volta de 1143-1145, Bernardo ataca os hereges que "não creem que o fogo purgatório continue depois da morte e estimam que a alma desde sua separação do corpo vai ou para o descanso ou para a danação". A estes hereges, Bernardo, segundo a atitude habitual da Igreja, trata-os de animais pérfidos e declara, com o desprezo do clérigo nobre, que "são toscos, iletrados, absolutamente desprezíveis". Procura nomeá-los, segundo o costume, pelo nome de seu chefe, mas eles não têm um e acintosamente chamam a si mesmos de os *Apostólicos*. São hostis ao casamento, ao batismo, às preces pelos mortos, ao culto dos santos e são vegetarianos (não comem nada proveniente do coito, portanto, dos animais). São Bernardo, apoiando-se em Mt 12,32, opõe-lhes a existência não do purgatório, ainda ignorado, mas do fogo purgatório, e afirma a eficácia dos sufrágios pelos mortos[25].

A linha de Arras é clara, mesmo se não houve continuidade e filiação direta. A recusa do purgatório vai ser reencontrada no fim do século XII e no início do século XIII entre os novos hereges: os valdenses e os cátaros. Para eles, a hostilidade ao purgatório faz parte de sistemas religiosos diferentes, apesar da presença de elementos heréticos tradicionais. Mas neste ponto a posição de todos esses novos hereges é praticamente a mesma: os vivos não podem nada pelos mortos, os sufrágios são inúteis. Entre os

---

24. MANSELLI, R. "Il monaco Enrico e la sua eresia". In: *Bolletino dell'Istituto Storico Italiano per il Medio Evo e Archivio Muratoriano*, 65, 1953, p. 62-63. Sobre as heresias do século XII, cf. a obra fundamental de R. Manselli: *Studi sulle eresie del secolo XII*. Roma, 1953.

25. SÃO BERNARDO. *Opera*, vol. II, p. 185 [ed. de J. Leclercq e H. Rochais]. Cf. a introdução dos editores, vol. I, p. IX.

cátaros, a doutrina da metempsicose exclui sem dúvida o purgatório porque tem a mesma função de purificação "temporária". O primeiro texto desta querela é certamente o do abade premonstratense Bernardo de Fontcaude que escreveu entre 1190 e 1192 um *Livro contra os valdenses* (*Liber contra Waldenses*), onde a palavra purgatório não aparece, mas o sistema dos três lugares do além está exposto com uma clareza absolutamente nova[26].

No capítulo X, Bernardo de Fontcaude combate aqueles "que negam o fogo purgatório e dizem que o espírito (*spiritus*) desde sua separação da carne vai ou para o céu ou para o inferno". Opõe-lhes três autoridades: a Primeira Epístola de Paulo aos Coríntios, Agostinho no *Enchiridion* e o capítulo XIV de Ezequiel, em que Javé declara que as preces dos justos não poderão libertar o povo infiel, mas que ele próprio deverá se libertar. Comenta São Paulo, dizendo que essas palavras se aplicam "ao fogo da purgação futura"; Agostinho ao declarar que Deus purga os pecados ou no batismo e no fogo da tribulação temporária (neste mundo), ou no fogo da purgação; Ezequiel, ao concluir que Javé ordena colocar o povo infiel no fogo purgatório.

É no capítulo XI que se encontra a passagem mais interessante. Alguns hereges pretendem que, antes do juízo final, os espíritos dos defuntos não entrem nem no céu nem no inferno, mas são recebidos em outros receptáculos. Bernardo afirma que se enganam: "Existem de fato três lugares que recebem os espíritos libertados da carne. O paraíso recebe os espíritos dos perfeitos, o inferno todos os totalmente maus, o fogo purgatório aqueles que não são nem totalmente bons nem totalmente maus. Assim, um lugar totalmente bom recebe os totalmente bons; um

---

26. *PL*, 204, 795-840 (os capítulos 10 e 11 estão nas col. 833-835). Cf. PACHOWSKY, A. & SELGE, K.V. *Quellen zur Geschichte der Waldenses*. Göttingen, 1973. • VERREES, L. "Le traité de l'abbé Bernard de Fontcaude contre les vaudois et les ariens". In: *Analecta Praemonstratensia*, 1955, p. 5-35. G. Gonnet pensa que estas ideias "foram professadas, pelo menos na origem, mais por outras seitas do que pelos valdenses" ("Le cheminement des vaudois vers le schisme et l'hérésie (1174-1218)". In: *Cahiers de Civilisation Médiévale*, 1976, p. 309-345).

lugar extremamente mau recebe os totalmente maus; um lugar medianamente mau recebe os medianamente maus, ele é menos duro do que o inferno, mas pior do que o mundo"[27].

Bernard de Fontcaude não conhece, portanto, o purgatório, mas apenas o fogo purgatório. Mas este se tornou um lugar, o além entre a morte e o juízo final é triplo e pela primeira vez o (purgatório) é definido como um lugar duplamente intermediário, médio: topográfica e judicialmente.

Ermangaud de Béziers é pouco conhecido (existem também vários personagens com este nome), mas seu tratado contra os valdenses (*Contra Waldenses*) data muito provavelmente dos últimos anos do século XII, ou dos primeiros anos do XIII. No capítulo XVII, ele ataca a opinião perversa de certos hereges que garantem que as preces dos santos não ajudam os vivos e que os defuntos não são aliviados pelas oferendas e pelas preces dos vivos. Contra eles, Ermangaud afirma que existem três tipos de defuntos: os totalmente bons, que não precisam de auxílio; os totalmente maus, por quem nada se pode, pois no inferno não há redenções; e uma terceira categoria, aqueles que não são nem totalmente bons nem totalmente maus, que se confessaram, mas não terminam sua penitência. Ele não apenas não pronuncia a palavra purgatório como não emprega nenhuma palavra da família *purgare*. Diz que esses mortos "não são nem danados nem imediatamente salvos, mas são punidos na espera da salvação"[28].

Uma *Súmula contra os hereges* do início do século XIII, falsamente atribuída a Prévostin de Cremona, chanceler de Paris falecido por volta de 1210, acusa os hereges chamados *passaginos* de se recusarem a rezar pelos mortos. Depois de ter refutado a

---

27. "*Tria quippe sunt loca quae spiritus a carne solutos recipiunt. Paradisus recipit spiritus perfectorum. Infernus valde malos. Ignis purgatorionis eos, qui nec valde boni sunt nec valde mali. Et sic, valde bonos suscepit locus valde bonus; valde malos locus summe malus; mediocriter malos locus mediocriter malus, id est levior inferno, sec pejor mundo*" (PL, 204, col. 834-835).

28. "*Et hi non damnantur, nec statim salvantur, sed puniuntur sub exspectatione percipiendae salutis*" (PL, 204, 1.268).

interpretação que fazem da história do pobre Lázaro e do rico mau, que joga para um passado anterior à descida de Cristo aos infernos a existência do seio de Abraão, "ou limbo do inferno", que ocupa o inferno superior em relação ao inferno médio e ao inferno inferior, o pseudo-Prévostin dá sua solução sobre o problema das preces pelos mortos. É preciso rezar "pelos medianamente bons que estão no purgatório, não para que se tornem melhores, mas para que sejam libertados mais cedo, e para os medianamente maus, não para que sejam salvos, mas que sejam menos punidos". O pseudo-Prévostin permanece, portanto, muito agostiniano e distingue entre a purgação no purgatório, que existe, e a "danação mais tolerável", que provavelmente ocorre no inferno. Para ele, a doutrina católica sobre os sufrágios apoia-se nas seguintes autoridades: 2Mc 12, Pr 11,7. "Quando o justo morre, sua esperança não perece", comentado por Beda (cf. *PL*, 91, 971), e sobretudo Mt 12,32, "onde está abertamente demonstrado que alguns pecados são perdoados na vida futura". Sendo assim, é preciso rezar pelos mortos[29].

O caso de Alain de Lille, falecido em 1203, é diferente. Trata-se principalmente de um mestre de primeiro plano[30]. Professor na recente Universidade de Montpellier, engajou-se na luta contra os hereges, valdenses e cátaros, mas "não abordou a questão do purgatório" em seu tratado *Contra os hereges* (*Contra Haereticos*)[31]. Em contrapartida, abordou o problema em seus tratados sobre a penitência e a pregação.

Em sua *Súmula sobre a arte da predicação* (*Summa de arte praedicatoria*), sobre a penitência, declara: "Existe um fogo triplo: purgatório, probatório, peremptório. O purgatório é a satisfação (dos pecados), o probatório é o exame (*tentatio*), o peremptório

---

29. GARVIN, J.N. & CORBETT, J.A. (ed.). *The Summa contra haereticos ascribed to Praepositiuus of Cremona*. Notre-Dame (Ind.), 1958, esp. p. 210-211.

30. Cf. o estudo fundamental de M.-T. d'Alverny: *Alain de Lille* – Textes inédits avec une introduction sur sa vie et ses oeuvres. Paris, 1965.

31. GONNET, G. In: *Cahiers de civilisation médiévale*, 1976, p. 323.

é a danação eterna [...]. O fogo purgatório é duplo: um ocorre no caminho (neste mundo), é a penitência; o outro depois da vida, é a pena purgatória. Se nos purgamos no primeiro, estamos isentos do segundo e do terceiro; se não tivermos sofrido o primeiro, experimentaremos o segundo [...]. O primeiro, o purgatório, exclui os dois outros [...]. O fogo purgatório é apenas a sombra e a pintura do segundo, e assim como a sombra e a pintura do fogo material não traz nenhuma dor [...] assim também o fogo da penitência não é amargo em comparação com o segundo fogo purgatório", e cita Agostinho[32]. O que interessa Alain de Lille, portanto, é a penitência e, nessa época de evolução extraordinária da penitência, ele identifica o fogo da tribulação terrena examinado por Agostinho com a penitência neste mundo.

Em seu tratado sobre a penitência, o *Liber poenitentialis*, redigido depois de 1191 e de que existem várias versões, uma delas longa e escrita entre 1199 e 1203, Alain se pergunta se a Igreja, por intermédio do bispo ou do padre, pode na absolvição perdoar a penitência. As ideias de Alain podem parecer desconcertantes: para ele, o fogo purgatório propriamente dito é aquele da penitência neste mundo e limita o poder do bispo ou do padre à redução da pena purgatória, ou seja, da penitência; mas a Igreja é impotente para além da morte, o que não será o sentimento dos clérigos do século XIII[33].

Nesses textos, Alain de Lille, que dispõe de um vocabulário ao mesmo tempo tradicional e novo, fala tanto de fogo purgatório (*ignis purgatorius*), de pena purgatória (*poena purgatoria*), quanto de purgatório propriamente dito. Usa principalmente o substantivo em uma questão particularmente interessante que comentarei mais adiante em relação ao "tempo purgatório": "Perguntam se aquele que deveria cumprir [uma penitência neste mundo] de sete anos e não a cumpriu, permanecerá durante sete anos no purgatório. Respondemos: sem dúvida nenhuma ele

---

32. *Summa de arte praedicatoria. PL*, 210, 174-175.

33. LONGÈRE, J. (ed.). *Liber poenitentialis.* T. 2. Lovaina-Lille, 1965, p. 174-177.

terminará esta satisfação no purgatório, mas quanto tempo ali ficará, somente aquele que pesa as penas na balança o sabe"[34]. Isto significa colocar o problema da proporcionalidade das penas do purgatório, abrir a contabilidade do além.

O atraso dos canonistas

Contemporâneo da explosão teológica de que Paris é o centro, um outro movimento intelectual inflama a Cristandade da segunda metade do século XII: a efervescência do Direito Canônico. E Bolonha é seu centro intelectual, institucional e político. Evoquei-o quando citei este texto essencial, o *Decreto* de Graciano (por volta de 1140). Mas, no nascimento do purgatório, o movimento canonista parece estranhamente ausente. Esta observação já havia sido feita pelo Mons. Landgraf: "Todavia não podemos ocultar, ele escrevia em 1948, que em geral os canonistas, longe de promoverem o progresso em Teologia Sistemática, contentam-se na maioria das vezes com seguir as suas pegadas"[35]. Um canonista, autor de um dos primeiros comentários do *Decreto* de Graciano, a *Summa coloniensis* (*Súmula de Colônia*) de 1169, tratando dos sufrágios pelos mortos e, portanto, do purgatório, confessa: "Não tratei desta questão, pois ela interessa mais aos teólogos do que aos canonistas"[36]. Por isso não surpreende que um canonista tão importante do fim do século XII, Uguccione (ou Huguccio) de Pisa, em sua *Súmula dos Decretos* (*Summa Decretorum*) concluída entre 1188 e 1192, afirme que o tempo da purgação se estende do momento da morte ao

---

34. Ibid., p. 177: *"Item quaeritur si iste debebat implere septem annos et non implevit, utrum per septem annos sit in purgatorio? Respondemus: procul dubio implebit illam satisfactionem in purgatorio, sed quamdiu ibi sit, ille novit qui est librator poenarum"*.

35. LANDGRAF, A.M. *Einführung in die Geschichte der theologischen Literatur der Frühscholastik*. Ratisbonne, 1948 [trad. francesa completa e atualizada. Paris, 1973, p. 58].

36. Apud LANDGRAF, A.M. *Dogmengeschichte der Frühscholastik*, IV/2. Ratisbonne, 1956, p. 260, n. 3.

tempo do juízo final, em relação ao lugar dessa purgação, relembra que Agostinho falou de lugares secretos, ocultos (é o texto reproduzido no *Decreto* de Graciano) e confessa que ele também o ignore: "*Ignoro et ego...*"[37]

Este silêncio, no entanto, não durará porque os canonistas logo percebem que a questão é atual e importante e que também os interessa. Desde os primeiros anos do século XIII, Sicard de Cremona, falecido em 1215, ao comentar Graciano, ou seja, Agostinho, escreve: "É preciso compreender que se trata daqueles que estão nos tormentos no purgatório e cujas penas podem ser mitigadas"[38]. É interessante observar que sobre o manuscrito da *Summa Coloniensis*, de que falava mais acima, uma equipe do século XIII anotou o esquema de Sicard de Cremona, corrigindo assim a confissão de indiferença do autor da *Summa*. O purgatório e seu sistema também estão presentes, por exemplo, nas glosas que Jean o Teutônico, falecido em 1245, redige pouco depois de 1215 sobre o *Decreto*, de Graciano. Jean retoma o texto de Santo Agostinho e do *Decreto* sobre os lugares sagrados que nos são ocultados, mas afirma a utilidade para os medianamente bons dos sufrágios, graças aos quais são libertados mais rapidamente do fogo *do* purgatório[39].

Por volta de 1200: o purgatório se instala

Três autores parecem-me resumir no início do século XIII o novo sistema do além, resultante do nascimento do purgatório.

Uma carta e um sermão de Inocêncio III

O primeiro, aliás, é o Papa Inocêncio III (1198-1216). É extraordinário que o pontífice tenha acolhido tão rapidamente as

---

37. Segundo o manuscrito Paris, Bibliothèque Nationale, ms latim 3.891, fol. 183 vᵒ (informações gentilmente dadas pelo Padre P.M. Gy).

38. Apud LANDGRAF, A.M. *Dogmengeschichte...* IV/2, p. 261, n. 6.

39. Johannes Teutonicus, fol. CCCXXXV v. CCCXXXVI.

novas concepções. Em uma carta ao arcebispo de Lyon em 1202, o papa permanece circunspecto. Sobre as conclusões que podem ser tiradas da distinção agostiniana (retomada no *Decreto* de Graciano) entre as quatro categorias de defuntos: os totalmente bons, os totalmente maus, os medianamente bons e os medianamente maus, e a eficácia dos sufrágios dos vivos por intermédio da Igreja, para os totalmente bons as ações de graças; para os totalmente maus as consolações dos vivos; para os medianamente bons as expiações, para os medianamente maus as propiciações, remete-se ao discernimento do prelado[40]. Mas em um sermão para o Dia de Todos os Santos sobre os dois serafins, os três exércitos e os cinco lugares onde habitam os espíritos dos mortos, ele é muito mais preciso.

Os dois serafins são os dois testamentos. Os três exércitos são a Igreja triunfante no céu, a Igreja militante na terra e a Igreja "que reside no purgatório". A primeira age no louvor, a segunda no combate, a terceira no fogo. É à terceira que Paulo faz alusão na Primeira Epístola aos Coríntios. Existem também cinco lugares onde moram os espíritos humanos. O lugar supremo é aquele dos supremamente bons, o lugar ínfimo aquele dos supremamente maus; o lugar do meio é para aqueles que são bons e maus: entre o lugar supremo e o lugar do meio existe um lugar para os medianamente bons; entre o lugar do meio e o lugar ínfimo há um lugar para os medianamente maus. O lugar supremo é o céu, onde estão os bem-aventurados. O ínfimo é o inferno, onde estão os danados. O do meio é o mundo, onde estão os justos e os pecadores. Entre o supremo e o médio há o paraíso (terrestre), onde ainda vivem Enoc e Elias, que morrerão. Entre o médio e o ínfimo (há o purgatório), onde são punidos aqueles que não fizeram penitência neste mundo ou que, ao morrerem, carregaram alguma mancha venial. Ainda que existam cinco lugares, só há três exércitos. Aqueles que estão no paraíso, ainda que pertençam ao exército de Deus, não formam em si mesmos um exérci-

---

40. *PL*, 214, col. 1.123.

to, pois são apenas dois. O exército do meio, hoje, presta louvores ao exército que triunfa no céu e, no dia seguinte, se desincumbe das preces por aqueles que estão no purgatório. Inocêncio III acrescenta então uma observação de ordem psicológica: "Quem não louvaria de bom grado a indivisível Trindade pelos santos, por meio das preces e dos méritos de quem acreditamos ser auxiliados para um dia também estarmos onde estão? Quem não desincumbiria de bom grado preces à indivisível Trindade pelos mortos, enquanto ele mesmo deve morrer? Quem não faria nesta vida para um outro o que deseja que se faça para ele mesmo depois de sua morte?" E o papa termina exaltando a solenidade da Festa de Todos os Santos[41].

Texto surpreendente onde se fala por várias vezes *do* purgatório e onde Inocêncio III dá sob uma forma simbólica tradicional a expressão mais completa, clara e estruturada – encerrando toda a humanidade do nascimento ao fim dos tempos em um plano perfeito, cuja parte terrena se desenrola sob o estrito con-

---

41. *PL*, 217, col. 578-590. Eis a passagem essencial: *Deus enim trinus et unus, tres tribus locis habet exercitus. Unum, qui triumphat in coelo; alterum, qui pugnat in mundo; tertium, qui jacet in purgatorio. De his tribus exercitibus inquit Apostolus: "In nomine Jesu omne genu flectatur, coelestium, terrestrium et infernorum (Fl 2)". Hi tres exercitus distincte clamam cum seraphim, Sanctus Pater, Sanctus Filius, Sanctus Spiritus. Patri namque attribuitur potentia, quae convenit exercitui, qui pugnat in via; Filio sapientia, quae competit exercitui, qui triumphat in patria; Spiritui sancto misericordia, quae congruit exercitui, qui jacet in poena. Primus exercitus in laude, secundus in agone, tertius autem in igne. De primo legitur: "Beati qui habitant in domo lua, Domine, in saecula saeculorum laudabunt te (Sl 83)". De secundo dicitur: "Militia est vita hominis super terram; et sicut dies mercenarii, dies ejus (Jó 7)". De tertio vero inquit Apostolus: "Uniuscujusque opus quale sit, ignis probabit (1Cor 3)". Sane quinque loca sunt, in quibus humani spiritus commorantur. Supremus, qui est summe bonorum; infimus, qui est summe malorum; medius, qui est bonorum et malorum; et inter supremum et medium unus, qui est mediocriter bonorum; et inter medium et infimum alter, qui est mediocriter malorum. Supremus, qui est summe bonorum, est coelum, in quo sunt beati. Infimus, qui est summe malorum, est infernus, in quo sunt damnati. Medius, qui est bonorum et malorum, est mundus, in quo justi et peccatores. Et inter supremum et medium, qui est mediocriter bonorum, est paradisus; in quo sunt Enoch et Elias, vivi quidem, sed adhuc morituri. Et inter medium et infimum, qui est mediocriter malorum, in quo puniuntur qui poenitentiam non egerunt in via, vel aliquam maculam venialem portaverunt in morte.*

trole da Igreja. Esta mesma Igreja torna-se tripla. Agostinho já distinguira a Igreja "peregrina" e a Igreja "celeste", o século XII impusera os novos termos de Igreja "militante" – expressão lançada por Pedro o Devorador[42] – e a Igreja "triunfante". Inocêncio III adiciona a Igreja do purgatório, enunciando um terceiro termo, que sob o nome de Igreja "sofredora" completará mais tarde a tríade eclesial. É o triunfo da racionalização do sistema dos cinco lugares expostos pelo pseudo-Pedro Damião e pelo pseudo-Bernardo. Aliás, o pontífice se encanta com esta bela ordenação: "Oh! quão a instituição desta observância é razoável e salutar!"[43]

Purgatório e confissão: Thomas de Chobham

O segundo texto é extraído da *Súmula dos confessores* do inglês Thomas de Chobham, formado em Paris no círculo de Pedro o Chantre. Terei a ocasião de voltar a falar da confissão, dos seus vínculos com o nascimento do purgatório, da influência das decisões do Concílio de Latrão IV (1215), da redação desses manuais para confessores que são testemunho da profunda transformação da vida espiritual, dos novos problemas de consciência dos homens, da multiplicação de suas interrogações sobre este mundo e sobre o além, e dos esforços da Igreja para manter o controle da nova sociedade.

A *Summa confessorum*, de Thomas de Chobham, foi escrita pouco antes de Latrão IV e terminada no dia seguinte ao concílio. "A missa, diz a *Summa*, é celebrada para os vivos e para os defuntos, mas duplamente para os defuntos, pois os sacramentos do altar são petições para os vivos, ações de graças para os santos, e propiciações para aqueles que estão no purgatório e têm como resultado a remissão de suas penas. E é para significar isso que a hóstia no altar é dividida em três partes, pois uma é para os

---

42. THOUZELLIER, C. "Ecclesia militans". In: *Études d'histoire du droit canonique*. T. II. Paris, 1965, p. 1.407-1.424 [dedicados a Gabriel Le Bras].

43. *"O quam rationabilis et salubris est hujus observantiae institutio"* (*PL*, 217, col. 590).

santos, outra para aqueles que devem ser santificados. Aquela é uma ação de graça, esta é uma súplica"[44].

A *Summa* responde então à questão de saber se a missa pelos defuntos tem alguma eficácia para os danados no inferno – apoiando-se no capítulo CX do *Enchiridion* de Agostinho, que fala de "danação mais tolerável". Thomas de Chobham relata a opinião segundo a qual por "danação" seria preciso compreender "a pena do purgatório, pois nada se pode fazer pelos danados no inferno"[45].

Vemos aqui o purgatório evocado como um fato admitido, adquirido, e esse purgatório integrado ao mesmo tempo na liturgia e na disciplina penitencial. Os vínculos entre os vivos e os mortos se estreitam.

O antigo e o novo vocabulário do além

Por fim, é preciso adaptar à nova geografia do outro mundo a velha terminologia do além. Alguns se perguntam o que significam em relação ao purgatório as expressões bíblicas "a boca do leão", "a mão do inferno", "o lago do inferno", os "lugares das trevas", o "tártaro". Em uma obra composta em torno de 1200 (em que são citados Pedro o Chantre, e Prévostin), o autor, que talvez seja Paganus de Corbeil, declara que na prece "liberta suas almas da boca do leão, da mão do inferno, do lago do inferno", deve-se compreender de que se trata do próprio fogo purgatório, conforme ele seja mais ou menos forte[46]. Geoffroy de Poitiers, falecido em 1231, em sua *Summa* dará outra explicação: "Mais vale dizer, escreve ele, que existem diversas moradas no purgatório: umas são chamadas de lugares obscuros das trevas, outras de mão do inferno, outras de boca

---

44. CHOBHAM, T. *Summa Confessorum*. Lovaina/Paris, 1968, p. 125-126 [ed. F. Broomfield].

45. Ibid., p. 127.

46. Paris Bibliothèque Nationale, ms latim 14.883, fol. 114 [Manuscrito]. Apud LANDGRAF, A.M. *Dogmengeschichte...*, IV/2, p. 281, n. 61.

do leão, outras de tártaro. E dessas penas a Igreja pede que as almas dos mortos sejam libertadas"[47].

Eis o lugar purgatório por sua vez dividido. A palavra de Jo 14,2: "Na casa de meu Pai existem muitas moradas", válida para todo o além, agora também é aplicada a este espaço novo do além. Já se assiste, se ouso dizer, ao loteamento do purgatório.

---

47. *"Melius est, ut dicatur, quod diverse mansiones sunt in purgatorio: alia appelantur obscura tenebrarum loga, alia manus inferni, alia os leonis, alia tartarus. Et ab istis penis petit Ecclesia animas mortuorum liberari"* (Ibid., p. 281, n. 61).

6
O purgatório entre a Sicília e a Irlanda

Da visão de Drythelm à de Carlos o Gordo, as viagens imaginárias ao além – consideradas pelos homens da Idade Média como "reais", mesmo sendo apresentadas como "sonhos" (*sommia*) – são viagens de vivos, cuja alma sai e depois retorna ao corpo que permanece na terra. Estas visões continuam ao longo do século XII, e a última – o *Purgatório de São Patrício* – marcará uma etapa decisiva no nascimento do purgatório, em uma dupla geografia, a geografia terrena e a geografia do além.

Mas o que se vê também é o esboçar de um outro tipo de narrativa que, no século XIII, acolherá – e difundirá – consideravelmente o purgatório. São os relatos de aparições aos vivos de defuntos que sofrem as penas purgatórias e vêm lhes pedir os sufrágios ou adverti-los de se corrigirem se não quiserem passar pelas mesmas penas. No fundo, é a retomada das histórias do Livro V dos *Diálogos*, de Gregório o Grande, mas esses fantasmas não estão mais na terra para se purgar do resto de suas faltas e sim em permissão excepcional de curta duração, o tempo de um sonho.

Visões monásticas: os fantasmas

Essas aparições são observadas principalmente em meio monástico, o que não tem nada de surpreendente, pois a leitura de Gregório o Grande – nas *Moralia* como também nos *Diálo-*

gos, cujo segundo livro "lançou" São Bento, é muito assídua nos mosteiros, e os monges, nesses tempos em que se desconfia dos sonhos (Gregório o Grande, já o dissera, Pedro Damião o repete no século XI), são seus beneficiários privilegiados, e também das visões e das aparições, pois estão mais aptos do que outros a resistir às ilusões diabólicas como o fez Santo Antônio, e mais dignos de receber as mensagens autênticas e edificantes de Deus.

É assim que na segunda parte do opúsculo XXXIV *Sobre diversas aparições e milagres (De diversis apparitionibus et miraculis)* escrito entre 1063 e 1072, Pedro Damião, originário de Ravena, uma das grandes figuras do eremitismo italiano, que se tornou cardeal por volta de 1060, e muito sensível à lembrança dos mortos na devoção dos grupos eremitas como "comunidades de prece"[1], relata duas aparições de almas que sofrem penas purgatórias[2]. A primeira história se passou, segundo seu informante, o Padre Jean, em Roma, poucos anos antes de escrevê-la. Na noite da Festa da Assunção de Maria, quando os romanos rezavam e cantavam litanias nas igrejas, uma mulher que se encontrava na Basílica de Santa Maria in Campitello "viu uma comadre sua que morrera há mais ou menos um ano. Como a multidão se aglomerasse, ela não conseguia lhe dirigir a palavra, deu um jeito de esperá-la em um canto da rua para não perdê-la de vista quando saísse da basílica. Quando a mulher passou, logo lhe perguntou: 'Tu não és minha comadre Marozia, que morreu?" A outra respondeu: "Sou eu" – "E como podes estar aqui?'" Ela respondeu: "Até hoje encontrava-me acorrentada por uma pena que não era leve, pois quando muito jovem entreguei-me à sedução de uma impudente lascívia, realizei atos vergonhosos com

---

1. O texto do opúsculo encontra-se em Migne, *PL*, 145, col. 584-590 com títulos de capítulos acrescentados pelo editor e que muitas vezes são anacrônicos (p. ex., *liberat a poenis purgatorii*). Sobre Pedro Damião e a memória dos mortos, cf. DRESSLER, F. *Petrus Damiani* – Leben und Werk. Roma, 1954. Sobre a morte no meio monástico, cf. LECLERCQ, J. "Documents sur la mort des moines". In: *Revue Mabillon*, XLV, 1955, p. 165-180.

2. *PL*, 145, 186, 188.

moças de minha idade e, infelizmente, mesmo se me confessei a um padre, eu os esqueci e não os submeti ao julgamento (da penitência). Mas hoje a rainha do mundo derramou sobre nós preces e libertou-me dos lugares de penas (*de locis poenalibus*), e por sua intervenção é tão imensa a multidão hoje arrancada dos tormentos que supera toda a população de Roma; por isso visitamos os lugares sagrados dedicados à nossa gloriosa senhora para lhe agradecer tão grande benefício". Como a comadre duvidasse da veracidade desse relato, ela acrescentou: "'Para verificar a realidade do que digo, saiba que dentro de um ano, no dia desta mesma festa, sem nenhuma dúvida tu morrerás. Se, o que não acontecerá, viveres muito mais, poderás então me acusar de mentirosa'. Depois dessas palavras ela desapareceu de seus olhos. A outra, preocupada pela predição de sua morte, levou desde então uma vida mais prudente. Quase um ano depois, na véspera desta festa, ela adoeceu e morreu no mesmo dia da festa, como lhe fora previsto. O que se deve guardar dessa história e é bem assustador é que, pela falta que esquecera, até a intervenção da imaculada Mãe de Deus, essa mulher foi supliciada".

Relato surpreendente por seu poder de evocação e que marca a entrada da Virgem Maria nos lugares purgatórios. Nesse fim do século XI em que o culto mariano, que vai conhecer um espantoso sucesso, começa sua expansão tardia no Ocidente, a Virgem já se afirma como a principal auxiliadora dos defuntos do futuro purgatório.

A outra história edificante, Pedro Damião diz tê-la ouvido de Rainaud, bispo de Cumes, que a ouvira do venerável Bispo Humberto de Sainte-Ruffine, já falecido. "Ele contou que um padre dormia no silêncio da noite quando ouviu ser chamado em visão por um compadre seu que já havia falecido: 'Vem ver um espetáculo que não poderá te deixar indiferente'". E o conduziu à Basílica de Santa Cecília, no átrio da qual viram as santas Agnes, Ágata e a própria Cecília, e um coro de muitas virgens santas, resplandecentes. Preparavam um trono magnífico mais alto do que os que o cercavam, e eis que a Santa Virgem Maria, acompanhada de Pedro, Paulo, Davi e rodeada por uma radiante multidão de mártires e de santos, veio se sentar no trono que lhe fora preparado. Quando o silêncio reinava nessa assembleia tão santa e que todos estavam respeitosamente em pé, uma pobre, vestida no entanto com um manto de peles, prosternou-se aos pés da Virgem Imaculada e implorou-lhe que tivesse piedade do defunto patrício João. Como repetira três vezes sua prece e não recebera nenhuma resposta, acrescentou: "Tu sabes, minha senhora, rainha do mundo, sou aquela infeliz que jazia nua e trêmula no átrio da tua basílica maior (Santa Maria Maior). Ele (o patrício João) desde que me viu teve piedade de mim e cobriu-me com este manto com o qual estava vestido". Então a bem-aventurada Maria de Deus disse: "O homem por quem imploras foi esmagado por uma grande massa de crimes. Mas teve dois pontos bons: a caridade para com os pobres e a devoção, em toda humildade, aos lugares santos. De fato, encarregava-se muitas vezes do óleo e dos gravetos para as lamparinas de minha igreja". Os outros santos testemunharam que fazia o mesmo por suas igrejas. A rainha do mundo ordenou que o patrício fosse conduzido para o centro da assembleia. Logo uma multidão de demônios arrastou João amarrado e preso por correntes[3]. Então Nossa Senhora ordenou que fosse libertado e viesse engrossar as fileiras dos santos [eleitos]. Mas determinou que as amarras de que tinha sido libertado fossem guardadas para um outro homem ainda vivo. Depois de uma cerimônia presidida por São Pedro em sua igreja, "o padre que continuava tendo essa visão acordou e o sonho terminou".

Que nesta história como na anterior, os lugares de castigo e os instrumentos de tortura (*loca poenalia, lora poenalia*) sejam o futuro purgatório, uma vez que não se retorna do inferno, disso não se duvida. Mas esses lugares e essas penas têm um caráter absolutamente infernal, evidenciado pela presença dos demônios e não dos anjos.

---

3. O texto em latim esclarece de modo sustentado e realista: *poenalibus undique loris ostrictum et ambientium catenarum squaloribus vehementer attritum.*

Em outra de suas cartas, Pedro Damião relata esta outra história de fantasma que lhe foi narrada por um certo Martin, personagem muito religioso que vivia em retiro na eremita dos camaldulenses: havia no mosteiro *ad Pinum*, perto do mar, um monge que, muito carregado de pecados, recebera uma penitência dura e longa. Pediu então a um irmão, com quem mantinha uma amizade muito estreita, que o ajudasse e dividisse seu fardo penitencial. Este, cuja vida era irrepreensível, aceitou e, quando pensava ter ainda muito tempo pela frente para cumprir sua promessa, morreu. Alguns dias depois de sua morte, apareceu em sonho ao monge penitente que se informou sobre seu estado. O morto lhe disse que por causa dele seu destino era mau e duro, pois, libertado de suas próprias faltas, ainda estava carregado pelas de seu companheiro. Pediu ajuda do irmão vivo e de todo o convento. Todos os monges se colocaram em penitência e o morto reapareceu exibindo, desta vez, um ar sereno e até mesmo feliz. Declarou que, graças às preces dos irmãos, fora não apenas arrancado da pena dos castigos como também, por uma maravilhosa decisão da direita do Altíssimo, fora recentemente transportado para entre os eleitos. Assim concluiu Pedro Damião: "a clemência divina instrui os vivos por meio dos mortos"[4].

Quase um século mais tarde, Pedro o Venerável, abade de Cluny, em seu tratado *De miraculis* (entre 1145 e 1156), relata "as visões ou revelações de defuntos" que coletou e se esforça para explicar. Estima que há em sua época uma recrudescência dessas aparições, e o que anunciam, segundo ele, se verifica. De todo modo, foi o que ouviu dizer por várias pessoas dignas de fé[5].

Há entre estes fantasmas que assustam e intrigam um cavaleiro falecido que aparece ao Padre Étienne para lhe pedir a reparação de duas más ações que se esquecera de confessar e que, depois retorna para agradecer por ter sido assim libertado

---

4. *PL*, 144, 403.

5. *De miraculis*, I, IX. • *PL*, 189, 871.

das penas que sofria[6]. Pedro o Venerável, leitor fiel de Gregório o Grande, não vai procurar localizar em um lugar diferente do que este o fez a purgação dos pecados depois da morte. É aos lugares de seu pecado que um morto retorna para terminar sua penitência, enquanto um outro, culpado de faltas mais graves, está no inferno[7].

Quando, no fim do século, o purgatório existir, estas visões evocarão o novo lugar do além, principalmente em meio cisterciense, o que não surpreende quando se pensa no papel desempenhado por Cîteaux no nascimento do purgatório. Por isso, um manuscrito originário dessa ordem, uma das primeiras coletâneas dessas historietas edificantes que logo florescerão, os *exempla*, relata um certo número de visões relativas às penas sofridas pelas almas depois da morte. Depois da visão de São Fursy extraída da *Historia ecclesiastica Anglorum* de Beda, a "visão de um monge" relata o suplício de um cavaleiro que, excessivamente apaixonado pelos pássaros de caça ao longo de sua vida, sofrera durante dez anos depois de sua morte um terrível suplício: carregava sobre seu punho um falcão que, com o bico e as garras, o dilacerava constantemente. E, no entanto, ele parecia ter levado uma vida muito virtuosa, mas no purgatório (*in purgatorio*) as penas mais duras são infligidas pelos excessos que julgamos com indulgência. Nosso monge vê assim mortos que, quando vivos, usaram ervas e bagas não como medicina e sim como drogas e afrodisíacos, condenados a rolar constantemente em sua boca carvões ardentes; outros, que se entregaram aos excessos do riso, serem chicoteados por esse mau hábito; outros ainda, pela tagarelice desmedida, serem incessantemente esbofeteados; os culpados de gestos obscenos eram acorrentados em liames de fogo etc.[8] Até mesmo os santos, por algumas faltas aparentemen-

---

6. *De miraculis*, I, XXIII. • *PL*, 891-894.

7. *De miraculis*, I, XVIII. • *PL*, 903-908.

8. Trata-se do manuscrito em latim 15.912, que foi parcialmente transcrito por Georgette Lagarde no contexto da pesquisa do grupo de antropologia histórica

te leves, fazem curtas estadas no purgatório. Um dos primeiros a pagar sua quota à nova crença não é outro senão o próprio São Bernardo, o grande santo cisterciense que, como vimos, faz uma breve passagem pelo purgatório por não ter acreditado na Imaculada Conceição[9].

Quatro viagens monásticas ao outro mundo

Dos relatos, no século XII, de viagens ao além, mencionarei os quatro que me parecem os mais importantes: o primeiro porque se trata de uma visão de uma mulher leiga e de uma experiência muito pessoal – é o sonho da mãe de Guibert de Nogent; o segundo e o terceiro, a visão de Alberico de Settefrati e a de Tnugdal, porque são os mais ricos em detalhes, às vésperas do nascimento do purgatório e porque seus autores pertenciam às regiões significativas para o imaginário do além: a Itália Meridional e a Irlanda; o quarto, enfim – o *Purgatório de São Patrício* –, porque de alguma forma é a certidão de nascimento literária do purgatório. O interesse destas visões para nosso propósito é nos mostrar como, em um gênero muito tradicional, esboça-se de forma hesitante e depois existe em uma imagem nítida, ainda que com contornos imprecisos, um território especial para o purgatório no além. Eles permitem apreciar a parte do imaginário monástico na gênese do lugar do purgatório.

1 *Uma mulher no além: a mãe de Guibert de Nogent*

A primeira visão é narrada por um monge que, no início do século XII, deixou uma obra original, sobretudo por dois trabalhos, um tratado *Das relíquias dos santos* (*De pignoribus*

---

do Ocidente medieval da École des Hautes Études en Sciences Sociales sobre o *exemplum*. As visões relatadas encontram-se na folha 64.

9. Esta anedota sobre a breve passagem de São Bernardo pelo purgatório (cf. p. 247ss.) não foi mantida por Jacopo da Varazze na *Lenda dourada*. Recordemos que a Imaculada Conceição de Maria só se tornou um dogma do catolicismo em 1854.

sanctorum), onde se quis ver a aurora do espírito crítico, e uma autobiografia, *História de sua vida* (*De vita sua*), esta também é sobretudo a iniciadora de um gênero que conhecerá um destino singular, principalmente depois da Idade Média[10]. O *De vita sua* de Guibert de Nogent, forneceu dois tipos de informações muito interessantes para os historiadores. Contém primeiro um relato e uma evocação dos acontecimentos políticos e sociais no nordeste da França, os inícios do movimento comunal com o relato dos dramáticos acontecimentos da comuna de Laon em 1116. Nele também se encontra uma série de anotações de natureza psicológica que estimulou os historiadores a se voltar para a psicanálise ou a se tornar psicanalistas[11].

Eis a visão de sua mãe, no relato de Guibert de Nogent:

> Em uma noite de verão, em um domingo depois das matinas, quando descansava em um banco muito estreito, ela logo adormeceu; pareceu-lhe, sem que perdesse os sentidos, que a alma lhe saía do corpo. Depois de ter sido conduzida através de uma espécie de galeria, ao sair dela aproximou-se da boca de um poço. Quando estava bem perto dela, eis que homens com aspecto de fantasmas saem do abismo daquele buraco. Seus cabelos pareciam ter sido devorados pelos vermes, procuravam agarrá-la com as mãos e arrastá-la para dentro. De repente, de seu peito, uma voz arquejante de mulher aterrorizada sob esse ataque, gritou-lhes: "Não me toqueis". Diante da pressão desta defesa, eles voltaram a descer para o poço. Es-

---

10. O *De vita sua* (título original *Monodiae*: Poemas a uma voz, Memórias), de Guibert de Nogent, encontra-se no t. 156 da *Patrologie Latine* de Migne e foi substituído na história da autobiografia por G. Kisch (*Geschichte der Autobiographie,* I,2. Frankfurt, 1959). Cf. PAUL, J. "Le démoniaque et l'imaginaire dans le *De vita sua*, de Guibert Nogent". In: *Le diable au Moyen Âge*. Paris: Aix-en--Provence, 1979, p. 371-399 [Senefiance, n. 6].

11. Cf. a introdução de John F. Benton à tradução para o inglês da obra: *Self and Society in Medieval France* – The Memoirs of Abbot Guibert of Nogent. Nova York, 1970. Cf. tb. o sugestivo artigo de Mary M. McLaughlin: "Survivors and Surrogates: Children and Parents from the IXth to the XIIIth centuries". In: MAUSE, L. (ed.). *The History of Childhood*. Nova York, 1975, p. 105-106.

queci-me de dizer que, quando passou pelo pórtico sentindo que saía do seu estado humano, ela pediu a Deus apenas uma coisa, que lhe permitisse regressar ao seu corpo. Livre dos habitantes do poço, havia parado em sua beirada e, de repente, viu ao lado dela meu pai, com o aspecto que tinha em sua juventude. Olhou-o intensamente e perguntou-lhe várias vezes se era realmente Évrard (era o seu nome). Ele negou. Nada de estranho em que um espírito recusasse ser chamado pelo nome que usava quando era homem, pois não é possível expressar as realidades espirituais senão em termos espirituais (1Cor 11,12-15). Acreditar que os espíritos se reconhecem pelos seus nomes seria ridículo, do contrário no outro mundo só os familiares se conheceriam. É claro que os espíritos não precisam de nomes, pois toda sua visão, ou melhor, seu conhecimento da visão, é interno.

Ainda que negasse chamar-se assim, como tinha a certeza de que era ele, perguntou-lhe onde morava. Ele dá a entender que se trata de um local situado não longe dali. Pergunta-lhe então como ele vai. Ele descobre o braço e o flanco e mostra que estão tão dilacerados, tão lanhados pelos inúmeros ferimentos que, ao vê-los, se é tomado de horror e de uma emoção visceral. A isso se acrescentava a presença de uma aparência de criança que gritava tanto que só de olhá-la ficou muito incomodada. E disse-lhe: "Como podes suportar os lamentos dessa criança?" "Quer queira quer não, respondeu ele, tenho de suportá-los!" E eis o significado dos choros dessa criança, das feridas no braço e no flanco. Quando meu pai era muito jovem fora desviado das suas relações lícitas com minha mãe pelos malefícios e maus conselheiros, que, abusando da sua falta de maturidade de espírito, muito malignamente o convenceram a tentar ter relações sexuais com outras mulheres. Comportando-se como um jovem, deixou-se persuadir, e das suas desprezíveis relações com uma mulher vil qualquer teve um filho que nasceu morto sem ter sido batizado. A chaga em seu flanco era a ruptura da fidelidade conjugal, os gritos daquela voz insuportável eram a danação daquela criança procriada no mal [...].

Minha mãe perguntou-lhe se as preces, as esmolas e as missas lhe trariam algum socorro (pois sabia que ela as fazia por ele frequentemente). Disse que sim, e acrescentou: "Mas entre vós vive uma certa Liégearde". Minha mãe compreendeu por que ele a mencionava e que devia lhe perguntar que lembrança guardava dela. Esta Liégearde é uma mulher muito pobre de espírito que só vivia para Deus, longe dos costumes deste século.

Como a conversa com o meu pai tivesse terminado, ela olhou para o poço que era encimado por uma pintura na qual reconheceu Rainaud, um cavaleiro de grande renome entre os seus. Nesse mesmo dia que era, como já disse, um domingo, este Rainaud foi traiçoeiramente assassinado pelos seus próximos em Beauvais, depois de uma refeição. Nessa pintura, estava ajoelhado, com a cabeça inclinada e com as bochechas estufadas soprando para acender um fogo. Esta visão aconteceu de manhã e ele morreu ao meio-dia, jogado nesse fogo que ele próprio acendera.

Viu na mesma pintura meu irmão tentando ajudar (mas ele morreu muito tempo depois), pronunciava horríveis blasfêmias pelo corpo e pelo sangue divino, o que significa que ao blasfemar o nome de Deus e seus mistérios sagrados merecia ir para os lugares de castigos (*hos mereretur et poenarum locos et poenas*). Na mesma visão, viu uma mulher velha que vivia com ela no início da sua conversão e que, exteriormente, mostrava sobre o corpo as numerosas feridas de suas mortificações, mas que, na realidade, não resistira ao desejo de vã glória. Viu-a, sob a forma de sombra, levada por dois espíritos completamente pretos. Quando esta velha ainda vivia e ambas moravam juntas e falavam do estado das suas almas quando a morte viesse, prometeram-se que aquela que morresse primeiro apareceria, se Deus o permitisse, à sobrevivente para lhe explicar seu estado, bom ou mau [...]. A velha no momento de morrer vira-se a si própria em uma visão, despojada de seu corpo, dirigir-se com outras semelhantes a ela a um templo, e parecia-lhe que levava uma cruz sobre seus ombros. Quando chegou ao templo, impediram-na de entrar e as portas se fecharam diante dela. Por fim, apareceu depois de morta cercada de mau cheiro a uma outra pessoa, a quem agradeceu vivamente por tê-la arrancado do mau cheiro e da dor com as suas preces. No momento de morrer, vira aos pés da cama um demônio horrível com olhos pretos e enormes. Ela o havia adjurado pelos sacramentos divinos a se retirar na confusão e a nada exigir dela, e com esta terrível adjuração pusera-o em fuga.

Convencida da veracidade de sua visão ao comparar o que ela vira com o que sabia, a mãe de Guibert decidiu se dedicar inteiramente ao socorro de seu esposo. De fato, havia compreendido que viu os lugares penais nos infernos (*poenalis locos apud inferos*) aos quais estava condenado o cavaleiro cuja imagem viu pouco antes de ele morrer.

Adotou uma criança órfã, cujos gritos e choros noturnos a torturaram assim como aos seus serviçais. Mas perseverou, apesar dos esforços do diabo, que tornou os urros da criança insuportáveis, e das súplicas dos que a cercavam e a pressionavam para desistir. Sabia que esses sofrimentos eram purgatórios dos de seu marido que havia visto em sua visão.

Deixemos de lado – infelizmente – os problemas de relações familiares e pessoais, a digressão sobre o nome – este emblema dos homens da Idade Média –, a fusão nesta história de vários temas habitualmente distintos: o da visão dos lugares penais do além, do pacto entre dois vivos que se engajam para que o primeiro que morrer retorne para contar sua experiência ao sobrevivente, o da criança que impede de dormir[12], o clima de sonho, de pesadelo, muito "moderno" deste relato. Notemos os elementos que se encontrarão nos relatos de viagem ou de estadia no purgatório – e que farão parte do "sistema" do purgatório.

---

12. Cf. SCHMITT, J.C. *Le saint lévrier* – Guinefort, guérisseur d'enfant depuis le XIIe siècle. Paris, 1979.

É principalmente o caráter *infernal* do lugar onde se encontra o pai de Guibert e para o qual – em sua visão – sua mãe correu o risco de ser carregada. Trata-se de um *lugar* situado perto de um *poço* e, em uma outra visão, de um *templo* de onde saem seres de aspecto diabólico, diabos pretos[13], larvas nos cabelos cheios de vermes, monstros com enormes olhos pretos, um mundo onde o horror da visão, da audição e do olfato, visões monstruosas, ruídos insuportáveis, odores fétidos, misturam-se às dores físicas. Mundo de torturas, universo penal de castigos onde se distingue o fogo. Mundo de espíritos despojados de seu nome e que expiam na tortura do corpo. Mundo de sofrimentos, dos quais os vivos podem arrancar seus mortos pela prece, pela esmola, pelo sacrifício da missa segundo a teologia tradicional dos sufrágios, e também por um compartilhamento das provações, cuja natureza está ligada à da falta cometida. E acima de tudo dois traços dominantes: a afirmação, a busca de um *lugar* ainda maldistinguido do conjunto dos infernos (praça, poço, templo, lugares penais – *poenarum locos, poenales locos*, a visionária pergunta ao fantasma de seu marido *ubi commaneret,* onde ele permanecia), a expressão de uma estreita solidariedade entre os vivos e os mortos, solidariedade que é primeiro a da família, família carnal e, sobretudo, par conjugal nesse tempo em que a Igreja lembra vigorosamente a palavra de Paulo, segundo a qual o esposo e a esposa são apenas uma e mesma carne, família espiritual em seguida, como a formada pela convertida com essa velha que a ajuda em sua conversão. Por fim, nó do sistema, a expiação comum das faltas por meio de penas que são ao mesmo tempo castigo e purgação. Estes sofrimentos são *purgativos* dos sofrimentos do homem (*molestias istas molestiarum hominis... purgatrices*).

As duas visões de Alberico e de Tnugdal são mais literárias, mais tradicionais, mas servidas por uma grande força imaginativa.

---

13. Sobre a ligação entre a cor preta e o diabo na Idade Média, cf. DEVISSE, J. & MOLLAT, M. *L'Image du noir dans l'art occidental*, II. "Des premiers siècles chrétiens aux grandes découvertes". 2 vols. Friburgo, 1979.

2 No Monte Cassino: Alberico de Settefrati

Alberico de Settefrati, nascido por volta de 1100, tivera uma visão durante uma doença em que permaneceu nove dias e nove noites em coma, quando tinha 10 anos. Quando entrou no famoso Mosteiro Beneditino de Monte Cassino sob o abaciado de Gérard (1111-1123), narrou sua visão ao Monge Guidone, que a transcreveu. Mas ao passar de mão em mão e de boca em boca, este relato foi alterado e o Abade Senioretto (1127-1137) aconselhou Alberico a recriá-lo com a ajuda de Pietro Diacono. Este é o relato que conservamos[14]. Traz a marca das visões que eram conhecidas no Monte Cassino – *A paixão de Perpétua e Felicidade*, a *Visão de Wetti*, a *Visão de São Fursy*, a *Vida de São Brandan*. Também se quis ver neste relato influências muçulmanas que só podiam ser limitadas, pois a escatologia muçulmana reserva o inferno aos infiéis e aos politeístas e não parece conhecer o purgatório[15].

São Pedro e dois anjos que o acompanhavam, Emanuel e Eloi, apareceram ao jovem Alberico, que estava erguido nos ares por uma pomba branca, e o levaram para os lugares das penas e do inferno (*loca penarum e inferni*) para que os visse.

O relato desta visão parece interminável[16]. Não posso senão resumi-lo, mas quis ser o mais fiel possível ao texto original para conservar a clareza das imagens a serem derramadas em nosso reservatório do imaginário, e preservar a impressão de um calmo

---

14. Texto publicado por Dom Mauro Inguanez (in: *Miscellanea Cassinese*, XI, 1932, p. 83-103), precedido de um estudo de Dom Antonio Mirra ("La visione di Alberico". In: ibid., p. 34-79).

15. A propósito das influências muçulmanas, cf. as teses exageradas de M. Asin Palacio (*La escatologia musulmana en la "Divina comedia"*. Madri, 1919. • *Dante y el Islam*. Madri, 1929) e as mais moderadas de E. Cerulli (*Il "libro della Scala" et la questione delle fonti arabo-spagnole della Divina comedia*. Roma, 1949). Sobre a ausência de purgatório no Islã, cf. principalmente BLOCHET, E. "Étude sur l'histoire religieuse de L'Iran". In: *Revue de l'Histoire des Religions*, 20, t. 40, 1899, p. 12. Paris. Cf. tb. ARKOUN, M.; LE GOFF, J.; FAHD, T. & RODINSON, M. *L'Étrange et le merveilleux dans l'Islam medieval*. Paris, 1978, p. 100-101.

16. São vinte páginas impressas.

passeio, apesar da condução de São Pedro, oferecida pela viagem do monge. Este passeio errático permitirá apreciar melhor a ordenação no interior da qual logo aparecerá o purgatório.

Alberico vê primeiro um lugar chamejante de bolas de fogo e de vapores inflamados onde são purgadas as almas das crianças mortas em seu primeiro ano de vida. Suas penas ali são leves, pois não tiveram o tempo de pecar muito. A curva dos pecados é, com efeito, à imagem das idades da vida. Aumenta e acumula as faltas com a juventude e a maturidade depois diminui com a velhice. O tempo passado nesses lugares de purgação é proporcional à quantidade de pecados, portanto à idade em que morreram aqueles que sofrem as penas. As crianças de 1 ano permanecem nesses lugares sete dias, as de 2 anos catorze dias, e assim por diante. (Alberico não esclarece muito mais, pois a continuação da progressão proporcional, sem dúvida, colocaria problemas delicados.)

Vê então um vale gelado onde são torturados os adúlteros, os incestuosos e outros fornicadores e luxuriosos. Segue por um outro vale repleto de arbustos espinhosos, onde se encontram suspensas pelos mamilos sugados por serpentes as mulheres que se recusaram a amamentar os bebês e onde queimam, penduradas pelos cabelos, as mulheres adúlteras. Aparece então uma escada de ferro com degraus de fogo, ao pé da qual se encontra um tanque cheio de visco fervente: por ela sobem e descem os homens que tiveram relações sexuais com sua mulher durante os dias em que o ato sexual é proibido (domingos e festas). Segue um forno com chamas sulfurosas, onde se consomem os senhores que trataram seus súditos não como senhores, mas como tiranos, e as mulheres que praticaram o infanticídio e o aborto. Depois desse forno se apresenta um lago de fogo semelhante a sangue. São ali jogados os homicidas mortos impenitentes, depois de terem carregado em seus pescoços durante três anos a imagem de suas vítimas. Em um imenso tanque ao lado, cheio de bronze, estanho, chumbo, enxofre e resina ferventes, queimam, por períodos que vão de três a oitenta anos, os bispos, patronos e responsáveis por igrejas que deixaram que padres perjúrios, adúlteros ou excomungados realizassem seu ministério.

Alberico é em seguida conduzido para perto do inferno, um poço tomado de horríveis trevas, de onde saem odores fétidos, gritos e gemidos. Perto do inferno encontra-se um enorme dragão acorrentado, cuja boca de fogo devorava como se fossem moscas multidões de almas. A espessura das trevas não deixa distinguir se essas almas estavam indo para as trevas ou para o próprio inferno. Os guias dizem a Alberico que ali se encontram Judas, Ana, Caifás, Herodes e os pecadores condenados sem julgamento.

Em um outro vale os sacrílegos são queimados em um lago de fogo, os simoníacos em um poço de onde as chamas sobem e descem. Em um outro lugar horrível, tenebroso, malcheiroso e repleto de chamas crepitantes, serpentes, dragões, gritos estridentes e gemidos horríveis, são purgadas as almas daqueles que abandonaram o estado eclesiástico ou monástico, não fizeram penitência, cometeram o perjúrio, o adultério, o sacrilégio, o falso testemunho e outros "crimes". São purgados ali na proporção de seus pecados, como ouro, chumbo, estanho ou outros materiais, como disse Paulo em sua Primeira Epístola aos Coríntios.

Em um grande lago escuro cheio de água sulfurosa, de serpentes e de dragões, demônios batiam com serpentes na boca, no rosto e na cabeça de uma multidão de testemunhas falsas. Perto dali, dois demônios com forma de cão e de leão exalavam de suas bocas um bafo escaldante que arremessava em toda espécie de torturas as almas que passavam ao alcance deles.

Surge um grande pássaro carregando um monge velho e pequeno sobre suas asas, deixa-o cair nas trevas do poço do inferno, onde é imediatamente cercado por demônios, mas o pássaro retorna e o arranca deles.

Nesse momento, São Pedro anuncia a Alberico que o deixa com os dois anjos: este, morto de medo, também é atacado por um horrível demônio que procura levá-lo para o inferno, mas São Pedro retorna para libertá-lo e o arremessa em um lugar paradisíaco.

Antes de passar à descrição do paraíso, Alberico ainda fornece alguns esclarecimentos sobre o que viu nos lugares de castigo.

Viu ladrões e sequestradores acorrentados nus, sem poderem ficar em pé, com correntes de fogo atadas ao pescoço, às mãos e aos pés. Viu um grande rio de fogo sair do inferno, e por cima desse rio uma ponte de ferro alargando-se quando nela passavam, fácil e rapidamente, as almas de justos, e estreitando-se até ter apenas a largura de um fio quando nela passavam pecadores que caíam no rio e ali permaneciam até que, purgados e assados como carne, pudessem enfim atravessar a ponte. São Pedro revelou-lhe que esse rio e essa ponte eram qualificados de purgatórios[17].

São Pedro diz então a Alberico que um homem não deve jamais desesperar, qualquer que seja a dimensão de seus crimes, pois tudo se pode expiar pela penitência. Por fim, o apóstolo lhe mostra um campo tão imenso que seriam necessários três dias e três noites para atravessá-lo, e repleto de espinhos tão largos que os pés devem caminhar sobre eles. Nesse campo havia um dragão gigantesco montado por um diabo com a aparência de um cavaleiro que segurava em sua mão uma grande serpente. Este diabo perseguia qualquer alma que caísse nesse campo e lhe batia com sua serpente. Quando a alma tivesse corrido o suficiente para se ver livre de seus pecados, a corrida tornava-se mais leve e ela podia escapar.

Dos lugares purgatórios Alberico passa aos lugares mais prazerosos.

As almas tornadas dignas de chegar ao *refrigerium* penetram em um campo cheio de encanto e de alegria, com perfume de lírios e de rosas. No meio desse campo encontra-se o paraíso, onde elas só entrarão depois do juízo final, exceto os anjos e os santos,

---

17. O texto editado (p. 93) diz: *Hoc autem insinuante apostolo, purgatorii nomen habere cognovi.* Compreendendo e subentendendo *fluminis:* "Soube que tinha o nome de (rio) purgatório". Com efeito, a rubrica deste capítulo que, segundo o editor, é transcrita do manuscrito, traz *"De flumine purgatorio"* ("do rio purgatório"). É como adjetivo no genitivo com referência a esta passagem que *purgatorii (purgatorius)* figura no arquivo do novo glossário de Du Cange, conforme A.M. Bautier gentilmente me comunicou.

que são recebidos sem julgamento no sexto céu. O mais glorioso dos santos que ali se encontram é São Bento, e os mais gloriosos de todos aqueles que se encontram no campo são os monges. Os guias de Alberico elogiam os monges e descrevem o programa de vida que devem seguir para merecer a glória. Devem sempre guardar o amor de Deus e do próximo, mas seu programa é sobretudo negativo: devem suportar as injúrias e as perseguições, resistir às seduções diabólicas, trabalhar com suas mãos sem desejar a riqueza, resistir aos vícios, estar sempre no temor. São Pedro, depois de ter indicado que os três pecados mais perigosos são a gulodice (*gula*), a cupidez (*cupidas*) e o orgulho (*superbia*), leva então Alberico para visitar os sete céus, sobre os quais fornece poucos detalhes, mas não para o sexto, que é a morada dos anjos, dos arcanjos e dos santos, e para o sétimo, onde se encontra o trono de Deus. A pomba o leva depois a um lugar cercado de uma alta muralha, por cima da qual pode observar o que existe no interior, sendo-lhe no entanto proibido, como a todos, revelar o que viu[18].

Neste relato, deixemos de lado o mosaico de fontes literárias que o inspiram e o patriotismo beneditino que o anima. Seu interesse para a gênese do purgatório é limitado, mas não negligenciável até em seus limites e seus silêncios.

O relato é decerto muito confuso e oferece da geografia do além uma imagem ainda mais confusa. Alberico está longe da concepção de um terceiro reino do além. Seu além é extraordinariamente compartimentado e por ele se passa, de acordo com a vontade de São Pedro, dos lugares das penas aos poços do inferno ou ao paraíso, ou ainda às regiões terrenas. A importância dos "lugares penais" de onde finalmente se escapa para a

---

18. Ainda que a referência não seja mencionada, esta interdição vem evidentemente de São Paulo (2Cor 12,2-4). Eis o fim da viagem: São Pedro leva finalmente Alberico através de cinquenta e uma províncias terrenas – as do antigo Império Romano –, onde lhe mostra santuários de santos e *mirabilia* edificantes. O relato termina com uma descrição de São Pedro, diversos propósitos do apóstolo, o regresso da alma de Alberico ao corpo, a visão de sua mãe rezando por sua cura diante de um ícone representando São Paulo, e sua entrada no Mosteiro de Monte Cassino.

salvação é, no entanto, considerável. Um desconto aproximativo (pois o emaranhado do relato é grande) permite reconhecer, dos cinquenta "capítulos", dezesseis consagrados ao que será o purgatório contra doze ao paraíso e lugares circunvizinhos, e um único ao inferno propriamente dito.

Sobre a "teoria" dos lugares purgatórios, a visão é praticamente muda ou propõe no máximo apenas uma teologia grosseira. Todos os pecados levam a esses lugares e todos podem ser expiados neles. O papel da penitência é exaltado, mas não se vê a parte que pertence à penitência terrena e a esta forma de expiação nos lugares das penas. A distinção não é feita entre pecados graves e pecados leves (a clivagem entre pecados mortais e pecados veniais ainda não existe), e são os *scelera*, os crimes que, segundo Santo Agostinho, levavam direto para o inferno, que aqui parecem ser preferencialmente expiados com castigos temporários, mas infernais. Por fim, não existe passagem direta dos lugares penais depois da expiação ao paraíso, mas uma antecâmara situada em um vestíbulo paradisíaco: é o campo prazeroso.

No entanto, a purgação *post mortem* mantém um importante lugar e, a propósito do rio e da ponte, Alberico emprega o termo de *purgatório* de uma maneira em que o epíteto parece bem próximo do substantivo e, mesmo se é na confusão de um simbolismo numérico, é nítida a tendência a uma contabilidade do além e a uma relação proporcional entre o pecado cometido na terra e o tempo da expiação no outro mundo.

Em resumo, tem-se a impressão de que os autores desta visão pertencem a um meio monástico arcaico que, recorrendo à sua cultura tradicional – inclusive a velha noção de *refrigerium* –, não consegue ordenar a imperiosa tendência sofrida a favor de um além da purgação.

A mesma impressão se encontra em um outro polo geográfico do monaquismo beneditino com a visão do irlandês Tnugdal[19].

---

19. WAGNER, E. (ed.). *Visio Tnugdali*. Erlangen, 1882. Lembro que o estudo recente de Claude Carozzi foi citado na p. 17, nota 9 e p. 205, nota 3.

3 Na Irlanda: o além sem purgatório de Tnugdal

O além de Tnugdal – sua viagem não traz nenhum episódio terreno – é um pouco mais bem-ordenado do que o de Alberico. Como o futuro monge do Monte Cassino, Tnugdal passa primeiro por uma série de lugares onde são atormentadas diversas categorias de pecadores: homicidas, pérfidos, avaros, ladrões, sequestradores, glutões, fornicadores. Os lugares onde são punidos têm um tamanho excepcional: vales profundos, montanha muito alta, lago muito vasto, casa imensa. A montanha terá com Dante um destino particular. Neles as almas são submetidas às alternâncias de calor tórrido e de frio glacial. Reinam as trevas e o mau cheiro. Bestas monstruosas se juntam ao horror. Uma dessas bestas sentada sobre um lago gelado devora com sua boca de fogo as almas que digere e então rejeita (velho legado indo--europeu), e essas almas reencarnadas têm bicos muito pontudos, com os quais dilaceram os próprios corpos. As vítimas dessa besta são os fornicadores e, mais particularmente, os fornicadores monásticos. Em imagens à Piranesi, Tnugdal vê as almas dos glutões sendo assadas como pães em um imenso forno, e as que acumularam pecado sobre pecado sofrerem, em um vale cheio de forjas estridentes, as operações de um ferreiro torturador chamado Vulcano. Valoriza-se assim, ao lado da especificidade dos pecados e dos vícios, a noção de quantidade de pecado, e – sinal dos tempos nesse século XII apaixonado por justiça – o anjo ressalta para um Tnugdal horrorizado que Deus não deixa de ser misericordioso e sobretudo justo: "Aqui, diz ele, cada um sofre na proporção de seus méritos segundo o veredito da justiça".

Em seguida, ao longo de um profundo precipício, inicia-se a descida ao inferno inferior que se anuncia por um horror, um frio, um mau cheiro e trevas incomparavelmente superiores a tudo o que Tnugdal havia até então experimentado. Vê um fosso retangular como uma cisterna, de onde sai uma chama fuliginosa e fétida cheia de demônios, e almas semelhantes às centelhas que sobem são reduzidas a nada e recaem nas profundezas. Chega à própria porta do inferno e, como está vivo, tem o privilégio de ver mais do que os danados nas trevas, que nem mesmo o percebem. E vê o próprio príncipe das trevas, uma besta maior do que todas aquelas que já tinha percebido.

Depois o mau cheiro e as trevas desaparecem e Tnugdal e seu anjo descobrem, ao pé de um grande muro, uma multidão de homens e de mulheres tristes sob a chuva e o vento. O anjo explica a Tnugdal que são os não totalmente maus, que tentaram viver de forma honrada, mas que não dispensaram aos pobres os bens temporais e que devem esperar alguns anos sob a chuva até serem conduzidos para um bom descanso (*requies bona*). Atravessando o muro por uma porta, ele e seu companheiro descobrem um belo campo, perfumado, repleto de flores, luminoso e agradável, onde se divertem uma multidão de homens e mulheres. São os não totalmente bons que mereceram ser arrancados das torturas do inferno, mas não ainda de se juntarem à corte dos santos. No meio do campo encontra-se a fonte de juventude cuja água concede a vida eterna.

Aqui se coloca uma evocação muito curiosa de reis irlandeses lendários – mas evidentemente considerados como históricos por Tnugdal – que, mesmo maus se arrependeram, ou mesmo bons ainda assim cometeram algumas faltas. Estão ali ainda ou no fim da expiação. Do mesmo modo que o patriotismo beneditino inspirara a visão de Alberico, aparece aqui o "nacionalismo" irlandês, bem como a tradição da admoestação aos reis, a utilização política do além já encontrada na visão de Carlos o Gordo. A existência de um lugar purgatório (a palavra não é aqui pronunciada) permite uma crítica moderada da monarquia ao mesmo tempo honrada e repreendida.

Eis, portanto, os reis Domachus e Conchober, muito cruéis e inimigos ferozes um do outro, que voltaram a ser mansos, amigos e se arrependeram antes de morrer. Será preciso ver aqui o chamado à unidade dos clãs irlandeses? Eis, sobretudo, o Rei Cormachus (Cormack) sentado em um trono em uma casa muito bela com paredes de ouro e de prata, sem portas nem janelas e onde se entra como se quer. É servido pelos pobres e pelos peregrinos, a quem distribuiu seus bens durante sua vida. Mas pouco tempo depois a casa escurece, todos seus habitantes ficam tristes, o rei chora, levanta-se e sai. Todas as almas erguem as mãos ao céu e suplicam a Deus: "Tem piedade de teu servo". Eis, com efeito, o rei mergulhado no fogo até o umbigo e com a parte de cima do corpo coberta por um cilício. O anjo explica: todos os dias o rei sofre durante três horas e descansa durante vinte e uma horas. Sofre até o umbigo porque foi adúltero, e na parte de cima do corpo porque mandou matar um conde próximo de São Patrício e cometeu perjúrio. Todos seus outros pecados lhe foram perdoados.

Por fim, Tnugdal e o anjo chegam ao paraíso constituído de três lugares cercados de muros. Um muro de prata limita a morada dos bons esposos, um muro de ouro a dos mártires e dos castos, dos monges e das monjas, dos defensores e construtores de igrejas, um muro de pedras preciosas a das virgens e das nove ordens de anjos, do santo confessor Ruadan, de São Patrício e de quatro bispos (irlandeses!). Com esta visão a alma de Tnugdal regressa ao corpo.

O que a visão de Tnugdal mostra é que, se a geografia do além permanece fragmentada, uma vez que, rigorosamente falando, o inferno parece único por não se poder visitá-lo, a compartimentação dos lugares purgatórios tende, contudo, a se organizar segundo três princípios. O primeiro é geográfico: é a alternância de lugares contrastantes quanto ao relevo e à temperatura. O segundo é moral: é a repartição dos purgados de acordo com os tipos de vícios. O terceiro é propriamente religioso, para não dizer teológico: é a classificação dos homens em quatro categorias: os totalmente bons que depois da morte vão imediatamente ao paraíso, os totalmente maus que depois da morte e do julgamento individual são enviados imediatamente (Tnugdal ressalta que os danados "já foram julgados") ao inferno, os não totalmente bons e os não totalmente maus. Mas não é claro a respeito deles. Se for tomado ao pé da letra, estas duas últimas categorias seriam distintas do conjunto dos pecadores torturados no inferno superior. Para os não totalmente maus, Tnugdal não faz qualquer alusão a uma passagem pelos lugares penais e se contenta com fazê-los passar "alguns anos" sob a chuva e o vento, sofrendo fome e sede. Quanto aos não totalmente bons, o anjo diz claramente a Tnugdal que "foram arrancados dos tormentos do inferno" e ainda não merecem estar no verdadeiro paraíso.

A surpresa é ainda maior com a ausência, nessa época, da ideia (e da palavra) de *purgação*. Tnugdal tentou desajeitadamente ordenar em uma visão única um conjunto de heranças literárias e teológicas que não foi capaz de unificar. De um lado, a existência de dois infernos, mas não soube deixar clara a função do inferno superior. De outro, a teoria agostiniana das quatro categorias de homens em relação ao bem e ao mal. Mas como não conseguiu encaixá-las no inferno superior, colocou-as em lugares originais, tendendo a uma quíntupla regionalização do além, o que é uma das soluções esboçadas no século XII para a remodelagem do além. O ponto mais fraco desta concepção (permito-me falar em termos de julgamento de valor porque creio que a coerência do sistema do purgatório foi um importante elemento de seu sucesso entre os clérigos e entre as massas em uma época "racionalizante") é que Tnugdal não estabeleceu relação entre os lugares de espera (e de expiação mais ou menos mitigada) dos não totalmente bons e dos não totalmente maus com os lugares do inferno inferior. Uma passagem sucessiva por uns e *depois* pelos outros teria dado uma solução concreta às teses agostinianas. Se Tnugdal não o fez, provavelmente foi porque não apenas sua concepção do espaço ainda era confusa, mas sobretudo porque sua concepção do tempo (inseparável, eu repito, do espaço) o impedia. Para ele, o além permanece submetido a um tempo escatológico que apenas pode ter similitudes muito insignificantes com o tempo terreno, histórico. É verdade que aqui ou ali são introduzidos períodos de "alguns anos" no além, mas não há um encadeamento ordenado. O tempo do além não é unificado, e menos ainda o tempo duplo do homem neste mundo e no outro mundo.

4 Descoberta na Irlanda: o *"Purgatório de São Patrício"*

A quarta viagem imaginária, ainda que redigida por um monge – mas um cisterciense – traz no interior de traços tradicionais importantes novidades. Principalmente uma: o *Purgatório* é citado como um dos três lugares do além. O opúsculo que ocupa na história do purgatório um lugar essencial, pois desempenhou um papel importante, e talvez decisivo, em seu sucesso, é o célebre *Purgatório de São Patrício*[20].

O autor é um monge chamado H. (inicial que Mathieu Paris no século XIII transformou, sem nenhuma prova, em *Henricus*,

---

20. O *Purgatorium Sancti Patricii* foi editado duas vezes no século XVII, por Messingham no seu *Florilegium Insulae Sanctorum*, 1624 (edição reproduzida na *Patrologie Latine*, t. 180, col. 975-1.004) e pelo jesuíta John Colgan em sua *Triadis thaumaturgae... acta*, Lovaina, 1647. Algumas edições modernas foram oferecidas por: S. Eckleben: *Die ältest Schilderung vom Fegfeuer des heiligen Patricius*. Halle, 1885. • E. Mall, que, diante do texto editado por Colgan, oferece o texto do manuscrito que pode ser considerado como o mais próximo do texto original (ms E VII 59 de Bamberg, do século XIV), e as variantes de um manuscrito do British Museum (Arundel, 292 (fim do século XIII). "Zur Geschichte der Legende vom Purgatorium des heiligen Patricius". In: VOLLMÖLLER, E. (ed.). *Romanische Forschungen*, VI, 1891, p. 139-197). • U.M. Van der Zanden. *Étude sur le purgatoire de saint Patrice* (Amsterdã, 1927), que editou o texto de um manuscrito de Utrecht do século XV e, em apêndice, uma versão corrigida do manuscrito Arundel 292. • Warncke em 1938. Utilizei a edição Mall. O *Purgatorium sancti Patricii* suscitou, nas suas formas em latim ou em línguas vulgares (francesas e inglesas, sobretudo – com exceção da tradução de Marie de France *L'Espurgatoire saint Patriz*), vários estudos, entre os quais alguns, ainda que antigos, são sempre válidos. A maioria deles recoloca este texto na história das crenças sobre o além a partir da Antiguidade, e no folclore. Ainda que muitas vezes insuficientemente críticos e hoje ultrapassados, esses estudos permanecem um modelo de abertura de espírito histórico. Citemos: WRIGHT, T. *St. Patrick's Purgatory: an essay on the legends of Purgatory* – Hell and Paradise, current during the Middle Ages. Londres, 1844. • BARING-GOULD. *Curious Myths of the Middle Ages*. 1884 [reimpr. Leyde, 1975], S. Patrick's Purgatory, p. 230-249. • KRAPP, G.P. *The Legend of St. Patrick's Purgatory, its later literary history*. Baltimore, 1900. • FÉLICE, P. *L'autre monde* – Mythes et légendes: Le purgatoire de saint Patrice. Paris, 1906. O estudo considerado como o mais completo, o de Shame Leslie (*St. Patrick's Purgatory*: A record from History and Literature. Londres, 1932), não é o mais interessante. V. Turner e E. Turner deram uma interpretação antropológica muito sugestiva sobre a peregrinação ao *Purgatório de São Patrício* nos tempos modernos – que nada acrescenta ao nosso tema: *Image and Pilgrimage in Christian Culture*: cap. III, St. Patrick's Purgatory: Religion and Nationalism in an Archaic Pilgrimage, Oxford, 1978, p. 104-139.

Henrique) que no momento da redação reside no Mosteiro Cisterciense de Saltrey, no Huntingdonshire. Foi um abade cisterciense, o de Sartis (hoje Wardon, no Bedfordshire) que lhe pediu para escrever esta história, repassada por outro monge, Gilbert. Este foi enviado para a Irlanda por Gervásio, abade do Mosteiro Cisterciense de Luda (hoje Louthpark, no Huntingdonshire), para ali procurar um local apropriado para a fundação de um mosteiro. Como Gilbert não fala irlandês, faz-se acompanhar, para lhe servir de intérprete e de protetor, pelo cavaleiro Owein que lhe narra a aventura de que fora o herói no *Purgatório de São Patrício*.

No preâmbulo de seu tratado, H. de Saltrey relembra, ao invocar Santo Agostinho e sobretudo Gregório o Grande, o quanto os relatos de visões e de revelações sobre o além podem ser proveitosos para a edificação dos vivos. É o caso em particular das diferentes formas da pena a que se chama (pena) purgatória (*que purgatoria vocatur*), na qual aqueles que, mesmo cometendo os pecados durante sua vida, permaneceram justos são purgados e podem assim alcançar a vida eterna à qual estão predestinados. Os castigos são proporcionais à gravidade dos pecados e à natureza mais ou menos boa ou má dos pecadores. A esta escala dos pecados e das penas corresponde uma estada nos lugares de pena, no inferno subterrâneo que alguns veem como uma prisão de trevas. Os lugares das maiores torturas estão situados embaixo, os das maiores alegrias no alto, as recompensas ao mesmo tempo medianamente boas ou más no meio (*media autem bona et mala medio*). Vê-se aqui que H. de Saltrey adotou a repartição em três categorias (em vez das quatro agostinianas) e a noção de intermediário.

Na pena purgatória também se é mais ou menos torturado em função de seus méritos e as almas que, depois de terem feito a experiência, recebem de Deus a permissão de retornar a seus corpos terrenos exibem marcas semelhantes às marcas corporais como lembranças, provas e advertências[21].

---

21. Existe em Roma, na Igreja do Sacro Cuore del Suffragio, um pequeno "museu do purgatório", onde são conservados uma dúzia de vestígios (geralmente queimaduras feitas com uma mão – como sinal do fogo do purgatório) de apa-

Quando São Patrício evangelizava sem grande sucesso os irlandeses recalcitrantes e buscava convertê-los pelo medo do inferno e pela atração do paraíso, Jesus mostrou-lhe em um lugar deserto um buraco (*fossa*) redondo e escuro e disse-lhe que, se alguém animado por um verdadeiro espírito de penitência e de fé passasse um dia e uma noite nesse buraco, seria purgado de todos os seus pecados e poderia ver as torturas dos maus e as alegrias dos bons. São Patrício apressou-se a construir uma igreja ao lado do buraco, a instalar cônegos regulares, a mandar cercar o buraco com um muro e fechá-lo com uma porta cuja chave era guardada pelo prior da igreja. Vários penitentes teriam feito a experiência desse lugar desde a época de São Patrício, que teria prescrito que suas narrações fossem postas por escrito. Esse lugar foi chamado de purgatório e, uma vez que São Patrício havia sido o primeiro a ouvir falar dele, de purgatório de São Patrício (*sancti Patricii purgatorium*)[22].

O costume exigia que os candidatos à experiência do *Purgatório de São Patrício* fossem autorizados pelo bispo da diocese, que deveria antes se esforçar a dissuadi-los. Se não conseguisse convencê-los a renunciar, dava-lhes uma autorização que era submetida ao prior da Igreja que, por sua vez, procurava persuadi-los a adotar uma outra penitência, assinalando-lhes que muitos tinham perecido nessa experiência. Se também fracassasse, prescrevia ao candidato que passasse primeiro quinze dias em preces na igreja. Ao fim desta quinzena, o candidato assistia a uma missa, no decorrer da qual comungava e era exorcizado com água-benta. Uma procissão com cânticos o conduzia até o

---

rições de almas do purgatório aos vivos. Estes se distribuem do fim do século XVIII ao começo do século XX. Bem longa a duração do sistema do purgatório.

22. Estes dados em relação a São Patrício, que vivia no século V, são inventados. As vidas antigas sobre São Patrício nada dizem a este respeito. O *Purgatório de São Patrício* é mencionado pela primeira vez, no estado atual da documentação, na nova vida do santo escrita por Jocelyn de Furness entre 1180 e 1183. Como o chanceler Owein não é mencionado, geralmente se considera este período 1180/1183 como o *terminus a quo* para a datação do *Tractatus*, de H. de Saltrey.

purgatório, cuja porta era aberta pelo prior, que não deixava de mencionar a presença dos demônios e o desaparecimento de vários visitantes anteriores. Se o candidato perseverasse, era bento por todos os padres e entrava fazendo o sinal da cruz. O prior fechava a porta. No dia seguinte à mesma hora a procissão retornava ao buraco. Se o penitente saía, retornava à igreja e ali passava quinze dias em preces. Se a porta permanecia fechada, consideravam-no morto e a procissão se retirava. Temos aqui uma forma curiosa de *ordálio*, de julgamento de Deus, de um tipo talvez característico das tradições célticas.

H. de Saltrey passa então para a época contemporânea (*hiis nostris temporibus*), esclarecendo até mesmo que, na época do Rei Étienne (1135-1154), Mathieu Paris, no século XIII, será ainda mais específico – sem nenhuma prova – e situará a aventura do cavaleiro Owein em 1153. O cavaleiro Owein, com uma pesada carga de pecados que não são descritos, tendo superado as etapas preliminares do ordálio, entra confiante e alegre no buraco. Considera no fundo sua empreitada como uma aventura cavalheiresca que enfrenta intrepidamente sozinho (*novam gitur milician aggressus miles noster, lices solus, intrepidus tamen*)...[23] Chega, em uma penumbra cada vez mais fraca, a uma espécie de mosteiro habitado por doze personagens vestidos de branco à maneira de monges. O chefe deles indica-lhe a regra da prova. Ele vai ser cercado por demônios, que procurarão ou aterrorizá-lo com a visão de terríveis suplícios ou seduzi-lo com palavras falaciosas. Se ceder ao medo ou à sedução e voltar para trás, estará perdido de corpo e alma. Quando se sentir a ponto de fraquejar, deverá invocar o nome de Jesus.

Surgem então os demônios, que não mais o largarão até o fim de seu périplo infernal – no meio de visões horrorosas entrevistas nas trevas iluminadas apenas pelas chamas dos suplícios, no meio dos odores fétidos e dos clamores estridentes. De cada

---

23. Cf. KÖHLER, E. *L'Aventure chevalresque* – Idéal et réalité dans le roman courtois. Paris, 1974.

uma das provações que vai sofrer, sairá vitorioso ao invocar o nome de Jesus e, depois de cada prova, recusará abandoná-la e voltar para trás. Não citarei, portanto, o desenlace de cada episódio. Primeiro, os diabos erguem na sala da casa onde a jornada se inicia uma fogueira, na qual se esforçam para jogá-lo. Depois de ter passado por uma região deserta e tenebrosa onde soprava um vento afiado como uma espada e cortante como uma lâmina, ele chega a um campo com dimensões infinitas, onde homens e mulheres nus estão deitados no chão, presos ao solo por pregos ardentes que lhes transpassam as mãos e os pés. Passa para um segundo campo, onde pessoas de todas as idades, sexo e condição, deitadas de costas ou de barriga para baixo, estão à mercê de dragões, de serpentes e de sapos de fogo; chega então a um terceiro, onde homens e mulheres transpassados por pregos ardentes plantados em todos os seus membros são chicoteados por demônios, depois a um quarto, verdadeiro campo dos mais diversos suplícios, onde uns estão suspensos por ganchos de ferro presos aos olhos, às orelhas, à garganta, às mãos, aos seios ou aos sexos, outros ainda são vítimas de uma cozinha infernal, cozidos no forno ou na frigideira ou assados em espetos etc. Há também uma grande roda de fogo à qual estão aprisionados homens que giram a toda velocidade nas chamas. E depois dela uma imensa casa de banhos, onde uma multidão de homens, mulheres, crianças e velhos mergulhados em cubas cheias de metais em ebulição, uns completamente imersos, outros até as sobrancelhas, ou os lábios, ou o pescoço, ou o peito, ou o umbigo, ou os joelhos, alguns apenas por um pé ou uma mão. Owein chega então a uma montanha entre cujas paredes abruptas corre um rio de fogo. No topo da montanha, onde se encontra uma multidão de pessoas, sopra um vento violento e glacial que lança no rio os homens que, se tentassem escapar escalando a montanha, eram empurrados por demônios munidos de dentes de ferro.

Por fim, é uma chama horrivelmente malcheirosa e preta que sai de um poço, de onde uma multidão de almas sobe e desce como se fossem centelhas. Os demônios que o acompanham lhe dizem: "Eis a porta do inferno, a entrada da geena, a via larga que conduz à morte, aquele que passa por ela não retorna, pois não há redenção no inferno. É o fogo eterno preparado pelo diabo e por seus servos, entre os quais tu não podes negar que estás".

Sente-se então atraído pelo poço, Owein pronuncia mais uma vez o nome de Deus, é afastado do poço e se vê diante de um rio de fogo muito largo sobre o qual tinha sido lançada uma ponte aparentemente intransponível, pois era tão alta que não se podia evitar a vertigem, tão estreita que não se podia ali colocar o pé, e tão escorregadia que era impossível permanecer sobre ela. E lá no rio, demônios esperavam, munidos com ganchos de ferro. Invoca novamente o nome de Jesus e avança sobre a ponte. À medida que avança a ponte se torna mais estável e mais larga e, no meio do caminho, não mais percebe o rio nem à esquerda nem à direita. Escapa a um último esforço dos demônios furiosos e, descendo da ponte, encontra-se diante de uma muralha muito alta e magnífica cujas portas são de ouro puro realçado por pedras preciosas e espalhando um odor delicioso. Entra e se encontra em uma cidade maravilhosa.

Dois personagens parecidos com arcebispos que conduziam uma procissão se dirigem a Owein e lhe dizem: "Vamos te explicar o sentido (*rationem*) do que tu viste".

"Aqui, continuam, é o paraíso terrestre[24]. Retornamos a ele porque expiamos nossos pecados – não tínhamos terminado nossa penitência na terra antes da morte – nas torturas que tu viste ao passar e nas quais ficamos por um tempo mais ou menos longo segundo a quantidade de nossas faltas. Todos aqueles que viste nos diversos lugares penais, com exceção dos que estão abaixo da boca do inferno, depois de sua purgação, alcançam o descanso no qual nos encontramos e, finalmente, serão salvos. Aqueles que são assim torturados não podem saber por quanto tempo permanecerão nos lugares penais, pois as missas, salmos,

---

24. Continuo a contar a história por uma paráfrase resumida. O texto entre aspas não é a tradução integral do discurso dos dois "arcebispos".

preces e esmolas feitos para eles podem abreviar ou aliviar suas provações. Também nós, que beneficiamos deste grande descanso e desta alegria, mas que ainda não somos dignos de subir ao céu, ficaremos aqui indefinidamente; todo dia alguns de nós passam do paraíso terrestre ao paraíso celeste". E tendo-o feito subir em uma montanha, mostram-lhe a porta desse paraíso celeste. Uma língua de fogo desce, enchendo-os de uma sensação deliciosa. Mas os "arcebispos" chamam Owein à realidade: "Tu viste em parte o que desejavas ver: o descanso dos bem-aventurados e as torturas dos pecadores, agora deves retornar pelo mesmo caminho por onde vieste. Se doravante viveres bem no século, tens a certeza de que virás entre nós depois de tua morte, mas se viveres mal, viste as torturas que te esperam. Durante teu retorno, não tens mais nada a temer nem dos demônios, porque não ousarão te atacar, nem dos suplícios, pois não te machucarão". Chorando, o cavaleiro retoma o caminho de volta e reencontra finalmente os doze personagens do início, que o felicitam e lhe anunciam que foi purgado de seus pecados. Sai do *Purgatório de São Patrício* quando o prior reabre a porta e realiza sua segunda quinzena de preces na igreja. Em seguida, Owein se tornará um cruzado e partirá para Jerusalém. Ao retornar, irá encontrar o rei seu senhor e lhe pedirá que designe a ordem religiosa junto da qual poderá viver. É então o momento da missão de Gilbert de Luda; o rei convidará Owein a servir de intérprete do monge. O cavaleiro, contente, aceitará, "pois no além não vi nenhuma ordem em uma glória tão grande quanto cisterciense". Construirão uma abadia, mas Owein não desejará se tornar nem monge nem converso, e se contentará em ser o servidor de Gilbert.

Para nós, as imagens do além não são o mais importante nesta história – ainda que em grande parte sejam responsáveis por seu sucesso. Elas reúnem a maior parte dos elementos tradicionais desde o Apocalipse de Paulo e anunciam os das visões posteriores – em particular da *Divina comédia*. São no entanto mais imagens de inferno do que imagens específicas. Porém, certos temas não aparecem muito e a ausência deles aqui certamente influenciará no seu consequente quase desaparecimento. O fogo, por exemplo, praticamente expulsou o frio. O par do escaldante e do glacial era um elemento típico das imagens do além penal.

Na visão de Drythelm, o visitante do além chega a um vale grande e profundo cuja vertente esquerda queima de um fogo terrível, enquanto a direita é atingida por uma veemente tempestade de neve. Da mesma forma Tnugdal encontra em um dos lugares que precedem o inferno inferior "uma grande montanha percorrida por um estreito caminho, onde um dos lados é de fogo malcheiroso, sulfuroso e fumegante, ao passo que o outro é de gelo chicoteado pelo vento".

No sermão atribuído a São Bernardo está dito que "aqueles que estão no purgatório, nele aguardando sua redenção, devem primeiro ser atormentados ou pelo calor do fogo, ou pelo rigor do frio [...]".

Mas a significação do frio como castigo não era mais bem percebida há muito tempo. Fora mais ou menos ocultada pela ideia de um *refrigerium* benevolente.

Na *Visão do Imperador Carlos o Gordo*, o imperial sonhador transportado para um além infernal ouve seu pai, Luís o Germânico, que está em pé mergulhado até a coxa em um tanque de água fervente, lhe dizer: "Não tema, sei que tua alma retornará para teu corpo. Se Deus te permitiu vir até aqui é para que vejas por quais pecados sofro tais tormentos, assim como todos aqueles que tu viste. Um dia, com efeito, estou neste tanque de água fervente, mas amanhã sou transportado para este outro, onde a água é muito fresca..." Neste texto cujo autor perdeu a significação original do rito, a passagem pela água fria é apresentada como uma graça que o imperador deve à intercessão de São Pedro e de São Remígio.

No *Purgatório de São Patrício* o frio só aparece a propósito do vento glacial que sopra no topo da montanha situada no fim do purgatório. O fogo, que no século XII representou o lugar próprio da purgação, expulsou o frio. O nascimento do purgatório desfere o golpe de misericórdia ao *refrigerium* e anuncia o desaparecimento do seio de Abraão[25].

O sucesso do *Purgatório de São Patrício* foi imediato e considerável. Shane Leslie escreveu que o tratado havia sido "um dos *Best-sellers* da Idade Média". A data de sua composição é incerta. Geralmente é situada por volta de 1190, pois parece que a tradução para o francês pela célebre poetisa inglesa Marie de France não pode ser posterior à última década do século XII. Por outro lado, São Malaquias, citado no *Tractatus* na sua qualidade de santo, foi canonizado em 1190. Mas outros eruditos estendem a data da redação até por volta de 1210[26]. Ainda que eu tenha procurado localizar cronologicamente de uma maneira tão precisa quanto possível o aparecimento do termo *purgatorium* e a evolução decisiva na representação do além que esse aparecimento significa, não me parece muito importante para o propósito desta pesquisa datar o *Purgatório de São Patrício* em 1210 em vez de em 1190. O essencial é que o novo lugar do além se materializa em dois tempos, um na literatura teológico-espiritual sob a impulsão dos mestres parisienses e do meio cisterciense entre 1170 e 1180, o outro na literatura das visões entre 1180 e 1215. Com efeito, a *Vida de São Patrício*, de Jocelyn de Furness, escrita entre 1180 e 1183

---

25. Observo que estas imagens do além são encontradas entre os atuais descendentes dos maias, os lacandons do sul do México: "O 'sábio' Tchank'in Maasch [...] não esgotava os relatos sobre este domínio das sombras onde correm lado a lado riachos gelados e rios de fogo [...]" (SOUSTELLE, J. *Les quatre soleils*. Paris, 1967, p. 52).

26. F.W. Locke ("A new date for the composition of the *Tractatus de Purgatorio Sancti Patricii*". In: *Speculum*, 1965, p. 641-646) rejeita a data tradicional de 1189 para situar no período 1208-1215 a composição do *Tractatus*. Isto exige que a data do *Espurgatoire Saint Patriz* também seja situada vinte anos depois. Richard Baum ("Recherches sur les oeuvres attribuées à Marie de France". In: *Annales Universitatis Saraviensis*, 9, 1968. Heidelberg) afirmou recentemente que não apenas o *Espurgatoire* era de fato posterior à última década do século XII, como também que não era de Marie de France. Veremos mais adiante que a *Topographia Hibernica*, de Giraud de Cambria e a *Vida de São Patrício*, de Jocelyn de Furness, não contribuem com qualquer elemento decisivo para a datação do *Tractatus*.

fala de um *Purgatório de São Patrício*, mas situado no Monte Cruachan Aigle, em Connaugh[27]. É muito raro que se possa estabelecer um dia ou um ano para os verdadeiros acontecimentos da história das crenças, das mentalidades e da sensibilidade. O nascimento do purgatório é um fenômeno da virada do século XII ao século XIII.

É muito importante, em contrapartida, que uma descrição do *Purgatório* expressamente nomeado por uma boca pertencente à geografia terrena ocorra por volta de 1200. A redação do tratado de H. de Saltrey deve ser mais ou menos contemporânea do aparecimento da lenda e da criação de uma peregrinação. O *Purgatório de São Patrício* – sem que a história do cavaleiro Owein seja mencionada – reaparece na *Topografia* irlandesa (*Topographia Hibernica*) de Giraud o Galês, ou de Cambria (*Giraldus Cambrensis*), cuja primeira edição data de 1188, mas não é mencionado nos manuscritos mais antigos e não se encontra senão em uma margem de um manuscrito da *Topografia* da primeira metade do século XIII. Giraud o Galês realizara sua viagem para a Irlanda em 1185-1186. No capítulo V da segunda parte da *Topographia Hibernica* descreve um lago no Ulster, onde se encontra uma ilha dividida em duas partes. Uma delas é bela e agradável, exibe uma igreja oficial, e é conhecida pela frequente presença de santos. A outra, selvagem e horrível, está entregue aos demônios. Tem nove buracos na terra. Caso alguém ouse passar a noite em um deles é tomado por espíritos maus e passa toda a noite em horríveis suplícios de todo tipo e em um fogo inefável, e de manhã é encontrado praticamente inanimado. Conta-se que se, para fazer penitência, alguém sofre uma vez esses suplícios, escapará depois da

---

27. A *Vida de São Patrício*, de Jocelyn de Furness, foi editada no século XVII na mesma coletânea do *Purgatorium*, de H. de Saltrey, no século XVII por Messigham (*Florilegium insulae sanctorum...* Paris, 1624, p. 1-85) e por Colgan (*Triadis thaumaturgae...* Lovaina, 1647; a passagem sobre o purgatório no Monte Cruachan Aigle encontra-se na p. 1.027). Foi retomada nos *Acta Sanctorum*, 17 de março, t. II, p. 540-580.

morte das penas infernais, a menos que, entretempos, cometa graves pecados[28].

Esta ilha, Station Island, encontra-se no Lough Derg (o Lago Vermelho), no Condado de Donegal, que faz parte do Eire, bem perto da fronteira da Irlanda britânica do Norte. O *Purgatorium de Saint Patrick* parece ter sido o objeto de uma peregrinação desde o fim do século XII. O Papa Alexandre VI a condenou em 1497, mas a capela e a peregrinação se restabeleceram desde o século XVI e sobreviveram às novas destruições e proibições em 1632, 1704 e 1727. A peregrinação recomeçou de maneira particularmente expressiva depois de 1790 e uma grande capela foi edificada. Uma igreja nova e ampla dedicada a São Patrício foi terminada em 1931, e todos os anos uma peregrinação ainda atrai mais de 15 mil pessoas entre 1º de junho e 15 de agosto[29].

---

28. CAMBRENSIS, G. "Opera", t. V. Londres, 1867. In: DIMOCK, J.F. *Rerum brittannicarum medii aevi scriptores*, p. 82-83. Imediatamente após esta passagem foi acrescentado no manuscrito da primeira metade do século XIII: "Este lugar é chamado pelos habitantes *Purgatório de Patrício*" e está dito como São Patrício conseguiu criá-lo. Cf. C.M. Van der Zanden. Há um capítulo interessante da *Topographia Hibernica* e do *Tractatus de purgatorio sancti Patricii* no *Neophilologus* 1927. Giraud o Galês parece ter redigido sua *Topographia* no momento em que uma peregrinação penitencial – assemelhando-se sem dúvida ao ordálio – foi transferida da maior ilha dos santos (Saints' Island) para a pequena ilha de Station Island, a noroeste de Lough Derg, e por isso a síntese em uma única ilha compartilhada por santos e demônios.

29. Além do estudo muito interessante de V. Turner e E. Turner citado no fim da nota 20, p. 290, só existem estudos medíocres ou sumários da peregrinação. Cf. SEYMOUR, J. *St. Patrick's Purgatory* – A Mediaeval Pilgrimage in Ireland. Dundald, 1918. • RYAN, J. *New Catholic Encyclopedia*, vol. XI, 1967, p. 1.039. Philippe de Félice (cujo capítulo IV de *L'Autre Monde, Mythes et Légendes, Le Purgatoire de saint Patrice*. Paris, 1906, intitulado "Histoire du Sanctuaire du Lough Derg" tem certo interesse e termina com esta judiciosa observação: "A persistência através dos séculos do *Purgatório de São Patrício* é um fato preciso, indiscutível, cuja importância merecia ser assinalada à atenção dos sociólogos") narra (p. 9ss.) como, junto com um primo, foi difícil chegar ao Lough Derg e à ilha do purgatório em 1905. Em 1913, o Cardeal Logue, primaz da Irlanda, depois de uma visita a Station Island declarou: "Creio que qualquer pessoa que realizou aqui em Lough Derg a peregrinação tradicional, os exercícios penitenciais, o jejum e as preces que valem tão numerosas indulgências, e morreu em seguida, pouco sofrerá no outro mundo" (apud V. Turner e E. Turner, p. 133). Anne Lombard-Jourdan, que visitou o Lough Derg e o *Purga-*

Mas no fim do século XII o *Purgatorium Sancti Patricii*, apesar de seus vínculos com o cristianismo irlandês e com o culto de São Patrício, não tem certamente a coloração nacionalista católica e irlandesa que tomará na época moderna e contemporânea. Parece bem que são os regulares ingleses que impulsionam a peregrinação e a controlam.

Depois da tradução de Marie de France[30] surgirão várias redações do *Purgatório* de H. de Saltrey em latim e várias traduções em língua vulgar, principalmente em francês e em inglês[31].

---

tório de São Patrício em 1972, dispôs-se a me descrever o programa oficial que traz a supervisão do bispo local, o bispo de Clogher. A partir da Idade Média, a duração da penitência passara de 15 para 9 dias, adotando a duração mais normal para a Igreja das novenas. Na época moderna esta duração foi reduzida para 3 dias e é a regra hoje, mas o coração da peregrinação continua sendo uma provação de 24 horas. O programa de 1970 diz "a vigília (*the Vigil*) é o principal exercício espiritual da peregrinação e significa se privar de dormir de uma maneira completa e contínua durante 24 horas". Bela continuidade das crenças e das práticas!

30. *L'Espurgatoire de Saint Patriz*, de Marie de France, foi publicado por Thomas Atkinson Jenkins, Filadélfia, 1894. Cf. FOULET, L. "Marie de France et la Légende du Purgatoire de saint Patrice". In: *Romanische Forschungen*, XXII, 1908, p. 599-627.

31. Paul Meyer indicava sete versões francesas em verso do *Purgatório de São Patrício* (*Histoire littéraire de la France* (t. XXXIII, p. 371-372) e *Notices et Extraits des manuscrits de la Bibliothèque Nationale* (t. XXXIV. Paris, 1891): 1) a de Marie de France; 2 a 5) quatro versões anônimas do século XIII; 6) a versão de Béroul; 7) a versão de Geoffroy de Paris introduzida pelo livro IV da *Bible des sept états du diable*. Uma delas foi publicada em VISING, J. *Le Purgatoire de saint Patrice des manuscrits Harléien 273 et Fonds français 2.198*. Göteborg, 1916. O substantivo *purgatório* é usado várias vezes. P. ex.: *Par la grant hounte qu'il aveit / Dist qe mout bonnement irreit / En* purgatoire, *qe assez / Peust espener ses pechiez* (v. 91-94). / [...] / *Com celui qe ne velt lesser / En* purgatoire *de entrer* (v. 101-102). Existem também várias versões francesas em prosa. Uma delas foi publicada em TARBÉ, P. *Le Purgatoire de saint Patrice* – Légende du XIIIe siècle, publiée d'après un manuscrit de la Bibliothèque de Reims. Reims, 1842. As versões inglesas mais antigas (XIIIe) foram publicadas em HORTSMANN: *Alten Englische Legenden*. Paderborn, 1875, p. 149-211. • KOELBING. *Englische Studien*, I, p. 98-121. Breslau, 1876. • SMITH, L. & SMITH, T. *Englische Studien*, IX, 1886, p. 3-12. Breslau. Uma edição em occitano do início do século XV foi publicada em JEANROY, A. & VIGNAUX, A. *Raimon de Perelhos* – Voyage au purgatoire de saint Patrice. Toulouse, 1903 [textos em languedoc do século XV]. Essa edição contém também versões em occitano da visão de Tindal

A versão em latim será retomada por Roger de Wendover, nos seus *Flores Historiarum*, redigidas antes de 1231. Mathieu Paris, continuador de Roger em sua *Chronica majora*, retoma a história palavra por palavra. Que tenha ou não conhecido o tratado de H. de Saltrey, um grande difusor do *Purgatório*, o cisterciense alemão Cesário de Heisterbach escreve em seu *Dialogus miraculorum* (XII, 38): "Que aquele que duvida do purgatório vá para a Irlanda e entre no purgatório de Patrício, doravante não duvidará mais das penas do purgatório". Cinco dos autores das mais influentes histórias edificantes do século XII utilizaram o *Purgatorium Sancti Patricii*, Tiago de Vitry em sua *Historia orientalis* (cap. XCII), os dominicanos Vincent de Beauvais no *Speculum historiale* (Livro XX, cap. XXIII-XXIV), Étienne de Bourbon em seu *Tractatus de diversis materiis praedicabilibus*) (cf. mais adiante), Humbert de Romans no *De dono timoris* e Jacques de Voragine (Jacopo da Varasse) em sua célebre *Legenda dourada*, onde declara: "E São Patrício soube, pela revelação, que esse poço conduzia a um purgatório, e que aqueles que ali desejavam descer, ali expiavam seus pecados e seriam dispensados de qualquer purgatório depois de sua morte"[32]. Gossouim de Mertz também o cita em seu *Image du monde* que conheceu duas redações em versos em 1245 e 1248, uma redação em prosa em 1246[33]. Eis um trecho de acordo com uma de suas versões:

(Tnugdal) e da visão de São Paulo que Raymond de Perelhos reivindica como a viagem ao *Purgatório de São Patrício*. O conjunto desses textos provém do manuscrito 894 da Biblioteca Municipal de Toulouse, provando o gosto do século XV pelas visões do além e do purgatório. Esse pequeno *corpus* provoca a transformação da visão de Tindal (Tnugdal) em visão do purgatório. O título é (f. 48): *Ayssi commensa lo libre de Tindal tractan de las penas de purgatori*. Sobre o destino do *Purgatório de São Patrício* na Espanha cf. MONTALBAN, J.P. *Vida y purgatorio de San Patricio*. Pisa, 1972 [ed. de M.G. Profeti].

32. *Légende dorée*. Paris, 1920, p. 182 [trad. francesa. de T. de Wyzewa]. Sobre Étienne de Bourbon e Humbert de Romans, cf. FRATI, L. "Il Purgatorio do S. Patrizio secondo Stefano di Bourbon e Umberto di Romans". In: *Giornale Storico della Letteratura Italiana*, 8, 1886, p. 140-179.

33. A redação em prosa de Gossouin de Metz foi editada por O.H. Prior: *L'Image du monde de maître Gossouin* – Rédaction en prose. Lausanne/Paris, 1913.

Na Irlanda existe um lago
Que dia e noite queima como fogo,
A que chamam purgatório de
São Patrício, e ainda hoje
Se quem lá for
Não estiver bem arrependido
É logo seduzido e está perdido
E não se sabe o que lhe aconteceu
· Mas se se confessar e se arrepender,
Deve sofrer muitos tormentos
E se purgar de seus pecados
Mais os tem e mais ele sofre.
Aquele que desse lugar retornou
Doravante nada mais lhe agrada
Neste mundo nunca mais
rirá, mas viverá chorando
E gemendo pelos males que existem
E pelos pecados que as pessoas cometem[34].

O douto São Boaventura leu-o no original ou em um resumo e o menciona em seu comentário das *Sentenças*, de Pedro Lombardo[35]. Froissard pergunta a um nobre inglês, Sir William Lisle, que em 1394 viajou para a Irlanda, se visitou o *Purgatório de São Patrício*. Ele lhe responde afirmativamente e diz que, com um companheiro, passou até mesmo uma noite no famoso buraco a que chama de adega. Ali dormiram, tiveram visões em sonho, e Sir William está persuadido de que "tudo isso não passa de ilusão"[36]. Incredulidade rara para a época.

Dante observou de perto o tratado de H. de Saltrey. A fama deste não se apagou com a época a que tradicionalmente cha-

---

34. Este trecho da *Image du monde*, de Gossouin de Metz, é a versão ligeiramente modernizada do texto dado pelo Conde de Douhet no *Dictionnaire des Légendes du Christianisme*. Paris, 1855, col. 950-1.035 [ed. de Migne].

35. Ed. de Quaracchi, t. IV, p. 526. O grande mestre franciscano diz que criou-se a *lenda* de que o purgatório se encontrava nestes lugares (*ex quo fabulose ortum est, quod ibi esset purgatorium*).

36. FROISSART (ed.). "Kervyn de Lettenhove". *Chroniques*. T. XV. Bruxelas, 1871, p. 145-146.

mam Idade Média. Rabelais e Ariosto também o citam. Shakespeare considera que esta história é familiar aos espectadores de Hamlet[37] e Calderon escreve uma peça sobre o tema[38]. A onda do *Purgatório de São Patrício* na literatura erudita e popular durou pelo menos até o século XVIII[39].

Mas o essencial neste culto e neste tratado é que doravante existe sob seu nome uma descrição deste novo lugar do além, o purgatório, e que, apesar da antecâmara do paraíso visitado por Owein, há no *Tractatus* três lugares do além: ao lado do inferno e do paraíso onde Owein ainda não entrou, há o purgatório longamente atravessado e descrito pelo audacioso cavaleiro-penitente. E esta geografia do além se insere na geografia terrestre, não por uma inábil justaposição como havia indicado Alberico de Settefrati, mas pela localização terrestre precisa de uma boca do purgatório. O que de mais conforme às crenças e à mentalidade desse tempo em que a cartografia balbuciante localiza o paraíso (terrestre, verdadeiramente falando) em continuidade com o mundo dos vivos? Aos vivos admitidos para visitar o

---

37. SHAKESPEARE. *Hamlet*. Quando o fantasma do pai aparece a Hamlet (ato I, cena V), revela-lhe que está condenado por um tempo determinado a errar de noite e a jejuar durante o dia nas chamas até que seus pecados sejam queimados e purgados (dirá pouco depois que seu assassinato perpetrado pelo irmão foi muito mais odioso porque nem lhe deu tempo para se confessar e fazer penitência antes de morrer): *I am thy father's spirit / Doom'd for a certain term to walk the night / And, for lhe day, confin'd to fast in fires, / Till de foul crimes, done in may days of nature, / Are burnt and purg'd away.* Quando ele desapareceu, Hamlet, sem revelar a Horácio e Marcelo o que o fantasma lhe dissera, invoca São Patrício: Horácio: *There's no offence, my lord,* / Hamlet: *Yes, by Saint Patrick, but there is, Horatio, / And much offence, too. Touching this vision / It is an honest ghost.*

38. CALDERÓN. *Le purgatoire de saint Patrice* – Drames religieux de Calderón. Paris, 1898 [trad. francesa de Léon Rouanet]. A primeira edição do *El Purgatorio de San Patricio* é de 1636.

39. O Conde de Douhet, em artigo muito interessante ("Saint Patrice, son purgatoire et son voyage", do *Dictionnaire des Légendes du Christianisme*. Paris, 1855, col. 950-1.035 [ed. de Migne]), mostra versão ainda muito apreciada no século XVIII. Ele escreve (col. 951): "Entre mil outras, escolhemos uma versão recente, ainda popular no século passado, e que revela completamente as intenções da Idade Média".

purgatório é preciso, à medida que se desenvolve o processo de espacialização do purgatório, encontrar suas bocas, oferecer vias de comunicação com a terra. Por muito tempo estas bocas são mais ou menos confundidas com a do inferno, e aqui é a imagem do *poço* que se impôs. A topografia das bocas do purgatório persistirá nas grutas, nas cavernas. O grande êxito do *Purgatório de São Patrício*, situado em uma caverna de uma ilha irlandesa, reforçará a imagem do poço do purgatório. Um sinal admirável deste sucesso é o nome tradicional de *Poço de São Patrício* dado a uma obra de arte excepcional, o Poço de São Patrizio construído do século XVI em Orvietto.

A tentativa siciliana

Ao lado do dossiê anglo-irlandês das viagens ao purgatório que, até onde sabemos, inicia-se com Beda no começo do século VIII, o dossiê siciliano sobre as abordagens do purgatório estende-se por mais séculos ainda, do VII ao XIII. Para nosso propósito, o episódio mais importante ocorreu no século XI. Como vimos, é a visão de um eremita recolhida por um monge clunisiano nas Ilhas Lipari e relatada por Jotsuald e depois por Pedro Damião nas suas vidas de Santo Odilon, abade de Cluny (994-1049). Da cratera de uma montanha ouvem-se os lamentos dos mortos que ali são purgados[40].

Um século mais tarde, o sermão XXI de Julien de Vézelay sobre o juízo final apresenta para nossa pesquisa um duplo in-

---

40. JOTSUALD [são encontradas também as ortografias Jotsald, Jotsaud e Jotswald]. *Vita Odilonis in Patrologie Latine*, t. 142, col. 926-927. • DAMIÃO, P. *Vita Odilonis*, também em *PL*, t. 144, col. 935-937. Cf. supra, p. 189-193. Sobre as crenças populares ligadas aos vulcões das Ilhas Lipari e ao culto de São Bartolomeu, cujas relíquias aparecem nas Lipari por volta de 580 e ao de São Calógero, eremita siciliano que viveu por algum tempo nas Ilhas Lipari e que aparece nas odes do Monge Sergio no século IX (canonizado no fim do século XVI), cf. COZZA LUZI, G. "Le eruzioni di Lipari e del Vesuvio nell'anno 787". In: *Nuovo Giornale Arcadico*. Ter. III. Milão, 1890. • IACOLINO, G. "Quando le Eolie diventarono coloni dell'inferno – Calogero un uomo solo contro mille diavoli". In: *Arcipelago,* ano II, n. 4, 1977. Lipari. Bernabo Brea prepara um estudo sobre estas tradições da Antiguidade até nossos dias.

teresse. O primeiro é um testemunho bastante extraordinário sobre uma certa sensibilidade em relação à morte. Encontra-se nele, evidentemente, a dupla inspiração da tradição antiga do necessário abandono dos prazeres terrenos e da tradição monástica do desapego das coisas deste mundo. Mas retém o eco de um deleite desfrutado na estada terrena, sobretudo entre as classes dominantes da época propensas ao luxo das propriedades rurais, das casas luxuosas, da vestimenta e da pele, dos objetos de arte e dos cavalos, e de um gozo do corpo, que são o signo de um novo estado de espírito, de uma psicologia de valorização deste mundo que fornece um contexto de explicação ao crescente interesse por uma longa sobrevida do mundo, e, portanto, uma maior interrogação sobre o período intermediário entre a morte individual e o fim do mundo.

> Três coisas me aterrorizam, declara Julien de Vézelay, basta evocá-las para que todo meu ser interior trema de medo: a morte, o inferno e o julgamento vindouro. Estou, portanto, assustado com a morte que se aproxima, que me fará passar, depois de me ter tirado de meu corpo, desta agradável luz comum a todos, a não sei que região reservada aos espíritos fiéis [...]. Depois de mim, a história dos homens se desenrolará sem mim [...].
> Adeus, terra acolhedora (*hospita*), onde por tanto tempo me exauri com futilidades, onde morei em uma casa de barro, da qual saio a contragosto (*invitus*), ainda que seja apenas barro [...]. E todavia [...] é a contragosto e apenas se me expulsarem que dela partirei. A pálida morte fará irrupção em meu quarto e, apesar de minha resistência, me levará até a porta [...]. Ao mesmo tempo em que o mundo, deixa-se tudo o que é do mundo. A glória do mundo é abandonada nesse triste dia: adeus honras, riquezas, propriedades, pradarias vastas e encantadoras, pavimentos de mármore e tetos pintados das casas luxuosas! E o que dizer das chamalotes e das peles de esquilo, dos mantos multicoloridos, das taças de prata e dos ligeiros cavalos relinchantes sobre os quais desfilava orgulho-

samente o rico que assim se enganava! Mas tudo isso ainda é bem pouca coisa: é preciso deixar uma esposa tão doce de se olhar, deixar os filhos, e deixar para trás seu próprio corpo que se resgataria a preço de ouro para libertá-lo deste confisco [...][41].

O segundo interesse do sermão de Julien de Vézelay é o de mencionar novamente a Sicília como lugar terrestre do acesso ao além.

Eis uma primeira evocação daqueles que queimam no inferno eterno e daqueles que fazem penitência no fogo purgatório.

> Com efeito, para nada dizer sobre aqueles que a geena queima, que são chamados "étnicos" da palavra *Et*(h)*na*, por causa desse fogo eterno, e para os quais não há doravante nenhum repouso, além desses [...] há outros que certamente conhecem, depois da morte de seu corpo, trabalhos muito sofridos e muito longos. Enquanto viviam recusaram-se a "fazer dignos frutos de penitência (Lc 2,8), no momento da morte, no entanto, confessaram-se e experimentaram sentimentos de penitência"; por isso, por decisão do Padre "ao qual o Pai remeteu todo julgamento" (Jo 5,22), poderão realizar no fogo purgatório a satisfação penitencial que deixaram de fazer neste mundo. Este fogo que consome "a madeira, o feno e a palha acumulados no fundamento da fé" queima aqueles que ele purga; "aqueles, no entanto, serão salvos como através do fogo" (1Cor 2,12-13.15), pois certamente não passarão do fogo purgatório ao fogo eterno: "O senhor não julga duas vezes a mesma causa" (Jó 33,14). Um pouco mais adiante, falando novamente do fogo da geena, dá os seguintes esclarecimentos: "O fogo adere continuamente ao seu alimento e sem consumi-lo. Assim, a salamandra, pequeno réptil, caminha sobre os carvões ardentes sem prejuízo para seu corpo; assim o amianto, uma vez tomado, queima

---

41. JULIEN DE VÉZELAY. *Sermone*. T. II, Paris, 1972, p. 450-455 [ed. D. Vorreux; Coleção Sources Chrétiennes, 193]. Julien dá a mesma etimologia de *ethnici* a partir do Etna no sermão IX, t. I, p. 224.

sem parar sem que o fogo o faça diminuir; assim o Etna não deixa de queimar talvez desde a origem do mundo sem desperdício da matéria ígnea"[42].

Vê-se bem como pelo jogo habitual, entre os clérigos da Idade Média (Isidoro de Sevilha já havia dado o exemplo) das etimologias fantasistas, o Etna é confirmado em seu papel de lugar do além, de ponto de comunicação entre a terra e a geena, entre os vivos e os mortos. Mas onde se faz aqui, geograficamente, a separação entre o inferno e o purgatório?

No início do século XIII, uma peça curiosa aparece no dossiê. Em suas *Otia Imperialia* (as *Ociosidades imperiais*) redigidas por volta de 1210 e dedicadas ao Imperador Othon IV de Brunswick, o vencido de Bouvines (em 1214), um clérigo culto e curioso – um verdadeiro etnógrafo medieval – o inglês Gervásio de Tilbury expõe sobre o além, de um lado concepções tradicionais que ignoram as novidades do purgatório e, do outro, uma história singular. No capítulo XVII da terceira parte, Gervásio trata dos dois paraísos e dos dois infernos. Da mesma forma, diz ele, que existe um paraíso terrestre e um paraíso celeste, "existem dois infernos: um terrestre, que dizem estar situado em um buraco da terra, e nesse inferno há um lugar muito distante dos lugares de castigo que, por causa de sua calma e de seu distanciamento, é chamado *seio*, como se fala de um seio (golfo) do mar, e dizem que é o *seio de Abraão* por causa da parábola do rico e de Lázaro [...]. Há um outro inferno aéreo e tenebroso, onde foram precipitados para ali serem castigados os anjos maus, assim como os bons estão no paraíso celeste (empíreo)"[43]. Aqui, o que interessa a Gervásio é que, ao que parece, alguns desses demônios vêm até a terra se acasalar com uma mortal para gerar homens excepcionais, a quem

---

42. Ibid., p. 456-459 e 460-463.

43. GERVÁSIO DE TILBURY. *Otia Imperialia* in *Scriptores Rerum Brunsvicensium*. T. I. Hanover, 1707, p. 921 [ed. de Leibniz que, num prefácio, mostra a sua profunda aversão de homem do Iluminismo pela Idade Média].

chamam de "sem pai" ou "filhos de virgem", como Merlin, o feiticeiro e, no futuro, o anticristo.

Mais adiante Gervásio, descrevendo as "maravilhas" geográficas e mais particularmente sicilianas, narra a seguinte história coletada ao longo de uma viagem que ele mesmo realiza (por volta de 1190) à Sicília:

"Existe na Sicília uma montanha, o Etna, escaldante de fogo sulfuroso, perto da cidade de Catania [...] as pessoas do povo a chamam de Mondjibel[44] e os habitantes da região contam que, sobre os flancos desertos, o grande Artur apareceu em nossa época. Então um dia um palafreneiro do bispo de Catania, por ter comido demais foi tomado pela lassidão. O cavalo que havia atrelado, escapou e desapareceu. O palafreneiro o procurou em vão pelas escarpas e pelos precipícios da montanha. Como se inquietasse cada vez mais, começou a explorar as escuras cavernas do monte. Um caminho muito estreito, mas plano, o conduziu a uma pradaria muito vasta, encantadora e cheia de todas as delícias.

Ali, em um palácio construído por encantamento, encontrou Artur deitado em um leito real. O rei, ao saber a causa de sua vinda, pediu para trazerem o cavalo e o devolveu ao rapaz para que o restituísse ao bispo. Contou-lhe como, outrora ferido em uma batalha contra seu sobrinho Modred e o duque dos saxões, Childerico, ali residia desde muito tempo, procurando curar suas feridas constantemente reabertas. E, segundo o que os indígenas me contaram, enviou dois presentes ao bispo, que os expôs à admiração de uma multidão de pessoas confundidas por esta extraordinária história".

A este texto e a esta lenda o grande Arturo Graf consagrou um belo artigo[45]. Contentemo-nos em indicar aqui seu lugar singular no dossiê do nascimento do purgatório. Gervásio de

---

44. Reconheceu-se a palavra árabe *Djebel* (montanha), testemunho da presença muçulmana na Sicília e do prestígio do Etna, chamado de *a* montanha.

45. GRAF, A. "Artù nell'Etna". In: *Mitti, leggende e superstizioni dei Media Evo.* Vol. II, Turim, 1893, p. 303-335.

Tilbury ignora o purgatório e, como continua ligado ao seio de Abraão, coloca Artur em um lugar mais próximo de um além maravilhoso pagão. Este texto é principalmente o surpreendente encontro entre as tradições setentrionais e meridionais, célticas e italianas. Encontro entre a lenda arturiana e a Itália de que também testemunha, no século XII, uma escultura da Catedral de Modena[46]. Encontro que também evidencia um dos acasos maiores da localização do purgatório.

Dois polos atraíam o purgatório: o paraíso e o inferno. O purgatório podia ser um quase paraíso ou um quase inferno.

Mas, muito cedo, o purgatório (sob suas formas esboçadas) foi arrastado para o inferno e levou muito tempo para se diferenciar dele. Até o século XIII foi apenas – e permaneceu às vezes para além – um inferno menos profundo onde não se era atormentado pela eternidade, mas temporariamente, a geena superior.

O purgatório formou-se, portanto, em uma visão na maioria das vezes infernal do além.

Este além esteve, em geral, durante o longo período de incubação do purgatório, situado sob a terra, em estreita ligação com o inferno – era o *inferno superior*. Mas, durante esta fase de geografia confusa, o modelo infernal do purgatório foi contaminado e corrigido por dois outros modelos. Um era o de um purgatório quase paradisíaco[47]. O outro nascia da vontade de encontrar, entre o inferno e o paraíso, um lugar realmente intermediário.

A estes problemas obscuramente sentidos foram dadas até o século XIII soluções diversas, mais ou menos coerentes. Às vezes

---

46. Cf. LOOMIS, R.S. "The oral diffusion of the Arthurian Legend". In: LOOMIS, R.S. (ed.). *Arthurian Literature in the Middle Ages* – A collaborative History. Oxford, 1959, p. 61-62. Cf. tb., no mesmo volume: VISCARDI, A. "Arthurian influences in italian literature from 1200 to 1500", p. 419.

47. Cf. o ensaio de Alfred Nutt: *The happy otherworld in the mythico-romantic literature of the Irish – The celtic doctrine of re-birth*, após a edição por Kuno Meyer da Viagem Bran, saga escrita a partir do século VII, revista no século X e cujos manuscritos mais antigos datam do começo do século XII (*The voyage of Bran, Son of Febal, to the land of the Living* – An old Irish Saga. Londres, 1895).

existem justaposições de dois lugares, em que um tem um aspecto mais infernal e o outro uma aparência quase paradisíaca. Por isso na muito confusa *Visão de Tnugdal*, duas regiões situadas de cada lado de um mesmo muro e colocadas entre o inferno e o paraíso são uma chuvosa e ventosa, enquanto a outra, agradável, é percorrida pela água de uma fonte de vida. A primeira região encerra as almas daqueles que não são totalmente maus, a segunda as daqueles que não são totalmente bons. Às vezes o lugar da purgação parece situado na superfície da terra, mas em um vale estreito e profundo onde reinam trevas que se assemelham às do inferno. É o caso da região da visão de Drythelm.

A infernalização do purgatório e seus limites

Nenhum texto evoca, como o de Gervásio de Tilbury, um equivalente do purgatório tão próximo de um lugar de descanso quanto esta descrição de uma espera em um mundo que certamente é da morte (em uma montanha cheia de fogos para onde se é conduzido por um cavalo preto condutor das almas dos mortos em um estado em que não se é curado de suas feridas terrenas: as de Artur se reabrem constantemente), mas onde um herói como Artur vive "em um leito real", "em um palácio construído por encantamento", no meio de uma pradaria muito vasta, encantadora e repleta de todas as delícias.

Parece que nesse momento decisivo para o purgatório nascente a Cristandade latina, que hesita em encontrá-lo na Irlanda ou na Sicília, também hesita em transformá-lo em um lugar perto do inferno ou do paraíso... De fato, no momento em que Gervásio de Tilbury coleta as histórias que refletem mais as concepções do passado do que as do presente, os dados já estão lançados. Carregado do peso da literatura apocalíptica oriental, cheio de fogos, torturas, som e fúria, definido por Agostinho como o lugar das penas mais dolorosas do que qualquer dor terrena, construído por uma Igreja que só salva no medo e no tremor, o purgatório já oscilou para o lado do inferno. Em relação à lenda de Artur no

Etna, Arturo Graf mostrou magistralmente como, do relato de Gervásio de Tilbury, cinquenta anos mais tarde, ao dominicano Étienne de Bourbon, a infernalização, a satanização do episódio está consumada. O purgatório de Artur tornou-se um inferno provisório[48].

Da mesma forma, a Sicília (Lipari ou Etna), ao contrário da Irlanda, não será uma localização permanente do purgatório. Para compreendê-lo, é preciso remontar às fontes cristãs do além siciliano. Este além cristão é largamente tributário de uma rica herança antiga cuja mitologia do Etna, morada infernal de Vulcano e de suas forjas, é a mais brilhante expressão. É na Sicília, no entanto, que um dos grandes fundadores do purgatório na alta Idade Média posiciona as bases do além cristão: Gregório o Grande. Duas histórias dos *Diálogos* testemunham isso.

No primeiro texto o Monge Pedro pergunta a Gregório se os bons se reconhecem no paraíso (*in regno*) e os maus no inferno (*in supplicio*), e Gregório responde com a história de Lázaro e do rico mau. Passa então aos relatos já tradicionais (basta pensar, p. ex., nas visões de São Martinho neste modelo da hagiografia latina que foi o *Vita Martini*, de Sulpício Severo) de visões dos moribundos. Primeiro é a anedota de um monge que, no momento de sua morte, vê Jonas, Ezequiel e Daniel. Depois vem a história do jovem Eumorfius, que um dia envia seu escravo dizer a seu amigo Étienne: "Vem rápido, pois o navio que deve nos conduzir para a Sicília está pronto". Enquanto o escravo está a caminho, os dois homens morrem, cada um de seu lado. Este extraordinário relato intriga Pedro, que solicita alguns esclarecimentos de Gregório:

> *Pedro*: Mas, pergunto-te, por que um navio apareceu à alma que estava deixando o corpo e por que ele disse que depois da morte seria conduzido para a Sicília?
>
> *Gregório*: A alma não precisa de meio de transporte (*vehiculum*), mas não é surpreendente que a um

---

48. Mais adiante (p. 475-478) falo sobre a versão de Étienne de Bourbon.

homem ainda posto em seu corpo apareça o que ele tinha o hábito de ver por meio de seu corpo, para que possa assim compreender onde sua alma poderia ser conduzida espiritualmente. O fato de que tenha afirmado a este homem que ele seria conduzido para a Sicília só pode ter um sentido: mais do que em todos os outros lugares é nas ilhas desta terra que se abriram as caldeiras dos tormentos que cospem o fogo. Estas, como contam os especialistas, todos os dias alargam-se cada vez mais, pois com a aproximação do fim do mundo, e sendo incerto o número daqueles que ali serão reunidos para serem queimados, além daqueles que ali já estão, é preciso que esses lugares de tormentos se abram ainda mais para recolhê-los. Deus todo-poderoso quis mostrar esses lugares para a correção dos homens que vivem neste mundo, para que os espíritos incrédulos (*mentes infidelium*) que não creem na existência dos tormentos infernais, vejam os lugares dos tormentos, para aqueles que se recusam a crer naquilo que apenas ouvem falar.

Quanto àqueles, eleitos ou reprovados, cuja causa foi comum nas obras, são conduzidos aos lugares igualmente comuns, as palavras de verdade deveriam bastar para nos convencer, mesmo se os exemplos faltavam[49].

Esta extraordinária mistura de lendas pagãs e de cristianismo muito ortodoxo, de vulcanologia e de teologia dos fins últimos não deve surpreender no grande papa escatológico. Conhecemos a segunda história que questiona as ilhas vulcânicas sicilianas e os lugares infernais: é a história do castigo de Teodorico jogado em um vulcão de Lipari[50].

A politização das visões do além é o elemento mais impressionante desta história que permanecerá muito viva durante a Idade Média e que anuncia as visões dos reis punidos no além, cujos

---

49. GREGÓRIO O GRANDE. *Dialogi*, IV, XXXIII-XXXVII. Moricca, p. 278-285 [ed. de V. Moricca].

50. GREGÓRIO O GRANDE. *Dialogi*, IV, XXX. Cf. supra, p. 146.

exemplos já vimos com os soberanos carolíngios da *Visão de Carlos o Gordo*, e os reis irlandeses da visão de Tnugdal. Mas a localização siciliana dos lugares cristãos dos castigos do além também é um elemento tão significativo quanto. É nesta tradição que evidentemente se deve situar o relato de Jotsuald e de Pedro Damião.

Entre os relatos de Gregório o Grande, e os textos dos séculos XI e XIII: as vidas de Odilon escritas por Jotsuald e por Pedro Damião, a história de Artur no Etna, de Gervásio de Tilbury, situa-se uma peça muito interessante do dossiê infernal das Lipari. Este texto raro do século VIII nos informa ao mesmo tempo sobre uma erupção vulcânica entre 723 e 726 e sobre a continuidade de uma crença ligada a um lugar excepcional. É o relato de uma pausa nesses lugares de um peregrino a Jerusalém, Santo Willibald.

> Dali ele veio à cidade de Catania e depois a Reggio, cidade da Calábria. É aí que fica o inferno de Teodorico. Assim que chegaram, desceram do navio para ver como era esse inferno. Willibald, levado pela curiosidade, para ver como era o interior desse inferno, quis subir até o topo da montanha onde se abria, lá embaixo, o inferno, mas não conseguiu. Centelhas vindas do fundo do escuro tártaro subiam até o rebordo e se espalhavam ao se aglomerarem. Como quando a neve cai do céu e se acumula em brancos montículos vindos dos arcos aéreos do céu, assim também as centelhas acumuladas no topo da montanha impediam a subida de Willibald. Mas ele via surgir, cuspida pelo poço, uma chama preta, terrível e horrível, em um ruído de trovão. Olhava a grande chama e o vapor da fumaça se erguer terrivelmente muito alto no céu. Esta lava (*pumex* ou *fomex*), de que falaram os escritores, ele a via subir do inferno e ser projetada com chamas até no mar, e ali ser novamente projetada do mar sobre a terra. Homens a recolhem e a levam[51].

---

51. *Hodoeporicon S. Willibaldi*. In: TOBLER, T. & MOLINIER, A. *Itinera hierosolymitana*. Genebra, 1879, p. 272-273. Devo o conhecimento deste texto à amizade de Anne Lombard-Jourdan.

O sentido desses textos é claro. O que existe desde a Antiguidade – e aqui mais uma vez o cristianismo deu um novo sentido às crenças, mas conservou-as no lugar *in situ* – na Sicília, nos vulcões das Lipari como no Etna, é o inferno. Certamente durante muito tempo os lugares purgatórios cristãos serão próximos do inferno e até mesmo uma parte dele. Mas quando nasce o purgatório, mesmo se as penas que ali se sofrem sejam penas infernais temporárias, é preciso garantir sua autonomia e principalmente sua autonomia topográfica no interior do sistema geográfico do além. Na Irlanda, o purgatório – ainda que infernal – de São Patrício não é sombreado pelo inferno. Na Sicília a grande tradição infernal não permitiu ao purgatório desabrochar. O antigo inferno barrou o caminho ao jovem purgatório.

7
A lógica do purgatório

Os mortos só existem por e para os vivos. Inocêncio III disse: os vivos cuidam dos mortos porque eles mesmos são futuros mortos. E em uma sociedade cristã, sobretudo na Idade Média, o futuro não tem apenas um sentido cronológico, tem em primeiro lugar um sentido escatológico. Natureza e sobrenatureza, neste mundo e no além, ontem, hoje, amanhã e sempre, pela eternidade, estão unidos, feitos de uma mesma trama, não sem acontecimentos (o nascimento, a morte, a ressurreição), não sem qualitativos (a conversão) e momentos inopinados (o milagre). A Igreja está em toda parte, em seu papel ambíguo: controlar e salvar, justificar e contestar a ordem estabelecida. Do fim do século IV a meados do século XII, de Agostinho a Othon de Freising, o prelado tio de Frederico Barba-Ruiva, a sociedade viveu – tão bem quanto mal, mais mal do que bem – segundo um modelo ideal, a Cidade de Deus. O essencial era que a cidade terrena, apesar de suas imperfeições, não pendesse para o lado do diabo, para o lado do mal. O modelo permanece válido para além do século XII e satanás estimulará até mesmo ofensivas violentas, angustiantes, pelo tempo que durar este mundo feudal dos poderosos e dos fracos, dos bons e dos maus, dos brancos e dos negros.

Mas no desenvolvimento da Cristandade, entre o fim do século XI e meados do século XIII, ou a partir de referências intelectuais, de Anselmo a Tomás de Aquino, as coisas não podem mais ser tão simples assim. Existem estados intermediários, etapas, transições, as comunicações são mais sofisticadas entre os homens, entre Deus e os homens, o espaço e o tempo se fragmentam e se recompõem de outra forma, as fronteiras entre a vida e a morte, o mundo e a eternidade, a terra e o céu se deslocam. Os instrumentos de medida não são mais os mesmos quer se trate da ferramenta intelectual, dos valores ou das técnicas materiais. A reforma gregoriana, entre meados do século XI e meados do século XII, resposta da Igreja ao desafio das novas estruturas da Cristandade, liquidou uma retórica que durante um certo tempo ainda terá voz no centro do palco, mas encontra uma dificuldade crescente para ocultar as novas realidades do teatro cristão. Retórica do dualismo: as duas cidades, os dois poderes, as duas espadas, os clérigos e os leigos, o papa e o imperador; há até mesmo dois exércitos, o de Cristo e o de satanás. Inocêncio III é aqui uma testemunha e ator irrefutável. É um grande papa, não por ter feito triunfar na Cristandade, como desejava uma historiografia arcaica, um pretenso modelo de feudalidade jurídica que nunca existiu, mas porque, apesar dos erros (Quem poderia pensar que por volta de 1200 os cistercienses seriam incapazes de combater vitoriosamente os hereges?), restabeleceu o poder da Igreja sobre a nova sociedade ao não se opor a ela, mas ao se adaptar a ela. Inocêncio III designa doravante três igrejas: entre o exército de Deus e o de Zabulon, há "o exército que está no purgatório"[1].

O além e os progressos da justiça

A que corresponde este aparecimento de uma terceira sociedade no além? É a uma evolução da ideia de salvação à qual geralmente se ligam as concepções humanas do outro mundo?

A reflexão dos vivos sobre o além me parece, no entanto, mais inspirada pela necessidade de justiça do que pela aspiração à salvação – com exceção, talvez, nos breves períodos de efervescência escatológica. O além deve corrigir as desigualdades e as

---

1. *"pro exercitu qui jacet in purgatorio"*. *PL*, 217, col. 590. Cf. supra, p. 262-265.

injustiças deste mundo. Mas esta função de correção e de compensação do além não é independente das realidades judiciárias terrenas. Como no cristianismo, o destino eterno dos homens está fixado no juízo final, a imagem do julgamento adquire uma importância singular. Certamente o Novo Testamento descreveu esta cena pela qual a cortina se fecha sobre o mundo e se abre para a eternidade. É a grande separação das ovelhas e dos bodes, dos eleitos à direita e dos danados à esquerda (Mt 25,31-46). É a vinda do Paráclito.

> E quando Ele vier,
> estabelecerá a culpabilidade do mundo
> em matéria de pecado,
> em matéria de justiça
> e em matéria de julgamento:
> de pecado,
> porque não creem em mim;
> de justiça,
> porque vou ao meu Pai
> e que vós não me vereis mais;
> de julgamento
> porque o príncipe deste mundo está julgado (Jo 16, 8-11).

É, por fim, o julgamento das nações:

> Vi os mortos, grandes e pequenos, em pé diante do trono; abriram os livros, depois um outro, o da vida; então, os mortos foram julgados de acordo com o conteúdo dos livros, cada um segundo suas obras. [...] Então a Morte e o Hades foram lançados no tanque de fogo – é a segunda morte, este tanque de fogo – e aquele que não se encontrou inscrito no livro da vida foi lançado no tanque de fogo (Ap 20,12-15).

Mas este julgamento futuro, final, geral, traz apenas duas possibilidades: a vida ou a morte, a luz ou o fogo eterno, o céu ou o inferno. O purgatório vai depender de um veredito menos solene, um julgamento individual logo após a morte que as imagens criadas pela Cristandade medieval facilmente representam sob a forma de uma luta pela alma do defunto entre anjos bons e maus, entre anjos propriamente ditos e demônios. Como as almas do purgatório são almas eleitas que serão finalmente salvas, dependem dos anjos, mas estão submetidas a um procedimento judicial complexo. Podem, com efeito, beneficiar de um perdão de pena, de uma libertação antecipada, não por sua boa conduta pessoal, mas por causa de intervenções externas, os sufrágios. A duração da pena depende, portanto, além da misericórdia de Deus, simbolizada pelo zelo dos anjos em arrebatar as almas dos demônios, dos méritos pessoais do defunto adquiridos durante sua vida e dos sufrágios da Igreja fomentados pelos familiares e amigos do defunto.

Este procedimento inspira-se evidentemente nas noções e práticas da justiça terrena. Mas o século XII é um século da justiça em um duplo sentido: a justiça – como ideal – é um dos grandes valores do século, enquanto a prática judiciária transforma-se consideravelmente. A noção ambígua de justiça evolui entre esse ideal e essa prática. Diante dos senhores feudais que se apoderam da justiça como direito, instrumento de dominação sobre os membros da senhoria e como fonte de lucros financeiros, os reis e os príncipes territoriais reivindicam o ideal e a realidade da justiça, os eclesiásticos reforçam sua influência sobre as aspirações coletivas da sociedade ao aprofundar a concepção cristã da justiça, ao desenvolver a atividade dos tribunais episcopais, as oficialidades e ao criar, sobretudo, um novo tipo de Direito, o Direito Eclesiástico ou Direito Canônico.

Do lado dos detentores de uma autoridade pública, o aumento das intervenções no campo judiciário e a invocação mais insistente de um ideal de justiça caracterizam o século XII. Isto é verdade para as grandes monarquias feudais – e principalmente para a Inglaterra, mas também para a França capetíngia, onde de Luís VI e Luís VII a Felipe Augusto, de Suger aos panegiristas de Felipe Augusto, a imagem do rei justo cresce ao mesmo tempo em que as ações da justiça real[2]. Isto também é verdade para os

---

2. SUGER. "Vie de Louis VI, le Gros". In: WAQUET, H. (ed. e trad.). *Les classiques de l'Histoire de France au Moyen Âge*. Paris, 1964. Suger só escreveu o começo de uma vida de Luís VII, que permaneceu inacabada (ed. de J. Lair:

grandes principados territoriais. Um episódio sangrento, o assassinato do conde de Flandres, Carlos o Bom, pelos membros de uma família de *ministeriais*, na capela do Condado de Bruges em 1127, nos oferece um extraordinário relato. Neste relato, que tem a nascente potência econômica de Flandres como pano de fundo, encontra-se o enunciado, através do retrato um pouco idealizado do conde assassinado, do ideal político dos governantes do século XII. O autor deste relato, o notário do Condado Galbert de Bruges, membro do novo pessoal governamental, coloca a justiça como uma das principais virtudes do príncipe[3]. Este príncipe justo foi apelidado de o Bom.

O grande iniciador do movimento canonista do século XII, o Bispo Yves de Chartres, no *Prólogo* de sua coleção canônica, o *Decreto* (1094), expôs uma teoria da dispensa, do poder da autoridade eclesiástica de permitir, em certos casos, a não aplicação das regras do Direito. Definiu, nessa ocasião, uma distinção fundamental das regras de justiça: as regras imperativas, as sugestões, as tolerâncias (*praeceptum, consilium, indulgentia*)[4]. Nos primeiros anos do século XII, inspirando-se em Yves de Chartres, Alger de Liège, diácono e professor da escola da Igreja de Saint-Lambert e depois cônego da catedral, que se retirará finalmente em Cluny (não é uma sumidade da *intelligentsia* florescente, mas um clérigo médio), compõe um *Livro da misericórdia e da justiça* (*Liber de misericordia et justitia*)[5].

Bibliothèque de l'École des Chartres, 1875, p. 583-596). As *Gesta Philippi Augusti*, de Rigord, e a *Philippis*, de Guillaume le Breton, foram editadas por F. Delaborde. Paris: Société de l'Histoire de France, 1882-1885.

3. Cf. *Galbert de Bruges – Le meurtre de Charles le Bon*, traduzido do latim por J. Gengoux, sob a direção e com uma introdução histórica de R.C. Van Caeneghem, Antuérpia, 1977.

4. IVES DE CHARTRES. "Prologus in Decretum". In: *PL*, 161, p. 47-60. A propósito dos sufrágios, Yves de Chartres reproduz os textos de Gregório o Grande (*Dialogues*, IV, 39 e IV, 55). In: *PL*, 161, 993-995 e 999-1.000.

5. LE BRAS, G. "Le *Liber de misercordia et justicia*, de Alger de Liège". In: *Nouvelle Revue Historique de Droit Français et Étranger*, 1921, p. 80-118. O texto do *Liber* encontra-se em MIGNE. *PL*, 180, col. 859-968.

Esta ideologia política situa-se em um contexto religioso. Ainda que tome parte nas violências desse século, tanto na Cristandade quanto na cruzada contra os infiéis, a Igreja não separa, com base no modelo divino, a misericórdia e a justiça.

Alger define as regras da tolerância que consistem essencialmente em não acusar sem provas judiciárias. Parte da antítese clássica desde Agostinho, renovada, delimitada, retomada em um contexto bem diferente, o da efervescência ideológica e social, na virada do século XI ao XII, entre o direito estrito e a tolerância. Revela seus objetivos que devem ser, segundo ele, os da justiça: tender à reconciliação, procurar escrupulosamente a intenção, definir bem o papel da vontade no delito.

Como logo farão Abelardo e Graciano, ele evoca os textos contraditórios da Bíblia: há uma tal "diversidade" nas Escrituras! *Tanta diversitas scripturarum...* que se pode, portanto, manipular as autoridades. No fim do século, aprendendo a lição com a engenhosidade interpretativa dos teólogos e canonistas, Alain de Lille dirá que as citações têm um nariz de cera... Cabe aos hábeis torcê-lo em seu benefício.

Alger vai muito longe na tolerância. Escreve que "se não podemos corrigir os iníquos, é preciso tolerá-los...", "que é preciso tolerar os maus para conservar a unidade" – a paz. Estima que "mesmo um condenado, caso se arrependa verdadeiramente, pode ser restabelecido em seus direitos, pois *não peca aquele que exerce a justiça*" (*non peccat qui exercet justitiam*).

Chega enfim ao modo como um acusado pode se desculpar, se purgar de suas faltas, reais ou supostas: "Um acusado pode se purgar (*expurgare*) de três modos: produzindo testemunhos irrefutáveis, dedicando-se a um profundo exame ou, antes de qualquer publicidade, confessando e se arrependendo" (pela confissão e a penitência: *confession et penitentia*). Por fim, "se um acusado não quis se purgar e em seguida ou foi convencido de ser culpado, ou então confessou ele mesmo seus pecados, ele será condenado"[6].

---

6. Cf. os capítulos XXVIII, XLIII-XLIV, LXXXIII, XLIII do *Liber*. A passagem sobre a *purgação* está nos capítulos LXI-LXII (*PL*, 180, col. 929-930).

A reflexão sobre o pecado encontra-se na Teologia como no Direito Canônico. Crime (*crimen*), delito (*delitum*), falta (*culpa*), pecado (*peccatum*), no século XII estas palavras são comuns aos teólogos e aos canonistas, e uns e outros se esforçam para distingui-las.

Em um estudo clássico sobre o ensino da falta no Direito Canônico, de Graciano, aos Decretais, de Gregório IX[7], Stephan Kuttner, depois de ter ressaltado em seu prefácio a importância deste grande movimento intelectual e social – o início da ciência do Direito Canônico no século XII –, de ter evocado a produção constantemente crescente da literatura canonista na segunda metade do século: glosas do Decreto, súmulas e, no campo regulamentar eclesiástico, os *decretais* que Gregório IX finalmente irá reunir e inserir em 1234 no *corpus* de Direito Canônico em vias de formação, começa seu estudo por "Abelardo e o conceito de crime".

Novas concepções do pecado e da penitência

As palavras e as ideias de Alger de Liège nos trouxeram bem perto do purgatório. Ao citar seus inspiradores, colocava-se na linha dos pais do purgatório, Agostinho e Gregório o Grande, não exatamente o Gregório dos *Diálogos*, mas o das *Moralia* e do *Liber pastoralis*. Chega-se ao purgatório penetrando no campo onde se joga no século XII o essencial da nova partida que a Igreja e a sociedade levam ao ponto de encontro da vida espiritual e da vida material e social: a *penitência*.

Por um itinerário inverso e complementar daquele de Stephan Kuttner, um historiador da Teologia, Robert Blomme, reencontra, característica essencial do século, a noção de *justiça* ao estudar *La doctrine du péché dans les écoles théologiques de la première moitié du XIIe siècle*[8].

---

7. ST. KUTTNER. *Kanonistische Schuldlehre von Gratian bis auf die Dekretalen Gregor IX*. Cidade do Vaticano, 1935.

8. BLOMME, R. *La Doctrine du péché dans les écoles théologiques de la première moitié du XIIe siècle*. Lovaina: Gembloux, 1958.

Eis, na segunda metade do século, Pedro o Devorador, que é talvez o "inventor" do purgatório. No *Liber Pancrisis* ele reuniu, dando-lhes a forma então na moda de "sentenças ou questões", as citações dos Pais da Igreja feitas ou comentadas "pelos mestres modernos" (*a modernis magistris*). Trata-se de teólogos da Escola de Laon no início do século XII, Guillaume de Champeaux, Anselmo e Raul de Laon e Yves de Chartres[9]. Mas os teólogos de Laon desempenharam um papel importante na evolução das ideias sobre o pecado e a penitência. Não retomarei o estudo muito bem-feito[10] da grande transformação intelectual e moral que renovou a noção de pecado e modificou profundamente as práticas da penitência no século XII e no início do século XIII, ao vincular o pecado à ignorância e ao buscar a intenção na conduta do pecador.

O ponto de partida é, sem dúvida, Anselmo de Canterbury. O grande teólogo tinha insistido na diferença essencial entre o pecado voluntário e o pecado por ignorância. No *Cur Deus homo* (II, 15, 52, 115) ele declarara: "Há uma tal diferença entre o pecado cometido cientemente e aquele que se faz por ignorância, que um pecado que jamais teria sido cometido se sua enormidade fosse conhecida é apenas venial, pois foi cometido pela ignorância"[11]. Todas as grandes escolas da primeira metade do século XII retomam e desenvolvem esta distinção fundamental que logo se tornará tradicional: a Escola de Laon, Abelardo, e os da Abadia de Saint-Victor. São duas distinções que se tornarão particularmente importantes. Uma entre vício e pecado, implicando este o assentimento do pecador, seu *consensus*. Outra entre *falta* e *pena* (*culpa e poena*) que um discípulo de Abelardo no *Comentário de Cambridge* assim escreve: "É preciso antes dizer que o pecado

---

9. LOTTIN, O. "Pour une édition critique du *Liber Pancrists*". In: *Recherches de Théologie Ancienne et Médiévale*, XIII, 1946, p. 185-201.

10. Além da obra de R. Blomme (op. cit.), cf. *Théologie du péché*, por P. Delhaye et al. 1º vol. Paris/Tournai/Nova York/Roma, 1960.

11. ANSELMO DE CANTERBURY. *Cur Deus Homo* – Porquoi Dieu s'est fait homme. Paris, 1943 [texto em latim, introdução, notas e tradução de R. Roques].

comporta dois aspectos: o que envolve a *falta* (*culpa*) que é o *consentimento* (*consensus*) ou o desprezo de Deus (*contemptus Dei*), como quando se diz que uma criança não tem pecado, o que envolve a *pena*, como quando dizemos ter pecado em Adão, isto é, ter incorrido em uma pena"[12]. O importante para nossa pesquisa é que a falta (*culpa*), que normalmente conduz à danação, pode ser perdoada pela contrição, e a confissão enquanto a pena (*poena*) ou castigo expiatório é apagada pela satisfação, ou seja, pelo cumprimento da penitência ordenada pela Igreja. Se houve contribuição e/ou confissão, mas a penitência não foi cumprida ou terminada, voluntária ou involuntariamente (se a morte interveio, p. ex.), a pena (*poena*) deve ser cumprida no fogo purgatório, isto é, a partir do fim do século, no purgatório[13].

Toda vida espiritual e moral é doravante dirigida para a busca da intenção, para a busca do voluntário e do involuntário, o fato ciente e o fato por ignorância. A noção de responsabilidade pessoal encontra-se consideravelmente aumentada e enriquecida. A caça ao pecado inscreve-se em "uma interiorização e em uma personalização" da vida moral que exige novas práticas penitenciais. Mais do que a prova interna, o que é doravante buscado é a *confissão*; mais ainda do que o castigo, o que conta é a *contrição*[14]. Tudo isto faz com que a *confession*, uma confissão transformada, passe para o primeiro plano.

Na virada do século XI ao XII, em que as estruturas oscilam, surge uma obra, permanecida anônima, maldatada, mal-estudada e, no entanto, fundamental: o tratado *Sobre a verdadeira*

---

12. LANDGRAF, A. (ed.). *Commentarius Cantabrigiensis in Epistolas Pauli e Schola Petri Abaelardi 2 In epistolam ad Corinthias Iam et IIam, Ad Galatas et Ad Ephesos.* Notre-Dame (Ind.), 1939, p. 429, apud BLOMME, R. *La doctrine du péché...*, p. 250, n. 2.

13. Este ponto foi bem-visto e ressaltado em LEA, H.C. *A History of Auricular Confession and Indulgences in the latin Church* – Vol. III: Indulgences. Filadélfia, 1896, p. 313-314.

14. Cf. BLOMME, R. *La doctrine du péché...*, p. 340. A importância da *confissão* foi bem percebida em FOUCAULT, M. *Histoire de la sexualité* I – La volonté de savoir. Paris, 1976, p. 78ss.

e a falsa penitência (*De vera et falsa poenitentia*)[15]. Seu sucesso é grande já no século XII. É utilizada e citada por Graciano no seu *Decreto* e por Pedro Lombardo. É verdade que sua autoridade não se deve apenas à novidade – sobre muitos pontos – de seu conteúdo: acreditava-se que era de Santo Agostinho. Mencionarei apenas três ideias que vão passar para a prática da Igreja e que marcarão o sistema do purgatório.

A primeira é que, em caso de perigo e na ausência de um padre, é legítimo e útil se confessar a um leigo. Este não absolve, mas o desejo de se confessar exercido por intermédio de um leigo e que prova a contrição pode conduzir à absolvição da *falta* (*culpa*). Este artifício não sendo recomendado senão nos casos de perigo de morte; caso se escape, deve-se refazer sua confissão a um padre que poderá dar a absolvição; caso se morra, ter-se-á somente a *pena* (*poena*) a executar, o que significa que na maioria das vezes esta prática conduz ao purgatório. Eis uma prova disso.

No extremo fim do século XII, o inglês Walter Map conta no *De Nugis curialium* a história de um nobre entusiasta da guerra e que se tornou monge, que é, em uma circunstância particular, obrigado a lutar e acaba derrotando seus inimigos; mas pouco depois, acompanhado apenas por um irmão leigo (*puer*), é mortalmente ferido por um inimigo que armara uma emboscada em um vinhedo: "Sentindo-se próximo da morte, confessa seus pecados ao serviçal que estava sozinho com ele, pedindo-lhe que determinasse uma penitência. O serviçal, um leigo incompetente, jura que não consegue fazê-lo. O monge, habituado a reagir prontamente a todas as situações, arrependendo-se vigorosamente, diz-lhe: "Determine pela misericórdia de Deus, meu caro filho, que minha alma faça penitência no inferno até o dia do juízo (final), para que então o Senhor tenha piedade de mim e que eu não veja com os ímpios o rosto do furor e da cólera". O

---

15. O texto editado por Migne (*PL*, 40, 1.127-1.128) não me parece ser o texto original (cf. Apêndice II). Sobre o alcance do tratado, cf. TEETAERT, A. *La confession aux laiques dans l'Eglise latine depuis le VIIe jusqu'au XIVe siècle*. Paris, 1926, p. 50-56.

serviçal aos prantos disse-lhe então: "Senhor, determino como penitência o que teus lábios pronunciaram aqui diante de Deus". E o outro, aquiescendo com palavras e olhares, acolheu devotamente esta injunção e morreu"[16]. O inferno de que se trata aqui e do qual se pode sair no dia do juízo é, certamente, o inferno superior, ou seja, o purgatório que Walter Map, espírito hostil às novidades e inimigo dos cistercienses, ignora.

A segunda ideia é que não se deve fazer penitência somente uma vez em sua vida, depois de um grande pecado ou no momento da agonia da morte, mas se possível várias vezes.

A terceira ideia é que para "pecados secretos, penitência secreta"; para "pecados públicos, penitência pública". Acelera-se assim o enfraquecimento, o declínio da velha penitência pública. A sociedade não é mais aquele conjunto de pequenos grupos de fiéis onde a penitência pública ocorria naturalmente. Mesmo as grandes penitências "políticas", na linha de Teodósio se submetendo à penitência imposta por Santo Ambrósio, lançam seu canto do cisne no contexto do teatro artificial da luta entre o papa e o imperador: Henrique IV em Canossa, Barba-Ruiva em Veneza, ou da teatralização excepcional da cruzada dos albigenses: Raimundo VII de Toulouse em Notre-Dame de Paris...

O que emerge de tudo isto é a prática cada vez mais frequente, integrada à vida espiritual normal, se não cotidiana, da confissão auricular, de boca a orelha, de pecador a padre, de pessoa a pessoa. O "segredo do confessional" só virá mais tarde, mas o caminho já está traçado. Em 1215 produz-se um grande fato, um dos grandes acontecimentos da história medieval. O Concílio de Latrão IV em seu cânone 21, *Omnis utriusque sexus*, torna obrigatória pelo menos uma vez ao ano a confissão auricular para todos os cristãos e cristãs adultos. Está então entronizado, generalizado, aprofundado o movimento que levava a Cristan-

---

16. MAP, W. *De nugis curialium*. Oxford, 1914 [ed. de M.R. James]. Texto citado em PAYEN, J.-C. *Le motif du repentir dans la littérature française médiévale (des origines à 1230)*. Genebra, 1968, p. 109, que mostra bem que se trata do purgatório, mas não diz que Walter Map o chama de inferno.

dade para a confissão desde pelo menos um século. É o exame de consciência imposto a todos, uma frente pioneira que se abre na consciência individual dos cristãos, a extensão aos leigos de práticas de introspecção até então reservadas aos clérigos, e sobretudo aos monges. A decisão vem, portanto, no fim de uma longa evolução; sanciona, como se diz, uma necessidade. Nem por isso deixou de surpreender muitos, na primeira metade do século XIII. O hábito não é fácil de adquirir, nem para os laicos, nem para os padres. Como se confessar e como confessar, o que confessar ou o que perguntar e, finalmente, para o padre, que penitência infligir a essas confissões que não são mais de um pecado enorme e extraordinário, mas faltas em geral cotidianas e modestas? Aos padres embaraçados, e até mesmo assustados com suas novas responsabilidades, sobretudo aos menos instruídos, haverá o auxílio de especialistas. Escreverão às vezes em vários níveis – sob uma forma simplificada para os padres "simples" – manuais de confessores – como o pioneiro de Thomas de Chobham[17]. Entre as questões colocadas, os horizontes penitenciais considerados, um recém-chegado ocupa um lugar notável: o purgatório. Ainda mais que reúne também pecadores carregados de pecados que podem licitamente escapar ao crivo da confissão: os pecados veniais.

Os pecados veniais têm uma longa história que vimos em parte. Seu fundamento escriturário está em 1Jo 1,8: "Se dizemos: 'não temos pecados', enganamo-nos, a verdade não está em nós", e sobretudo esta passagem da mesma epístola (5,16-17):

> Aquele que vê seu irmão
> cometer um pecado
> que não conduz à morte,
> que reze
> e Deus dará a vida a esse irmão.

---

17. Cf. VOGEL, C. Les "Libri Paenitentialis". Turnhout: Typologie des Sources du Moyen Âge Occidental, 1978, fasc. 27. • LE GOFF, J. "Métier et profession d'après les manuels de confesseur du Moyen Âge". In: *Miscellanea Mediaevalia* – Vol. III: Beiträge zum Berufsbewusstsein des mittelalterlichen Menschen. Berlim, 1964, p. 44-60 [retomado em *Pour un autre Moyen Âge*. Paris, 1977, p. 162-180].

Não se trata daqueles que cometem o pecado
que conduz à morte;
pois há um pecado que conduz à morte;
para este pecado, não digo que se deva rezar.
Toda iniquidade é pecado,
mas existe pecado que não conduz à morte.

Esboçada por Tertuliano, a noção foi delimitada por Agostinho e por Gregório o Grande. Os termos empregados são pecados insignificantes (*minuta*), pequenos ou menores (*parva, minora*), leves ou mais leves (*levia, leviora*) e, sobretudo, segundo uma expressão afortunada, cotidianos (*quotidiana*). O termo venial (*veniale, venialia*) só se torna corrente no século XII e, segundo A.M. Landgraf, o sistema de oposição pecados mortais/pecados veniais foi estabelecido na segunda metade do século XII pelos discípulos do teólogo Gilbert Porreta (Gilbert de la Porrée), que morreu em 1154: grupo que compreendia autores anônimos de *Questions*, Simon de Tournai, Alain de Lille etc.[18] De todo modo, a expressão pecado venial pertence a esse conjunto de noções e de palavras que emergem no século XII com o purgatório e que com ele formam um sistema. A palavra tem ainda o interesse de significar – sentido de que estão muito conscientes os clérigos do século XII – dignos de *venia*, de perdão. A noção tomou um sentido jurídico-espiritual.

No início do século XII, um tratado teológico da Escola de Laon, as *Sentenças de Arras (Sententiae Atrebatenses)* declara: "É

---

18. Os trabalhos essenciais são os de A.M. Landgraf: *Das Wesen der lässlichen Sünde in der Scholastik bis Thomas von Aquin*. Bamberg, 1923. • *Dogmengeschichte der Frühscholastik – IV parte: Die Lehre von der Sünde und ihren Folgen*. II. Rastibonne, 1956, particularmente III. • *Die Nachlassung der lässlichen Sünde*, p. 100-202. Cf. tb. DEMAN, T. Artigo "Péché". In: *Dictionnaire de Théologie Catholique*, XII/1, 1933, col. 225-255. • HUFTIER, M. "Péché mortel et péché véniel", cap. VII, de P. Delhaye et al: "Théologie du Péché", 1960, p. 363-451 [infelizmente prejudicado por citações erradas, onde, p. ex., *venialia* em lugar de *quotidiana*, em Santo Agostinho]. • O'BRIEN, J.J. *The Remission of Venialia*. Washington, 1959 [tomista abstrato que consegue não falar do purgatório]. • BLATON, F. "De peccato veniali – Doctrina scolasticorum ante S. Thomas". In: *Collationes Gandavenses*, 1928, p. 134-142.

preciso uma penitência diferente para os pecados criminais, e para o pecado venial. Os criminais, ou seja, aqueles passíveis de danação, são os pecados cometidos ciente e deliberadamente. Os outros que provêm da invencível fraqueza da carne ou da invencível ignorância são veniais, ou seja, não passíveis de danação"[19]. São perdoáveis com poucos custos, pela confissão, a esmola ou os atos de mesma natureza. Anselmo de Laon, falecido em 1117, em suas *Sententiae*, tem a mesma opinião. Abelardo na *Ética*[20] opõe os pecados criminais (*criminalia*) aos pecados veniais ou leves (*venialia aut levia*). Com Hugo de São Vitor e os vitorinos aparece uma questão destinada a múltiplos desenvolvimentos: Um pecado venial pode se tornar mortal? Os vitorinos respondem que sim, se ele for fundado no desprezo de Deus. Alain de Lille entrega-se a uma grande discussão sobre a distinção entre pecado mortal e pecado venial, onde expõe diversas opiniões e resume de alguma forma a doutrina que se desenvolveu ao longo do século XII[21].

Não entrarei nas sutilezas teológicas às quais o pecado venial começa a dar lugar. Certamente estas discussões implicam às vezes o purgatório. Mas atingimos aqui, ao que me parece, um nível de elucubrações em que se satisfarão com demasiada frequência os teólogos do século XIII, isto sem mencionar aqueles da escolástica da baixa Idade Média e da época moderna. O purgatório vai assim ser arrastado no turbilhão argumentativo de uma escolástica em delírio, secretando as questões mais inúteis, refinando as distinções mais sofisticadas, satisfazendo-se nas soluções mais estapafúrdias: um pecado venial pode se tornar mortal, um acúmulo de pecados veniais não equivale a um pecado mortal (questão já colocada por Agostinho, mas em ter-

---

19. LOTTIN, O. "Les *Sententiae Atrebatenses*". In: *Recherches de théologie ancienne et médiévale*, t. 10, 1938, p. 344 [apud BLOMME, R. *La doctrine du péché*, p. 61, n. 1].

20. ABELARDO, t. II, p. 621 [ed. de V. Cousin].

21. Cf. LANDGRAF, A.M. *Dogmengeschichte...*, IV/2, p. 102ss.

mos simples), qual é o destino de um defunto que morreu com um pecado mortal e um pecado venial ou apenas com o pecado original e um pecado venial (supondo que isso fosse possível, o que alguns duvidam) etc. O exame dos documentos que falam do pecado venial e do purgatório, tal como foram vividos e discutidos na Cristandade do século XIII, convenceu-me de que essas discussões intrincadas de intelectuais desenraizados não tiveram muita influência nas concepções do purgatório na massa dos fiéis. No máximo, talvez, o eco destas divagações desviou do purgatório um certo número de espíritos simples e sãos que o recusavam, não pela oposição doutrinal, mas pela irritação diante do esnobismo intelectual a que às vezes deu lugar no fim do século XII. Os teólogos do século XII – bastante diversos e entre os quais não se devem esquecer os teólogos monásticos – eram espíritos abstratos, pois a ciência é abstrata e a Teologia tornara-se uma ciência. Mas, na maioria das vezes abertos aos contatos e às trocas com a sociedade circundante a partir de suas catedrais, de seus claustros e de suas escolas urbanas construídas pela maré crescente da nova sociedade, sabiam que refletir sobre o pecado venial ou sobre o purgatório significava refletir sobre a própria sociedade. Oriundos de um movimento corporativo que fazia deles trabalhadores intelectuais no canteiro urbano, os teólogos e os canonistas do século XIII iam, ao contrário, isolar-se cada vez mais em suas cátedras universitárias e em seu orgulho de especialistas do espírito.

Uma matéria para o purgatório: os pecados veniais

Mas no século XII ainda não se chegou lá. Em relação ao pecado venial, colocam-se duas questões que dizem respeito à nossa pesquisa: Como se livrar dos pecados veniais? e, questão estreitamente ligada à anterior: Quais relações entre o pecado venial e o purgatório?

Enquanto o purgatório não existia realmente e que o pecado venial estava maldefinido, a tendência era, como vimos, considerar que esses pecados eram apagados pela prece, especialmente a oração dominical pela esmola, eventualmente pela confissão e, talvez também, como o próprio Agostinho deixara entrever, futuramente no fogo purgatório. São Bernardo, que não emprega a expressão *veniais*, mas *cotidianos, menores* (*minora*) ou *que não envolvem a morte* (*quae non sunt ad morten*), e que estima que a prece é a melhor maneira de purgar esses pecados, considera até mesmo que a confissão é inútil para alguns deles. A evolução do século XII conduz a reaproximar o pecado venial do purgatório. Com efeito, ao pecado venial aplica-se mais particularmente o critério de ignorância que cada vez mais os teólogos consideram importante. Excluída, portanto, a falta (*culpa*), resta a pena que se apaga no purgatório. A exegese de 1Cor 3,10-15 conduz, por outro lado, a assimilar as construções com madeira, com feno e com palha aos pecados veniais e, como essas construções são tradicionalmente aquelas que são destruídas pelo fogo purgatório, mas que permitem àquele que as construiu se salvar através do fogo, os pecados veniais conduzem ao purgatório. É o que, por exemplo, João de Deus (Johannes de Deo) diz no fim do século XII em sua *Súmula sobre as penitências*: "O pecado venial tem três graus, a madeira, o feno e a palha. Os pecados veniais são purgados no fogo"[22]. Já Pedro Lombardo em suas *Sentenças* havia estimado que da epístola de Paulo "decorre que certos pecados veniais são apagados depois desta vida" e também que os pecados veniais "são dissolvidos no fogo"[23]. O purgatório torna-se, portanto, o receptáculo normal dos pecados veniais, e esta opinião será amplamente vulgarizada no século XIII. Não será preciso acreditar, contudo, que o purgatório está reservado aos pecados veniais. Ele é, no fim do século XII, o lugar de purgação de dois tipos de situação pecaminosa: os pecados veniais, os pecados lastimados, confessados, mas para os quais a penitência não foi cumprida. Lembremo-nos da questão que, segundo A.M.

---

22. Apud LANDGRAF, A.M. *Dogmengeschichte...*, IV/2, p. 116.

23. *Libri Sententiarum*. Quaracchi, t. II, 1916, p. 881-882.

Landgraf, originou-se na esfera de Odon d'Ourscamp, e que expressa bem, mesmo com um vocabulário um pouco arcaico, este sistema: "É verdade que, quando certas almas se separam do corpo, entram logo em um fogo purgatório; mas nem todas são purgadas nele, apenas algumas. Todas aquelas que entram nele são punidas. Por isso valeria mais chamar esse fogo de punitivo do que purgatório, mas recebeu o termo mais nobre. Entre as almas que entram nele, umas são purgadas e punidas, outras apenas punidas. São purgadas e punidas aquelas que com elas trouxeram madeira, feno, palha... São apenas punidos aqueles que, tendo se arrependido e se confessado de todos os seus pecados, morreram antes de ter cumprido a penitência que o padre lhes havia dado"[24].

Na verdade, perguntar-se que gênero de pecados conduz ao purgatório não é a questão pertinente. Mesmo sendo verdade que o pecado venial e o purgatório nasceram praticamente ao mesmo tempo e que uma estreita relação foi estabelecida entre eles, os clérigos do fim do século XII e do início do século XIII não têm por objeto principal de sua reflexão abstrações tais como o crime, o pecado, a falta etc. Interessam-se sobretudo pelos homens, sua preocupação é a sociedade. Certamente uma sociedade decomposta e recomposta que segue critérios religiosos, mas o essencial da ação ideológica e espiritual da Igreja já se encontra presente: fazer da sociedade dos homens, vivos e mortos, uma sociedade de cristãos. Se se preocupa portanto com classificar por categorias, são categorias de cristãos que a interessam.

---

24. LANDGRAF, A.M. *Dogmengeschichte...*, IV/2, p. 165, n. 34: *"verum est quod quaedam animae, cum soluuntur a corporibus, statim intrant purgatorium quemdam ignem; in quo tamen non omnes purgantur, sed quaedam. Omnes vero quotquot intrant, in eo puniutun. Unde videretur magis dicendus punitorius quam purgatorius, sed a digniori nomen accepit. Earum enim, quae intrant, aliae purgantur et puniuntur, aliae puniuntur tantum. Illae purgantur et puniuntur, quae secum detulerunt ligna, fenum, stipulam. Illi puniuntur tantum qui confitentes et poenitentes de omnibus peccatis suis decesserunt, antequam iniunctam a sacerdote poenitentiam peregissent".*

Antes de estudá-las, convém fazer uma observação. A justiça terrena, o aparelho judiciário da sociedade feudal, serve com frequência, como já disse, se não de modelo, pelo menos de referência aos teólogos do século XII e do início do século XIII em suas teorias sobre a justiça do além. À luz do que acaba de ser dito sobre o pecado e a penitência, gostaria de dar dois exemplos. Em sua busca de uma moral da intenção, Abelardo evoca, na primeira metade do século XII, o caso de um homem criminoso julgado e condenado da mesma maneira por um crime por dois juízes diferentes. Nos dois casos, trata-se de uma ação honesta e exigida pela justiça, mas um dos juízes por zelo da justiça, o outro por ódio e espírito de vingança. Por volta de 1200 esta ideia evoluiu em função da evolução das jurisdições terrenas.

Em uma questão que será retomada por Guillaume d'Auxerre, que faleceu por volta de 1237, e pelo dominicano Hugues de Saint-Cher, o chanceler parisiense Prévostin de Cremona, que faleceu por volta de 1210, faz uma dessas questões que parecem inúteis, mas que encerram (é o caso às vezes) uma significação muito precisa. Pergunta-se se um simples pecado venial não correria o risco de ser punido no inferno e não na terra na penitência, ou no purgatório. E responde que isso talvez não seja impossível, pois não se deve julgar o pecado em si, mas em função das diversas justiças – no sentido jurídico de jurisdição – de que pode depender. Do ponto de vista do *foro* (jurisdição) do inferno, ele pode merecer uma pena eterna; do ponto de vista do *foro* da penitência presente ou do purgatório, apenas uma pena temporária. É assim, acrescenta ele, que um pequeno roubo não é punido em Paris senão pela mutilação de uma orelha, mas em Chartres pela ressecção do pé. Menos concreto, Hugues de Saint--Cher contenta-se em dizer que um mesmo pecado manifesto é punido pesadamente em Paris, ainda mais pesadamente em Orléans, muito pesadamente em Tours[25]. Hipótese de escola que faz a reflexão teológica mais abstrata desembocar vertiginosamente

---

25. LANDGRAF, A.M. *Dogmengeschichte...*, IV/2, p. 234.

na realidade histórica mais concreta. E se o além não passasse de um reino feudal – com suas jurisdições fragmentadas, com critérios e penas desiguais? Um além da sociedade pré-revolucionária e pré-industrial? Se este novo reino, o purgatório, fosse apenas um mosaico de senhorias com fronteiras indeterminadas, malprotegidas, mesmo do lado do reino infernal... É assim que por vezes a história, no desvio de um documento, retira a máscara...

De dois (ou quatro) a três: três categorias de pecadores

É preciso, portanto, neste momento em que nasce o purgatório, em que ele existe, em que se estende, olhar as categorias de homens, de cristãos para saber como povoá-lo. Tocamos aqui em um dos mecanismos essenciais da história, o da transformação dos quadros mentais, do instrumental lógico. E entre estas operações do pensamento – no nível da sociedade global, bem como no dos intelectuais especialistas – uma operação se reveste de uma importância particular: a classificação e seu subgênero, a categorização.

Convém se ocupar aqui com o esquema lógico para além das realidades sociais concretas. No fim do século XII, as coisas são simples, mas esbarram em uma dificuldade. Pois existem quatro categorias de homens, as definidas no século IV por Agostinho, mas retomadas e de certa forma relançadas por Graciano por volta de 1140: os totalmente bons, os totalmente maus, os não totalmente bons, os não totalmente maus. Para onde vão depois da morte? Se deixarmos de lado o paraíso terrestre em pleno definhamento e onde só estão Enoc e Elias, três lugares se oferecem doravante: o seio de Abraão, que também está desaparecendo, e os dois limbos. Estes não têm o mesmo estatuto. Desde a descida de Cristo aos infernos, o limbo dos patriarcas está vazio e deve permanecê-lo para sempre. Não passa de uma lembrança histórica. O limbo das crianças, que durante séculos ainda será objeto de discussões, não se encontra no mesmo plano dos três outros lugares do além. Corresponde ao caso dos seres humanos que não carregam nenhum pecado pessoal, mas apenas o pecado original, enquanto o inferno, o purgatório e o paraíso dizem respeito às três categorias de pecadores pessoais entre os quais existe uma hierarquia de responsabilidade e de destino: os maus que irão para o inferno, os bons prometidos ao paraíso, aqueles nem totalmente maus nem totalmente bons que deverão passar pelo purgatório antes de irem para o paraíso. Ainda que se encontre no século XIII até Dante, nos escritos teóricos de certos escolásticos, um sistema das "cincos regiões" do além, o que surge no fim do século XII é um sistema de três lugares.

O problema parece simples, portanto: é preciso que haja correspondência entre um esquema quaternário e uma espacialização ternária. Continuemos a raciocinar para além de todo contexto histórico concreto. Existem duas soluções simples, ao que parece, a não ser que desorganizem os dois sistemas ao mesmo tempo. Ou o grupo de três é ampliado para quatro, ou o grupo de quatro é reduzido para três. E aqui intervêm dois elementos. O primeiro é que Agostinho, criador do grupo de quatro tipos de cristãos, só soube definir de fato o destino de três deles, uma vez que o grupo dos não totalmente maus era destinado a uma muito hipotética "danação mais tolerável".

Penso que Agostinho estava dividido entre duas tendências. De um lado, era levado a se alinhar, apesar de sua sutileza, aos esquemas binários cuja ascendência tornava-se ainda mais forte em sua época, nessa Antiguidade tardia obrigada para subsistir a se submeter aos quadros mentais simplificados. Se fosse um pouco menos vago sobre os não totalmente bons e sobre o fogo purgatório, que podia transformá-los em eleitos, do que sobre os não totalmente maus, não conseguiria formular nitidamente o caso desse outro grupo intermediário. No fundo, no entanto, pendia para um triplo além: o céu, o fogo (purgatório), o inferno, e por permanecerem fiéis ao seu espírito mais do que à letra de seus escritos é que os pensadores do século XII, fortemente impregnados de agostinianismo, conseguirão enunciar um esquema ternário.

O segundo elemento que favoreceu esta evolução para uma tríade das categorias de pecadores em acordo com a tríade dos lugares do além foi a transformação de conjunto dos quadros lógicos dos homens do século XII – e principalmente dos clérigos – no interior da grande mutação que a Cristandade então sofreu. Passar de duas para quatro (ou inversamente) não tinha nada de revolucionário. A verdadeira mudança, conforme à transformação geral das estruturas no século XII, foi a redução para três das quatro categorias agostinianas de homens diante da salvação.

Peço aqui ao leitor para refletir. Suponho-o divertido ou irritado. Das duas uma, é o que certamente deve estar pensando. Ou se trata de um jogo abstrato que não tem muita relação com a realidade histórica ou se trata de operações que são evidentes: a humanidade sempre e em toda parte cortou e reagrupou – em dois, três ou quatro. O que há de mais "natural"? Mas me engano. O leitor leu Georges Dumézil, Claude Lévi-Strauss, Georges Duby, os lógicos como Theodor Caplow[26] e também refletiu por si mesmo. Sabe, portanto, que a realidade é diferente dessas duas hipóteses simplistas que é preciso descartar. A humanidade escolhe entre os códigos simples de que dispõe, segundo o tempo e os lugares, em função da cultura e da história. Formar um grupo, um conjunto, um sistema não é tão simples quanto parece. Três pessoas ou três coisas juntas raramente formam uma tríade. Não é fácil passar de dois para três para expressar uma totalidade quando o sistema binário foi um hábito secular. Creio, portanto, que o que se passou de essencial para o sistema do além na Cristandade do século XII foi que o sistema binário céu/inferno (ou paraíso/inferno) foi substituído por um sistema ternário: céu/purgatório/inferno. Certamente esta substituição não vale para a eternidade. A sociedade na qual vive o cristianismo ainda não está madura para mudar a concepção cristã da eternidade. Vale para o período intermediário. Isto também é essencial e retoma-

---

26. CAPLOW, T. *Deux contre um* – Les coalitions dans les tríades, 1968 [trad. francesa: Paris, 1971].

rei mais adiante. Mas esta mudança e a maneira como se fez me parecem profundamente ligadas à transformação da sociedade feudal entre os séculos XI e XIV. Vejamos antes a passagem formal das categorias de pecadores de quatro para três.

Esta mudança se fez em duas fases, cronologicamente muito próximas. A primeira fase, cujo início já vimos, consistiu em substituir um advérbio na categorização agostiniana. Ali onde Agostinho falava de *totalmente* (*valde*) bons ou maus, falou-se de medianamente (*mediocriter*) bons ou maus, e as duas categorias intermediárias se aproximaram. O momento decisivo foi o da fusão das duas categorias em uma única, a dos medianamente bons *e* maus. Este deslocamento provocou a indignação de alguns e havia razão para isso. A audácia, gramatical e ideológica, era considerável. Era nada menos do que reunir dois contrários – e que contrários (os bons e os maus, o bem e o mal)! – em uma única categoria. Uma vez realizado este golpe de força, reduzir (eventualmente) a nova categoria à dos médios (*mediocres*) não era senão uma operação de rotina.

E são os teólogos que dão a partida. Pedro Lombardo, entre 1150 e 1160, declara: "Eis para quem e em quê são favoráveis as funções que a Igreja celebra pelos mortos: para os medianamente maus os sufrágios valem para a mitigação da pena; para os medianamente bons valem para a plena absolvição"[27]. Como vimos, os canonistas estão atrasados. Mas, salvo exceção, recuperaram o tempo e, sendo a categorização muito mais assunto dos juristas do que de teólogos, recuperaram-se rápido.

Graciano havia reproduzido o texto de Agostinho com as quatro categorias. Uma das primeiras súmulas que o comentam, a *Súmula de Leipzig* (*Summa Lipsiensis*), por volta de 1186, revela a difícil evolução dos espíritos: "Segundo outros, 'danação' é usado para a pena que sofrem os medianamente bons ou os medianamente maus *no Purgatório*, ainda que só se tenha o hábito de falar de danação para os danados pela eternidade. Os

---

27. *Libri IV Sententiarum*. Quaracchi, t. II, 1916, p. 1.006-1.007.

medianamente bons são aqueles que morrem depois de ter recebido uma penitência pelos pecados veniais, mas que ainda não a cumpriram. Os medianamente maus são aqueles que morrem com pecados veniais, ainda que se possa chamá-los de bons, uma vez que o pecado venial, ao que parece, não faz nenhum mal. Para alguns, fala-se aqui apenas dos medianamente bons, entre os quais há os que obtêm uma remissão plena; passam somente por uma danação, ou seja, uma pena mais tolerável"[28]. Por volta de 1188 o célebre Huguccio de Pisa protesta vigorosamente, em sua *Súmula*, contra a evolução em andamento, diz ele: "Alguns teólogos, por sua própria vontade, distinguem apenas três tipos de homens (em vez dos quatro de Agostinho e Graciano). Alguns são totalmente bons, outros totalmente maus, outros ainda medianamente bons e medianamente maus. Dizem, com efeito, que os medianamente bons e os medianamente maus são os mesmos, isto é, aqueles que estão no fogo do purgatório e somente eles podem se beneficiar dos sufrágios para serem libertados mais cedo. A 'danação', ou seja, a pena (é mais tolerável), pois ali são menos punidos. Mas esta opinião parece-me quase herética, pois resulta em identificar o bem e o mal, pois na realidade um medianamente bom é bom, um medianamente mau é mau. Da mesma forma, no fogo purgatório há apenas bons, pois ali ninguém pode ser salvo com um pecado mortal. Mas com um pecado venial ninguém é mau. Portanto, no fogo purgatório não há nenhum mau"[29].

A *Súmula de Colônia* (*Summa Colonensis*, 1169) não abordava, como vimos, o tema que declarava deixar aos teólogos; mas no manuscrito de Bamberg consultado por Landgraf uma equipe acrescentou o esquema estabelecido por Sicard de Cremona, que morreu em 1215 e que é muito claro, muito definitivo.

---

28. LANDGRAF, A.M. *Dogmengeschichte...*, IV/2, p. 262, n. 7.

29. Ibid., n. 9.

	Totalmente bons	Para eles são feitas ações de graça.
Defuntos	Totalmente maus	Para eles, consolações pelos vivos.
	Medianos	Para eles, a plena remissão ou danação mais tolerável.

E Sicard esclarecia: "Para que a danação deles se torne mais tolerável, é preciso entender isto daqueles que estão no purgatório"[30].

Por fim, uma glosa das *Sentenças* do século XIII esforça-se em expressar o pensamento de Santo Agostinho e de Pedro Lombardo à luz da recente evolução.

"Eis o que o mestre compreendeu com Agostinho:

• Certos mortos são totalmente bons e a Igreja não faz sufrágios por eles, pois não precisam deles... Sem dúvida são glorificados.

• Outros são totalmente maus e a Igreja também não faz sufrágios por eles, pois merecem seu destino. Sem dúvida estão danados.

• Alguns são medianos e para eles a Igreja faz sufrágios, pois os mereceram. Sobre o destino deles ver..." (e remete a um outro capítulo).

A glosa retoma ainda a explicação ao dividir a categoria intermediária em seus dois componentes e ao expressar uma espécie de remorso agostiniano:

• "Alguns são medianamente bons e os sufrágios lhes valem a plena absolvição, e esses estão sem dúvida no purgatório.

• Alguns são medianamente maus e os sufrágios valem para a mitigação de sua pena. E desses podemos hesitar em dizê-los no purgatório ou no inferno (danados) ou nos dois"[31].

---

30. Ibid., p. 261, n. 6.

31. Ibid., p. 270-271.

Raoul Ardent, no fim do século XII, também distingue três tipos de defuntos: os totalmente bons, os medianamente bons, os totalmente danados (*val de boni, mediocriter boni, omnimo dannati*):

"Aqueles, diz ele, que são totalmente bons, depois da morte passam logo para o descanso e não precisam de nossas preces e de nossas oferendas, somos principalmente nós que nos beneficiamos das suas. Aqueles que são medianamente bons e que se comprometem com uma verdadeira confissão e penitência, como ainda não estão perfeitamente purgados, são purgados nos lugares purgatórios (*in purgatoriis locis*) e, para esses, sem dúvida as preces, as esmolas e as missas são benéficas. Não é por novos méritos depois da morte que recolhem o benefício, e sim como consequência de seus méritos precedentes (antes da morte). Aqueles que estão totalmente danados não mereceram aproveitar de tais benefícios. Mas nós, irmãos, que ignoramos quem necessita ou quem não necessita, a quem pode beneficiar e a quem não pode, por todos, inclusive por aqueles de quem não temos certeza, devemos oferecer preces, esmolas e missas. Pelos totalmente bons são ações de graças, pelos medianamente bons as expiações, pelos reprovados espécie de consolações para os vivos. Por fim, que isso seja proveitoso ou não àqueles para quem essas oferendas são feitas, de todo modo podem ser proveitosas para aqueles que as fazem com devoção [...]. Assim aquele que ora pelo outro, trabalha para si mesmo (*PL*, 155, 1485)".

Ainda que a localização da purgação não esteja aqui unificada, a tripartição dos defuntos já está estabelecida.

Esquema lógico e realidades sociais: um intermediário descentrado

Na admirável construção deste esquema ternário, ainda se deve observar dois aspectos muito importantes.

O primeiro, eu insisto, é a substituição de um esquema quaternário, de fato binário (dois x dois) por um esquema ternário. É um movimento muito difundido nos quadros mentais da *intelligentsia* cristã desde o século IX. Substitui geralmente as oposições de tipo inferior/superior, tais como poderoso/pobre (*potens/pauper*)[32], clérigo/leigo, monge/clérigo, por tríades mais complexas.

Na alta Idade Média o pensamento organizava-se facilmente em torno de esquemas binários. Para pensar as potências do universo: Deus e satanás, ainda que – correção muito importante – o pensamento cristão, ao rejeitar do ponto de vista do dogma o maniqueísmo, subordinava o diabo ao bom Deus. Para pensar a sociedade: os clérigos e os leigos, os poderosos e os pobres. Para pensar a vida moral e espiritual: as virtudes e os vícios. Cortes antagonistas que se combatiam ardentemente, tal como a *Psicomaquia* que opunha, segundo o poema de Prudêncio, as virtudes e os vícios. A fronteira passava pelo interior do homem, dilacerado entre Deus e satanás, entre o orgulho do poderoso e a inveja do pobre, entre o apelo da virtude e a sedução do vício. Desde o ano mil, esquemas pluralistas, muitas vezes herdados da Antiguidade greco-romana e mais ainda da Antiguidade cristã, tendiam a se sobrepor aos esquemas dualistas. No século XII, os modelos construídos com o número sete conhecem um grande sucesso: são os setenários dos sete sacramentos, dos sete pecados, dos sete dons do Espírito Santo.

Mas a principal tendência consistiu em substituir esquemas binários pelos esquemas ternários que substituíam as oposições brutais, os enfrentamentos de duas categorias, pelo jogo mais complexo de três elementos.

Um dos esquemas é o das três ordens: os que oram, os que lutam, os que trabalham (clero, nobres, massa camponesa). Este esquema ternário é de um tipo especial: opõe dois dos elementos do grupo ao terceiro, massa dominada, mas que soube abrir um

---

32. BOSL, K. "Potens und pauper – Begriffsgeschichtliche Studien zur gessellschaftlicher Differenzierung im frühen Mittelalter und zum *Pauperismus des Hochmittelalters*". In: *Frühformen der Gesellschaft im mittelalterlichen Europa*. Munique/Viena, 1964, p. 106-134.

caminho à representação ideológica[33]. É o modelo lógico estudado por Theodor Caplow: dois contra um.

O esquema ternário sobre cujo modelo nasceu o purgatório não conhece um grande sucesso a partir da segunda metade do século XII e não está menos ligado às estruturas em evolução da sociedade feudal. Consiste em deslizar uma categoria *intermediária* entre as duas categorias extremas. É a promoção do *meio* não pela emergência de uma terceira categoria *depois* e *abaixo* das duas primeiras, mas entre as duas outras... O purgatório é um lugar duplamente intermediário: nele não se é nem tão feliz quanto no paraíso nem tão infeliz quanto no inferno, e só durará até o juízo final. Para torná-lo verdadeiramente intermediário basta situá-lo entre o paraíso e o inferno.

Mais uma vez, a aplicação essencial do esquema é de ordem sociológica. Trata-se de representar – não de descrever – a sociedade oriunda da segunda fase da Revolução Feudal, a do desenvolvimento urbano, como o esquema das três ordens fizera-o para a primeira fase, a do progresso agrícola. Sob sua forma mais geral e mais comum, o esquema distingue grandes, médios, pequenos: *maiores, mediocres, minores*[34]. Esquema cuja expressão em latim mostra melhor o sentido e o funcionamento; designa por um comparativo grupos que estão nas duas extremidades: *maiores, menores*; expressa uma relação, uma proporção, um jogo social. Neste mecanismo o que pode fazer o grupo intermediário? Crescer à custa de seus vizinhos ou de apenas um, juntar-se com um ou outro, alternadamente com um e depois com o outro dos dois grupos externos. Deste esquema Francisco de Assis, no início do século XIII, tomou emprestado o nome para os irmãos da ordem que criou:

---

33. DUBY, G. *Les Trois Ordres ou l'imaginaire du féodalisme*. Paris, 1978. • LE GOFF, J. "Les trois fonctions indo-européennes, l'historien et l'Europe féodale". In: *Annales, ESC*, 1979, p. 1.187-1.215.

34. Sobre os *mediocres*, cf. LUSCOMBE, D. "Conceptions of Hierarchy before the XIIIth c." In: *Miscellanea Mediaevalia*, 12/1 – *Soziale Ordnungen im Selbstverständnis des Mittelalters*. Berlim/Nova York, 1979, p. 17-18.

os Menores[35]. A aplicação mais habitual do esquema é feita à sociedade feudal modificada pelo crescimento urbano: entre os grandes (leigos e eclesiásticos) e os pequenos (trabalhadores rurais e urbanos), nasceu uma categoria intermediária: os burgueses – tão muito diversos que prefiro não falar de burguesia.

É aqui que aparece a segunda característica do esquema: seu elemento intermediário não está a igual distância de seus dois polos. Teoricamente sua situação permite à categoria intermediária da tríade jogar com alianças ou deslizamentos com um ou outro polo. É o que os burgueses usarão em relação aos pequenos ou aos grandes. Mas, no caso do purgatório, seu jogo estará bloqueado de um lado, o que vai na direção do paraíso, onde ainda se entra pouco. A fronteira móvel será aquela entre o purgatório e o inferno. Meio descentrado, eu repito, banido para sua fronteira sombria, como veremos na leitura das descrições do além que não serão muito mais claras desde as negras visões da alta Idade Média[36]. Vemos que este modelo – em sua utilização sociológica – não é menos importante do que o das três ordens. Este criou o Terceiro Estado, aquele o das classes médias.

Que me compreendam. Seria absurdo dizer que a burguesia criou o purgatório ou que o purgatório decorre de um modo ou de outro da burguesia, supondo que exista então uma burguesia. O que proponho como hipótese, como leitura do nascimento do purgatório, é que ele faz parte de um conjunto ligado à transformação da Cristandade feudal, cuja expressão essencial foi a criação de esquemas lógicos ternários com introdução de uma categoria intermediária[37]. O modelo ancora-se solidamente em

---

35. Cf. LE GOFF, J. "Le vocabulaire des catégories sociales chez François d'Assise et ses biographes du XIIIᵉ siècle". In: *Ordres et classes*. Paris: La Haye, 1973, p. 93-124 [Colóquio de História Social Saint-Cloud, 1967].

36. Em contrapartida e do ponto de vista escatológico, é banido para o paraíso, pois a ele conduz obrigatoriamente.

37. A concepção de uma desigualdade na igualdade, na equidistância é típica, p. ex., da mentalidade "feudal". Cf. J. Le Goff, a propósito das relações senhor/vassalo: *Pour un autre Moyen Âge*, p. 365-384.

estruturas socioeconômicas, isto está claro para mim. Mas não me parece menos claro que a mediação das estruturas mentais, ideológicas e religiosas é essencial ao funcionamento do sistema. Deste sistema, o purgatório não é um produto, mas um elemento. O leitor talvez seja cético em relação à importância que nesta história dedico a algumas frágeis mudanças de vocabulário. purgatório de adjetivo torna-se substantivo, uma locução adverbial (*non valde*) é substituída por outra (*mediocriter*), e nos dois casos vejo o sinal de mudanças profundas. Creio, com efeito, que as mudanças linguísticas frágeis, caso se situem em lugares estratégicos do discurso, são sinal de fenômenos importantes. E penso que estes deslizamentos de palavras ou de sentidos são ainda mais significativos porque se produzem no interior de sistemas ideológicos rígidos. Certamente a Cristandade medieval – este livro espera mostrá-lo – não foi nem imóvel nem estéril. Ao contrário, quanta criatividade! Mas ela inova no nível ideológico por pequenos passos, por pequenas palavras.

Transformações dos quadros mentais: o número

O que muda ainda com o purgatório, tornando-o possível e acolhendo-o, são os hábitos de pensamento, uma ferramenta intelectual que faz parte da nova paisagem mental. Com o purgatório surgem novas atitudes em relação ao número, ao tempo e ao espaço.

Em relação ao número, pois o purgatório vai introduzir no escatológico um cálculo que não é o dos números simbólicos ou da abolição da medida na eternidade, mas, ao contrário, um cálculo realista. Esta contagem é a da prática judiciária. O purgatório não é um inferno perpétuo, mas temporário. Já em meados do século XI, no relato dos lamentos que escapam da cratera do Stromboli, Jotsuald explicara que as almas dos pecadores ali sofriam diversos suplícios *ad tempus statutum*, pelo tempo que lhes havia sido fixado. No fim do século XII, em uma questão relatada em uma coletânea da esfera de Odon d'Ourscamp, fala-se daqueles que pensam que o pecado venial não é punido eterna-mente, "mas no inferno temporário".

A criação do purgatório reúne um processo de espaciali-zação do universo e de lógica aritmética que, no além do triplo reino do outro mundo, vai reger as relações entre os comporta-mentos humanos e as situações no purgatório. Medir-se-á pro-porcionalmente o tempo passado na terra em pecado e o passado nos tormentos do purgatório, o tempo dos sufrágios oferecidos pelos mortos no purgatório e o tempo da aceleração da liberta-ção do purgatório. Esta contabilidade será desenvolvida no sé-culo XIII, século do desenvolvimento da cartografia e do entu-siasmo pelo cálculo. E, finalmente, o tempo do purgatório será arrastado ao tempo vertiginoso das indulgências.

A noção de uma condenação "temporária" inscreve-se em uma atitude mental mais larga que, oriunda da preocupação de justiça, resulta em uma verdadeira contabilidade do além. A ideia fundamental, vinda dos primeiros Pais, vinda de Agostinho, constantemente transmitida ao longo dos séculos, é a de uma proporcionalidade das penas, o tempo passado no purgatório, em função da gravidade dos pecados, neste caso. Mas é somente no século XIII que a ideia de proporcionalidade, de qualitativa torna-se quantitativa. Está ligada aos progressos da aritmética e da matemática. Alexandre de Halès, o mestre universitário pari-siense que se fez franciscano na primeira metade do século XIII, pergunta-se, em sua *Glosa sobre as Sentenças de Pedro Lombardo*, se a pena do purgatório não pode ser injusta e não proporcional (*injuste et improportionalis*). E responde: "Ainda que a pena do purgatório (*poena purgatorii*) não seja proporcional ao prazer que se teve ao pecar, ela lhe é contudo comparável; e ainda que não seja proporcional conforme a proporção à pena temporária quanto à dureza, ela lhe é contudo proporcional segundo a pro-porcionalidade: 'A proporcionalidade é, com efeito, a similitude das proporções'. A proporção da pena temporária que é devi-da, neste mundo, para um pecado apenas temporário, é devida igualmente neste mundo para um pecado maior, e é equivalente à proporção de pena do purgatório devida por um pecado menor em relação à pena do purgatório devida por um pecado maior, mas a pena do purgatório não é proporcional à pena temporária neste mundo. A razão pela qual convém que a pena do purgatório seja mais dura de uma maneira não proporcional à pena que purga neste mundo, ainda que todas as duas sejam voluntárias, é que a pena que purga neste mundo é a pena da alma que sofre com o corpo, enquanto a pena do purgatório é a pena imediata da própria alma. Com efeito, assim como o que se sofre (de um lado) não é proporcional ao que se sofre (do outro), assim também o sofrimento não é proporcional ao sofrimento. Além do mais, a pena temporária neste mundo é voluntária no sentido próprio, a pena do purgatório é voluntária no sentido figurado".

Texto surpreendente que não se contenta em explicar a maior intensidade das penas do purgatório em relação às penas terrenas pela maior vulnerabilidade da alma torturada diretamente sem a proteção do corpo, mas que introduz na consideração das penas do além um ponto de vista matemático, topológico. Há neste texto uma única citação, uma única autoridade: "A proporcionalidade é, com efeito, a similitude das proporções". Esta autoridade não é nem escriturária, nem patrística, nem eclesiástica: é uma citação de Euclides (*Elementos*, V, definição 4)[38].

---

38. ALEXANDRE DE HALÈS. *Glossa in IV libros sententiarum Petri Lombardi.* Quaracchi: Bibliotecca Franciscana Scholastica Medii AEvi, t. XV, 1957, p. 352-353. *"Cum enim proportionalis esset poena temporalis culpae temporali poena autem purgatorii improportionaliter habeat acerbitatem respectu poenae hic temporalis, punit supra condignum, non citra. Respondemos quod [...] licet autem poena purgatorii non sit proportionalis delectationi peccati, est tamen comparabilis; et licet non sit proportionalis secundum proportionem poenae hic temporali quoad acerbitatem, est tamen proportianalis secundum proportionalitatem. 'Est autem proportionalistas similitudo proportionum'* (EUCLIDES. *Elementa,* V, def. 4). *Quae enim est proportio poenae temporalis hic debitae alicui peccato ad poenam temporalem debitam hic maiori peccato, ea est proportio poenae purgatorii debitae minori peccato ad poenam purgatorii debitam maiori peccato; non tamen est proportio poenae purgatorii ad poenam hic temporalem. Ratio autem propter quam convenit poenam purgatorii esse acerbiorem improportionaliter poena purganti hic, licet utraque sit voluntaria, est guia poena purgans hic est poena animae per compassionem ad corpus, poena vero purgatorii est poena ipsius animae immediate. Sicut ergo passibile improportionale passibili, ita passio*

Um comentário das *Sentenças* do início do século XIII em que se coloca a questão da eficácia quantitativa dos sufrágios é provavelmente, segundo Landgraf, o primeiro texto em que foram empregadas as expressões proporção aritmética, proporção geométrica[39]. O que se abre, como se vê, com o purgatório, é a contabilidade do além[40]. Antes não havia senão a eternidade ou a espera indeterminada. Doravante conta-se o tempo de purgatório segundo a gravidade dos pecados, o tempo de remissão de purgatório segundo a importância dos sufrágios. Calcula-se a relação entre o tempo vivido neste mundo e o tempo sentido no purgatório, pois a impressão psicológica da duração (o tempo parece transcorrer muito lentamente no purgatório) também é levada em conta. Os textos do século XIII nos familiarizarão com esses cálculos. Lembrar-nos-ão de que o século XIII é o século do cálculo, como mostrou Alexandre Murray[41] em um livro sugestivo, o tempo da contabilidade, o dos mercadores e dos funcionários que estabelecem os primeiros orçamentos. O que se pôde chamar (não sem exagero, é verdade) "o primeiro orçamento da monarquia francesa" data do reino de Felipe Augusto, o rei sob o qual nasceu ou cresceu o purgatório. Entre o tempo da

---

passioni. Praetera, poena temporalis hic simpliciter voluntaria, poena purgatorii voluntaria comparative." Agradeço a Georges Guilbaud e ao Padre P.M. Gy, que gentilmente me ajudaram a ler este texto apaixonante, mas difícil, o primeiro com a sua competência de matemático e de conhecedor da escolástica, o segundo com os seus conhecimentos de teólogo.

39. LANDGRAF, A.M. *Dogmengeschichte...*, IV/2, p. 294, n. 2. Trata-se de um comentário das *Sentenças* do começo do século XIII: *"sciendum quod secundum quosdam suffragia prosunt damnatis (purgatorio) quantum ad proportionem arithmeticam, non geometricam".*

40. Esta expressão é o título do notável estudo de J. Chiffoleau: *La comptabilité de l'au-delà* – Les hommes, la mort et la religion en Comtat Venaissin à la fin du Moyen Âge. Roma: École Française de Roma, 1980.

41. MURRAY, A. *Reason and Society in the Middle Ages*. Oxford, 1978. J. Murdoch fala de delírio de medição *(frenzy to measure)* entre os universitários de Oxford do século XIV. In: MURDOCH, J.E. & SYLLA, E.D. (ed.). *The Cultural Context of Medieval Learning*. Dordrecht, 1975, p. 287-289 e 340-343. Este delírio começa pelo menos um século antes, e não só em Oxford.

terra e o tempo do purgatório, a Igreja e os pecadores vão manter doravante uma contabilidade em parte dupla. Segundo o Apocalipse, no dia do julgamento, os livros serão abertos e os mortos serão julgados segundo o conteúdo dos livros, mas doravante, no intervalo, outros livros de contas são abertos, os do purgatório.

O espaço e o tempo

O purgatório também está ligado às novas concepções do espaço e do tempo. Está associado a uma nova geografia do além que não é mais aquela dos pequenos receptáculos justapostos como as mônadas senhoriais, mas grandes territórios, reinos, como os chamará Dante. Chegou o tempo em que a Cristandade, ao longo das estradas das cruzadas, das estradas missionárias e mercantis, explora o mundo. "No fim do século XII, escreve o grande especialista da história de *La carte, image des civilizations*, George Kish, uma mudança ocorreu: o mundo medieval pôs-se em marcha; de repente, os viajantes trouxeram uma informação que transformou, no século XIV, os mapas medievais [...]". A transformação da cartografia imaginária do além se realizou ao mesmo tempo, e talvez mais rápido ainda. A cartografia terrestre, reduzida até então a uma espécie de ideogramas topográficos, experimenta o realismo da representação topográfica. A cartografia do além completa esse esforço de exploração do espaço, por mais carregado de simbolismo que ainda seja[42]. O tempo também, o próprio tempo está na crença no purgatório, o elemento mais explicitamente suscetível de ser medido. Grande novidade, um tempo mensurável abre-se no além. Pode, portanto, ser objeto de suposições, de avaliações, de comparações. Encontra-se, comparavelmente (*comparative*), diria Alexandre

---

42. Sobre a cartografia medieval, cf., entre outros: WRIGHT, J.K. *The Geographical Lore of the Times of the Crusades*. Nova York, 1925. • KIMBLE, G.H.T. *Geography in the Middle Ages*. Londres, 1938. • BAGROW, L. *Die Geschichte der Kartographie*. Berlim, 1951. • MOLLAT, M. "Le Moyen Âge". In: PARIAS, L.H. (ed.). *Histoire universelle des explorations*. T. I. Paris, 1955. • KISH, G. *La carte, image des civilisations*. Paris, 1980.

de Halès, nos novos usos da pregação. O sermão é feito para ensinar e salvar. A partir do fim do século XII, o pregador insere, para persuadir melhor, anedotas em sua prédica, os *exempla*. Estas anedotas são tidas como históricas, "verdadeiras". No tempo escatológico do sermão, tempo da conversão e da salvação, elas introduzem segmentos de tempo histórico, datável, mensurável. Assim faz o purgatório no tempo do além. O purgatório será um dos temas favoritos dos *exempla*.

A conversão a este mundo e à morte individual

Em todas estas mudanças, em toda esta agitação, pressentem-se dois grandes movimentos de fundo que explicam em profundidade o nascimento do purgatório.

O primeiro é o enfraquecimento de um grande lugar comum da alta Idade Média, o *contemptus mundi*, o desprezo do mundo[43].

Alimentado sobretudo pela espiritualidade monástica (que o manterá, como mostrou Jean Delumeau, ainda em pleno Renascimento), ele recua diante do crescente apego aos valores terrenos ligados aos impulsos criativos da época.

Gustavo Vinay escreveu linhas inflamadas sobre o otimismo do século XII: "Se existe um século alegre na Idade Média, este é o século XII: é o século em que a civilização ocidental explode com uma vitalidade, uma energia, uma vontade de renovação estupendas. Seu clima é o de um medieval ideal... O século XII é tipicamente o século da libertação, pela qual os homens rejeitam tudo o que durante mais de um milênio havia chocado apodrecendo no interior". E é, no entanto, acrescenta, o momento em que, paradoxalmente, no coração desta "explosão de vitalidade" nasce o medo da morte e do sofrimento: "A Idade Média começa realmente a sofrer no tempo em que é mais feliz, em que respira a plenos pulmões, em que parece tomar consciência de

---

43. Sobre o desprezo do mundo cf. BULTOT, R. *La doctrine du mépris du monde en Occident, de saint Ambroise à Innocent III*. Lovaina, 1963.

ter diante dela todo o futuro, em que a história adquire dimensões que nunca tivera"[44].

Deixemos de lado o exagero neste texto apaixonado e sensível. O fato é que Gustavo Vinay compreendeu bem esta conversão a este mundo nascida no século XII e que se prolonga pelo século seguinte – e, de fato, não desaparecerá mais, apesar dos tormentos, das dúvidas, das regressões. O paradoxo do desenvolvimento simultâneo do medo da morte também é apenas aparente. O preço doravante ligado à vida terrena torna mais terrível o momento de deixá-la. E ao medo do inferno soma-se – e até tende a substituir – o medo desse momento doloroso: a hora de sua morte. O purgatório, nova esperança para o além e sensibilização no momento da passagem, tem seu lugar nessa oscilação dos valores.

O conjunto da humanidade cristã não crê mais que o juízo final é para amanhã. Sem ter-se tornado feliz, fez a experiência do crescimento, após séculos de simples reprodução, e mesmo de recessão. Produz muito mais "bens", valores até então situados unicamente na vida futura encarnam-se mais ou menos bem neste mundo: a justiça, a paz, a riqueza, a beleza. A igreja gótica parece ter feito descer o paraíso sobre a terra, parece um lugar "de refrigério, de luz e de paz". Não é por simples abandono à metáfora que encontro a evocação do *refrigerium* e da liturgia primitiva em relação à igreja gótica. Meyer Shapiro e Erwin Panofsky, comentando os escritos de Suger sobre a nova arquitetura de Saint-Denis, destacaram "que a fraseologia de Suger lembra os *tituli* do cristianismo primitivo onde as doutrinas neoplatônicas [...] expressavam-se de uma maneira semelhante"[45]. A humanidade instalou-se na terra. Não valia a pena, até então, refletir exageradamente sobre este curto momento que devia separar a morte da ressurreição. O par inferno/paraíso já não é o bastante

---

44. VINAY, G. *Il dolore e la morte nella spiritualità dei secoli XII e XIII* (1962). Todi, 1967, p. 13-14.

45. PANOFSKY, E., apud SCHAPIRO, M. *Architecture gothique et pensée scolastique*. Paris, 1967, p. 42.

para responder às interrogações da sociedade. O período intermediário entre a morte individual e o julgamento coletivo torna-se o desafio de reflexões importantes. Entre os fanáticos da escatologia que recusam esta reflexão e concentram todas as suas aspirações no advento do *milênio* ou do último dia e aqueles que, ao contrário, se instalam nesta terra e se interessam, portanto, por seu apêndice, o intervalo entre a morte e a ressurreição, a Igreja arbitra em favor destes últimos. Se a espera deve ser longa, é preciso se interrogar sobre o que se tornam os mortos no intervalo, sobre o que nos tornaremos amanhã. Certamente, diante desta instalação da maioria dos cristãos sobre a terra, uma minoria se insurge, reclama mais alto a parusia e, enquanto espera o reino dos justos deste mundo, o *milênio*. De Joaquim de Fiore a Celestino V, da cruzada das crianças aos flagelantes e aos espirituais, os "fanáticos do Apocalipse" agitam-se mais do que nunca. Suspeito até mesmo que São Luís, rei da cruzada penitencial, enquanto seus oficiais agitavam-se para calcular e medir, para bem assentar seu reino, pensasse em conduzi-lo para a aventura escatológica, sonhasse em ser, como se acreditou de certos imperadores alemães, um rei dos últimos tempos. E São Luís, no entanto, dirá: "Ninguém ama tanto sua vida quanto eu a minha"[46].

Exceto por alguns punhados de "loucos", o Apocalipse realmente não incomoda mais. No século XI e no início do século XII ele foi o livro da Bíblia mais comentado[47]. Agora passou para o segundo plano, atrás do Cântico dos Cânticos, inflamado de um ardor tanto terreno quanto celeste. Os Apocalipses retiram-se dos tímpanos góticos e dão lugar aos julgamentos finais, onde o purgatório ainda não consegue se inserir, mas que mostram uma história distante, pretexto para representar a sociedade terrena e para admoestá-la para que se conduza melhor neste mundo.

---

46. JOINVILLE. *La vie de Saint Louis*. Sherbrooke, 1977, p. 85-86 e p. 214 [ed. de N.L. Corbett].

47. Cf. LOBRICHON, G. *L'Apocalypse des théologiens au XIIe siècle* [tese da École des Hautes Études en Sciences Sociales defendida em 1979 na Universidade de Paris X-Nanterre].

Este progressivo – e relativo – apagamento do Apocalipse diante do juízo final foi salientado pelos grandes nomes da iconografia medieval.

Émile Mâle escreve: "A partir do século XII uma nova maneira de compreender a cena do julgamento substituiu [...] a antiga. Aparecem magníficas composições que não devem quase mais nada ao Apocalipse, mas que se inspiram no Evangelho de São Mateus [...]. Não se pode dizer que o Apocalipse foi um livro muito fecundo, no século XIII [...]. Os artistas preferem buscar em São Mateus o quadro do fim do mundo. O texto do evangelista[48] é sem dúvida menos fulgurante, porém mais acessível à arte. Em São Mateus, Deus não é mais a enorme pedra preciosa cujo brilho não se pode sustentar: é o Filho do Homem; aparece sentado em seu trono como se estivesse na terra; os povos reconhecem seu rosto. Um capítulo de São Paulo na Primeira Epístola aos Coríntios, sobre a ressurreição dos mortos, adiciona alguns traços ao conjunto". E Émile Mâle indica como principal inovação do tema inspirado pelo Evangelho de Mateus "a separação dos bons e dos maus". Nas representações do Apocalipse, Deus era "ao mesmo tempo glorioso como um soberano e ameaçador como um juiz". Nos julgamentos do século XIII, Deus é "o Filho do Homem" apresentado "como o redentor, como o juiz, como o Deus vivo"[49].

Henri Focillon retomou esta análise: "A iconografia do século XII [...] é dominada pelo Apocalipse, do qual empresta suas visões terríveis e a própria imagem do Cristo juiz, assentado em sua glória, cercado de figuras não humanas [...]. A iconografia do século XIII renuncia ao mesmo tempo às visões, à epopeia, ao oriente, aos monstros. É evangélica, humana, ocidental e natural. Traz Cristo quase ao nível dos fiéis [...]. Ele continua, sem dúvida, posicionado na parte superior do tímpano, presidindo o desper-

---

48. Mt 25,31-46; 1Cor 15,52.

49. MALE, É. *L'Art religieux du XIIIe siècle en France*. 9. ed. Paris, 1958, p. 369-374.

tar dos mortos e as sanções eternas: mesmo quando permanece o Cristo dos evangelhos e conserva sua suavidade humana"[50].

Se o Cristo dos tímpanos góticos continua sendo um juiz pela eternidade, o abandono dos raios apocalípticos na representação realista do julgamento e dos grupos humanos ressuscitados permite a passagem ao primeiro plano da justiça à qual o nascimento do purgatório está tão ligada. Estes eleitos que Cristo confia aos anjos que os conduzem ao paraíso serão cada vez mais "santos" que passaram pelo purgatório, purgados, purificados.

Nesta instalação na terra e neste novo domínio sobre o tempo, nesta prolongação da vida no além do purgatório, existe sobretudo uma preocupação, a dos mortos. Não que eu creia – e nisso acompanho Paul Veyne – que a morte seja objeto de interesse em si mesma, mas porque através dela e através de seus mortos os vivos aumentam seu poder neste mundo[51]. O século XII vê o enriquecimento da memória. Seus grandes beneficiários são, evidentemente, as famílias aristocráticas que constroem e alongam suas genealogias[52]. A morte é cada vez menos uma fronteira. O purgatório torna-se um anexo da terra e prolonga o tempo da vida e da memória. Os sufrágios tornam-se uma ação cada vez mais ativa. O renascimento dos testamentos – ainda que neles a menção ao purgatório só seja feita tardiamente – também ajuda a recuar esta fronteira da morte.

Mesmo que estas novas solidariedades entre os vivos e os mortos – em germe na obra de Cluny – reforcem os vínculos familiares, corporativos, cofraternos, o purgatório – preso em

---

50. FOCILLON, H. *Art d'Occident* – T. 2: *Le Moyen Âge gothique*. Paris, 1965, p. 164-165.

51. Cf. os trabalhos dos historiadores alemães de Friburgo e de Münster (G. Tellenbach, K. Schmid e J. Wollasch) citados em WOLLASCH, J. "Les obituaires, témoins de la vie clunisienne". In: *Cahiers de la Civilisation Médiévale*, 1979, p. 139-171. • VEYNE, P. *Le pain et le cirque*. Paris, 1976.

52. Cf. principalmente DUBY, G. "Remarques sur la littérature généalogique en France aux XIe et XIIe siècles". In: *Comptes rendus de l'Académie des Inscriptions et Belles Lettres*, 1967, p. 335-345 [retomado em *Hommes et Structures du Moyen Âge*. Paris/La Haye, 1973, p. 287-298].

uma personalidade da vida espiritual – favorece de fato o indivi-dualismo. Focaliza o interesse sobre a morte individual e o julga-mento que a segue.

Colocando-se do ponto de vista das instituições e do direi-to, Walter Ullmann afirmou que "a virada do século XII ao XIII foi o período durante o qual foram semeados os germes do de-senvolvimento constitucional vindouro e da emergência do in-divíduo na sociedade"[53]. E mostra que é a época da "emergência do cidadão". Esta aparição do indivíduo manifesta-se também no rosto da morte e do destino no além. Com o purgatório nasce o cidadão do além, entre a morte individual e o juízo final.

Mesmo a liturgia testemunha esta evolução. Sempre muda sobre o purgatório, ela começa a se abrir à nova classificação dos defuntos e dela tira as consequências cerimoniais em que se afir-ma muito mais a preocupação com o destino individual. Isto se vê na *Súmula sobre os ofícios eclesiásticos* do cônego de No-tre-Dame de Paris, Jean Beleth, antes de 1165:

Da celebração do ofício dos mortos.

"Antes de o corpo ser lavado ou envolvido em um sudário, o padre ou seu vigário deve ir ao lugar onde ele jaz, trazer água-ben-ta e dizer preces por ele a Deus, deve invocar e pedir aos santos que recebam sua alma e a transportem ao lugar de alegria. Há, com efeito, almas que são perfeitas, que assim que saem do corpo logo voam para os céus. Há outras totalmente más que logo caem no inferno. Há outras, medianas (*mediae*), pelas quais se deve fazer uma recomendação deste gênero. Também é feita pelos maus, mas ao acaso. O corpo lavado e envolto por um lençol deve ser levado à igreja, e então se deve rezar a missa"[54]. Segue o texto de Agostinho, retomado pelo *Decreto* de Graciano sobre as quatro categorias ain-da imobilizadas entre os eleitos e os danados.

---

53. ULLMANN, W. *The Individual and Society in the Middle Ages*. Baltimore, 1966, p. 69.

54. BELETH, J. *Summa de ecclesiasticis officiis*. In: DUTEIL, H. (ed.). *Corpus Christianorum Continuatio Mediaevalis*, XLI A. Turnhout, 1971, p. 317ss.

Brandon escreveu que "para preencher o fosso entre os interesses do indivíduo com sua trajetória temporal de setenta anos (*three-score years and ten*) e os da raça humana estendendo-se pelos milênios (fosso que a religião hebraica nunca conseguiu realmente preencher), a Igreja inventou a ideia de purgatório"[55].

---

55. BRANDON, S.G.F. *Man and his Destiny in the Great Religions*. Manchester University Press, 1962, p. 234.

Terceira parte

O triunfo do purgatório

8
O ordenamento escolástico

O século XIII é o século da organização. A sociedade cristã está cada vez mais enquadrada. No campo econômico aparecem os primeiros tratados de economia rural – a partir da Antiguidade – e a regulamentação urbana geralmente tem como objeto o artesanato, as indústrias nascentes (construção e têxtil), o comércio e o banco. A atividade social está ainda muito mais controlada pelas corporações no campo do trabalho, pelas confrarias no da devoção. As instituições políticas são cada vez mais opressivas no nível da cidade, no nível sobretudo do Estado monárquico, como se vê na França e na monarquia pontifical, em menor grau nos estados ibéricos e na Inglaterra. Esta organização manifesta-se sobretudo no mundo intelectual, onde as universidades, as escolas das ordens mendicantes e as escolas urbanas canalizam, fixam e organizam a efervescência ideológica e escolar do século XII, onde a Teologia e o Direito (renovação do Direito Romano e desenvolvimento do Direito Canônico) constroem súmulas, um sistema de discussão, de decisão e de aplicação que organizam o saber e suas utilizações.

Um triunfo mitigado

O purgatório é capturado neste movimento que ao mesmo tempo o entroniza e o controla. A escolástica, cuja ação foi decisiva em seu nascimento, garante seu triunfo, mas é um triunfo limitado e mitigado.

Não é o caso aqui de acompanhar a instalação do purgatório na e pela escolástica do século XIII até o Concílio de Lyon II (1274), que lhe dá uma formulação oficial na Igreja latina. Examinarei o que dizem do purgatório alguns dos maiores teólogos dos anos 1220-1280 (Guillaume d'Auxerre, Guillaume d'Auvergne, Alexandre de Halès, São Boaventura, Santo Tomás de Aquino e Alberto o Grande) sem procurar, no entanto – o que não é minha intenção –, reintegrar o tratamento do purgatório no conjunto do pensamento desses mestres, mas iluminando seus discursos sobre o purgatório pela maneira como toma lugar em sua obra.

Não se encontram certamente em seus ensinamentos a mesma explosão, os mesmos debates acalorados de ideias que se observam nos mestres da segunda metade do século XII, de Pedro Lombardo a Pedro o Chantre, de Gilbert de la Porrée a Prévostin de Cremona. Não se deve, no entanto, esquecer o ardor das discussões na Universidade de Paris no século XIII, o clima inflamado das questões discutidas e dos *quodlibeta*[1], os conflitos e as audácias manifestadas pela grande querela entre os mestres regulares e os mestres seculares, o caso do averroísmo e as condenações do bispo obscurantista Étienne Tempier em 1271 e 1277[2].

Aqui não é lugar de desenvolver episódios célebres que na maioria das vezes não foram para a Teologia do Purgatório senão uma tela de fundo. As novas ordens mendicantes rapidamente se interessaram por este novo poder do século XIII: a ciência universitária, os dominicanos desde o início e sem grandes inquie-

---

1. Entre os títulos de *quodlibeta* levantados por P. Glorieux (*La littérature quodlibétique de 1260 à 1320*, 1925) encontra-se apenas um *quodlibet* sobre o purgatório. É de Tomás de Aquino e data do Natal de 1269: "Se se pode ser libertado mais ou menos rápido de uma mesma pena no purgatório" (*utrum aequali poena puniendi in purgatorio, unus citius possit liberari quam alius,* quod. II, 14, p. 278).

2. A 219ª e última proposição condenada em 1277 diz respeito ao fogo do além sem precisão: "Que a alma separada (do corpo) não pode de maneira alguma sofrer com o fogo" (*quod anima separata nullo modo patitur in igne*). Trata-se, aliás, do ensino dado na faculdade das artes e não na de teologia. Cf. HISSETTE, H. *Enquête sur les 219 articles condamnés à Paris le 7 mars 1277.* Lovaina/ Paris, 1977, p. 311-312.

tações, os franciscanos mais dificilmente e não sem contratempos. Mas alguns de seus mestres chegam rapidamente à primeira posição do saber escolástico e atraem os auditórios de estudantes mais concorridos, em detrimento dos mestres seculares que lhes recriminam seu ideal de mendicância, sua sede de poder, sua falta de solidariedade corporativa, e que simplesmente sentem ciúmes deles. Os grandes doutores do purgatório do século XIII são mestres mendicantes.

Os intelectuais do século XIII são – em tradução para o latim – leitores dos grandes filósofos gregos da Antiguidade (Platão e principalmente Aristóteles) e dos árabes da Idade Média (Avicena, † 1037, e Averróis, † em 1198). A autoridade eclesiástica não vê com bons olhos este interesse pelos filósofos "pagãos". Uma doutrina, atribuída a Averróis, distingue entre as verdades racionais e as verdades reveladas. Admite que possa existir entre elas oposição e mesmo incompatibilidade. Neste caso, a posição averroísta consistiria em privilegiar a razão contra a fé. Que Averróis tenha feito sucesso na Universidade de Paris no século XIII é inegável. Que mestres parisienses tenham efetivamente professado a doutrina da dupla verdade já não é tão certo. Mas vários foram acusados disso e uma viva polêmica ergueu-se contra eles. Não houve interferência entre a querela averroísta e a doutrina do purgatório. Mas os escolásticos dedicaram-se a dissertar sobre o purgatório não apenas a partir das autoridades, mas também segundo a razão.

Por fim, a grande reação veio mesmo de Paris. O Bispo Étienne Tempier condenou em 1270 treze proposições declaradas errôneas, inspiradas na filosofia pagã. Em 1277, uma nova condenação atingiu 219 proposições. Este duplo sílabo dizia respeito a uma série bastante heteróclita de "erros", mas em 1270 as correntes mais visadas eram o averroísmo – ou o que se colocava sob este nome – e em 1277 o aristotelismo, inclusive uma parte do ensino de Tomás de Aquino. É difícil apreciar o alcance das condenações de Étienne Tempier, e esta não é minha intenção. Se, em geral, a atmosfera criada por estas brutais censuras não foi favorável à investigação teológica, as consequências diretas para a teologia do purgatório foram pouco importantes. Primeiro porque o problema era marginal em relação aos conflitos parisienses. Apenas os dois últimos artigos condenados em 1277, como veremos, abordavam o além. E o essencial da reflexão teológica latina sobre o purgatório já estava terminado em 1274 e seria, naquele ano, oficialmente consagrado pelo Concílio de Lyon II.

Talvez os debates do século XIII tenham sido ainda mais inflamados na Faculdade das Artes – aquela, diríamos nós, das Letras e das Ciências, onde os jovens estudantes recebiam sua formação de base e que conhecemos pouco – do que na Faculdade de Teologia. Em matéria universitária, no entanto, o purgatório é essencialmente uma discussão de teólogos. Discussão principalmente parisiense, portanto. Mas acontece que no século XIII, como desde muito tempo, o Direito se elabora sobretudo em Bolonha, ensina-se a Teologia principalmente em Paris, mas em um meio internacional por causa de seus estudantes e de seus mestres. Ao lado dos franceses Guillaume d'Auxerre e Guillaume d'Auvergne, o inglês Alexandre de Halès, o alemão Albert de Colônia, os italianos Boaventura de Bagnoreegio e Tomás de Aquino são os que dão brilho à teologia universitária parisiense[3].

Triunfo mitigado, primeiro porque o sucesso do purgatório na teologia oficial latina não deve mascarar seu fracasso nas importantes zonas da Cristandade. É a recusa dos hereges, valden-

---

3. A bibliografia da escolástica do século XIII é enorme. As sínteses estão mais sob a etiqueta da filosofia do que da teologia. Para uma visão de conjunto, portanto, nos dirigiremos aos clássicos: GILSON, E. *La Philosophie au Moyen Âge*. 3. ed. Paris, 1947. • WULF. *Histoire de la philosophie médiévale*. T. II. 6. ed. Lovaina, 1936. • VAN STEENBERGHEN, F. *La philosophie au XIIIe siècle*. Lovaina/Paris, 1966. Os grandes escolásticos do século XIII distinguiram bem entre *Filosofia* e *Teologia*. A fronteira nem sempre é fácil de estabelecer e depende da definição dada a estas duas ciências. No conjunto – e isto é válido para as melhores – parece-me que estas sínteses não fazem suficientemente uma distinção entre as duas disciplinas. Um esboço rápido, mas sugestivo, da filosofia medieval recolocada na sociedade foi dado em ALESSIO, F. "Il pensiero dell'Occidente feudale". In: *Filosofie e società*, t. I. Bolonha, 1975. Apud TRESMONTANT, C. *La métaphysique du christianisme et la crise du treizième siècle*. Paris, 1964.

ses e cátaros, nesse século XIII em que o enfrentamento entre o catarismo e a Igreja romana ocupa um lugar tão importante. A hostilidade dos gregos, que razões políticas haviam obrigado a varrer para debaixo do tapete sua recusa do purgatório no momento da efêmera união das igrejas concluída no Concílio de Lyon II (1274), obriga os latinos a discutir com os gregos, que não aceitam este novo além. Estas discussões vão fazer com que a Igreja latina defina melhor o purgatório no século XIII, assim como havia sido conduzida pela luta contra os hereges a deixar clara a existência dele no fim do século XII.

Triunfo mitigado, em seguida, porque os intelectuais latinos, que desempenham um papel crescente na cúria romana e na hierarquia eclesiástica e, evidentemente, nas universidades, experimentam uma certa desconfiança em relação a esta novidade. É difícil detectá-la e documentá-la, mas é sentida. Aflora aqui e ali em suas obras. Dupla desconfiança. De um lado, ela vem sem dúvida de um certo incômodo em relação a uma crença tão pouco e tão malfundamentada na Sagrada Escritura e, sobretudo, do medo de ver essa crença tragada pela piedade vulgar e supersticiosa. Medo diante de um além tão próximo da cultura folclórica e da sensibilidade popular, um além tão mais definido pelo imaginário do que pelo teórico, pelo sensível do que pelo espiritual. Sente-se uma vontade de racionalizar, de balizar, de controlar, de purificar o purgatório.

Eis, por exemplo, como um dos primeiros grandes teólogos parisienses do século XIII aborda os problemas do purgatório.

Em sua *Summa Aurea* (entre 1222 e 1225) Guillaume d'Auxerre, falecido em 1231, um dos introdutores de Aristóteles na teologia escolástica, não deixará de falar do purgatório sob dois pontos de vista: o dos sufrágios pelos mortos e o do fogo purgatório.

As questões relativas aos sufrágios ("Qual a utilidade dos sufrágios para aqueles que estão no purgatório" e "os sufrágios feitos pelos que estão fora da caridade podem ser úteis àqueles que estão no purgatório?")[4] são muito interessantes do ponto de vista do desenvolvimento da contabilidade do além.

Guillaume está entre a problemática do fogo purgatório e a do próprio purgatório. Sobre a maneira como o fogo purgatório purga as almas, está principalmente interessado por um problema teórico, o da causa eficiente (*causa efficiens purgationis*). Adota nessa ocasião uma posição intermediária em relação ao problema de saber se existe no além um "lugar de mérito" (*locus merendi*). Se, com efeito, parece estar de acordo com a opinião que será a dos grandes escolásticos, segundo a qual não se pode mais adquirir méritos depois da morte, ele combate os que negam a possibilidade de um aperfeiçoamento pelo fogo que "purga as almas ao agir nelas sem lhes imprimir sua qualidade" (*ignis purgatorius purgat animas agendo in eas tamen non intendit eis imprimere qualitatem suam*). Questão teórica muito importante porque autoriza ou não a reversibilidade dos méritos. Esta só será reconhecida no século XV. No momento, as almas do purgatório são as beneficiárias dos sufrágios dos vivos, sem que estes recebam nada em troca, salvo, como vimos, o benefício de adquirir para eles mesmos méritos no além ao cumprir aqui uma obra de misericórdia, rezar pelos mortos.

Os textos dos grandes escolásticos que tratam do purgatório trazem de muitas maneiras a marca dos métodos universitários. Destacaria dois. O ensino universitário se faz principalmente por meio do comentário de manuais. No século XIII, o principal foi a coletânea dos *Quatro livros de sentenças*, de Pedro Lombardo. Mas, como vimos, Lombardo trata do fogo purgatório no *Livro IV das sentenças*, que no século XIII tornou-se o purgatório. Em seu comentário de Lombardo, os mestres parisienses não deixarão de abordar o purgatório, mesmo se o bispo de Paris, que morreu em 1160, ainda não tivesse este conceito à sua disposição. A passagem da Primeira Epístola de Paulo aos Coríntios

---

4. GUILLELMUS ALTISSIODORENSIS. *Summa áurea*. Paris, 1500 [ed. Pigouchet] [reedição anastática, Francfurt-sur-le-Main: Minerva, 1964, livro IV, fol. CCCIIIv e CCCVv].

continuará sendo uma das peças importantes do dossiê e do comentário, mas o texto escriturário será cada vez mais encoberto como texto de base pelo segundo texto, o de Lombardo.

Por outro lado, o ensino universitário organiza-se em torno de um programa metódico, racional, que certamente tem relação com as preocupações da época e com as modas intelectuais, tais como o aristotelismo ou o averroísmo. Mas as questões, mesmo no sistema dos *quolibeta* concebidos em princípio para possibilitar a abordagem de qualquer questão fora dos programas regulares, dependem de sua inserção em uma problemática mais vasta. O purgatório toma lugar no conjunto dos "fins últimos", no capítulo *De novissimis*[5]. Para os grandes teólogos do século, ele é um dado estabelecido, professado pela Igreja e proposto pelos programas universitários, mas que não desperta paixão.

No século XII o além intermediário estava estreitamente misturado a alguns dos grandes problemas comuns aos teólogos, aos místicos e, sob formas menos elaboradas, ao menos a uma parte da sociedade leiga: a exegese bíblica, a natureza do pecado, as práticas da penitência, o estatuto das visões e dos sonhos. A teologia, principalmente a teologia parisiense, como vimos, contribuiu enormemente na segunda metade do século para a elaboração de soluções às questões colocadas.

No século XIII a teologia universitária – eminentemente parisiense mais uma vez – entroniza o purgatório, insere-o no sistema do pensamento cristão, mas não parece vivê-lo como um problema existencial. Devemos conduzir, portanto, nossa pesquisa em dois níveis: o dos intelectuais, o dos pastores e da massa.

O purgatório, continuação da penitência terrena: Guillaume d'Auvergne

Um dos melhores historiadores do pensamento medieval, M. de Wulf, escreveu: "A linhagem dos grandes teólogos espe-

---

5. É ainda nesta rubrica que o encontramos no arquivo metódico da excelente biblioteca da Universidade Gregoriana em Roma.

culativos se inicia com Guillaume d'Auvergne, um dos espíritos mais originais da primeira metade do século [...]. Ele é o primeiro grande filósofo do século XIII"[6]. Tratando-se do purgatório, diria com prazer: Guillaume d'Auvergne é o último grande teórico do século XII[7]. Aliás, Étienne Gilson havia estimado: "Por todo seu hábito de pensamento como por seu estilo, Guillaume se vincula ao fim do século XII", e ressalta que ele também era, depois de Abelardo e de Bernardo de Clairvaux, o último grande teólogo francês da Idade Média. Pergunto-me se este aspecto um pouco "arcaico" de Guillaume d'Auvergne não vem, como se disse, não de sua hostilidade contra o aristotelismo (que certamente não é tão grande quanto se pretende), mas do fato de este secular, este pastor, por importante teólogo que fosse, permanecer próximo das preocupações e da mentalidade de suas ovelhas que não eram tão conhecedoras na nova teologia escolástica, que os novos intelectuais universitários talvez tivessem tendência a encerrar no gueto do Quartier Latin em vias de construção.

Nascido por volta de 1180 em Aurillac, mestre-regente em Teologia em Paris de 1222 a 1228, bispo de Paris de 1228 até sua morte em 1249, Guillaume d'Auvergne compôs entre 1223 e 1240 uma imensa obra, o *Magisterium divinale sive sapientale*, composto de sete tratados, dos quais o mais importante, o *De universo* (*Sobre o universo das criaturas*), foi composto entre 1231 e 1236.

---

6. Sobre Guillaume d'Auvergne, cf. o livro um tanto ultrapassado de Noël Valois: *Guillaume d'Auvergne, sa vie et ses ouvrages* (Paris, 1880), o estudo de J. Kramp: "Des Wilhelm von Auvergne *Magisterium Divinale*" (In: *Gregorianum*, 1920, p. 538-584 e 1921, p. 42-78, 174-187) e sobretudo A. Masnovo (*Da Guglielmo d'Auvergne a San Tommaso d'Aquino* (2 vols. Milão, 1930-1934).

7. Alan E. Bernstein apresentou em fevereiro de 1979, diante da *Medieval Association of the Pacific*, uma exposição sobre *William of Auvergne on punishment after death*, cujo texto teve a gentileza de me comunicar. Concordo em grande parte com sua interpretação. Mas penso que, por um lado, assim como Arno Borst, ele exagerou um pouco a influência da luta contra os cátaros sobre suas ideias a respeito do purgatório e, por outro, as contradições que existiriam na sua doutrina do fogo purgatório. Alan E. Bernstein empreendeu uma pesquisa sobre "Hell, Purgatory and Community in XIIIth century France".

Depois de ter esboçado uma geografia que une o além e este mundo, na qual o lugar da felicidade da alma situa-se no topo do universo, no Empireu, o lugar de sua infelicidade no fundo do universo, nas profundezas subterrâneas opostas ao céu do Empíreo, e o lugar mesclado de felicidade e de infelicidade no mundo dos vivos, Guillaume d'Auvergne começa a tratar do purgatório. Considera dois problemas clássicos: a localização e o fogo. O bispo de Paris coloca imediatamente o problema do lugar da purgação, uma vez que o termo de *purgatório* já está assimilado: "Se o lugar da purgação das almas, que chamamos purgatório, é um lugar específico, destinado à purgação das almas humanas, distinto do paraíso terrestre, do inferno, e de nossa morada, isso é um problema"[8].

Que depois da morte do corpo restem muitas coisas a purgar é para Guillaume d'Auvergne "uma evidência" (*manifestatum est*). E imediatamente avança a grande ideia de sua concepção do purgatório: é a continuação da penitência terrena. Esta concepção penitencial do purgatório, que ninguém expressou mais nitidamente do que ele, está na linha da tradição do século XII, como creio ter esclarecido.

Para a necessidade evidente da purgação, Guillaume oferece uma primeira razão: os defuntos mortos de morte súbita ou imprevista, por exemplo "pela espada, pelo sufocamento ou pelo excesso de sofrimento", arrebatados pela morte antes de poderem cumprir sua penitência, devem ter um *lugar* para terminá--la. Mas existem outras razões para a existência do purgatório. Por isso a diferença entre os pecados mortais e os pecados leves. Como todos os pecados não são iguais, a expiação obrigatória desses pecados não pode ser a mesma para os mais graves e os

---

8. "*De loco vero purgationis animarum, quem purgatorium vocant, an sit proprius, et deputatus purgationi animarum humanarum, seorsum a paradiso terrestri, et inferno, atque habitatione nostra, quaestionem habet*" (*De universo*, cap. LX). GUILLELMUS PARISIENSIS. *Opera Omnia*. Paris, 1674, I, 676. Em relação ao lugar do purgatório, cf. os capítulos LX, LXI e LXII (p. 676-679) dessa edição. Em relação ao fogo do purgatório, cf. os capítulos LXIII, LXIV e LXV (p. 680-682).

mais leves, de um lado, por exemplo, o homicídio ou o banditismo, o riso exagerado, o prazer de comer e de beber, do outro. Para uns, é a expiação pelo castigo (*per poenam*), para os outros ela é adquirida pela penitência (*per poenitentian*).

Quanto aos pecados leves, está claro que o morto que está carregado deles não pode nem entrar com eles no paraíso nem por causa deles ir para o inferno. Portanto, deve obrigatoriamente expiá-los antes de ser transportado para a glória celeste. E, consequentemente, deve existir um lugar onde, no futuro, se faça essa expiação. Guillaume d'Auvergne não tem nenhuma dúvida sobre o tempo do purgatório: situa-se entre a morte e a ressurreição dos corpos.

Separa também muito nitidamente inferno e purgatório. Mas se não insiste, como em geral se fará mais tarde no século XIII, no caráter muito doloroso da purgação depois da morte, nem por isso assimila menos a penitência do purgatório a uma *expiação* e as provações do purgatório às penas, aos castigos penitenciais (*poena purgatoriae et poenitentiales*). Com efeito, e esta é sua grande ideia, "as penas purgatórias são penas que completam a purgação penitencial iniciada nesta vida". Acrescenta que a frequência das mortes imprevistas, das penitências imperfeitas antes da morte, e dos casos de morte em estado de pecados leves torna essas penas "necessárias a inúmeras almas" (*necessariae sunt multis animabus*). O que significa dizer que o purgatório tem chances de ser muito povoado. Sem que isto seja dito, é evidente que, nesta concepção, o inferno é mais ou menos esvaziado em benefício do purgatório. Aliás, a existência do purgatório não é prejudicial ao exercício de uma vida cristã na terra, não é uma incitação ao relaxamento aqui neste mundo, pelo contrário. "Pois, por medo da purgação no futuro, por falta de outras motivações, os homens começam mais facilmente e mais cedo a purgação penitencial aqui neste mundo, perseguindo-a com mais zelo e vigor e esforçando-se para terminá-la antes de morrer".

A existência do purgatório é, portanto, provada pela argumentação e na perspectiva da penitência. Guillaume d'Auvergne continua com outras provas. Uma primeira provém da experiência. Numerosas e frequentes visões e aparições de almas ou de homens que se encontram nessas purgações depois de sua morte atestam a realidade do purgatório. Consciente da importância desta literatura do além purgatório, importância que desejei destacar neste livro, ressalta o interesse das informações concretas trazidas pelos escritos e pelos relatos dessas aparições, reclamações, premonições e revelações que não são apenas divertidas (*quae non solum auditu jocundas sunt*), mas também úteis e salutares. De onde a necessidade dos sufrágios pelos mortos: preces, esmolas, missas e outras obras piedosas.

Por fim, há uma terceira razão para a existência do purgatório: é a exigência de justiça. Ele repete que "aqueles que negaram a existência do purgatório e dessas purgações das almas ignoraram a penitência". Mas a penitência "é o julgamento espiritual, julgamento no qual a alma pecadora se acusa a si mesma, testemunha contra si mesma, pronuncia um julgamento contra si mesma". Mas todo julgamento deve satisfazer a justiça. Todas as faltas não são igualmente graves e não merecem a mesma punição. Se a justiça humana não tolera esta confusão das penas, menos ainda a justiça divina, que também é misericórdia. Mais uma vez, Guillaume d'Auvergne está bem na linha desse século XII sedento, como mostrei, de justiça tanto quanto de penitência.

Resta situar este lugar do purgatório cuja existência não deixa nenhuma dúvida. Aqui Guillaume d'Auvergne está mais embaraçado, pois "nenhuma lei, nenhum texto não deixa isso claro" (*nulla lex, vel alia scriptura determinat*). É preciso, portanto, crer naquilo que essas visões e aparições revelam. Mostram que essas purgações são feitas em vários lugares desta terra. A isto Guillaume também quer dar uma justificativa teórica, racional. "A coisa não surpreende, diz ele, pois essas purgações não são senão suplementos das satisfações penitenciais, por isso não convém atribuir-lhes um lugar diferente do dos penitentes". E acrescenta: "É o mesmo lugar que é destinado ao todo e às partes; ali onde há um lugar para o homem, este lugar também é para seus pés e suas mãos; essas purgações são apenas partes das penitências". Assim sua doutrina do purgatório penitencial leva Guillaume a situar o purgatório neste mundo. Talvez seja apenas o leitor de Gregório o Grande, que busca uma explicação racional (*apparere etiam potest ex ratione*). A esta conclusão ele só podia ter chegado, ao que me parece, sobretudo depois de ter expressado sua concepção geográfica do universo. O paraíso está no alto, o inferno está embaixo, nossa terra ocupa o nível intermediário. Era exatamente ali que era necessário posicionar esse intermediário por excelência, o purgatório. Dante seguirá, quase um século mais tarde, a linha das ideias de Guillaume d'Auvergne sobre o purgatório; um lugar mais próximo do paraíso do que do inferno, um lugar onde se penetra encontrando-se primeiro as vítimas de mortes súbitas ou violentas, e mesmo suicidas, no caso do porteiro Catão. Mas graças à sua concepção hemisférica da terra, Dante saberá dar à montanha do purgatório uma localização ao mesmo tempo intermediária e específica.

O segundo problema relativo ao purgatório tratado por Guillaume d'Auvergne no *De universo* é o do fogo, que é, em sua época, não apenas um acessório essencial e obrigatório do purgatório, mas muitas vezes também sua própria encarnação.

Alan E. Bernstein pensou ver uma contradição nos capítulos que Guillaume consagra ao fogo do purgatório. Pareceria pender para a concepção de um fogo imaterial, ou mesmo puramente "metafórico", mesmo que a palavra não seja pronunciada e depois, finalmente, admitiria a ideia de um fogo material. Bernstein tenta resolver esta contradição imaginando que Guillaume d'Auvergne elabora uma teoria em dois níveis: para seus estudantes, para os intelectuais (e para ele mesmo), apresentaria a hipótese de um pseudofogo, em uma perspectiva próxima da de Orígenes; para a massa de fiéis, exporia uma concepção material, real, do fogo, mais compreensível para os espíritos mais grosseiros. O bispo de Paris certamente é ao mesmo tempo um teólogo renomado e um pastor muito preocupado com a *cura animarum*, com o bem de suas ovelhas. Mas creio que a duplicidade de ensino que Alan Bernstein lhe confere não é muito verossímil em um prelado da primeira metade do século XIII e não explica o texto do *De universo*.

Guillaume d'Auvergne, em sua súmula que, não nos esqueçamos, trata do universo das criaturas, esboça um inventário e uma fenomenologia do fogo. Existem, diz ele, todos os tipos de fogo. Sabe-se que na Sicília, por exemplo, existem aqueles que têm curiosas propriedades que tornam os cabelos fosforescentes sem queimá-los, e há também seres, animais incorruptíveis pelo fogo, como a salamandra. Esta é a verdade científica terrena sobre o fogo. Por que Deus não teria criado uma espécie particular de fogo, que faça desaparecer os pecados leves e os pecados incompletamente expiados? Existe, portanto, em Guillaume, primeiro a preocupação em mostrar que o fogo do purgatório não é um fogo como os outros. É particularmente diferente do fogo da geena, do inferno. O propósito de Guillaume é, na verdade, diferenciar bem o purgatório do inferno. É preciso, portanto, que o fogo de um seja diferente do fogo do outro. E, no entanto, mesmo o fogo infernal é um fogo diferente daquele de que temos a experiência nesta terra, isto é, o fogo que consome. O fogo do inferno queima sem consumir, uma vez que os danados serão eternamente torturados. Por isso, se existe um fogo que deve queimar perpetuamente sem consumir, por que Deus também não teria criado um fogo que queima consumindo somente os pecados, purificando o pecador? Mas esses fogos que queimam sem consumir não são menos reais. Por outro lado, Guillaume é sensível à opinião daqueles que observam que, segundo a ideia que se pode ter do purgatório, ideia confirmada pelo que dizem seus habitantes durante suas aparições, o fogo não é a única forma de expiação que ali se sofre. Sendo assim, o fogo não é uma metáfora, mas o termo genérico que serve para designar o conjunto dos processos de expiação e de purificação sofrido pelas almas do purgatório.

Resta o argumento essencial sobre o qual Alan Bernstein se apoia para sustentar a hipótese de uma teoria do fogo metafórico em Guillaume d'Auvergne. O fogo, diz o teólogo, pode até mesmo ser eficaz na imaginação, como por exemplo nos pesadelos, onde aterroriza sem ser real. Mas assim como já mostrou que a crença no purgatório conduz a uma melhor prática penitencial neste mundo, Guillaume quer apenas provar a eficácia do fogo purgatório para a salvação eterna. Para mim, o que pretende dizer é que, como o fogo já é eficaz quando existe apenas na imaginação dos homens, dos sonhadores, por exemplo, ele o é ainda mais quando é real. Pois como duvidar que Guillaume acredite e professe que o fogo do purgatório é real, material? O próprio Alan Bernstein observou que, segundo Guillaume, esse fogo "tortura corpórea e realmente os corpos das almas" (*corporaliter et vere torqueat corpora animarum*). Quem disse, melhor e mais audaciosamente, que o teatro do purgatório não é um teatro de sombras, mas um teatro corpóreo, onde as almas sofrem em seus corpos as fisgadas de um fogo material?

O purgatório e os mestres mendicantes

Com os grandes teólogos mendicantes aborda-se – apesar da originalidade individual devida à personalidade e às características de suas respectivas ordens – um bloco doutrinal.

A. Piolanti, apesar de alguns erros de perspectivas, definiu bem a posição de conjunto dos grandes escolásticos (Alexandre de Halès, São Boaventura, Santo Tomás de Aquino, Alberto o Grande). "No século XIII os grandes escolásticos, ao glosarem o texto de Pedro Lombardo, construíram uma síntese mais consistente: mesmo debatendo sobre pontos secundários como a remissão do pecado venial, a gravidade e a duração da pena, o lugar do purgatório[9], consideraram como doutrina de fé a existência do purgatório, o limite da pena no tempo e estiveram de acordo para considerar o fogo como real"[10].

---

9. Pontos que não considero como secundários.

10. PIOLANTI, A. "Il dogma del Purgatorio". In: *Euntes Docete*, 6, 1953, p. 301.

Entre os franciscanos

1 Do comentário de Pedro Lombardo a uma ciência do além: Alexandre de Halès

Já citei (p. 345) um trecho da glosa de Alexandre de Halès sobre as *Sentenças*, de Lombardo, que aprofundava, de um ponto de vista matemático, o problema da *proporcionalidade* em relação ao purgatório. Eis a estrutura e o essencial do conteúdo do comentário deste grande mestre parisiense[11].

Este inglês nascido por volta de 1185 tornou-se mestre em artes em Paris antes de 1210, ali ensinou Teologia desde 1225 até sua morte, ocorrida em 1245. Em 1236 entrou para os Menores e foi titular da primeira cátedra franciscana de Teologia da Universidade de Paris. É um dos primeiros teólogos parisienses a ter explicado Aristóteles, apesar das constantes interdições (o que prova sua ineficácia) de ler as obras do "príncipe dos filósofos". A *Súmula teológica*, que por muito tempo lhe foi atribuída não é de sua autoria, e sim de universitários franciscanos muito marcados pelo seu ensino. Mas é o autor da *Glosa sobre as sentenças*, de Pedro Lombardo, e o primeiro a usá-la como texto de base do ensino universitário da Teologia (o Concílio de Latrão IV em 1215 praticamente consagrara Lombardo como teólogo oficial), glosa provavelmente redigida entre 1223 e 1229, e das *Questões discutidas* igualmente redigidas antes de sua entrada para os franciscanos – de onde o título que lhes deram (*Questiones disputatae antequam esset frater*).

Em sua glosa do *Livro IV das Sentenças*, de Pedro Lombardo, Alexandre trata do purgatório na distinção XVIII e sobretudo nas distinções XX: "Da penitência tardia, da pena do purgatório e dos relaxamentos"[12], e XXI: "Da remissão e da punição dos

---

11. Sobre a vida e as obras de Alexandre de Halès, cf. *Prolegomena* (p. 7-75), do volume I da edição de sua glosa: *Magistri Alexandri de Hales Glossa in quatuor libros sententiarum Petri Lombardi*. Quaracchi, 1951.

12. *De sera poenitentia, de poena purgatorii et de relaxationibus* (*Glossa in quatuor libros sententiarum Petri Lombardi*. Vol. IV. Quaracchi, 1957, p. 349-365).

pecados veniais, da edificação com ouro, com feno, com palha, sete modos de remissão do pecado"[13].

Nota-se que retoma o problema do purgatório especialmente destinado aos pecadores, cuja penitência, tardia, está incompleta e àqueles que não estão carregados de pecados veniais, e que também utiliza a Primeira Epístola de São Paulo aos Coríntios.

Na obra de Alexandre há primeiramente uma reflexão sobre o fogo. Existe um fogo que purgará as almas até o fim do mundo: "Existe um fogo duplo; um, purgatório, que purga as almas agora, até o dia do juízo (final); um outro que precederá o juízo, que consumirá este mundo e que purificará aqueles que edificam com ouro etc., se são então encontrados com alguma coisa de combustível. Deve-se notar que existem três tipos de fogo: a luz, a chama, a brasa (*lux, flamma, carbo*) e que sua divisão se distribui em três partes: a superior para os eleitos, a intermediária para os que devem ser purgados, a última para os danados".

Além da referência a Aristóteles, que escreveu que "a brasa, a chama e a luz se diferenciam uma da outra" (*Tópicos*, V, 5), e a São Paulo, vê-se que Alexandre de Halès concilia as opiniões tradicionais sobre o fogo que, para uns, é ativo antes da ressurreição e, para outros, depois da ressurreição no momento do juízo final, ao declarar que existem dois fogos: um purgatório entre a morte e a ressurreição, o outro consumidor ou purificador entre a ressurreição e o juízo. A distinção aristotélica dos três fogos permite a Alexandre definir bem a natureza mediana, intermediária, do purgatório a que corresponde a chama que purga, ao passo que a luz está reservada aos eleitos, e a brasa, o carvão ardente, aos danados. Temos aqui um bom exemplo da ferramenta lógica fornecida por Aristóteles aos escolásticos do século XIII.

1) *Este fogo do purgatório purga pecados veniais* (*purgans a venialibus*): "O pecado é perdoado e purgado de várias

---

13. *De remissione et punitione venialium, de aedificantis aurum, foenum, stipulam, de septem modis remissionis peccati* (Ibid., p. 363-375).

maneiras nesta vida pelo amor (*charitas*) como uma gota de água no forno do fogo, pela Eucaristia, pela Confirmação e pela Extrema-unção. Depois da morte, é purgado no purgatório".

2) Purga também penas devidas aos pecados mortais ainda não expiados de uma maneira suficientemente satisfatória (et a poenis debitis mortalibus nondum sufficienter satisfactis).

3) É uma pena maior do que qualquer pena temporal (poena maior omni temporali): ou seja, a retomada do tema agostiniano, com uma preocupação de combater a ideia de laxismo que poderia ser vinculada a uma concepção que esvazia mais ou menos o inferno.

4) Não é uma pena injusta e não proporcional? (nonne iniusta et improportionalis), é a questão cuja importância mostrei no capítulo anterior.

5) Ali existem confiança e esperança, mas não ainda visão (beatífica) *(ibi fides et spes, nondum visio)*: Alexandre insiste, como muitos, no fato de que o purgatório é a *esperança*, pois é a antecâmara do paraíso, mas ressalta também que ainda não é o paraíso, e que nele se está privado da visão de Deus.

6) Não são muitos aqueles que o evitam ou que dele escapam (illud vitantes seu evolantes pauci). "Poucos são na Igreja aqueles cujos méritos são suficientes e que não devem passar pelo purgatório" *(transire per purgatorium)*. O purgatório é o além provisório da maioria dos homens, dos defuntos. Afirma-se aqui a primazia quantitativa do purgatório.

Por outro lado, Alexandre de Halès tratou das relações entre a Igreja e o purgatório. O primeiro problema é o da jurisdição, do *foro* (tribunal), de que depende a alma do purgatório.

"À objeção de que ele não entra no poder das chaves (o poder dado por Jesus a Pedro de remeter os pecados e, por meio dele, a todos os bispos e a todos os padres) de perdoar a pena purgatória pela comutação em pena temporária, deve-se responder que os que estão no purgatório *(in purgatorio)* estão de uma certa maneira subordinados ao *foro* da Igreja militante e também ao fogo purgatório na medida em que ele convém à pena satisfatória (que cumpre a penitência). Portanto, como os fiéis pertencem ou à Igreja militante ou à Igreja triunfante, aqueles estão no meio (*in medio*) e, como não pertencem inteiramente nem à Igreja triunfante nem à Igreja militante, podem estar submetidos à autoridade do padre (*potestati sacerdotis*) por causa do poder das chaves".

Texto capital que nessa época em que se reorganiza no Direito Canônico, no plano prático como no plano teórico, a jurisdição da Igreja faz com que esta anexe, pelo menos parcialmente, o novo território aberto no além. Até então o poder judiciário espiritual, o tribunal da alma, o *foro*, estava nitidamente dividido por uma fronteira passando pela linha da morte. Neste mundo o homem está subordinado à Igreja, ao *foro* eclesiástico; no além, estaria apenas a Deus, ao *foro* divino. Certamente a recente legislação sobre a canonização, sobre a proclamação de santos conferia à Igreja poder sobre certos mortos que ela logo colocava, assim que morriam, no paraíso e no deleite da visão beatífica, mas ao fazê-lo "a Igreja se pronuncia somente sobre o destino de um número ínfimo de defuntos"[14]. Mas a ingerência no purgatório refere-se, como vimos, à maioria dos fiéis. Sem dúvida, o novo território não está totalmente anexado pela Igreja. Torna-se, em sua situação intermediária, submetido ao *foro* comum de Deus e da Igreja. Poderíamos avançar que à imagem das cojurisdições que o sistema feudal desenvolveu nessa época, existe a *paridade* (cossenhoria em termos de direito feudal) de Deus e da Igreja sobre o purgatório. Mas como a Igreja aumentou sua ascendência da Igreja sobre os fiéis! No momento em que seu poder neste mundo é contestado ao mesmo tempo pela serena contestação dos convertidos às doçuras do mundo terreno (os *levianos*) e pela dura contestação dos hereges, a Igreja prolonga para além da morte seu poder sobre os fiéis.

---

14. LE BRAS, G. *Institutions ecclésiastiques de la chrétienté médiévale*, I. Paris, 1959, p. 146.

Trata-se de doutrina da Igreja no sentido mais pleno e mais amplo, e também cabe a Alexandre de Halès dar uma das primeiras expressões claras do papel da *comunhão dos santos* na perspectiva do purgatório. A questão é esta: "Os sufrágios da Igreja são úteis aos mortos no purgatório?" Resposta: "Assim como a dor específica traz satisfação para o pecado, assim também *a dor comum da Igreja universal*, que lamenta os pecados dos fiéis mortos rezando e gemendo por eles, auxilia na satisfação, ela mesma não cria plena satisfação, mas com a pena do penitente auxilia na satisfação, o que é a própria definição do sufrágio. O sufrágio é, com efeito, o mérito da Igreja capaz de diminuir a pena de um de seus membros"[15]. Assim começa a aparecer em plena luz a noção de dor, de sofrimento que, de simples expiação, vai se tornar a fonte dos méritos que permitirão às almas do purgatório não apenas terminarem – com o auxílio dos vivos – sua purgação, mas merecerem intervir junto de Deus em favor desses vivos.

No entanto, é verdade que a Igreja, no sentido eclesiástico, clerical, tira grande poder do novo sistema do além. Administra ou controla as preces, as esmolas, as missas, as oferendas de todos os tipos realizadas pelos vivos em benefício de seus mortos, e se beneficia com isso. Desenvolve, graças ao purgatório, o sistema das indulgências, fonte de grandes benefícios de poder e de dinheiro, antes de se tornar uma arma perigosa que se voltaria contra ela.

Alexandre de Halès é mais uma vez o teórico e a testemunha desta evolução. É prudente: "À objeção de que a Igreja não poderia em razão dos perfeitos obter satisfação pelos outros, respondi que ela pode obter um auxílio, não a satisfação completa. Acrescentam, no entanto, como se pode obter relaxamento desse tipo para familiares defuntos quando já caíram 'nas mãos de Deus vivo' e que o Senhor disse: 'quando tiver fixado o tempo,

---

15. *"Respondemus: sicut dolor communis Ecclesiae universalis, plangentis peccata fidelium mortuorum et orantis pro ipsis cum genitu, est adiutorius in satisfactione: non quod per se plene satisfaciat, sed (quod) cum poena poenitentis iuvet ad satisfationem, sicut ex ratione suffraggii potest haberi. Suffragium enim est meritum Ecclesiae, poenae alicuius diminutivum"* (*Glossa*, vol. IV, p. 354).

julgarei'? (Sl 74,3). Respondemos: somente aquele que pesa as almas sabe a grandeza da pena devida a cada pecado, e não convém que o homem busque saber demais sobre isso. Mas aqueles que, no amor, vão em socorro da Terra Santa podem ser tão devotos e generosos nas esmolas que, mesmo libertados de todos seus pecados, podem livrar seus familiares do purgatório, obtendo-lhes satisfação".

A fonte das indulgências pelos mortos só se abre, portanto, em conta-gotas, em benefício desta categoria excepcional de cristãos, cada vez mais raros no século XIII, os cruzados. Mas o dispositivo está organizado, pronto para funcionar. No fim do século, Bonifácio VIII tirará dele um partido bem maior por ocasião do jubileu de 1300.

Nas *Questões debatidas "Antequam esset frater"* entre 1216 e 1236, Alexandre de Halès ainda faz várias alusões ao purgatório. Na questão XLVIII, a propósito dos pecados veniais, distingue a falta, a culpa, que é apagada pela extrema-unção, enquanto a pena não é retirada senão no purgatório[16]. Em outro trecho, relembra o caráter amargo, duro (*acerbitas*) da pena do purgatório[17]. À questão de saber se aqueles que estão no purgatório têm esperança, responde pela bela metáfora dos viajantes em um barco. A esperança vem não do mérito deles, mas da ação de outro. Os viajantes podem avançar ou pelo trabalho de seus pés, ou por um outro meio, um cavalo ou um barco, por exemplo. Os defuntos no purgatório são "como viajantes em um barco: não adquirem mérito, mas pagam seu transporte; da mesma forma os mortos no purgatório pagam a pena que devem não como o capitão que pode adquirir méritos no barco, mas simplesmente como transportados"[18].

---

16. ALEXANDRE DE HALÈS. *Quaestiones disputatae "antequam esset frater"*. 3 vol. Biblioteca Franciscana Scholastica Medii Aevi, 3 vol. Quaracchi, 1960, t. 19, 20 e 21. A passagem citada da questão XLVIII está nas p. 855-856.

17. Ibid., p. 1.069.

18. Ibid., p. 1.548.

2 Boaventura e os fins últimos do homem

Jean Fidanza, que tomará o nome de Boaventura, nasceu por volta de 1217 em Bagnoreggio, na fronteira do Lácio com a Úmbria, foi para Paris ainda jovem, entrou em 1243 para a Ordem Franciscana, foi *bacharel bíblico* (i. é, autorizado a explicar as Escrituras) em 1248, *bacharel sentenciário* (i. é, habilitado a comentar os *Quatro livros das sentenças*, de Pedro Lombardo) em 1250, tornou-se mestre em Teologia em 1253[19]. Foi, portanto, no início de sua carreira universitária, entre 1250 e 1256, que redigiu seu *Comentário* sobre Lombardo, antes de se tornar ministro-geral da Ordem dos Menores em 1257 e cardeal em 1273. Vê-se o peso da inspiração agostiniana, característica do doutor franciscano[20].

Na distinção XX do livro IV do *Comentário das sentenças*, Boaventura trata "da pena do purgatório em si". Afirma primeiro que é depois desta vida que essa pena certamente deve ser colocada. À questão de saber "se a pena do purgatório é a maior das penas temporais" (*utrum poena purgatorii sit maxima poenarum temporalium*), responde que ela é "em seu gênero" mais pesada do que qualquer pena temporal que a alma possa sofrer quando está unida ao corpo. Boaventura mesmo afirmando, na tradição agostiniana, a severidade daquilo que se sofre no purgatório e reconhecendo a relação que se pode estabelecer entre essa pena e as deste mundo, ressalta a especificidade do purgatório. Aqui,

---

19. Falecido em 1274, só será canonizado em 1482, e proclamado doutor da Igreja somente em 1588. Sobre Boaventura, cf. BOUGEROL, J.-C. *Introduction à l'étude de saint Bonaventure.* Paris, 1961. Cf. tb. os 5 vols. de *S. Bonaventure, 1274-1974*, publicados em Grottaferrata em 1973-1974. Existe em latim um estudo útil sobre São Boaventura e o purgatório: GERSTER A ZEIL, T.V. *Purgatorium iuxta doctrinam seraphici doctoris S. Bonaventurae.* Turim, 1932.

20. O *Commentaire des Sentences de Pierre Lombard*, de Boaventura, foi editado nos quatro primeiros volumes da edição monumental dos franciscanos de Quaracchi a partir de 1882. O comentário do livro IV encontra-se no t. IV; a distinção 20, nos fólios 517-538; os artigos 2 e 3 da primeira parte da distinção 21, nos fólios 551-556; o artigo 2 da distinção 44, nos fólios 943-944. Uma edição mais manejável foi oferecida pelos irmãos de Quaracchi: S. *Bonaventurae Opera Theologica*, editio minor – T. IV: *Liber IV Sententiarum.* Quaracchi, 1949.

sem dúvida, existe o eco das teorias sobre a proporcionalidade da pena purgatória de Alexandre de Halès, que foi de fato seu mestre. Logo a seguir, Boaventura trata de um problema que preocupou todos os grandes escolásticos, o do caráter voluntário ou não da pena do purgatório, a *vontade* ocupando em seus sistemas um lugar privilegiado. É o caso de Boaventura que, no terceiro dos seis graus da contemplação definidos pelo *Itinerário do espírito em direção a Deus*, mostra a alma que "nela vê brilhar a imagem de Deus, porque nas três potências, memória, inteligência e vontade, vê Deus por si mesmo como na sua imagem" (J.C. Bougerol).

Todos os grandes escolásticos, sob formulações diversas que decorrem de seus sistemas particulares, não concedem à pena do purgatório senão um caráter voluntário limitado porque, depois da morte, como estabeleceu Alexandre de Halès, o livre-arbítrio está imóvel e o mérito impossível. Por isso, para esses teólogos, os pecados veniais são perdoados no purgatório *quanto à pena* (*quoad poenam*), mas não quanto à falta, à culpa (*quoad culpam*) que é perdoada no instante mesmo da morte. Tomás de Aquino, que segue Lombardo muito mais ao pé da letra, ensina em seu *Comentário das sentenças* que "na outra vida o pecado venial é perdoado *quanto à própria culpa* pelo fogo do purgatório àquele que morre em estado de graça, porque essa pena, sendo de uma certa maneira voluntária, tem a virtude de expiar toda falta compatível com a graça santificante". Retorna a esta posição no *De malo*, onde avalia que o pecado venial não existe mais no purgatório; quanto à culpa, esta foi apagada por um ato de caridade perfeita no momento da morte.

Sobre o problema do caráter voluntário da pena do purgatório, Boaventura pensa que ela é muito pouco voluntária (*minimam habet voluntarii*), pois a vontade a "tolera", mas "deseja seu oposto", ou seja, sua cessação e a recompensa celeste[21]. A questão

---

21. Sobre todos estes problemas, cf. MICHEL, A. Artigo "Purgatoire". In: *Dictionnaire de Théologie Catholique*, col. 1.239-1.240.

seguinte se refere às relações entre purgatório e paraíso: "Será que na pena do purgatório há menos certeza da glória do que no caminho?"[22], isto é, neste mundo onde o homem é um *viator*, um peregrino? Ao que ele responde: "Há mais certeza da glória no purgatório do que no caminho, mas menos do que na pátria". Trata-se aqui do purgatório como *esperança*, e Boaventura vai de uma certa forma além da esperança, uma vez que fala de certeza; mas introduz graus na certeza. Segue a concepção que se tornou fundamental do purgatório como "meio", intermediário, e distingue duas fases, e mesmo dois lugares no paraíso: a *pátria* (o termo *patria*[23] e esta concepção encontram-se em outros autores) que parece próxima da ideia do seio de Abraão que se encontra no descanso, e a *glória* que é ao mesmo tempo o júbilo da visão beatífica e, de alguma forma, a "deificação" do homem, cuja alma recuperou o corpo ressuscitado e tornou-se "glorioso".

Boaventura introduz aqui uma questão muito interessante para nós, pois ela o faz entrar no campo do imaginário tão importante na história vivida do purgatório. Responde à questão de saber "se a pena do purgatório é infligida pelo ofício (*ministerio*) dos demônios": "A pena do purgatório não é infligida pelo ministério dos demônios nem dos bons anjos, mas é provável que as almas sejam conduzidas ao céu pelos anjos bons, ao inferno pelos maus".

Assim Boaventura considera o purgatório como uma espécie de *lugar neutro*, de *no man's land* entre o domínio dos anjos e o dos demônios. Mas ele o situa – na perspectiva desta desigualdade na igualdade, na equidistância, como mostrei, que é uma estrutura lógica fundamental no espírito dos homens da sociedade feudal – do lado do paraíso na medida em que para os dois reinos, como dirá Dante, os condutores das almas são os anjos

---

22. *"Utrum in poena purgatorii sit minor certitudo de gloria quam in via [...]"*, cuja conclusão é *"in purgatorio est maior certitudo de gloria quam in via, minor quam in patria"* (*Opera*, t. IV, fol. 522-524).

23. *Patria* vem de São Paulo: "Aqueles que assim falam mostram claramente que estão à procura de uma pátria" (Hb 11,14).

bons. Opinião em contradição, portanto, com a maioria das visões do além, principalmente com o *Purgatório de São Patrício*. O purgatório instala-se em uma atmosfera de dramatização nas crenças cristãs do século XIII. Ela provém sobretudo do conflito entre uma concepção não infernal, e mesmo pré-paradisíaca, dominante, ao que me parece, no fim do século XII, apesar do negror das visões, e a isso Arturo Graf chamou de uma "infernalização" progressiva do purgatório ao longo do século. Boaventura talvez seja mais tradicional a este respeito.

E também o é em relação à localização propriamente dita do purgatório. "O lugar do purgatório está em cima, embaixo, ou no meio? (*superius an inferius an in medio*). A resposta, original, é: "O lugar do purgatório é provavelmente, segundo a lei comum, embaixo (*inferius*), mas está no meio (*medius*) segundo a economia divina (*dispensationem divinam*)". Notemos primeiro, como na questão precedente relativa aos anjos e aos demônios, que se está no campo das opiniões, das probabilidades, não das certezas. E os escolásticos se esquivam mais ou menos de tudo o que toca o imaginário, o concreto. Mas a opinião de Boaventura é muito interessante, pois reaproxima (mesmo constatando a diferença, ou mesmo a oposição) uma lei comum que situa o purgatório sob a terra e um plano divino que o coloca em uma posição média, segundo a lógica do novo sistema do além. Ele funciona, portanto, entre dois planos, o da lei comum e o da economia divina, dualidade que também é aquela entre a tradição e a tendência teológica. As hesitações de Boaventura em relação à localização do purgatório se encontram em duas outras passagens do *Comentário sobre o livro IV das sentenças.*

Ao tratar do fogo do purgatório e ao glosar por sua vez a glosa de Lombardo sobre 1Cor 3,15[24], Boaventura combate a opinião segundo a qual esse fogo teria um valor purgativo *espiritual* além de seu valor punitivo e purgaria, portanto, o pecado (venial

---

24. Segunda questão do artigo II da primeira parte da distinção XXI.

ou não), isto é, a falta, a culpa, à maneira de um sacramento. Para apoiar sua recusa em ver no fogo purgatório uma força nova (*vis nova*) para além da punição, recorre ao testemunho de Gregório o Grande, situando a purgação de inúmeras almas em lugares diversos (*per diversa loca*), a purificação da culpa dependendo apenas da graça. Trata-se aqui, portanto, da lembrança da tradição gregoriana da localização da purgação neste mundo, nos lugares do pecado.

Já na sexta questão da distinção XX, Boaventura evocara um outro caso de localização do purgatório, o do *Purgatório de São Patrício*. Desta visão concluía que o lugar de purgação podia depender da intercessão de um santo porque, segundo ele, "alguém" obtivera de São Patrício ser punido em um determinado lugar da terra, de onde nascera a lenda de que ali era o purgatório (*in quodam loco in terra, ex quo fabulose ortum est, quod ibi esset purgatorium*). Mas sua própria conclusão era que simplesmente existiam diversos lugares de purgação. Por isso, mesmo testemunhando a popularidade do *Purgatório de São Patrício*, considerava que essa localização, talvez verdadeira como caso particular, não era, por outro lado, senão uma fonte de "fábulas". O que não era, como veremos, a opinião de um cisterciense como Cesário de Heisterbach. Eis então a desconfiança de um intelectual pela literatura das visões do purgatório.

Boaventura retoma o problema da localização do purgatório na questão clássica dos "receptáculos das almas", no artigo I da distinção XLIV do livro IV[25]. Distingue cuidadosamente a geografia do além antes e depois da vinda de Cristo, a Encarnação. O inferno, antes de Cristo, compreendia dois andares de um lugar bem embaixo (*locus infimus*), onde se padecia ao mesmo tempo a pena do sentido (castigos materiais) e a pena de dano (a privação da visão beatífica), e um lugar inferior (*locus inferior*), mas situado acima do anterior, onde se sofria unicamente a pena de dano. São os limbos (*limbus*, o limbo diz-se na Idade Média seja para

---

25. Ibid., fol. 939-942.

definir apenas um, seja para definir vários) que compreendem o *limbo das crianças* e o *limbo dos Pais ou seio de Abraão*.

A partir de Cristo existem *quatro* (o destaque é meu) lugares: o paraíso, o inferno, o limbo e o purgatório. Ainda que a ideia não seja explicitamente enunciada, tem-se a impressão de que o purgatório é uma consequência da Encarnação, ligada à remissão dos pecados, instaurada pela vinda de Cristo. Por outro lado, resta apenas o limbo das crianças, mas disso resulta um conjunto de quatro lugares, pois Boaventura o distingue nitidamente do inferno (enquanto Alberto o Grande, p. ex., como se verá, articula inferno e limbo). Boaventura continua sua exposição cruzando, como gosta de fazer, o sistema dos quatro lugares com um outro sistema, desta vez ternário e abstrato, o de um "triplo estado" do lado dos eleitos: estado de *remuneração* (ou seja, o paraíso), estado de *espera no descanso* (*quietae expectationis*, ou seja: o seio de Abraão) e um estado de purgação (ou seja: o purgatório). Acrescenta: "Quanto ao estado de purgação, a ele corresponde um lugar indeterminado em relação a nós e em si (*locus indeterminatus et quoad nos et quoad se*), pois nem todos são purgados no mesmo lugar, ainda que provavelmente muitos o sejam em um determinado lugar". E invoca aqui a autoridade de seu autor preferido, Agostinho.

Em suma, Boaventura não tem uma ideia precisa sobre a localização do purgatório. Pensaríamos ouvir, com uma consciência mais nítida da complexidade do problema, um teólogo indeciso do século XII, como Hugo de São Vitor. Boaventura deve, no entanto, admitir a crença cada vez mais estabelecida em um único lugar, que não é para ele senão o lugar de uma maioria, deixando subsistir uma multiplicidade de lugares de purgação, inclusive neste mundo, como queria Gregório o Grande. Perplexidade perante autoridades divergentes? Sobretudo, creio, repugnância em fazer do purgatório mais um lugar do que um *estado*, estado que certamente é preciso localizar, mas em uma localização abstrata, atomizada em uma multiplicidade de lugares materiais, provisórios aliás.

Ao se perguntar[26] se é possível se beneficiar de "remissões de pena" (*relaxationes*) quando se está no purgatório ou apenas quando se vive neste mundo, Boaventura não deixa de insistir, na linha de Alexandre de Halès, sobre o poder da Igreja em geral e do papa em particular sobre o purgatório. Texto muito importante sobre o caminho do desenvolvimento das indulgências e do poder pontifical sobre os mortos que Bonifácio VIII inaugurará por ocasião do jubileu de 1300.

Boaventura retorna em seguida ao fogo purgatório[27]. Pergunta-se se ele é corpóreo ou espiritual, ou mesmo metafísico, constata a diversidade de opinião dos doutores, as hesitações de seu mestre Agostinho, mas conclui todavia ("concede") que se trata de um fogo "material ou corpóreo". Este aspecto do problema será integrado às discussões contemporâneas com os gregos, nas quais os franciscanos e o próprio Boaventura tiveram uma grande participação[28].

Em contrapartida[29], Boaventura toma posição firme e até mesmo categórica (tratando de *stulti*, de imbecis, aqueles que sustentam a opinião contrária) sobre a libertação das almas do purgatório antes do juízo final. Afirma vigorosamente sua realidade – principalmente contra os gregos – na perspectiva da visão beatífica. Apoia-se nas autoridades e nos argumentos racionais. Entre as autoridades, cita em primeiro lugar a frase de Jesus na cruz ao bom ladrão: "Hoje tu estarás comigo no paraíso" (Lc 23,43). Os três argumentos são interessantes: 1) Não pode haver elemento *retardador* após a purgação no purgatório, dali se sai assim que a purgação terminou. 2) Recusar o salário a um mercenário é cometer um delito de justiça; mas Deus é o justo por

---

26. Segunda parte da distinção XX.

27. Artigo II da primeira parte da distinção XXI.

28. Alguns dias antes de morrer, Boaventura pronunciou no Concílio de Lyon em 1274 o discurso solene da sessão de oficialização da união entre os gregos e os latinos.

29. Artigo III desta mesma questão.

excelência, desde que encontre o homem em estado de ser retribuído, ele o retribui prontamente (referência muito interessante à justiça, na tradição do século XII, e ao problema do *salário justo* no quadro de uma moral econômico-social que os escolásticos se esforçam para elaborar diante do desenvolvimento do salariado). 3) Argumento psicológico, por fim: adiar indevidamente a esperança é crueldade, e se mantivesse os santos longe da recompensa até o dia do juízo final, Deus seria muito cruel.

É apenas no fim do *Comentário das sentenças* que Boaventura trata dos sufrágios[30]. Na linha um pouco modificada de Agostinho, distingue essencialmente três categorias de defuntos: os bons (*boni*) que estão no paraíso, os medianamente bons (*mediocriter boni*) e os totalmente maus. Responde de maneira doravante clássica que apenas os medianamente bons podem beneficiar dos sufrágios dos vivos, mas esclarece que não estão em estado de merecimento (*in statu merendi*), pois não há mais mérito depois da morte.

Boaventura, depois de ter, no âmbito de seu ensino universitário, comentado os *Quatro livros das sentenças*, de Pedro Lombardo, sentiu a necessidade de expor, sobre o conjunto dos problemas que se colocavam ao teólogo, suas ideias de uma maneira mais pessoal, como também o fez Tomás de Aquino com a *Summa theologica*. Escreveu entre 1254-1256 o *Breviloquium*. O modesto lugar dado ao purgatório mostra que Boaventura avaliava sem dúvida expressar ou ter expressado (a anterioridade entre esta parte das obras é difícil de estabelecer) o essencial daquilo que pensava a este respeito em seu *Comentário sobre o IV livro das sentenças*. No *Breviloquium*[31] ele esclarece, sobre a pena purgatória, que como "punitiva" ela se exerce por um fogo material e como "expurgativa" manifesta-se por um fogo espiritual.

---

30. Artigo II da distinção XLIV.

31. Cap. II da sétima parte

Em relação aos sufrágios[32], que não hesita em chamar "eclesiásticos", manifestando assim o papel dominante da Igreja nesse campo, esclarece sem rodeios que esses sufrágios são válidos "para os medianamente bons", ou seja, aqueles que estão no purgatório", mas ineficazes "para os totalmente maus, ou seja, aqueles que estão no inferno" e "para os totalmente bons, ou seja, aqueles que estão no céu", cujos méritos e preces oferecem, em contrapartida, muitos benefícios aos membros da Igreja militante[33].

Por fim, Boaventura evoca o purgatório em dois sermões pela Celebração dos mortos, 2 de novembro, o "dia das almas". No primeiro[34], distingue os danados, os eleitos, os que devem ser purgados (*damnati, beati, purgandi*). Fundamenta a existência destes últimos, que coloca entre os "imperfeitos", em diversas citações bíblicas[35]. No segundo sermão recorre sobretudo à prece e se refere à prece de Judas Macabeu válida para aqueles que "sofrem tribulações no purgatório por causa de seus pecados inveterados, de onde serão contudo transferidos para as alegrias eternas", e interpreta alegoricamente os personagens de Judas, Jônatas e Simão como "a oração fiel, simples e humilde pela qual são libertados aqueles que estão no purgatório"[36]. Seria conveniente terminar este rápido exame das posições de Boaventura sobre o purgatório com esta evocação da prece da qual o ilustre franciscano foi um dos maiores doutores[37].

---

32. Cap. III da mesma parte.

33. BOAVENTURA. *Opera*, t. V, fol. 282-283. Os irmãos de Quaracchi fizeram depois uma edição mais manejável do *Breviloquium*, como para o *Comentário das sentenças*.

34. *Opera*, t. IX, p. 606-607.

35. 1Cor 3,10-15, mas também das autoridades veterotestamentárias (Jó 2,18; Pr 13,12) e paulinas (2Tm 4,7-8; Hb 9,15), cuja relação com o purgatório parece distante.

36. Ibid., p. 608.

37. Sobre a importância da oração na teologia de Boaventura, o que consolida ainda mais o purgatório no seu pensamento, cf. ZAFARANA, Z. "Pietà e devozione in San Bonaventura". In: *S. Bonaventura Francescano*. Todi, 1914, p. 129-157 [Convegni Del Centro di Studi sulla Spiritualità Medievali, XIV].

Entre os dominicanos

Continuemos em Paris, mas voltemos alguns anos para examinar a doutrina do purgatório para os dois maiores mestres dominicanos: Alberto o Grande e Tomás de Aquino. A cronologia não é negligenciável neste meio dos teólogos parisienses, mas talvez seja melhor escolher uma outra continuidade que a da sucessão dos ensinos em Paris. Uma linhagem doutrinal no interior de cada uma das duas grandes ordens mendicantes é sem dúvida o melhor fio condutor. Alberto o Grande expõe o essencial de suas ideias sobre o purgatório entre 1240 e 1248. São vulgarizadas em 1268 por um discípulo de Alberto, Hugues Ripelin de Estrasburgo. Marcaram a obra original de Tomás de Aquino, outro discípulo de Alberto e também um grande espírito, que expressa uma primeira vez sua concepção do purgatório em seu ensino parisiense entre 1252 e 1256 (ele comenta as *Sentenças* de Pedro Lombardo quase ao mesmo tempo em que Boaventura) e cujas ideias serão formalizadas por um grupo de discípulos depois de sua morte ocorrida em 1274. Este "bloco" dominicano representa o ápice do equilíbrio escolástico entre os métodos aristotélicos e a tradição cristã, o "ponto máximo" da construção "racional" no ensino e no pensamento universitário do século XIII. O gênio doutrinal de Alberto e de Tomás se prolonga na vulgarização garantida pelo *Compendium* de Hugues de Estrasburgo e pelo *Suplemento* à *Summa theologica*, de Réginald de Piperno e seus colaboradores.

1 A depuração escolástica do purgatório: Alberto o Grande

Alberto de Lauingen, nascido por volta de 1207, entrou para os Pregadores de Pádua em 1223, mas se formou em Colônia e em outros conventos alemães e depois em Paris, onde foi bacharel sentenciário de 1240 a 1242, e em seguida mestre em Teologia. Ali ocupou de 1242 a 1248 uma das duas cátedras dominicanas na universidade[38]. Foi durante esse período que Alberto, leitor de Aristóteles ainda não verdadeiramente "aristotélico", compôs duas grandes obras teológicas, a *Súmula das criaturas (Summa de creaturis)*, da qual provavelmente faz parte o tratado *De resurrectione*, que figura como tal nos manuscritos e é anterior a 1246[39], e um *Comentário das sentenças*, de Pedro Lombardo. Nessas duas obras Alberto trata do purgatório.

O *De resurrectione* é provavelmente o equivalente de um tratado *"De novissimis"* dos "fins últimos", que finalizaria a *Summa de creaturis*. Nos manuscritos onde foi conservado, ele permanece inacabado, terminando no juízo final sem que se trate "da beatitude eterna, das coroas eternas e da casa e das moradas de Deus" que foram anunciadas.

Depois de ter tratado da ressurreição em geral na primeira parte e da ressurreição de Cristo na segunda, Alberto aborda na terceira a ressurreição dos maus. Os "lugares das penas", declara ele, são "o inferno, o purgatório, o limbo das crianças, o limbo dos pais". À questão de saber se o inferno é um lugar, Alberto diz que o inferno é duplo: há um inferno externo, que é um lugar material, e um inferno interno, que é a pena que os danados sofrem, onde quer que estejam; o lugar do inferno está situado "no coração da terra" e ali as penas são eternas. As "autoridades" citadas são sempre Agostinho e depois Hugo de São Vitor e, sobre os problemas do lugar e do fogo, Gregório o Grande, e o *Purgatório de São Patrício*. Aristóteles é invocado para os pontos de lógica.

O purgatório, segundo o *De resurrectione*, é realmente um lugar situado perto do inferno. É até mesmo a parte superior do

---

38. Sobre Alberto o Grande, cf. LOTTIN, O. "Ouvrages théologiques de saint Albert le Grand". In: *Psychologie et morale aux XIIe et XIIIe siècles*. Vol. VI. Gembloux, 1960, p. 237-297. • MEYER, G. & ZIMMERMANN, A. (ed.). *Albertus Magnus Doctor Universalis 1280/1980*. Mayence, 1980.

39. "De resurrectione". In: KÜBEL, W. (ed.). *Alberti Magni Opera Omnia*. T. XXVI. Münster, 1958. A questão 6 *De purgatorio* encontra-se nas p. 315-318, e a questão 9 *De locis poenarum simul*, nas p. 320-321.

inferno. Se Gregório e Patrício falam do purgatório nesta terra é porque existem casos de aparição neste mundo de almas do purgatório por dispensa especial para dar advertências aos humanos. Os textos de Hugo de São Vitor e de São Paulo (1Cor 3), este último iluminado pelos comentários de Agostinho, assinalam que os pecados veniais são dissolvidos no purgatório. Esta demonstração que permite a Alberto recorrer às sutilezas de uma demonstração lógica apoiada em Aristóteles é bastante longa. Em seguida, mais brevemente, Alberto trata da natureza e da intensidade das penas do purgatório. Em sua opinião as almas no purgatório não sofrem penas inferiores, pois beneficiam da luz da fé e da luz da graça, o que lhes falta é, provisoriamente, a visão beatífica, mas esta privação não deve ser assimilada às trevas interiores. Os demônios contentam-se em conduzir as almas a serem purgadas ao purgatório, mas não as purgam. Por fim, não há uma pena do gelo (*gelidicium*) no purgatório, pois essa pena pune a frieza na caridade – o que não é o caso das almas que é preciso purgar. Alberto não nomeia aqui a pena principal que é o fogo, porque teve a ocasião de assinalá-lo a propósito do inferno quando distinguiu o fogo do inferno e o fogo do purgatório. Por fim, para aqueles que, como Agostinho, pensam que as penas do purgatório são mais "amargas" (é o *acerbitas*) do que qualquer pena neste mundo, e para os outros que pensam que essas penas em relação às penas do inferno são apenas o que é a imagem do fogo para um verdadeiro fogo e um ponto na linha, responde recorrendo à lógica e elevando o debate. Recorre a Aristóteles (*Física* I, 3, c. 6 – 206 b 11-12), que declara que só se pode comparar o que é comparável, ou seja, o finito com o finito. Portanto, o problema da *acerbitas* deve ser excluído. Entre o purgatório e o inferno a diferença não é uma questão de intensidade, mas de *duração*. Por outro lado, o que a alma aspira no purgatório não é reencontrar seu corpo, mas juntar-se a Deus. Eis como se deve compreender Agostinho, que não pensava no fogo do purgatório. Esta terceira parte do *De resurrectione* termina com um tratamento de conjunto dos lugares das penas (*De locis poenarum simul*). Alberto revela assim a consciência aguda da unidade do sistema dos lugares do além. Unidade material e espiritual: existe *uma* geografia e *uma* teologia do além.

O problema dos "receptáculos das almas", Alberto o considera sob três pontos de vista.

O primeiro consiste em examinar se o receptáculo é um lugar definitivo ou um lugar de passagem. Se é um lugar definitivo, dois casos devem ser considerados: a glória e a pena. Quando se trata da glória, existe apenas um lugar, o *Reino dos Céus*, o paraíso. Quando se trata da pena, é preciso distinguir um lugar em que há somente a pena de dano, é o *limbo das crianças*, e um lugar com a pena dos sentidos e a pena de dano é a *geena*, o inferno. Se o receptáculo é somente um lugar de passagem, também aqui se deve distinguir entre pena de dano sozinha (é o *limbo dos Pais*) e pena de dano e pena dos sentidos ao mesmo tempo, é o purgatório.

Um segundo ponto de vista consiste em considerar a causa do mérito. O mérito pode ser bom ou mau ou bom e mau ao mesmo tempo (*bonum conjuctum malo*). Se é bom, é o *Reino dos Céus* que convirá. Se é mal, é em razão de um pecado pessoal ou estrangeiro (*ex culpa propria aut aliena*). Ao pecado pessoal responde a *geena*, ao pecado estrangeiro (o pecado original) o *limbo das crianças*. Se é feito de uma mistura de bem e de mal, não se pode tratar de um mal mortal que seria incompatível com a graça que se liga ao bem. É, portanto, um mal venial que pode provir de uma falta pessoal ou estrangeira. No primeiro caso se irá ao *purgatório*, no segundo ao *limbo dos Pais*.

Por fim, pode-se partir do que existe nos lugares. Esses lugares podem ter quatro qualidades: serem aflitivos, tenebrosos, luminosos, gratificantes ou letificantes (*afflictivum, tenebrosum, luminosum, laetificativum*). Se o lugar é letificante e luminoso, é o *Reino dos Céus*. Se é aflitivo e tenebroso porque nele a visão beatífica é adiada, é o *purgatório*[40]; se é diretamente tenebroso,

---

40. Pode-se notar que Alberto, que neste texto emprega habitualmente o substantivo *purgatorium*, usa aqui o epíteto *purgatorius* (*ignis* subentendido). Sobre este uso cf. mais adiante a propósito do *Comentário das sentenças*.

mas não aflitivo, é o *limbo das crianças*; se é indiretamente tenebroso, mas não aflitivo, é o *limbo dos Pais*. Alberto se dá conta de que não esgotou todas as combinações possíveis entre as quatro qualidades dos lugares, mas demonstra que os casos considerados são os únicos compatíveis entre si[41].

Alonguei-me nesta demonstração de Alberto o Grande não apenas para mostrar o que a escolástica faz do purgatório, o processo de racionalização de uma crença que vimos nascer tanto pela imagem quanto pelo argumento, tanto pelos textos de autoridades quanto pelos relatos fantásticos, no meio de errâncias, de lentidões, de hesitações, de contradições e que está agora unida em uma construção bem estreita – mas também porque, para mim, mais do que qualquer outro escolástico, Alberto soube construir a teoria do sistema do purgatório assim como havia nascido mais ou menos empiricamente meio século mais cedo.

Este texto apresenta outros interesses. Alberto sabe harmonizar melhor do que qualquer outro, no sistema de uma crença como o purgatório, aquilo que depende da imaginação e aquilo que depende da lógica, aquilo que vem das autoridades e aquilo que o raciocínio traz. Expulsa os diabos do purgatório, mas os deixa chegar até sua borda. Recusa o frio, mas acolhe o quente, o fogo. Distingue um espaço interno e um externo, mas reconhece que o além é um sistema de lugares materiais. Refuta as comparações grosseiras, mas faz da comparação um elemento legítimo e mesmo necessário ao pensamento do sistema do além. Se há vontade de depurar o imaginário, não é por hostilidade de princípio, mas quando esse imaginário é contrário à lógica, à verdade, ou ao sentido profundo da crença.

---

41. Alberto refuta uma última objeção: "Pode-se fazer muitas distinções entre os méritos tanto quanto para os que devem ser salvos, danados ou purgados; deve haver, portanto, mais de cinco receptáculos". Resposta: "É preciso separar as distinções gerais das diferenças particulares. Haverá 'casas' no interior dos 'receptáculos'". Refinamento da divisão lógica que é também uma referência ao Evangelho de João.

Este texto mostra também que para Alberto é importante, e mesmo essencial, distinguir bem o purgatório do inferno. Para ele, isso também decorre do sistema. O purgatório corresponde a um certo estado de pecado, aquele em que o mal está misturado ao bem. De onde decorre primeiro que o sistema é no fundo tripartite e não "pentapartite" (*aut est bonum aut est malun aut bonum coninactum malo*: ou o bem, ou o mal ou o bem unido ao mal). De onde resulta, sobretudo, que o purgatório é um intermediário descentrado, desviado na direção do bem, do alto, do céu, de Deus. Pois o mal que ele implica é um mal venial, não mortal, enquanto o bem é, como todo bem, o da graça. Portanto, é falso acreditar que todo o pensamento do purgatório no século XIII foi no sentido da "infernalização". Se, como veremos, esta acabou sendo a inclinação que o purgatório acabou seguindo, é na escolha feita em geral pela Igreja institucional dessa época por uma pastoral do medo – em que os inquisidores manipulavam ao mesmo tempo a tortura neste mundo e no além – que se deve buscar a razão.

No *Comentário das sentenças*, que deve ter sido escrito pouco tempo depois do *De resurrectione*, o tratamento dado por Alberto o Grande ao purgatório é mais completo, mais aprofundado e apresenta uma certa evolução. São sempre, evidentemente, as distinções XXI e XLV do livro IV que possibilitam a exposição sobre o purgatório. Mesmo resumindo o comentário do mestre dominicano, não deixarei de expô-lo no seu desenvolvimento porque mais uma vez valoriza a maneira de Alberto e revela por qual caminho chegou às posições que nem sempre concordam exatamente com as do *De resurrectione*.

Na distinção XXI[42], Alberto examina os seguintes pontos: será verdade que existem pecados depois da morte, como disse Cristo no Evangelho: "Aquele que tiver pecado contra o Espírito Santo não será perdoado, nem neste século nem no século futu-

---

42. Esta distinção XXI do *Comentário ao livro IV das sentenças*, de Pedro Lombardo, encontra-se na edição das obras de Alberto o Grande, de Auguste Borgnet: *B. Alberti Magni... Opera omnia*. T. 29. Paris, 1894, p. 861-882.

ro"? (Mt 12,32). Serão esses os pecados veniais a que Agostinho se refere ao falar de madeira, de feno e de palha? (1Cor 3,12). Deve-se acreditar que esta purgação será feita por um fogo purgatório e transitório, e que esse fogo será mais duro do que tudo o que o homem pode sofrer nesta vida (AGOSTINHO. *Cidade de Deus*, XXI, 26), uma vez que Paulo diz (1Cor 3,15) que se será salvo como através do fogo (*quase per ignem*), o que deveria conduzir a desprezar esse fogo?

Alberto examina estas questões e a elas responde em doze artigos:

Artigo 1º: Alguns pecados veniais são perdoados depois desta vida? A resposta é afirmativa e baseia-se nas autoridades, principalmente Gregório o Grande, no livro IV dos *Diálogos*, e de cujos argumentos cito dois: 1) depois da morte não é mais o tempo de aumentar seu mérito, mas de utilizar o mérito (adquirido neste mundo) para os fins aos quais é pertinente; 2) a própria pena da morte já apagaria os pecados se fosse cumprida para esse fim, como com os mártires, mas não é o caso com os outros moribundos ordinários (*in aliis communiter morientibus*). O purgatório está estritamente ligado à conduta geral neste mundo e feito para o comum dos mortais.

Artigo 2º: O que significa a edificação com madeira, feno, palha? (1Cor 3,12). Resposta: os diferentes tipos de pecados veniais. Autoridades invocadas: São Jerônimo e Aristóteles.

Artigo 3º: Qual é o fundamento desses edifícios? Parece que não pode ser a fé, uma vez que esta só é organizada em torno das boas obras e os pecados veniais não são boas obras. Resposta: na essência, o fundamento é realmente a fé que faz subsistir em nós a esperança. Os materiais dão sua substância ao edifício e as paredes são a esperança dirigida para as coisas eternas e no ponto mais alto existe o amor (*charitas*), que é o lugar da perfeição. A reflexão sobre o purgatório se insere assim em uma teologia das virtudes cardinais.

O **artigo 4º** é central para Alberto. Trata-se, na verdade, de responder à questão: "Existe ou não um fogo purgatório depois da morte?" Na realidade, como Lombardo ainda não conhecia o purgatório, responder a essa questão significa engajar-se ao mesmo tempo na existência *do* purgatório e na do *fogo* purgatório, questão ainda mais delicada porque se encontra no coração dos debates contemporâneos sobre o purgatório com os gregos e porque os "doutores do purgatório" (a expressão é minha e não de Alberto) Agostinho e Gregório o Grande duvidaram desse fogo.

Alberto, ao examinar um certo número de autoridades e de objeções racionais, responde repetindo: "É a isso que chamamos purgatório". Retoma Mt 12,31-32, o texto de 1Cor 3,15, adiciona-lhes o testemunho de um "expositor" grego anônimo que, em um espírito ecumênico, faz servir a um entendimento sobre a existência do fogo purgatório depois da morte, utiliza também Aristóteles e, fato notável, o Santo Anselmo do *Cur Deus Bono*, traçando assim em proveito da existência do purgatório uma impressionante linha filosófica e teológica, dos gregos antigos ao século XII latino e grego. Aborda em seguida, à sua maneira, como geralmente fazem os escolásticos, os argumentos racionais ao detalhar a necessidade de uma purgação depois da morte.

A todas as objeções Alberto responde misturando habilmente o adjetivo (*purgatorius*, subentendido *fogo*) e o substantivo *purgatorium*: "De toda maneira é necessário, segundo toda razão e fé, que haja um (fogo) purgatório (*purgatorius*). Estas razões são principalmente morais e delas resulta de maneira correspondente que existe um purgatório (*purgatorium*)".

Em relação às hesitações de Agostinho, Alberto afirma que não se referem à existência do purgatório, mas à interpretação do texto de São Paulo. Relembra que, por outro lado, outros santos falaram expressamente do purgatório e *que negar sua existência é uma heresia*. Sobre este ponto, Alberto, que será seguido por seu discípulo Tomás de Aquino, vai mais longe do que qualquer outro teólogo de seu tempo.

Quanto às razões "morais", Alberto não se interessa pelo fogo, mas retorna aos problemas da purgação. Desmonta as objeções contra o purgatório ao refutar o paralelismo entre o bem e o mal, ao adicionar à balança da justiça o peso do amor e ao afirmar que Deus "depois da morte não recompensa senão aquilo que lhe é semelhante pelo amor e não condena ninguém além daqueles que se desviaram dele e o odeiam [...]. Nenhum dos que são purgados será condenado".

O **artigo 5º** responde a uma questão ao mesmo tempo teórica e prática: "Por que as penas do inferno são nomeadas por vários nomes e as do purgatório por um único, a saber, o fogo? "É que, segundo Alberto, o inferno é feito para punir e existem várias maneiras de punir, tanto pelo frio quanto pelo quente, por exemplo. Em contrapartida, o purgatório, que é feito para purgar, só pode fazê-lo por um elemento que tenha uma força purgativa e consumptiva. Não é o caso do frio, mas é o caso do fogo. Aqui Alberto recorre visivelmente ao seu gosto pelas ciências naturais.

Depois de ter, no **artigo 6º**, completado sua exegese da Primeira Epístola aos Coríntios, a propósito do ouro, da prata e das pedras preciosas, recorrendo também à distinção aristotélica entre a luz, a chama e a brasa, Alberto aborda no **artigo 7º** o problema da purgação voluntária ou involuntária. Conclui que as almas querem ser purgadas e salvas, mas querem ser purgadas no purgatório apenas porque não têm outras possibilidades de serem salvas e libertadas. Sua vontade é *condicionada*.

O **artigo 8º** diz respeito aos pecados veniais dos danados. Aparece como um exercício de escola: os danados são condenados eternamente não por seus pecados veniais, mas por seus pecados mortais.

O **artigo 9º** coloca, como Boaventura, a questão de saber se as almas no purgatório são punidas pelos demônios. Como o doutor franciscano, Alberto pensa que os demônios não são os ministros dos pecados do purgatório, mas não tem certeza disso. Em contrapartida, avança uma interessante hipótese para as visões do além: pensa que os demônios se deleitam com a visão das penas das almas do purgatório e às vezes as assistem. "É, diz ele, o que se lê algumas vezes", e explica assim uma passagem da *Vida de São Martinho*. Alguns sustentavam que, segundo essa *Vida*, o diabo mantinha-se com frequência à cabeceira do santo. Como sabia, de acordo com suas obras, que não seria danado, ele esperava poder em sua morte carregá-lo ao purgatório. A hipótese de Alberto destrói esta interpretação.

O **artigo 10** trata longamente – a atualidade obriga – do "erro de certos gregos que dizem que ninguém antes do dia do juízo entra no céu ou no inferno, mas permanece nos lugares intermediários (*in locis mediis*) à espera de ser (depois do juízo) transferido para aqui ou para lá".

No fim de uma discussão em que expõe longa e objetivamente as concepções dos gregos, Alberto conclui que sem dúvida alguma é possível ir para o céu ou para o inferno seja logo após a morte, seja entre a morte e o juízo final – o que legitima o tempo do purgatório e permite acreditar que as almas saem dele mais ou menos rápido, o que por sua vez justifica os sufrágios. Alberto apoia sua conclusão, em que repete que a recusa dessa opinião é uma heresia e mesmo uma heresia muito má (*haeresis pessima*), no Evangelho (Lc 25,43 e 16,22), no Apocalipse (6,2) e nas Epístolas de Paulo aos Hebreus (2,40) e em argumentos racionais, como de hábito. Entre esses argumentos, cito um particularmente interessante para o contexto socioideológico da época. Do lado grego, argumenta-se que os mortos formam uma comunidade e que, a exemplo das comunidades urbanas onde se decide em comum (*in urbanitatibus in quibus in communi decertatur*[43]), a decisão para o conjunto dos eleitos e dos danados deve ser tomada e executada no mesmo momento. Alberto, por sua

---

43. Pierre Michaud-Quantin, em seu grande livro *Universitas – Expressions du mouvement communautaire dans le Moyen Âge latin* (Paris, 1970, p. 105 e 119), observou que Alberto o Grande "ao estudar a ação das coletividades distingue-as em *urbanitates* da sociedade civil e *congregationes* da Igreja". O uso da palavra surgiu-lhe no debate dos teólogos sobre a interdição pronunciada pelo Papa Inocêncio IV de excomungar coletividades, importante decisão desse pontífice genovês. Alberto tratou deste problema um pouco antes no seu *Comentário do livro IV das sentenças* (distinção 19, artigo VII. *Opera*, t. 29, p. 808; nosso texto está na p. 876 do mesmo volume). Pierre Michaud-Quantin observa que "no mesmo contexto Boaventura emprega *congregatio* para qualquer agrupamento civil ou religioso".

vez, assinala que não é justo não dar aos trabalhadores (*operarii*) seu salário assim que acabaram de trabalhar e lembra que vemos (*videmus*) aquele que contratou trabalhadores agrícolas dar um prêmio (*consolatio specialis*) aos melhores trabalhadores[44]. Mas é uma ideia cara a Alberto, quando se fala de *salário justo* (problema teórico e prático de sua época), não se deve esquecer que Deus é supremamente justo. Seríamos tentados a dizer que é o mais justo dos patrões, dos "distribuidores de trabalho".

Os **artigos 11 e 12** tratam da confissão e não falam do purgatório, mas, ao evocar os problemas da falta (*culpa*), dos pecados mortais e veniais, abordam isso indiretamente. Encontramos aqui o contexto penitencial no qual, de Lombardo a Alberto o Grande, desenrolou-se o debate teológico sobre o novo purgatório.

É no artigo 45 da primeira parte da distinção XLIV desse comentário que Alberto o Grande oferece a melhor exposição, até onde conheço, do sistema geográfico do além no século XIII.

A questão colocada é: "Existem cinco receptáculos para as almas depois de terem sido separadas do corpo?" A solução é a seguinte: "A esse respeito é preciso dizer que os receptáculos das almas são diversos e por isso se diversificam. São um lugar ou de desfecho ou de passagem. Caso se trate de um lugar de desfecho, eles são dois: segundo o mau mérito o *inferno*, segundo o bom mérito o *Reino dos Céus*. Mas o desfecho segundo o mau mérito, ou seja, o inferno, é duplo, segundo o próprio mérito e segundo um pacto contrário com a natureza, ao primeiro caso corresponde *o inferno inferior dos danados*, ao segundo o *limbo das crianças*, que é o inferno superior [...]. Caso se trate de um lugar de passagem, isso pode resultar da ausência de mérito próprio ou da ausência de pagamento do preço [...]. No primeiro caso é o *purgatório*, no segundo o *limbo dos patriarcas* antes da vinda de Cristo"[45].

---

44. Ibid., t. 29, p. 877-878.

45. ALBERTI MAGNI. *Opera omnia*, t. 30, p. 603-604 [ed. de A. Borgnet].

Portanto, existem de fato apenas três lugares: o paraíso, o inferno que se desdobra em geena e em limbo para as crianças (no lugar do antigo inferno superior prenunciando o purgatório), e o purgatório (ele também ligado a uma outra metade, o limbo dos Pais, mas este está vazio e fechado para sempre desde a descida de Cristo).

Elegante solução ao problema dos três e dos cinco lugares obtida por um raciocínio puramente abstrato, ainda que evidentemente fundamentado na Escritura e na tradição. Por fim, no artigo 4º da distinção XLV sobre os sufrágios pelos defuntos, Alberto reafirma a eficácia dos sufrágios pelos defuntos no purgatório, e lembra que dependem do foro da Igreja, ressalta que o amor da Igreja militante (*charitas Ecclesiae militantis*) é a fonte dos sufrágios e que se os vivos podem fazer com que os mortos se beneficiem de seus sufrágios, o inverso não é verdadeiro[46].

Avalia-se o enriquecimento desde o *De resurrectione*. Certamente a natureza da obra conduzia mais ou menos Alberto a esse enriquecimento: partir de Lombardo o levava a reencontrar o vínculo com o meio do nascimento do purgatório, com a teologia dos sacramentos e da penitência, e a evocação dos sufrágios impunha o tema da solidariedade entre os vivos e os mortos. Percebe-se, no entanto, que a reflexão de Alberto aprofundou-se nesse meio-tempo. A obrigação de oferecer provas da existência do purgatório o conduziu a expor novos argumentos. Seu dossiê das "autoridades" se enriqueceu e se diversificou. Sua exegese dos textos, em particular da Primeira Epístola de Paulo aos Coríntios, aprofundou-se ainda mais. Quando considera o que se passa no purgatório, concentra-se ainda mais no processo da purgação do que nas penas. Trata mais longamente do tempo do purgatório abordando a duração das estadas individuais mais ou menos longas ao passo que no *De resurrectione* contentara-se em dizer que o purgatório duraria até o juízo final, mas não além. Ao falar dos sufrágios invoca a comunhão dos santos e recorre às

---

46. Ibid., p. 612.

comparações que inserem o texto em uma visão aguda das realidades econômicas, sociais, políticas e ideológicas de seu tempo. Por fim, reúne em uma única exposição o sistema dos lugares do além e deixa claro que o limbo dos patriarcas existiu somente até a vinda de Cristo, reduz o sistema dos cinco lugares a quatro e de fato a três, isto é, à lógica profunda da geografia do outro mundo cristão.

Alberto o Grande é um dos grandes escolásticos que tratou o purgatório da forma mais clara e firme e que, ao preço talvez de alguns silêncios e de algumas habilidades, deu-lhe um estatuto teológico, se ouso dizer, sem atacar as crenças comuns nem sustentar teses incompatíveis com elas.

2 Um manual de vulgarização teológica

Sua influência continuou através da obra de vulgarização teológica de um de seus discípulos que, aliás, foi publicada com as obras completas de Alberto. Trata-se do *Compendium theologicae veritatis* (*Compêndio da verdade teológica*) composto pelo dominicano Hugues Ripelim, prior do convento dos pregadores de Estrasburgo de 1268 a 1296, também chamado Hugues de Estrasburgo. Data-se o *Compendium* de 1268[47].

No livro IV está explicada de forma muito clara a geografia do além e o desaparecimento do seio de Abraão a propósito da descida de Cristo aos infernos.

> Para saber a que inferno Cristo desceu, basta observar que inferno tem dois sentidos e designa ou a pena ou o lugar da pena. No primeiro sentido dizem que os demônios sempre carregam o inferno com eles. Se o inferno designa o lugar da pena, é preciso distinguir quatro (lugares). Há o inferno dos danados, onde se sofre a pena dos sentidos e de dano (privação da presença divina) e onde se encontram as trevas internas e externas, isto é, a ausência de graça: é um

---

47. O *Compendium Theologicae Veritatis* foi publicado por Borgnet no t. 34 das *Opera omnia*, de Alberto o Grande. Paris, 1895. Sobre Hugo de Estrasburgo, cf. BONER, G. *Über den Dominikaner Theologen Hugo von Strassburg*, 1954.

luto eterno. Acima se encontra o limbo das crianças, onde se sofre a pena de dano, mas não a dos sentidos, e ali há as trevas externas e internas. Acima desse lugar há o purgatório (Hugues emprega o masculino *purgatorius* e não o neutro *purgatorium*, subtendendo, portanto, *locus*, lugar), onde há a pena dos sentidos e de dano temporário, e nele há trevas externas, mas não internas, pois pela graça tem-se a luz interior, porque se vê que se será salvo. O lugar superior é o *limbo dos Pais* (patriarcas), onde houve a pena de dano e não dos sentidos, e houve as trevas externas, mas não as trevas da privação da graça. Foi nesse lugar que Cristo desceu e libertou os seus, e "mordeu" assim o inferno, pois levou uma parte dele e deixou uma outra; em relação aos eleitos, Deus destruiu completamente a morte, como diz Os 13,14: "Serei tua morte, ó morte, serei tua mordida, inferno". Este lugar também era chamado de seio de Abraão, é o céu do empíreo, pois Abraão está ali de agora em diante. Em nenhum desses lugares existe uma passagem para um outro, a não ser outrora do terceiro ao quarto, isto é, do purgatório ao limbo dos santos pais (patriarcas)[48].

Se este texto relembra as concepções de Alberto o Grande no *Comentário das sentenças*, deve-se notar que nele o purgatório é apresentado em um conjunto infernal e não se encontra tão nitidamente separado do limbo das crianças que Alberto incorporava ao inferno, depois de ter afastado dele o purgatório. Hugues é mais conservador do que Alberto a esse respeito, e sua concepção revela o processo de infernalização do purgatório. Em contrapartida, seu esforço de racionalização coloca-se mais deliberadamente em uma perspectiva histórica, e sob este aspecto fiel, aliás, ao espírito de Alberto. O apagamento histórico do seio de Abraão nela é muito bem observado, mas sabemos que não foi a descida de Cristo aos infernos, isto é, em termos históricos

---

48. *Compendium...* IV, 22. • ALBERTI MAGNI. *Opera omnia*, vol. 34. p. 147 [ed. De A. Borgnet].

positivos os tempos evangélicos, que fizeram o seio de Abraão desaparecer ou subir aos céus, mas o nascimento do purgatório na virada do século XII ao XIII.

O essencial, em relação ao purgatório, encontra-se no livro VII *Sobre os últimos tempos (de ultimis temporibus)*, em que ocupa os capítulos II a VI, entre o primeiro capítulo consagrado ao fim do mundo e os capítulos que tratam do anticristo[49]. O *Compendium* começa afirmando que o purgatório é a *esperança*, pois aqueles que ali estão "sabem que não estão no inferno". São muitas as razões, ele acrescenta, para que deva existir um purgatório. Primeiro, como disse Agostinho, o fato de que existem três tipos de homens: os muito maus, os muito bons e os nem muito maus nem muito bons que devem se livrar de seus pecados veniais pela pena do purgatório. As seis outras razões dependem essencialmente da justiça e da necessidade de uma purificação batismal antes de desfrutar da visão beatífica. Mas assim que são purgadas, as almas voam para o paraíso, para a glória.

A pena do purgatório é dupla: pena de dano e pena dos sentidos, e é muito dura (*acerba*). O fogo do purgatório é ao mesmo tempo corpóreo e incorpóreo, não pela metáfora, mas pela imagem, pela similitude, "como um verdadeiro leão e um leão pintado", ambos reais, mas, como diríamos hoje, com a diferença que separa um verdadeiro leão de um leão "de papel".

Sobre a localização do purgatório, Hugues remete ao que disse sobre a descida de Cristo aos infernos e acrescenta que se, segundo a lei comum, o purgatório está localizado em um compartimento do inferno, por dispensa especial certas almas podem se purgar em certos lugares onde pecaram, como revelam certas aparições.

Os sufrágios da Igreja (cap. IV) valem não para obter a vida eterna, mas para ser libertado da pena, quer se trate de uma mitigação da pena ou de uma libertação mais rápida.

---

49. Ibid., p. 237-241.

Existem quatro tipos de sufrágios: a prece, o jejum, a esmola e o sacramento do altar (missa). Esses sufrágios não podem beneficiar senão aqueles que neste mundo mereceram poder aproveitá-los depois de sua morte. De modo original e curioso, o *Compendium* acrescenta que os sufrágios também podem beneficiar os eleitos e os danados. Aos eleitos pelo aumento, pois a multiplicação dos eleitos por adjunção das almas libertadas do purgatório aumenta a glória "acidental" do conjunto dos bem-aventurados. Aos danados pela diminuição, pois, em sentido inverso, a diminuição do número dos danados alivia a pena do conjunto dos danados. Se este raciocínio é capcioso em relação aos eleitos, parece-me absurdo em relação aos danados. Parece-me que aqui a máquina escolástica ávida de simetrias acaba descarrilando.

Por fim, como fizera Boaventura, o *Compendium* declara que os leigos só podem fazer com que os mortos se beneficiem de sufrágios pela realização de boas obras. Os beneficiários de indulgências não podem transferi-las nem aos vivos nem aos mortos. Em contrapartida, o papa – e apenas ele – pode dispensar aos defuntos ao mesmo tempo indulgências por autoridade e o sufrágio das boas ações por amor (*charitas*). Assim a monarquia pontifical estende, para além do território deste mundo, seu poder sobre o além: envia doravante – pela canonização – santos ao paraíso e subtrai almas do purgatório.

3 O purgatório no coração do intelectualismo: Tomás de Aquino e o retorno do homem a Deus

Esforcei-me para mostrar como alguns grandes escolásticos falaram do purgatório, afirmando vigorosamente sua existência, mas conservando algumas hesitações sobre sua localização, mostrando-se discretos sobre seus aspectos mais concretos e concedendo-lhes um lugar relativamente menor em seus sistemas teológicos. Ainda é delicado definir em algumas páginas o lugar do purgatório na mais complexa construção teológica do século XIII, a de Tomás de Aquino.

Tomás de Aquino tratou do purgatório várias vezes em sua obra[50].

Tomás, filho do Conde de Aquino, nasceu no castelo de Roccasecca na Itália do Sul, no fim de 1224 ou no início de 1225, entrou para os dominicanos em Nápoles em 1244, fez seus estudos em Nápoles, Paris e em Colônia com Alberto o Grande. Foi quando era bacharel setenciário em Paris, de 1252 a 1256, que compôs não um verdadeiro comentário dos *Quatro livros de sentenças*, de Pedro Lombardo, mas um *Escrito* (*Scriptum*), uma sequência de questões e de discussões sobre esse texto, no qual evidentemente fala do purgatório nas questões XXI e XLV do livro IV. Definiu-se o plano do *Scriptum* de Tomás como resultando de uma organização "totalmente teocêntrica". Ele compreende três partes: "Deus em seu ser, as criaturas como vindas de Deus, as criaturas como retornando a Deus"[51]. A terceira parte, consagrada ao retorno (*redditus*), é desdobrada. É na segunda seção desta terceira parte que ele trata do purgatório.

Tomás também aborda o purgatório em diversos escritos polêmicos contra os muçulmanos, os gregos e os armênios, e de maneira mais geral os gentis, provavelmente incluindo também judeus e hereges. Foram compostos na Itália, a maior parte em Orvietto em 1263 e 1264: são o *Contra errores Graecorum* (*Contra os erros dos gregos*) composto a pedido do Papa Urbano IV, o *De rationibus fidei contra saracenos, Graecos et Armenos ad Cantorem Antiochiae* (*Das razões da fé contra os sarracenos, os gregos e os armênios para o mestre do coro de Antioquia*) e o livro IV da *Summa contra Gentilis*. Falarei sobre eles mais adiante quando tratar do purgatório nas negociações entre gregos e latinos.

---

50. Sobre Tomás de Aquino cf. CHENU, M.-D. *Introduction à l'étude de saint Thomas d'Aquin*. Montréal/Paris, 1950. • WEISHEIPL, J.A. *Friar Thomas d'Aquino, his Life, Thought and Works*. Oxford, 1974. • ECKERT, W.P. (ed.). *Thomas von Aquino* – Interpretation und Rezeption: Studien und Texte. Mayence, 1974.

51. CORBIN, M. *Le chemin de la théologie chez Thomas d'Aquin*. Paris, 1974, p. 267.

O purgatório aparece ainda no *De malo* (Do mal), questões discutidas em Roma em 1266-1267. Tomás de Aquino morreu em 7 de março de 1274 na Abadia Cisterciense de Fossanova a caminho do Concílio de Lyon II. Deixou inacabada sua grande obra, a *Súmula teológica* (*Summa theologiae*) onde, a exemplo de Boaventura no *Breviloquium*, mostra-se preocupado em retomar em uma exposição mais pessoal (e, ao contrário de Boaventura, muito mais ampla) os problemas abordados no *Scriptum* sobre os *Quatro livros de sentenças*, de Pedro Lombardo. Um grupo de discípulos dirigidos por Réginald de Piperno termina a *Súmula* adicionando-lhe um *Suplemento* emprestado essencialmente do *Scriptum*. É o caso em relação ao purgatório que, fazendo parte da exposição sobre "os fins últimos", aparecia somente no fim da obra.

Concentro minha análise no *Suplemento* referindo-me, se necessário, ao *Scriptum*[52].

Compreendo as objeções que esta escolha pode levantar. O *Suplemento* não é um texto autêntico de Santo Tomás, mesmo se foi redigido por discípulos conscienciosos e respeitosos, desejosos de utilizar apenas textos do próprio Tomás. A montagem dos trechos deforma o pensamento de Tomás e o trai duplamente. Tornando-o mais rígido e empobrecendo-o, fazendo de um estado relativamente antigo de sua doutrina o coroamento de seu edifício teológico. Mas o *Suplemento* não tem apenas a vantagem da citação textual e da coerência, representa o que os clérigos da baixa Idade Média consideraram como a posição definitiva de Tomás sobre os problemas do além.

A questão LXIX do *Suplemento* trata da ressurreição e principalmente dos "receptáculos das almas depois da morte" (é a questão I da distinção XLV do comentário do *Livro IV das sen-*

---

52. Utilizei a edição da *Somme théologique*, publicada com uma tradução e notas pelas edições da *Revue des Jeunes* pela Desclée et Cie. O purgatório encontra-se no opúsculo sobre *L'Au-Delà*, que contém as questões 69 e 74 do suplemento (2. ed. Paris/Tournai/Roma, 1951), com uma tradução de J.D. Folghera e notas e apêndices de L. Wébert. A palavra *purgatorium* ocupa seis col. no *Index Thomisticus* – Sectio II: concordantia prima. Vol. 18, 1974, p. 961-962 [ed. de R. Busa].

tenças). Os autores do *Suplemento* veem, ao que parece, o programa da *Súmula*, de uma maneira sobretudo linear, marcada pelas referências cronológicas do tipo "antes, durante, depois"[53]. Tomás de Aquino, na perspectiva do *redditus*, do retorno da criatura a Deus, orienta todo o processo a partir desse fim e não de uma trajetória histórica. Tentarei explicar, no capítulo seguinte, o pensamento do tempo do purgatório para a massa dos fiéis do século XIII como uma combinação de tempo escatológico e de tempo sucessivo. Para mim, de todos os grandes escolásticos do século XIII, Santo Tomás surge como o mais afastado da experiência comum dos homens de seu tempo em relação aos fins últimos. É, na mais forte acepção do termo, um pensamento altivo. Neste pensamento de eternidade, o lugar de uma realidade tão transitória quanto o purgatório não é muito importante, ainda mais que a criatura não tem mais mérito. Tenho a impressão de que Tomás aborda o purgatório como uma questão imposta, uma "questão do programa" para falar o jargão universitário, não de um problema essencial. Para empregar um vocabulário que não é o seu, diria que o purgatório lhe parece "vulgar".

Creio que devo conservar na doutrina tomista do purgatório a relativa rigidez que o *Suplemento* lhe deu.

A questão sobre a morada das almas depois da morte se decompõe em sete artigos: "1) Haverá certas moradas designadas às almas depois da morte? 2) Vão para lá logo depois da morte? 3) Podem sair dali? 4) A expressão "o seio de Abraão" designa um limbo do inferno? 5) Este limbo é o mesmo que o inferno dos danados? 6) O limbo das crianças é o mesmo dos patriarcas? 7) Deve-se distinguir um número preciso de receptáculos?"

À primeira questão, Tomás responde pela afirmativa, mas depois de ter partido de duas opiniões aparentemente contrárias, a de Boécio ("a opinião comum dos sábios é que os seres incorpóreos não estão em um lugar") e a de Agostinho (XII *Super Genesim ad litteram*) que são, como se sabe, seus pensadores cris-

---

53. Cf. as notas de J. Wébert no opúsculo indicado na nota anterior, p. 405.

tãos preferidos. Aliás, sobre esta localização ele dá uma definição abstrata: "Às almas separadas [...] podem-se designar certos lugares corpóreos correspondentes aos seus graus de dignidade" e estão ali "como em um lugar" (*quasi in loco*). Encontramos o famoso *quase*, que relembra o *quasi per ignem* de Agostinho. Em contrapartida, Tomás faz com que a mais alta e mais dinâmica concepção teológica se encontre com a psicologia comum quando declara que "as almas, por conhecerem que este ou aquele lugar lhes está designado, concebem alegria ou tristeza: é assim que sua morada contribui para sua recompensa ou seu castigo"[54].

No artigo 2º, ele conclui – baseando-se na comparação da gravitação dos corpos: "Como o lugar que é designado a uma alma corresponde à recompensa ou ao castigo que ela mereceu, assim que essa alma é separada do corpo é absorvida pelo inferno ou voa para o céu, a menos que, neste último caso, uma dívida para com a justiça divina não atrase seu voo, obrigando-a a uma purgação preliminar"[55]. No decorrer da discussão, para justificar a saída das almas do purgatório antes do juízo final, em que todos os corpos cujas almas o tiverem merecido se tornarão gloriosos ao mesmo tempo, ele declara, em resposta aos argumentos dos teóricos da comunidade (os *urbanitates* de Alberto o Grande) e dos gregos: "A glorificação simultânea de todas as almas se impõe menos do que a de todos os corpos".

O artigo 3º trata dos fantasmas, este grande capítulo do imaginário das sociedades, ainda excessivamente desprezado pelos historiadores[56]. Tomás de Aquino está visivelmente preocupado com a natureza das aparições, visões, sonhos, com sua manifestação durante a vigília ou o sono, com seu caráter aparente

---

54. Ibid., p. 13.

55. Ibid., p. 17.

56. Cf., no entanto, as páginas pioneiras de DELUMEAU, J. *La peur en Occident (XIVe-XVIIIe siècles)*. Paris, 1978 (Index sv. *revenants*). • NEVEUX, H. "Les lendemains de la mort dans les croyances occidentales (c. 1250-c. 1300)". In: *Annales ESC* 1979, p. 245-263. Jean-Claude Schmitt e Jacques Chiffoleau dedicaram-se às pesquisas sobre as aparições na Idade Média.

ou real. A sociedade cristã medieval dominou mal seus sonhos e a interpretação deles[57]. Segundo Tomás, que mesmo com visível relutância leva em conta a literatura das visões, eleitos, danados e almas purgatórias podem sair de seus lugares respectivos no além e aparecer aos vivos. Deus não permite essas saídas senão para a instrução dos vivos e, no caso dos danados e em grau menor das almas do purgatório, para aterrorizá-las (*ad terrorem*). Os eleitos podem aparecer quando desejarem, os outros só com a permissão de Deus. As aparições dos eleitos e dos danados são, graças a Deus (sou eu que acrescento isso, mas não penso forçar a opinião de Tomás), raras: "Os mortos, se vão para o céu, sua união com a vontade divina é tal que nada lhes parece permitido que não vejam conforme as disposições da Providência; se estão no inferno, estão tão sobrecarregados por suas penas que pensam mais em se lamentar de si mesmos do que aparecer aos vivos". Restam aqueles que estão no purgatório, como testemunha Gregório o Grande. Eles "vêm implorar sufrágios", mas também para estes, como veremos, Tomás preocupa-se em limitar ao mínimo suas saídas. Em contrapartida, o acesso ao céu das almas purgadas no purgatório é normal.

Artigo 4º: o seio de Abraão era verdadeiramente um limbo do inferno, mas desde a descida de Cristo aos infernos não existe mais. Tomás segue aqui o ensinamento de seu mestre Alberto o Grande. No artigo 5º esclarece que "o limbo dos patriarcas ocupava provavelmente o mesmo lugar que o inferno ou um lugar vizinho, ainda que superior". O artigo 6º distingue o limbo das crianças do dos patriarcas. O primeiro permanece, mas como essas crianças não são culpadas senão do pecado original, são passíveis apenas das mais leves das punições, e mesmo Tomás se pergunta se mais do que de punição não se trata somente de um atraso na glorificação (*dilatio gloriaei).*

---

57. Cf. LE GOFF, J. "Les rêves dans la culture et la psychologie collective de l'Occident médiéval". In: *Scolies*, I, 1971, p. 123-130 [retomado em *Pour un autre Moyen Âge.* Paris, 1977, p. 299-306]. Alberto o Grande abordou de forma categórica o problema em seu tratado *De somno et vigilia.*

No artigo 7º esboça uma tipologia dos receptáculos do além[58].

Primeira hipótese: "Os receptáculos correspondem ao mérito ou ao demérito". Deveria, portanto, haver duas moradas no além: o paraíso para o mérito e uma outra morada para o demérito.

Segunda hipótese: "É em um único e mesmo lugar que, durante a vida, os homens merecem ou desmerecem". Pode-se, portanto, considerar uma única e mesma morada designada a todos depois da morte.

Terceira hipótese: "Esses lugares devem corresponder aos pecados, que podem ser de três tipos: original, venial, mortal". Deveria, portanto, haver três receptáculos. Também se pode pensar no "espaço tenebroso que é representado como a prisão dos demônios", no paraíso terrestre, onde se encontram Enoc e Elias. Existem portanto mais de cinco receptáculos.

E isto não é tudo. Também se pode pensar que é preciso um lugar para a alma que deixa o mundo com apenas o pecado original e alguns pecados veniais. Ela não pode ir para o céu nem para o limbo dos patriarcas porque não tem a graça, nem para o limbo das crianças porque ali não existe a pena dos sentidos devida ao pecado venial nem ao purgatório, uma vez que não se fica ali para sempre, ao passo que uma pena eterna lhe é atribuível; nem para o inferno, porque apenas o pecado mortal condena a ele. Curiosa hipótese que leva em conta o limbo dos patriarcas que foi definitivamente fechado por Cristo e que concebe o pecado venial como uma falta não perdoável depois da morte, que não depende do purgatório.

E mais, como os receptáculos correspondem ao mérito e ao demérito dos quais existem infinitos graus, também se pode distinguir um número infinito de receptáculos para o mérito ou o demérito. Também não se pode excluir que as almas sejam

---

58. SANTO TOMÁS DE AQUINO. *Somme théologique* – L'au-delà, p. 38-46.

punidas neste mundo nos lugares onde pecaram. E da mesma forma que as almas em estado de graça, mas carregadas de faltas veniais, têm uma morada especial, o purgatório, distinto do paraíso, as almas em estado de pecado mortal, mas que realizaram algumas boas obras pelas quais deveriam ser recompensadas, deviam ter um receptáculo particular, distinto do inferno. Por fim, assim como, antes da vinda de Cristo, os Pais esperavam a glória da alma, agora esperam a glória do corpo. Assim como esperavam em um receptáculo particular antes da vinda de Cristo, deveriam agora esperar em um outro lugar diferente daquele onde estarão depois da ressurreição, isto é, no céu.

Depois deste giro pelas hipóteses, Tomás oferece sua solução: os receptáculos das almas são distintos segundo seus diferentes estados. Emprega aqui um termo: *status*, que conhece um grande sucesso no século XIII. Designa tanto as diversas condições socioprofissionais dos homens neste mundo quanto os diferentes estatutos jurídicos, espirituais, morais dos indivíduos. Sua principal referência é a de uma natureza jurídica. Percebe-se nela a marca do Direito sobre a Teologia. As almas em estado de receber no momento da morte a recompensa final em bem vão ao paraíso, as em estado de recebê-la em mal vão para o inferno, as sobrecarregadas apenas do pecado original vão para o limbo das crianças. A alma cujo estado não permite receber a retribuição final vai para o purgatório, se é por causa da pessoa; se é somente por causa da natureza iria para o limbo dos patriarcas, mas este não existe mais desde a descida de Cristo aos infernos.

Tomás justifica então esta solução. Apoiando-se no pseudo-Denis e em Aristóteles (*Ética*, II, 8, 14), afirma que "existe apenas uma maneira de ser bom, mas múltiplas de ser mau". Existe, portanto, apenas um lugar para a recompensa do bem, mas vários para os pecados. Os demônios não têm o ar, mas o inferno por morada. O paraíso terrestre refere-se a este mundo e não faz parte dos receptáculos do além. A punição do pecado nesta vida está fora de questão, pois não arranca o homem do estado de mérito ou de demérito. Como o mal jamais se apresenta em estado puro e sem mistura de bem e, reciprocamente, para atingir a beatitude que é o bem supremo é preciso ser purgado de todo o mal e, se não for o caso no momento da morte, é preciso que exista para esta purgação completa um lugar depois da morte. É o purgatório.

E Tomás ainda acrescenta que os que estão no inferno não podem ser privados de todo bem, as boas ações realizadas na terra podem valer aos danados uma mitigação de sua pena. Certamente se lembra aqui, sem citá-lo, de Agostinho e de sua hipótese de uma "danação mais tolerável" para os "não totalmente maus".

Existem assim quatro moradas abertas no além: o céu, os limbos das crianças, o purgatório e o inferno, e uma fechada, o limbo dos patriarcas. Se para ele a existência de um lugar para a purgação depois da morte, o purgatório, não representa uma dúvida, nem por isso se interessa por seu caráter intermediário, mas por sua existência temporária. Na perspectiva de eternidade onde se coloca existem apenas três lugares do além: o paraíso celeste, o limbo das crianças, o inferno. De todos os sistemas escolásticos, o sistema tomista é aquele que tem a mais completa e a mais rica visão dos problemas relativos aos lugares do além, mas é também o mais "intelectual", o mais distante da mentalidade comum de sua época.

A questão LXX trata da condição da alma separada do corpo e da pena que lhe é infligida pelo fogo corpóreo. Corresponde a uma parte (questão XXXIII, artigo 3º) do *Scriptum* sobre a distinção XLIV do *Livro IV das sentenças*, de Pedro Lombardo. Tomás defende ali a concepção de um fogo corpóreo.

O *Suplemento* apresenta aqui uma questão sobre a pena devida apenas pelo pecado original, ou seja, o limbo das crianças, e uma questão sobre o purgatório, que os editores da edição leonina[59] colocam como apêndice. Eles certamente têm razão, pois

---

59. Edição destinada a ser a edição padrão, se não oficial, das obras completas de Tomás de Aquino, assim chamada porque foi iniciada a partir de 1882 por iniciativa do Papa Leão XIII, promotor do neotomismo. Essa edição ainda não está terminada.

o projeto de Tomás não parece pretender inscrever nesse lugar desenvolvimentos que rompam o movimento da exposição dos fins últimos no conjunto do plano da *Súmula*. Com isso evidenciam que o purgatório não era uma peça essencial no sistema da *Súmula*. Mas vou abordá-lo agora porque meu propósito está centrado no purgatório.

A questão sobre o purgatório apresenta oito perguntas[60]. 1) Existe um purgatório depois desta vida? 2) Será que está no mesmo lugar que as almas são purgadas e os danados punidos? 3) A pena do purgatório excede toda pena temporal nesta vida? 4) Essa pena é voluntária? 5) As almas no purgatório são punidas pelos demônios? 6) Pela pena do purgatório o pecado venial é expiado quanto à culpa? 7) O fogo purgatório livra da imputação da pena? 8) Um é libertado mais rápido do que o outro dessa pena?

A justiça de Deus, responde Tomás à primeira pergunta, exige que aquele que morre depois de ter se arrependido de seus pecados e de ter recebido a absolvição, mas não terminou sua penitência, seja punido depois da morte. Portanto, "aqueles que negam o purgatório falam contra a justiça divina: é um erro, que distancia da fé". O apelo feito aqui à autoridade de Gregório de Nysse aparece como uma habilidade na polêmica com os gregos. E Tomás acrescenta que, "uma vez que a Igreja ordena 'rezar pelos defuntos para que sejam libertados de seus pecados', o que pode visar somente os que estão no purgatório, aqueles que negam o purgatório resistem à autoridade da Igreja, são hereges". Indo assim ao encontro da opinião de Alberto o Grande.

À segunda pergunta, Tomás responde com uma geografia do além um pouco diferente da topografia e dos argumentos apresentados na questão LXIX que acabamos de ver. Esta diferença não parece ter incomodado os autores do *Suplemento*, mas é uma razão a mais para deslocar esta questão para o apêndice, como fizeram os editores da edição leonina. Mas devemos exa-

---

60. SANTO TOMÁS DE AQUINO. *L'au-delà*, p. 97-128. Esta questão retoma elementos da distinção XXI do *Livro IV das sentenças*, de Pedro Lombardo, no *Scriptum* de Tomás.

minar esta outra apresentação da localização do purgatório. "A Escritura não diz nada de preciso sobre a localização do purgatório", observa Tomás, e não existe argumento racional decisivo[61]. Mas é provável, segundo as declarações dos santos e as revelações feitas a inúmeros vivos, que o lugar do purgatório seja duplo. Segundo "a lei comum", o lugar do purgatório é um lugar inferior (subterrâneo) contíguo ao inferno, e o fogo é o mesmo que queima os justos no purgatório e os danados que estão, no entanto, em um lugar situado em cima. Segundo "a distribuição", vê-se que alguns são punidos em diversos lugares neste mundo "seja para a instrução dos vivos, seja para o alívio dos mortos" ao revelarem aos vivos sua pena para que a suavizem pelos sufrágios da Igreja. Tomás é, no entanto, hostil à ideia de que se faça seu purgatório nos lugares onde se pecou. Mais uma vez está visivelmente preocupado em restringir ao mínimo a presença dos fantasmas na terra[62]. Por fim, rejeita a opinião daqueles que pensam que, segundo a lei comum, o purgatório está situado acima de nós (i. é, no céu), pois quanto ao estatuto as almas do purgatório seriam intermediárias entre nós e Deus. Impossível, responde ele, pois são punidas não pelo que têm de superior, mas pelo que têm de inferior. Argumento bem especioso, próximo do jogo de palavras, e que relembra as falsas etimologias tão caras aos clérigos medievais. Seja como for, esta observação é interessante porque mostra que Tomás participa da "infernalização" do purgatório no século XIII, mas que havia clérigos que pensavam que

---

61. *"de loco purgatorii non inuenitur aliquid expresse determinatum in scriptura, nec rationes possunt ad hoc efficaces induci"* (Ibid., p. 105).

62. O comentador de nossa edição do *Suplément*, o Padre J. Wébert, mesmo assim está escandalizado com a importância dada por Tomás de Aquino aos relatos de aparições de fantasmas: "Parece-nos surpreendente [escreve ele] que Santo Tomás leve em consideração os relatos sobre os mortos que expiam em certos lugares terrenos. Isso faz pensar nas 'almas penadas' dos contos fantásticos" (p. 304-305). Quanto a mim, surpreendo-me com a pouca familiaridade do comentador moderno com a literatura medieval das visões e com a mentalidade comum no século XIII, e Santo Tomás, por mais intelectual que fosse, deve levá-las em conta e concorda com elas em parte.

o purgatório não era subterrâneo, mas quase celeste. São precursores de Dante, que colocará a montanha do purgatório na terra, mas elevando-se em direção ao céu.

Quanto à dureza da pena do purgatório (terceira pergunta), Tomás estima que tanto para a pena de dano quanto para a dos sentidos "o grau mínimo de uma como de outra supera a maior pena que se possa sofrer neste mundo". A severidade (*acerbitas*) da pena do purgatório não vem da quantidade do pecado punido, mas da situação daquele que é punido, pois o pecado é punido mais pesadamente no purgatório do que neste mundo. Tomás evidentemente não quer caucionar a ideia de que possa haver uma relação quantitativa entre o pecado cometido neste mundo e as penas sofridas no purgatório. Mesmo insistindo na justiça de Deus nesses assuntos, não fala de proporcionalidade. De todo modo, não se engaja na via de uma contabilidade do além.

Ao avaliar, em resposta à quarta pergunta, que a pena do purgatório é voluntária não porque as almas a desejam, mas porque sabem que é o meio de serem salvas, Tomás refuta a opinião dos que pensam que, por estarem tão absorvidas em seus sofrimentos, as almas do purgatório não sabem que estes as purgam e se creem danadas. Sabem que serão salvas.

Como Alberto o Grande, Tomás pensa que não são os demônios que atormentam as almas no purgatório, mas é possível que as acompanhem e se agradem em vê-las sofrer. É a resposta à quinta pergunta. À sexta e à sétima questão Tomás replica que o fogo purgatório realmente purga pecados veniais, mas parece considerar aqui esse fogo como um fogo metafórico. Sobre este ponto parece compartilhar das hesitações de Santo Agostinho.

Por fim, se Tomás responde afirmativamente à questão de saber se alguns são libertados mais rápido do que outros no purgatório (esboça então um comentário de 1Cor 3,10-15), e se desta vez emprega a palavra "proporção", é para evocar, na apreciação da severidade (*acerbitas*) das penas do purgatório, ao mesmo tempo a intensidade e a duração. Quer certamente evitar que não se instaure uma aritmética vulgar do tempo do purgatório.

Retomando o fio de sua exposição dos fins últimos, os autores do *Suplemento* fazem com que Tomás trate na questão LXXI dos problemas dos *sufrágios* pelos mortos com a ajuda da segunda questão da distinção 45 do *Scriptum* sobre o *Livro IV das sentenças*, de Lombardo. É o tratamento mais aprofundado que conheço dessa questão antes do século XIX[63]. Nela Tomás responde a catorze perguntas: 1) Os sufrágios feitos para um morto podem beneficiar um outro? 2) Os mortos podem ser auxiliados pelas obras dos vivos? 3) Os sufrágios feitos por pecadores podem beneficiar os mortos? 4) Os sufrágios feitos para os defuntos são úteis aos que o fazem? 5) Os sufrágios são úteis aos danados? 6) São úteis aos que estão no purgatório? 7) São úteis às crianças que estão no limbo? 8) São úteis aos bem-aventurados? 9) A prece da Igreja, o sacrifício do altar, a esmola são úteis aos defuntos? 10) As indulgências concedidas pela Igreja lhes são úteis? 11) As cerimônias dos obséquios lhes são úteis? 12) Os sufrágios são mais úteis para aquele que é o destinatário do que para os outros defuntos? 13) Os sufrágios feitos por muitos ao mesmo tempo são tão úteis a cada um quanto se lhe fossem unicamente destinados? 14) Os sufrágios comuns são tão úteis aos que não têm outros quanto o são os sufrágios especiais e os sufrágios comuns aos que beneficiam de uns e de outros?

Eis, na ordem que penso não dever desorganizar com receio de me distanciar ainda mais do pensamento de Tomás, o essencial de suas respostas, sobretudo na perspectiva do purgatório:

1) Nossos atos podem ter dois efeitos: adquirir um estado, adquirir um bem consecutivo a um estado, como uma recompensa acidental ou a remissão de uma pena. A aquisição de um estado não pode ser obtida senão pelo seu próprio mérito. Assim para a vida eterna. Em contrapartida, em razão da "comunhão dos santos" (*sanctorum communio*) pode-se oferecer boas obras a outros por uma espécie de doação: as preces lhes oferecem a

---

63. A questão LXXI encontra-se nas p. 129-203 de nossa edição (cf. nota p. 401).

graça, cujo bom uso pode dar a vida eterna com a condição de que a tenham merecido por si mesmos. Admirável equilíbrio entre o mérito individual e a solidariedade, a caridade coletiva.

2) "O vínculo de caridade que une os membros da Igreja não vale apenas para os vivos, mas também para os defuntos que morreram em estado de amor (*charitas*) [...]. Os mortos vivem na memória dos vivos [...] e assim os sufrágios dos vivos podem ser úteis aos mortos". Ao dizer isso, Tomás refuta a opinião de Aristóteles segundo quem (*Ética*, I, II) "não há qualquer comunicação possível entre os vivos e os mortos". Mas isso só vale para as relações da vida civil, não da vida espiritual, fundada na caridade, no amor de Deus, "para quem os espíritos dos mortos estão vivos". É a mais bela expressão que encontrei dos vínculos entre os vivos e os mortos em relação ao purgatório.

3) Sim, mesmo os sufrágios dos pecadores são úteis aos mortos, pois o valor dos sufrágios depende da condição do defunto e não da do vivo. Além do mais, operam à maneira dos sacramentos que são eficazes por si mesmos, independentemente daquele que opera.

4) Como satisfatório (expiatório da pena), o sufrágio torna-se a propriedade do defunto, que é o único que pode se beneficiar, mas como meritório da vida eterna, em razão da caridade de que procede, pode ser útil tanto àquele que o recebe quanto àquele que o dá.

5) Sim, segundo certos textos (principalmente 2Mc 12,40), os sufrágios podem ser úteis aos danados, mas Tomás pensa que por danação é preciso compreender a condenação no sentido mais amplo e que isso vale sobretudo para a pena do purgatório. De todo modo, isso depende do milagre e deve acontecer raramente (talvez este fosse o caso do Imperador Trajano). Tomás refuta assim as opiniões de Orígenes, de Prévostin, dos discípulos de Gilbert de la Porrée e de Guillaume d'Auxerre. E refuta mais uma vez, agora muito explicitamente, qualquer ideia de proporcionalidade, mesmo fundamentada em uma citação de Gregório o Grande.

6) Os sufrágios são úteis aos que estão no purgatório e até mesmo lhes são especialmente destinados, pois Agostinho disse que os sufrágios dirigem-se aos que não são nem totalmente bons nem totalmente maus. E, da mesma forma, a multiplicação dos sufrágios pode anular a pena do purgatório.

7) Estes sufrágios são inúteis para as crianças mortas sem batismo, que não estão em estado de graça, pois não podem mudar o estado dos defuntos.

8) Também são inúteis aos bem-aventurados, uma vez que o sufrágio é uma assistência que, portanto, não convém a quem nada falta.

9) A condição da utilidade dos sufrágios é a união no amor (*charitas*) entre "os vivos e os mortos". Os três sufrágios mais eficazes são a *esmola*, como principal efeito da caridade; a *prece*, o melhor sufrágio segundo a intenção; e a *missa*, pois a Eucaristia é a fonte da caridade e é o único sacramento cuja eficácia seja comunicável. As missas mais eficazes são aquelas que contêm preces especiais pelos defuntos, mas a intensidade da devoção daquele que a celebra ou a manda celebrar é essencial. O jejum também é útil, mas em menor grau, pois é mais externo. Assim como a oblação de velas ou de óleo recomendada por São João Damasceno.

10) Sim, a indulgência é aplicável aos mortos, pois "não existe razão para que a Igreja possa transferir os méritos comuns, fonte das indulgências, aos vivos e não aos mortos". Sobre este ponto, a vigilância de Tomás o abandona. É excessivamente "homem de Igreja".

11) Tomás é ainda mais liberal do que Agostinho, a quem recorre em relação à utilidade das pompas fúnebres. Agostinho dizia que "tudo o que se faz pelo corpo dos defuntos de nada lhes serve para a vida eterna, mas é apenas um dever de humanidade"[64]. Para Tomás o cerimonial do sepultamento pode ser indiretamente útil aos mortos, sendo a ocasião de boas obras em favor

---

64. *De cura pro mortuis gerenda*, cap. XVIII.

da Igreja e dos pobres, e incentivando a rezar pelo defunto. E mais, mandar sepultar um defunto em um santuário ou em lugar santo, com a condição de que não seja por glória vã, pode valer ao morto a ajuda do santo perto do qual será enterrado. Tomás é aqui de seu tempo e de sua ordem. Dominicanos (e franciscanos) acolhem e até mesmo atraem a sepultura dos leigos (sobretudo dos poderosos e dos ricos) em suas igrejas e em seus cemitérios e os leigos buscam cada vez mais o favor de beneficiar da sepultura nas igrejas até então reservadas aos clérigos e aos religiosos. Mas o mais interessante neste artigo talvez seja que Santo Tomás, apoiando-se em um versículo de São Paulo (Ef 5,29): "Jamais ninguém odiou sua própria carne", declara que "o corpo fazendo parte da natureza humana, é natural ao homem amá-lo". Estamos longe aqui do desprezo monástico tradicional pelo corpo, "esta abominável vestimenta da alma"[65].

12) Apesar da comunhão dos santos, Tomás pensa que os sufrágios são úteis principalmente àqueles a quem são destinados mais do que a outros, pois para ele conta sobretudo a intenção do vivo que faz o sufrágio, o morto não podendo mais merecer. Não se deixa convencer pelo argumento segundo o qual os ricos podem ser mais bem socorridos por este sistema individual no purgatório do que os pobres. A expiação da pena, responde ele, não é quase nada em comparação com a posse do Reino dos Céus, e lá os pobres são favoritos.

13) "Aquele que reza não é capaz, com uma mesma prece, de satisfazer tanto vários quanto apenas um". Decididamente, Tomás pende aqui para o indivíduo, e talvez para o individualismo.

14) "Pode-se acreditar que, por um efeito da misericórdia divina, o suplemento dos sufrágios particulares, superabundantes para aqueles a quem são destinados, é aplicado a outros defuntos que são privados de tais sufrágios e que precisam de socorro."

---

65. Este desprezo – sobretudo monástico – pelo corpo não impediu os pensadores cristãos da Idade Média (incluindo os monges) de se persuadirem de que só se podia obter sua salvação "de corpo e alma" por meio do próprio corpo.

Ao longo dessas questões Tomás mostrou-se sensível aos problemas de dívida, de transferência de bens. Seu vocabulário adota facilmente a terminologia jurídico-econômica. Recusa a contabilidade do além, mas não afasta dela certas transações que lembram muito mais o meio dos pequenos nobres endividados do que os dos comerciantes. Será necessário dizer que seu pensamento ainda permanece essencialmente religioso? Continua a se preocupar muito mais com os estados do que com as coisas, com condições do que com lugares, com ser do que com ter.

Deve-se ainda completar ou matizar a exposição do *Suplemento* com o auxílio de duas passagens das obras autênticas de Santo Tomás que também permitem situar a evolução de seu pensamento sobre este ou aquele ponto desde o *Scriptum* sobre as *Sentenças* de Pedro Lombardo.

Na parte – a mais importante – da *Súmula teológica* escrita pelo próprio Tomás, cito duas passagens que tratam do purgatório.

No artigo VIII da questão LXXXIX da primeira parte da *Súmula*, ele trata das aparições dos mortos, dos fantasmas. Ressalta que essas aparições devem ser ordenadas entre os milagres de Deus, que permite que se realizem seja pela operação dos anjos bons, seja pela operação dos demônios. Tomás compara essas aparições com aquelas que se produzem no sonho e ressalta que nos dois casos podem ocorrer à revelia dos mortos que são, no entanto, seu conteúdo. De fato, Tomás não evoca aqui o purgatório – ainda que fale dos sufrágios pelos mortos – e, curiosamente, não faz alusão a este caso particular de fantasmas que bem evidentemente estão conscientes de seu destino e de sua situação de fantasmas, uma vez que vêm implorar os sufrágios dos vivos. Percebe-se aqui mais uma vez a inquietude de Tomás diante desses andarilhos do além cujo número e independência busca limitar na medida do possível. São inteiramente manipulados por Deus e só podem obter uma permissão para sair de seu receptáculo ou de sua prisão "por uma dispensa especial de Deus" (*per specialem Dei dispensationem*). Na realidade, o mais interessante para nossa pesquisa é que Tomás recoloca aqui suas teorias sobre a alma separada (do corpo) em uma reflexão sobre os lugares e as distâncias (*distantia localis*, artigo VII dessa questão LXXXIX). O distanciamento é um obstáculo ao conhecimento? Os demônios são favorecidos pela rapidez e a agilidade de seus movimentos? (*Celeritas motus, agilitas motus.*) Distância espacial, particularmente importante em relação à luz divina, mas também distância temporal, pois as almas separadas podem conhecer o futuro? Se Tomás está, portanto, reticente quanto a uma espacialização "vulgar" das situações no além, está também consciente da importância de uma reflexão abstrata sobre o lugar e o tempo ligados um ao outro, mas segundo sistemas diferentes: pois a distância espacial e a distância temporal não dependem de uma mesma "razão"[66].

No artigo XI da questão VII do *De malo* (*Do mal*, 1266-1267), Tomás se perguntou mais uma vez se, no purgatório, os pecados veniais eram perdoados depois da morte. Sua resposta é evidentemente afirmativa, mas o que o interessa é demonstrar que entre pecado mortal e pecado venial não há uma diferença de gravidade, mas de natureza. Por outro lado, retorna ao problema da falta (culpa) e da pena. No *Scriptum* sobre o *IV livro das sentenças* havia pensado, como Lombardo, que "na outra vida, o pecado venial é perdoado, quando à própria culpa, pelo fogo do purgatório àquele que morre em estado de graça, porque esta pena, sendo de uma certa maneira voluntária, tem a virtude de expiar toda falta compatível com a graça santificante". Mas no *De malo* "o pecado venial não existe mais no purgatório quanto à culpa; assim que a alma se liberta dos vínculos do corpo, um ato de caridade perfeita apaga sua falta, da qual só restará a pena a expiar, a alma estando em um estado em que lhe é impossível merecer uma diminuição ou uma remissão dessa pena"[67].

---

66. *Summa theologiae*, Ia Pars, q. LXXXIX, art. VII, 2. ed. romana. Roma, 1920, p. 695, *"non est eadem ratio de distantia loci, et de distantia temporis"*.

67. MICHEL, A. Artigo *"Purgatoire". Dictionnaire de Théologie Catholique*, col. I 240. O texto do *Scriptum* (in: *IV um Sententiarum*, dist. XXI, q. 1, a 1)

O que continua interessando Tomás é o pecado, a condição da alma, não as contingências de um lugar transitório sobre o qual se contenta definitivamente em afirmar a existência porque está na fé e na autoridade da Igreja e que é conforme às demonstrações racionais das relações entre Deus e o homem.

A recusa do purgatório

1 Os hereges

Diante da aprovação escolástica do purgatório, existe a recusa dos hereges e dos gregos.

A oposição dos hereges ao purgatório permanece tanto no plano teórico quanto no plano prático como veremos mais adiante. Firma-se uma velha e tenaz recusa das preces pelos mortos, dos sufrágios, recusa que, como vimos, contribuiu no fim do século XII para que os ortodoxos formulassem mais nitidamente a existência do purgatório. Recusados pelos hereges de Arras em 1025, os sufrágios o são ainda em 1143-1144 pelos de Colônia contra quem o Prior Eberwin de Steinfeld pede ajuda a São Bernardo: "Não admitem a existência de um fogo purgatório depois da morte, mas ensinam que as almas vão imediatamente para o descanso ou para o castigo eternos no momento em que deixam a terra segundo as palavras de Salomão: 'se uma árvore cai ao sul ou então ao norte, a árvore permanece onde caiu' (Ecl 11,3)"[68].

Provavelmente na época em que, como vimos, Bernardo de Fontcaude expressa, contra os valdenses, a nova estrutura do além, uma *Súmula contra os hereges* que foi falsamente atribuída a Prévostin de Cremona, mas deve, segundo seus editores, datar

---

encontra-se nas p. 1.045-1.052 da ed. Moos. O texto do *De malo*, q. 7, a. 11 encontra-se nas p. 587-590 da ed. de Marietti: *Quaestiones disputatae*.

68. Texto original entre as cartas de São Bernardo (ep. 472) na *Patrologie Latine*, t. 182, col. 676-680. *Everwini Steinfeldensis praepositi ad. S. Bernardum* [apr. e trad. inglesa em WAKEFIELD, W.L. & EVANS, A.P. *Heresies of the High Middle Ages*. Nova York/Londres, 1969, p. 126ss. [a passagem sobre o fogo purgatório está na p. 131]].

do fim do século XII, menciona a hostilidade de hereges chamados de passaginos às preces pelos mortos e, nessa ocasião, fala do purgatório. Como, neste texto, *o* purgatório existe, mas os defuntos ainda são repartidos em quatro categorias, e não em três, os últimos anos do século XII parecem uma datação pertinente[69].

À recusa dos passaginos a *Súmula* dá a seguinte "solução" que acompanha de perto as ideias de Agostinho:

> Rezamos pelos vivos, indiferentemente, por mais maus que sejam, pois ignoramos se serão danados ou eleitos. Mas rezamos sobretudo por nossos irmãos e pelos mortos; não pelos totalmente bons, pois não precisam disso, nem pelos totalmente maus, pois isso não lhes seria útil, mas pelos medianamente bons que estão no purgatório, não para que se tornem melhores, mas para que sejam libertados mais cedo, e pelos medianamente maus, não para que sejam salvos, mas para que sejam menos punidos[70].

A crônica de Raul (Ralph), abade do Mosteiro Cisterciense de Coggeshall, na Inglaterra, entre 1207 e 1218, a propósito de uma aventura de juventude de Gervásio de Tilbury, evoca as ideias de hereges chamados publicanos[71], espalhados pelas várias regiões da França e principalmente em Reims, onde se manifestam por um episódio de feitiçaria entre 1176-1180: "Pretendem

---

69. Os passaginos professavam uma estrita observância do Antigo Testamento, incluindo a prática da circuncisão. Foram postos entre as seitas "judaizantes". A primeira menção a seu respeito é de 1184, e a última de 1291. Ao que parece foram confinados na Lombardia e foram ativos pouco antes e pouco depois de 1200. Cf. MANSELLI, R. "I Passagini". In: *Bolletino dell'Instituto Storico Italiano per il Medio Evo e Archivio Muratoriano*, LXXXV, 1963, p. 189-210. Aparecem ao lado dos cátaros, mas diferentes deles nesta *Summa contra Haereticos ascribed to Praepositinus of Cremona* (ed. de GARVIN, J.N. & CORBETT, J.A. Notre-Dame, Ind., 1958) e na tradução parcial inglesa em WAKEFIELD & EVANS. *Heresies of the High Middle Ages*, p. 173ss.

70. Ibid., p. 210-211.

71. No Ocidente, este nome, deformação dos paulicianos orientais, serviu para designar qualquer tipo de herege.

que as crianças não devem ser batizadas antes de atingirem a idade da razão; acrescentam que *não se deve rezar pelos mortos* nem pedir a intercessão dos santos. Condenam o casamento, pregam a virgindade para mascarar sua luxúria. Detestam o leite e todo alimento que dele provém, bem como todo alimento produzido pelo coito. *Não creem no fogo purgatório depois da morte, mas estimam que assim que, libertada a alma vai imediatamente para o descanso ou para a danação*[72].

No século XIII quase todos os tratados sobre as heresias e os hereges contam com a recusa do purgatório entre os erros da maior parte dessas seitas (muitas vezes maldistinguidas pelos autores "ortodoxos") e em particular a dos valdenses. Étienne de Bourbon, em um tratado para o uso dos pregadores – de que falarei – redigido pelo dominicano nos anos que precederam sua morte, ocorrida em 1261, diz sobre os valdenses da região de Valença (Dauphiné) por volta de 1235: "Declaram também que não há outra punição purgatória senão nesta vida atual. Para os mortos, nem os bons ofícios da Igreja nem nada daquilo que se possa fazer em favor deles tem efeito"[73]. Anselmo de Alexandria (na Itália do Norte), inquisidor dominicano, redigiu entre 1266 e 1270 um tratado em que se esforça para distinguir valdenses de cátaros, e entre os valdenses, os da Lombardia e os de Lyon (os Pobres de Lyon). Entre as crenças comuns aos dois grupos de valdenses ele coloca a negação do purgatório: "Como os lioneses, os lombardos não creem no purgatório, no juramento, no direito de justiça [...]. E também (para ambos) não existe purgatório. Nada se ganha em visitar os túmulos dos santos, em adorar

---

72. O texto original em latim encontra-se em STEVENSON, J. (ed.). *Radulphi de Coggeshall Chronicon anglicanum*. Londres, 1875, p. 121-125 [trad. inglesa em WAKEFIELD & EVANS, p. 251].

73. O texto original em latim foi editado nos trechos do *Tractatus de diversis materiis praedicabilibus*, publicados por A. Lecoy de la Marche. • *Anecdotes historiques, legendes et apologues tirées du recueil inédit d'Etienne de Bourbon, dominicain du XIIIe siècle*. Paris, 1877, p. 202-299 [trad. inglesa em WAKEFIELD & EVANS, p. 346].

a cruz, em construir igrejas, ou em dizer preces, missas ou dar esmolas pelos mortos"[74].

Mesma opinião no famoso *Manual do inquisidor* do dominicano Bernard Gui, fruto de uma longa experiência registrada por volta do fim de sua vida, no início do século XIV: "Os valdenses negam também que exista um purgatório para as almas depois desta vida e, consequentemente, afirmam que as preces, esmolas, missas, e outros piedosos sufrágios dos fiéis em favor dos mortos não servem para nada". E mais: "Dizem também e ensinam a seus adeptos que a verdadeira penitência e o purgatório pelos pecados não podem ocorrer senão nesta vida, não em outra [...]. Da mesma forma, segundo eles, as almas, quando deixam o corpo, vão imediatamente ou para o paraíso, se devem ser salvas, ou para o inferno, se devem ser danadas, não há outro lugar (morada) para as almas depois desta vida senão o céu ou o inferno. Dizem também que as preces pelos mortos não os ajudam de forma alguma, uma vez que aqueles que estão no paraíso não precisam delas, enquanto que para aqueles que estão no inferno não há descanso"[75].

Para os cátaros, sua atitude perante o purgatório parece ter sido mais complexa. Retornarei a isso. Os documentos relativos às crenças concretas, principalmente em Montaillou, nos mostram uma posição bastante confusa e matizada. Mesmo os textos teóricos examinados aqui geralmente insistem em uma atitude negativa em relação ao purgatório. Em 1250, em sua *Súmula so-*

---

74. Texto em latim publicado em DONDAINE, A. "La hiérarchie cathare en Italie – *Le tractatus de hereticis* d'Anselme d'Alexandrie, O.P.". In: *Archivum Fratrum Praedicatorum*, XX, 1950, p. 310-324 [trad. inglesa em WAKEFIELD & EVANS, p. 371-372].

75. Bernard Gui, nascido no Limousin em 1261 ou 1262, entrou para os pregadores em 1279. Formado em Montpellier, foi um ativo inquisidor, sobretudo na Diocese de Toulouse. No fim de sua vida foi bispo de Lodève. O *Manual do inquisidor* deve ter sido finalizado em 1323-1324. Foi editado com uma tradução francesa de G. Mollat nos clássicos da história da França na Idade Média, VIII/IX, 2 vols. Paris, 1926-1927. Os textos citados encontram-se no capítulo II da 5ª parte.

bre os cátaros e os pobres de Lyon (*Summa de Catharis et Pauperibus de Lunduno*), Rainerius Sacconi, um herege convertido por Pedro de Verona, que se tornou dominicano e inquisidor como ele, escapou ao atentado que custou a vida de Pedro (que logo se tornou para a Igreja São Pedro o Mártir), escreve: "Seu segundo erro é que, segundo eles, Deus não inflige qualquer punição purgatória, pois negam totalmente o purgatório, nem qualquer punição temporária, pois esta é infligida pelo diabo nesta vida"[76].

Dos cátaros, também italianos, batizados albanos ou albaneses (cuja corruptela geralmente é albigenses), uma pequena súmula anônima, composta provavelmente por um franciscano entre 1250 e 1260, diz que não apenas não creem no purgatório, como também no inferno, pois este não foi criado por Deus, que, segundo o Gênesis, criou este mundo, ou seja, lúcifer. Nessa perspectiva "dizem que não há fogo purgatório nem purgatório"[77].

2 Os gregos

Se, no nível da pastoral e da polêmica, a luta da Igreja contra os hereges detratores de um resgate depois da morte levou-a, como vimos, a adotar e definir a crença em um lugar de purgação das penas depois da morte, o purgatório, no fim do século XII são as discussões de ordem teológica, as negociações entre membros das hierarquias eclesiásticas latina e grega que conduziram a Igreja latina a expressar suas primeiras formulações dogmáticas do purgatório no século XIII. A teoria veio coroar no topo a prática na base. O purgatório nasceu nas aspirações e também nas lutas.

---

76. A *Summa* de Sacconi foi editada por A. Dondaine no prefácio de sua obra *Un traité néo-manichéen du XIIIe siècle: o* Liber de duobus principiis, *suivi d'un fragment de rituel cathare.* Roma, 1939, p. 64-78 [trad. inglesa em WAKEFIELD & EVANS, p. 333-334].

77. Esta "Brevis summula contra errores notatos hereticorum" foi editada por Célestin Douais em *La somme des autorités à l'usage des prédicateurs méridionaux au XIIIe siècle.* Paris, 1896, p. 125-133 [trad. inglesa em WAKEFIELD & EVANS, p. 355-356].

Desde a ruptura em 1054, ponto de finalização do lento aprofundamento da separação entre o cristianismo latino e o grego iniciado no mais tardar no século IV[78], as discussões e as negociações para uma reunião das duas igrejas não deixaram de acontecer. A questão do além não desempenhou nenhum papel neste processo. A Igreja grega, que no entanto estava na origem da elaboração doutrinal que devia conduzir ao purgatório, não desenvolvera esses germes. Contentava-se com uma vaga crença na possibilidade de um resgate depois da morte e em uma prática, pouco diferente da latina, das preces e dos sufrágios pelos mortos. Mas quando a crença latina desabrochou no nascimento de um terceiro lugar do além e em um remanejamento profundo da geografia do outro mundo, o problema do purgatório veio para o primeiro plano das discussões e das dissensões. Foi essencialmente em torno do problema do fogo do purgatório que a primeira fase do debate se desenrolou.

Para ficarmos no século XIII, antes é preciso lembrar que durante a primeira metade do século as negociações, além das dificuldades propriamente religiosas, tropeçam sobretudo em um obstáculo político. O papado defende o Império Latino estabelecido em Constantinopla pela quarta cruzada em 1204, os gregos, no entanto, reconhecem apenas o imperador bizantino retido em Niceia.

No meio dessas tratativas eis que surge o purgatório. Como diz de forma divertida e justa o Padre Daniel Stiernon: "O fogo! Sim, infelizmente, há também o fogo do purgatório que, um ano mais tarde, inflamará os espíritos. De Pouilles, onde a centelha surgiu em novembro de 1235, o incêndio ganhará o trono patriarcal, se for mesmo verdade que Germano II, interpelado no

---

78. Para uma visão geral, cf. CONGAR, Y.M.J. "Neuf cents ans après – Notes sur le *Schisme oriental*". In: *L'Église et les églises: neuf siècles de douleureuse séparation entre l'Orient et l'Occident* – Études et travaux offerts à dom Lambert Beuadois, I. Chevetogne, 1954. Cf., de um ponto de vista mais estreito, os estudos de D. Nicol reunidos em *Byzantium*: Its Ecclesiastical History and Relations with the Western World. Londres, 1972.

novo debate, redigiu um libelo sobre esse tema, um sujeito que de tão ardente deixará traços duradouros [...]"[79].

De fato, o primeiro traço importante do debate greco-latino sobre o purgatório é um pouco anterior. Trata-se do relatório de uma controvérsia que opôs no mosteiro grego de Casola, perto de Otranto, no fim de 1231, Georges Bardanès, metropolita de Corfou, a um dos enviados do papa, o franciscano Bartolomeu. O relato, provavelmente incompleto, é o do prelado grego. Georges Bardanès declara antes que os irmãos Menores "preconizam a falsa doutrina de que existe um fogo purificador (πῦρ καθρτήριου) para onde são conduzidos aqueles que morrem depois de terem se confessado, mas que não tiveram tempo de fazer a penitência de seus pecados, e são purificados antes do juízo final, obtendo assim a libertação da pena"[80]. A autoridade avançada pelos franciscanos é a de "São Gregório, o Diálogo, isto é, Gregório o Grande, assim batizado pelos gregos para distingui-lo de outros Gregório.

Eis como a discussão teria ocorrido:

A questão colocada pelo latino, que se chamava Bartolomeu, era mais ou menos esta:

> Quero saber de vós, gregos, para onde vão as almas daqueles que morreram sem fazer penitência e que não tiveram o tempo de cumprir as epitimias[81] que seus confessores lhes ordenaram.

Nossa resposta, dos gregos:

> As almas dos pecadores não vão daqui para o inferno eterno, pois aquele que deve julgar todo o universo ainda não veio com sua glória para discernir os justos

---

79. STIERNON, D. "Le problème de l'union gréco-latine vu de Byzance: de Germmain II à Joseph Ier (1232-1273)". In: *1274, Année charnière* – Mutations et continuités. Paris: CNRS, 1977, p. 147 [Colóquio de Lyon-Paris, 1974].

80. RONCAGLIA, P. *Georges Bardanès métropolite de Corfou et Barthélemy de l'ordre franciscain* – Les discussions sur le Purgatoire (*15 octobre-17 novembre 1231*). Roma, 1953, p. 57ss. [Estudo crítico com texto inédito].

81. *Epitimias*: atos de penitência e de mortificação.

dos pecadores, mas vão para lugares sombrios que dão o antegosto dos suplícios que esses pecadores devem sofrer. Pois, como para os justos, vários lugares e vários descansos foram preparados na casa do Pai, segundo a palavra do Salvador, assim diversas punições existem para os pecadores[82].

O latino:

Quanto a nós, não temos essa crença, mas acreditamos que existe de uma maneira particular um fogo "purgatório", isto é[83], fogo que purifica, e que por esse fogo aqueles que passam deste mundo sem se arrepender, como os ladrões, os adúlteros, os assassinos e todos os que cometem os pecados veniais, sofrem nesse fogo (purificador) por um certo tempo e se purificam das manchas de seus pecados, e são em seguida libertados da punição.

Mas, meu excelente amigo, digo eu, aquele que crê em tais coisas e as ensina parece-me ser um partidário perfeito de Orígenes. Com efeito, Orígenes e aqueles que o seguem preconizaram a doutrina do fim do inferno, e mesmo os demônios, após vários anos, obteriam seu perdão e seriam libertados da punição eterna. Depois, tu só precisas apelar para tua sabedoria ao te referir às palavras do Evangelho dadas por Deus, uma vez que o Senhor clama que os justos irão à ressurreição da vida, enquanto os pecadores (irão) à ressurreição do julgamento[84]. E ainda: 'Ide para longe de mim, para o fogo externo e eterno, preparado para o diabo e para seus anjos!'[85] E em outra parte: 'Onde há lamentos e ranger de dentes'[86], e onde seu verme não morre e o fogo não se apaga[87].

---

82. Jo 14,3.

83. Bardanès emprega aqui o termo πορүτόριоγ, neologismo para traduzir a palavra latina.

84. Jo 5,29.

85. Mt 25,41.

86. Mt 25,51.

87. Mc 9,43-48.

Uma vez que o Senhor faz tantas e tais ameaças contra aqueles que partem desta vida com más ações e crimes não purificados (pela penitência), quem ousará assinalar que existe um fogo purificador e um pretenso fim da punição, antes da decisão do julgamento do juiz? Mas se fosse possível, de qualquer maneira que fosse, arrancar antes (do juízo final) dos suplícios aqueles que partem deste mundo, culpados de quaisquer pecados, o que teria impedido Abraão, o fiel e amado de Deus, de retirar do fogo inextinguível o rico sem misericórdia, quando este último implorava, com palavras capazes de emocionar profundamente, uma simples gota de água caindo da ponta do dedo para se refrescar, mas ouviu: "Tu, meu filho, tu gozaste de teus bens durante tua vida, enquanto Lázaro só teve males. Agora o agradamos e tu sofres"[88]. E ensinava que existe um abismo profundo intransponível entre ele e o pobre Lázaro.

Mas como o irmão Menor ouvisse tudo isso sem se deixar persuadir e tampasse os ouvidos, colocamos diante de seus olhos os textos dos Pais, que trazem Deus [= inspirados por Deus], relativo às Santas Escrituras, para que, tomado de respeito diante da autoridade dos maiores mestres, abandone sua objeção.

As autoridades escriturárias não dobraram o franciscano e cada um permaneceu em suas posições.

Primeira definição pontifical do purgatório (1254)

Nos últimos anos do pontificado de Inocêncio IV, a atmosfera das discussões entre gregos e latinos se modificou e foi possível pensar que se encaminhava para um acordo quando o papa morreu em 1254. Algumas semanas antes de sua morte, em 6 de março de 1254, o pontificado havia enviado para seu legado junto aos gregos, em Chipre, o Cardeal Eudes de Châteauroux, uma carta oficial (*sub catholicae*) que é uma das grandes datas da história do purgatório. O papa, estimando que houvesse pontos

---

88. Lc 26,25.

comuns suficientes entre gregos e latinos e deixando na sombra a espinhosa questão do momento da passagem pelo fogo purgatório, antes ou depois da ressurreição dos mortos, pede, de uma maneira que na verdade permanece bastante autoritária, que os gregos subscrevam uma definição do *purgatório*:

> Como a Verdade afirma no Evangelho que, se alguém blasfema contra o Espírito Santo, este pecado não lhe será perdoado nem nesta vida nem na outra: dando-nos assim a oportunidade de compreender que certas faltas são perdoadas no tempo presente, e outras na outra vida; como também o Apóstolo declara que a obra de cada um, qualquer que seja, será examinada pelo fogo e que, se queimar, o trabalhador sofrerá sua perda, mas ele mesmo será salvo, como através do fogo; como os próprios gregos, ao que dizem, acreditam e professam verdadeiramente e sem hesitação que as almas daqueles que morrem tendo recebido a penitência sem ter tido tempo de cumpri-la ou que morrem sem pecado mortal, mas culpados de (pecados) veniais ou de falta mínimos, são purgados depois da morte e podem ser auxiliados pelos sufrágios da Igreja, nós, considerando que os gregos afirmam não encontrar entre seus doutores nenhum nome próprio e correto para designar o lugar desta purgação e que, por outro lado, segundo as tradições e as autoridades dos santos Pais, este nome é o purgatório, queremos que no futuro esta expressão seja recebida igualmente por eles. Pois, nesse fogo temporário, os pecados, certamente não os crimes e faltas capitais, que não teriam sido resgatados antes pela penitência, mas os pecados leves e mínimos são purgados; se não foram perdoados ao longo da existência, sobrecarregam a alma depois da morte[89].

---

89. Tradução ligeiramente corrigida retirada do artigo "Purgatoire" do *Dictionnaire de Théologie Catholique*, col. 1.248. Du Cange citou esta carta no seu célebre glossário na palavra *Purgatorium*. Eis, no latim original, as passagens importantes para o nosso objetivo: *"Nos, quia locum purgationis hujus modi dicunt (Graeci) non fuisse sibi ab eorum doctoribus certo et proprio nomine indicatum, illum quidem juxta traditiones e auctoritates sanctorum patrum purgatorium nominantes volumus, quod de caetero apud illos isto nomine appeletur".*

Esta carta é a certidão de nascimento doutrinal do purgatório como lugar.

O Concílio de Lyon II e o purgatório

Um novo passo foi dado pelo Concílio de Lyon II em 1274. Talvez seja conveniente evocar antes um dos inúmeros episódios que marcaram as negociações entremeadas de polêmicas entre gregos e latinos durante o terceiro quarto do século XIII.

Em 1263 Tomás de Aquino foi chamado a dar sua opinião como especialista na polêmica com os gregos. Nicolas de Durazzo, bispo de Crotona, "erudito em latim e em grego", havia escrito um *Libelo sobre a procissão do Espírito Santo e a Trindade contra os erros dos gregos* (*Libellus de procession spiritus sancti et de fide trinitatis contra errores Graecorum*), cuja cópia latina foi enviada em 1262 ao Papa Urbano IV, que solicitou a opinião de Tomás de Aquino. O *Libellus*, que se interessava principalmente pelo *filioque*, desejava demonstrar que os gregos do século XIII não eram nem mesmo fiéis aos Pais da Igreja grega que teriam professado as mesmas doutrinas que os latinos. O *Libellus* era de fato um amontoado[90] de equívocos, de falsificações e de falsas atribuições. O papado pretendia, no entanto, fazer dele o documento de base para as negociações com os gregos. Tomás de Aquino experimentou, ao que parece, "um sentimento de mal-estar" à leitura do *Libellus*. Não questionou a autenticidade dos textos citados pelo *Libellus*, mas contestou a validade de uma parte deles e preferiu muitas vezes recorrer a outras autoridades. Mesmo assim, a influência do *Libellus* não diminuiu o alcance do *Contra errores Graecorum* (Contra os erros dos gregos) que Tomás compôs no verão de 1263 em Orvieto e que se tornou para os latinos um arsenal de argumentos contra os gregos[91]. O essencial, 32 capítulos, diz respeito à procissão do Espírito Santo na Trindade, en-

---

90. Cf. WEISHEIPL, J.A. *Friar Thomas d'Aquino*, p. 168-170.

91. Cf. DONDAINE, A. "Nicolas de Crotone et les sources du *Contra errores Graecorum* de saint Thomas". In: *Divus Thomas,* 1950, p. 313-340.

quanto sete curtos capítulos são consagrados, para cinco deles, à primazia do papado romano e os dois restantes à consagração do pão ázimo para a Eucaristia e ao purgatório. Neste último caso Tomás defende a existência do purgatório da maneira que será retomada no *Suplemento* da *Summa theologica* que vimos.

No entanto, a situação política que se criara logo após a retomada de Constantinopla pelos gregos em 1261 e pelo restabelecimento em sua aparente integridade do Império Bizantino conduziu a uma tentativa de reconciliação entre latinos e gregos que resultou no Concílio de Lyon II em 1274[92].

A união entre latinos e gregos era desejada por razões políticas pelo Papa Gregório X, que via nela uma das condições preliminares necessárias ao sucesso da cruzada que queria organizar, e pelo Imperador Miguel VIII Paleólogo, que desejava não somente evitar um eventual ataque de Carlos de Anjou, mas retomar, como bem mostrou Gilbert Dagron, uma grande política tradicional de "ligação orgânica entre o Ocidente e o Oriente".

Discutida na ambiguidade e sem ir ao fundo das coisas e com o basileu pressionando a hierarquia grega, a união foi proclamada em 16 de janeiro de 1275 depois da deposição do Patriarca José I, que a recusara. Ela permaneceria letra morta. Mas permitiu que o purgatório se instalasse melhor na Igreja latina. A fórmula retida foi um compromisso que havia sido definido pelo Papa Clemente IV em uma carta enviada em 4 de março de 1267 ao Imperador Miguel VIII. Foi retomada em uma carta de Gregório X a Miguel Paleólogo de 24 de outubro de 1272 e na profissão de fé que o imperador enviou como resposta em março

---

92. Cf. a seção do colóquio *1274 Année charnière* (publicado em 1977 pelas edições do CNRS) consagrada a *Byzance et l'Union* (p. 139-207), com os artigos de D. Stiernon, já citados, J. Darrouzès, J. Gouillard e G. Dagron. Cf. tb. ROBERG, B. *Die Union zwischen der griechischen und der lateinischen Kirche auf den II. Konzil von Lyon 1274*. Bonn, 1964. Sobre as atitudes bizantinas em relação ao além se aguarda um próximo livro de Gilbert Dagron. Agradeço a Évelyne Patlagean por ter me comunicado o texto do seu estudo "Byzance et son autre monde – Observations sur quelques récits", que deve aparecer no colóquio *Faire croire* (École Française de Rome, 1979).

de 1274. Tornou-se um anexo da constituição *Cum sacrosanta* do concílio promulgado com leves modificações de redação em 1º de novembro de 1274.

Eis o conteúdo:

> Mas, por causa de diversos erros que alguns introduziram por ignorância e outros por malícia, ela (a Igreja romana) diz e proclama que aqueles que caem no pecado após o batismo não devem ser rebatizados, mas que, por uma verdadeira penitência, obtêm o perdão de seus pecados. Que se, realmente penitentes, morrem na caridade antes de terem, pelos dignos frutos de penitência, satisfeito pelo que cometeram ou omitiram, suas almas, como nos explicou o Irmão João, são purgadas depois de sua morte, pelas penas *purgatórias* ou *purificadoras* e, para o alívio dessas penas, servem-lhes os sufrágios dos fiéis vivos, ou seja, os sacrifícios das missas, as preces, as esmolas e as outras obras de piedade que os fiéis têm costume de oferecer para os outros fiéis segundo as instituições da Igreja. As almas daqueles que, depois de terem recebido o batismo, não contraíram nenhuma mácula do pecado, aquelas também que foram purificadas, depois de terem contraído a mácula do pecado, foram purificadas deles ou enquanto permaneciam em seus corpos ou depois de terem sido despojadas de seus corpos, como foi dito mais acima, são imediatamente recebidas no céu[93].

O texto é um retrocesso em relação à carta de Inocêncio IV, vinte anos antes. Trata-se de *"poenis purgatoriis seu catharteriis"*, a palavra grega latinizada correspondendo à palavra latina que os gregos tinham helenizado. Mas a palavra *purgatorium*, o purgatório, não aparece. Não se fala *nem de lugar, nem de fogo*. Este recuo deve-se apenas à hostilidade dos gregos ou provém também das reticências de alguns meios teológicos ocidentais? Isso não é impossível. Ainda mais que certos documentos fazem crer que

---

93. Segundo o artigo "Purgatoire" do *Dictionnaire de Théologie Catholique*, col. 1.249-1.250.

pelo menos na chancelaria imperial bizantina estava-se pronto a aceitar a palavra *purgatório*. Lê-se, com efeito, nas profissões de fé enviadas por Miguel VIII em 1277 aos papas João XXI e depois Nicolau III, as penas *do purgatório* ou *do purificatório* tanto na versão latina (*poenis purgatorii seu catharterii*) quanto na versão grega (ποιναῖς πουγατορίου ητοι καθαρτηρίου). Assim como na profissão de Andrônico II alguns anos mais tarde. É possível também supor que o Concílio de Lyon II tenha editado uma fórmula perdida que retomava os termos da carta de Inocêncio IV de 1254 e não daquela de Clemente IV em 1267[94].

Purgatório e mentalidades: Oriente e Ocidente

O importante está em outro lugar.

Está principalmente, como bem observou A. Michel, no fato de que, "do ponto de vista dogmático, o texto imposto aos gregos representa com certeza a doutrina católica. É o equivalente de uma definição *ex cathedra*"[95]. É a primeira proclamação da crença no *processo purgatório*, se não no purgatório, como dogma.

O segundo fato interessante é que, no nível dogmático, o purgatório jamais será definido pela Igreja como um lugar preciso ou como um fogo nas duas assembleias que instaurarão definitivamente o dogma do purgatório no cristianismo romano: o Concílio de Ferrara-Florença em 1438-1439, novamente contra os gregos[96] e o Concílio de Trento, desta vez contra os protestantes.

Minha convicção continua sendo que, apesar das reticências dos teólogos e da prudência da instituição eclesiástica, o sucesso do purgatório deve-se à sua espacialização e ao imaginário ao qual permitiu o pleno desenvolvimento.

---

94. Cf. MICHEL, A. Ibid., col. 1.249-1.250.

95. Ibid.

96. Cf. principalmente PETIT, L. & HOFMANN, G. (ed.). *De Purgatorio Disputationes in Concilio Florentino Habitae*. Roma, 1969.

Mas antes de ver o sucesso "popular", o sucesso maciço do purgatório, do lugar purgatório no século XIII, desejaria ressaltar em um documento ligado ao debate entre gregos e latinos uma confissão que ilumina as atitudes profundas dos cristãos do Ocidente durante o nascimento e a vulgarização do purgatório. Depois do Concílio de Lyon II (1274), Miguel VIII Paleólogo se esforçou em fazer com que o clérigo bizantino respeitasse a união. Os mosteiros de Athos eram um dos principais focos de resistência. Em maio de 1276 a polícia imperial, durante uma "batida em Athos", expulsou e dispersou os monges e manteve prisioneiros dois deles, Nicéfora e Clemente, que o imperador, por deferência com os latinos, mandou conduzir em um barco veneziano até Saint-Jean d'Acre, onde foram devolvidos ao embaixador pontifical. E este não era qualquer um. Foi um dominicano, Tomás de Lentini, que uns quarenta anos mais cedo havia recebido Tomás de Aquino na ordem.

O embaixador, que também é bispo de Acre e patriarca de Jerusalém, teve uma franca discussão com os dois monges gregos e, finalmente, contentou-se em enviá-los para residência em Chipre[97]. No debate surgiu a questão do purgatório, pois é realmente *do* purgatório (τσ πυρκατόριου) que se trata.

> *O latino:* E o purgatório, o que dizeis a respeito?
> *Os gregos:* O que é o purgatório e por qual Escritura soubestes dele?
>
> *O latino:* De Paulo, quando diz que (os homens) são examinados pelo fogo: "Se a obra de alguém é consumida, sofrerá o prejuízo, mas ele mesmo será salvo, e dessa maneira, como através do fogo".
> *Os gregos:* Na verdade, ele é castigado eternamente.

---

97. Cf. DARROUZES, J. "Les documents grecs concernant le concile de Lyon". In: *1274* – Année charnière, p. 175-176. O texto citado, extraído do *Procès de Niciphore* (1277), foi editado por V. Laurent e J. Darrouzes em *Dossier grec de l'Union de Lyon (1273-1277)*. Paris, 1976, p. 496-501 [Archives de l'Orient Chrétien, 16].

> *O latino:* Eis como dizemos. Se alguém, depois de ter pecado, foi se confessar, recebeu uma penitência pela falta e morreu antes de ter cumprido essa penitência, os anjos jogam sua alma no fogo purificador, ou seja, nesse rio de fogo, até que tenha acabado o tempo que lhe resta daquilo que o pai espiritual havia fixado, este tempo que ele não pudera terminar por causa da morte imprevista. Depois de ter terminado o tempo que resta, como nós dizemos, é que ele parte purificado para esta vida eterna. Também acreditais nisso: é assim ou não?
>
> *Os gregos:* Não apenas não admitimos isso, mas o anatematizamos, como os pais no concílio. Seguindo a palavra do Senhor, "Vós vos distanciais, sem conhecerdes as Escrituras nem a potência de Deus".

Com efeito, para os gregos, diante das Escrituras, que não falam do purgatório, os latinos só são capazes de citar visões de almas pretensamente salvas de tormentos no além. "Mas, acrescentam, estes fatos nos sonhos e nos ares, que se contam, são cheios de muitas divagações e, portanto, não oferecem certeza." Consequentemente "faz o bem durante tua vida, pois tudo é inerte depois da morte, e por causa disso a prece por aqueles que não fizeram o bem durante sua própria vida não é atendida".

Mas Tomás de Lentini retoma a discussão:

> *O latino:* Em que lugar repousam agora as almas dos justos, e onde as dos pecadores?
>
> *Os gregos:* Segundo a palavra do Senhor, os justos como Lázaro estão no seio de Abraão, e os pecadores como o rico impiedoso, no fogo da geena.
>
> *O latino:* Muitos fiéis simples de nossa Igreja têm dificuldade de suportar isso. A restauração (apocatástase) dizem eles, ainda não aconteceu e, por esta razão, as almas não sentem nem castigo, nem descanso. Portanto se é assim..

O manuscrito apresenta aqui, no momento de completar uma informação para nós tão importante, uma lacuna. Minha interpretação apresenta, portanto, uma parte de hipótese.

Observo principalmente o recurso, paradoxal neste latino, à noção de Orígenes de apocatástase, mas o essencial me parece residir não na doutrina, mas nas disposições mentais dos latinos aos quais Tomás Lentini faz alusão. Muitos fiéis simples não se contentam mais com a oposição geena/seio de Abraão, inferno/ paraíso a partir do momento da morte individual. A necessidade do purgatório, de uma última peripécia entre a morte e a ressurreição, de uma prolongação do processo de penitência e de salvação além dessa falsa fronteira da morte tornou-se uma exigência da massa. *Vox populi...* Pelo menos no Ocidente.

9
O triunfo social: a pastoral e o purgatório

O purgatório triunfou no século XIII na teologia e no plano dogmático. Sua existência é incontestável, tornou-se uma verdade de fé e da Igreja. Sob uma forma ou sob outra, em um sentido muito concreto ou mais ou menos abstrato, é um lugar. Sua formulação se oficializa. Vem dar seu sentido pleno a uma prática cristã muito antiga: os sufrágios pelos mortos. Mas os teólogos e a hierarquia eclesiástica o controlam, limitam sua expansão no imaginário.

No nível em que vou me colocar agora, na medida em que o historiador pode alcançá-lo, o da recepção do purgatório pela massa, pelo conjunto dos fiéis, pelas diversas categorias socioprofissionais, os progressos do purgatório são ainda mais impressionantes.

Quando a Igreja faz descer o purgatório das alturas da argumentação teológica ao ensino cotidiano, à prática pastoral, mobilizando os recursos do imaginário, o sucesso parece enorme. No fim do século XIII, o purgatório está em toda parte, na pregação, nos testamentos (timidamente), na literatura em língua vulgar. O jubileu de 1300 será seu triunfo pelo encontro entre as aspirações da massa dos fiéis e as prescrições da Igreja. As oposições se reduzem a pó, mesmo entre os intelectuais, mesmo entre os hereges. Apenas a imagem permanece refratária a este triunfo: Conservadorismo da iconografia? Dificuldades de representação de um mundo intermediário, temporário, efêmero? Zelo da Igreja, preocupada em manter o purgatório próximo do inferno, e mesmo em "infernizá-lo", em evitar representações mais tranquilizadoras do que assustadoras?[1] O purgatório nasce em uma perspectiva de localização, porque é preciso encontrar um lugar para as penas que purgam, porque a perambulação das almas em pena não é mais suportável. Mas o espaço e o tempo estão sempre ligados, ainda que este lugar não seja simples, como relembra Tomás de Aquino.

O tempo contado

O purgatório é também um tempo, uma vez que se pode defini-lo como um inferno "temporário". Existe portanto um tempo do purgatório, e esse tempo que também se define na virada do século XII ao XIII insere-se em uma reconsideração geral das estruturas temporais dessa época.

Até então a vida e as mentalidades eram, por um lado, dominadas por uma ideologia do tempo e, do outro, pela experiência de uma multiplicidade de tempos. A Igreja ensinava a teoria das seis idades do mundo, que chegou à sexta e última idade, a da velhice ou decrepitude, e mesmo ancorando solidamente o universo em uma historicidade marcada por dois grandes acontecimentos no passado, ou seja, a criação seguida da queda e a Encarnação de Cristo, origem da redenção, ela orientava o tempo para um fim: o juízo final e a abolição do tempo na eternidade. Acreditava e afirmava que esse fim estava próximo e esta persuasão tinha como consequência principal o fato de que as pessoas se inquietavam pouco com o período, muito curto, que separava a morte individual da ressurreição dos corpos e do julgamento geral. Indivíduos e grupos exigentes ou contestatários, ou os dois ao mesmo tempo, introduziam duas variantes nesse esquema.

---

1. Talvez pesquisas atentas permitam encontrar uma iconografia do purgatório mais precoce do que se acredita habitualmente (cf. o Apêndice III).

Uns desejavam o rejuvenescimento do mundo, o retorno à Igreja primitiva, forma cristã do mito da idade de ouro, outros e às vezes os mesmos acreditavam ou esperavam que, conforme ao Apocalipse, o fim do mundo seria precedido pelas provações do anticristo, mas, antes, por uma longa época de justiça, o *milênio*. No início do século XIII, o milenarismo, condenado há muito tempo pela Igreja, encontra um novo profeta, o Abade Joaquim de Fiore, cujas ideias inflamam ao longo do século inúmeros adeptos, em particular entre os franciscanos[2].

Por outro lado, a vida dos homens era medida por uma multiplicidade de tempos: o tempo litúrgico, o tempo calendário anunciado e controlado pela Igreja e cotidianamente significado pelos sinos dos edifícios religiosos, o tempo dos trabalhos campestres estreitamente dependente dos ritmos naturais, mas marcado pelos ritos calendários mais ou menos cristianizados: ciclo dos doze dias no início do ano tradicional, do Natal à Epifania, tempo de Carnaval e de Quaresma, tempo das Rogações e de São João, época da colheita, o tempo feudal marcado pelo serviço militar da primavera e pela datas de vencimentos dos impostos, pelas grandes assembleias do Pentecoste. Todos tempos repetitivos, se não circulares.

Desenhavam-se, contudo, segmentos de tempo linear, durações afetadas de um sentido. Resultam de uma nova aplicação da memória individual e coletiva. A memória que se exerce sobre as lembranças do passado não pode remontar, como mostrou Bernard Guenée, para muito além de uma centena de anos[3]. Combina-se, no nível dos poderosos e da nobreza, com a data

---

2. Sobre Joaquim de Fiore e o milenarismo, cf. a competente obra de M. Reeves (*The Influence of Prophecy in the Later Middle Ages* – A Study in Joachimism. Oxford, 1969) e o belo livro de Henry Mottu (*La manifestation de l'Esprit selon Joachim de Fiore*. Neuchâtel/Paris, 1977). A obra inspirada, mas por vezes contestável, de Norman Cohn (*The Pursuit of the Millenium*. Londres, 1957 [trad. francesa: *Les Fanatiques de l'Apocalypse*. Paris, 1963]), sensibilizou o grande público em relação aos movimentos milenaristas do século XI ao XVI.

3. GUENÉE, B. "Temps de l'histoire et temps de la mémoire au Moyen Âge". In: *Bulletin de la Société de l'Histoire de France*, n. 487, 1976-1977, p. 25-36.

fornecida por um escrito, por uma carta conservada mais ou menos por acaso, e pelas lendas sobre os ancestrais, os fundadores das linhagens, para permitir o estabelecimento de genealogias[4]. Para nossa reflexão, ela está sobretudo na origem da memória dos mortos, tão viva particularmente em Cluny nos séculos XI e XII, antes mesmo que o purgatório seja localizado. A redação de obituários chamados *Livros de memória* (*Libri memoriales*) e a instauração no dia seguinte a Todos os Santos, em 2 de novembro, de uma *Celebração de todos os mortos*, expressa esta memória inscrita nos livros e na liturgia dos mortos que devem ser salvos para além da morte[5].

No século XIII, o que caracteriza as novas atitudes em relação ao tempo é a combinação entre o tempo escatológico e um tempo terreno cada vez mais penetrado de linearidade e, sobretudo, cada vez mais recortado por marcos, referências, porções de tempo.

Este tempo sucessivo, que é também o tempo do relato, é particularmente sensível na literatura narrativa, que conhece um extraordinário desenvolvimento depois de 1150 e sobretudo de 1200: o pequeno poema narrativo, a trova, o romance tornam-se em algumas décadas gêneros de sucesso[6]. O êxito do purgatório

---

4. Cf. HAUCK, K. "Haus und Sippengebundene Literatur mittelalterlicher Adelsgeschlechter". In: *Mitteilungen des Instituis für Österreichische Geschichtsforschung*, 62, 1954, p. 121-145 [retomado em *Geschichtsdenken und Geschichtsbild im Mittelalter*. Wege der Forsehung, XXI, 1961]. • DUBY, G. "Remarques sur la littérature généalogique en France aux XIe et XIIe siècles". In: *Comptes rendus de l'Académie des Inscriptions et Belles-Lettres*, 1967, p. 123-131. • DUBY, G. "Structures de parenté et noblesse – France du Nord XIe-XIIe siècles. In: *Miscellanea Mediaevalia in memoriam J.F. Niermeyer*, 1967, p. 149-165 [os dois últimos retomados em *Hommes et Structures du Moyen Âge*. Paris, 1973, p. 267-298]. GENICOT, L. *Les généalogies*. Turnhout, 1975 [Typologie des Sources du Moyen Âge Occidental, fasc. 15].

5. Cf. os trabalhos citados mais acima, p. 190.

6. Sobre o êxito dos gêneros narrativos nessa época, cf. os fascículos 12 (*Le Roman*, por J.-Ch. Payen, e F.N.M. Diekstra, 1975) e 13 (*Le Fabliau*, por O. Jodogne, *e Le lai narratif*, por J.C. Payen, 1975) da Typologie des sources du Moyen Âge Occidental e *La littérature narrative d'imagination: des genres littéraires aux techniques d'expression*. Paris, 1961 [Colóquio de Estrasburgo, 1959]. Falta um

é contemporâneo, ou melhor, os dois fenômenos estão ligados. O purgatório introduz uma intriga na história individual da salvação. E o principal é que esta intriga continua para além da morte. Na morte os defuntos devem entrar em um tempo propriamente escatológico, seja porque logo vão ao encontro da eternidade no inferno ou no paraíso, seja porque esperam por toda a duração que separa a morte individual do juízo final ou em um lugar neutro, mas cinza, bastante sombrio, do tipo do *shéol* judaico, ou talvez em receptáculos como o seio de Abraão. Mas a teoria dos receptáculos que, no fundo, havia tido até o século XII o favor do cristianismo, transforma-se a ponto de não ser mais do que uma expressão de escola. O *limbo dos Pais* (patriarcas), foi definitivamente fechado, o seio de Abraão esvaziou-se, Enoc e Elias permanecem sozinhos no paraíso terrestre. Restam apenas o limbo das crianças e o purgatório.

Apesar de alguns traços de hesitação vindos sobretudo de Agostinho, este último já está, no século XIII, bem delimitado em suas fronteiras temporais. Entra-se no purgatório apenas depois da morte. A purgação não começa na terra. Sem dúvida, o desenvolvimento das crenças e das práticas de penitência favoreceu o nascimento do purgatório. Mas a concepção "penitencial" do purgatório de um Guillaume de Auvergne não possui, depois dele, a mesma força. Tomás de Aquino dá a resposta teórica, ressaltando que só pode haver penitência durante a vida e pena somente depois da morte. A entrada no purgatório, portanto, só começa com a morte. Assim como não antecipa mais o tempo terreno, o purgatório não avança mais sobre o tempo propriamente escatológico, sobre o depois da ressurreição. Com efeito, o "fogo" não purgará *durante* o juízo final, mas *antes*.

O mais importante é que para os defuntos individuais o tempo do purgatório não cobrirá obrigatoriamente todo o período que se estende entre a morte e a ressurreição. O mais provável

---

estudo de conjunto sobre o "fenômeno narrativo" na Idade Média e seu desenvolvimento no século XIII.

mesmo é que a alma no purgatório será libertada antes do juízo, mais ou menos rápido, mais ou menos cedo segundo a quantidade e a qualidade dos pecados restantes a purgar e a intensidade dos sufrágios oferecidos pelos vivos. E é então que se instala no além um tempo variável, mensurável e ainda mais manipulável. De onde a precisão com a qual os narradores de aparições de almas do purgatório, e essas próprias almas em seus discursos aos vivos, indicam o tempo transcorrido desde a morte, o tempo já cumprido no purgatório, às vezes as previsões de duração de pena ainda a purgar[7], e sobretudo o momento em que deixam o purgatório para o céu do paraíso, o que permite medir o tempo passado no purgatório.

É aí que se busca instaurar um cálculo, uma contabilidade sobre as relações entre a quantidade de pecados cometidos na terra, a quantidade de sufrágios produzidos em reparação desses pecados e o lapso de tempo passado no purgatório. Com suas considerações sobre a proporcionalidade, Alexandre de Halès ofereceu uma espécie de justificativa teórica a esses cálculos que Tomás de Aquino esforçou-se em conter. O desenvolvimento do sistema das indulgências abrirá a porta a todos os exageros dessa contabilidade. Seja como for, são então postos em relação o tempo terreno e o tempo do além, o tempo do pecado e o tempo da purgação.

O sistema do purgatório tem ainda duas consequências importantes.

A primeira é dar uma nova importância ao período que precede a morte. Certamente os pecadores sempre foram prevenidos contra a morte súbita e convidados a se preparar a tempo para escapar ao inferno. Mas para evitar uma danação tão pesada era preciso começar a se preparar cedo e com firmeza, não levar uma vida escandalosa demais, não cometer um pecado demasiado exorbitante ou, neste caso, fazer o mais rápido possível

---

7. O leitor não deixará de perceber que a expressão "purgar a sua pena", que se tornou corrente, vem da crença no purgatório.

uma penitência exemplar, de preferência uma longa peregrinação. Para aqueles a quem a ordem monástica podia se abrir com bastante facilidade, clérigos seculares, nobres, poderosos, tomar o hábito quando a velhice e a decrepitude chegassem era uma boa garantia. Doravante o sistema do purgatório permite definir na prática comportamentos mais matizados, mas tanto quanto decisivos quando se trata de escapar somente do purgatório. O melhor meio permanece, na falta de uma vida santa, a penitência – cada vez mais precedida pela confissão –, mas há ainda *in extremis* esperança de escapar ao inferno e de não ser passível senão do purgatório, se ao menos se começou a se arrepender. A *contrição final* torna-se cada vez mais o último recurso para se beneficiar do purgatório. Os últimos instantes adquirem, portanto, uma intensidade suplementar, pois se, para a maior parte dos moribundos, há muito tempo tornou-se demasiado tarde para ir diretamente ao céu, ainda é tempo de se salvar por meio do purgatório. Parece-me, contrariamente ao que disse Philippe Ariès em *L'Homme devant la mort*, que é a partir do século XIII que "doravante [para ele trata-se dos séculos XIV-XV] o destino da alma imortal é decidido no momento da morte física" e que o purgatório é uma das causas essenciais dessa dramatização do momento da morte[8].

E Philippe Ariès prossegue: "Haverá cada vez menos lugar para os fantasmas e suas manifestações". Esta também é minha constatação, mas desde o século XIII, excetuando-se um pequeno número de almas do purgatório, um número menor ainda de eleitos ou de danados que "por permissão especial" de Deus fazem curtas aparições aos vivos para a formação deles não se entregam mais à perambulação. Se compararmos *A lenda dourada*, do dominicano Jacopo de Varazze (Jacques de Voragine), escrita por volta de 1260, aos relatos dos habitantes de Montaillou diante dos inquisidores meio século mais tarde, ficaremos surpresos com a perambulação das almas em torno desses camponeses

---

8. ARIÈS, P. *L'Homme devant la mort*. Paris, 1977, p. 110.

hereges renitentes ao purgatório e com a grande ausência dos fantasmas no livro do pregador dedicado a difundir a crença no purgatório[9].

O Renascimento verá, no entanto, o retorno dos fantasmas, pois se o purgatório continua a desempenhar seu papel de ligação entre os vivos e os mortos, enriquecendo até mesmo esta função com novas formas de devoção, ele não parece funcionar mais como lugar de enclausuramento das almas em pena. Historiadores do século XVI evidenciaram o recomeço das perambulações e as danças nos cemitérios terrenos dos fantasmas que escaparam do purgatório[10].

Não creio, portanto, que Philippe Ariès tenha razão ao acrescentar: "Em contrapartida, a crença no purgatório, por muito tempo reservada aos eruditos e teólogos ou aos poetas, como lugar de espera, tornar-se-á realmente popular, mas não antes de meados do século XVII". Perguntam-se até mesmo se em certas regiões, na de Toulouse, por exemplo, a onda do purgatório não tinha acabado desde o século XVIII[11].

O sistema do purgatório tem uma segunda consequência: implica uma definição relativamente precisa dos vínculos entre os vivos e os mortos, eficazes no caso dos sufrágios.

A quem aparecem as almas do purgatório para pedir socorro? Primeiro à sua família carnal, ascendentes ou descendentes. Depois ao seu cônjuge, e particularmente no século XIII existiu um papel importante das viúvas de mortos no purgatório. Em

---

9. NEVEUX, H. "Les lendemains de la mort au Moyen Âge". In: *Annales ESC*, 1979, p. 245-263.

10. Jean Delumeau, na primeira parte de sua grande síntese sobre *La peur en Occident du XIVe au XVIIIe siècle* (1978); Jean Wirth, no seu belo estudo sobre *La jeune fille et la mort* (Recherches sur les thèses macabres dans l'art germanique de la Renaissance), 1979.

11. BASTARD-FOURNIÉ, M. "Le purgatoire dans la région toulousaine au XIVe siècle et au début du XVe siècle". In: *Annales du Midi*, p. 5-34: "Êxito efêmero na escala do tempo histórico; parece que no século XVIII o purgatório não está mais no centro das preocupações religiosas dos habitantes de Toulouse, se se acreditar somente no testemunho dos testamentos" (p. 5, nota 2).

seguida a suas famílias artificiais, e principalmente às ordens monásticas às quais pertencem, se são monges, ou às quais estão ligados, se são leigos. Por fim, o defunto pode aparecer a um superior: é evidente no caso de um monge vindo solicitar um prior ou um abade, mas também se encontra o caso de um vassalo, de um familiar, de um servidor dirigindo-se ao seu senhor, ao seu mestre, como se o dever de proteção do senhor estabelecido pelo contrato feudo-vassálico continuasse para além da morte, ao longo desse tempo – ao mesmo tempo outro e suplementar –, que é o tempo do purgatório. Pouco a pouco, do século XIII ao XVI, a solidariedade do purgatório será arrastada para as novas formas de sociabilidade das confrarias. Mas não devemos nos enganar com isso, e mesmo se Philippe Ariès datou excessivamente tarde este momento essencial, percebeu bem que o purgatório dá um outro sentido à fronteira da morte. Se, de um lado, parece torná-la mais transponível ao estender para a vertente do além a possibilidade da remissão dos pecados, de outro coloca um fim à transposição, tal qual um tecido temporal sem costura, da passagem da vida à eternidade, gloriosa ou danada. Retomando um termo de Gabriel Le Bras, para um número crescente de defuntos abre-se um "estágio" no além entre a vida terrena e a recompensa celeste.

O esquema temporal do purgatório da forma como se expressa nas aparições e como se revela nas relações entre os vivos e os mortos pode ser descrito assim: pouco tempo depois da morte (alguns dias ou alguns meses, raramente mais) um defunto no purgatório aparece a um vivo a quem estava ligado nesta terra, conta-lhe mais ou menos longamente sobre sua situação, do além em geral e do purgatório em particular, e o convida a cumprir ou a mandar cumprir por qualquer outro familiar ou pessoa próxima, ou por uma comunidade, sufrágios (jejuns, preces, esmolas, e sobretudo missas) em seu favor. Promete-lhe adverti-lo em uma próxima aparição sobre a eficácia (ou a ineficácia) dos sufrágios realizados. Esta reaparição pode ocorrer em um ou dois tempos. Se há uma primeira aparição, o morto geralmente indica ao vivo que porção de sua pena já foi resgatada. Na maioria das vezes é uma porção simples, a metade ou um terço, materializada pela aparência externa do fantasma cujo "corpo" (ou "vestimenta") está metade preto (parte ainda a ser resgatada) ou um terço branco e dois terços pretos etc.

Podemos nos surpreender (e os homens do século XIII, ainda pouco familiarizados com um purgatório banalizado manifestaram essa surpresa) que a estada no purgatório na maioria das vezes pareça muito breve, da ordem de alguns dias ou de alguns meses, ainda que em um dos primeiros casos mais interessantes, o do usurário de Liège, a purgação dure catorze anos, em dois períodos de sete anos[12]. É que, por causa da severidade (*acerbitas*) das penas sofridas, o tempo no purgatório parece muito longo. Um dia parece para alguns, como veremos, tão longo quanto um ano. Esta intensidade do tempo do purgatório é admirável sob vários aspectos. Primeiro, é uma solução, ainda que bastante grosseira, ao problema da proporcionalidade entre tempo terreno e tempo do além purgatório, que deve estabelecer uma relação entre tempos desiguais e até mesmo diferentes. Também é o recurso a uma noção psicológica (o sentido subjetivo da duração) bem em acordo com a crescente "psicologização" que caracteriza a literatura da mesma época. Por fim – e não é o menos surpreendente nem o menos importante – o tempo do purgatório se inverte em relação ao tempo do além tradicional do folclore. Este é assim definido no contratipo 470 da classificação dos contos populares de Aarne-Thompson[13]: "Anos vividos como dias: os anos passados no outro mundo parecem dias por causa do esquecimento" e, mais ainda, porque ali a vida é agradável. A passagem do além céltico amável ao além muito duro do purgatório provocou a inversão do sentimento do tempo. Evolução admirável: nesse jogo de inversões entre a cultura erudita

---

12. Cf. adiante, p. 461-465.

13. AARNE, A. & THOMPSON, S. *The Types of the Folktale*. 21. ed. rev. Helsinque, 1964, p. 161.

e a folclórica, geralmente é o folclore que imagina um mundo invertido. Aqui o pensamento erudito, que emprestou do folclore o tema do além de onde se retorna, realiza por sua própria conta uma inversão. Aqui se observa bem o jogo dos empréstimos recíprocos e das abordagens simétricas da cultura erudita e da cultura folclórica. Vejo nele uma das provas da presença do folclore no seio da gênese do purgatório[14]. Lembrem-se da *Viagem de Bran*, por exemplo, no fim da qual, quando Bran e seus companheiros querem, depois de seu périplo nas ilhas maravilhosas que não são outras que o além, retornar à terra de onde partiram, um deles, ao saltar do barco para a margem, desfaz-se em cinzas "como se tivesse vivido várias centenas de anos na terra". No século XIII, a literatura das visões não deixou de encantar ouvintes e leitores. As viagens para o além agora cedem aberta e nomeadamente lugar ao purgatório.

Novas viagens para o além

Nos primeiros anos daquele século um cisterciense alemão, Conrad, que foi monge em Clairvaux e depois se tornou abade de Eberbach, no Taunus, escreveu uma sequência de milagres e de anedotas retraçando os inícios da ordem, *O grande exórdio cisterciense ou o relato dos inícios da Ordem Cisterciense* (*Exordium magnun cisterciense sive narratio de initio Cisterciensis Ordinis*). Encontram-se nele várias histórias de fantasmas. O purgatório é raramente citado porque a obra se oferece como a história de um tempo, o século XII, em que até por volta de 1180 ele ainda não existia. Em uma história emprestada do *Livro dos milagres*, escrito em 1178 por Herbert de Clairvaux, Baudouin de Guise, um castelão afeito às violências e às rapinas, da região de Reims, mas que venerava Pierre, abade de Igny, havia morrido arrependendo-se, mas sem ter tido tempo de fazer penitência. Na mesma noite

---

14. Jean-Claude Schmitt, em suas pesquisas sobre os fantasmas, interessa-se particularmente por este aspecto.

de sua morte, aparece a um monge e invoca a ajuda de São Bento, enquanto um anjo aparece a Pierre de Igny para pedir os sufrágios da comunidade cisterciense pelo morto. Algum tempo depois, dois anjos levam diante do altar da igreja da Abadia de Igny, em presença do Abade Pierre, o defunto em roupas pretas, mas com bom aspecto e feitas de bom tecido. O abade compreende que as roupas pretas são o sinal da penitência, mas que esta aparição diante do altar é o prenúncio de que o morto será salvo. Como não apareceu mais depois, tiveram a certeza de que tinha sido recebido nos lugares purgatórios (*in locis purgatoriis*), promessa de salvação futura.

Vê-se que o sistema ainda não está totalmente definido, uma vez que o morto não vem informar os vivos sobre sua passagem do purgatório ao paraíso[15].

Em uma outra história é Santo Agostinho que aparece em uma visão a um santo monge de Clairvaux para conduzi-lo através dos inúmeros lugares das penas até a entrada do poço da geena[16].

Em mais outro caso, Conrad se propõe a mostrar o quanto a provação do fogo purgatório (*examen ignis purgatorii*) é temível e aterradora: conta a história de um monge que, antes de morrer, é conduzido em espírito aos lugares infernais (*ad loca infernalia*), onde a breve visão que tem se aproxima muito do *Purgatório de São Patrício* (e do Apocalipse de Paulo), e depois a um lugar de refrigério (*ad quemdam refrigerii locum*). Conrad explica que os mortos são acolhidos nesse lugar depois que suas faltas foram purgadas mais ou menos rápido de acordo com a quantidade e a qualidade de seus pecados, e cita o sermão de São Bernardo pela morte de Humberto, prior de Clairvaux, em que o santo dissera que os pecados cometidos neste mundo deviam ser

---

15. CONRAD D'EBERBACH. *Exordium magnum cisterciense*, II. 23. ed. Roma: B. Griesser, 1961, p. 143-147. Agradeço a M. Philippe Dautrey, que prepara o estudo *La mort cisterciense*, por ter despertado minha atenção para estes textos.

16. Também tirado de HERBERT. *Liber miraculorum*, p. 229.

pagos cem vezes mais até o último tostão nos lugares purgatórios (*in purgatoriis locis*)[17].

Lembranças de um tempo em que o purgatório se aprontava para nascer, mas ainda não existia, estas visões e aparições do *Magnun Exordium Cisterciense* têm um perfume arcaico. Em compensação, o purgatório está bem presente nas visões relatadas um pouco mais tarde por dois beneditinos ingleses, herdeiros da grande tradição céltica e anglo-saxônica desde Beda. O primeiro, Roger de Wendover, monge da importante Abadia de Saint-Albans († 1236), narra em suas *Flores das histórias* (*Flores historiarum*), que data de 1206, a viagem de Thurchill ao além[18].

Enquanto trabalhava em seu campo, esse camponês do vilarejo de Tidstude, no bispado de Londres, vê aparecer um homem apresentando-se como São Julião Hospitaleiro e o adverte que na noite seguinte virá buscá-lo para conduzi-lo até seu patrono São Tiago, de quem é devoto, para lhe mostrar, com a permissão divina, segredos ocultos aos homens. A noite chega e ele realmente vem acordá-lo em sua cama, faz-lhe sair a alma do corpo, que permanece deitado na cama, mas não inanimado. Seu guia o conduz até uma grande e esplêndida basílica que tem apenas uma parede, não muito alta, ao norte. São Julião e São Dômnio, guardiões da basílica, levam-no para visitá-la. São os lugares que Deus designa aos mortos, quer sejam danados ou destinados a serem salvos pelas penas do purgatório (*per purgatorri poenas*). Perto da parede Thurchill vê almas manchadas de preto e de branco. As mais brancas estão mais próximas da parede e as mais pretas estão mais distantes dela. Ao lado da parede abre-se o poço do inferno e Thurchill sente seu odor fétido. Este mau cheiro, diz-lhe Julião, é uma advertência, pois ele não paga corretamente seus dízimos à Igreja. Mostra-lhe em seguida, a leste da basílica, um grande fogo purgatório pelo qual passavam almas antes de serem purgadas em um outro purgatório, esse gelado,

---

17. Ibid., p. 332-334.

18. Cf. o Apêndice IV, p. 562s.

um tanque muito frio por onde a passagem é regulada por São Nicolau (que já encontramos como santo do purgatório). Por fim, as almas passam mais ou menos rápido por uma ponte de estacas e de pregos afiados para a montanha do paraíso (o monte de alegria, *mons gaudii*). Ao retornarem ao centro da basílica, Julião e Dômnio mostram a Thurchill a triagem e a pesagem das almas. São Miguel Arcanjo, São Pedro e São Paulo o fazem por Deus. São Miguel faz passar as almas totalmente brancas pelas chamas do fogo purgatório e pelos outros lugares de penas, sem que sejam feridas, e as leva ao monte do paraíso. Aquelas que estão manchadas de branco e de preto, São Pedro as faz entrar no fogo purgatório, para nele serem purgadas pelas chamas. Já as almas totalmente pretas são pesadas entre São Paulo e o diabo. Se a balança pender para o lado de São Paulo, este leva a alma para ser purgada no fogo purgatório; se pender para o lado do diabo, este a leva para o inferno. Thurchill, acompanhado por São Dômnio, faz então uma longa visita ao inferno sob a conduta de satanás, menos ao inferno inferior. Ao se aproximar do átrio de entrada do monte de alegria, percebe que São Miguel faz com que as almas que aguardam avancem com uma rapidez maior ou menor em função do número de missas que seus amigos e a Igreja universal mandam dizer para a libertação delas. Tendo São Miguel como guia, percorre rapidamente as inúmeras casas do monte paradisíaco e termina com uma volta pelo paraíso terrestre. São Julião aparece novamente, ordenando-lhe que conte tudo o que viu. Doravante, a partir de Todos os Santos, Thurchill narrará sua visão. Claro que o faz em língua vernacular, mas se admiram que este rústico antes sem cultura e com dificuldade de expressão, dê prova em seus relatos de uma bela eloquência[19].

---

19. ROGERI DE WENDOVER. "Chronica". In: *Flores Historiarum*. T. II. Londres, 1887, p. 16-35. Mathieu Paris, também monge de Saint-Albans, falecido em 1259, em sua *Grandes Chroniques* (*Chronica Majora*), onde continua Roger de Wendover, contentou-se com recopiar palavra por palavra a história de Thurchill, tal como a encontrou nas *Fleurs des Histoires*. • MATTHAEI PARISIENSIS. "Monachi Sancti Albani". *Chronica Majora*. T. II. Londres, 1874, p. 497-511.

Este relato, cheio de arcaísmos, reagrupa evidentemente o mundo do além em três lugares, paraíso, inferno e purgatório, mas a tripartição geográfica não é perfeita. O inferno ainda compreende uma parte superior e uma inferior, o paraíso encerra inúmeras casas, e sua montanha se parece com a torre de Babel; o purgatório é composto de três pedaços reunidos desajeitadamente: o fogo, o tanque de água gelada e a ponte.

Divulgando o purgatório: os *exempla*

Estas histórias ainda se destinavam apenas a um auditório limitado, o dos mosteiros; faltava alcançar as massas leigas.

O grande meio de difusão do purgatório é o sermão e, no interior dele, as historietas com as quais os pregadores começam a rechear suas homilias e que ajudam a passar a lição através da diversão da anedota. Este recurso a uma forma narrativa curta é um dos principais meios pelo qual a Igreja atualiza seu apostolado, sem abandonar uma longa tradição. Neste caso estas anedotas edificantes, estes *exempla*, reatam – apesar das notáveis diferenças – com os relatos de Gregório o Grande, em seus *Diálogos*. Mas esses relatos são, como sabemos, um marco essencial na estrada do purgatório. O encontro decisivo no século XIII do purgatório e do *exemplum* é o resultado surpreendente do cenário que, seis séculos e meio mais cedo, Gregório o Grande havia esboçado[20].

O sermão sempre teve um lugar importante no apostolado da Igreja, mas o século XIII é o século de renascimento do sermão, no interior de uma palavra nova, mais direta, mais realista, do qual os irmãos mendicantes logo serão os principais promotores[21]. O sermão – e suas incrustações, os *exempla* – é o gran-

---

20. Sobre o *exemplum*, cf. o fascículo *L'Exemplum*, da *Typologie des sources du Moyen Âge occidental*, de C. Brémond, J. Le Goff e J.-C. Schmitt.

21. Sobre a pregação, a antiga obra de A. Lecoy de La Marche (*La chaire française au Moyen Âge, spécialement au XIIIᵉ siècle*. Paris, 1886 [reimpr. em Genebra, 1974]) ainda fornece informações e ideias preciosas. Cf. tb. o esboço de J. Le

de meio de comunicação de massa do século XIII, a mensagem recebida por todos os fiéis, ainda que haja alguns desertores da missa e em particular da pregação, adeptos mais espontâneos da taverna do que da igreja. O sermão recheado de *exempla* não é mais somente um momento esperado do ofício, desenvolve-se à parte, nas igrejas ou nas praças, prefiguração da conferência e do *meeting*. Ao lado dos malabaristas, cujo público é sobretudo nobre, os pregadores da moda tornam-se "ídolos" das multidões cristãs. Mostram-lhes, ensinam-lhes o purgatório.

Um precursor: Tiago de Vitry

Tiago de Vitry é um dos primeiros autores de modelos de sermões recheados de *exempla* muito utilizados mais tarde. Formado na Universidade de Paris nos primeiros anos do século XIII, pároco de Oignies no norte da França, em contato com o meio das beguinas, essas mulheres que, embora morem nas cidades, levam uma vida afastada a meio-caminho entre a dos leigos e a das monjas, pregador célebre em uma parte da Cristandade, sobretudo na França, bispo de Acre na Palestina e, por fim, Cardeal Tusculum († 1240): é um personagem e tanto[22]. O purgatório não ocupa em suas coletâneas de sermões um lugar importante, mas neles já se pode observar que o novo sistema do além é bem aceito, e oferece algumas particularidades interessantes. É preciso, com efeito, juntar aos seus *exempla* as partes teóricas de seus sermões que expressam suas concepções.

Duas passagens são particularmente significativas. A primeira encontra-se em um modelo de sermão *Aos esposos* (*Ad conjugatos*): "A contrição muda a pena do inferno em pena do purgatório, a confissão em pena temporal, a satisfação conve-

---

Goff e J.-C. Schmitt: "Au XIIIe siècle: une parole nouvelle". In: *Histoire vécue du peuple Chrétien*. Vol. I. Toulouse, 1978, p. 257-279 [sob a orientação de J. Delumeau].

22. Sobre Tiago de Vitry, cf. FORNI, A. "Giacomo de Vitry, Predicatore e sociologo". In: *La Cultura*, XVII/I. 1980, p. 34-89.

niente em nada. Na contrição o pecado morre, na confissão é retirado da casa, na satisfação é enterrado"[23]. Notável exposição que liga o purgatório à contrição e ao processo penitencial e que destaca no purgatório a regressão decisiva a partir do inferno.

Em um modelo de sermão para o domingo, Tiago de Vitry evoca a ideia de um descanso dominical no purgatório: "É piedoso acreditar, e muitos santos o afirmam, que no dia do senhor as almas dos defuntos descansam ou pelo menos sofrem punições menos duras no purgatório até segunda-feira, em que a Igreja tem o hábito de socorrê-las na sua compaixão celebrando uma missa pelos defuntos. Por isso, a justo título são privados do benefício do descanso dominical no purgatório aqueles que neste mundo não honraram o Dia do Senhor, ao recusarem se abster dos trabalhos servis e dos assuntos seculares ou, muito pior, entregaram-se aos excessos da mesa e às bebedeiras e a outros desejos carnais, entregaram-se lascivamente às danças e às canções, não temeram enxovalhar e desonrar os domingos com lutas e disputas, propósitos vãos e ociosos, palavras maledicentes e temerárias"[24].

Transposição do descanso sabático ao inferno em um alívio dominical no purgatório, vínculo entre o comportamento do domingo neste mundo e a pena do domingo no além. A Igreja decididamente vinculou o purgatório à prática terrena em um edificante paralelismo.

Não percebi nos modelos de sermões de Tiago de Vitry destinados ao conjunto das condições humanas (*sermones vulgares* ou *ad status*) senão dois *exempla* em que o purgatório desempenha um papel essencial.

O primeiro, talvez emprestado do cisterciense Hélinad de Froimont e vindo das lendas nascidas em torno de Carlos Mag-

---

23. TIAGO DE VITRY. *Sermones vulgares* – Sermão 68 *Ad conjugatos* [inédito]. Transcrição de Marie-Claire Gasnault sobretudo, segundo os manuscritos Cambrai 534 e Paris BN, ms latim 17509.

24. Sermão inédito: *Sermo communis omni die dominica* (I), segundo o manuscrito 455 de Liège, fólio 2-2 v, comunicado por Marie-Claire Gasnault, a quem muito agradeço.

no, dirige-se "àqueles que choram a morte de familiares ou de amigos". Situa-se portanto nas novas formas de sociabilidade entre os vivos e os mortos. Em uma expedição contra os sarracenos na Espanha, um cavaleiro da comitiva de Carlos Magno pede em testamento a um parente que venda, depois de sua morte, seu cavalo em benefício dos pobres. O parente indelicado fica com o cavalo. Oitos dias depois o morto lhe aparece, recrimina-lhe ter atrasado sua libertação do purgatório e anuncia-lhe que, já no dia seguinte, expiará sua falta por uma morte miserável. No dia seguinte, corvos pretos carregam o infeliz pelos ares e o deixam cair sobre um rochedo contra o qual quebra a cabeça e morre[25]. O papel dos vivos em relação aos mortos no purgatório é evocado de forma bastante sutil e a distinção entre pecado venial e pecado mortal ilustrada. O objetivo aqui é forçar a execução dos testamentos pelos executores testamentários, em particular quando se trata de cláusulas reparadoras. O jogo purgatório/inferno enriquece a panóplia das ameaças.

O segundo *exemplum* mal evoca o purgatório. Nem por isso é menos importante. Está ligado à pregação pela cruzada. Uma mulher impede que seu marido vá ouvir um sermão de cruzada pregado pelo próprio Tiago de Vitry, mas ele consegue ouvi-lo por uma janela. Quando ouve o pregador assinalar que esta penitência permite evitar as penas purgatórias e a pena da geena e obter o Reino dos Céus, escapa à vigilância de sua mulher, salta pela janela e vai, sendo o primeiro a pegar a cruz[26]. Cruzada, indulgência e purgatório, evocação do triplo sistema do além, mais uma vez é posto em ação um modelo em que o purgatório desempenha um papel intermediário cada vez mais importante.

---

25. CRANE, T.F. (ed.). *The exempla or illustrative stories from the sermones vulgares of Tiago de Vitry*. Londres, 1890 [reimpr. Nelden, 1967]. Edição preciosa pelas suas notas, mas medíocre pelo texto, e que retira os *exempla* do contexto do sermão, o que impede a avaliação de todo seu significado. O *exemplum* citado é o n. CXCIV, p. 52-53.

26. Ibid., n. CXXII, p. 56.

Dois grandes vulgarizadores do purgatório

É entre os regulares, e em contato ainda mais próximo com os meios urbanos, que se deve procurar os grandes difusores do purgatório pela pregação e pelos *exempla*. E apresento dois deles, eminentes entre tantos outros. São bem diferentes de Tiago de Vitry e o contraste entre eles é igualmente grande. São dois regulares, um deles é um monge cisterciense, o outro um irmão dominicano, viveram nos dois primeiros terços do século XIII, mas um morreu em 1240, o outro vinte anos mais tarde em 1261, um é alemão e seu ponto de referência geográfico e cultural é a Colônia, o outro é francês e sua experiência estende-se entre sua formação universitária em Paris e sua atividade de inquisidor em um largo círculo em torno do Convento dos Pregadores de Lyon. Os dois escrevem, no entanto, obras feitas ou indireta ou diretamente para o uso dos pregadores e ambos rechearam seus tratados com *exempla*, a tal ponto que suas obras puderam (erroneamente) ser consideradas como coletâneas de *exempla*. Ambos conferem sobretudo uma grande importância ao purgatório tanto nos *exempla* quanto na construção teórica onde estão inseridos. Com os dois aparece nitidamente o triplo além inferno, purgatório, paraíso, em um relativo equilíbrio que culminará com a *Divina comédia*.

I – O cisterciense Cesário de Heisterbach

Sob uma forma dialogada que lembra voluntariamente Gregório o Grande, o cisterciense Cesário de Heisterbach compôs entre 1219 e 1223 um *Diálogo dos milagres*, verdadeira coletânea de anedotas em que se vê o gênero tradicional do relato de milagre se transformar em *exemplum*, conto edificante[27]. Mas esta coletânea é orientada, e esta orientação é uma peregrinação do cristão na direção dos fins últimos, na direção do além. As doze etapas dessa peregrinação que constituem os doze livros (*distinc-*

---

27. Cf. WAGNER, F. "Studien zu Caesarius von Heisterbach". In: *Analecta Cistercensia*, 29, 1973, p. 79-95.

tiones) do *Dialogus miraculorum* são a conversão, a contrição, a confissão, a tentação, os demônios, a simplicidade, a Virgem Maria, as visões, a Eucaristia, os milagres, os moribundos, a recompensa dos mortos[28]. Este último capítulo é evidentemente aquele em que o purgatório aparece plenamente no número, no detalhe dos *exempla* e na estrutura da obra.

A estrutura da décima segunda e última distinção é simples. A recompensa dos mortos é tripla. Para uns é a glória do céu (paraíso celeste), para os outros são as penas eternas do inferno, ou as penas temporárias do purgatório. Dos 55 *exempla*, 25 são consagrados ao inferno, 16 ao purgatório, 14 ao paraíso. Por esta simples contagem vê-se que, mesmo Cesário sendo um espírito liberal e misericordioso e a infernalização do purgatório não tendo atingido a intensidade a que atingirá mais tarde no século, o inferno permanece o lugar de onde se tiram mais lições. Provocar medo é, se não a primeira, pelo menos uma preocupação essencial[29]. No entanto, entre inferno e paraíso, o purgatório conquistou para si um lugar praticamente igual.

Mas o purgatório não esperou a última distinção do *Dialogus miraculorum* para aparecer. Andrée Duby levantou oito "*exempla* do purgatório" nos onze primeiros livros do *Dialogus*, entre os quais vários importantes para a doutrina do purgatório visto por Cesário[30]. Com efeito, se o purgatório já faz parte do

---

28. CESÁRIO DE HEISTERBACH. *Dialogus miraculorum*. Colônia/Bonn/ Bruxelas, 1951 [ed. de J. Strange]. F. Wagner anuncia no seu artigo citado mais acima uma nova edição crítica. Andrée Duby, a quem agradeço pelas suas informações e sugestões, prepara um importante trabalho sobre o *Dialogus miraculorum*.

29. Em um texto notável que teve a gentileza de me comunicar, Alberto Forni destaca que para os ouvintes de sermões o tema do purgatório "é fonte de terror". É verdade, mas em outros contextos a "infernalização" do purgatório não é tão profunda. FORNI, A. "Kerigma e adattamento – Aspetti della predicazione cattolica nei secoli XII-XIV" (In: *Bollettino dell'Istituto Storico Italiano per il Medio Evo*).

30. São os *exempla* I, 32 (conversão de um abade de Morimond que ressuscitou); II, 2 (monge apóstata que se tornou salteador e na hora de morrer se arrependeu e escolheu dois mil anos no purgatório); III, 24 (um confessor que

último capítulo das súmulas cristãs, aquele que trata dos "fins últimos", dos *novissima*, também se encontra no horizonte de cada etapa da vida espiritual.

Apresentarei quatro *exempla* importantes dos primeiros livros antes de tratar do bloco de *exempla* do purgatório da última "distinção".

No primeiro capítulo, que trata da conversão, Cesário de Heisterbach narra a história de um estudante pouco dotado que, para passar em seus estudos, aceita, seguindo conselhos do diabo, recorrer à magia. Mantendo em sua mão um talismã que satanás lhe dera, ele triunfa em seus exames. Mas cai doente, e na hora da morte se confessa a um padre, que o faz atirar o talismã para longe dele. Morre e sua alma é transportada para um horrível vale, onde espíritos, cujas mãos exibem unhas longas e afiadas, brincam com ela como se fosse uma bola e, ao jogá-la, ferem-na cruelmente. Deus se apieda e ordena aos demônios que parem de torturar essa alma. Ela retorna ao corpo do estudante, que recomeça a viver. Assustado com o que viu e experimentou, converte-se e se faz cisterciense. Tornar-se-á abade de Morimond. Ocorre então um diálogo entre o noviço e o monge, isto é, Cesário. O noviço pergunta se o lugar dos tormentos do estudante era o inferno ou o purgatório. Cesário responde que se o vale das penas pertencia ao inferno, isso queria dizer que sua confissão não havia sido acompanhada de contrição, e é verdade que consentiu em guardar a pedra mágica,

---

cometeu o pecado de sodomia com um adolescente, arrependeu-se profundamente, mas não ousou se confessar, aparece depois de morrer ao adolescente, conta-lhe as suas penas no purgatório e o exorta a se confessar); III, 25 (um noviço cisterciense que morre antes de ter podido fazer sua confissão geral escapa do purgatório confessando-se a um abade em uma aparição em sonhos); IV, 30 (tentações e visões do jovem monge de Heisterbach, Chrétien, a quem Santa Ágata advertiu que sessenta dias de uma doença dolorosa neste mundo serão contados como sessenta anos no purgatório); VII, 16 (Chrétien, monge de Hemmenrode, devoto da Virgem Maria, vê em uma visão sua alma atravessar um grande fogo, mas ir finalmente para o paraíso); VII, 58 (um bandido aceita não cometer nenhum crime no sábado em honra da Virgem e se deixa enforcar e decapitar: escapa assim ao purgatório); XI, 11 (o converso Mengoz ressuscitado pelo Padre Gilbert conta que viu no além mortos que deveriam ser libertados do purgatório dentro de trinta dias).

mas se recusou a prestar homenagem ao demônio. Todavia, o que impede Cesário de falar explicitamente de purgatório em relação a este abade de Morimond é que não se veem anjos em sua visão, mas demônios. Mas Rodolfo, o mestre de Cesário nas escolas de Colônia, ensinou-lhe que os demônios jamais tocavam uma alma eleita e que são os anjos bons que a levam aos lugares do purgatório, "se ela é digna do purgatório" – expressão que indica que o purgatório é promessa de paraíso, esperança, outorga da justiça misericordiosa de Deus[31].

No segundo capítulo, o da contrição, Cesário narra a história de um jovem monge que deixou seu convento, tornou-se salteador e foi mortalmente ferido durante o cerco a um castelo. Antes de morrer, confessou-se. Seus pecados parecem tão enormes a seu confessor, que este não encontra penitência para lhe propor. O moribundo sugere dois mil anos de purgatório, no fim dos quais espera a misericórdia divina, e antes de expirar pede ao padre que leve a um certo bispo uma carta onde pede para que reze por ele. Morre e é levado ao purgatório. O bispo, que não deixara de amá-lo, apesar de sua apostasia, reza por ele e manda todo o clero de sua diocese fazer o mesmo durante um ano. No fim de um ano o morto lhe aparece "pálido, descarnado, magro, vestido de preto". Todavia, agradece ao bispo porque esse ano de sufrágios lhe retiraram mil anos de purgatório e declara que um ano suplementar de ajuda o libertaria totalmente. O bispo e seu clero reiteram seu esforço. No fim do segundo ano o morto reaparece ao bispo "com o hábito branco e o ar sereno", isto é, em costume cisterciense. Anuncia sua partida para o paraíso e agradece o bispo, pois esses dois anos lhe foram contados como dois mil anos. O noviço se encanta com o poder da contrição do morto e com o poder das preces que o libertaram. Cesário ressalta que a contrição é mais eficaz do que os sufrágios, que podem diminuir a pena, mas não aumentar a glória[32].

---

31. I, 32, ed. Strange, I, p. 36-39.

32. II, 2, ed. Strange, I, p. 58-61.

A história de Chrétien, jovem monge cisterciense de Heisterbach, que está no último livro do *Dialogus miraculorum*, também está repleta de ensinamentos sobre a contabilidade do purgatório segundo Cesário. Trata-se de um monge muito piedoso, envolvido ainda em vida por um perfume aromático semelhante ao olor de santidade, mas fraco de espírito, favorecido por visões da Virgem, dos anjos, do próprio Jesus, e afligido por provações de tentações, como a de perder o dom das lágrimas que um beijo no crucifixo lhe oferece. Santa Ágata aparece-lhe e o exorta a suportar piedosamente essa doença, pois sessenta dias de sofrimento lhe serão contados como sessenta anos. Sessenta dias depois dessa aparição, no dia da Festa de Santa Ágata, ele morre. É possível, diz Cesário, interpretar os propósitos de Santa Ágata de duas maneiras: ou bem esses sessenta dias de doença o purgaram de seus pecados como se fossem sessenta anos de purgatório, ou a maneira como suportou o sofrimento desses sessenta dias concedeu-lhe um mérito de sessenta anos[33]. Cesário interpreta de maneira ativa, valorizadora e não simplesmente negativa a ação dos méritos neste mundo. Como no caso precedente, Cesário privilegia a vontade ativa do homem em relação às virtudes passivas.

É o poder da Virgem Maria que a história do monge Chrétien de Hemmenrode quer evidenciar. Este Chrétien, também bastante ingênuo, antes mesmo de se tornar monge, quando era estudante e depois padre, resiste a diversas tentações e é favorecido com visões por Santa Maria Madalena, e sobretudo pela Virgem Maria. Tornou-se monge em Hemmenrode, teve uma visão em um dia que sonhava com as penas do purgatório: a Virgem, cercada por um grupo de virgens e acompanhada pelo falecido Imperador Frederico Barba-Ruiva, preside ao seu enterro. Leva com ela para os céus a alma do defunto reclamada inutilmente pelas tropas de demônios que sobre ela sopram massas de fogo. Mas os anjos conduzem-na até um fogo muito

---

33. IV, 30, ed. Strange, I, p. 198-202.

alto e lhe dizem que depois da morte ela retornará a esse lugar e deverá passar através desse fogo. Ao retornar à vida, Chrétien continua levando no mosteiro sua santa vida cheia de visões e de humildade. Esta humildade se explica não somente pelo fato de ter perdido sua virgindade em sua juventude, mas por ter tido dois filhos naturais, os dois, aliás, entraram para a Ordem Cisterciense. Precisando, portanto, ainda mais da ajuda da Virgem Maria. Esta tanto o ouve que no momento da morte lhe aparece mais o Menino Jesus, ambos vestidos com o hábito cisterciense, e o recebem no paraíso. A visão do fogo purgatório não se verificou, portanto[34].

No caso dos dois Chrétien, Cesário quis mostrar que o pior não é jamais uma certeza e que o primeiro Chrétien soube escapar ao inferno para ir ao purgatório e, ao segundo, o purgatório foi poupado e o paraíso concedido.

Os *exempla* da décima segunda e última "distinção" que tratam do purgatório formam, em uma primeira abordagem, três grupos segundo critérios que misturam considerações novas e ideias tradicionais. O que está principalmente no espírito da época é ligar o novo além às categorias de pecados. Conforme à tradição é, em contrapartida, a preocupação de detalhar os diferentes tipos de sufrágios. Característica enfim do século XIII é a vontade, que até mesmo um espírito pleno de mansidão como Cesário manifesta, de insistir sobre a severidade das penas do purgatório.

O primeiro grupo (oito *exempla*, dos n. 24-31) aborda a avareza (cupidez), a luxúria, a magia, a desobediência, a obstinação perversa, a leveza, a preguiça.

O usurário de Liège: purgatório e capitalismo

O *exemplum* que abre a série parece-me de uma particular importância. Eis a história do usurário de Liège.

> *O monge:* Um usurário de Liège morreu, em nossa época. O bispo mandou expulsá-lo do cemitério. Sua

---

34. VII, 16, ed. Strange, II, p. 17-23.

mulher foi até a sede apostólica para implorar que fosse enterrado em terra santa. O papa recusou. Ela defendeu então seu esposo: "Disseram-me, Senhor, que homem e mulher são apenas um, segundo o Apóstolo, o homem infiel pode ser salvo pela mulher fiel. O que meu marido se esqueceu de fazer, eu, que sou uma parte de seu corpo, o farei de boa vontade em seu lugar. Estou disposta a me tornar reclusa por ele e resgatar a Deus seus pecados". Cedendo às preces dos cardeais, o papa finalmente mandou devolver o morto ao cemitério. Sua mulher elegeu domicílio perto de seu túmulo, encerrou-se como reclusa, e esforçou-se dia e noite para apaziguar Deus pela salvação de sua alma com esmolas, jejuns, preces e vigílias. No fim de sete anos, seu marido lhe apareceu, vestido de preto, e agradeceu: "Deus te pague, pois, graças às tuas provações, fui retirado das profundezas do inferno e das mais terríveis penas. Se tu durante sete anos ainda me ajudares com tais serviços, serei completamente libertado". Ela o fez. Ele apareceu novamente no fim de sete anos, mas desta vez vestido de branco e com ar feliz. "Obrigado a Deus e a ti, pois fui libertado hoje."

O noviço: Como se pode dizer livre hoje do inferno, lugar de onde não há resgate possível?

O monge: As profundezas do inferno, isto quer dizer a severidade do purgatório. Assim como quando a Igreja reza pelos defuntos, dizendo: "Senhor Jesus Cristo, Rei de Glória, liberta as almas de todos os fiéis defuntos da mão do inferno e das profundezas do abismo etc.", ela não reza pelos danados, mas por aqueles que podem ser salvos. A mão do inferno, as profundezas do abismo, isso quer dizer a severidade do purgatório. Quanto ao nosso usurário, ele não teria sido libertado de suas penas se não tivesse expressado uma contrição final[35].

Vemos os pontos fortes deste texto. A ênfase dada ao vigor do vínculo conjugal em um tempo em que a Igreja busca impor

---

35. XII, 24, ed. Strange, II, p. 335-336.

um modelo matrimonial de monogamia fundado na igualdade dos dois cônjuges diante de um modelo aristocrático masculino todo orientado para a salvaguarda do patrimônio e pouco respeitoso com o caráter único e indissolúvel do vínculo conjugal[36]. No sistema dos sufrágios pelas almas do purgatório, são em geral as estruturas de parentesco aristocráticas que importam, nas quais o papel da esposa é secundário. Aqui, ao contrário, em meio urbano e burguês, o vínculo conjugal passa ao primeiro plano no além como neste mundo. O sistema de proporcionalidade temporal entre o tempo dos sufrágios terrenos e o tempo das penas do purgatório e a encenação das aparições reguladas pela divisão dessa relação de tempo, dois períodos de sete anos terrenos manifestados pelas roupas do morto sucessivamente pretas e depois brancas. A evocação da panóplia dos sufrágios: esmolas, jejuns, preces, vigílias, em que faltam as missas, mas que completa e resume uma forma extrema de comunhão dos santos: a penitência de substituição do vivo sob a forma do eremitismo penitencial em meio urbano: a vida de reclusa. A precisão, no nível do vocabulário, sobre as relações entre inferno e purgatório, o deslizamento do vocabulário escriturário infernal para o vocabulário do novo purgatório que aspira para ele o inferno, mas conserva – temporariamente – sua severidade.

O mais surpreendente, no entanto, não está aqui. A surpresa deste texto – e isso o foi provavelmente para os ouvintes e os leitores desse *exemplum* – é que o herói, o beneficiário dessa história, é um usurário. Em um momento em que a Igreja redobra os esforços contra a usura, severamente condenada nos concílios de Latrão II (1139), III (1179)[37] e IV (1215), no Concílio de Lyon II (1274) e ainda no Concílio de Viena (1311); no momento em que na Cristandade desenvolve-se uma campanha contra a usura, particularmente viva no início do século XIII na

---

36. Cf. DUBY, G. *Le chevalier, la femme et le prêtre* – Le mariage dons la France féodale. Paris, 1981.

37. Recusa-se a sepultura cristã principalmente aos usurários.

Itália do Norte e em Toulouse, e onde a avareza está a caminho de sequestrar ao orgulho o primeiro lugar entre os pecados mortais[38], enquanto os fiéis ainda têm sob os olhos este tema favorito do imaginário romano, o usurário, presa certa de inferno, arrastado para a geena pela bolsa cheia que lhe pende do pescoço, eis agora um usurário salvo por uma hipotética contrição final e pela dedicação de sua mulher, apesar da resistência da Igreja representada pelo topo de sua hierarquia.

Mostrei em outro livro[39] como, na linha deste *exemplum*, o usurário vai ser ao longo do século XIII, sob certas condições, arrancado ao inferno e salvo pelo e por meio do purgatório. Avanço até mesmo a opinião provocadora de que o purgatório, ao permitir a salvação do usurário, contribuíra para o nascimento do capitalismo. Gostaria sobretudo de ressaltar aqui o papel do purgatório no campo socioprofissional. Uma de suas funções foi, com efeito, subtrair ao inferno categorias de pecadores que, pela natureza e a gravidade de sua falta, ou pela hostilidade tradicional à sua profissão, tinham poucas chances de escapar dele antes.

Há de um lado pecados gravíssimos, em meios monásticos principalmente, como a apostasia ou a luxúria, que podem beneficiar, ao preço de uma estada mais ou menos longa no purgatório, da salvação final ali onde o caso deles era até então desesperado. Tiveram com efeito a oportunidade, sobretudo em Cîteaux, de serem favorecidos pela intensidade do culto mariano em pleno desenvolvimento – e que intercessor mais eficaz do que a Virgem Maria nos casos aparentemente desesperados? – e pela solidez do vínculo comunitário da ordem. De outro lado, porém, as categorias socioprofissionais desprezadas e condenadas, os vertedores de sangue, os manuseadores de dinheiro, os maculados de impurezas podem ter a esperança se souberam

---

38. LITTLE, L.K. "Pride Goes before Avance: Social Change and the Vices in Latin Christendom". In: *American Historical Review*, 76, 1971, 16-49.

39. LE GOFF, J. "The Usurer and Purgatory". In: *The Dawn of Modern Baking* [Center for Medieval and Renaissance Studies University of California, Los Angeles]. New Haven/Londres, 1979, p. 25-52.

neste mundo manter vínculos suficientes com seus familiares (e também com a abundância de iniquidades?). Como a Virgem, a esposa é aqui quem pode fazer maravilhas, e a legislação e a jurisprudência antiusurários do século XIII se interessam atentamente pelas viúvas dos usurários.

O purgatório é a esperança

Um segundo *exemplum* fundado na cupidez mostra um prior recentemente falecido aparecendo a uma monja cisterciense, apresenta-se com o rosto pálido e suave, com o hábito gasto, e lhe revela que finalmente será libertado do purgatório por ocasião de uma solenidade da Virgem Maria graças aos sufrágios de um de seus monges. Estupor da monja: todos o consideravam tão "santo"! Causa de sua passagem pelo purgatório: levado pela avareza aumentou para além do conveniente as posses do mosteiro. Aparece aqui um triplo sistema de relações intercistercienses entre o prior, um monge e uma monja. As mulheres têm um papel importante no funcionamento do purgatório, particularmente em Cîteaux e muito especificamente para Cesário de Heisterbach[40].

O pecado da monja de Sion em Frise é bem mais grave. Foi seduzida por um clérigo e morreu no parto. Antes de morrer confiou-se à sua família carnal: seu pai, sua mãe, duas irmãs casadas e uma prima-irmã. Mas estes, desencorajados de poder salvá-la, tanto seu caso parece claro, não se preocupam com nenhum sufrágio. Por isso ela vai solicitar a um abade cisterciense, bem surpreso com suas aparições, pois não a conhecia. Envergonhada, pede timidamente "ao menos um salmo e algumas missas", sem ousar lhe revelar sua falta nem sua identidade completa. Finalmente ele encontra uma tia da morta, também monja cisterciense, que lhe explica tudo. Os pais são alertados e reencontram a esperança, assim como sua família carnal e todos os monges e monjas da província. A história não diz como esta

---

40. *Dialogus miraculorum*, XII. Ed. Strange, II, p. 336-337.

mobilização acaba, mas a rápida salvação da pecadora não deixa dúvidas. A Virgem não intervém diretamente nessa salvação, mas o nome da heroína – única indicação que ousa confiar ao abade – é Maria. Este breve relato narrado com muita delicadeza e verdade psicológica ressalta a função essencial do purgatório, nesse começo do século XIII. Os pais da infeliz se desencorajaram e depois reencontraram a esperança (*de animae ejus salute deseperantes... spe concepta*). O purgatório é a esperança[41].

Um outro *exemplo* apresenta um marido rezando por sua falecida esposa que havia aparecido à sua cunhada, uma reclusa, para informar sobre as penas muito duras que sofria no purgatório. Esta mulher de aparência boa e honesta entregara-se às práticas mágicas para manter o amor de seu esposo. O noviço, negligenciando o aspecto supersticioso desse comportamento, impressiona-se com a severidade de Deus em relação aos pecados que ele considera como pecadilhos. Atenção, parece dizer o texto, nosso ponto de vista não é forçosamente o de Deus[42]. Cesário exagera. Deus é muito rígido, e mesmo muito detalhista. Quando monges não obedecem a todas as prescrições de seus superiores, e opõem-lhes uma resistência obstinada, mesmo tratando-se de pequenas coisas, nada escapa a Deus[43].

Após a negligência, eis seu contrário, a teimosia, punida no purgatório. Uma teimosia que também é uma forma de desobediência. Um mestre de escola que se tornara monge no Mosteiro de Pruilly, havia se revelado de um rigor que seu abade inutilmente tentara moderar. Ele morreu, e uma noite o abade, que por conta das laudes encontrava-se nas estalas da igreja, viu aparecer no coro três personagens semelhantes a velas ardentes. Reconheceu-os: no meio estava o mestre de escola cercado de dois conversos recentemente falecidos. O abade disse ao monge defunto: "Como estás? – Bem", respondeu o outro. O abade que

---

41. Ibid., XII, 26, p. 337-338.

42. Ibid., XII, 27, p. 338-339.

43. Ibid., XII, 28, p. 339.

se lembrava de sua obstinação, surpreende-se: "Não sofres nada por causa de tua desobediência?" A aparição confessa: "Sim, inúmeros e grandes tormentos. Mas como minha intenção era boa, o Senhor não me condenou". Quanto aos conversos, o abade surpreende-se que um deles, pois foi apóstata, esteja mais brilhante do que o outro, a quem ninguém tinha nada a recriminar, o monge explica que depois de sua falta o primeiro arrependeu-se e superou no fervor o segundo, que não passava de um morno. Aqui intervém um detalhe interessante: para deixar um testemunho irrefutável de sua aparição, uma prova da existência do purgatório, de onde se pode retornar por um instante, o falecido monge desfere no estrado sobre o qual se cantam os salmos um golpe com o pé tão forte que ele racha. Assim nasce uma "relíquia" do purgatório. São tais "relíquias", as mais antigas datando do fim do século XIII, as mais recentes de meados do século XX, que estão reunidas no pequeno museu do purgatório em Roma. Que lição tirar desse *exemplum*? Cesário e o noviço estão de acordo para ver constatado o sistema de valores de São Bento, que reprova tanto aqueles que se obstinam no rigor como aqueles que são excessivamente "levianos"[44]. É uma exaltação da moderação beneditina verificada pelo purgatório. A alusão à leviandade é uma hábil transição para falar do caso do sacristão Jean, do Mosteiro de Villers, homem religioso, mas que foi leviano em palavras e em atos (*in verbis et signis*). Condenado ao purgatório, aparece a seu abade, que se aterroriza[45].

Por fim, nesta revisão dos pecados monásticos punidos no purgatório, eis castigada a preguiça. Um abade de Hemmenrod em tudo observava a disciplina da ordem, mas era renitente em executar trabalhos manuais com os irmãos. Antes de morrer, havia prometido a um monge, de quem mais gostava entre todos, de lhe aparecer trinta dias depois de sua morte para informá-lo de seu estado. Na data prevista manifesta-se, brilhante acima

---

44. Ibid., XII, 29, p. 339-340.

45. Ibid., XII, 30, p. 340-341.

da cintura, todo preto abaixo dela. Solicita preces, que os monges fazem e aparece novamente para anunciar sua libertação do purgatório[46]. O noviço pede então para ser informado sobre a hierarquia dos sufrágios. As preces são mais eficazes pelos mortos do que as esmolas? Alguns *exempla* vão trazer a resposta.

Eis primeiro o caso de um morto que aparece a um amigo e lhe indica que a gradação é a seguinte: primeiro as preces, sufrágio a bem da verdade bastante morno, em seguida as esmolas e, sobretudo, as missas. Na missa, Cristo reza; seu corpo e seu sangue são esmolas[47].

Um adolescente nobre, que se tornou converso em Clairvaux, vigiava carneiros em uma fazenda. Um primo-irmão já falecido apareceu-lhe e, para ser libertado de enormes tormentos, pede o auxílio de três missas. Depois de terem sido ditas, ele reapareceu para agradecer e indicou que não devia se surpreender com as virtudes da Eucaristia, pois uma breve absolvição podia bastar para libertar certas almas[48].

É então que se vê aparecer o Monge Chrétien de Heisterbach, mencionado mais acima (IV, 30). Ele morreu na ausência do abade. Quando este retornou depois de sete dias, bastou dizer "Que descanse em paz" para que Chrétien fosse libertado do purgatório[49].

Ainda é preciso que a intercessão – por mais modesta que pareça – seja efetuada por um intermediário eficaz. Uma beneditina do Mosteiro de Rindorp, perto de Bonn, era uma fervorosa devota de São João Evangelista. Depois de morrer apareceu a uma monja, que também era sua irmã carnal e rezava por ela, para lhe anunciar que estava saindo do purgatório. Mas não lhe revelou que seu intercessor não foi São João e sim São Bento,

---

46. Ibid., XII, 31, p. 341-342.

47. Ibid., XII, 32, p. 342.

48. Ibid., XII, 33, p. 342-343.

49. Ibid., XII, 34, p. 343.

que se contentou em se ajoelhar diante de Deus por ela. Assim se lembra aos monges e às monjas a vantagem que existe em honrar os santos fundadores de sua ordem[50].

Os últimos *exempla* de Cesário sobre o purgatório têm como objetivo insistir na severidade das penas do purgatório. O noviço perguntou a Cesário se era verdade que a menor pena no purgatório era superior a qualquer pena imaginável neste mundo. Cesário responde, dando a opinião de um teólogo que consultou sobre isso. "Não é verdade, responde este, a menos que se fale do mesmo gênero de pena: por exemplo, o fogo do purgatório é mais forte, que qualquer fogo terreno, o frio mais severo do que qualquer fogo deste mundo etc." Mas no purgatório pode haver penas inferiores a certas penas terrenas. Mesmo reconhecendo a dureza das penas do purgatório, Cesário, espírito moderado, preocupado em mostrar toda a flexibilidade do sistema do purgatório, insiste na abertura do compasso das penas do purgatório, que oferece o maior leque de punições.

Assim, uma monja de 9 anos do Mosteiro de Mont-Saint-Sauveur, perto de Aix-la-Chapelle, Irmã Gertrude, aparece a uma companheira de convento da mesma idade, Irmã Margueritte, com quem tinha o hábito de conversar durante o ofício. Condenada a cumprir seu purgatório nos lugares de seu pecado, teve de retornar quatro vezes para participar, invisível menos para sua amiga, do ofício do convento. O noviço constata que esta pena foi pouca coisa ao lado de certas penas terrenas[51]. Por fim, Cesário propõe um *exemplum* que mostra o que se poderia chamar o grau zero do purgatório. Uma criança muito pura, Guillaume, que havia entrado na ordem, morreu depois de um ano de provação. Aparecendo a um monge, diz-lhe que está nas penas. Este fica aterrorizado: "Se tu, inocente, tu és punido, o que acontecerá a mim, pobre pecador? – Tranquiliza-te, responde o jovem morto, tudo o que sofro é ainda estar privado

---

50. Ibid., XII, 35, p. 343-344.

51. Ibid., XII, 36, p. 344-345.

da visão de Deus". Algumas preces durante sete dias bastam para que ele reapareça, protegido pelo manto da Virgem Maria, a caminho do paraíso.

Cesário apresenta aqui um purgatório bem próximo do limbo das crianças e destaca que o caso de Guillaume não é excepcional: um teólogo afirmou-lhe que um certo número de justos, que devem expiar apenas alguns pecados veniais, tem por punição a simples privação durante um certo tempo da visão de Deus[52].

Cesário alcança aqui um ponto extremo na doutrina do purgatório. Não apenas abre ao máximo o leque das penas como vincula explicitamente a reflexão teológica sobre o purgatório a uma outra preocupação que, sem estar explícita, geralmente deve ter estado ligada a ela, a reflexão da visão beatífica. Para dar todas suas dimensões à reflexão teológica da Idade Média sobre o tempo intermediário, sobre o tempo que separa o momento da morte daquele da ressurreição e do julgamento geral, é preciso perceber que se o purgatório está ameaçado por baixo pelo inferno, de onde as almas purgadas conseguiram escapar, elas são atraídas para o alto por este apelo do paraíso, que pode, no máximo, se reduzir a esta única ausência, essencial no entanto, a visão beatífica. É precisamente entre os grandes teólogos do século XIII que a doutrina da visão beatífica dos justos, logo após o julgamento particular, toma sua forma definitiva[53]. O purgatório, nestes casos limites superiores, pode ser definitivamente um testemunho da realidade de uma visão beatífica anterior ao juízo final.

Este apanhado geral sobre o purgatório de Cesário termina com a lembrança de que certas visões mostram que o purgatório pode estar situado em diversos lugares deste mundo. Gregório o Grande deu alguns exemplos sobre isso. Mas o mais

---

52. Ibid., XII, 37, p. 346-347.

53. Cf. DONDAINE, H. "L'object et le *medium* de la vision béatifique chez les théologiens du XIIIᵉ siècle". In: *Revue de Théologie Antique et Médiévale*, 19, 1952, p. 60-130. Sobre a crise causada no século XIV pela negação da visão beatífica pelo Papa João XXII, cf. DYKMANS, M. *Les sermons de Jean XXII sur la vision beatifique*. Roma, 1973.

convincente é o do *Purgatório de São Patrício*. Ele afirma: "Que aquele que duvida do purgatório vá até a Irlanda e entre no *Purgatório de São Patrício*, não duvidará mais da realidade das penas purgatórias"[54].

Vê-se, para além de todos os aspectos que destaquei, o que é para Cesário de Heisterbach, testemunha e ator privilegiado da instalação do lugar do purgatório nas crenças dos cristãos da Idade Média, o essencial do sistema do purgatório. É primeiramente o resultado de um processo penitencial em que a contrição final, como vimos no caso do usurário de Liège, por exemplo, é a condição necessária e bastante, mas cujas etapas normais são a contrição, a confissão e a penitência. É em seguida a definição de um lugar e de uma pena que ainda não estão completamente estabilizados, mas que se individualizam cada vez mais em relação à terra, em relação ao limbo, em relação ao paraíso, mas sobretudo em relação ao inferno. Distinguir bem o purgatório do inferno é uma preocupação essencial para Cesário.

Há também um exercício contábil às vezes um pouco simplista e que se situa no cruzamento dos hábitos monásticos de contabilidade simbólica e dos novos hábitos de uma contabilidade prática que, do comércio, se estendem à penitência.

Acima de tudo, Cesário insiste na solidariedade entre os vivos e os mortos, solidariedade cujo modelo é para ele a família cisterciense, onde se unem o parentesco carnal do meio nobre e o parentesco artificial da comunidade religiosa, mas onde também surgem novas solidariedades, conjugal ou profissional, das quais o caso do usurário de Liège é o mais notável exemplo.

II – O dominicano Étienne de Bourbon e a infernalização do purgatório

Do *Diálogo dos milagres*, do cisterciense Cesário de Heisterbach (por volta de 1220), ao *Tratado de pregação* (*Tractatus de diversis materiis praedicabilibus*), composto pelo dominicano

---

54. *Dialogus miraculorum*, XII, 38 e XII, 39, p. 347-348.

Étienne de Bourbon entre 1250 e 1261, data em que sua morte o deixou inacabado, a atmosfera do purgatório muda. Não pertence mais à esperança, mas ao medo.

O autor, nascido em Belleville-sur-Saône por volta de 1195, fez seus estudos em Saint-Vincent de Mâcon e depois na Universidade de Paris, antes de entrar para a Ordem dos Pregadores. Ausentou-se com frequência do Convento Dominicano de Lyon e percorreu como pregador e inquisidor a Auvergne, o Forez, a Bourgogne, os Alpes. No fim de sua vida, iniciou a redação de um grande tratado para o uso dos pregadores, no qual, como outros, também inseriu vários *exempla*. Mas em vez de se inspirar essencialmente em sua própria experiência, como havia feito Cesário, cuja maior parte dos *exempla* era de anedotas recentes que ouvira contar, Étienne emprestou tanto das fontes livrescas quanto da tradição contemporânea. Por outro lado, deixou menos autonomia a esses relatos, subordinando-os mais estreitamente a um plano que se modela nos sete dons do Espírito Santo[55]. Étienne de Bourbon deixa-se levar por um espírito escolástico que o faz multiplicar divisões e subdivisões, muitas vezes artificialmente. O purgatório constitui o título ou capítulo cinco do primeiro dos dons do Espírito Santo, o dom do temor (*De dono timoris*)[56].

---

55. Sobre o tema dos sete dons do Espírito Santo nos séculos XII e XIII (os setenários estão na moda: sacramentos, pecados capitais, artes liberais etc.), cf. LOTTIN, O. *Psychologie et Morale aux XIIe et XIIIe siècles* – T. III: Problèmes de morale. Lovaina, 1949, cap. XVI, "Les dons du Saint-Esprit du XIIe siècle à l'époque de Saint Thomas d'Aquin", p. 327-456.

56. Há uma edição do tratado de Étienne de Bourbon em colaboração entre "L'École Nationale des Chartes" (Paris), o grupo de antropologia histórica do Ocidente medieval da École des Hautes Études en Sciences Sociales (Paris) e o Istituto Storico Italiano per il Medio Evo (Roma). A transcrição do *De dono timoris* foi realizada por Georgette Lagarde, a quem muito agradeço, a partir do manuscrito em latim 15.970 da Bibliothèque Nationale de Paris, onde o purgatório ocupa os fólios 156-164. Uma antologia de *exempla* retirados da coletânea de Étienne de Bourbon foi publicada no século XIX em LECOY DE LA MARCHE, A. *Anecdotes historiques, légendes et apologues tirés du recueil inédit d'Étienne de Bourbon, dominicain du XIIIe siècle.* Paris, 1877. O autor extraiu 14 *exempla* relativos ao purgatório que se encontram nas p. 30-49. Georgette Lagarde transcreveu a totalidade dos 39 *exempla* sobre o purgatório. Humbert de

Este primeiro livro do *dom de temor* compreende dez títulos: 1) das sete espécies de temor; 2) dos efeitos do temor do senhor; 3) que se deve temer a Deus; 4) do inferno; 5) que se deve temer o purgatório futuro; 6) do temor do juízo final; 7) do temor da morte; 8) do temor do pecado; 9) que se deve temer o perigo presente; 10) da qualidade dos inimigos do gênero humano (os demônios).

Étienne de Bourbon nos apresenta logo no início a um cristianismo do medo, o purgatório é inserido em um contexto de medo escatológico, onde convive de muito perto com o inferno.

É deste purgatório, portanto, que se trata no quinto título. E Étienne de Bourbon ainda o subdivide em sete capítulos de uma maneira bem artificial, pois organiza suas exposições segundo números simbólicos (sete, dez, doze etc.). Estes sete capítulos são consagrados ao purgatório presente e ao purgatório futuro, à natureza dos pecadores e das faltas relativas ao purgatório, às sete razões que se deve ter para temer o purgatório repartidas em três capítulos e, finalmente, aos doze tipos de sufrágios que podem auxiliar as almas no purgatório.

Retomando uma concepção tradicional geralmente abandonada em sua época, Étienne de Bourbon estima que a vida terrena pode ser considerada como um primeiro purgatório onde se pode ser purgado de doze maneiras, cuja enumeração pouparei ao leitor. Não há aqui qualquer argumentação, mas autoridades escriturárias citadas do começo ao fim. O segundo capítulo tende a provar a existência de um purgatório das almas despojadas dos corpos no futuro. As provas são autoridades (Mt 2, Gregório o Grande (*Diálogos*, IV), 1Cor 3), é um conjunto de textos vetero-testamentários falando de fogo e de provação no futuro. Uma vez que deve haver depois da morte remissão dos pecados, é pre-

---

Romans, mestre-geral dos pregadores, compôs no Convento dos Dominicanos de Lyon, para onde se retirou entre 1263 e a sua morte em 1277, uma coletânea de *exempla*, o *Liber de dono timoris* ou *Tractatus de habundancia exemplorum*, que aguarda ser editado de maneira crítica e ser estudado. Assemelha-se muito ao tratado de Étienne de Bourbon.

ciso então que haja um lugar apropriado a esta última purgação, e isso não pode ser nem o inferno nem o paraíso. Étienne condena os hereges – e, sobretudo, os valdenses – "que dizem que não há pena purgatória no futuro" e recusam os sufrágios pelos mortos. Por um desses deslizamentos que lhe são costumeiros, evoca então os oito tipos de pena que são abordados no livro das *Leis*, sem dizer que relação elas podem ter com o purgatório, e declara que aqueles que o recusam pecam contra Deus e contra todos os sacramentos.

Quem é punido no purgatório? No início do terceiro capítulo Étienne define três categorias de pecadores para lá destinados: os que se "converteram" tarde demais, os que ao morrerem têm apenas pecados veniais e os que neste mundo não fizeram penitências suficientes. Um breve desenvolvimento se resume praticamente a um rápido comentário de 2Cor 3,10-15.

Os capítulos quatro, cinco e seis são consagrados às razões que o homem tem para temer a pena do purgatório. São sete: a severidade (*acerbitas*), a diversidade (*diversitas*), a duração (*diuturnitas*), a esterilidade (*sterilitas*), a nocividade (*dampnositas*), a qualidade dos tormentos (*tormentorum qualitas*) e o pequeno número de auxiliares (*subveniencium paucitas*).

Estas características muito negativas da pena do purgatório são essencialmente ilustradas com o auxílio de *exempla*. Assim o *Purgatório de São Patrício*, com a descrição de suas torturas retiradas do Apocalipse de Paulo, é longamente evocado para mostrar ao mesmo tempo a severidade e a diversidade das penas. A duração refere-se ao sentimento que as almas têm no purgatório, de que o tempo transcorre muito lentamente por causa dos sofrimentos que ali padecem. A equivalência é essencialmente uma equivalência de resgate entre este mundo e o além. Étienne avança com alguma reserva (*forte*, talvez, diz ele) que se pode certamente resgatar em um dia um ano de purgatório. A esterilidade vem da impossibilidade de adquirir méritos depois da morte, a nocividade vem da carência da visão de Deus. Ao contrário daqueles que, como Cesário de Heisterbach, parecem considerar a privação de Deus como a menor das penas que se possa padecer no purgatório, Étienne lembra que ser privado, nem que seja por um só dia, da visão de Deus, não é um prejuízo insignificante. E tem uma bela frase: os santos prefeririam, se precisassem, estar no inferno, mas ver Deus, a estar no paraíso sem vê-lo. Nestas páginas bastante obscurantistas esta perspectiva sobre a visão beatífica é como um raio de sol.

Sobre a qualidade dos tormentos, ele remete ao que disse das penas do inferno, e esta remissão é significativa. O pequeno número dos auxiliares decorre do pessimismo de Étienne. Segundo ele, "os vivos se esquecem rápido dos mortos", e estes no inferno gritam como Jó: "Tende piedade de mim, tende piedade de mim, ao menos vós, meus amigos, pois a mão do Senhor me tocou". E mais: "Os amigos de fortuna, os amigos do mundo são semelhantes a um cão que, enquanto o peregrino está sentado à mesa segurando um osso na mão, abana a cauda em sinal de afeição por ele, mas quando tem as mãos vazias não o reconhece mais". E mais uma vez é a comparação com o inferno, "pois o inferno é ingrato".

Por fim, Étienne de Bourbon se estende longamente sobre os doze tipos de sufrágios que podem auxiliar as almas do purgatório. Aqui mais uma vez os *exempla* vêm testemunhar. A exposição do dominicano é aqui bastante confusa, mas é possível constituir a lista dos doze sufrágios: missa, oferenda piedosa, prece, esmola, penitência, peregrinação, cruzada, execução das doações piedosas, restituição dos bens injustamente adquiridos, intercessão dos santos, fé, sufrágios gerais da Igreja fundados na comunhão dos santos. Três preocupações parecem animá-lo: insistir no papel dos próximos (aqueles que podem mais pelas almas do purgatório são os familiares do morto, os "seus" – *sui* – e seus amigos – *amici*), ressaltar o valor dos sufrágios executados pelos bons, justos, e enfim relembrar o papel da Igreja na distribuição e no controle desses sufrágios.

Não é possível evocar aqui os trinta e nove "*exempla* do purgatório" de Étienne de Bourbon, ainda mais que muitos são emprestados de fontes antigas que vimos ou citamos, Gregório o Grande, Beda, Pedro o Venerável, Tiago de Vitry etc.

Citarei três entre aqueles que Étienne afirma ter recolhido da boca de outro, e que introduz pela palavra *audivi* (ouvi dizer).

O primeiro caso tem, no entanto, chances de ter uma origem livresca, uma vez que se encontra nos *Otia imperialia* de Gervásio de Tilbury (por volta de 1210), a menos que seu próprio informante o tenha lido nessa obra. De todo modo, é interessante comparar sua versão com a de Étienne. Cito a versão de Gervásio de Tilbury:

> Existe na Sicília uma montanha, o Etna, escaldante de fogos sulfurosos, perto da cidade de Catania [...] as pessoas do povo chamam esta montanha de Mondjibel e os habitantes da região contam que, sobre seus flancos desertos, o grande Artur apareceu em nossa época. Ocorre que um dia um palafreneiro do bispo de Catania, depois de ter comido demais, caiu no sono. O cavalo que montava escapou e desapareceu. O palafreneiro o procurou em vão pelas escarpas e pelos precipícios da montanha. Como sua inquietação aumentasse, começou a explorar as escuras cavernas do monte. Um caminho muito estreito, mas plano, o conduziu a uma pradaria muito vasta, encantadora e cheia de todas as delícias.
>
> Ali, em um palácio construído por encantamento, encontrou Artur deitado em um leito real. Assim que soube a causa de sua vinda, o rei mandou trazer o cavalo e o devolveu ao menino para que o restituísse ao bispo. Contou-lhe como, outrora ferido em uma batalha contra seu sobrinho Modred e o duque dos saxões, Childerico, ali residia há muito tempo, procurando curar seus ferimentos constantemente reabertos. E, segundo os indígenas que me contaram, enviou presentes ao bispo, que os expôs à admiração de uma multidão de pessoas desnorteadas por esta fantástica história[57].

---

57. GERVÁSIO DE TILBURY. *Scriptores rerum brunsvicensium*, I, 921 [ed. Leibniz]. • LIEBRECHT. *Des Gervasius von Tilbury Otia imperialia*. Hanover, 1856, p. 12.

E a de Étienne de Bourbon:

> Ouvi dizer por um certo irmão de Apúlia chamado João, que dizia ser da região onde o fato havia se produzido, que um dia um homem procurava pelo cavalo de seu senhor na Montanha Etna, perto da cidade de Catania, onde, como dizem, se encontra o purgatório. Chegou a uma cidade onde se entrava por uma pequena porta de ferro. Perguntou ao porteiro sobre o cavalo que estava procurando. Este lhe respondeu que deveria ir até a corte de seu senhor, que o devolveria ou o informaria. Implorou ao porteiro que lhe dissesse o que deveria fazer. O porteiro disse-lhe que evitasse comer uma iguaria que lhe ofereceriam. Nessa cidade viu uma multidão tão numerosa quanto a população da terra, de todos os gêneros e de todos os ofícios. Atravessando vários pátios chegou a um deles, onde viu um príncipe cercado pelos seus; ofereceram-lhe inúmeras iguarias e recusou-se a experimentá-las. Mostraram-lhe quatro leitos e disseram-lhe que um deles estava preparado para seu senhor e os três outros para os usurários. E esse príncipe disse-lhe que fixava um dia obrigatório para seu senhor e os três usurários, ou então seriam levados a força, e deu-lhe uma taça de ouro recoberta por uma tampa de ouro. Disseram-lhe para não descobri-la e sim levá-la como um intersigno ao seu senhor para que ele bebesse. Devolveram-lhe seu cavalo; ele retornou, desincumbiu-se de sua missão. Destamparam a taça e uma chama fervente saiu, e junto com a taça lançaram-na ao mar, e o mar se inflamou. Os outros homens ainda que tivessem se confessado, mas apenas por medo, não por verdadeiro arrependimento, no dia marcado, foram levados sobre quatro cavalos pretos[58].

De Gervásio a Étienne, o purgatório não nomeado é chamado por seu nome, a cidade perdeu seu encantamento, o fogo

---

58. Texto em latim em LECOY DE LA MARCHE, A. *Anecdotes historiques...*, p. 32.

purgatório anuncia-se pelo fogo da taça, os leitos preparados não são mais leitos de descanso, mas parecem leitos de tortura, o cavalo prenuncia os cavalos pretos carregadores de almas, anunciadores da morte. Como bem observou Arturo Graf, de um texto ao outro, a história se infernalizou[59].

Uma outra história teria sido contada a Étienne de Bourbon por um irmão padre, velho e piedoso. Havia uma vez um preboste que não temia nem a Deus nem aos homens. Deus teve piedade dele e concedeu-lhe uma grave doença. Gastou em medicamentos e em outros meios tudo o que possuía e não obteve nenhum benefício. Depois de cinco anos, como ainda continuasse doente, não podia se levantar, não tinha mais nenhum meio de subsistir, desesperou-se por causa de sua pobreza, de seu estado miserável e de seus sofrimentos e pôs-se a resmungar contra Deus, que o deixava viver por tanto tempo em tais misérias. Foi-lhe enviado um anjo, que o recriminou de resmungar assim; exortou-o a ter paciência e prometeu-lhe que, se suportasse seus males por mais dois anos, seria plenamente purgado e iria ao paraíso. O outro respondeu que era incapaz e preferia morrer. O anjo disse-lhe que devia escolher entre dois anos de sofrimento ou dois dias de pena no purgatório, antes de Deus o mandar ao paraíso. Escolheu dois dias no purgatório, foi levado pelo anjo e enviado para lá. A severidade (*acerbitas*) da pena pareceu-lhe tão dura que antes de ter transcorrido meio dia pensou estar ali desde uma infinidade de dias. Começou a gritar, a gemer, a tratar o anjo de mentiroso, a dizer que não era um anjo, mas um diabo. O anjo veio, exortou-o à paciência, recriminou-o de resmungar e afirmou que fazia muito pouco tempo que ali estava. Suplicou ao anjo para que o devolvesse ao seu estado anterior e afirmou que, se o permitisse, estava disposto a padecer pacientemente seus males não apenas durante dois anos, mas até o juízo final. O anjo consen-

---

59. GRAF, A. "Artú nell'Etna". In: *Leggende, miti e superstizioni dei Medio Evo*. Turim, 1925.

tiu e o preboste suportou pacientemente todos os seus males durante o complemento de dois anos[60].

Eis bem claramente – se não simplesmente – mostradas tanto a proporcionalidade elementar entre os dias do purgatório e os anos da terra quanto a dureza da pena do purgatório infinitamente superior a toda pena neste mundo.

Último *exemplum*: "Ouvi dizer, conta Étienne de Bourbon, que uma criança de uma grande família morreu com quase 9 anos. Para se entregar às suas brincadeiras, havia aceitado um empréstimo a juros da família do seu pai e da sua mãe [*sic*]. Não se lembrou dele no momento de morrer, e ainda que tenha se confessado, não havia restituído". Apareceu pouco depois a um dos seus e disse que era severamente punido por não ter devolvido o que devia. A pessoa a quem apareceu informou-se e pagou todas as suas dívidas. A criança apareceu-lhe novamente, anunciou que estava livre de qualquer pena e aparentava estar bem feliz. "Essa criança era filho do Duque de Bourgogne, Hugo, e a pessoa a quem apareceu era a própria mãe do duque, sua avó, que me contou"[61]. Eis citado esquematicamente o mecanismo da aparição das almas do purgatório e destacada a importância das restituições de bens para a libertação do purgatório. Este se tornou um instrumento de salvação e ao mesmo tempo um regulador da vida econômica neste mundo.

O tratado de Étienne de Bourbon parece ter tido um grande sucesso e seus *exempla* foram muitas vezes utilizados. Assim se espalhou a imagem de um purgatório infernalizado, banalizado, objeto de cálculos simplistas.

Para dar uma imagem final dos *exempla do Purgatório*, menciono agora o *Alphabetum narrationum*, uma coletânea de *exempla* por rubricas classificadas por ordem alfabética, composto nos primeiros anos do século XIV pelo dominicano Arnold de Liège e que nos séculos XIV e XV originou várias cópias

---

60. LECOY DE LA MARCHE, A. *Anecdotes historiques...*, p. 30-31.

61. Ibid., p. 43.

mais ou menos fiéis em latim e em línguas vernaculares (inglês, catalão, francês). Ele oferece catorze *exempla* à rubrica *Purgatório* (*purgatorium*). Reagrupam-se em oito temas. Quatro dizem respeito às penas do purgatório, sua intensidade, sua duração, o temor que inspiram: "As penas do purgatório são diversas" (n. 676), o que quer dizer que não se reduzem ao fogo purgatório; "a pena do purgatório é severa (*acerba*) e longa", o que Agostinho ensinou; "a pena do purgatório, mesmo se dura pouco, parece durar muito tempo", onde encontramos o tempo invertido do além-folclórico; "o purgatório", finalmente, "é mais temido pelos bons do que pelos maus", o que o coloca mais perto do paraíso do que do inferno, mas também testemunha sua dureza. Dois relativos à localização do purgatório e admitindo-o na terra: "Alguns são purgados entre os vivos" e "alguns fazem seu purgatório no meio daqueles entre os quais pecaram". Dois enfim tratam dos sufrágios: "A pena do purgatório é amenizada pela prece" e "a pena do purgatório é apagada pela missa". Os *exempla* são emprestados de Gregório o Grande, de Pedro o Venerável, do *Purgatório de São Patrício*, dos cistercienses Hélinand de Froimont e Cesário de Heisterbach, de Tiago de Vitry e do dominicano Humberto de Romans, autor de um "dom de temor" (*De dono timoris*) muito próximo de Étienne de Bourbon[62].

Completarei este estudo da difusão do purgatório pelo sermão e pelo *exemplum* no século XIII evocando, por um lado, a

---

62. Agradeço a Colette Ribaucourt a transcrição de um manuscrito inédito do *Alphabetum narrationum* e a gentileza de me comunicar os "*exempla* do purgatório". Sobre o *Alphabetum narrationum*, cf. LE GOFF, J. "Le vocabulaire des *exempla* d'après l'*Alphabetum narrationum*". In: *La lexicographie du latin medieval*. Paris, 1981 [atas do Colóquio de Paris, 1978]. Se se quiser ter uma ideia aproximada do lugar do purgatório nos *exempla* medievais pode-se consultar o *Index exemplorum*, de F.C. Tubach, que fez uma leitura atenta, sobretudo das principais coletâneas de *exempla* dos séculos XIII e XIV. Ele classifica trinta temas de *exempla* do purgatório. No fascículo da Typologie des sources du Moyen Âge occidental sobre o *exemplum*, podem ser encontradas indicações sobre os méritos e defeitos desse instrumento de trabalho: TUBACH, F.C. *Index exemplorum* – A Handbook of Medieval Religious Tales. Helsinque, 1969 [FF Communications, n. 204].

biografia dos primeiros dominicanos, a pregação no meio das beguinas e, de outro, pela continuação da exploração dos fins políticos das visões do purgatório.

Dominicanos no purgatório

As ordens mendicantes ocupam em meados do século XIII o lugar dos cistercienses no enquadramento espiritual da sociedade. Mas entre os dominicanos como entre os franciscanos uma parte dos irmãos permanece próxima da tradição monástica. Por isso, contemporâneo de Étienne de Bourbon, Gérard de Frachet oferece uma imagem sensivelmente diferente do interesse dos Irmãos Pregadores pelo purgatório.

O testemunho de Gérard de Frachet é precioso sobretudo para a difusão da crença no purgatório no interior da Ordem Dominicana. Este originário de Châlus (Haute-Vienne), na região de Limousin, entrou para os Pregadores em Paris em 1225, foi prior de Limoges e depois superior da ordem na Província de Provence; faleceu em Limoges em 1271, escreveu uma história da Ordem Dominicana, de suas *memorabilia*, de 1203 a 1254. Ela compreende cinco partes. A primeira é consagrada aos inícios da ordem; a segunda a São Domingos; a terceira ao Mestre-geral Jourdain de Saxe, sucessor de Domingos na direção da ordem; a quarta à evolução da ordem (*de progressu ordinis*); a quinta à morte dos irmãos.

Esta estrutura da obra é significativa. A quinta e última parte expressa bem as atitudes de um meio religioso representativo da tradição e da inovação na Igreja. A morte dá à vida seu sentido e situa-se no encontro da existência terrena e do destino escatológico. Gérard de Frachet testemunha bem esta focalização no momento da morte em relação com o depois da morte, que também explica o sucesso do purgatório.

Observemos de mais perto esta quinta parte das "Vidas dos irmãos da Ordem dos Pregadores" ou "Crônica da ordem de 1203 a 1254". Representa para os irmãos todos os casos possíveis das maneiras de morrer e dos estados no além. Primeiro tratou-se dos mártires da ordem, dos mortos felizes, das visões e revelações que acompanham a morte. Depois vêm as situações do depois da morte. É aqui que se coloca, em primeiro lugar, a evocações dos irmãos no purgatório, que precede as armadilhas do diabo, as maneiras de ajudar os defuntos, o destino desventurado dos apóstatas e, ao contrário, a glória daqueles que, depois da morte, se ilustram pelos milagres. Os *exempla* de irmãos no purgatório ocupam, portanto, o lugar intermediário, de transição, que é exatamente o do novo lugar.

Gérard de Frachet propõe catorze *exempla*, catorze histórias de purgatório que não se inserem em um tratado como em Cesário de Heisterbach ou Étienne de Bourbon. São em glória da ordem, ou melhor, para seu uso interno, alternando os casos venturosos e gloriosos e aqueles que devem fazer com que os irmãos reflitam. Relembram o *Exordium magnum* de Conrad d'Eberbach para a Ordem Cisterciense no início daquele século e, em relação a Cesário principalmente, respiram um ar muito tradicional.

Primeira história: no mesmo dia morrem no Convento da Colônia um velho pregador e um noviço. Depois de três dias o noviço aparece. Seu fervor lhe valeu uma brevíssima passagem pelo purgatório. Ao contrário, o pregador só aparece depois de um mês. Seus comprometimentos com os seculares lhe valeram esta provação mais longa, mas, em contrapartida, teve um destino mais brilhante, revelado por suas roupas ornadas de pedras preciosas e por uma coroa de ouro, recompensa das conversões que obteve.

As outras catorze histórias se passam na Inglaterra. Em Derby, um jovem irmão no momento de morrer passa da alegria à ansiedade. Alegria porque São Edmundo e depois a Virgem lhe aparecem. Angústia porque, mesmo se considerando praticamente eleito, teme que os pecados veniais (*modica*) de que está carregado não o condenem à danação, apesar de tudo. Lembrança que a fronteira é estreita entre pecados veniais e mortais, purgatório e inferno.

Em seu leito de morte, o Irmão Richard, leitor na Inglaterra, tem primeiro aparições terríveis, depois lhe é revelado que será salvo graças à ajuda de seus irmãos dominicanos e também graças à dos irmãos franciscanos que sempre amou. Apelo, portanto, à colaboração entre as duas ordens.

O Irmão Alain, prior de York, também assaltado por terríveis visões no momento de morrer, prefere muito mais permanecer em um fogo aterrador até o juízo final do que rever a figura dos diabos que lhe apareceram. Portanto, o purgatório, sob sua forma mais dolorosa, vale mais do que o inferno sob seu aspecto mais externo.

Um pároco, aterrorizado por uma visão que lhe promete o inferno, entra para os dominicanos e, após sua morte, aparece ao seu confessor para lhe revelar que foi salvo e que ele também o será.

As duas histórias seguintes se passam "na Espanha", em Santarém (hoje em Portugal). Em uma se vê um irmão passar pelo purgatório porque seculares o assistiram no momento de morrer e, na outra, um segundo irmão sofre o mesmo destino por ter se orgulhado de ser um bom cantor.

Um irmão italiano de Bolonha também sofre o purgatório por ter sido um entusiasmado amante da arquitetura. Um irmão português de Lisboa é punido, sempre no purgatório, por ter se ocupado excessivamente com manuscritos, ao passo que o Irmão Gaillard de Orthez tem, em uma aparição, o peito e o flanco queimados por ter se interessado demais pela construção de novos conventos, e pede as preces dos irmãos. Irmão Jean Bellestier de Limoges passou sete dias no purgatório por seus defeitos e atesta que a pena que ali se sofre pelos pecados veniais é muito forte. Esclarece que são anjos que vieram buscá-lo para conduzi-lo ao paraíso.

Esta indicação é muito interessante porque anuncia a iconografia do purgatório: ver-se-á anjos estenderem a mão aos defuntos para retirá-los do novo lugar e fazê-los subir ao céu.

O Irmão Pedro de Toulouse, por mais dedicado que fosse à sua ordem, e apesar do número de conversões que obteve, revela em sonho que passou vários meses no purgatório não se sabe por quais pecados.

Um excelente irmão morreu, o terror estava estampado em seu rosto. Quando aparece, poucos dias depois de sua morte, perguntam-lhe a razão desse medo. Responde pelo texto de Jó 41,16: "*Quia territi purgabuntur*": "pois serão purgados no terror". Por fim, um último irmão padece um suplício devido ao seu grande amor pelo vinho que bebia puro.

Estes *exempla* mostram certos traços do sistema do purgatório: a duração, as aparições. São sobretudo instrutivos pelo que revelam de seu uso no interior da Ordem dos Pregadores – toda uma casuística dos pecados veniais de um lado, uma imagem dos irmãos de outro, mais próximos das preocupações tradicionais do meio monástico do qual desejavam ser diferentes do que das tendências intelectuais com as quais – no exemplo de algumas grandes figuras – se deseja caracterizá-los.

Depois dos irmãos pregadores, eis as mulheres também animadas pelo desejo de levar uma nova forma de vida religiosa e a quem se propõe que meditem sobre o purgatório: as beguinas.

O purgatório e as beguinas

As beguinas formam no século XIII um meio muito interessante. Estas mulheres se retiram para casas individuais ou habitadas por um pequeno número delas em um mesmo bairro da cidade para levarem ali uma vida devota a meio-caminho entre a vida de religiosas e a de leigas. Seduzem e inquietam ao mesmo tempo e são o objeto de um apostolado especial por parte da Igreja.

Ao estudar os sermões feitos em 1272-1273 por pregadores em sua maioria dominicanos e franciscanos na Capela de Santa Catarina da beguinaria de Paris, fundada por São Luís em 1260, Nicole Bériou deparou-se muitas vezes com o purgatório[63]. Um

---

63. BÉRIOU, N. "La prédication au béguinage de Paris pendant l'année liturgique 1272-1273". Retirado das *Recherches augustiniennes*, 1978, vol. XIII, p. 105-229.

deles mostra os mortos gloriosos do paraíso, representado por Jerusalém, exortando seus irmãos que estão no purgatório, representado pelo Egito. As penas do purgatório são pesadas e devemos nos preocupar com nossos familiares que ali estão atormentados e impotentes[64].

Outro pede às beguinas que rezem por "aqueles do purgatório" para que Deus liberte "seus prisioneiros da prisão do purgatório"[65].

Vê-se delinear a ideia de que é vantajoso rezar por aqueles do purgatório porque, uma vez no paraíso, rezarão por aqueles que os tiraram de lá. "Não serão ingratos", afirma o segundo pregador. Outro ainda pede que rezem pelos que estão no purgatório, não por aqueles do inferno, pelos que estão na prisão do Senhor e, em língua vernacular, "gritam e urram" e que os vivos devem libertar por suas esmolas, jejuns e preces[66].

Outro ressalta que não se deve esperar o purgatório ou o inferno para cumprir a penitência[67], enquanto um franciscano, mencionando a lista das oito categorias de pessoas pelas quais se deve habitualmente rezar (*pro quibus solet orari*), nela coloca os que estão no purgatório[68]. Um terceiro esclarece que se deve fazê-lo especialmente "pelos familiares e amigos"[69]. Este indica que o primeiro fruto da penitência é libertar da pena do purgatório[70], e aquele alerta: "São loucos os que dizem: 'Ah! farei minha penitência no purgatório', pois não há comparação entre a dureza da pena do purgatório com qualquer pena

---

64. Ibid., p. 124.

65. Ibid.

66. Ibid., p. 129.

67. Ibid., p. 138.

68. Ibid., p. 143.

69. Ibid., p. 154.

70. Ibid., p. 160.

neste mundo"[71]. Particularmente interessante é a declaração de um pregador franciscano no Dia de Ramos. Ele não quer ser um desses confessores "grandes ponderadores de almas" (*non consuevi esse de illis magnis ponderatoribus*) que enviam uns e outros ao inferno ou ao paraíso. "O caminho do meio, diz ele, parece-me mais seguro. Por isso, como não conheço o coração dos diferentes homens, prefiro enviá-los ao purgatório do que ao inferno por desespero, e o resto deixo ao Mestre Supremo, o Espírito Santo, que ensina nossos corações a partir de dentro"[72]. Será que houve expressão mais bela da função do purgatório!

Este pequeno *corpus* de sermões às beguinas parisienses enfatiza três aspectos essenciais do purgatório: 1) É a prisão de Deus. Trata-se, portanto, do grande enclausuramento das almas e sua libertação se impõe às preces dos vivos, pois se coloca na longa tradição cristã das preces pelos prisioneiros vinda dos primeiros séculos de perseguição e estimulada pelos sentimentos de justiça e de amor. 2) O purgatório força à solidariedade entre os vivos e os mortos sobre a qual insistem quase todos os pregadores. 3) Por fim, o purgatório está estreitamente ligado à penitência, seja porque esta liberte dele, ou porque aquele a conclui.

O purgatório e a política

Em uma crônica composta no início do século XIV, no Convento dos Dominicanos de Colmar, encontra-se uma história que mostra que o purgatório continua sendo uma arma política nas mãos da Igreja. É a história de um mímico que viu no purgatório Rodolfo de Habsburgo (1271-1290), filho de Rodolfo, rei dos romanos.

A história, contada pelo dominicano Otto, supostamente se passou em Lucerna. Havia nessa cidade dois amigos, um ferreiro e um mímico chamado Zalchart. Um dia o mímico foi represen-

---

71. Ibid., p. 185, n. 253.

72. Ibid., p 221.

tar em um lugar onde acontecia um casamento. Enquanto isso, o ferreiro morreu. Montado em um grande cavalo apareceu a Zalchart e o levou mais sua viola a uma montanha que se abriu para deixá-los entrar. Ali encontraram muitos dos grandes personagens já falecidos, entre os quais Rodolfo, duque de Alsácia, filho de Rodolfo, rei dos romanos. Esses mortos se aproximaram de Zalchart e lhe pediram que anunciasse às suas mulheres e aos seus amigos que sofriam penas enormes, um por ter pilhado, outro por ter praticado a usura, e pediam que seus familiares vivos restituíssem aquilo que tinham tomado. Rodolfo também confiou a Zalchart uma mensagem para seus herdeiros, em que lhes pedia a restituição de um bem usurpado, e encarregou-o de anunciar a seu pai, o rei dos romanos, que ele logo morreria e viria para esse lugar de tormento. Como selo de autenticidade imprimiu-lhe com dois dedos duas marcas dolorosas no pescoço. Como a montanha o devolvesse ao mundo dos vivos, entregou as mensagens que lhe confiaram, mas o *intersigno* (*intersignum*) em seu pescoço infeccionou-se e ao cabo de dez dias ele morreu.

Toda a história banha em clima folclórico: o ferreiro é um demônio carregador de almas e o mímico um violeiro do diabo. Quanto a esse purgatório, ele está tão "infernalizado" que, quando Zalchart pergunta a Rodolfo "Onde estás?", este responde: "No inferno"[73].

O purgatório penetra também o mundo dos santos e da hagiografia. O século XIII é a época em que a santidade já se encontra controlada pelo papado, em que os santos não são mais declarados pela *vox populi* (com a condição de que tenha sido sancionada por milagres), mas pela *vox Ecclesiae*, a voz da Igreja. É também a época em que a concepção da santidade evolui, em que, ao lado de um milagre sempre necessário para reconhecer um santo, as virtudes, a qualidade da vida, a aura espiritual contam cada vez mais. São Francisco de Assis, para além dos márti-

---

73. KLEINSCHMIDT, E. "Die Colmarer Dominikaner Geschichtsschreibung im 13. und 14. Jahrhundert". In: *Deutsches Archiv für Erforschung des Mittelalters*, 28, Heft 2, 1872, p. 484-486.

rés, dos confessores e dos taumaturgos, encarna um novo tipo de santo, cujo modelo direto é o próprio Cristo[74]. Mas uma piedade popular, uma devoção de massa que toca tanto os intelectuais quanto o povo, alimenta-se nas fontes tradicionais da hagiografia. Ao lado das vidas individuais de santos, espalham-se compilações de *lendas* hagiográficas compostas em um espírito novo que os próprios catálogos medievais chamam de "lenda nova", *legenda nova*. Certamente o público privilegiado dessas compilações é o "pequeno mundo dos clérigos que vivem em comunidade" e o "grande público" não é diretamente sensibilizado por elas. Mas também acaba sendo sensibilizado pelo intermédio dos pregadores e dos artistas que, pelo afresco, a miniatura, a escultura, se inspiram largamente nessas lendas. Ainda mais que um vasto trabalho de tradução, de adaptação, de resumo em língua vulgar as coloca ao alcance dos conversos e das monjas, a parte do mundo monástico que não entendia o latim, e abre-lhes um caminho direto para a sociedade dos leigos[75].

O purgatório na "lenda dourada"

A esta produção hagiográfica a Itália chega relativamente tarde, mas, no século XIII, por volta de 1260, oferece uma compilação de lendas que, apesar de sua mediocridade, terá um grande sucesso. A *Lenda dourada* (*Legenda aurea*), do dominicano Jacopo da Varazze (Jacques de Voragine). *Pot-pourri* de diversas fontes, a *Lenda dourada* nem por isso deixa de estar aberta a

---

74. Cf. o belo livro de André Vauchez: *La sainteté en Occident aux derniers siècles du Moyen Âge (1198-1431)* – Recherches sur les mentalités religieuses médiévales. Roma, 1981.

75. Sobre a compilação de lendas latinas, a excelente apresentação de Guy Philippart em *Les légendiers latins et autres manuscrits hagiographiques*. Turnbout, 1977 [Typologie des Sources du Moyen Âge Occidental]. Jean-Pierre Perrot defendeu em 1980, na Universidade de Paris III, uma tese interessante sobre um conjunto de lendas do século XIII em francês. As pesquisas continuam sobre lendas em inglês e alemão.

temas "modernos" de devoção. É receptiva ao purgatório[76]. Este aparece em primeiro plano de dois capítulos, um consagrado a *São Patrício* e outro à *Celebração das almas*.

Ao *Purgatório de São Patrício*, ele atribui a seguinte origem: "Como São Patrício pregasse na Irlanda e não colhesse muitos frutos, pediu ao Senhor que desse um sinal para assustar os irlandeses e os levar a fazer penitência. Sob a ordem do Senhor traçou em um determinado lugar um grande círculo com seu bastão, e eis que a terra se abriu no interior do círculo e um poço muito grande e muito profundo apareceu ali. Foi revelado a São Patrício que aquele era um lugar do purgatório. Se alguém desejasse descer pelo poço não teria outra penitência a cumprir e não padeceria outro purgatório por seus pecados. Muitos não retornariam, e aqueles que retornariam deveriam permanecer ali de uma manhã até a manhã do dia seguinte. Mas muitos que ali entravam não retornavam". Depois Jacopo de Varazze resume o opúsculo de H. de Saltrey (que ele não cita), mas muda o nome do herói, substituindo o cavaleiro Owein por um nobre chamado Nicolas[77].

Nessa compilação de lendas inserida no calendário litúrgico, em que os grandes períodos e os grandes momentos do ano litúrgico dão lugar às exposições doutrinais sumárias, o purgatório encontra-se na *Celebração das almas*, em 2 de novembro[78]. Esta exposição aborda logo de início o problema do purgatório. A celebração é apresentada como um dia destinado a trazer sufrágios aos defuntos que não são socorridos pelos benefícios especiais. Sua origem está relacionada, segundo Pedro Damião, à iniciativa de Odilon, o abade de Cluny. O texto que conhecemos está modificado para fazer de Odilon o ouvinte não do relato do

---

76. A edição do texto em latim da *Lenda dourada* (por T. Graese. Dresde/Leipzig, 1846) foi feita a partir de um único manuscrito. À tradução medíocre para o francês de Roze (Paris, 1900 [reed. em 1967], preferimos, mais difícil de encontrar, a de Téodor de Wyzewa: Paris, 1902.

77. *Legenda aurea*. Ed. Graese, p. 213-216.

78. Ibid., p. 728-739.

monge que retorna da peregrinação, mas o testemunho direto dos gritos e urros não dos defuntos torturados, mas dos demônios furiosos ao verem as almas dos mortos lhes serem arrancadas pelas esmolas e as preces.

Jacopo de Varazze responde depois a duas questões: 1) Quem está no purgatório? 2) O que se pode fazer por aqueles que ali estão?

O dominicano da Ligúria, que se dedica escolarmente às divisões numeradas, subdivide a primeira questão em três: 1) Quem deve ser purgado? 2) Por quem? 3) Onde? Há – resposta à primeira subquestão – três categorias de purgados: 1) aqueles que morrem sem terem cumprido completamente sua penitência; 2) aqueles que descem ao purgatório (*qui in purgatorium descendunt*) porque a penitência dada pelo confessor é inferior à que deveria ter sido (aliás, Jacopo também prevê o caso em que teria sido superior ao devido e valeria ao defunto um suplemento de glória); 3) aqueles que com eles "carregam madeira, feno e palha" e, por meio desta referência à Primeira Epístola de Paulo aos Coríntios, Jacopo visa os pecados veniais.

Ao desenvolver estes princípios, Jacopo esboça uma aritmética do purgatório, dizendo por exemplo que, "se devêssemos suportar uma pena de dois meses no purgatório, poderíamos ser auxiliados (pelos sufrágios), de forma que seríamos libertados no fim de apenas um mês". Esclarece, seguindo Agostinho, que a pena do fogo purgatório, ainda que não seja eterna, é muito dura e excede qualquer pena terrena, até mesmo os tormentos dos mártires. Jacopo aprofunda a infernalização do purgatório, pois pensa que são os demônios, os anjos maus que atormentam os defuntos no purgatório. Enquanto outros estimam que satanás e os demônios vêm prazerosamente assistir aos tormentos dos purgados, aqui, ao contrário, são os anjos bons que vêm (talvez) assisti-los e consolá-los. Os mortos do purgatório têm um outro consolo: esperam confiantes "a glória futura (o céu)". Quanto a esta glória futura eles têm uma certeza "de tipo médio" (*medio modo*), o que evidencia a importância da categoria *de in-*

termediário. Os vivos estão na incerteza e na espera, os eleitos na certeza sem espera, os do purgatório na espera, mas na certeza. Todavia, *in fine*, Jacopo de Varazze, não tendo na verdade qualquer reflexão pessoal e justapondo as opiniões de uns e de outros, indica como conclusão a essa questão que talvez seja melhor acreditar que a punição do purgatório não é executada pelos demônios, mas somente pelo comando de Deus.

Sobre a questão seguinte, a localização do purgatório, depois de ter expressado a opinião que se tornou dominante em sua época, Jacopo também enumera ordenadamente outras opiniões que não lhe parecem contraditórias com a primeira. Opinião comum: "A purgação se faz em um lugar situado perto do inferno chamado purgatório"[79]. Mas acrescenta: "É a opinião (*positio*) da maioria dos eruditos (*sapientes*), mas outros pensam que está situado no ar e na zona tórrida". E continua: "Contudo, por dispensa divina, diversos lugares são às vezes destinados a certas almas, seja para aliviar sua punição, seja como previsão de sua libertação mais rápida, ou para nos edificar, ou ainda para que a punição se cumpra nos lugares da falta, ou ainda graças à prece de um santo". Em apoio a estas últimas hipóteses, cita algumas autoridades e exemplos emprestados sobretudo de Gregório o Grande, mas também da história do Mestre Silo, colhida de Pedro o Chantre, mas que se encontra em Tiago de Vitry e Étienne de Bourbon e, para o último caso, a intervenção de um santo, ele remete ao *Purgatório de São Patrício*.

Quanto aos sufrágios, indica muito classicamente que quatro espécies são particularmente eficazes: a prece dos amigos, a esmola, a missa e o jejum. Recorre à autoridade de Gregório o Grande (história de Pascase e várias outras), de Pedro o Venerável, de Pedro o Chantre, do Segundo Livro dos Macabeus, de Henri de Gand, célebre mestre parisiense da segunda metade do século, e de uma história interessante porque evoca as indulgên-

---

79. "*Purgantur in quodam loco juxta infernum posito qui purgatotium dicitur*". Ibid., p. 730.

cias ligadas à cruzada, neste caso a cruzada contra os albigenses: "As indulgências da Igreja são igualmente eficazes. Por exemplo, um legado pontifical havia pedido a um valoroso guerreiro que combatesse no Albigeois a serviço da Igreja, concedendo-lhe uma indulgência pelo seu pai defunto; ali permaneceu uns quarenta dias, e no fim desse período seu pai lhe apareceu brilhante de luz e agradeceu pela sua libertação"[80].

Por fim, designa a categoria dos medianamente bons como aquela que se beneficia dos sufrágios. Em uma última palinódia renuncia à sua ideia de que os sufrágios dos vivos maus não beneficiam as almas do purgatório, para dizer que isso não vale para a celebração de missas, sempre válidas, nem para a realização de boas obras que o defunto teria encarregado o vivo, ainda que mau, de executar.

Este longo desenvolvimento termina com um *exemplum* tirado da Crônica do cisterciense Hélinand de Froimond, do início do século XIII, e cuja ação supostamente se passa na época de Carlos Magno, exatamente em 807. "Um cavaleiro que partia para a guerra de Carlos Magno contra os mouros pediu a um de seus familiares que, caso morresse na guerra, vendesse seu cavalo e entregasse o valor aos pobres. Este parente, depois da morte do cavaleiro, ficou com o cavalo que o agradava muito. Pouco tempo depois o defunto lhe apareceu brilhante como o sol e lhe disse: 'Bom parente, durante oito dias tu me fizeste padecer penas no purgatório por causa do cavalo cujo valor tu não entregaste aos pobres; mas tu não o levarás ao paraíso (*impine non feres*), pois hoje mesmo os demônios vão levar tua alma para o inferno, ao passo que eu, purgado, vou para o Reino de Deus'. Ouviu-se imediatamente no ar como clamores de leões, ursos e lobos, e ele foi retirado da terra"[81]. Reconhece-se aqui uma versão de um dos dois *exempla* sobre o purgatório que se encontram nos *sermones vulgares* de Tiago de Vitry – mas também em Eu-

---

80. Ibid., p. 736.

81. Ibid., p. 739.

des de Chériton e Tomás de Cantimpré. É um clássico das coleções de *exempla*. Retomado na *Lenda dourada*, será um pouco o *vade-mécum* do purgatório no século XIII. Nela encontramos o essencial do dossiê do purgatório a partir de Agostinho, com alguns textos mais recentes destinados a trazer complementos teóricos ou ilustrações.

Uma santa do purgatório: Lutgarda

A literatura hagiográfica oferece um testemunho surpreendente da popularidade do purgatório.

As almas no purgatório precisam de ajuda. Esta lhes é dada principalmente por seus familiares, seus amigos, suas comunidades. Mas não cabe aos santos, a certos santos, fazer seu dever de intercessores, de auxiliadores? A Virgem, mediadora por excelência, com certeza é particularmente ativa. São Nicolau está em vias de adicionar às suas inúmeras proteções a, se se pode dizer, do purgatório. Mas um caso é especialmente notável. O século XIII vê-se esboçar o culto de uma verdadeira santa do purgatório, Santa Lutgarda. É uma cisterciense, formada no Mosteiro Beneditino de Saint-Frond, talvez uma simples conversa, que morreu cega em 1246 no Mosteiro de Aywières, no Brabant, na Diocese de Namur. Parece ligada ao meio das beguinas e teve relações com Tiago de Vitry, de quem recebeu pelo menos uma carta, e com Marie d'Oignies, célebre beguina, cuja vida foi escrita por Tiago de Vitry. Deixou sobretudo um nome na história da mística em que contribuiu, com certas beguinas, para promover a devoção ao coração de Cristo[82].

Um dominicano bem conhecido, Tomás de Cantimpré, escreveu a *Vida* de Lutgarda logo depois que ela morreu, entre 1246 e 1248. Mas ela não será canonizada oficialmente. Ele nos

---

82. Sobre Lutgarda, cf. ROISIN, S. "Sainte Lutgarde d'Aywières dans son ordre et son temps". In: *Collectanea Ordenis Cisterciensium reformatorum*, VIII, 1946, p. 161-172. • REYPENS, L. "Sint Lutgarts mysticke opgang". In: *Ons geest Erf.*, XX, 1946.

conta que ela nunca conseguiu falar francês (será que quis manter a língua de sua cultura originária, o flamengo, no contato com os leigos?), e parece ter sido um pouco suspeita para a Igreja oficial. Inocêncio IV pediu a Tomás de Cantimpré que corrigisse a primeira redação de sua vida. O dominicano chama Lutgarda apenas de "piedosa" (*pia*), nunca de santa (*sancta* ou *beata*), mas foi considerada e honrada como santa "à moda antiga". Segundo sua *Vida*, havia se especializado na libertação das almas do purgatório. Conta em seu ativo a assistência a alguns notórios ou até mesmo célebres.

O primeiro de que nos fala é Simon, abade de Fouilly, "um homem fervoroso, mas duro com aqueles que dependiam dele". Morreu prematuramente. Como tinha uma predileção pela piedosa Lutgarda, sua morte a transtornou. Ela realizou penitências especiais (*afflictiones*) e jejuns, e pediu a libertação da alma do defunto ao Senhor, que lhe respondeu: "Graças a ti serei benevolente para com aquele por quem tu rezas". Militante determinada a libertar as almas no purgatório, Lutgarda responde: "Senhor, não deixarei de chorar e não me satisfarei com tuas promessas enquanto não vir libertado aquele por quem te imploro". Então o Senhor apareceu e lhe mostrou a alma em pessoa que o acompanhava depois de sua libertação do purgatório. "Depois disso Simon apareceu frequentemente a Lutgarda e lhe disse que teria passado quarenta anos no purgatório se sua prece não o tivesse socorrido junto de Deus misericordioso"[83].

No momento de morrer, a bem-aventurada Marie d'Oignies atestou que as preces, os jejuns e os esforços de Lutgarda tinham um grande poder. Ela predisse: "Sob o céu, o mundo não tem intercessor mais fiel e mais eficaz para libertar com suas preces as almas do purgatório do que a Senhora Lutgarda. Durante sua vida realizou então milagres espirituais, depois de sua morte fará milagres corporais"[84].

---

83. *Vita*, II, 4. "Acta Sanctorum", 16 de junho. In: *Juin*, IV. Paris/Roma, 1867.

84. *Vita*, II, 9. Ibid., p. 198.

O próprio Cardeal Tiago de Vitry poderia ter sido beneficiário da intercessão de Lutgarda. Quatro dias depois da morte do cardeal, Lutgarda, que nada sabia, foi transportada ao céu e viu a alma de Tiago de Vitry carregada por anjos ao paraíso. "O espírito de Lutgarda o felicitou, dizendo-lhe: 'Reverendíssimo pai, ignorava tua morte. Quando deixaste o corpo?' Ele respondeu: 'Há quatro dias, e passei três noites e dois dias no purgatório'. Ela se surpreendeu: 'Por que tu não avisaste a mim, sobrevivente, logo após tua morte, para que te livrasse de tua pena com a ajuda das preces de nossas irmãs? – O Senhor, ele replicou, não quis te entristecer com minha pena, preferiu te consolar com minha libertação, meu purgatório terminado e minha glorificação. Mas tu me seguirás em breve'. A essas palavras a piedosa Lutgarda voltou a si, e com grande alegria anunciou às irmãs sua morte, seu purgatório e sua glorificação." Segundo Tomás de Cantimpré, esse purgatório de Tiago de Vitry teve um segundo testemunho, um irmão do convento dos dominicanos em Roma, onde Tiago de Vitry foi primeiro enterrado, a quem Deus revelou também no quarto dia depois de sua morte seu purgatório e sua glorificação[85].

Por fim, a bem-aventurada Marie d'Oignies apareceu a Lutgarda e lhe pediu para intervir em favor de seu amigo Baudoin de Barbenzon, prior de Oignies, antigo capelão de Aywières, a quem havia prometido ajudar no momento de sua morte[86].

E Tomás de Cantimpré conclui: "Ó venerável Maria, como tu és verdadeira em teu testemunho, fiel em tua promessa, tu que quiseste pedir à piedosa Lutgarda o sufrágio de suas preces para todos os mortais, tu que, quando ainda estavas nesta terra, pediste para aquela que era a mais poderosa para libertar as almas do purgatório e que, sublimada nas alegrias celestes, ainda vieste pedir sua ajuda para um amigo defunto!"

---

85. *Vita*, III, 5. Ibid., p. 205.

86. *Vita*, III, 8. Ibid., p. 206.

Os vivos e os mortos: testamentos e obituários

O purgatório aparece também nas principais manifestações das novas formas de solidariedade entre os vivos e os mortos no século XIII.

Os primeiros documentos aos quais se pensa são os testamentos. E no século XIII é preciso reconhecer que o purgatório ainda aparece neles de uma forma tímida. Só se introduzirá verdadeiramente no século XIV e, mesmo assim, de forma desigual segundo as regiões[87]. Por exemplo, em um testamento como o de Renaud de Bourgogne, Conde de Montbéliard, que data de 1296 (com a adição de um codicilo em 1314), trata-se realmente de descarregar a alma do futuro defunto pagando suas dívidas e mandando rezar missas de aniversário de sua morte "para o remédio da alma" (a expressão *"pro remedio animae"* é tradicional nas certidões de doação e depois nos testamentos, revalorizados a partir do século XII), e evoca portanto os sufrágios pelos defuntos que estão no purgatório, mas a palavra não é pronunciada[88]. Seria preciso estudar as atitudes das ordens mendicantes sobre as quais se sabe que foram, por um lado, grandes "captadoras de testamentos" e, de outro, nos sermões e nos *exempla* em todo caso, grandes difusoras do purgatório. Será que ao longo do século XIII elas não substituíram os cistercienses no papel de vulgarizadores do purgatório?

Os estabelecimentos religiosos ainda mantêm livros da memória dos mortos. Mas os necrológios do período anterior cederam lugar aos novos memoriais, que serão chamados de *obi-*

---

87. Cf. CHIFFOLEAU, J. *La comptabilité de l'Au-delà, les hommes, la mort et la réligion dans la région comtadine à la fin du Moyen Âge.* Roma, 1981. • BASTARD-FOURNIE, M. "Le purgatoire dans la région toulousaine au XIVe et au début du XVe siècle". In: *Annales du Midi*, 1980, 5-34, principalmente p. 14-17 e n. 65.

88. REDOUTEY, J.-P. "Le testament de Renaud de Bourgogne, Comte de Montbéliard". In: *Société d'émulation de Montbéliard*, vol. LXXV, fasc. 102, 1979, p. 27-57. Cf. a breve notícia de P.C. Timbal: "Les legs pieux au Moyen Âge". In: *La mort au Moyen Âge*. Estrasburgo 1977, p. 23-26 [colóquio da Société des Historiens Médiévistes. Estrasburgo, 1975].

tuários, e, se o purgatório não aparece neles diretamente, seus progressos são responsáveis por esta transformação, como pensa o especialista Jean-Loup Lemaître.

Desde o fim do século XII, com a redescoberta do testamento, com a multiplicação dos legados piedosos, com o desenvolvimento da crença no purgatório, a documentação necrológica adquire um aspecto sensivelmente diferente. Uma simples inscrição resultando em uma celebração e em sufrágios foi substituída por uma inscrição acompanhada de um ofício a celebrar. O *officium plenum*, até então excepcional, tornou-se progressivamente a regra. Sendo o ofício dos mortos, solene ou não, um ofício supererrogatório, importava assegurar sua celebração por meio de um fundo, razão de uma modificação do caráter das informações. Ao lado do nome do defunto, de sua qualidade ou de sua função, adicionavam-se os elementos constitutivos desse fundo, feito geralmente sob a forma de renda: situação, devedores, herança destes, às vezes até mesmo as modalidades de emprego eram esclarecidas: distribuição ao celebrante, aos assistentes, à iluminação, aos que tocavam os sinos. Às vezes deixa-se claro até mesmo o tipo de ofício a celebrar. Em certos casos, o fundo era feito em vida pelo beneficiário, e o ofício estabelecido era então uma missa, na maioria das vezes para a Virgem ou para o Espírito Santo, que seria transformada em missa de aniversário depois da morte.

O processo de inscrição variou e evoluiu, portanto. Em um primeiro tempo, eram inscritos lado a lado os óbitos dos membros da comunidade, de associados espirituais, e dos fundos de aniversários pelos quais as modalidades de execução eram indicadas. Progressivamente, a inscrição desses fundos tornou-se preponderante e suplantou as inscrições automáticas e graciosas de simples nomes a celebrar. Certamente sempre era possível evocar no capítulo ou no refeitório os nomes dos defuntos pelos quais os sufrágios da comunidade eram requisitados, mas o essencial era saber quais ofícios dos mortos deviam ser celebrados, em intenção de quem deviam ser ditos, qual alimento, qual soma de dinheiro, segundo o caso, estava ligada a esta celebração. O livro tinha portanto um uso duplo, mas só servia para inscrever os óbitos que na comunidade tinham fundos.

É por esta razão que se vê progressivamente desaparecer, desde o século XIII, dessas coletâneas, os membros da comunidade (sobretudo nas monásticas) em proveito dos leigos, burgueses ou nobres, preocupados em garantir sua salvação, encurtar sua estada no purgatório por meio de fundos piedosos[89].

Por fim, encontramos pelo menos um testemunho explícito do lugar tomado pelo purgatório nas preocupações dos membros de uma confraria, associações onde uma das grandes preocupações, a exemplo dos colégios funerários da Antiguidade, era velar pelos funerais e pelos sufrágios dos membros defuntos da confraria. Encontra-se esta menção na ata da confraria dos barbeiros de Arras em 1247.

Este texto, cujo original está escrito em língua vernacular, em francês antigo, uma vez que uma das partes – os barbeiros – é composta de leigos que não sabem o latim – é dos mais significativos. O purgatório está no centro dessa associação, de tipo sociedade que detém o monopólio da profissão, própria ao novo mundo urbano, entre os membros dos dois sexos de uma profissão governada por eleitos de tipo comunal (prefeito e magistrados) e a comunidade de uma das novas ordens religiosas mendicantes, os dominicanos, estreitamente ligados em seu apostolado à nova sociedade urbana.

Saibam todos aqueles que são e que venham a ser que o prior dos irmãos pregadores de Arras e o convento dos irmãos citados outorgaram, pela autoridade do mestre da ordem, aos barbeiros de Arras uma *caridade* (confraria) a ser feita sem honra de Deus e de

---

89. LEMAÎTRE, J.-L. *Répertoire des documents nécrologiques français*. 2 vols. Paris, 1980, p. 23-24 [sob a direção de P. Marot; Recueil des Historiens de la France].

Nossa Senhora e de Mons. São Domingos. E outorga-ram-lhes três missas todos os anos perpetuamente a todos os confrades e coirmãs que nela entrarem, per-manecerem e morrerem. A primeira missa é no dia da transladação de Mons. São Domingos e as duas outras são no aniversário de seus pais e mães falecidos. Ou-torgaram-lhes plena associação (*compaignie*) e plena participação em todos os bens que foram feitos e serão feitos dia e noite em seu Convento de Arras e em toda parte por toda sua ordem em santa cristandade por todos os vivos que na caridade se manterão na graça e, para aqueles que morrerão, encurtar suas penas no purgatório e apressar seu descanso eterno. A todas as coisas acima ditas o prior e os irmãos associam (*accompaigne*) todos os homens e todas as mulheres que entrarão nesta caridade pelo intermédio do pre-feito e dos magistrados que os barbeiros nela coloca-rem. E por este instrumento certificar e tornar esta-belecida (*estande*: estável, firme) e provável, o prior e o convento dos irmãos acima citados selaram esta ata com seu selo. Isto foi feito no ano da Encarnação de Nosso Senhor MCC e XLVII, no mês de abril[90].

Sobre este texto – na realidade o único deste gênero que conheço ter chegado até nós – formularei de boa vontade duas hipóteses. A primeira é a do papel dos mendicantes, difusores de novas atitudes diante da morte, na vulgarização do purgatório. A segunda é o interesse pelo purgatório manifestado por uma des-sas profissões suspeitas, desprezadas, esses barbeiros-cirurgiões em contato com o corpo e o sangue que eram colocados entre as profissões desonestas – *inhonesta mercimonia*. Como já vimos para os usurários, será que os barbeiros não veem no purgató-rio uma melhor oportunidade de escapar ao inferno? Uma das consequências dos progressos do purgatório não é reabilitar na perspectiva da salvação as categorias socioprofissionais espiri-tualmente frágeis, consolidar religiosamente sua ascensão social?

---

90. O texto original foi publicado em FAGNIEZ, G. *Documents pour servir à l'histoire de l'industrie en France*. T. I. Paris, 1898.

O purgatório em língua vulgar: o caso francês

Uma outra investigação deveria ser conduzida na literatura em língua vernacular. Seu interesse seria nos informar sobre a difusão do novo além nas obras literárias diretamente "consumidas" pelos leigos. Claro que o purgatório se encontra nessas coletâneas de *exempla* em língua vulgar ou nas crônicas "balaio de gato" como o *Menestrel de Reims*. Mas a produção literária, em francês, por exemplo, tornou-se tão abundante no século XIII que se pode apenas efetuar uma pesquisa. Parece-me, com as amostragens oferecidas por alguns eruditos[91], que o purgatório torna-se uma espécie de acessório nos diversos gêneros literários. Como assinala o *Vocabulaire de l'ancien français* de Tobler-Lommatzch, o purgatório nunca é abordado na epopeia (gênero anterior ao purgatório, ainda que se componham canções de gesta no século XIII), e a primeira obra literária francesa a falar de purgatório é o *Espurgatoire saint Patriz*, de Marie de France.

Um cavaleiro italiano, Philippe de Novare, jurista, escritor, envolvido nos negócios da Terra Santa e de Chipre, escreveu em sua aposentadoria, com mais de sessenta anos e depois de 1260, em francês, a língua literária da Cristandade, um tratado em que resume sua experiência, *Os quatro tempos de idade do homem*. Os jovens, segundo Philippe, cometem muitas imprudências e até mesmo loucuras. Fazem pouca penitência neste mundo, será preciso que façam uma longa e grande no purgatório[92].

---

91. Mantive os exemplos dados em TOBLER-LOMMATZCH. *Altfranzösisches Wörterbuch* (VII, 1969, col. 2.096-2.097 s.v. *purgatoire*) e as referências em PAYEN, J.-C. *Le motif du repentir dans la littérature française médiévale (des origines à 1230)* (Genebra, 1968, s.v, *purgatoire*), mas mantendo apenas os textos onde se fala explicitamente do purgatório, o que, p. ex., não é o caso do "conde piedoso" *Le Chevalier au barisel*.

92. PHILIPPE DE NOVARE. *IV âges d'omes*. Paris, 1888, p. 32 [ed. de M. de Fréville]: *"Si fait li jones po de penitance ou siècle; si estuet qu'il la face grant et longue en purgatoire"*.

No *Romance de Baudouin de Sebourc* pode-se ler:

> Vai ao paraíso...
> Sem passar pelo purgatório[93],

que lembra o papel intermediário, a situação de passagem do purgatório.

Gautier de Coincy, cônego de Soissons, autor da mais abundante e conhecida coleção de *Milagres de Nossa Senhora* em versos (1223), fala do purgatório como lugar de castigo:

> No purgatório é a soma
> Ali foi conduzido pelos malfeitos
> Que em sua vida cometeu e fez[94].

Jehan de Journi, senhor da Picardia, escreve em seu *Dízimo de penitência* composto em Chipre em 1288:

> E o homem sábio deve se moderar
> Tanto quanto possa resistir
> Que dê esmola enquanto viver
> Para que na morte isso o ajude
> A ir ao purgatório
> Para se tornar puro para o paraíso...[95]

Mas a passagem mais interessante de todos esses textos literários é sem dúvida a da trova *A corte do paraíso*:

> Por isso, o Dia das Almas vos diz
> É depois do Dia de Todos os Santos
> Que todos estejam certos disso;
> A história nos conta
> Que as almas do purgatório
> Durante esses dois dias descansam;
> Mas que aquelas que não terão perdão

---

93. *Li romans de Baudouin de Sebourc*, XVI, 843. In: TOBLER-LOMMATZCH, VII, 2.097.

94. *En purgatoire c'est la somme / Menez en fu por les meffaix / Qu'en sa vie out ouvrez et fait* (ibid.).

95. *Et sages home amesurer / Se doit si ke puisse durer / S'aumosne tant qu'il iert en vie / Si qu'a la mort li fache aïe / De li mener en purgatoire / Pour lui poser net en la gloire* (*La Dîme de penitence*, 2.885. Apud TOBLER-LOMMATZCH, VII 2.097).

Que por seus pecados serão danadas
Estejam bem seguras
Que não terão nem descanso nem morada.

A ligação entre a Festa de Todos os Santos e a Celebração das almas (1º e 2 de novembro) é fortemente marcada, e o vínculo entre essas duas solenidades com o purgatório nitidamente destacado. A originalidade desses versos reside principalmente no fato de que se o sabá infernal, o descanso semanal dos danados no inferno é negado, em contrapartida aparece a ideia de uma trégua de dois dias no purgatório no lugar da ideia encontrada em Tiago de Vitry de um descanso dominical. O purgatório decididamente se infernalizou para que lhe seja transferido o tema de um descanso imaginado para a geena.

Um grande acontecimento, bem na virada do século XIII ao XIV, permite ao purgatório uma promoção que vai ao encontro das intenções da Igreja e das aspirações dos fiéis. Foi o jubileu de 1300[96].

As indulgências para o purgatório: o jubileu de 1300

Nesse ano o Papa Bonifácio VIII, já engajado em sua luta com Felipe o Belo, o rei da França e, por meio dele, com a sociedade cristã leiga que suportava cada vez menos o jugo pontifical, convocou pela primeira vez todos os fiéis a Roma para a celebração do jubileu, em memória da lei mosaica expressa no capítulo 25 do Levítico. Tratava-se de uma espécie de grande ano sabático, ano de expiação e de descanso, de libertação e de retorno às origens, que devia ocorrer depois de transcorridos sete anos vezes sete, isto é, a cada cinquenta anos. Ano jubilar simbólico que sem dúvida nunca havia sido efetivamente realizado. Mais uma vez o cristianismo substituiu o judaísmo e o Evangelho anunciou "um ano da graça do Senhor" (Lc 4,19). Desde a alta Idade Média

---

96. FRUGONI, A. "Il Giubileo di Bonifacio VIII". In: *Bollettino dell'Istituto Storico Italiano per Il Medioevo e Archivio Maratoriano*, 1950, p. 1-121 [retomado no *Incontri nel Medio Evo*. Bolonha, 1979, p. 73-177].

o jubileu, sem ser praticado pela Igreja, havia sido integrado por certos autores eclesiásticos nas novas concepções cristãs da penitência e do perdão. É portanto normal que o jubileu ressuscitado tenha encontrado o recente purgatório, que também está ligado, histórica e teoricamente, à penitência.

Isidoro de Sevilha havia definido, em suas *Etimologias*, o jubileu como um ano de remissão (*remissionis annus*)[97]. Ano de absolvição, cujos promotores de 1300 também assinalaram que era a abertura de um novo século. Como desfecho penitencial, oferecia aos fiéis uma espécie de substituto ao *milênio* rigidamente controlado pela Igreja e pela Santa Sé.

O papa, nessa ocasião, concedeu aos peregrinos de Roma a indulgência plena (*plenissima venia peccatorum*), o perdão completo dos pecados, que até então só era outorgado aos cruzados, e estendia o benefício dessa indulgência aos mortos, isto é, às almas no purgatório. Esta extensão extraordinária se fez tardiamente e de uma maneira de alguma forma indireta.

Foi por uma decisão no Natal de 1300 que Bonifácio VIII concedeu a indulgência plena a todos os peregrinos que tinham morrido durante a peregrinação, a caminho ou em Roma, e a todos aqueles que, tendo tido a firme intenção de fazê-la, foram impedidos de realizá-la[98]. A medida era, no entanto, capital.

O papa parecia decidir "a libertação instantânea de toda pena de certas almas do purgatório"[99]. Na verdade, a teoria do poder pontifical nessa matéria já havia sido realizada, principalmente, como vimos, por São Boaventura e Santo Tomás de Aquino. Mas nunca, ao que parece, sua aplicação tinha sido feita. A possibilidade para os vivos de libertar os mortos do purgatório só havia sido exercida até então *per modum suffragii*, pela transferência aos mortos dos méritos que os vivos se adquiriam pelas boas obras.

---

97. *PL*, 72, 222.

98. SCHMIDT, H. (ed.). *Bullarium Anni Sancti*. Roma, 1949, p. 35.

99. FRUGONI, A. *Incontri nel Medioevo*, p. 106.

Parece que em matéria de libertação das almas do purgatório, o poder pontifical permaneceu, depois desta explosão, ainda teórico até o século XV. O canonista Alessandro Lombardo († 1314), mesmo repetindo que, por exemplo, o papa pode vir em auxílio daqueles que estão no purgatório com a ajuda das indulgências indiretamente ou "por acidentes", que pode conceder indulgências a todos aqueles "que rezam ou fazem o bem pelos defuntos que estão no purgatório", seus sucessores do século XIV não ousaram, até onde se sabe, usar desse poder exorbitante sobre o além. Mas a iniciativa, mesmo limitada, havia sido tomada. Uma etapa havia sido ultrapassada na inserção das indulgências no sistema do purgatório.

Hostilidade persistente ao purgatório

Esta decisão de Bonifácio VIII por ocasião do jubileu de 1300, que foi um grande sucesso, é de alguma forma o ponto de prolongação do triunfo do purgatório no século XIII. Não se deve no entanto esquecer que, nessa virada do século, o purgatório só tem apenas partidários na Cristandade.

Primeiro há os hereges.

Ainda no início do século XIV, em 1335, em Giaveno no Piemonte, inúmeros valdenses declaram ao inquisidor dominicano: "Na outra vida só existem o paraíso e o inferno, e o purgatório não existe senão neste mundo"[100].

Em outros casos, no entanto, suspeitos francamente hereges ou que são considerados como tal parecem se satisfazer mais ou menos com o purgatório, seja porque o tenham integrado a um fundo de crenças folclóricas sobre o além, seja porque tenham sido sensibilizados pelo imaginário do purgatório.

Este é o caso de uma mulher, Rixenda, que é interrogada pela Inquisição em Narbonne em 1228. Ela parece pertencer ao meio de beguinas ligadas aos franciscanos espirituais. Declara

---

100. MERLO, G.G. *Eretici e inquisitori nella società piemontese del trecento.* Turim, 1977, p. 167, 176, 178, 185, 192, 196, 198.

que há oito anos, na Festa de São Mateus, "foi conduzida até o céu e viu Jesus em pé e sentado, e sua mãe bem perto dele, e junto deles São Francisco". Acrescenta que "viu seu pai e sua mãe no purgatório em vias de expiar seus pecados e disseram-lhe que para salvá-los [...] [existe aqui uma lacuna no manuscrito], e disseram que, graças às suas preces, inúmeras almas são tiradas do purgatório, e especialmente seu pai e sua mãe e uma prima-irmã Aucradis. Diz também que nessa sua condução viu uma mulher, Feralguière de Béziers, que estava carregada de penas no purgatório e foi maltratada e surrada durante três dias [...]. Viu seu pai e sua mãe na porta do paraíso e pouco depois foram recebidos em sua morada". No dia seguinte, ela esclarece que as almas que saem do purgatório não vão imediatamente ao paraíso, mas esperam um pouco em sua morada. Assim seu pai e sua mãe, que ela libertou do purgatório com suas preces e ao devolver o trigo que deviam, tiveram de esperar um dia e uma noite na porta do paraíso...[101]

Isso também é verdade para certos habitantes cátaros de Montaillou. Parece-me que seria preciso matizar aqui a opinião de Emmanuel Le Roy Ladurie: "Há em todas essas histórias um grande esquecido, o purgatório". No processo de Raimond Vaissière d'Ax, a testemunha juramentada Jean Barra declara: "Quando nós dois fomos a Encastel, ele me disse para entrar para a seita do falecido Authié o herege, porque se o fizesse minha alma, ao sair do meu corpo, logo iria ou entraria no paraíso e não veria o inferno, o abismo nem o purgatório"[102].

No caso mais completo que chamou a atenção de Emmanuel Le Roy Ladurie, o de Arnaud Gélis, doméstico na fazenda de Saint-Antonin, vê-se fantasmas e purgatório coexistirem e se misturarem. À alma do falecido Pierre Durand, cônego de Pamiers, que

---

101. *Inquisitio in Rixendin fanaticam*. In: VON DOLLINGER, I. *Beiträge zur Sektengeschichte des Mittelalters*. T. II. Munique, 1890, p. 706-711.

102. DUVERNOY, J. *Le registre d'Inquisition de Jacques Fournier*. Paris/La Haye, 1978, I, 354.

lhe aparece na Igreja Saint-Antonin, coloca familiarmente a questão clássica: "Perguntei-lhe como estava, e ele me disse: 'Bastante bem agora, mas conheci um lugar ruim'. Perguntei-lhe qual. Respondeu-me: 'Passei pelo fogo do purgatório que era severo e mau. Mas apenas passei por ele'. Pediu-me também que orasse por ele. Vi-o uma outra vez no claustro [...]. Vi-o mais uma vez no claustro, e depois não o vi mais, pois creio que esteja no descanso"[103].

Arnaud Gélis observa o recuo do inferno diante do purgatório: "Todos os que precedem me disseram que era preciso ter medo da danação eterna, pois bastava ser um fiel cristão, e se ter confessado e arrependido para não ser danado [...]".

Pierre Durand, todavia, é uma exceção. Segundo as revelações que Arnaud Gélis teve a condição normal das almas dos defuntos é perambular e ir visitar as igrejas: "Fazem penitência indo a várias igrejas. Uns vão mais rápido, outros mais lentamente, ou seja, os que têm a maior penitência vão mais rápido. É assim que os usurários correm como o vento; mas aqueles que têm uma penitência menor andam lentamente. De nenhum ouvi dizer que sofria uma outra penitência que esse movimento, com exceção do dito Pierre Durand que havia passado pelo fogo do purgatório. Quando cessam de visitar assim as igrejas, vão para o lugar de descanso, no qual permanecem até o dia do juízo final, pelo que me disseram esses defuntos"[104].

Por isso, quando Arnaud Gélis abjura, deve voltar a ter mais consideração pelo purgatório: "Sobre o primeiro artigo, retratando o erro ali contido, que mesmo tendo acreditado assim como está mencionado, agora ele acredita firmemente que as almas dos homens e das mulheres defuntos vão para o purgatório, no qual realizam sua penitência que não puderam fazer no mundo. Assim que esta acaba, vão para o paraíso celeste, onde se encontram o Senhor Cristo, a Santa Virgem, os anjos e os santos"[105].

---

103. Ibid., p. 160.

104. Ibid., 163.

105. Ibid., 167.

Uma outra forma de resistência ao purgatório encontra-se principalmente entre certos religiosos e poetas, em particular na Itália.

Uns, conservadores, tradicionalistas, querem se agarrar à velha oposição inferno/paraíso e fecham os olhos diante deste novo terceiro lugar, criação de teólogos intelectuais.

Bonvesin dalla Riva[106], um milanês, que viveu na segunda metade do século XIII, terciário da Ordem dos Humiliates, escreveu um *Libro delle Tre Scritture* em que, entre a escrita "preta" que descreve as doze penas do inferno e a escrita "dourada" que mostra as doze glórias do paraíso, o que existe não é o purgatório, mas a encarnação, a paixão do Redentor, que constitui a escrita "vermelha", feita com o sangue de Cristo.

Na mesma época um outro poeta, o franciscano Giacomino da Verona, não guarda das "escritas" de Bonvesin senão a preta e a dourada em um poema: *Da Jerusalém celeste e da Babilônia infernal*, onde, entre as alegrias do paraíso e as penas do inferno, também não há lugar para as purgações intermediárias. A alusão às "sutilezas" dos teólogos (v. 19), a oposição categórica entre o bem e o mal:

> O mal conduz à morte com esse anjo perdido.
> O bem dá a vida com o bom Jesus (v. 331-332),

parecem realmente visar a exclusão do plano intermediário do purgatório[107].

Para outros, a hostilidade, se não ao purgatório, pelo menos a certos exageros piedosos a ele ligados parece proceder do medo de encontrar nele superstições pagãs. Por isso, em uma passagem de seu célebre *Specchio di vera penitenza*, em que denuncia

---

106. BONVESIN DALLA RIVA. *Le opere* volgari, I. Roma, 1941 [ed. de G. Contini]. Consultei a edição de Leandro Biadene: *Il libro delle Tre Scritture di Bonvesin dalla Riva*. Pisa, 1902. Devo aos meus amigos Girolamo Arnaldi Manselli o conhecimento dos textos de Bonvesin dalla Riva e de Giacomino de Verona.

107. GIACOMINO DA VERONA. *La Gerusalemme celeste e la Babilonia infernale*. Verona, 1921 [ed. de E. Barana]. Utilizei a edição de R. Broggini-G. Contini, in: *Poeti Del Duecento*, I. Nápoles, 1960, p. 627-652.

"as opiniões falsas e vãs que permaneceram do paganismo ou foram introduzidas pela falsa doutrina do demônio", o dominicano Jacopo Passavanti ataca "a vaidade e cupidez dos mortais que querem comandar a justiça divina e que, por suas obras, suas palavras, suas oferendas, pretendem retirar antes de um determinado prazo as almas do purgatório. É uma grande presunção e um erro perigoso"[108].

Considera-se de Bonvesin dalla Riva e de Giacomino da Verona precursores de Dante. O gênio e a audácia do poeta da *Divina comédia* só se destacam mais pelo contraste.

---

108. PASSAVANTI, J. *Lo specchio di vera penitenza*, p. 387-391 [ed. de M. Lenardon].

10
O triunfo poético: a *Divina comédia*

Um pouco mais de cem anos depois de seu nascimento, o purgatório se beneficia de uma extraordinária oportunidade: o gênio poético de Dante Alighieri, nascido em Florença em 1265, confere-lhe para sempre um lugar especial na memória dos homens. Entre seu exílio de Florença em 1302 e sua morte em Ravena em 1321, Dante compôs a *Divina comédia*, cujos dois primeiros cânticos, isto é, o *Inferno* e o *Purgatório*, estavam terminados em 1319, como prova uma carta do erudito bolonhês Giovanni del Virgilio.

Não é apenas para mostrar o acaso novamente em ação na história do purgatório que termino esta pesquisa pela *Divina comédia*. Não é apenas para no fim deste livro deixar o purgatório nas alturas, onde Dante o colocou. É também, e sobretudo, porque Dante, através de uma obra excepcional, reuniu em uma sinfonia a maioria dos temas esparsos cujo passos acompanhei aqui. *Il purgatorio* é uma conclusão sublime à lenta gênese do purgatório. É também, entre estas imagens possíveis e às vezes antagônicas do purgatório, que a Igreja, mesmo afirmando o essencial do dogma, deixara à escolha da sensibilidade e da imaginação dos cristãos a mais nobre das representações do purgatório nascidas do espírito humano.

Na imensa variedade dos comentários dos especialistas em Dante, entre os quais seria ridículo que eu pretenda me insinuar, segui o caminho simples de uma leitura ingênua do poema em que meu guia era a lembrança dos numerosos textos que tinham precedido a *Divina comédia* na busca do purgatório[1]. Retraçarei primeiro este percurso.

O sistema dantesco do purgatório

Dante já disse muito sobre ele no último verso do *Inferno*. O poeta e seu guia, Virgílio, saíram "para rever as estrelas". O purgatório não é subterrâneo. Seu nível é o da terra, sob o céu

---

1. Utilizei a edição bilíngue publicada por ocasião do sétimo centenário do nascimento do poeta, em 1965, pelos Libraires associes. Paris, 1965, com o texto italiano estabelecido na última edição da Società Dantesca Italiana, a tradução de L. Espinasse-Mongenet revista por Louise Cohen e Claude Ambroise e uma apresentação de Paul Renucci. Também me beneficiei da tradução e dos comentários originais, ricos e abundantes em detalhes, de André Pézard na Biblioteca da Pleiade, publicados também em 1965. Um quadro acessível da estrutura do *Purgatório* encontra-se na *Edizione dei Centenario* de *Tutte le Opere di Dante*, sob a responsabilidade de Fredi Chiapelli. Milão: U. Marsia, 1965. O breve artigo "Purgatorio" do *Dante Dictionary* é útil pela caracterização do purgatório dantesco tanto do ponto de vista topográfico como ideológico. Encontram-se indicações interessantes quanto à localização e à descrição do purgatório no antigo estudo de Edoardo Coli: *Il paradiso terrestre dantesco*. Florença, 1897. Entre os comentários, o de G.A. Scartazzini é retomado e revisto por Giuseppe Vandelli na edição crítica da Società Dantesca Italiana (2. ed. Milão, 1960). André Pézard distingue o de G. Troccoll: *Il purgatorio dantesco*. Utilizei também o de Charles S. Singleton: *Dante Alighieri, The Divine Comedy, Purgatorio 2*: Commentary. Princeton, 1973, e as notas da edição de Natalino Sapegno, Florença, 1956. De um ponto de vista importante na minha ótica, o da teologia, sempre se pode ler o estudo clássico do Padre Mandonnet: *Dante, le théologien* (Paris, 1935), que é comparável ao *Dante et la philosophie*, de Étienne Gilson (Paris, 1939). Sobre os precursores de Dante nas visões e descrições do além, cito, além de PATCH, H.R. *The other world according to descriptions in medieval literature, 1950*: D'ANCONA, A. *I precursori di Dante*. Florença, 1874. • DODS. M. *Forerunners of Dante*. Edimburgo, 1903. • DIELS. "Himmels und Höllenfahrten von Homer bis Dante". In: *Neues Jahrbuch*, XLIX, 1922, p. 239ss. • RÜEGG, A. *Die Jenseitvorstellungen vor Dante*. Einsiedeln/Colônia, 1945. • Sobretudo MUSCA, G. "Dante e Beda". In: *Studi Storici in onore di Ottorino Bertolini*, II, 1972, p. 497-524. Devo à amizade de Girolamo Arnaldi ter podido consultar em excelentes condições os comentários mais antigos sobre a *Divina comédia* publicados por G. Biagi, G.L. Passerini e E. Rostagno: *La Divina Commedia nella figurazione artistica e nel secolare comento*. Turim, 1931. Os comentários mais antigos (os do século XIV, os únicos a que não me dediquei) são sobretudo filológicos.

estrelado. Um velho, um sábio da Antiguidade, Catão de Útica, os recebe, pois é o guardião do purgatório. Este é uma montanha cuja parte baixa é uma antecâmara, um lugar de espera, onde estão na expectativa os mortos que ainda não são dignos de entrar no purgatório propriamente dito. A montanha se ergue no hemisfério sul, ocupado, segundo Ptolomeu, em quem Dante se baseia, por um oceano deserto impenetrável aos homens vivos. Eleva-se nos antípodas de Jerusalém (II, 3, IV, 68ss.). O purgatório propriamente dito é abordado pelos dois peregrinos no nono canto em que Virgílio anuncia a seu companheiro:

> Chegaste agora ao purgatório
> Vê lá embaixo a falésia (*balzo*) que o encerra
> Vê a entrada ali onde ela parece fendida (v. 49-51).

O purgatório é formado de sete círculos ou cornijas sobrepostas (*cerchi, cerchie, cinghi, cornici, giri, gironi*), cuja circunferência diminui conforme avança para o topo. As almas ali purgam os sete pecados capitais que são na ordem: o orgulho, a inveja, a cólera, a preguiça, a avareza, a gula, a luxúria. No topo da montanha, Virgílio e Dante entram no paraíso terrestre, onde se passam os seis últimos cânticos do *Purgatório* (XXVIII a XXXIII). Virgílio que, no limiar do paraíso terrestre, abandonou seu ofício de guia, diz àquele que conduziu até aqui:

> Não esperes que te diga mais nem que te dê um sinal
> Livre, reto e são é teu arbítrio
> E seria um erro não obedecê-lo:
> Por isso faço-te soberano e dou-te a coroa e a mitra
> (XXVII, 139-142).

O poeta desaparece, deixando aos prantos Dante (XXX, 49-54), a quem logo Beatriz aparece; ela será seu guia na última fase de sua peregrinação, no terceiro reino, o paraíso.

Ninguém melhor do que Dante expressou a ligação do sistema da criação neste mundo e no além. Do inferno emerge-se ao nível do mundo intermediário e temporário, o da terra, de onde se eleva para o céu a montanha do purgatório coroada pelo paraíso terrestre que não está mais situado em um canto perdido do universo, mas em seu nível ideológico, o da inocência, entre o ápice da purificação no purgatório e o início da glorificação no céu. O que parece relativamente abandonado aqui são os limbos sobre os quais, no século XIII, os teólogos profissionais se estenderam complacentemente, sem que tenha correspondido, ao que parece, um enraizamento profundo desses lugares marginais nas crenças e nas práticas. O verdadeiro sistema do além-adotado pela massa dos fiéis não é o sistema dos cinco lugares, mas o dos três lugares. Mesmo assim os limbos também estão presentes na *Divina comédia*. Os dois limbos: o dos sábios antigos e dos patriarcas; o das crianças do mundo cristão. Aqui se percebe Dante dividido entre, de um lado, sua admiração, seu reconhecimento, sua afeição pelos grandes espíritos pagãos – a escolha de Virgílio como guia é repleta de sentido –, sua piedade e sua ternura pelas crianças mortas em tenra idade, mas também, de outro, sua estrita ortodoxia cristã. Ninguém poderá ser salvo no céu sem ter recebido o batismo. Mas os dois tipos de habitantes dos limbos não cessam de perseguir Dante ao longo de sua peregrinação. Para os sábios e os justos de antes de Cristo existem dois destinos diferentes. Aqueles que viveram sob a antiga lei foram salvos por Cristo, que desceu àquela parte do inferno que formava o limbo dos patriarcas,

E os fez bem-aventurados (*Inferno*, IV, 61),

depois fechou para sempre essa parte do inferno. Quanto aos pagãos, eles devem permanecer nesse nível de trevas, mas Deus concedeu-lhes no mais alto dos infernos, no primeiro nível do círculo, um castelo nobre (*nobile castelo*), onde vivem "em um prado de fresca verdura" margeado de um lado por "um lugar aberto, luminoso e elevado" (*Inferno*, IV, 106ss.). Os sábios antigos, cuja evocação e reminiscências não deixam de acompanhar Dante ao longo de sua peregrinação, estão ainda explicitamente presentes no *Purgatório*: são Aristóteles, Platão e tantos outros de que relembra "o desejo sem fruto" do verdadeiro Deus (III, 40-45); é Juvenal, que Virgílio evoca ao descer para "o limbo do inferno" (XXII, 14); é Estácio perguntando ansiosamente a seu mestre Virgílio se os grandes escritores romanos estão danados, este responde-lhe que estão com ele "no primeiro círculo da sombria prisão", onde sempre falam da montanha, o monte do purgatório, onde residem suas amas, as Musas (XXII, 97ss.). Aliás, foi um deles que Deus colocou como guardião da montanha do purgatório: Catão de Útica. Alguns se espantaram em ver este papel confiado a um pagão que, além do mais, se suicidou. Mas Dante tinha a mais viva admiração por aquele que ao pagar com sua vida tinha sido o campeão da liberdade (*Purgatório*, I, 70-75). No *Banquete*, Virgílio faz dele o símbolo do cidadão, do herói da vida cívica, que considera ter nascido "não para si mesmo, mas para a pátria e para o mundo todo"[2].

Quanto às crianças mortas antes do batismo e marcadas apenas pelo pecado original, estão com os sábios pagãos nesse mesmo castelo do primeiro círculo do inferno. Virgílio o revela ao trovador Sordel que se encontra no antepurgatório:

> Existe um lugar lá embaixo entristecido não pelos tormentos
> Mas apenas pelas trevas, onde os lamentos
> Não soam como gritos, mas são apenas suspiros
> É lá que moro com todos os pequenos inocentes
> Que os dentes da morte morderam antes
> Que fossem lavados da falta humana (VII, 28-33).

Ainda no *paraíso*, Dante evocará as crianças mantidas no limbo do inferno:

> Mas chegado o tempo da graça
> Sem o perfeito batismo de Cristo
> Essa inocência é mantida ali embaixo (XXXII, 82-84).

Se Dante soube dar tão bem ao purgatório todas suas dimensões é porque compreendeu seu papel de intermediário ativo e o mostrou graças à sua encarnação espacial e à figuração da lógica espiritual na qual se insere. Dante soube fazer a ligação entre sua cosmogonia e sua teologia. Certos comentadores disse-

---

2. "*Onde si legge* [o *De senectude*, de Cícero] *di Catone che non a sé, ma a la patria e a tutto lo mondo nato esser credea*" (*Convivio*, IV, XXVII, 3).

ram que ele havia introduzido na *Divina comédia* – quase redundantemente – os conhecimentos adquiridos na frequentação, segundo seus próprios termos, das "escolas dos religiosos e das disputas dos filósofos", onde se entregara de corpo e alma depois da morte de Beatriz em 1290. Quem não vê que sua cosmogonia, sua filosofia e sua teologia são a própria matéria – a matéria e o espírito – de seu poema?

O purgatório é realmente "este segundo reino" entre o inferno e o paraíso. Mas Dante tem deste além-intermediário uma ideia muito dinâmica e espiritual. O purgatório não é um lugar intermediário neutro, é orientado. Vai da terra, onde os futuros eleitos morrem, ao céu, onde está sua morada eterna. Ao longo de seu itinerário, purgam-se, tornam-se sempre mais puros, aproximando-se muito mais do topo, das alturas a que estão destinados. De todas as imagens geográficas que o imaginário do além desde tantos séculos oferecia a Dante, ele escolheu a única que expressa a verdadeira lógica do purgatório, aquela onde se sobe, a montanha. Para Dante que realiza, na evocação dos fins últimos, a síntese entre o mais novo (o purgatório) e o mais tradicional (o medo do inferno e o desejo do céu), não existe cristalização dos sentimentos em torno da morte. Contenta-se em evocar de uma maneira significativa no segundo canto do purgatório onde, no barco do anjo condutor, as almas "cantam todas juntas em uníssono" o Sl 113 (*In exitu Israel de Aegypto*) que se cantava na Idade Média enquanto se transportavam os mortos de seu domicílio para a igreja e depois para o cemitério (II, 46-48). O essencial está na ascensão dessa montanha, constantemente mencionada ("ele sobe" ao longo do cântico)[3] e até mesmo chamada "o monte sagrado" (*il sacro monte*, XIX, 38), o monte santo (*il santo monte*, XXVIII, 12). A essa montanha, em dois desses versos de que tem a engenhosidade para evocar vários sentidos ao mesmo tempo, Dante define como um *pico*,

---

3. I, 108; II, 60, 122; III, 46; IV, 38, 39; VI, 48; VII, 4, 65; VIII, 57; X, 18; XII, 24, 73; XIV, 1; XV, 8; XIX, 117; XX, 114, 128; XXI, 35, 71; XXII, 123; XXV, 105; XXVII, 74; XXVIII, 101; XXX, 74 e ainda no *paraíso* XV, 93; XVII, 113, 137.

breve lembrança de vulcão, e como que erguida em direção ao céu, para o qual deve conduzir:

> E levei meu olhar para o pico
> Que para o mais alto do céu se lança
> (*e diedi il viso mio incontro al poggio
> che'nverso il ciel più alto si dislaga*) (III, 14-15).

Montanha muito alta, muito escarpada, muito dura de escalar. Para ela, Virgílio arrasta literalmente Dante e a escalam engatinhando:

> subíamos pela fenda escavada na rocha
> e de todos os lados as paredes nos oprimiam
> e o solo debaixo de nós exigia pés e mãos
> ao chegarmos à borda superior
> da alta falésia, em um lugar descoberto
> "meu mestre, disse eu, que caminho tomaremos?"
> e ele para mim: "que nenhum dos teus passos recue,
> avança apenas atrás de mim para o alto da montanha" (IV, 31-38).

> O topo era tão alto que desafiava a visão (IV, 40).

Este "segundo reino" que é todo um mundo é, por sua vez, dividido em regiões a que Dante também chama reinos: são os "sete reinos" pelos quais Virgílio pede ao porteiro Catão que ele e Dante passem:

> Deixe-nos ir pelos sete reinos (I, 82).

De um desses reinos ao seguinte, de uma cornija àquela que está mais acima, os viajantes sobem escadas, gradis escarpados (*scale, scaglione, scallo, gradi* etc.). Ei-los, por exemplo, subindo da quarta à quinta cornija:

> entre as duas paredes da rocha dura (XIX, 48).

A montanha da purgação

Mas esta montanha é aquela da purgação, e este é realmente o ato essencial que ali se produz. Este tema é colocado logo no início por Dante:

E cantarei este segundo reino
onde a alma humana se purga
e subir ao céu torna-se digno (I, 4-6).

Virgílio, dirigindo-se a Catão, relembra que mostrar essa purgação a Dante é o objetivo desta parte de sua viagem:

e agora penso em lhe mostrar esses espíritos
que se purgam sob tua guarda (I, 65-66).

No meio da purgação coletiva, Dante se dedica às purgações individuais. É o caso, por exemplo, do poeta Guido Guinizelli na sétima cornija, a dos luxuriosos:

Sou Guinizelli e já me purgo (XXVI, 92).

A purgação sobre a montanha se faz de três maneiras. Por uma punição material que mortifica as más paixões e incita à virtude. Pela meditação sobre o pecado a purgar e sobre a virtude oposta: de uma certa maneira, há no *Purgatório* um tratado das virtudes e dos vícios. Meditação favorecida pelo exemplo de mortos ilustres ou conhecidos encontrados nas cornijas. Aqui Dante reencontra e desenvolve a utilização tradicional dos mortos do purgatório para fins políticos (e que poeta foi mais político do que ele?) em uma lição espiritual mais elevada. Por fim, a purgação se faz pela prece que purifica a alma, a reforça na graça de Deus e expressa sua esperança[4].

O princípio que explica a distribuição das almas sobre as cornijas do purgatório é o amor. Virgílio explica seu mecanismo a Dante a meio-caminho da montanha entre a terceira cornija, a dos coléricos, e a quarta, a dos indolentes.

Dante interroga seu guia no momento de uma pausa que não deve interromper a lição que recebe progressivamente:

Meu doce irmão, diz-me, que ofensa
expia-se neste círculo onde estamos?
Se nossos passos se interrompem, que teu ensino não
pare (XVII, 82-84).

---

4. Cf. *Dante Dictionary*, p. 534.

O ponto comum a todos os pecados é a ausência de amor de Deus, isto é, do bem. Amor desviado para o mal, amor excessivamente morno, amor mudado em ódio, eis o movimento profundo do pecado; sobre a montanha do purgatório restaura-se o verdadeiro amor, a escalada do purgatório é uma ascensão para o bem, a retomada da navegação na direção de Deus, retardada pelo pecado. Dante une aqui as metáforas da montanha e do mar nesse lugar onde o monte surge do oceano. E, de fato, Virgílio responde:

> O amor do bem abandonado
> em seu dever se restaura,
> aqui regressa e retoma sua batida o remo funestamente atrasado (XVII, 85-87)[5].

A lei do progresso

Toda a lógica desse purgatório montanhoso está no progresso que se realiza ao subir: a cada passo a alma progride, torna-se mais pura. É uma ascensão no duplo sentido físico e espiritual. O sinal deste progresso é o alívio da pena, como se a escalada fosse mais fácil, a montanha menos escarpada, para a alma cada vez menos carregada de pecados.

Virgílio, desde o antepurgatório, anunciou a Dante:

> E ele para mim: "Esta montanha é tal
> que sempre embaixo no início é rude,
> porém mais o homem se eleva, e menos causa dor
> (IV, 88-90).

E, novamente, as imagens misturadas da escalada e da navegação:

> Por isso, quando ela te parecer tão suave
> que a ti se tornará fácil subi-la
> como o é descer do barco, na direção da corrente,
> então estarás no fim deste caminho (IV, 91-94).

Desde a primeira cornija tudo melhora; os estreitos caminhos são substituídos por escadas:

---

5. *Ed elli a me: "L'amor del bene scemo / del suo dever quiritta si ristora, / qui si ribatte Il mal tardato remo"*. Belos versos difíceis de explicar...

> [...] Vem, os degraus estão logo ali
> e agora se sobe facilmente (XII, 92-93).

No alto desta primeira escada, Dante relembra a lei de progressão que também é uma lei de avanço.

> Estávamos no alto da escada
> ali onde se divide pela segunda vez
> a montanha que vai apagando o mal ao ser escalada
> (XIII, 1-3).

Na cornija seguinte um anjo faz com que os alpinistas percebam como as melhorias continuam, em um clima mais calmo:

> Ele nos diz com uma voz alegre: subi por aqui
> por uma escada bem menos íngreme do que as outras (XV, 35-36).

Ao chegarem à quinta cornija, onde mortos choram estendidos com o rosto contra a terra, pedem o auxílio deles invocando o princípio do progresso na ascensão:

> Ó eleitos de Deus, cujos sofrimentos
> pela justiça e pela esperança se fazem menos severos,
> guiai-nos até os degraus que se erguem mais acima
> (XIX, 76-78).

Este novo atalho sintético relembra alguns dados essenciais do purgatório: as almas que nele permanecem e nele sofrem são prometidas ao céu, são almas dos eleitos, mas a justiça de Deus que é perfeita e se confunde com a misericórdia e a esperança que reina nesses lugares atenua os sofrimentos que diminuem à medida que elas se elevam.

Na sexta cornija, Dante indica a seu amigo Forese Donati que a montanha onde se encontra e para onde Virgílio o levou é o lugar que corrige e torna justo:

> Dali os seus encorajamentos levaram-me para o alto,
> escalando e contornando a montanha
> que vos faz justo, vós que o mundo havia corrompido
> (XXIII, 124-126).

Purgatório e pecados

Este purgatório é verdadeiramente aquele onde se expiam os pecados, mas Dante parece ter negligenciado, aqui em parte pelo menos, o ensino dos teólogos. Não são os pecados veniais que nele se expia, pecados de que Dante quase não fala, a não ser que talvez se refira a eles quando evoca o excessivo amor pelos seus, um desses pecados "leves" já citados por Agostinho. Mas no essencial, contudo, nas sete cornijas se é purgado dos sete pecados capitais assim como no inferno. Dante sempre consciente da lógica profunda do purgatório, realmente vê nele um inferno temporário, que relembra em um tom abaixo os tormentos infernais merecidos pelos mesmos pecados, mas esses pecados foram menos gravemente cometidos, seja porque foram em parte apagados pelo arrependimento e pela penitência, seja porque tenham sido menos incorrigíveis do que nos danados, seja porque tenham apenas em parte maculado uma vida no mais animada pelo amor de Deus.

Por esses pecados, na entrada do purgatório, Dante é simbolicamente marcado por um anjo que, com a ponta de sua espada, traça sete vezes a letra p (*peccato*, pecado) sobre sua testa.

> "Aja de maneira a lavar,
> quando tu serás lá dentro, essas feridas", diz ele (IX, 112-114).

De fato, na saída de cada cornija um anjo apagará uma das feridas, um dos pecados marcados sobre a testa de Dante.

No décimo sétimo canto, depois de Virgílio ter explicado a Dante a lista das infrações ao amor, também lhe esclarece à luz desse princípio o sistema dos sete pecados capitais.

As três primeiras formas da perversão do amor pelo bem em amor pelo mal são as três espécies de ódio em relação ao próximo, ou melhor, do amor pelo mal do próximo (*'l mal che s'ama è del prossimo*). São a vontade de rebaixá-lo, a impossibilidade de suportar sua superioridade, o desejo de se vingar de toda ofensa. Os três primeiros pecados capitais são portanto: o orgulho, a inveja e a cólera (XVII, 112-123).

Há, por outro lado, três formas de um outro amor "que corre para o bem, mas segundo uma corrupção da ordem" (XVII, 125ss.). Virgílio deixa a Dante a tarefa de descobrir na continuação de sua ascensão as três formas desse amor corrompido. Serão a avareza, a gula e a luxúria.

No coração do sistema se inscreve o desleixo do amor, o amor morno, o amor "lento" (*lento amore*). É o pecado que se expia na metade da montanha: esta indolência, este desgosto pela vida, nascido no meio monástico, que em latim se nomeia *accedia* (de onde o italiano *accidia*) e de que se purgam os "tristes" (*tristi*) da quarta cornija.

Como se vê, esta lista dos sete pecados capitais é também uma lista hierárquica, pois ao se elevar de cornija em cornija as almas progridem. Aqui também Dante se mostra ao mesmo tempo tradicional e inovador. Tradicional, uma vez que coloca como principal pecado o orgulho, enquanto no século XIII a avareza geralmente o suplantou[6]. Inovador porque considera como mais graves os pecados do espírito cometidos contra o próximo – orgulho, inveja, cólera –, do que pecados da carne – avareza, gula, luxúria –, cometidos em grande parte contra si mesmo. Para este último vício, Dante se faz beneficiar do purgatório, assim como condenara ao inferno, luxuriosos, tanto homossexuais quanto heterossexuais (canto XXVI).

No mecanismo do pecado que conduz ao purgatório, Dante parece ter sido particularmente sensível ao caráter tardio do arrependimento. A ele retorna diversas vezes. É, no antepurgatório, Belacqua persuadido de que lhe é inútil avançar até a porta do purgatório que lhe permanecerá fechada,

> "porque, diz ele, retardei até o fim os salutares suspiros" (IV, 132).

> É a multidão daqueles que temem a morte violenta e, por isso, só se arrependeram no último momento:

---

6. Cf. LITTLE, L.K. "Pride goes before Avarice – Social Change and the Vices in Latin Christendom". In: *American Historical Review*, LXXVI, 1971.

"Todos nós morremos outrora de morte violenta
e fomos pecadores até a última hora" (V, 52-53).

Na primeira cornija, é mencionado que um morto que esperou até a última hora para se arrepender não pode ser admitido no purgatório sem ajuda (XI, 127-129). Por isso a surpresa de Dante ao reencontrar Forese Donati no purgatório, menos de cinco anos depois de sua morte, pois sua pouca dedicação a se arrepender fazia com que o situasse no antepurgatório

> Lá embaixo
> em um lugar onde o tempo pelo tempo se restaura
> (XXIII, 83-84).

O antepurgatório

A originalidade de Dante é, com efeito, ter imaginado que muitos pecadores, antes de penetrar no espaço onde se desenrola o processo de purgação, fazem um estágio em um lugar de espera, o antepurgatório, ao pé da montanha. É possível supor que, como o purgatório era cada vez mais prometido aos que se contentavam com um ato de contrição *in extremis* (isto já é visto em Cesário de Heisterbach), Dante estimou necessário, por mais que fosse levado a acreditar em uma misericórdia de Deus muito grande, instituir esta provação suplementar, a espera diante do purgatório.

É uma multidão inquieta, ignorante do caminho para o purgatório, que pergunta a Virgílio e a Dante:

> Se o conhecem,
> Mostrai-nos o caminho que conduz à montanha (II,
> 59-60).

A Dante que pergunta a seu amigo Casella, no antepurgatório:

> Mas tu, como tantas horas te retiveram?

Este se contenta em responder:

> Nenhum mal me fizeram,
> se o anjo que conduz os que o agradam, quando o
> agradam,

mais de uma vez recusou-me essa passagem,
pois de uma justa vontade sua vontade é o reflexo
(II, 94-97).

É ele que relembra, como uma realidade, a antiga lenda segundo a qual as almas dos mortos que não são mais danadas, mas que devem se purgar, se reúnem em Óstia, perto da embocadura do Tibre.

Foi assim que, enquanto olhava o mar,
ali onde a água do Tibre torna-se salgada,
fui com benevolência por ele recolhido
para essa embocadura tem ele ainda agora estendida
sua asa,
porque é sempre ali que se reúnem
as almas que para o Acheron não devem descer (II,
100-105).

O orgulhoso Provenzano Galvani, originário de Siena, deveu apenas a uma obra piedosa, que foi para ele uma humilhação, o fato de ter escapado da espera do antepurgatório. Para pagar o resgate de um de seus amigos, mendigou na grande praça da cidade:

Esta obra retirou-lhe a pena do exílio (XI, 142).

Quanto a Guido Guinizelli, ele já pode se purgar

"por me ter, diz a Dante, bem arrependido antes de
meus últimos dias" (XXVI, 93).

Na época em que Dante realiza sua viagem ao além, existe no entanto uma circunstância que retira os obstáculos à porta do purgatório e empurra para a montanha a multidão das almas que esperam. São as indulgências decididas pelo Papa Bonifácio VIII por ocasião do jubileu de 1300. Casella o diz a Virgílio e a Dante ao falar do barqueiro Catão:

A bem da verdade, há três meses ele recebe
quem quiser entrar, em toda paz (II, 98-99).

Que melhor testemunho poderemos encontrar sobre a profunda transformação nas práticas ligadas ao purgatório causada pela inovação de Bonifácio VIII?

Não apenas não entra quem quer e como quer no purgatório, mas não se deve acreditar que o purgatório dantesco já seja um paraíso. Suas cornijas ressoam choros e gemidos. Ao se aproximar em sonho, Dante é tomado de medo. Treme e torna-se lívido,

> como um homem a quem o pavor paralisa (IX, 42).

É preciso que Virgílio se ponha a tranquilizá-lo.

A montanha é realmente um lugar de castigos. Por exemplo, eis na segunda cornija, o chicote para os invejosos, mesmo que suas cordas sejam trançadas de amor,

> Este círculo castiga
> o pecado da inveja, e por isso
> as cordas do chicote são trançadas de amor (XIII, 37-39).

Essas sombras dos invejosos sofrem penas ainda piores,

> pois um fio de ferro atravessa as pálpebras de todas, costurando-as, como se faz ao gavião selvagem quando não permanece quieto (XIII, 70-72).

Entre os pecados cometidos na terra e a intensidade e a duração desses castigos, em particular o tempo de espera no antepurgatório, existe, além do nível da montanha onde se purga a falta, esta proporcionalidade em que reconheci uma das características do sistema do purgatório.

O filho natural e legítimo de Frederico II, Manfredo, que morreu excomungado, declara no antepurgatório:

> Decerto aquele que morre em rebeldia
> contra a Santa Igreja, mesmo arrependendo-se no fim,
> deve permanecer em exílio fora desta margem
> trinta vezes o tempo permanecido
> em sua presunção (III, 136-140).

E Belacqua:

> Enquanto espero do lado de fora, o céu deve antes girar à minha volta
> pelo mesmo tempo que o fez durante minha vida,
> pois retardei até o fim os salutares suspiros (IV, 130-132).

Remoendo na imaginação essa proporcionalidade, Estácio, o grande admirador de Virgílio, garante que de boavontade teria passado um ano suplementar no purgatório para poder viver na terra no mesmo tempo em que Virgílio (XXI, 100-102).

No entanto, Dante retoma a afirmação vinda de Agostinho, segundo a qual as penas do purgatório são superiores à pior das penas terrenas. E à sua maneira o faz com imagens, utilizando o relevo montanhoso que deu ao purgatório:

> Chegamos contudo ao pé da montanha.
> onde encontramos rocha tão escarpada
> que em vão as pernas seriam ágeis.
> Entre Lerici e Turbia, a mais deserta,
> a mais dura das escarpas, se comparada a esta rocha,
> é uma escada fácil e espaçosa (III, 46-51).

O fogo

Dante frequentemente faz alusão ao que, antes dele, identificou-se mais ou menos à pena do purgatório, o fogo.

No pesadelo que o atormenta à aproximação da montanha, Dante vê um fogo em sonho:

> Tive ali a impressão de que queimávamos
> e o incêndio imaginário tão doloroso se tornou,
> que foi preciso meu sono interromper (IX, 31-33).

Por isso Dante acreditou ter retornado ao inferno:

> Negridão de inferno, negridão de uma noite desprovida
> de todo astro, sob um céu miserável,
> ensombrado de nuvens, tanto quanto possível,
> não pôs diante de minha visão um véu tão espesso
> quanto essa fumaça que ali nos cobriu (XVI, 1-5).

Na sétima e última cornija o fogo queima os luxuriosos (XXV, 137):

> Aqui o flanco da montanha dardeja acima das chamas
> e, do fundo da falésia, sopra para o alto um vento
> que os joga para trás e os afasta da beira:
> por isso precisávamos andar sobre a costa descoberta

um a um; e eu temia o fogo por aqui;
e por ali temia cair no abismo (XXV, 112-117).

Este fogo é tão forte que impede Dante de se jogar nos braços de seu Mestre Guido Guinizelli.

Todavia, por causa do fogo não me aproximei muito mais (XXVI, 102),

enquanto o trovador Arnaut Daniel

perde-se no fogo que o purifica (XXVI, 102).

Por fim, no momento de deixar o purgatório para se dirigir ao paraíso terrestre, deve-se passar através da parede de fogo. O anjo da última cornija anuncia:

Não se vai mais adiante, se não se sofrer antes a mordida
desse fogo, ó almas santas: entrai [...] (XXVII, 10-11).

Dante olha o fogo com apreensão:

Com minhas mãos cruzadas inclinei-me,
olhando o fogo, e imaginava com força
corpos humanos que vira outrora queimar
(XXVIII, 16-18).

Virgílio o tranquiliza:

Consideras como certo que se, no seio
desta chama tu permanecesses mil anos ou mais,
ela não tiraria de ti nem um fio de cabelo (XXVII, 25-27).

A provação é, no entanto, dolorosa, ainda que Virgílio tenha se posto à frente dele no fogo:

Quando estive nesse fogo, era no vidro em fusão que me teria lançado para me refrescar,
tanto o incêndio era aqui sem medida (XXVII, 49-51).

É preciso que Virgílio lhe fale sem parar de Beatriz, e que, na outra margem, uma voz os chame cantando para que Dante suporte a provação.

Fogo que lembra o inferno e que, no entanto, é distinto dele. No momento em que vai deixar Dante, Virgílio o lembra:

O fogo temporário e aquele que é eterno
tu os viste, meu filho (XXVII, 127-128).

Purgatório e inferno: o arrependimento

Em muitos momentos o purgatório sem dúvida lembrou a Dante o inferno. Se a montanha com suas nove moradas, o antepurgatório, as sete cornijas do purgatório e o paraíso terrestre anuncia as nove esferas do paraíso, no momento em que Dante a escala, ela o faz lembrar sobretudo dos nove círculos do inferno. No entanto, Dante assinala a diferença fundamental que existe entre o inferno e o purgatório e que torna perfeitamente sensível. Primeiro pela estreiteza da porta (IX, 75-76) que contrasta com a larga abertura da porta do inferno e relembra a porta estreita da salvação segundo o Evangelho: "Entrai pela porta estreita. Largo, com efeito, e espaçoso é o caminho que conduz à perdição, e são muitos que o tomam; mas estreita é a porta e acanhado o caminho que conduz à vida e são poucos os que o encontram" (Mt 47,13-14). E ainda: "Lutai para entrar pela porta estreita, pois muitos, ainda vos digo, buscarão entrar e não poderão" (Lc 13,24).

Dante é ainda mais explícito:
Oh, o quanto estes caminhos de chegada são diferentes
daqueles do inferno, pois aqui é entre cantos
que se entra, e lá entre ferozes lamentos.

Se Dante – mais e melhor, portanto, do que qualquer outro – faz do purgatório o lugar intermediário do além, subtrai seu purgatório à infernalização a que a Igreja o faz sofrer no século XIII. Mais ortodoxamente fiel à lógica do purgatório, neste intervalo desigualmente distante das duas extremidades, oscilando para o paraíso, Dante acaba apresentando o purgatório como o lugar da esperança e dos inícios da alegria, da entrada progressiva na luz.

É que, de certa maneira, para além da maioria dos grandes escolásticos, Dante é fiel, como Guillaume d'Auvergne havia sido quase exageradamente, à grande tradição dos teólogos do século XIII que haviam enraizado o purgatório na penitência.

No antepurgatório, é o canto do *Miserere*, canto de humildade necessária à expiação e à purificação (V, 22-24).

É, no momento de atravessar a porta do purgatório, o perfeito e sutil simbolismo dos três degraus que lhe dão acesso.

> Vi uma porta e abaixo dela três degraus
> de cores diferentes que lhe davam acesso
> e um vigia que nada dizia.
> [...]
> Dirigimo-nos até eles e o primeiro degrau
> era de mármore branco, tão alvo e polido
> que me refletia como um espelho.
> O segundo era escuro, mais negro que avermelhado,
> feito de uma pedra áspera e calcinada,
> fendida no comprimento e na largura.
> O terceiro mais acima, maciço, de pórfiro,
> parecia-me tão flamejante
> qual sangue que jorra de uma artéria.
> [...]
> Pelos três degraus acima com minha boa vontade
> levou-me meu guia, dizendo: "Pede
> humildemente que ele te abra esta porta" (IX, 76-108).

"Esta cena", como muito bem explica o comentário na edição bilíngue francesa do Centenário, "é uma representação da penitência: o anjo representa o padre, silencioso, pois é o pecador que deve se dirigir a ele. Os três gradis de cores diferentes simbolizam os três atos do sacramento: a contrição, a confissão e a satisfação, atos diferentes em si mesmos, mas que formam o sacramento, assim como os três degraus conduzem a um limiar único"[7].

O primeiro degrau simboliza a contrição (*contritio cordis*) que deve tornar o penitente branco como o mármore. O segundo representa a confissão (*confessio oris*), que provoca no penitente

---

7. É a edição com a tradução de L. Espinasse-Mongenet indicada na nota 1, p. 510. A citação encontra-se na p. 604.

o vermelho escuro da vergonha. O terceiro encarna a penitência propriamente dita (*satisfactio operis*), que é vermelho flamejante como a paixão da caridade, do amor que anima então o penitente.

Desse limiar da purgação o morto penitente, ainda que penetre nesse

> mundo, onde poder pecar não está mais em nosso poder (XXVI, 131-132),

deve, como homem sempre dotado de livre-arbítrio, manifestar sua vontade de purgação. Dante segue Virgílio ao purgatório "de boa vontade" (*di buona voglia*).

No coração do purgatório, Estácio relembra a Virgílio e a Dante que a alma deve *querer* se purificar.

> De sua purificação só seu querer dá prova,
> que, como é livre para mudar de morada,
> vem surpreender a alma e lhe obtém o feliz
> resultado de sua vontade (XXI, 61-63)[8].

Dante reteve, portanto, a abstrata lição dos escolásticos que se perguntavam se a pena do purgatório era "voluntária".

Penitência que comporta também sua parte de amargura (a *acerbitas* dos teólogos e dos pastores).

Como os avarentos e os pródigos da quinta cornija, por exemplo:

> Neste lugar o mal da avareza aparece claramente
> na purgação das almas convertidas
> e nenhuma pena no monte não é mais amarga (XIX, 115-117).

Ainda no paraíso terrestre, a bela Senhora Matelda que, dançando e cantando, acolhe Dante sempre acompanhado por Virgílio, canta o Sl 32, um salmo da penitência:

> Beati, quorum tecta sant peccata! (XXVIII, 40).

Nesse processo penitencial o arrependimento é particularmente importante e é correto que se expresse pelas lágrimas.

---

8. *Della mondizia sol voler fa prova / Che, tutto libero a mutar convento, / L'alma sorprende, e di voler le giova.*

As vítimas de morte violenta que estão no antepurgatório, apesar do pouco tempo que lhes foi dado antes de expirar, puderam no entanto não apenas se arrepender, mas perdoar seus assassinos e seus carrascos.

> E por isso, arrependendo-nos e perdoando,
> saímos da vida reconciliados com Deus
> que inflama nossos corações com o desejo de vê-lo
> (V, 55-57).

No antepurgatório, Buonconte de Montefeltro relata que seu arrependimento no momento de morrer colocou-o entre as mãos do anjo de Deus para grande despeito do anjo do inferno, do diabo que viu sua presa lhe escapar por causa de uma pequena lágrima, *per una lacrimetta*:

> O anjo de Deus agarrou-me e o do inferno
> gritava: "Ó tu que vens do céu, por que me desalentar?
> Carregas contigo o que nele há de imortal
> por uma pequena lágrima que o rouba de mim" (V,
> 104-107).

Quando Dante descobre o Papa Adriano V, que envergonhado sobre a cornija dos avarentos busca se esconder, interpela-o assim:

> "[...] Espírito em quem os lamentos amadurecem
> o fruto sem o qual a Deus não se pode retornar [...]"
> (XIX, 91-92).

Nesta quinta cornija espalha-se, à beira do abismo, a multidão daqueles que por suas lágrimas fazem o mal se dissolver,

> a gente em quem se funde gota a gota
> pelos olhos o mal que ocupa o mundo todo
> (XX, 7-8).

Ao entrar no paraíso terrestre, Dante se lembrará pela última vez de que para experimentar esta felicidade é preciso antes tê-la pago com o arrependimento que faz escorrer as lágrimas (XXX, 145).

A esperança

No entanto, Dante insiste no purgatório como reino da esperança. As almas, dotadas de um corpo imaterial – este é o tema incansavelmente repetido das sombras que em vão se busca abraçar[9] –, são almas libertadas, já salvas.

A esperança se expressa muitas vezes na prece. Todo o *Purgatório* é ritmado por preces e cantos. Dante soube integrar ao poema a liturgia que os escolásticos quase sempre deixaram de lado. E a imagem dos mortos do purgatório em prece será precisamente aquela que os artistas do fim da Idade Média escolherão para distinguir o purgatório do inferno. Aqui nenhuma esperança, para que rezar então? Lá, ao contrário, a certeza da salvação deve se materializar na prece, ser testemunhada e antecipada por ela. Esperança simbolizada pelo branco e pelo verde, cores da pureza e da esperança.

Nos primeiros passos dos viajantes no antepurgatório, o branco aparece.

> E em cada um de seus lados vi aparecer
> um não sei quê de branco e por baixo
> pouco a pouco outra brancura surgia (II, 22-24).

Virgílio encoraja Dante e o exorta a buscar a luz:

> e mantenhas firme tua esperança, meu amável filho
> (III, 66).

Quando os peregrinos começam sua ascensão, são novamente levados pelo desejo, pela esperança e pela luz,

> mas aqui o homem deve voar,
> nas asas ágeis e nas penas
> do grande desejo, digo-o depois desse guia
> que me dava a esperança e me iluminava com sua luz
> (IV, 27-30).

E em prece passam as almas do antepurgatório:

> Ali rezavam com as mãos estendidas
> Federigo Novello e o de Pisa [...] (VI, 16-17).

---

9. *oi ombre Vane, fuor che nell'aspetto! / Tre volte dietro a lei le mani avvinsi, / tante mi tornai con esse al petto* (II, 79-81).

Os anjos que ali vigiam têm vestimentas e asas da cor da esperança:

> E vi sair das alturas e dirigir-se para baixo
> dois anjos, com duas espadas flamejantes,
> truncadas e privadas de suas pontas
> Verdes, iguais às folhas acabadas de brotar,
> eram suas vestimentas que, pelas verdes asas
> agitadas, voavam atrás deles ao vento de sua corrida
> (VIII, 25-30).

> Quando ouviu as verdes asas romperem o ar,
> fugiu a serpente [...] (VIII, 106-107).

E é nesta primeira cornija que acontece o grande episódio da recitação do *Pater* pelos orgulhosos, cujo último verso, que apela para a libertação do mal, só o dizem por formalidade porque, libertados do pecado, não mais precisam dele.

> Esta última prece, Senhor bem-amado,
> já não é feita para nós, que dela não mais necessitamos,
> mas por aqueles que atrás de nós permaneceram (XI, 22-24).

As primeiras almas que Dante percebe no antepurgatório são "almas afortunadas" (II, 74), eleitas...

> Ó vós bem realizados, ó espíritos já eleitos (III, 73),

diz Virgílio dirigindo-se a elas.

> Aos invejosos da segunda cornija, Dante também diz:
> Ó vós, povo convicto
> de ver a elevada luz (XIII, 85-86).

A salvação das almas no purgatório é determinada pela justiça de Deus que pune, mas é também misericórdia e graça. Ela também avança pelo resto de vontade das próprias almas. Sobre a cornija dos avarentos, Hugo Capeto o assinala:

> Às vezes um de nós fala em voz alta e o outro em voz baixa
> Segundo o ardor que aguilhoa nossa caminhada,
> fazendo nossos passos ora mais longos, ora mais curtos (XX, 118-120).

O auxílio dos vivos

Depende principalmente do auxílio dos vivos a purgação e ascensão para o céu. Dante retoma aqui plenamente a crença nos sufrágios. Se a maioria dos mortos do purgatório pede a ajuda de um familiar ou de um amigo, outros apelam muito mais à comunhão dos santos.

Manfredo, esperando entrar no purgatório, pede ao poeta que, quando retornar à terra, informe sua filha, a "doce Constância", sobre seu estado, pois sabendo-o excomungado poderia acreditá-lo danado.

> pois aqui pela ajuda dos lá de baixo pode-se muito progredir (III, 145).

Belacqua desencoraja-se de entrar logo no purgatório,

> a menos que uma prece em meu auxílio venha logo surgida de um coração vivendo em santa graça (IV, 133-134).

Jacopo del Cassero solicita a ajuda de todos os habitantes de Fano:

> Peço-te, se um dia vires essa terra
> entre a Romanha e aquela dominada por Carlos,
> faz-me a cortesia de tuas preces
> em Fano, que se prosternem todos
> bem diante dos altares
> para que eu possa expiar minhas graves ofensas (V, 68-72).

Buonconte de Montefeltro lamenta-se de ter sido abandonado por sua mulher Giovanna e pelos seus:

> nem Giovanna nem os outros não se preocupam comigo,
> por isso vou entre aqueles com a cabeça baixa (V, 89-90).

Dante sente-se atormentado pelas reclamações dessas almas que esperam diante da porta do purgatório:

> Quando fui libertado de todas essas sombras
> que tinham pedido apenas que por elas se rezasse

para que se adiantasse a hora de se tornarem santas (VI, 25-27).

Até mesmo Nino Visconti pede a Dante que encoraje sua neta Giovanna a ajudá-lo:

> quanto tu estiveres para além das largas ondas,
> diz a minha Giovanna que por mim interceda
> lá no alto, onde se responde aos corações inocentes
> (VIII, 70-72).

Os orgulhosos que recitaram o *Pater* pedem ajuda aos vivos, pois eles mesmos, na medida de seu poder (e Dante parece se engajar no caminho da reciprocidade dos méritos), rezam por aqueles da terra e Dante junta-se ao apelo deles:

> Se desse outro lado se reza assim sempre pelo nosso bem
> na terra, que devem então dizer e fazer por essas almas
> aqueles cuja vontade tem boa raízes?
> Bem, deve-se ajudá-las a se lavar das manchas
> que trouxeram deste mundo, para que puras e leves
> possam se elevar às esferas estreladas (XI, 31-36).

No purgatório há, portanto, os esquecidos; há também os que foram auxiliados. Sapia, originária de Siena, que se arrependeu demasiado tarde, foi ajudada por seu compatriota Pier Pettignano, um terciário franciscano:

> Em paz quis estar com Deus no fim
> de minha vida; e minha dívida não seria
> diminuída pela penitência, se não tivesse de mim
> lembrado em suas santas orações Pier Pettignano,
> que por caridade se lamentou em meu favor (XIII, 124-129).

Por vezes não são os vivos, e sim Deus, que uma alma do purgatório pede a Dante que reze em seu favor. Como Marco o Lombardo na cornija dos coléricos, por exemplo:

> Peço-te
> que intercedas por mim quando estiveres lá no alto
> (XVI, 50-51).

É também ajuda de Deus que Estácio invoca pelas almas do purgatório na quinta cornija:

> Que logo ele possa enviá-las para o alto (XXI, 72).

Mas claro, é muito mais a intercessão da Virgem e dos santos que pedem aqueles que sofrem no paraíso, como os invejosos da segunda cornija:

> Ouço gritar "Maria, rogai por nós!"
> e gritar: "Miguel" e "Pedro" e "Todos os santos" (XIII, 50-51).

O tempo do purgatório

A viagem de Dante e de Virgílio ao purgatório dura quatro dias no tempo pascal, o da ressurreição, da vitória sobre a morte, da promessa da salvação: um dia, o da Páscoa, no antepurgatório; dois dias, a segunda-feira e a terça-feira de Páscoa, no monte do purgatório; o quarto, a quarta-feira, no paraíso terrestre. Durante toda essa viagem Dante observa cuidadosamente o movimento do sol e dos astros que os iluminam em sua ascensão circular, e que simboliza a graça de Deus que os acompanha e carrega para o céu as almas do purgatório.

Mas é todo o cântico do *Purgatório* que é salpicado de notações temporais. No *Inferno* as únicas indicações do tempo eram as que marcavam a viagem de Virgílio e de Dante. No *paraíso*, o próprio tempo será abolido durante a breve passagem de Dante. O purgatório é, pelo contrário, um reino no tempo[10]. Dante relembra a situação do tempo do purgatório no conjunto do tempo da história, a estada máxima do purgatório é a duração que se estende da morte ao juízo final. O poeta se dirige aqui ao leitor:

---

10. Cf. um sugestivo estudo de Luigi Blasucci: "La dimensione del tempo nel *Purgatorio*". In: *Approdo Letterario*, 1967, p. 40-57. Sobre a tradução em termos psicológicos destes dados teológicos, observações perspicazes de A. Momigliano no seu comentário ao *Purgatorio* (Florença, 1946), principalmente sobre a "*nostalgia insieme terrena e celeste, che unisce in una medesima malinconia le anime che aspirano alla patria celeste e il pellegrino che ha in cuore la lontana patria terrena*".

> tu vais compreender
> como Deus quer que a dívida se pague:
> não te detenhas à forma do martírio:
> pensa no que se seguirá, pensa no pior
> para além da grande sentença ele não pode persistir
> (X, 107-111).

Nesta temporalidade sinfônica, o tempo é feito da sobreposição do tempo da viagem de Dante com o tempo vivido das almas do purgatório por entre as quais ele passa, é feito principalmente dos diferentes tempos emaranhados dessas almas experimentadas entre a terra e o céu, entre a vida terrena e a eternidade. Tempo acelerado e tempo retardado, tempo no vai e vem da memória dos vivos à inquietude dos mortos, tempo ainda ligado à história e já aspirado pela escatologia.

No purgatório, mesmo a duração é ritmada pela progressão das almas. Prodígios marcam esta articulação do tempo dos homens na eternidade divina. Destacam os únicos acontecimentos que podem se produzir no purgatório.

Enquanto Virgílio e Dante estão na quinta cornija, a dos avarentos, eis que a montanha treme:

> E nos esforçávamos para avançar pela estrada
> tanto quanto fosse permitido ao nosso poder
> quando senti, como se algo desabasse,
> tremer a montanha, e veio-me um frio glacial
> tal qual a morte que se apodera daquele que marcha
> para a morte (XX, 127-129).

E coisa estranha, no entanto, eis que se erguem cantos de alegria:

> Então de toda parte ergue-se um grito
> tal que o mestre (Virgílio) virou-se para mim
> dizendo: "Não tenhas medo enquanto te guio"
> "*Gloria in excelsis Deo*" todos cantavam [...] (XX, 133-137).

Estácio, no canto seguinte, vai explicar aos dois peregrinos o significado desse tremor de terra:

> (estas alturas) tremem quando uma alma se sente tão perfeitamente

purificada que se levanta ou se põe em movimento
para subir ao céu e esse grito (que ouvistes)
a acompanha (XXI, 58-60).

Este choque dos acontecimentos no purgatório é, portanto,
o voo das almas tornadas dignas de subir ao céu e capazes de
para lá voar. Este tremor e este clamor é o abalo produzido pela
passagem de uma alma do tempo à eternidade.

Sem dúvida, o purgatório dantesco também é, e continua
sendo, o tempo do sofrimento e da provação. Seja como for, as
almas do purgatório estão privadas da verdadeira alegria, a da
visão beatífica, pois, como diz tristemente o Papa Adriano V,

Como nosso olhar não se guiou
para o alto, fixo que estava nas coisas terrenas
aqui, do mesmo modo, a justiça na terra o mergulha
(XIX, 118-120).

Na direção da luz

Mas o purgatório é todo voltado para o alto. E só no paraíso
terrestre Beatriz virá substituir Virgílio para guiar Dante até o
paraíso, só no 31º canto do cântico, mas desde o antepurgatório
Virgílio o anuncia a Dante:

Não sei se me compreendes; falo de Beatriz,
tu a verás lá no alto sobre o cimo
desse monte, sorridente e feliz (VI, 46-48).

Os escolásticos se perguntam se são os demônios ou os
anjos que se ocupam das almas do purgatório. Dante responde
sem hesitação que são os anjos bons, os anjos do céu, os anjos de
Deus. Há aquele da entrada que marca a testa com os sete Ps dos
pecados capitais, mas também, em cada cornija, aquele que ali
introduz as almas e os peregrinos e que, na saída, apaga o P
correspondente ao círculo ultrapassado.

E sobretudo, apesar dos episódios de escuridão, de fumaça,
de noites – mas são noites sob as estrelas –, a montanha do purgatório é progressivamente envolvida pela claridade. A ascensão
é uma marcha para a luz. Entre as trevas do inferno e a ilumi-

nação do paraíso, o purgatório é um lugar que banha em um claro-escuro que não cessa de clarear[11].

Desde o início, na praia da ilha, à beira-mar, o sol se levanta e devolve suas cores à paisagem como ao rosto de Dante.

> Estendi para ele minha face ainda molhada de lágrimas
> e nela ele fez reaparecer
> suas cores, que o inferno havia obscurecido (I, 127-129).

Esta claridade vem também dos anjos, que trazem ao purgatório a luz celeste espalhada em suas faces:

> Mesmo distinguindo suas cabeças loiras
> no brilho de seus rostos, meus olhos se embeveciam (VIII, 34-35).

No momento de penetrar na segunda cornija, Virgílio olha o sol:

> "Ó doce luz, entro tendo confiança em ti,
> pelo novo caminho...
> [...]
> teus raios, sempre, devem ser nossos guias" (XIII, 16-21).

Ao subir da segunda para a terceira cornija, Dante está até mesmo estupefato:

> [...] senti pesar sobre minha fronte
> um resplendor de luz bem maior do que antes
> e vinha-me um estupor dessas coisas desconhecidas (XV, 10-12).

E Virgílio lhe explica:

> Não te espantes se ainda te encantam
> os servidores do céu...
> é um mensageiro que vem convidar o homem a se erguer mais alto (XV, 28-30).

---

11. Cf. MARTI, M. "Simbologie luministiche nel *Purgatorio*". In: *Realismo dantesco e altri studi*. Milão/Nápoles, 1961.

O paraíso terrestre já banha enfim na luz celeste.

As trevas fugiam de todos os lados (XXVII, 112).

A última purificação aconteceu. De uma nascente correm dois rios; um deles, o Lete, retira do homem a lembrança de seu pecado, e o outro, o Eunoé (que é uma invenção de Dante), devolve-lhe a memória de todo o bem que ele fez (XXVII, 127-132). Última palavra de Dante sobre o processo de penitência e de purgação em que a memória desempenha um papel tão importante. É a metamorfose definitiva da memória também ela lavada do pecado. O mal é esquecido, subsiste apenas a memória daquilo que há de imortal no homem, o bem. A memória também alcançou o limiar escatológico.

Eis, portanto, Dante, em contato com a verdadeira claridade:

Ó esplendor de viva luz eterna
(*Ô isplendor di viva luce eterna*) (XXXI, 139).

O poeta, que terminou a viagem do purgatório, bebe a água do Eunoé e, como a alma purgada, chega ao último verso do *Purgatório*.

puro e pronto a subir até as estrelas
(*puro e disposto a salire alle stelle*).

A razão do purgatório

A história do purgatório na sociedade cristã não está terminada no início do século XIV. Sua profunda inscrição na devoção cristã e depois católica, seus momentos mais fervorosos, mais "gloriosos" datam dos séculos XV a XIX. Às formas tradicionais de publicidade: o sermão, a escrita em que o livro substituirá o manuscrito, adiciona-se a imagem[1]. O afresco, a miniatura, a gravura e os conjuntos artísticos das capelas e dos altares especializados dão enfim ao imaginário do purgatório a possibilidade de se encarnar. Desprovidas dos poderes do delírio literário que atormentam certas visões do além, a arquitetura, a escultura e a pintura garantem ao purgatório as seduções da visão direta, concluindo o triunfo de sua localização, de sua materialidade, de seu conteúdo[2].

Os desenvolvimentos não são menos importantes na ordem das crenças e das práticas. O purgatório havia feito uma aparição limitada nos testamentos. A partir do século XIV, mais ou menos

---

1. Cf. Apêndice III.

2. Sobre as diversas formas do "sucesso" do purgatório, cf. BASTARD-FOURNIÉ, M. "Le purgatoire dans la région toulousaine au XIVe siècle". In: *Annales du Midi*, 1980, p. 5-7. Em relação à iconografia do purgatório, campo vasto ainda largamente inexplorado, deve-se mencionar o estudo pioneiro de Gaby e Michel Vovelle: *Vision de la mort et de l'au-delà en Provence d'après les autels des âmes du purgatoire (XVe-XXe siècles)*. Paris, 1970. Não consultei a tese de 3º ciclo datilografada [sic], inédita, até onde sei, de A.-M. Vaurillon-Cervoni: *L'iconographie du purgatoire au Moyen Âge dans le Sud-Ouest, le centre de la France et en Espagne* (Toulouse, 1978), que parece tratar do fim da Idade Média e ao século XVI.

forte segundo as regiões, existe uma penetração que às vezes se aproxima da invasão[3]. Instituições aparecem às vezes para suprir a carência dos testamentos ou reforçá-los no apelo à generosidade dos fiéis. Nas regiões meridionais da França, por exemplo, onde subsistem reticências, e mesmo resistências, ao julgamento particular e ao terceiro lugar, difunde-se a "bacia das almas do purgatório" que se faz circular na igreja no momento da missa para coletar "o dinheiro dos fiéis" e que vem alimentar uma caixa particular, "a obra do purgatório", bem estudada por Michelle Bastard-Fournié. É o trocado da comunhão dos santos. Essas representações figuradas, essas práticas revelam transformações, um alargamento, das crenças ligadas ao purgatório. A devoção que se expressa pelos altares e pelos ex-votos às almas do purgatório mostra que, doravante, não apenas essas almas adquirem méritos, mas podem transferi-los aos vivos, retornar-lhes, devolver-lhes sua assistência. Eis assegurada a reversibilidade dos méritos de que se duvidava nos séculos XII e XIII e que era então na maioria das vezes negada. O sistema da solidariedade entre vivos e mortos através do purgatório tornou-se uma cadeia circular sem fim, uma corrente de reciprocidade perfeita. A corrente está fechada. Por outro lado, a instituição de uma "bacia das almas do purgatório" prova que os sufrágios, para além da celebração de 2 de novembro, aplicam-se a todos os mortos que supostamente estão no purgatório, ainda que o fiel pense que sua oferenda servirá sobretudo a encurtar a provação de "seus" mortos. A comunhão dos santos se manifesta plenamente. Sua aplicação generalizou-se.

No século XIII o purgatório havia dado lugar somente a formas limitadas de espiritualidade – se deixarmos de lado o grande poema de Dante. Santa Lutgarda era uma auxiliar entusiasmada das almas do purgatório, mas não parece ter vinculado explicitamente esta devoção à corrente mais profunda de espiritualidade

---

3. Remeto às observações de M. Bastard-Fournié, particularmente em relação ao belo trabalho de Jacques Chiffoleau a respeito de Avignon e do Comtat Venaissin, principalmente p. 17, n. 65, e mais geralmente p. 7.

da qual foi uma das pioneiras, principalmente à piedade no coração do Cristo. Oriunda do meio das beguinas, essa devoção que se desenvolve com Hadewijch e Mechtilde de Magdebourg, e depois com as monjas beneditinas Mechtilde e Gertrude de Hackeborn, no fim do século XIII, inspira sobretudo o meio das monjas de Helfta, no Saxe. Com Gertrude a Grande, falecida em 1301 ou 1302, o purgatório entra na esfera da mística mais elevada e atingirá os picos (ou as profundezas) do misticismo principalmente com Santa Catarina de Gênova (1447-1510), autora de um *Tratado do purgatório*.

No campo dogmático e teológico é também entre meados do século XV e início do século XVII que o purgatório está definitivamente entronizado na doutrina da Igreja Católica, contra os gregos ainda no Concílio de Florença (1439), contra os protestantes no Concílio de Trento (1562). Como no século XIII, Trento, assunto de teólogos e de governantes mais do que de pastores, mesmo inserindo irrevocavelmente o purgatório no dogma, mantém a distância o imaginário do terceiro lugar. Tem também pouco espaço nas duas grandes sínteses em que o purgatório se ancora na teologia da catequese pós-Trento, a dos jesuítas Belarmino e Suarez.

Mas o purgatório vive ainda mais largamente nos grandes estilos católicos do século XV ao XIX. Existe um purgatório do gótico flamejante e da *devotio moderna*, um purgatório da Contrarreforma, evidentemente, mas principalmente talvez um purgatório clássico, um purgatório barroco, e por fim um purgatório romântico e um purgatório de Saint-Sulpice. Em seus grandes trabalhos, Philippe Ariès, Pierre Chaunu, François Lebrun, Alberto Tenenti e Michel Vovelle, os maiores historiadores das atitudes diante da morte entre os séculos XVI e XX, reservaram um lugar ao purgatório. Mas nem sempre ele é tão nítido quanto se poderia desejar[4]. É verdade que o purgatório, este grande

---

4. ARIÈS, P. *L'Homme devant la mort*. Paris, 1977. • CHAUNU, P. *La mort à Paris – XVIe, XVIIe, XVIIIe siècles*. Paris, 1978. • LEBRUN, F. *Les hommes et la mort en Anjou*. Paris, 1971. • VOVELLE, M. *Piété baroque et déchristiantisation*

desconhecido da história, é uma peça do além, mesmo que se trate de um além perecível, e não, pelo menos aparentemente, um componente essencial do pensamento da morte que estava no horizonte principal de suas pesquisas. No entanto, desde o século XIII como demonstrei, o purgatório modificou a atitude dos cristãos diante dos últimos momentos da vida. Ele dramatizou esta última fase da existência terrena, carregando-a de uma intensidade mesclada de temor e de esperança. O essencial, a escolha do inferno ou do paraíso, uma vez que o purgatório era a antecâmara assegurada do paraíso, ainda podia ser arriscado no último minuto. Os últimos instantes eram aqueles da última oportunidade. Creio, portanto, que resta a esclarecer as relações, do século XIV ao XX, entre o purgatório e a morte.

No momento de finalizar este livro, em que tentei mostrar e explicar a formação do sistema do além-cristão entre os séculos IV e XIV, sistema ideológico e imaginário, fui tomado por uma inquietação. Meu propósito foi sugerir que neste sistema o lugar-chave foi o elemento intermediário, efêmero, frágil, e no entanto essencial, o purgatório, que ocupou seu lugar entre o paraíso e o inferno.

Mas esta é a verdade do sistema?

Não poderíamos nos perguntar se o elemento motor, organizador, não foi esse paraíso que despertou tão pouco o interesse

---

en Provence. Paris, 1973. VOVELLE, M. *Mourir autrefois* – Attitudes collectives devant la mort aux XVIIe et XVIIIe siècles. Paris, 1974. • VOVELLE, M. "Les attitudes devant la mort: problèmes de méthodes, approches et lectures différentes". In: *Annales ESC*, 1976. Em um livro que recebi quando escrevia esta conclusão, Pierre Chaunu caracterizou o purgatório no século XVI de maneira notável, que vai ao encontro dos resultados da minha pesquisa: *Église, culture et société* – Essais sur Réforme et contre-Réforme 1517-1620 (Paris, 1981, particularmente p. 378-380), a propósito do Concílio de Trento. Nele retoma uma afirmação do seu livro de 1978 (p. 131) vinda em parte de um esboço que eu havia feito em 1975: LE GOFF, J. "La naissance du Purgatoire (XIIe et XIIIe siècles)". In: *La mort au Moyen Âge*. Paris, 1977, p. 710 [Colóquio de Estrasburgo 1975; prefácio de P. Chaunu]. "A explosão do purgatório, escreve ele (p. 64), a explosão e a substantivação da pena purgatória pode ser datada com extrema precisão. Acontece entre 1170 e 1180, na medida em que nossas séries heterogêneas permitem avaliar. Explode como uma bomba atômica no fim do estabelecimento de uma massa crítica de transformação". Viram que sou mais sutil.

dos historiadores e que, quando consulto meu dossiê, não me parece tão sem graça e tão monótono como se disse. Essa planície, atravessada por poderosos rios, transfigurada pela luz, murmurante de cantos de uma harmonia perfeita, banhando em deliciosos perfumes, preenchida pela inefável presença divina que se revela na quintessência e na dilatação infinita do empíreo, resta um mundo a descobrir[5]. Para além do purgatório, esperança e certeza de salvação, exigência de justiça mais sutil e mais precisa, de preparação mais atenta à perfeita pureza requisitada na última etapa do "retorno", o que anima o sistema não é a promessa de Cristo crucificado ao bom ladrão: "Hoje estarás comigo no paraíso"? (Lc 23,43).

O purgatório teria se desviado tanto para o paraíso, a despeito de todo o imaginário infernal, que o motor da crença cristã católica no além seria esse desejo do céu que absorveria as almas do purgatório em uma sequência ininterrupta de retornos a Deus, pontuados pelos trovões radiantes da *Divina comédia*.

Nessa perspectiva eu não teria suficientemente desvendado, por trás do quase silêncio dos textos, o problema da visão beatífica, cuja privação, mais do que ser o grau zero do purgatório, seria a última etapa antes da eternidade. Não seria do lado da "sobreduração", como a chama Pierre Chaunu, ou do "suplemento de biografia", como o nomeia Philippe Ariès que se deveria buscar *depois* da vida terrena a chave espaçotemporal do purgatório, mas do lado do vazio necessário *antes* da visão beatífica, *antes* da eternidade. João XXII teria razão? O purgatório seria muito mais uma pré-eternidade do que uma pós-existência?

Mas minha inquietação não vem daí. Ao longo de toda essa história, a principal preocupação da Igreja não teria sido a de preservar o inferno eterno? O fogo purgatório temporário não teria servido à extrema valorização do fogo inextinguível? O segundo reino não foi a região exposta para proteger o reino infer-

---

5. Cf. GRIMM, R.R. *Paradisus Coelestis, Paradisus Terrestris* – Zur Auslegungsgeschichte des Paradises im Abendland bis um 1200. Munique, 1977.

nal? O purgatório não teria sido o preço a pagar pela Igreja para conservar a arma absoluta, a danação? Isso seria a iluminação sulfurosa de um período do catolicismo, aquele que corresponde ao cristianismo do medo de Jean Delumeau.

Talvez se compreendesse melhor a atitude hoje da maioria dos católicos e da Igreja face ao purgatório.

Atitude que visa o conjunto do sistema do além, porém mais particularmente o purgatório. Para a Igreja trata-se, uma vez mais em sua história, de realizar um *aggiornamento* que cada um pode, segundo sua crença, considerar como uma lenta, mas perseverante caminhada para a realização de um cristianismo "ideal", ao mesmo tempo retorno às origens e coroamento, ou reduzir a uma simples recuperação por uma instituição anacrônica da marcha caótica da história. De todo modo, o imaginário do além paga uma vez mais o preço de uma atitude que, sob o signo da depuração, rejeita as formas "primitivas" das crenças. No máximo espíritos conhecedores do passado, respeitosos do outro, preocupados com equilíbrio, como diz por exemplo o Padre Y.M. Congar: "Também desta vez, será necessário purificar nossas representações e nos livrarmos, se não das imagens, pois não se pode pensar sem elas, e existem as que são válidas e até mesmo belas, pelo menos de certas imaginações"[6]. Quem não consentiria no desejo de fazer recuar a visão de torturas propriamente infernais, ou pretensamente purgatórias, cujo decalque nas práticas terrenas que infelizmente estão longe de ter desaparecido não é demasiado evidente? Do programa esboçado pelo grande teólogo dominicano é preciso reter a vontade de unir duas tendências que a história com excessiva frequência opôs: adaptar as crenças à evolução das sociedades e das mentalidades sem mutilar o homem de uma parte essencial de sua memória e de seu ser:

---

6. CONGAR, Y. *Vaste monde, ma paroisse* – Vérité et dimensions du salut. Paris, 1966, cap. VII: "Que savons-nous du Purgatoire?", p. 76. Cf. tb. CONGAR, Y. "Le purgatoire". In: *Le mystère de la mort et sa célébration*. Paris, 1956, p. 279-336 [Lex orandi, 12].

o imaginário. A razão se alimenta de imagens. A história profunda o revela.

Na verdade, temo que, neste desejo de depuração, o purgatório não seja essencialmente perdedor, uma vez que, como creio ter mostrado, seu nascimento, seu desenvolvimento, sua difusão estão tão ligados ao imaginário que o Padre Congar deve reencontrar acentos quase origenistas para salvá-lo nas concepções atuais da hierarquia católica.

Do lado dos fiéis parece-me que a desafeição pelo purgatório se explica de outra forma e talvez até mesmo pelas razões inversas. Do lado do clero há desinfernalização e desmaterialização do purgatório. Do lado dos fiéis e dos homens sensíveis à evolução das crenças religiosas há a crescente indiferença em relação ao tempo intermediário do além. Novamente nossa época, sobretudo nas sociedades ditas desenvolvidas, concentra suas dúvidas, suas esperanças e suas angústias nos dois polos. Primeiro neste mundo e, se se faz abstração do número ínfimo de verdadeiros "despreocupados", o olhar dirige-se para o horizonte da morte, onde os velhos modelos do morrer desabam de todos os lados. Como morrer? Para os católicos, para os homens de todas as crenças e para aqueles que devem, muito simplesmente, pensar sua morte, a escolha mais uma vez parece se limitar a paraísos e infernos, projeção dos sonhos deste mundo e um medo que encontrou uma nova realidade imaginária. Hoje o apocalipse nuclear: um apocalipse cuja aterradora experiência já foi feita neste mundo[7].

Mas, como espero, sempre haverá um lugar nos sonhos do homem para a sutileza, para a justiça/justeza, para a medida em todos os sentidos da palavra, para a razão (ó razoável purgatório!) e para a esperança. Desejo que não possamos dizer tão cedo que, realmente, o purgatório foi apenas passageiro.

---

7. Relembro o sentido etimológico de apocalipse: desvendamento, revelação.

Apêndices

I – Bibliografia do purgatório

A atual bibliografia do purgatório é considerável. Muitos trabalhos consagrados à história do purgatório são mal-informados e animados de espírito polêmico entre os católicos e os protestantes e apologético entre os católicos. Tem-se com demasiada frequência a impressão de que a visão do purgatório da erudição católica não se renovou desde Bellarmin e Suarez até a primeira metade do século XX. O enorme artigo de A. Michel, "purgatório" no *Dictionnaire de Théologie Catholique*, de E. Vacant, E. Mangenot e E. Amann (t. 13, 1936, col. 1.163-1.326), muito rico, continua sendo fundamental. Seu espírito é tradicional e antiprotestante. Para mim, a melhor síntese breve parece ser a de A. Piolanti: "Il dogma del purgatorio" (in: *Euntes docete*, 6, 1953, p. 287-311). O artigo, "Fegfeuer" (in: *Lexicon für Theologie und Kirche*, IV, 1960, col. 49-55) é breve. A obra do protestante de E. Fleischhak (*Fegfeuer – Die chrtstlichen Vorstellungen vom Geschick der Verstorbenen geschichtlich dargestellt*, 1969), destinada a informar seus correligionários sobre a posição católica, é simpática, mas a qualidade não é boa, não é suficientemente informada e contém alguns erros.

A obra mais sugestiva é a do etnólogo e historiador Marcus Landau (*Hölle und Fegfeuer in Volksglaube, Dichtung und kirchenlehre*. Heidelberg, 1909). É lamentável que suas informações sejam antigas e parciais e que sofra, sobretudo, do desprezo do etnólogo pela cronologia.

Sobre a exegese medieval de um texto essencial para o desenvolvimento do purgatório, cf. GNILKA, J. *Ist I Kor. 3,10 ein Schriftzeugnis für das Fegfeuer?* – Eine exegetisch-historische Untersuchung. Düsseldorf, 1955.

A história antiga do purgatório foi renovada pelos excelentes trabalhos de Joseph Ntedika: *Évolution de la doctrine du purgatoire chez saint Augustin.* Paris, 1966 [Estudos Agostinianos]. • *L'Évocations del'au-delà dans la prière pour les morts* – Études de patristique et de liturgie latine. Lovaina/Paris, 1971.

No *Les plus beaux textes sur l'au-delà*, de J. Goubert e L. Cristiani, encontra-se uma antologia de textos de valor e de nível diferentes, mas há alguns significativos sobre o purgatório.

II – "*Purgatorium*": história de uma palavra

O fato essencial é o aparecimento na segunda metade do século XII, ao lado do adjetivo *purgatorius, a, um*, do substantivo *purgatorium*. Curiosamente, este acontecimento linguístico, que me parece um sinal de uma evolução fundamental das crenças relativas ao além, escapou aos historiadores do purgatório ou não despertou muito a atenção deles. Até mesmo Joseph Ntedika se engana ao atribuir a Hildebert de Lavardin ou Hildebert du Mans († 1133) o privilégio de ter sido o primeiro a empregar a palavra *purgatorium* (*Évolution de la doctrine du purgatoire chez saint Augustin*, p. 11, n. 17). O mesmo erro se encontra no artigo "Fegfeuer" (do *Lexicon für Theologie und Kirche*. Vol. IV, col. 51). A. Piolanti se contenta em dizer: "Neste século [o XII] aparecem os primeiros esboços do tratado *De purgatorio* [a partir de então o adjetivo transformara-se em substantivo]" ("Il dogma del purgatorio". In: *Euntes Docete*, 6, 1953, p. 300). E. Fleischhak pretende, sem dar referências (e não sem motivos!...), que "a palavra *purgatorium* foi empregada desde a época carolíngia" (*Fegfeuer...*, 1969, p. 64).

Para poder avançar como faço que o termo aparece muito provavelmente entre 1170 e 1180, é necessário corrigir algumas falsas atribuições de textos ou retificar a edição de certos textos anteriores a 1170 (emprego usado sobretudo nas expressões *ignis purgatorius, poena(e) purgatoria(e), loca purgatoria*, a forma *in* [*locis*] *purgatoriis*), onde *purgatorium* como substantivo só aparece porque a edição foi feita a partir de manuscritos posteriores a 1170 em que, por exemplo, o copista deve ter substituído naturalmente *ignem purgatorium* por somente *purgatorium*, dado o emprego habitual do substantivo na sua época.

Pedro Damião († 1072) no seu sermão LIX para a Festa de São Nicolau, sem empregar o termo *purgatorium*, teria distinguido o lugar purgatório entre as *cinco regiões* que podem acolher o homem: 1) *regio dissimilitudinis* (neste mundo); 2) *paradisus claustralis* (o paraíso neste mundo, quer dizer o claustro); 3) *regio expiationis*, o lugar da expiação – o purgatório; 4) *regio gehennalis*, o inferno; 5) *paradisus supercoelestis*, o paraíso celeste.

Para distinguir a região da expiação, ele emprega a expressão *loca purgatoria* (*PL*, 144, col. 838). Mas reconheceu-se que este texto não é de Pedro Damião, mas do falsário notório, Nicolas de Clairvaux († depois de 1176), que foi secretário de São Bernardo. Por exemplo, F. Dressler (*Petrus Damiani* – Leben und Werk. Roma, 1954, Apêndice 3, p. 234-235 [Anselmiana XXXIV]),oferece, na lista dos 19 sermões que, com uma muito grande possibilidade não devem ser atribuídos a Pedro Damião, o sermão 59, e acrescenta que "possivelmente" são de Nicolas de Clairvaux, "*einem gerissenen Fälscher*". Cf. RYAN, J. "Saint Peter Damiani and the sermons of Nicholas de Clairvaux: a clarification". In: *Medieval Studies*, 9, 1947, 151-161. Aliás, a *Patrologie Latine* da Migne publicou duas vezes o mesmo sermão (59), a primeira vez sob o nome de Pedro Damião (*PL*, 144, col. 835-839) e a segunda vez sob o de Nicolas de Clairvaux (*PL*, 184, col. 1.055-1.060). Nicolas de Clairvaux também é provavelmente o autor do sermão 42: "*De quinque negotiationibus et quinque regionibus*", atribuído a São Bernardo, muito próximo do de Pedro Damião, mas em que o sistema dos três lugares (no interior dos cinco) e a palavra purgatório (*purgatorium*) aparecem com uma nitidez que me parece impossível antes de 1153, data da morte de São Bernardo: *Tria sunt loca, quae mortuorum animae pro diversis meritis sortiuntuer: infernus, purgatorium, caelum* (SÃO BERNARDO. *Opera omnia*. H.M. Rochais, 6, I, p. 259 [ed. de J. Leclercq]). Dom Jean Leclercq e H.M. Rochais tiveram a gentileza de me reafirmar por escrito e de viva voz o que haviam escrito em diferentes artigos: J. Leclercq, "Les collections de sermons de Nicolas de Clairvaux". In: *Revue Bénédictine*, 1956. • ROCHAIS, H.M. "Enquête sur les sermons divers et les sentences de saint Bernard". In: *Analecta SOC*, 1962, ou seja, que nada permitia decidir pela não atribuição a São Bernardo do sermão 42, ainda que nada também permita lhe atribuir a paternidade com certeza: "Mantivemos o *De diversis 42* como de São Bernardo [...] o que não quer dizer que o julgamento não possa mudar. Creio que se trata de um texto de que existem várias redações devidas não ao próprio São Bernardo, mas a Nicolas de Clairvaux e a outros, o que explicaria a introdução de elementos mais tardios" (J. Leclercq, carta de 5 de outubro de 1979). Monique-Cécile Garand, que gentilmente concordou com examinar para mim os manuscritos latinos 2.571, da Bibliothèque Nationale de Paris, e 169, de Cambrai – os mais antigos provavelmente –, avança prudentemente, sob critérios paleográficos, que o primeiro deve ser do terceiro quarto do século XII (mas talvez de antes da canonização de Bernardo em 1174, uma vez que a palavra *sanctus* não figura no título e foi acrescentada no *ex-libris*), e o segundo da segunda metade do século. Portanto, é possível se pensar em uma data próxima de 1170. Estou convencido de que o primeiro sermão não é de São Bernardo e que data pelo menos de uns vinte anos depois da sua morte. Cf. tb., sobre Nicolas de Clairvaux, CONSTABLE, G. *The letters of Peter the Venerable II, Nicholas of Montieramey and Peter the Venerable*. Cambridge, Mass., 1967, p. 316-330.

Antes de São Bernardo a palavra *purgatorium* teria sido encontrada em um texto de Hildebert de Lavardin, bispo de Mans e arcebispo de Tours († 1133), e o excelente Ntedika, como já vimos, também registrou essa atribuição errada. O sermão 85: *Jerusalem quae aedificatur*, publicado entre os sermões de Hildebert por Beaugendre em 1708 e reproduzido pela Migne (*Patrologie Latine*, 171, col. 741 (*hi, qui* in purgatorio *poliuntur*)), foi atribuído a Pedro o Devorador, por Hauréau, "Notice sur les sermons attribués à Hildebert de Lavardin". In: *Notices et extraits des manuscritu...*, XXXII, 2, 1888, p. 143. Cf. WILMART, A. "Les sermons d'Hildebert". In: *Revue Bénédictine*, 47, 1935, p. 12-51. A atribuição a Pedro o Devorador, foi confirmada por M.M. Lebreton: "Recherches sur les manuscrits contenant des sermons de Pierre le Mangeur". In: *Bulletin d'Informations de L'IRHT*, 12 (953), p. 25-44. François Dolbeau gentilmente me assinalou que nos manuscritos mais antigos destes sermões, que ele também confirma como sendo de Pedro o Devorador, encontra-se *in purgatorio* (MS. 312 [303] e 247 [238] de Angers, do fim do século XII), mas que o trecho de frase inteiro onde se encontra *in purgatorio* falta em um manuscrito mais antigo, o 227 (218) da Bibliothèque Municipale de Valenciennes, de meados do século XII.

Como parece que o substantivo *purgatorium* se encontra realmente em uma carta enviada em 1176 pelo beneditino inglês Nicolas de Saint-Albans ao clunisiano Pierre de Celle (em 1180-1182, segundo informação gentilmente fornecida por A.-M. Bautier): *Porro facto levi* per purgatorium *transitu intravit in gaudium Domini sui* (*PL*, 202, col. 624), e que Pedro o Devorador († 1179) se empregou no sermão *Jerusalem quae aedificatur* o substantivo *purgatorium*, nunca o emprega no *De sacramentis*, composto entre 1165 e 1170; os empregos mais antigos de *purgatorium* como substantivo se encontrariam pouco depois de 1170 no cisterciense Nicolas de Clairvaux, no beneditino Nicolas de Saint-Albans e no mestre secular da Escola de Notre-Dame de Paris, Pedro o Devorador.

Resta sobretudo um problema que não pude esclarecer de maneira decisiva. Encontra-se na edição publicada pela Migne de um tratado anônimo: *De vera et falsa poenitentia*, atribuído pela Idade Média a Santo Agostinho e que data na verdade do fim do século XI ou mais provavelmente da primeira metade do século XII; o termo *purgatorium* usado como substantivo: *ita quod nec* purgatorium *sentiunt qui in fine baptizantur* (*PL*, 40, 1.127). O fato de em algumas linhas mais adiante o texto falar de *ignis purgationis* nada prova, mas deixa isolada a palavra *purgatorium*, e estou persuadido de que só permaneceu isolado nos manuscritos a partir do fim do século XII, ao passo que o texto primitivo devia ser *ignem purgatorium*. De fato, não restam dúvidas de que o *De vera et falsa poenitentia* data de antes de meados do século XII, pois foi citado não só por Pedro Lombardo († 1160) (*PL*, 192, 883) mas também pelo *Decreto* de Graciano, escrito por volta de 1140 (*PL*, 187, 1.559, 1.561, 1.637). Infelizmente, apesar de minhas pesquisas, auxiliado por François Dolbeau, Agostino Paravicini Bagliani e Marie-Claire Gasnault, não pude consultar o manuscrito do *De vera et falsa poenitentia* anterior ao fim do século XII, e minha convicção continua sendo uma hipótese. Por outro lado, só me resta desejar uma edição científica desse texto fundamental para a história da penitência, tema essencial da teologia e da prática religiosa no século XII. Cf. TEETAERT, A. *La confession aux laiques dans l'Église latine depuis le VIIIe jusqu'au XIVe siècle*. Paris, 1926, p. 50-56. • FANTINI, C. "Il tratatto ps. agostiniano *De vera et falsa poenitentia*". In: *Ricercche di storia religiosa*, 1954, p. 200-209.

Sobre a maneira como a expressão *ignis purgatorius* se transformou a partir do fim do século XII em *purgatorium*, sobretudo quando o substantivo do texto mais recente e o adjetivo do texto primitivo estavam no mesmo caso gramatical, eis um exemplo significativo.

Alexandre de Halès, em sua *Glosa das sentenças*, de Pedro Lombardo (entre 1223 e 1229), cita o *De potestate legandi et solvendi*, de Richard de Saint-Victor († 1173), da seguinte maneira: *"per incendium* purgatorii *scoria peccati excoquitur"* (*Glossa in IV libros Sententiarum Petri Lombardi*, liv. IV, dist. XX. Ed. Quaracchi, t. IV, p. 354). Mas o texto original de Richard de Saint-Victor é: *"per incendium* purgatorii ignis *scoria peccati excoquitur"* (*PL*, 196, 1.177).

No fim do século XII e no início do século XIII *purgatorium* e *ignis purgatorius* coexistem quase como sinônimos e às vezes nos mesmos autores. Pierre de Celle, a quem Nicolas de Saint-Albans escreve por volta de 1180 falando de *purgatorium* (a propósito de São Bernardo), não emprega no seu tratado *De disciplina claustrali*, composto em 1179, senão a expressão *ignis purgatorius* (*PL*, 202, col. 1.133). Como os manuscritos mais antigos de várias obras do século XII não foram conservados, será difícil localizar com certeza os empregos mais antigos de *purgatorium*.

Anne-Marie Bautier teve a gentileza de me assinalar uma das mais antigas definições do purgatório que se encontra em uma vida de São Vítor, mártir de Mauzon, editada por F. Dolbeau (*Revue Historique Ardennaise*, t. IX, p. 61): "*Purgatorium ergo, locum conflationis, ergastulum purgationis, iste sanctus repperit in gremio ecclesiae in qua conflari injuriis et passionibus meruit, quibus ad remunerationem victoriae laureatus pervenit*". Observa-se que certos santos (e foi o que se pensou do próprio São Bernardo) não vão diretamente para o paraíso, mas passam pelo purgatório.

Por fim, se se consultar os dicionários e glossários do latim medieval, constata-se que o exemplo mais antigo de *purgatorium* citado por Du Cange é a carta de Inocêncio IV a Eudes de Châteauroux de 1254. J.F. Niermeyer (*Mediae Latinitatis Lexicon Minus*, Leyde, 1976) diz: "subst. neutro *purgatorium*, o purgatório, the Purgatory, S. XIII". A. Blaise, em seu *Dictionnaire Latin-français des Auteurs du Moyen Âge* (*Corpus christianorum Continuatio Maedievalis*. Turnhout, 1975, p. 754-755), diz que a palavra aparece no século XII, enquanto anteriormente empregava-se uma perífrase como *purgatorius ignis* e cita o pseudo-Agostinho (o *De vera et falsa poenitentia*), a carta de Inocêncio III do começo do século XIII e o sermão de Hildebert de Lavardin, que deve ser restituído a Pedro o Devorador († 1179). Indica também o sentido de "morada penitencial situada em uma ilha e chamada 'purgatório de S. Patrick' ou Patrick".

J.-H. Baxter e C. Johnson (*Medieval Latin Word-List from British and Irish Sources*. Oxford, 1934) registram simplesmente "*purgatorium, purgatorio (eccl.), c. 1200*". R.E. Latham, em seu *Revised Medieval Latin Word-List from British and Irish Sources* (Londres, 1965), distingue "*purgatorium (teol.) c. 1150*" e "*purgatorium Sancti Patricii (in Lough Derg) c. 1188*". Parece-me que a data de cerca de 1150 vem da data de 1153 atribuída, na tradição do *Purgatorium Sancti Patricii*, à aventura do cavaleiro Owein. A data (e provavelmente a história) é fantasista.

Para as línguas vernáculas em francês a menção mais antiga de *purgatório* encontra-se provavelmente sob a forma *espurgatoire* no *Espurgatoire Saint-Patriz*, de Marie de France, por volta de 1190 (ou no princípio do século XIII, entre 1208 e 1215, na hipótese de F.W. Locke. In: *Speculum*, 1965, p. 641-646).

Meu amigo Josef Macek assinala que em checo a palavra que designa o purgatório *Očistec* só aparece nos anos 1350-1380 em traduções de obras latinas. Mas esse purgatório parece maldiferenciado do limbo ou mesmo do inferno. Para Jean Hus, o purgatório é "o terceiro inferno" (třetie pehlo in: *Vyhlad viery,* Ms M, Biblioteca da Universidade de Brno, MK, fol. 16 a). No começo do século XV os taboritas também se recusam a acreditar no purgatório e fazem um jogo de palavras entre *očistec* e *ošistec* (enganação) ou chamam ao purgatório *purgáč*, quer dizer *purgativo*. Sobre a recusa do purgatório entre os valdenses e os hussitas, cf. CEGNA, R. "Le *De reliquiis et de veneratione sanctorum: de purgatorio* de Nicola della Rosa Nera detto da Dresda (di Cerruc), maître à Prague de 1412 a 1415", *Mediaevalia Philosophica Polonorum*. T. XXIII. Wroclaw/Varsóvia/Cracóvia/ Gdansk, 1977.

III – As primeiras imagens

No artigo "Fegfeuer" (purgatório) do excelente *Lexicon der Christlichen Ikonographie*. Vol. II, 1970, col. 17 [ed. de Kirschbaum], W. Braunfels escreve: "No mundo figurado do paleocristianismo, bem como no da Idade Média até ao fim do século XIV, não se encontra qualquer representação do purgatório".

Ainda que pareça verdadeiro que a iconografia do purgatório não se expandiu senão no fim do século XIV, encontram-se todavia representações do purgatório durante o século precedente, e uma atenta pesquisa iconográfica certamente revelaria uma colheita mais rica de imagens do purgatório anteriores ao fim do século XIV.

Apresento aqui três dessas representações:

1) A mais antiga, para a qual o Padre Gy chamou a minha atenção, é uma miniatura que se encontra na folha 49 do Breviário de Paris, chamado Breviário de Felipe o Belo (Paris: Bibliothèque Nationale, manuscrito latino 1.023). Esse manuscrito que data do período 1253-1296 e que, segundo critérios formais, deve ser situado perto de 1296, é muito provavelmente o breviário cuja ilustração foi encomendada por Felipe o Belo, a um célebre pintor parisiense, Mestre Honoré, em 1296, como testemunha o inventário do tesouro do Louvre para esse ano.

A miniatura de pequenas dimensões (3,5cm x 4cm) da folha 49 representa provavelmente um julgamento de almas por Deus. O Cristo em majestade e dois serafins que o cercam ocupam cerca de dois terços da altura da miniatura. Na parte inferior veem-se quatro almas do purgatório, duas ainda imersas no fogo, duas retiradas do fogo por dois anjos que atravessaram o teto das nuvens. A figura compreende quatro lugares sobrepostos: um céu dourado, uma zona de nuvens, uma zona sublunar quadriculada e o fogo (Cf. LEROQUAIS, V. *Les bréviaires manuscrits des bibliothèques publiques de France*. T. II. Paris, 1934, n. 487, p. 465-485).

2) A segunda representação do purgatório encontra-se em um afresco da velha Catedral de Salamanca, que representa todo o sistema do além no início do século XIV segundo a concepção dos quatro lugares. À esquerda (para quem olha) o céu, e à direita o inferno. No centro, receptáculos com almas represen-

tando à esquerda o purgatório, à direita os limbos. No receptáculo superior do purgatório um anjo vem buscar uma alma para conduzi-la ao céu. Uma inscrição data esta pintura de 1300 do período espanhol, o que daria 1262, mas François Avril pensa que, por razões de estilo, este afresco não pode ser anterior à primeira metade do século XIV. Devo a reprodução desta pintura à gentileza do Professor Luis Cortes. Cf. GUDIOL RICART, J. *Ars Hispanica*. Vol. 9: Pintura Gótica. Madri, 1955, p. 47.

3) Uma miniatura que oferece ao mesmo tempo semelhanças e diferenças com a primeira imagem encontra-se no Breviário parisiense chamado Breviário de Carlos V, que provavelmente foi executado para uma mulher da família real francesa, entre 1347 e 1380, data em que se encontra na Biblioteca de Carlos V (Paris: Bibliothèque Nationale, manuscrito latino 1052, folha 556 verso. Cf. LEROQUAIS, T. III, p. 49-56). A miniatura, também de pequenas dimensões, está inserida "na celebração dos mortos", ou seja, em 2 de novembro, enquanto a anterior ilustra o Sl 114, Salmo *Dilexi*, onde o salmista agradece a Javé por tê-lo libertado das malhas do *shéol*. Cristo não figura nesta miniatura, ao contrário da anterior. Dois grandes anjos atraem para o céu duas almas que têm apenas os pés no fogo. Onze cabeças de almas representando uma multidão destas almas do purgatório e as diferentes condições sociais (nela se reconhecem o papa, o bispo etc.) estão mergulhadas no fogo. Há três lugares sobrepostos: uma faixa de céu azul muito estreita (cerca de um décimo da altura), uma zona intermediária quadriculada ocupando mais de metade da altura, um mundo infernal feito de rochas de silício com um grande buraco cheio de fogo. Devo o conhecimento e a reprodução desta miniatura à gentileza de François Avril.

IV – Trabalhos recentes

Depois da conclusão deste livro (janeiro de 1981) tive conhecimento de diversos estudos que mais ou menos estavam relacionados ao purgatório.

Paolo Santarcangeli no *Nekyia – La discesa dei poeti agli inferni* (Milão, 1980), evoca o purgatório de São Patrício e a Irlanda (p. 72) em relação à geografia simbólica dos infernos situados nas ilhas.

Três estudos importantes foram consagrados às visões e às viagens do além.

O primeiro, de Michel Aubrun ("Caractères et portée religieuse et sociale des *Visiones* en Occident du VIe au XIe siècle") apareceu nos *Cahiers de Civilisation Médiévales,* abr.-jun./1980, p. 109-130. O autor faz uma análise muito arguta da atmosfera religiosa e psicológica dessas visões. Revela com perspicácia a atitude da hierarquia eclesiástica que oscila entre a reserva e a recuperação que se inscrevem no quadro da desconfiança da Igreja da alta Idade Média em relação aos sonhos. Não aborda o "problema" do purgatório, pois seu estudo se limita ao começo do século XII, mas nota justamente a presença na visão de Drythelm de Beda, por exemplo, de uma espécie de "purgatório-penitência no nordeste" e de "purgatório-espera no sudeste". Esta dicotomia do purgatório corresponde aos dois aléns da tradição céltica, o quase infernal e o quase paradisíaco, e anuncia o *Purgatório* de Dante com a sua antecâmara.

O grande medievalista soviético Aaron J. Gurjewitsch (cuja obra sobre *Les catégories de la culture médiévale*, 1972, traduzida para o alemão com o título *Das Weltbild des mittelalterlichen Menschen* (Dresde, 1978), aparece na tradução francesa na *Bibliothèque des Histoires,* da Gallimard), enviou ao colóquio organizado em Paris em março de 1981 pelo Centre Nationale de la Recherche Scientifique sobre o *Temps chrétien* (séculos IV a XIII), colóquio ao qual não pude participar, um importante texto publicado nos *Annales ESC* sobre *L'individu et l'imagination de l'au-delà.* Gurjewitsch critica Pierre Chaunu e principalmente Philippe Ariès pelo fato de terem baseado suas ideias sobre o purgatório em fontes que só o aceitam tardiamente (testamentos e, sobretudo, iconografia), ao passo que outras, essenciais, levam a datar mais cedo seu nascimento e difusão. Estou de acordo com ele por considerar que essas outras fontes – as visões do além e os *exempla* que largamente utilizei neste livro – são indispensáveis e dão outra imagem da história do purgatório. Ambos concluímos que o período crucial é o fim do século XII e o início do século XIII. Mas creio que também Gurjewitsch negligenciou excessivamente a teologia, a liturgia e as práticas religiosas. Penso como ele que o purgatório e o conjunto do sistema do além revelados por essas fontes mostram um processo de individualização da morte e do além que insiste cada vez mais no julgamento individual logo depois da morte. Mas o conjunto das fontes, e particularmente aquelas que falam dos *sufrágios*, evidencia que, como demonstrei, esta promoção da salvação individual se combina com a ação das comunidades a que pertence o indivíduo, quer se trate de comunidades terrenas de parentesco carnal ou artificial, quer da comunidade sobrenatural da comunhão dos santos.

Em abril de 1981 Claude Carozzi apresentou na XXIX Settimana di Storia du Centro Italiano di Studi sull'Alto Medioevo de Spoleto, consagrada ao tema *Popoli e paesi nella cultura altomedievale*, uma extraordinária comunicação – que aparecerá no volume dos relatórios e debates da semana – intitulada: *A geografia do além e o seu significado durante a alta Idade Média*. É um esboço da tese que ele prepara sobre a literatura das visões entre os séculos VI e XIII. O purgatório estava no centro da sua exposição. Estou de acordo com ele para destacar a importância da geografia no desenvolvimento das crenças do além e distinguir como principais etapas: os *Diálogos* de Gregório o Grande, a visão de Drythelm de Beda, a politização do além na época carolíngia, e evolução decisiva no sentido da precisão nos grandes textos do século XII e do início do século XIII. Mas nos separamos em um ponto que considero essencial. Claude Carozzi fala do purgatório a partir do século VIII e mesmo do século VI. É "realista" onde sou "nominalista" e acredito no significado fundamental das mudanças de vocabulário, por isso é levado a ver no fim do século XII muito mais o nascimento do inferno – um além de castigos eternos bem distintos – e não o do purgatório.

A título de *boutade* provocadora esta hipótese é sugestiva. Não creio que ela esteja de acordo com a realidade histórica. Claude Carozzi estudou com muita erudição e inteligência um gênero literário. Um fenômeno histórico como o nascimento do purgatório deve ser explicado por um conjunto de fontes analisadas no seu contexto histórico global. Mas meu resumo simplifica muito as teses de Claude Carozzi. Será preciso esperar pela conclusão e publicação de sua tese da qual estou certo da riqueza e do interesse.

Estes estudos recentes me fazem lembrar e deixar claro que não estudei todas as visões do além que conservamos para o período que vai do século VIII ao século XIII. Penso que apenas deixei de lado textos que nada acrescentavam à minha demonstração, em um sentido ou em outro, apesar do interesse que pudessem ter. Claro que a palavra *purgatorium* não existe em nenhum desses textos. Menciono aqui rapidamente por que não aproveitei, a título de exemplos, algumas dessas visões analisadas pelos três autores que acabo de citar, como o tinham sido – ainda que de maneira menos detalhada e em uma perspectiva menos histórica – pelos autores antigos como Becker, Dods, MacCullogh, Seymour, Patch e mais recentemente Dinzelbacher.

Alta Idade Média: século VII. A Visão de Bonellus (*PL*, t. 87, col. 433-435).

O abade espanhol Valère, falecido no último decênio do século VII, conta a viagem ao além do Monge Bonellus. Durante um êxtase é levado por um anjo para um habitáculo, uma célula radiante de pedras preciosas, que será a sua futura morada se perseverar em suas práticas ascéticas. Em um segundo êxtase um demônio o carrega para o poço do inferno. Nenhuma palavra faz alusão a uma purgação qualquer, mas alguns detalhes evocam o sistema do futuro purgatório. O lugar está situado nas profundezas da terra, e nela existe um fogo aterrador no qual os demônios lançam as almas. Bonellus vê ali um diabo horrível acorrentado, mas que não deve ser satanás, pois só lhe mostram "o poço inferior do abismo, onde as penas são mais duras e mais cruéis".

Um pobre que ele socorreu na terra procura ajudá-lo – alusão ao sistema dos sufrágios. Ele resiste graças ao sinal da cruz, como acontecerá no *Purgatório de São Patrício*. Finalmente é conduzido à terra. Não existe, repito, qualquer ideia de purgação, apenas uma hierarquia dos lugares de castigos. O sistema é dualista: lugar muito agradável sem denominação, abismo *(abyssus)* chamado inferno *(infernus)*.

Alta Idade Média: século VII. A Visão de Barontus (678/679) (*Monumenta Germaniae Historica, Scriptores Rerum Merovingicarum*, V, p. 337-394). Barontus, monge do Mosteiro de Longoretus (Saint-Cyran, perto de Bruges), é carregado por dois demônios durante uma doença grave e socorrido pelo santo Arcanjo Rafael e por São Pedro, que lhe mostram as quatro portas do paraíso e lhe deixam entrever o inferno, onde multidões de homens e mulheres reunidos por categorias de pecados são torturadas pelos diabos. Nada se fala de purgação.

Alta Idade Média: século VIII. A visão do monge de Wenlock (cerca de 717) (*Monumenta Germaniae Historica Epistolae*, t. 3, p. 252-257).

Em uma carta à Abadessa Eadburge de Tenet, São Bonifácio conta a visão de um monge da abadia inglesa de Wenlock, no Shropshire. Alguns anjos o levam para dar a volta ao globo terrestre e depois lhe mostram os poços de fogo dos infernos, e ele ouve os gemidos e os lamentos das almas que estão no inferno inferior. Mostram-lhe também um lugar muito agradável que lhe designam como o paraíso de Deus. O único ponto interessante para a pré-história do purgatório é a existência de uma ponte que se projeta sobre um rio de fogo, de onde caem almas que são mergulhadas no rio completamente, ou só uma parte do corpo, ou metade do corpo, ou até os joelhos ou até as axilas. "São, dizem-lhe, as almas, que depois de deixarem a vida mortal não estavam completamente livres de certos pecados leves e precisavam de um castigo piedoso do Deus misericordioso para se tornarem dignas de Deus". É, sem a palavra, a ideia de purgação. Mas este texto está bastante atrasado em relação à visão de Drythelm de Beda, quase contemporânea.

No século XI: Otloh de Saint-Emmeran.

Otloh de Saint-Emmeran e de Fulda (1010-1070), autor da primeira autobiografia da Idade Média, que chegou a ser comparada com as *Confissões* de Santo Agostinho, escreveu um *Livro de visões* (*PL*, t. 146, col. 341-388) que se situa na tradição monástica e relata visões que ele mesmo teve ou que encontrou em autores dos quais o principal é Gregório o Grande, nos *Diálogos*. Entre essas visões estrangeiras se encontra a do monge de Wenlock relatada por São Bonifácio (col. 375-380) e a de Drythelm narrada por Beda (380-383). Em razão da antiguidade das fontes de Otloh, não só o purgatório não é abordado nessas visões, como até mesmo as expressões *ignis purgatorius, poenae purgatoriae* só aparecem muito raramente[1]. Por exemplo, na visão catorze Isaac, um monge de um mosteiro da Boemia, vê em um campo muito agradável os santos Gunther, Maurício e Adalberto, que lhe dizem que tiveram de "passar pelo fogo purgatório" antes de irem para aquele *refrigerium*. Otloh não traz, portanto, nada de novo ao futuro purgatório. Pode se notar entre os interessantes elementos secundários de suas visões sua tendência em, por um lado, insistir na espoliação dos bens monásticos pelos leigos como causa dos seus castigos no além (na visão sete um senhor culpado deste crime aparece aos seus dois filhos em uma cavalgada aérea que deve ser uma das mais antigas evocações do bando de Hellequin) e, por outro, em utilizar estas visões para fins políticos. Por exemplo, a visão do Monge Isaac destina-se a mostrar a supremacia da sede episcopal de Ratisbonne sobre a de Praga. A visão dezessete mostra a Imperatriz Teofânia, mulher de Othon II e mãe de Othon III, aparecendo a uma monja para lhe pedir que a tire dos tormentos que sofre no além por ter, à moda das mulheres orientais, exibido na terra vestes demasiado

---

1. O editor moderno usou várias vezes abusivamente o termo *purgatorium* nos títulos que deu às visões.

luxuosas. Belo exemplo da utilização do além para expressar o fosso cultural entre o Ocidente e o Oriente!

No começo do século XIII: a visão de Thurchill.

Retomo à visão de Thurchill, visão literariamente surpreendente e que expliquei há alguns anos no meu seminário, mas sobre a qual não me estendi (supra, p. 449-452) porque, *grosso modo*, contemporânea do *Purgatório de São Patrício*, provavelmente ligeiramente posterior, não fez o sucesso do purgatório, ao contrário do opúsculo de H. de Saltrey. Esta visão datada de 1206 talvez seja obra do cisterciense inglês Ralph de Coggeshall. Foi incluída pelos beneditinos Roger de Wendover em suas *Flores historiarum* e Mathieu Paris († 1259) em suas *Chronica Majora*. Thurchill, simples camponês da região de Londres, é levado durante o sono através do além por Santo Julião Hospitaleiro e São Dômnio que, a pedido de São Tiago, o levam em uma peregrinação ao além. No interior de uma grande basílica sem paredes semelhante a um claustro monástico, ele visita "os lugares de castigo dos maus e as moradas dos justos". O vocabulário a respeito do purgatório reúne, como é normal no início do século XIII, expressões arcaicas (*loca poenalia, ignis purgatorius*) e o novo substantivo *purgatorium* (*per purgatorii poenas*). A geografia do além de Thurchill é ainda um tanto confusa, e o purgatório, que obedece à imagem arcaica dos múltiplos *receptacula animarum*, ainda não está bem unificado. Existe assim, entre outros lugares purgatórios, *um* purgatório dirigido por São Nicolau (*qui huic purgatorio praeerat*). A visão de Thurchill apresenta duas particularidades representativas da mentalidade do início do século XIII: a importância dada à pesagem das almas que se reencontra na escultura gótica, e a associação ao purgatório de uma tipologia dos habitantes dos lugares penais do além que mistura pecados capitais (o castigo de um orgulhoso) e pecados das categorias sociais (punições de um padre, de um cavaleiro, de um legista, forma interessante do esquema trifuncional da sociedade). O que mais marcou os exegetas da visão de Thurchill foi o caráter teatral da visão que culmina no surpreendente episódio em que o peregrino assiste ao espetáculo, ao jogo (*ludus vestros*) das torturas dos habitantes do purgatório a que se entregam os demônios (p. 503). Henri Rey-Flaud (*Pour une dramaturgie du Moyen Âge*. Paris, 1980, p. 82-83) fez a aproximação entre a visão de Thurchill e o movimento teatral da época e principalmente com o jogo de São Nicolau, absolutamente contemporâneo de Jean Bode, originário de Arras. Parece todavia que, assim como para a iconografia, esta teatralização do purgatório foi abortada e que os mistérios continuaram funcionando segundo o sistema dualista do paraíso e do inferno.

Por fim, a terceira grande visão do além, com as do *Purgatório de São Patrício* e de Thurchill na virada do século XII para o século XIII, a do Monge Eynsham (Evesham), igualmente incluída no *Chronicon anglicanum*, de Ralph de Coggeshall (ed. J. Stevenson, 1875, p. 71-72), no *Flores historiarum* de Roger de Wendover e na *Chronica Majora*, de Mathieu Paris (vol. II, p. 243-244), está demasiado próxima da Visão de Drythelm, e nela o purgatório ainda está excessivamente fragmentado para que eu a tivesse mantido.

* * *

François Dolbeau teve a gentileza de me indicar um artigo de Brian Grogan: "Eschatological Teaching of the Early Irish Church", publicado no *Biblical Studies*, The Medieval Irish Contributions, ed. M. McNamara. Proceedings of the Irish Biblical Association, n. 1, Dublin, 1976, p. 46-58. Nele, o purgatório é muito abordado. Sem dizê-lo claramente, pois emprega o termo prematuramente, B. Grogan confirma que o inferno e o *ignis purgatorius* só se diferenciam no fim do século XII e que o *Purgatorium Sancti Patricii* é o primeiro texto relativo à Irlanda em que aparece a palavra *purgatorium*.

Recebi, sem poder utilizá-lo, o artigo de Gilbert Dagron: "La perception d'une différence: les débuts de la 'Querelle du Purgatoire'" (*Actes du XVᵉ Congrès International d'Études Byzantines*, IV, Histoire. Atenas, 1980, p. 84-92).

Agradecimentos

Esta pesquisa se beneficiou de muitas ajudas. Em primeiro lugar, a dos membros do Grupo de Antropologia Histórica da École des Hautes Études en Sciences Sociales: Andrée Duby, Marie-Claire Gasnault, Georgette Lagarde, Colette Ribaucourt, Jean-Claude Schmitt e da minha colega e amiga Anne Lombard-Jourdan.

Ainda de Paris, agradeço ao Institut de Recherches et d'Histoires des Textes do CNRS, a François Dolbeau e Monique-Cécile Garand, ao Comité Du Cange, Anne-Marie Bautier, ao Lexique du Latin philosophique médiéval, Annie Cazenave, e à equipe da Biblioteca de Saulchoir, que me fizeram beneficiar de sua competência e de sua gentileza.

Em Roma, meus amigos Girolamo Arnaldi e Raoul Manselli dispensaram-me sua ciência e sua atenção. Encontrei uma ajuda incomparável na Bibliothèque de l'École Française, junto de Noëlle de La Blanchardière, de Pascale Koch e de todo os funcionários. Jean-Claude Maire-Vigueur, diretor dos Estudos medievais, e Jacques Chiffoleau, membro da École, deram-me um apoio múltiplo. Georges Vallet, diretor da École e André Hartmann permitiram-me, ao me receberem de uma maneira perfeita na Piazza Navona, redigir em condições inigualáveis a maior parte da obra. Na Biblioteca do Vaticano, Agostino Paravicini-Bagliani em primeiro lugar, mas também Louis Duval-Arnould e Mons. Joseph Sauset não me negaram nem sua ciência nem sua amabilidade. Pude também trabalhar em excelentes condições na Biblioteca da Universidade Pontifical Gregoriana.

O Padre Reinhard Elze, diretor do Instituto Histórico Alemão e o Dr. Goldbrunner, bibliotecário, até mesmo se anteciparam às minhas necessidades e aos meus desejos.

A três amigos que me trouxeram em diversas fases deste trabalho, e principalmente na crítica iluminada do manuscrito, uma ajuda inestimável: ao Padre Pierre-Marie Gy, a Jean-Claude Schmitt, e muito particularmente a Jacques Revel, expresso a minha especial gratidão.

Christine Bonnefoy e, ocasionalmente, Simone Brochereau contribuíram com os seus cuidados e gentileza para a realização deste livro.

A todas e a todos o meu mais profundo reconhecimento.

Índice

Sumário, 7

O terceiro lugar, 9

   Os desafios do purgatório, 9

   Antes do purgatório, 10

   O espaço também merece reflexão, 14

   Lógica e gênese do purgatório, 15

   Pensar o intermediário, 17

   O imaginário penal: o fogo, 19

   Solidariedades: os vivos e os mortos, 25

   O dossiê do purgatório, 26

   Teologia e cultura popular, 27

Primeira parte – O além antes do purgatório, 31

1 Os imaginários antigos, 33

   Os três caminhos hindus, 34

   No Irã: o fogo e a ponte, 35

   No Egito: o imaginário infernal, 36

   Descida aos infernos na Grécia e em Roma, 38

   Uma filosofia da reencarnação: Platão, 39

   Um precursor: Eneias nos infernos, 42

   Gilgamesh nos infernos, 45

   Um além neutro e tenebroso: o *shéol* judaico, 46

As visões apocalípticas judaico-cristãs, 51

Uma fonte: o Apocalipse de Paulo, 60

Os judeus descobrem um além intermediário, 65

O germe do purgatório cristão está nas Escrituras?, 69

A descida de Cristo aos infernos, 73

Orações pelos mortos, 74

Um lugar de consolo: o *refrigerium*, 76

A primeira imaginação de um purgatório: a visão de Perpétua, 80

2 Os pais do purgatório, 85

Em Alexandria: dois "fundadores" gregos do purgatório, 85

O cristianismo latino: desenvolvimentos e indecisões do além, 93

O verdadeiro pai do purgatório: Agostinho, 99

A morte de Mônica: rezem por ela, 102

Depois de 413: duras penas purgatórias entre a morte e o julgamento para aqueles que não são totalmente bons, 108

Agostinho e os fantasmas, 122

O fogo purgatório e a escatologia de Agostinho, 127

Um falso pai do purgatório: Cesário de Arles, 131

Histórias de purgatório neste mundo: Gregório o Grande, último pai do purgatório, 135

3 A alta Idade Média – Estagnação doutrinal e avanço visionário, 147

O além agostiniano de três espanhóis, 149

Outros aléns "bárbaros", 152

Na Irlanda, 152

Na Gália, 154

Na Germânia, 155

Na Grã-Bretanha, 156

Indiferença e tradicionalismo carolíngios e pós-carolíngios, 157

Além e heresia, 162

A série visionária: viagens para o além, 164

Heranças, 164

O "fundador" das visões medievais do além: Beda, 171

A visão de Drythelm: Um lugar reservado à purgação, 172

Um sonho barroco e delirante do além: a visão de Wetti, 177

Politização do além: a visão de Carlos o Gordo, 180

A liturgia: perto e longe do purgatório, 185

A celebração dos mortos: Cluny, 189

Segunda parte – O século XII: o nascimento do purgatório, 195

O século do grande desenvolvimento, 197

4 O fogo purgatório, 201

No início do século XII: aquisições e indecisões, 201

Um testemunho das hesitações: Honorius Augustodunensis, 205

O fogo: em meio monástico, 209

Entre os teólogos urbanos, 212

Na literatura vernacular, 213

Quatro grandes teólogos e o fogo: esboço de um tratado dos últimos tempos, 215

Um cônego parisiense: Hugo de São Vitor, 215

Um cisterciense: São Bernardo, 219

Um monge canonista: Graciano de Bolonha, 221

Um mestre secular parisiense: o Bispo Pedro Lombardo, 223

Testemunhos menores, 226

Elaborações parisienses, 230

5 *Locus purgatorius*: um lugar para a purgação, 232

Entre 1170 e 1180: autores e datas, 232

Um falsário do purgatório, 241

Os primeiros beneficiários do purgatório: São Bernardo, 247

Os primeiros teólogos do purgatório: Pedro o Chantre, e Simão de Tournai, 248

A primavera parisiense e o verão cisterciense, 252

O purgatório e a luta contra a heresia, 254

O atraso dos canonistas, 261

Por volta de 1200: o purgatório se instala, 262

Uma carta e um sermão de Inocêncio III, 262

Purgatório e confissão: Thomas de Chobham, 265

O antigo e o novo vocabulário do além, 266

6 O purgatório entre a Sicília e a Irlanda, 268

Visões monásticas: os fantasmas, 268

Quatro viagens monásticas ao outro mundo, 274

1 Uma mulher no além: a mãe de Guibert de Nogent, 274

2 No Monte Cassino: Alberico de Settefrati, 280

3 Na Irlanda: o além sem purgatório de Tnugdal, 286

4 Descoberta na Irlanda: o "Purgatório de São Patrício", 290

A tentativa siciliana, 305

A infernalização do purgatório e seus limites, 311

7 A lógica do purgatório, 316

O além e os progressos da justiça, 317

Novas concepções do pecado e da penitência, 322

Uma matéria para o purgatório: os pecados veniais, 330

De dois (ou quatro) a três: três categorias de pecadores, 334

Esquema lógico e realidades sociais: um intermediário descentrado, 340

Transformações dos quadros mentais: o número, 344

O espaço e o tempo, 348

A conversão a este mundo e à morte individual, 349

Terceira parte – O triunfo do purgatório, 357

8 O ordenamento escolástico, 359

Um triunfo mitigado, 359

O purgatório, continuação da penitência terrena: Guillaume d'Auvergne, 365

O purgatório e os mestres mendicantes, 372

Entre os franciscanos, 373

1 Do comentário de Pedro Lombardo a uma ciência do além: Alexandre de Halès, 373

2 Boaventura e os fins últimos do homem, 379

Entre os dominicanos, 388

1 A depuração escolástica do purgatório: Alberto o Grande, 388

2 Um manual de vulgarização teológica, 400

3 O purgatório no coração do intelectualismo: Tomás de Aquino e o retorno do homem a Deus, 403

A recusa do purgatório, 421

1 Os hereges, 421

2 Os gregos, 425

Primeira definição pontifical do purgatório (1254), 429

O Concílio de Lyon II e o purgatório, 431

Purgatório e mentalidades: Oriente e Ocidente, 434

9 O triunfo social: a pastoral e o purgatório, 438

O tempo contado, 439

Novas viagens para o além, 448

Divulgando o purgatório: os *exempla*, 452

Um precursor: Tiago de Vitry, 453

Dois grandes vulgarizadores do purgatório, 456

I – O cisterciense Cesário de Heisterbach, 456

O usurário de Liège: purgatório e capitalismo, 461

O purgatório é a esperança, 465

II – O dominicano Étienne de Bourbon e a infernalização do purgatório, 471

Dominicanos no purgatório, 481

O purgatório e as beguinas, 484

O purgatório e a política, 486

O purgatório na "lenda dourada", 488

Uma santa do purgatório: Lutgarda, 493

Os vivos e os mortos: testamentos e obituários, 496

O purgatório em língua vulgar: o caso francês, 500

As indulgências para o purgatório: o jubileu de 1300, 502

Hostilidade persistente ao purgatório, 504

10 O triunfo poético: a *Divina comédia*, 509

O sistema dantesco do purgatório, 510

A montanha da purgação, 515

A lei do progresso, 517

Purgatório e pecados, 519

O antepurgatório, 521

O fogo, 524

Purgatório e inferno: o arrependimento, 526

A esperança, 530

O auxílio dos vivos, 532

O tempo do purgatório, 534

Na direção da luz, 536

A razão do purgatório, 539

Apêndices, 547

I – Bibliografia do purgatório, 547

II – "*Purgatorium*": história de uma palavra, 548

III – As primeiras imagens, 554

IV – Trabalhos recentes, 556

Agradecimentos, 565

Conecte-se conosco:

f facebook.com/editoravozes

◎ @editoravozes

✕ @editora_vozes

▶ youtube.com/editoravozes

◯ +55 24 2233-9033

www.vozes.com.br

Conheça nossas lojas:

www.livrariavozes.com.br

Belo Horizonte – Brasília – Campinas – Cuiabá – Curitiba
Fortaleza – Juiz de Fora – Petrópolis – Recife – São Paulo

EDITORA VOZES LTDA.
Rua Frei Luís, 100 – Centro – Cep 25689-900 – Petrópolis, RJ
Tel.: (24) 2233-9000 – E-mail: vendas@vozes.com.br